인간관계의 이해

윤 대 혁

Human Relations and Communication

탑북스

머 리 말

인간관계론 저서를 첫 출간한 지 어느덧 20여년의 세월이 흘렀다. 당시에는 최선을 다한 것이었으나, 책을 다시 볼수록 미흡하고 아쉬운 점들이 자꾸 눈에 띄어 개정 작업의 필요성을 절감하면서 간헐적인 수정·보완을 하여 왔으나 최근 인간관계론에 관해 이루어진 새로운 연구 성과와 자료들을 소개하고 싶은 간절한 마음이 있어 출간을 결심하였으나 차일피일 미루어 오다가 이제야 출간을 하게 되었다.

현대를 살아가는 우리들은 숙명적인 조직생활 속에서 자신의 삶을 가질 수밖에 없다. 주어진 여건 속에서 보다 지혜로운 삶을 영위하기 위해서는 상호간의 마찰과 충돌을 피해야 하고, 주어지는 순간들의 목적달성을 위해 합리적이고 유기적인 협동적 자세를 확립할 필요가 있다.

인간관계 문제는 인류가 존재하면서부터 있어왔던 일이었지만 학문적으로 각광을 받기 시작한 것은 미국 웨스턴 일렉트릭사(Western Electric Company)의 호손공장에서 메이요(E. Mayo) 교수를 중심으로 한 연구팀에 의해 실시되었던 호손실험(Hawthorne Experiment)의 연구결과에서 비롯되었다. 지금까지 경영학에서 인간관계의 문제는 조직행동론이나 인적자원관리의 한 영역으로 간주되어 조직행동의 틀 속에서 인간관계론이 소개되기도 하였고, 인적자원관리의 한 영역으로써 인간관계론이 교육되기도 하였다. 그러나 이제는 인간관계론을 통해 조직의 제 문제를 조명하고 그 해답을 찾을 필요가 있다.

본서는 이러한 인간관계의 제 문제를 다양한 시각에서 조명해 봄으로써 학생들에게는 인간관계론의 이해를 통해 실무에 응용할 수 있는 통찰력을 제공하고, 실무자들에게는 인간관계론에 대한 이론적 토대를 제공할 수 있을 것이다.

본래 '인간'이란 '사람(人)' '사이(間)'에 살고 있는 존재이기에 인간관계를 무시한 삶이란 생각할 수가 없다. "사람 人" 字를 보더라도 인간은 이 세상에서 혼자서 살아갈 수 없으며 다른 사람들과 더불어 살아가야 한다는 교훈을 얻을 수 있다.

좋은 일이든 나쁜 일이든 그것은 인간을 통해서 만들어지고, 다가오며, 전파되어 나간다. 다시 말해 좋은 인간관계를 가지고 있으면 그 사람은 행복해지고, 반대로 나쁜 인간관계를 가지고 있으면 불행해진다는 뜻이기도 하다. 시간적으로 볼 때 인간은 사람과 사람의 관계 속에서 태어나, 관계 속에서 성장하면서 배우고, 생활하며, 즐기고, 물리적으로는 언젠가 영원히 헤어져 관계가 끊어지는 것 같지만 정신적으로는 영원히 관계가 지속되면서 살아간다. 공간적으로 보았을 때도 마찬가지다. 가장 밀착된 '자아'로부터 시작하여 부모, 형제, 가족, 친척, 친구, 직장인, 사회·국가·국제 등으로 그 범위를 확대하면서 관계를 맺고 살아간다. 그러기에 동서고금(東西古今)을 막론하고 인간관계를 중요한 교육목표와 도덕률로써 강조해 왔던 것이 아닌가?

본서는 이러한 관계로써의 인간의 제 문제들을 해결하기 위하여 인간행동에 대한 관련 제 학적(interdisciplinary)인 접근방법을 통해 인간관계의 제 문제를 분석·검토·정리하였을 뿐만 아니라 성공적인 인간관계를 형성·유지·발전시키기 위한 제 기법도 모색하여 보았다. 본서는 대학이나 대학원 교재로써는 물론 경영관리 실무자들에게는 실무지침서로써 쉽게 이해할 수 있도록 만들었다.

본서의 구성을 보면, 제1장에서는 인간관계론의 기초로써 인간관계의 본질과 인간 본성의 이해에 중점을 두어 인간관계의 중요성과 유형 및 인간관계의 형성과 발전, 대인관계를 어렵게 하는 요인과 바람직한 인간관계 개선 방안에 관한 문제를 다루었고, 제2장에서는 인간관계론의 태동과 발전에 관한 내용을 살펴보았다. 그리고 제3장에서는 인간관계론과는 동전의 양면과 같은 커뮤니케이션의 이해 문제를 다루었고, 제4장에서는 태도변화와 자기개발의 문제를, 제5장에서는 인간행동을 이해할 수 있는 관련 변인들에 대한 이해와 고찰을, 제6장에서는 동기와 인간행동의 문제를, 제7장에서는 갈등관리와 인간관계의 제 문제를, 제8장에서는 집단생활과 인간관계 문제를, 제9장에서는 리더십에 대한 이해를 제공하였다. 그리고 제10장에서는 정보사회와 인간관계의 문제를, 제11장에서는 이성간의 인간관계 문제를, 제12장에서는 가족간의 인간관계 문제를, 제13장에서는 직장생활과 인간관계 문제를 다루었다. 마지막 제14장에서는 인간관계 훈련의 실제를 다루었는데 전반적으로는 본서는 경영학과 심리학적인 측면에 편중하여 다루어졌다.

본서는 필자의 천학비재와 표현방법의 미숙으로 서술 면에서 미흡한 부분이 많을 것이라 사료된다. 이러한 점에 대해서는 강호제현의 질정을 받아 수정·보완할 것을 약속하는 바이다. 단 한 줄의 글도 그것이 저자들의 각고의 결정인 경우가 많다는 것을 생각할 때, 본서 출간에 직·간접적으로 도움을 주셨던 수많은 학자들과 동학 교수들에게 다시 한 번 감사를 드리며 많은 지도편달 있기를 바라마지 않는다.

끝으로 이 책이 출간될 수 있도록 애써주신 도서출판 탑북스 김광식 대표님과 임직원 여러분의 노고에도 깊은 감사를 드린다.

2019년 2월

지은이 씀

차 례

제1장 인간관계론의 기초

1. 인간관계의 본질 2

2. 인간 본성의 이해 8

1) 희랍철학에서의 인간이해 ··· 8

2) 맹자의 성선(性善)과 마음 ··· 9

3. 바람직한 인간관계의 중요성 17

4. 인간관계의 유형 21

1) '만남'의 관계와 '스침'의 관계 ··· 21

2) 일반적 개념으로서의 인간관계 ··· 27

3) 학문적 개념으로서의 인간관계 ··· 27

5. 인간관계의 형성과 발전 30

1) 첫 인상(印象)의 형성 ··· 31

2) 상호 기대감의 형성 ··· 32

3) 심리적 계약의 준수 ··· 32

4) 신뢰감의 형성과 상호간 영향력 행사 ··· 33

6. 인간관계를 어렵게 만드는 요인들 35

7. 바람직한 대인관계의 기본자세 38

8. 인간관계의 개선방안 40

1) Communication의 개선 ··· 41

2) 친교동기의 강화 ··· 43

제2장 인간관계론의 태동과 발전

1. 전통적 인간관계론의 형성배경 52
1) 과학적 관리와 인간관계 ······ 52
2) 호손실험과 인간관계론 ······ 55
3) 호손실험의 주요 내용 ······ 56
4) 호손실험의 결과 ······ 65
5) 호손실험의 문제점과 한계 ······ 69
2. 초기 인간관계론의 성립과 발전 70
3. 현대적 인간관계론의 등장 73

제3장 커뮤니케이션의 이해

1. 커뮤니케이션의 의의 77
2. 커뮤니케이션의 과정과 구성요소 78
1) 송신자(sender) ······ 79
2) 암호화(encoding) ······ 79
3) 메시지(message) ······ 81
4) 전달매체(medium) ······ 81
5) 해독(decoding) ······ 82
6) 수신자(receiver) ······ 82
7) 피드백(feedback) ······ 82
8) 잡음(noise) ······ 84
3. 커뮤니케이션의 형태 84
1) 구어적(oral)인 커뮤니케이션 ······ 85
2) 문서적인 커뮤니케이션 ······ 86
3) 비언어적인 커뮤니케이션 ······ 86
4. 커뮤니케이션의 장애요인과 극복방안 89
1) 커뮤니케이션의 장애요인 ······ 89

2) 장애요인의 극복방안 ········ 96
3) 대인간 커뮤니케이션의 지침 ········ 99
5. 효과적인 커뮤니케이션의 기법 102
1) 적극적인 경청을 하라. ········ 102
2) 상대에 대한 존경과 신뢰감 조성 ········ 104
3) 장애물 제거 ········ 105
4) 피드백(feedback) ········ 105
5) 강압 및 조작 회피 ········ 105
6) 진실하고 솔직한 수용태도 ········ 106
7) 소문의 활용 ········ 106
6. 생명의 언어훈련 107
1) 부정적인 언어 ········ 108
2) 긍정적인 언어 ········ 110

제4장 태도변화와 자기개발

1. 태도의 개념과 의의 116
2. 태도의 구성요소 119
1) 인지적 요소(cognitive component) ········ 119
2) 정서적 요소(affective component) ········ 119
3) 행동적 요소(behavioral component) ········ 119
3. 태도형성과 태도변화의 영향요인 120
1) 태도형성의 영향요인 ········ 120
2) 태도변화의 영향요인 ········ 121
4. 태도의 변화 124
1) 태도변화의 어려움 ········ 124
2) 태도변화의 제이론 ········ 125
3) 태도변화의 과정 ········ 128

4) 태도변화의 단계 ···································· 132
5) 성공적인 태도변화의 전제 ···································· 134
5. 태도의 이해와 측정 138
1) 자신의 태도이해 ···································· 138
2) 타인의 태도이해 ···································· 139
3) 태도의 측정 ···································· 140
6. 태도와 행동의 관계 141
7. 태도와 인간관계 143
8. 직무태도 145
1) 직무만족(job satisfaction) ···································· 145
2) 직무만족과 인간행동 ···································· 146
3) 조직몰입(organizational involvement or commitment) ···································· 146
4) 몰입적 태도의 유형 ···································· 147
9. 자신의 변화와 자기개발 149
1) 환경변화와 생존 ···································· 149
2) 생존을 위한 변혁 ···································· 150
3) 바람직한 대인관계 자세 ···································· 153
4) 변화를 통한 관계 개선 ···································· 155
5) 긍정적 자아개념의 정립 ···································· 158
10. 이미지 관리와 자기개발 160
1) 얼굴표정 ···································· 161
2) 첫 인상의 적극화 ···································· 162
3) 의사소통의 유형 ···································· 163
4) 자신에 대한 동기부여 ···································· 164
5) 가치체계의 확인 ···································· 165
6) 건설적인 자기노출 ···································· 166
7) 감정통제를 위한 학습 ···································· 167
8) 적극적인 강화전략 ···································· 169

제5장 인간행동의 이해

1. 인간행동의 본질 172
2. 인간행동의 차이 175
3. 의식수준과 인간행동 179
1) 인간 의식수준의 의의 ………… 179
2) 인류전체의 부정적 의식상쇄 ………… 181
3) 의식수준별 인간의 삶 ………… 183
4. 퍼스낼리티(Personality) 185
1) Personality의 개념 ………… 185
2) Personality의 특성 ………… 187
3) Personality의 결정요인 ………… 188
4) Personality의 변화와 발전 ………… 192
5. 지각 200
1) 지각의 개념 ………… 200
2) 지각의 중요성 ………… 201
3) 지각의 과정 ………… 201
4) 지각과정의 영향요인 ………… 205
5) 지각오류 ………… 210
6) 지각오류의 감소방법 ………… 214
7) 지각과 인간관계 ………… 216
6. 가치관 217
1) 가치관의 개념과 특성 ………… 217
2) 가치관의 유형 ………… 220
7. 학습 222
1) 학습의 개념과 중요성 ………… 222
2) 학습 특성과 개인행동 ………… 225
3) 학습강화의 유형 ………… 226
4) 학습강화의 방법과 관리 ………… 230

제6장 동기와 인간행동

1. 인간의 욕구와 행동 234

2. Motivation의 개념 236

3. Motivation의 과정 238

4. Motivation의 접근방법 239

1) 전통모형 ······ 240
2) 인간관계 모형 ······ 241
3) 인적자원 모형 ······ 242

5. Motivation의 제이론 243

1) 욕구계층이론(Maslow's needs hierarchy theory) ······ 243
2) X · Y이론 ······ 250
3) 허쯔버그의 2요인 이론(Herzberg's two-factor theory of motivation) ·· 252
4) 알더퍼의 ERG이론 ······ 256
5) 맥클리랜드의 성취동기이론 ······ 261
6) 기대이론(expectancy theory) ······ 267
7) 아담스의 공정성 이론(equity theory) ······ 277
8) 목표설정이론(objective-setting theory) ······ 281
9) 사회교환이론 ······ 285
10) 효과적인 동기부여의 원칙 ······ 289
11) Motivation이론의 종합적 이해 ······ 291

제7장 갈등관리와 인간관계

1. 갈등이란? 296

2. 갈등의 특성 297

3. 갈등의 원인 298

1) 개인적인 심리적 원인 ······ 298
2) 조직적 원인 ······ 300

4. 갈등의 발전과정 302
1) 제1단계 : 원인발생(잠재적 대립) 단계 ······ 303
2) 제2단계 : 갈등인지 단계 ······ 303
3) 제3단계 : 해결의도 단계 ······ 303
4) 제4단계 : 해결행동 단계 ······ 303
5. 갈등의 유형과 인식의 변화 304
1) 갈등의 원천에 따른 유형 ······ 304
2) 갈등의 수준에 따른 유형 ······ 305
3) 갈등에 대한 인식의 변화 ······ 306
4) 갈등과 집단구성원의 행동변화 ······ 308
6. 갈등관리 309
1) 개인간 갈등의 해소전략 ······ 311
2) 집단간 갈등의 해소전략 ······ 311
3) 갈등조장전략 ······ 313
4) 협상전략 ······ 313

제8장 집단생활과 인간관계

1. 집단의 개념과 특성 319
1) 집단의 개념 ······ 319
2) 집단의 특성 ······ 320
2. 집단의 유형 332
1) 공식집단 ······ 334
2) 비공식집단 ······ 335
3. 집단에 참가하는 이유 338
1) 친근이론(propinquity theory) ······ 338
2) 상호작용이론(interactions theory) ······ 338
3) 균형이론(balance theory) ······ 339

4) 교환이론(exchange theory) …… 339

4. 집단발전의 단계 340

1) 형성기(forming) …… 340

2) 격동기(Storming) …… 341

3) 규범 확립기(norming) …… 341

4) 수행기(performing) …… 342

5) 중단기(adjourning) …… 342

5. 사회화(socialization) 344

1) 집단사회화의 개념 …… 344

2) 집단사회화의 과정 …… 346

3) 집단사회화의 특성 …… 351

4) 집단 내의 인간관계 …… 353

6. 조직문화 354

1) 조직문화의 의의 …… 354

2) 조직문화의 개념 …… 357

3) 조직문화의 기능 …… 360

4) 조직문화는 무엇으로 구성되는가? …… 362

5) 조직문화는 어떻게 형성되는가? …… 367

6) 조직문화의 전수 …… 370

7) 비전과 조직문화 …… 372

8) 조직문화의 변화를 어떻게 관리할 것인가? …… 375

제9장 리더십의 이해

1. 리더십의 본질과 기능 380

1) 리더십의 본질 …… 380

2) 리더십의 기능 …… 381

2. 리더십의 개념 382

3. 리더십과 기업경영 384
1) 리더와 독재자 ······ 384
2) 리더십과 경영관리 ······ 385
3) 리더십은 왜 필요한가? ······ 387
4. 리더의 자질과 효과적인 리더십 389
1) 성공한 리더의 자질 ······ 389
2) 효과적인 리더십이란? ······ 389
5. 리더십의 분류 397
1) 제대를 기준으로 한 분류 ······ 397
2) 권한양식에 의한 분류 ······ 397
3) 기타 분류방식 ······ 401
6. 리더십이론의 발전과정 403
1) 특성이론 : 리더의 특성과 자질을 중시 ······ 404
2) 행동이론: 리더의 행동을 중시 ······ 408
3) 상황이론 : 리더가 처한 상황을 중시 ······ 418
4) 최근의 리더십 모형 ······ 425

제10장 정보사회와 인간관계

1. 급변하는 사회 · 경제 환경 440
2. 현대 생활과 정보사회의 특성 444
1) 정보사회란? ······ 444
2) 생활 속의 컴퓨터 ······ 445
3) 자동화 사회 ······ 447
4) 사회적 변화 ······ 450
3. 정보화 사회에서의 '時테크' 453
1) 時테크 ······ 453
2) 정보화 사회에서의 시간전략 ······ 454

3) '時테크'의 인프라스트럭처 ……… 455
4) 시간 창조기술 ……… 461
4. 시간관에 따른 인간유형 471
1) 저속형 인간과 고속형 인간 ……… 471
2) 시간소비형 인간과 시간창조형 인간 ……… 471
3) 시간관리형 인간과 시간전략형 인간 ……… 472
4) 과거지향형 인간과 미래지향형 인간 ……… 473
5. 타임베이스 전략 474
1) 타임베이스 전략 구축방법 ……… 474
2) TTC(Total Time Control) ……… 479
3) 타임베이스 전략을 위한 정보기술 ……… 481
4) 타임베이스 전략을 위한 기업문화 ……… 482
5) 타임베이스 전략을 위한 조직의 재구축 ……… 484
6) 타임베이스 전략과 변형 근무제도 ……… 485
7) 시간지체와 보상제도 ……… 487
8) 타임베이스 전략을 통한 뉴비즈니스 ……… 488
9) 타임베이스 전략이 극복해야 할 과제들 ……… 492
6. 정보화 사회에서의 인간관계 494
1) 인간관계의 변화 ……… 495
2) 사회 및 조직의 변화 ……… 498

제11장 이성간의 인간관계

1. 이성간의 데이트 503
2. 성(性)에 대한 가치관과 태도 504
3. 성의 역할 508
1) 고정관념(stereotyping) ……… 509
2) 성의 차이 ……… 510

3) 양성(androgyny) ········· 511
4. 남 · 여의 차이 514
1) 생리적 차이 ········· 514
2) 두뇌발달과 사용의 차이 ········· 514
3) 자극반응의 차이 ········· 515
4) 능력의 차이 ········· 515
5) 성적 반응의 차이 ········· 515
6) 심리적 차이 ········· 516
7) 정서적 반응의 차이 ········· 516
8) 대화방식의 차이 ········· 516
9) 관심의 차이 ········· 516
10) 인식의 차이 ········· 517
11) 거리적 차이 ········· 517
12) 문제 또는 스트레스 해결방식의 차이 ········· 517
13) 시선의 차이 ········· 517
5. 직장생활에서의 이성관계 518
1) 직장생활에서 여성이 본 꼴불견 남자 ········· 519
2) 직장생활에서 남성이 본 꼴불견 여자 ········· 520

제12장 가족간의 인간관계

1. 체제로서의 가족 524
2. 가족간의 의사소통과 이해 526
3. 부부간의 순기능적 갈등과 역기능적 갈등 527
1) 대립적인 갈등해소(win-lose conflict) ········· 530
2) 치졸한 갈등해소 방법(dealing with the conflict) ········· 531
3) 깨끗한 갈등해소 방법(clean the air conflict) ········· 532
4. 성공적인 결혼생활 537

제13장 직장생활과 인간관계

1. 경영관리자의 기대 544

1) 능력(competence)과 기술(skill) ····· 546

2) 주도성(initiative) ····· 546

3) 회사에 대한 충성심 ····· 548

4) 적절한 용모(appropriate appearance) ····· 549

5) 태도(attitude) ····· 551

2. 사업계의 지도자가 보내는 충고와 조언 552

1) 사업계의 지도자가 보내는 충고 ····· 552

2) 취업을 희망하는 학생들에게 보내는 조언 ····· 554

3. 바람직한 직장생활의 자세 555

1) 직장생활의 윤리덕목 ····· 555

2) 조직과 조직 구성원의 '선(善)의지' ····· 558

3) 바람직한 직장생활의 자세 ····· 560

4. 바람직한 삶의 자세 562

1) 자기 부정－타인 긍정(I'm Not OK－You're OK) ····· 564

2) 자기 부정－타인 부정(I'm Not OK－You're Not OK) ····· 565

3) 자기 긍정－타인 부정(I'm OK－You're Not OK) ····· 565

4) 자기 긍정－타인 긍정(I'm OK－You're OK) ····· 566

5. 직장인의 행동예절 568

1) 직장인의 마음가짐, 몸가짐 ····· 568

2) 직장인의 생활예절 ····· 570

6. 선물하는 요령 572

1) 선물의 매너 ····· 572

2) 선물해서는 안 되는 것들 ····· 572

7. 현대인의 상장례(喪葬禮) 573

1) 상장례의 기본정신 ····· 573

2) 조상(弔喪)・문상(問喪) ····· 573

8. 칭호 576

1) 친척에 대한 칭호 ······ 576
2) 사돈에 대한 호칭 ······ 580
3) 조직사회(직장)에서의 칭호 ······ 581
4) 사회생활에서의 칭호 ······ 582

9. 국제화 시대 대인관계 유의사항 583

1) 미국인(Americans from the United States) ······ 583
2) 유럽인(Euorpe) ······ 584
3) 호주인(Austrians) ······ 584
4) 베르기인(Belgians) ······ 584
5) 불가리아인(Bulgarians) ······ 585
6) 체코스로바키아인(Cxechoslovakians) ······ 585
7) 덴마크인(Danish) ······ 586
8) 네덜란드인(Dutch) ······ 586
9) 영국인, 스코트인, 웨일스인(English, Scots, Welsh) ······ 587
10) 핀란드인(Finnish) ······ 587
11) 불란서인(French) ······ 588
12) 희랍인(Greeks) ······ 588
13) 헝가리인(Hungarians) ······ 589
14) 아이스랜드인(Icelanders) ······ 589
15) 아일랜드인(Irish) ······ 590
16) 이스라엘인(Israelis) ······ 590
17) 이태리인(Itanlians) ······ 590
18) 폴란드인(Polish) ······ 591
19) 러시아인(Russians) ······ 591
20) 스웨덴인(Swedes) ······ 592
21) 중동인(The Middle East) ······ 592
22) 이란인(Iran) ······ 593
23) 이라크인(Iraq) ······ 593
24) 중국인: Chinese(People's Republic of China) ······ 594

25) 일본인(Japanese) ············ 594
26) 싱가폴인(Singaporeans) ············ 595
27) 파키스탄인(Pakistanis) ············ 595

10. 성공하는 삶-잘못 입력된 마음속 프로그램을 바꿔라- 596
1) 인생의 성공 공식 ············ 596
2) 잠재의식을 움직이는 마스터 프로그램 ············ 597
3) 자아개념은 어떻게 형성되는가? ············ 599
4) 잘못된 마음속 프로그램을 바꾸는 7가지 방법 ············ 603
5) 습관의 법칙 ············ 605
6) 연습의 법칙을 활용하라 ············ 605
7) 감정의 법칙 ············ 606

제14장 인간관계 훈련의 실제

1. 커뮤니케이션의 기초적인 기법훈련 608
1) 적극적인 관심표출 행동 ············ 609
2) 의사확인 ············ 612
3) 지각확인 ············ 615
4) 자신의 느낌 보고 ············ 617
5) 피드백(feedback) 주고받기 ············ 620

2. 커뮤니케이션에 관한 커뮤니케이션 훈련 624
1) 한층 높은 차원의 지각확인 ············ 624
2) 상호 복합작용의 형태 ············ 627
3) 창도적(創導的) 반응 ············ 630

3. 있는 그대로의 행동훈련 633
1) 심신의 이완 훈련 ············ 634
2) 직접적 직관적 행동하기 ············ 636

찾아보기 ············ 641

1

인간관계론의 기초

1. 인간관계의 본질
2. 인간 본성의 이해
3. 바람직한 인간관계의 중요성
4. 인간관계의 유형
5. 인간관계의 형성과 발전
6. 인간관계를 어렵게 만드는 요인들
7. 바람직한 대인관계의 기본자세
8. 인간관계의 개선 방안

제1장 인간관계론의 기초

1. 인간관계의 본질

인간은 태어나면서부터 사람과의 관계를 통해서 삶을 형성하고 유지하며 생을 마감하는 그날까지 사람과의 관계를 벗어날 수 없다. 그래서 사람을 가리켜 '인간(人間)'이라 했다. 인간이란 원래 '사람과 사람 사이'를 뜻하고, 인간이라는 말 자체가 인간관계를 의미하고 있을 만큼 인간관계는 인간의 삶속에서 매우 중요한 자리를 차지하고 있다. 그러므로 인간관계란 우리 인간실존에게 있어서 하나의 엄연한 현실이다. 우리가 의식하든 의식하지 못하든 혹은 원하든 원하지 않던 그리고 좋아하든 싫어하든 간에 우리의 삶은 여러 가지 형태의 끊임없는 대인관계로 이루어지고 있다. 다시 말해서 인간 상호간의 관계성은 우리 인간존재의 본질적인 한 측면인 동시에 하나의 필연적인 사실이다. 그러므로 우리는 다른 사람들과의 관계를 떠나서는 잠시라도 살아 갈 수 없는 것이다.

데이비스(K. Davis)는 인간관계의 교육을 제일로 삼고 그것을 이론적으로 연구하고 실제에 적용하는 데 평생을 바친 교육자로서 '미스터 인간관계'(Mr. Human Relation)라는 별명을 얻기도 하였는데, 그는 인간관계에 대한 개념을 정의하면서 **인간관계는 사람들을 작업상황으로 통합시키는 것이며 사람들이 '함께, 생산적으로, 경제적 · 심리적 · 사회적 만족을 가지고' 일할 수 있도록 동기를 부여하는 것이 중요하다고 보았다.**

나아가 그는 **인간관계의 목표를 ① 사람들을 생산적으로 만드는 것**(to get people produce), **② 상호 관심을 통해 협력하는 것**(to cooperate),

③ 그들의 관계를 통해 만족을 얻게 하는 것(to gain satisfaction)이라 하였다. 그리고 인간관계는 생산적이고 만족스러운 집단노력에 의해 이루어진다고 보았다.[1)]

근대산업의 특질이 집단사회화(socialization)되어 감에 따라 조직에서의 인간관계는 제반 생산을 규정하는 중심원리가 되어 가고 있다. 그러나 우리 주변의 제 조직에서는 아직도 인간관계적 요인이 무시되고 다만 인간은 경제적 기계의 톱니바퀴(a cog in economic machine)로 전락되어 조직에 있어서의 비개성화(depersonalization)의 현상을 보여 주고 있다. 그러므로 조직에 있어서 이러한 인간적 요인을 어떻게 관리하여야만 인간관계를 가장 좋은 상태로 올려놓을 수 있을 것인가 하는 것이 조직을 관리하는 사람과 더불어 경영학을 연구하는 사람들의 관심사가 아닐 수 없다.

일반적으로 조직에서 일하는 모든 사람들이 일에 대하여 열성적이고 협조적이며 또한 그들의 윗사람이나 아랫사람이 동료를 서로 아끼고 존중한다면 인간관계가 잘 되어 있다고 말할 수 있어 조직의 능률이 매우 높아질 것이다. 그 반면에 종업원들이 서로 시기하고 불화와 반목이 존재한다면 그 조직은 인간관계가 나쁘다고 말할 수 있고 따라서 능률의 저하를 면치 못할 것이다.

이와 같이 조직에 있어서의 인간적 요인(Human Factors)은 직접적으로나 간접적으로 조직의 성패를 좌우한다고 볼 수 있다.

그러므로 인사관리에는 일정 조직에 있어서 그 조직의 목표를 달성하기 위하여 가장 적당한 인간관계를 창출하고 유지하며 조절하는 기능도 포함되어 있는 것이다.

인간은 사회를 떠나 존재할 수 없으므로 사회에 여러 가지 반응을 하고 적응하게 된다. 그래서 인간자체는 자기의 행동을 변용할 수 있는 가능성을 갖고 있어서 적응성이 있게 되는 것이다. 우리의 행동은 개체 내의 힘보다 오히려 외부의 어떤 힘의 작용을 많이 받는다. 어느 어미에서 사회의 모든 형태나 사실은 남이 하니까 따라 하는 모방성에 의하여 결정된다고 볼 수 있다. 물고기가 물을 떠나 살 수 없음과 같이 인간도 사회를 떠나 살 수 없는 존재인 것이다. 그러므로 그 사회의 규범, 관습 등의 작용에 따라서 인간

---

1) K. Davis, *Human Behavior at Work: Human Relations and Organizational Behavior*, NY: McGraw-Hill, 1972.

행동이 규제되는 것이다. 다시 말해 사회화(socialization)가 되어져 가는 것이다.

맥클버(R. M. MacIver)는 인간이 사회 속에 보다 깊이 뿌리를 박고, 그 사회 안에서 그의 사회적 관계가 점차 복잡해지고 보다 광범해지며 동료들과의 관계도 증가하고 발전하는 과정이며 이 사회화를 통해서 자기생활을 확대할 수 있다고 했다. 그리고 사회화는 타인의 요구와 그 사회의 규범과 문화에 자기 자신의 행동과의 타협이라고 할 수 있다.

이와 같이 인간은 그 사회에서 요구하는 규범과 그리고 문화, 풍속, 양식 등에 따라서 사회화가 이룩되고 그 사회화 과정에서 인간관계가 형성되는 것이다. 즉 그가 태어난 가정과 사회의 물리적인 힘에 따라야 하고, 그 사회의 전통적 가치와 법률, 종교, 관습 등의 문화 양식에 따르지 않을 수 없고, 또한 그 사회의 지도자나 매스컴에 의해서도 영향을 벗어날 수 없는 것이다. 이와 같이 개체를 둘러싸고 있는 사회적 구조(social setting), 사회적 일(social force) 그리고 사회적 과정(social process) 등에 의하여 지배되는 것은 하나의 원리로써 생각할 수 있다. 특히, 모방(imitation), 암시(suggestion), 동일시(identification), 언어(language) 같은 사회규범을 습득하는 습득과정(learning process)을 통해서 사회행동이 형성되어짐에 따라 인간관계가 이룩되는 것인데, 이러한 과정을 검토하는 것이 인간관계론의 주요 논의 대상이라 할 수 있다.

이상에서 살펴본 모든 전제에 바탕을 두고 인간관계에 포함되어야 할 몇 가지 중요한 속성들을 나열해 보면 그 내용은 다음과 같다.

첫째, 인간관계는 타인과의 상호작용 과정으로써 다른 사람에 대해 생각하고 관심을 갖는 것에서부터 출발한다. 우리가 상대에게 어떤 관심을 보이느냐에 따라 그것이 사랑으로, 우정으로, 신뢰에 바탕을 둔 거래관계로, 더나가서는 건전한 사회로까지 발전할 수 있다.

대부분의 사람들은 누구나 다른 사람으로부터 영향을 주고받으며 타인에 의해 즐거움이나 분노를 갖게 되기 때문에 타인에 대한 관심과 생각은 늘 끊어지지 않고 있다. 인간에 대한 이러한 관심은 이웃에 대한 사랑을 강조하는 기독교나 인(仁)과 자비를 덕목으로 삼고 있는 유교나 불교에서나 그 밖의 어떤 종교에서도 함께 강조되고 있다. 또한 우리가 조직에서 인간관계를 생각하는 것도 다른 사람에 대한 관심에서부터 출발하며 결국 다른 사람에 대한 관심으로 귀결한다.

둘째, 인간관계는 상대에 대한 긍정에 바탕을 두고 있다. 우리가 상대를 긍정하지 않는다면 인간관계는 이루어질 수 없다. 이러한 상대에 대한 긍정적인 인식은 무엇보다도 상대를 인격체로써 존중하고 서로 신뢰하는 데 있다.

칸트(I. Kant)는 인간은 누구나 목적의 왕국에 살고 싶어 한다고 하였다. 여기에서 목적의 왕국이란 하나하나의 인간이 저마다 인격으로써, 목적으로써 그리고 존엄과 품위의 존재로써 소중하게 대접을 받는 사회를 가리킨다.

인간관계는 상대에 대한 긍정, 곧 인격에 대한 긍정에서 시작된다. 특히, 기업에서 경영자와 종업원은 서로를 인격체로 존중하지 않는 한 노사화합이나 신뢰는 어려울 것이다.

셋째, 인격과 인격의 관계는 목적의 관계이지 수단이나 형식의 관계가 아니다. 만일 우리가 조직생활에서 겉치레의 물음으로 겉치레의 관계만을 계속 유지한다면 조직생활 속에서 상·하급자간의 관계는 외면적인 것에 한정될 수밖에 없다. 상·하급자간의 공식관계가 비록 형식이라는 틀을 빌고 있기는 하지만, 둘 사이의 관계가 형식성에 그친다면 일에 대한 소명의식이나 사명감, 책임감, 연대의식 등은 이루어 질 수 없다. 따라서 상사는 부하를 이해하고, 그 직무의 어려움을 간파하며, 조직의 목적이 바람직하게 성취되기 위해서는 형식보다는 문제의 본질, 문제에 대한 대응능력, 협력관계를 솔직하게 논의하고 대처해 나갈 수 있어야 한다. 형식성을 배제한다고 해서 상호존중이라는 기본관계를 깨뜨려서는 아니 되며 상호 책임 있는 응답적 관계를 유지할 수 있어야 할 것이다.

넷째, 인간이 다른 사람들과의 관계가 잘못되었을 때 걱정을 하고, 그 관계를 개선하고자 하는 것은 인간이 살아 있고 보다 나은 삶을 추구하고 있다는 사실을 보여 주고 있는 것이다. 죽은 사람이나 삶을 포기한 인간은 다른 사람과의 관계를 생각하지 않는다. 그러나 살아 있는 사람은 늘 타인을 의식하고 행동하게 된다.

조직은 단순히 여러 사람들이 모여 있는 곳이 아니라 살아 있는 생명력을 보여 주어야 하는 곳이다. 경영학에서 조직이 생명력을 가진 유기체로서 파악되고 있는 것은 바로 이 때문일 것이다. 대인관계에 있어서 조직이 생명력을 가지려면 사람들 사이에 **참된 사랑이** 있어야 한다. 데이비스는 이것을 협력하는 것으로 설명하고 있는데 그것은 인간관계의 목표가 궁극적으로는 서로를 돕는 관계로 만드는데 있기 때문일 것이다.

다섯째, 인간관계에 또 다른 목표는 생산성에 있다. 생산성은 작업장에서만 사용되는 말이 아니다. 조직에서 인간관계를 중시하고 있는 이유는 보다 나은 인간관계가 그렇지 못한 인간관계보다 생산성이 높다는 연구조사에 바탕을 두고 있다. 호돈 실험은 그 대표적인 예가 될 수 있으며, 딥(S. D. Deeps)은 조직에서의 인간관계는 종업원을 더욱 생산지향적으로 만든다고 주장한 바 있다.[2] 따라서 인간관계가 좋다는 것은 그만큼 생산성에 높은 기대감을 갖게 한다.

조직 속에서의 바람직한 인간관계는 단지 상호간에 행복감을 느끼도록 만드는 데 목적이 있는 것이 아니라 직무를 통해서 생산성이 존재하도록 하는 데 목적이 있다. 이를 위해서는 상대를 긍정적으로 볼 필요가 있으며 조직분위기 또한 긍정적이어야 한다.

인간행동에 관한 로젠달(R. Rosenthal)의 조사연구는 상대를 긍정적으로 보는 것이 얼마나 다른 결과를 가져오는가를 보여 준다. 이 연구에 따르면 학급조직에 있어서 만약 선생님이 학생들을 덜 총명하고 능력이 모자라며 동기부여가 되어있지 않다고 생각하면 그 학생들은 그렇게 행동하게 된다는 것이다. 여기에 있어서 가장 중요한 변수는 학생에 대한 선생님의 기대감이다. 기대감이 높으면 학습효과도 오른다.[3]

이러한 연구결과는 우리가 대인관계에 있어서 상대를 어떻게 생각하고 상대에게 어떤 기대감을 갖고 있느냐에 따라 그 관계는 생산적일 수도, 파괴적일 수도 있다는 것을 보여 준다.

여섯째, 인간관계는 어느 한쪽이 다른 쪽을 일방적으로 강요하거나 목표수행에 전제적으로 게임(game)하는 것이 아니다. 인간관계는 모든 상황에 동일한 방식을 무차별적으로 강요하기 보다는 신축성을 갖고 상황에 따라 유연성을 보일 때 보다 건전한 인간관계를 유지할 수 있다. 상사가 부하로 하여금 자신감을 심어주고 능력에 따라 목표가 효과적으로 수행될 수 있도록 등종성을 허용할 필요가 있다. 등종성(equifinality)이란 목표를 효과적으로 달성하기 위한 여러 방도가 있음을 이해하고 상황과 능력에 따라 자유롭게 그

---

2) S. D. Deeps, *Human Relations in Management*, CA: Glencoe Publishing, 1978.

3) R. Rosenthal, *Experimenter Effects in Behavioral Research*, NY: Appleton Century Crofts, 1966.

길을 선택하여 최종 목표에 도달할 수 있도록 신축성을 허용하는 것을 의미한다. 따라서 상사는 자신의 방법만이 유일한 대안이라는 고집을 버리고 보다 합리적으로 목표가 달성될 수 있도록 조직의 분위기를 주의 깊게 이끌 수 있어야 한다.

일곱째, 조직에서의 바람직한 인간관계는 조직의 목표와 개인의 목표를 조화롭게 통합하는 데 있다. 조직의 목표달성을 위해 구성원으로 하여금 그 목표에 일방적으로 공헌하도록 강요해서는 안 된다. 공급자 위주로 경영을 하던 종래의 기업경영에서는 구성원들의 생각·느낌·만족·사기·복지는 차선의 문제, 또는 고려의 대상에서 제외되어도 별문제가 없었다. 그러나 오늘날 기업경영에서는 이런 식의 태도로는 조직을 유지할 수 없다. 따라서 경영자는 조직의 목표에 기여한 만큼 구성원들에게 응분의 보상을 하여야 하며 그것은 임금뿐만 아니라 각종 혜택·종업원의 만족·인정·자아 발전기회의 확대 등 다양하게 이루어질 수 있다.

조직이 균형적인 발전을 이룩하려면 개인의 공헌(contribution)과 조직의 유인(inducement)간에 균형을 이룰 수 있거나, 아니면 유인이 공헌보다 강해야만 한다.

McGregor의 X·Y이론이나 Black & Mouton의 9·9형 리더십은 바로 이것에 바탕을 두고 있다.

여덟 번째, 인간관계는 일방이 베푸는 은혜가 아니라 상호 적극적인 참여와 끊임없는 관계 개선을 위한 노력에서 유지·발전된다. 조직생활에서 인간관계가 소원해진다든지, 조직 목표달성이 어렵게 되었을 때 그것을 다른 사람의 탓으로 돌릴 것이 아니라 자신의 탓일 수도 있음을 인식하고 서로 교류하면서 책임을 함께 나눌 때 바람직한 인간관계는 성립될 수 있다. 따라서 인간관계는 상호성의 관계이지 분리나 차별의 관계는 결코 아니다.

아홉 번째, 바람직한 인간관계를 형성하고 유지·발전시키기 위해서는 무엇보다도 이기적인 생활태도를 지양하고 더불어 살아가기 위한 지혜와 노력을 아끼지 말아야 한다.

열 번째, 바람직한 인간관계는 정신적인 만족감을 높이며, 삶 자체에 의미를 가지게 하고, 진심으로 기뻐하며 자발적으로 참여하게 만든다. 따라서 조직생활에서의 인간관계는 만나서 반갑고, 함께 일해서 즐거운 관계로 발전되어야 한다.

2. 인간 본성의 이해

인간의 본질이 무엇이며 어떤 것인가를 탐구하고 인간상을 유형화하려는 시도는 예로부터 많은 학자들에 의해 연구되어져 왔다.

1) 희랍철학에서의 인간이해

희랍철학은 탈레스(Tales)에 의해서 시작되었다. 이때의 철학은 자연철학이었다. 그러다가 소크라테스(Socrates)에 의하여 인성철학으로 변하게 되었는데 이때부터 인간은 자기 자신을 아는 것이 더 중요하다고 생각하여 인간 본질 이해에 더욱 노력하게 되었다. 따라서 희랍철학을 대표할 수 있는 세 사람(Plato, Aristotle, Platinus)의 인간관에 대해여 살펴보기로 하자.

(1) 플라톤

플라톤(Plato)은 인간은 영혼과 육체의 두 가지 요소로 구성되어 있으며 이들 중 더 중요한 것은 영혼이라고 했다. 육체는 영혼을 잠시 담는 그릇에 지나지 않고 영혼은 신적(神的)인 동시에 죽지 않으며[4] 여러 신(神)들의 도움을 얻어 영주(永住)할 복지(福地)를 찾아 행진하는데 플라톤은 그곳을 '실재의 평지'라 불렀다.[5] 고(故)로 인간의 육체는 비본래적(非本來的)이요, 상대적이요, 변하고 죽어서 없어질 것이요, 영혼은 불멸의 본질을 가지고 있어서 실재의 세계 이데아(Idea)의 세계에 들어가기를 원해서 끊임없는 상승을 계속하여 마침내 실재의 평지에 도달하게 된다고 하였다.

(2) 아리스토텔레스

아리스토텔레스(Aristotle)는 영혼 안에는 두 가지 부분이 있다고 보고 그것을 이성적인 것과 비이성적인 것으로 나눈다. 후자는 모든 물리적 존재의 기초가 되는데 대하여 전자는 관조(觀照)[6]와 자아충족에서 존재한다.

---

4) A. E. Taylor, *Plato : The Man and his work*, London, 1926, p. 307
5) A. E. Taylor, *The plain of Reality*, London, 1926, p. 307

이 이성은 신적(神的)인 것이다. 따라서 사람은 이 신적인 이성(理性)을 가지고 있기 때문에 신적인 존재라고 할 수 있다는 것이다.[7)]

(3) 플라티누스

플라티누스(platinus)의 인간관은 철저하게 플라톤(plato)의 인간관을 답습하는 동시에 더 관념론적 인간관을 가졌다. 그는 실제로 존재하는 것에는 세 가지 종류가 있는데 일자(一者 The one)와 이성(Nous)과 영혼(Soul)이다. 일자(一者)를 신(神)이라고 한다면 이성(理性)은 중간적인 존재다. 그리고 영혼은 인간에 해당된다. 이 영혼 안에는 상향적 요소와 하향적 요소가 있는데 전자는 언제든지 Nous와 합일이 되기를 추구하는 반면에 후자는 이 세계와 동일하게 되어 감상적 세계를 형성한다. 그러나 인간의 최종적 목적은 Nous와 합일이 될 것과 그 단계를 넘어서 모든 존재의 근원인 일자(一者)와 하나가 되는 데 있다고 하였다. 이것은 플라톤의 '실재의 평지'의 사상에 따르고 있다. 이와 같이 희랍철학은 아리스토텔레스의 노력에도 불구하고 대체로 이원론적(二元論的) 원리에 따르며 매우 낙관적인 인간 이해를 가지게 되었다.

2) 맹자의 성선(性善)과 마음

맹자(孟子)는 공자(孔子)의 사상을 계승·발전시켜서 인간의 도덕적 기준으로써 인(仁)·의(義)를 중시하고 도덕성립의 근거로서 성선설(性善說)을 내세웠다. 또한, 도덕에 기초한 정치, 즉 덕치(德治)를 주창하고 민주주의 요소가 깃든 왕도정치(王道政治)를 역설하였다.[8)]

맹자는 도덕성이야 말로 인간의 본성을 이루고, 따라서 인간을 다른 동물과 구별하는 척도가 된다는 의미에서 도덕성을 인간의 본성이라고 정의한다. 즉 공자가 덕(德)이라고 불렀던 도덕성, 곧 닦아서 완성하여야 할 인간성을 맹자는 성(性)이라고 했다. 즉 인간 안에 있는 욕망을 배제한 인간고유

---

6) 觀照란 지혜로서 사실을 비추어봄을 의미함.

7) B. Russell, *History of western philosophy*, London, 1947, pp. 192-194. 아리스토텔레스가 인간은 理性的 動物이라고 한 그 理性은 여기서 지적한 理性을 말한다.

8) 高仁杓, 孟子 性善說의 人性構造(慶北大學校, 1978); 李基奭, 孟子(서울: 弘新文化史, 1993).

의 도덕성만을 성(性)이라고 한 것이다.

인간의 지혜가 발달하지 못한 맹자 당시에 있어서 소박하고 조야(粗野)[9]하며, 식색지욕(食色之欲)에만 급급한 민중과 악정(惡政)을 일삼는 치자(治者)계급의 사람들을 인륜적(人倫的) 인간으로 선도하고자 절대적 두려움과 존경의 대상인 하늘(天)을 빌어, 하늘은 인륜덕목의 부여자(賦與者)이자 상선벌악(賞善罰惡)하는 주재자(主宰者)로 믿게 하였다.

따라서 사악(邪惡)한 생각을 품거나 반인륜적(反人倫的) 행위를 할 때는 하늘이 벌을 내리고, 착한 행위를 할 때는 하늘이 복을 내린다는 내용의 하늘 중심적인 인륜사상은 매우 효과 있는 방편 책이었다. 그러나 인간의 지혜가 발달하게 되면서 인륜덕목(人倫德目)의 근거를 인간의 순수한 도덕심에서 찾지 않을 수 없게 되었다. 왜냐하면, 한편으로는 덕목들이 만일, 하늘이 인간에게 부여한 것이어서 실천에 있어서 하늘의 상·벌에 대한 공포나 희구(希求)가 동기가 된다면 인간의 인간다움, 즉 도덕심은 말살되고 말 것이며, 다른 한편으로는 인간에게 도덕심이 없다면 인간의 행위에 대한 하늘의 응보(應報)가 일치되지 않을 때는 덕목들은 곧 멸시를 받아 지켜지지 않을 것이고, 덕목들이 지켜진다 하더라도 결국 자신의 이익을 위해서만 지켜질 것이기 때문이다. 그러므로 맹자는 인(仁)·의(義)·예(禮)·지(智)의 덕목을 사람의 마음으로부터 그 근거를 찾지 않을 수 없었으며, 마침 고자(告子)와의 성변(性辨)이 발단의 계기가 되어 인(仁)·의(義)·예(禮)·지(智)를 실천할 수 있는 재질(才質)이 인간의 마음 내부에 생득적(生得的)으로 갖추어져 있다는 것을 체계적으로 전개하게 되었다.

즉 맹자가 말하는 사단(四端)이란 성인이 될 수 있는 네 가지 도덕적 단서 혹은 근거가 되는 인(仁)·의(義)·예(禮)·지(智)를 말하는 것 인데, 이 사단(四端)은 후천적으로 습득된 것이 아니라 선천적으로 지닌 천부의 인간성이라는 것이다.

맹자가 제시한 사단(四端)의 내용을 구체적으로 살펴보면 그 내용은 다음과 같다.

첫째, 곤경에 처한 사람을 차마 볼 수 없는 마음(불인지심; 不忍之心)과, 그런 사람을 볼 때 자연히 우러나오는 측은히 여기는 마음(측은지심; 惻隱之心),

9) 조야(粗野): 됨됨이가 촌스럽고 천박함.

둘째, 부당한 일을 보았을 때 부끄러워하고 미워하게 되는 마음(수오지심; 羞惡之心),

셋째, 자기보다 나이든 사람을 보면 공경하며 사양하게 되는 마음(공경지심; 恭敬之心, 사양지심; 辭讓之心)

넷째, 옳고 그름을 판단하게 되는 마음(시비지심; 是非之心)

이는 누구나 자연스럽게 느끼게 되는 자연적인 마음의 상태를 지칭한다.

따라서 인간은 측은(惻隱), 수오(羞惡), 사양(辭讓), 시비(是非)의 마음을 다하면 인·의·예·지(仁·義·禮·智)의 덕을 이룰 수 있으니 인성이 금수(禽獸)의 식색지성(食色之性)과 다름을 알고, 인성(人性)이 금수의 식색지성(食色之性)을 초월한 도덕성임을 알면 하늘이 절대적 인륜성(人倫性)임을 믿고 알게 된다는 것이다.

따라서 사단(四端)의 착한 마음을 가지고 인(仁)·의(義)·예(禮)·지(智)를 실천할 수 있는 재질(才質)을 기르는 것은, 그 자체가 절대적 인륜성(人倫性)인 하늘의 경지에로 나아가고자 하는 인간의 바람이다. 그러므로 사람은 요절장수(夭折長壽)의 외적이고 운명적인 것에 관심을 버리고 오로지 도덕적 재질을 길러 인륜성에로 나아가는 것이 천명(天命)에 순응하는 것이라고 하였다.

인간의 본심 혹은 마음 안에 뿌리 박혀있는 사단(四端)이라는 도덕성이 인간의 본성을 특정지우며 이것이 인간에게 올바르게 살고자 하는 방향성을 내재적으로 지니게 한다는 것이 맹자의 주장이다. 즉 마음에 뿌리박힌 도덕성인 사단(四端)을 인성(人性)으로 규정한 것이다.

이러한 성선설은 자성수기(自省修己)를 전제로 하여 자율적 수양을 매우 강조하고 있는데, 이는 현실적으로 많은 사람들은 물질에 대한 욕심과 반도덕적인 불인(不仁)·불의(不義) 때문에 그 도덕적 본성을 상실하고 있기 때문이다. 그래서 그 상실한 본성에로의 복귀, 즉 인(仁)·의(義)·예(禮)·지(智)의 실천을 위한 수양, 곧 부단한 자성수기(自省修己)가 필요하다는 것이다.

맹자는 사람이 무엇을 하든지 마음을 다할 때 성공하는 것처럼, 사단(四端)을 확충하는 일에 있어서도 흐트러진 마음(放心), 잃어버린 마음을 다시 찾는 일(求放心)이 급선무라고 역설하였다. 그리고 맹자는 "인(仁)은 사람의 마음이요, 의(義)는 사람이 걸어갈 길이다. 사람이 그 길을 버리고 따라가지 아니하고, 그 마음을 잃고도 구할 줄 모르니 슬픈 일이로다."라고 탄식하면서 잃어버린 마음, 상실된 도덕성를 다시 찾아야 한다고 강조하고, 학문이란 다른 것이 아니라 바로 그 잃어버린 마음을 다시 찾는 일이라고까지 하였다.

3) 순자의 성악(性惡)과 마음

순자(筍子)는 인간의 본성을 악(惡)으로 보았으며 개인과 사회와 국가의 관계를 완성시키는 척도와 표준으로써 예(禮)를 강조하였다. 그리고 인간을 교육에 의해 교화(敎化)시키고 예로서 다스려야 한다고 주장했다.

순자는 인간이 타고난 본능적인 감정이나 욕망을 성(性)이라 지칭하고, 인간이 이러한 본능적인 감정이나 욕망만을 따라서 이익이 되는 것, 이로운 것만을 좋아하여 추구하거나 오관으로 느끼는 여러 가지 욕망의 충족만을 위해서 행동한다면, 다툼이 생기고 사회질서가 문란해 진다고 보았다. 그러므로 예(禮)로써 그러한 본능적인 감정이나 욕망을 교화시켜 나가야만 원만한 인간관계가 이루어지며, 사회와 국가의 질서가 바로 서고 평안해질 수 있다는 것이 순자의 예치사상(禮治思想)인 것이다.[10)]

순자는 인간 안에는 욕(慾)과 지(知)와 능(能)이 있다고 보았다. 즉 인간 안에는 ① 육체를 키우고 보존하려는 욕망 및 **감정적인 면**과, ② 경험을 종합하여 사리를 분별할 수 있는 지성, 즉 **인지능력** 그리고 ③ 사리에 맞는다고 판단된 것을 행함으로써 의(義)에 이를 수 있는 **행위능력**이 있다고 보았다.

이 중에서 순자는 타고난 그대로의 것, 저절로 그러한 것이라는 의미에서 욕(慾)만을 성(性)으로 규정하고, 인지능력인 지(知)와 행위능력인 능(能)은 계속 키워나가야 할 것이라고 하였다.

순자는 사람이 태어나면서부터 생득적으로 지닌 욕(慾)을 성(性)이라 하고, 성(性)의 좋아함, 미워함, 기뻐함, 분노함, 슬퍼함, 즐거워함 등을 정(情)이라고 한다. 또 마음이 그것을 위해 선택하는 것을 생각(慮)이라고 하여 性, 情, 心을 분명히 구별하여 정의하고 있다. 물론 여기에서 말하는 性은 생각하고 선택하여 의사결정을 하는 마음을 제외한 정성(情性)만을 지칭한 것이

---

10) 鄭炳碩, 筍子의 禮論硏究(嶺南大學校, 1982); 鄭長澈, 筍子(서울: 惠園出版社, 1993); 趙炳泰, 東西洋 經營管理思想의 統合的 接近에 관한 硏究, 東亞大學校 停年退任紀念論文集, 1997).

다. 즉 맹자가 말한 性은 이성(理性)을 지칭한 데 반해서 순자가 말하는 性은 본능과 욕망을 지칭한다고 할 수 있다.

그런데 순자가 말하는 이러한 性은 두 가지 의미로 이해할 수 있는데, 좁은 의미에서는 욕망을 지칭하고, 넓은 의미에서는 욕망뿐만 아니라 인식능력인 지(知)와 행위능력인 능(能)까지를 포함하는 것이다. 즉 "태어난 그대로 내가 어떻게 할 수 없는 것이 성"이라는 경우의 性은 욕망만을 지칭하고, "내가 어떻게 할 수 없는 것이지만 변화될 수 있는 것"이라고 하여 가르쳐서 변화시킬 수 있는 가능성을 제시한 경우의 性은 지(知)와 능(能)까지를 포함한다고 볼 수 있다.[11)]

순자는 인간을 하나의 자율적인 유기체로 보면서, 교육을 통하여 변화시킬 수 있는 인성의 내적 요인의 주체가 되는 마음이야말로 사람의 오관과 모든 분별행위의 주재자가 되어야 한다고 말한다.

순자는 마음의 절대적 자율성과 인식능력을 강조하면서도, 마음을 쟁반위의 물에 비유하여 욕심이 일어날 때마다 그 판단능력이 흐려질 수 있다고 말한다. 즉 인간구조의 세 측면인 욕(성)과 심(지)과 능(행)은 각기의 고유한 활동분야를 가지고 구별되면서도 서로 밀접한 관계에 있어서, 자율적인 마음이지만, 내적 욕망이나 사회적 편견에 영향을 받을 때는 올바른 판단을 내리지 못하게 된다는 것이다. 이렇게 자율적인 인식능력을 가진 마음도 역시 선천적인 상태만으로는 부족하기 때문에 계속하여 교육하고 키워나가야 한다는 것이다.

이상에서 살펴본 바와 같이 순자는 心과 性 그리고 情을 구별하고 있다. 그래서 순자가 성악이라고 말할 때의 性은 생각하고 선택하여 의사결정을 하는 마음을 제외한 정(情)만을 지칭한 것이다. 그러므로 그의 주장에서 **성(性)이 악하다고 하는 것은, 사람이 만일 희(喜)·노(怒)·애(哀)·락(樂)·애(愛)·오(惡)·욕(慾)의 7정(情)만을 따르고, 인간관계를 규정하는 절도(節度)의 표준인 예(禮)를 따르지 않는다면 그런 행위는 악한 것이 된다는 것이다.** 즉 인간은 원래 태어나면서부터 이로운 것을 좋아하고 남을 시기하거나 미워하는 속성을 지니고 있으므로, 거기에만 순응하도록 그냥 놓아두면 쟁탈과 다툼이 생기고 음란이 생기며 사회가 혼란해진다는 것이다.

그러므로 모름지기 성인(聖人)의 예의지도(禮儀之道)를 본받아, 사양하는

---

11) 金勝惠, 原始儒教, 서울: 民音社, 1990, p. 239.

마음과 공경하는 마음을 갖도록 사람들을 교육시킴으로써, 원만한 인간관계를 이루고 사회질서를 바르게 할 수 있다는 것이 순자의 이른바 예치(禮治)인 것이다.

이렇게 사람에게는 희(喜)·노(怒)·애(哀)·락(樂)·애(愛)·오(惡)·욕(慾)의 7정(情)이 있기 때문에, 만일 사람들이 그러한 본능적인 감정만을 따르면 사람들 사이에 다툼이 생기고 사회적인 혼란을 초래하게 된다. 그런데 다른 한편 사람에게는 그러한 본능적인 감정이나 욕망뿐만 아니라 도(道)를 알 수 있는 인지능력(認知能力)과 그에 합치되는 행동을 할 수 있는 행위능력(行爲能力)도 있다. 그러므로 사람은 예로써 교육될 수 있고 또 모름지기 교육되어야만 사람 사이에 다툼과 시기가 없어져서 인간관계가 원만해지고 상부상조, 상호협동의 관계가 성립될 수 있다. 결국 이러한 논리가 순자 사상의 핵심이라 할 수 있다.

이러한 순자의 사상은 상호협동과 원활한 인간관계를 통한 다스림의 강조라는 측면에서 인간관계론에 의한 관리기법과 동열에 있다고 할 수 있겠다. 또한 禮에 의한 관리는 인간의 자율성이라는 측면에서 맹자의 덕치(德治)보다 약하고 후술하는 한비(韓非)의 법치(法治)보다 강하다는 점에서 인간관계론의 자주성과 비슷한 수준으로 볼 수 있을 것이다.

4) 한비자의 인간관과 법치사상

한비자(韓非子)는 인간을 이기적이고 타산적인 존재로 파악하여 인(仁)·의(義)와 도덕(道德)을 근본적으로 부정한다. 다시 말해 맹자의 성선설과 덕치를 배척하고 순자의 성악설에서 진일보하여 모든 인간행동을 이해타산(利害打算)이란 척도로 설명하고 있다.

인간본성의 심층에는 자기에게 이로운 것만을 추구하는 욕망이 있어서, 모든 인간관계는 이런 이해타산으로 얽혀진 관계가 되는데, 개인들간의 이러한 이해관계가 늘 상충되기 때문에 다툼이 생기고 조직의 질서가 문란해지며 사회의 혼란이 발생한다고 본다.

한비자는 인간행동의 동기를 심층적으로 분석해 보면, 그 밑바닥에는 이기적이고 타산적인 본능이 깔려 있어, 심지어는 부자, 부부, 형제, 군신간에도 이런 이해관계가 개재되어 있음을 부인할 수 없다고 주장하였다.

예컨대 수레를 만드는 사람은 사람들이 부유해지기를 바라고, 관(棺)을 만드는 사람은 사람들이 많이 죽기를 바란다. 이것은 수레를 만드는 사람은 도덕심이나 인정이 많고 관을 만드는 사람은 비정(非情)해서가 아니라, 사람들이 부유해지지 않으면 수레가 많이 판매되지 않을 것이고, 사람들이 죽지 않으면 관이 많이 판매되지 않을 것이기 때문이라는 것이다. 이렇듯 이익이 된다면 원수와도 친해지고 손해가 되면 부자나 형제처럼 가까운 사이도 소원해질 수 있다고 하면서, 인간의 이기심(利己心)과 타산성(打算性)을 지적하였다.

원래부터 인간이란 노고(勞苦)를 싫어하고 편안을 좋아하며, 오직 자기에게 이로운 것만을 추구하고 조금이라도 손해 가는 일을 피하려는 성향을 지니고 있다는 한비자의 사상은, 인간을 Maslow의 생리적·안전적 욕구 수준의 존재로 파악하였다고 볼 수 있으며, 이는 인간을 경제적·이기적 목적만을 추구하여 행동한다고 보는 테일러의 경제인적인 인간관이나 McGregor의 X이론적 인간관과도 동열에 놓을 수 있을 것이다.

그리고 군주는 모름지기 세상 공론에 귀 기울이지 말고, 측근 중신이나 유설가(遊說家), 학자나 민중에게 좌우되지 않고 관리들의 근태를 감독하고 상공을 장악하여 상벌을 엄격히 해야 된다는 그의 지도자론은 이른바 전제적·독선적 리더십에 해당된다고 볼 수 있을 것이다.

또한, 한비자는 인간의 본성은 이기적이고 타산적이며 악(惡)에 기우는 경향이 있으므로 덕이나 예(禮)나 인(仁)이나 애(愛)로써가 아니라 오직 법(法)과 형(刑), 엄격한 상벌(賞罰)로써 통제하고 제어하는 것이 효율적이라고 주장하였다.

이렇게 한비자는 인간의 이해타산적인 본성과 이기주의적인 성향 때문에 다툼이 생기고 사회의 질서가 문란해 진다고 보고, 그것을 다스릴 수 있는 최선의 방책을 법으로 보았던 것이다.

인간의 애정이나 인정, 의리나 예의, 도덕으로써가 아니라 오직 법과 형벌로써 인간을 다루어야 한다는 한비자의 사상은, 경제적 인간관을 가정한 과학적 관리법에서 임금이라는 물질적 유인을 사용하여 인간행동을 통제하려 했던 McGregor의 X이론적인 인간관과 동열에 놓고 그의 사상을 이해할 수 있겠다.

5) 중용사상의 이해

중용(中庸)이란 치우치지 않고, 기울지도 않으며, 지나침도 못 미침도 없는 평상(平常)의 도리(道理)라 할 수 있다.

순자는 중용지도(中庸之道)에 대하여 "중용은 하나의 도(道)인데 도(道)의 예(禮)는 불변하는 것이고, 도(道)의 용(用)은 무궁한 변화에 다 적용된다"고 하였다. 다시 말해 중용은 하나의 불변의 원리이지만, 개개의 현상에 고루 적용될 수 있는 것으로써 마치 저울대가 수평을 이루도록 저울추를 움직여 가운데에 놓는 것과 같이, 이는 치우침이나 지나침이나 모자람이 없음을 뜻하는 말이라고 하였다.

중용의 첫머리에 보면 "하늘이 명한 것을 성(性)이라 하고, 그 성을 따르는 것을 인간의 도리(道理)라고 하며, 도리를 가르치는 것을 교(敎)라고" 하여 天과 性, 그리고 도리와 가르침의 관계를 잘 설명하고 있다. 즉 하늘로부터 부여된 것, 선천적으로 타고난 것이 性이고, 이 천부적인 본연의 性을 잘 따르는 것이 인간의 도리인데, 인간이 타고난 기품(氣禀)과 자질의 상이(相異)함은 이러한 천부적인 본연의 性을 따르는데 제약조건이 된다. 하지만 제각기 다른 기품과 자질은 비록 선천적이긴 하지만, 절대불변의 것은 아니어서, 후천적인 수양에 의해 달라질 수 있으며, 따라서 성을 제대로 따르는 것, 즉 도리의 실천을 위해 가르침이 필요하게 된다는 것이다.

여기에서 말하는 가르침은 사람에게 없는 것을 주입시키는 것이 아니라, 사람 안에 내재되어 있는 것을 계발·교육해 준다는 의미로 이해하면 좋을 것이다.

그리고 중용의 근본은 중화(中和)에 있다고 할 수 있다. 여기에서 중(中)은 희·노·애·락·애·오·욕(喜·怒·哀·樂·愛·惡·慾)의 감정이 일어나지 않은 상태를 말하고, 화(和)는 희·노·애·락·애·오·욕의 감정이 일어나서 모두 태도에 맞는 것을 의미한다.

다시 말해 희·노·애·락의 감정이 일어나지 않은 상태가 곧 천부적인 본연의 성(性)이며, 이런 천부적인 성(性)은 아직 나타나지 않았으므로 어느 한 쪽으로도 치우치거나 지나침과 모자람이 있을 수 없다는 의미에서 중(中)이라고 부르게 되는 것이다. 그러나 인간은 감정의 동물이어서 희(喜)·노(怒)·애(哀)·락(樂)의 감정이 없을 수 없고, 이것이 발현되고 나면 지나침이나 모자람이 나타나 도(度)에 넘치거나 못 미치는 게 된다.

그러므로 희(喜)·노(怒)·애(哀)·락(樂)·애(愛)·오(惡)·욕(慾)의 감정을 천부적인 본연의 성(性)을 따라서 잘 발현되도록 하면, 지나침이나 모자람이 없이 절도(節度)에 맞게 되는데, 이것이 바로 바람직한 인간관계에서 사람들이 따라야 할 길이라 할 수 있겠다.

그리고 중용은 시중(時中)이라고도 하는데 이때의 '시중(時中)'은 단순 산술평균적인 중(中)을 취하는 것이 아니고, 인간관계나 처신 혹은 의사결정이나 업무처리에 있어서 모든 상황과 형편을 고려하여 가장 바람직하고 가장 알맞은 최적의 처리를 한다는 의미로 보아야 할 것이다.

이렇듯 중용은 시간과 장소, 사물과 제반 상황을 고려하여 최적화를 구하는 개념으로 이해될 수 있지만, 그렇다고 해서 안이한 타협이나 절충 혹은 무사안일주의나 적당주의를 중용이라고 해석하고 이해하면 곤란하다. 中은 천하의 정도(正道)이며 천하의 정리(定理)이므로 중용은 그런 타협이나 절충 혹은 적당주의와는 엄격히 구별되어야 한다. 중용은 기계적, 폐쇄적이거나 정태적, 고정적인 개념이 아니고 유기적·개방적이고 동태적·융통적이며 상황적응적인 개념인 것이다.

이러한 중용지도(中庸之道)는 일상생활에서 언제 어디서나 실행하여야 할 인간의 도리이며, 쉽게 누구나 실천할 수 있는 평범한 일이면서도 성인(聖人)도 제대로 실천하기 어려운 것이기도 하다.

따라서 중용지도(中庸之道)는 "다른 사람과 처지를 바꾸어 생각하라", "자신을 대하듯 다른 사람을 대하라", "자신이 원하지 않는 것은 남에게 하지 말라"는 등의 교훈에 근거할 때 비로소 그 실천이 가능하게 될 것이다.

3. 바람직한 인간관계의 중요성

우리는 한 인간으로 생존하기 위하여, 정체감을 확립하기 위하여, 그리고 건전한 성격을 발달시키기 위하여 상호작용을 할 수 있는 다른 사람들과의 관계를 필요로 한다.[12] 다시 말해 우리는 타인들과의 만족스럽고 효과적인 인간관계의 경험을 통해서 보다 풍부하고 보다 완성된 인간으로 발달할 수 있는 것이다. 우리는 일상의 생활에서 무수한 타인들과의 관계를 맺고 있으며, 이러한 관계를 통해서 인간다운 인간으로 성장, 발달하게 되는 것이다.

출생 후 단 한 번도 다른 인간존재와 관계를 맺지 못한 채 깊은 산중에서 이리 떼들 틈에 끼어 자라났던 인도의 이리 아동들이 처음 발견되었을 때, 그들은 인간이었기 보다는 한낱 동물에 불과했다.

이처럼 다른 인간들과의 관계는 우리로 하여금 자아의식을 가진 인간으로 성장하게 하는 동시에 어떤 유형의 인간으로 발달할 수 있느냐에 대해서도 크게 영향을 미치는 것이다.

그러므로 대인관계가 만족스럽고 효과적일 때, 바로 그런 인간관계의 경험을 통하여 우리는 한 인간으로서 바람직한 성장, 발달을 하게 될 것이다. 그러나 이와는 반대로 우리의 대인관계가 불만스럽고 비효과적일 경우, 우리의 성장, 발달은 방해를 받게 되는 것이다. 이처럼 우리들이 경험하게 되는 인간관계의 질과 양에 따라 우리는 독특한 자아를 형성, 발달시킬 뿐만 아니라, 개인의 정체와 건전한 인격발달에도 지대한 영향을 받게 된다.[13)]

효과적이고 생산적인 인간관계는 개인의 생존과 발달뿐만 아니라 결혼과 가정생활의 발달에도 매우 중요한 역할을 한다. 특히 산업사회의 발달에 따른 가치관의 변화가 가정불화와 이혼율을 증가시키고 있는 오늘날 생산적인 인간관계의 필요성은 그 어느 때보다도 절실히 요청되는 것이다. 과거에는 가정이 그 가족구성원들에 대하여 여러 가지 봉사적 기능을 수행하여 왔다. 그러나 최근에 와서는 그와 같은 여러 가지 기능들 중에서 정서적 욕구의 충족, 특히 애정의 충족을 위한 기능만이 하나의 사회 기관으로서의 가정의 존재의의를 갖게 하는 유일한 기능으로 남게 되었다.[14)]

현대인은 외부 세계에서 충족시키지 못하는 정서적 욕구를 그들의 가정에서 가족관계를 통하여 충족시키려고 한다. 그들은 사랑, 친근감, 안정감, 그리고 자기존중감 등과 같은 정서적 욕구를 불안감, 무능감, 적개심, 긴장감

---

12) C. H. Swensen, Jr., *Introduction to Interpersonal Relations*, Glenview, Ill.: Scott, Foreman & Co., 1973.

13) G. M. Gazda, *Human Relations Development: A Manual for Educators*, Boston: Allyn & Bacon, 1973.

14) *Time*, The American Family: Future Uncertain, December 28, 1970; R. F. Winch, *The Modern Family*, Hew York: Holt, Rinehart & Winston, 1963.

등을 경험할 수밖에 없는 바깥 세상에서 충족시킬 수 없기 때문에, 이와 같은 욕구를 외부 세계와는 격리된 따뜻하고 안정된 가정에서나마 충족시키기를 갈망하게 된다.

따라서 잘 되면 가정 밖에서는 경험할 수 없는 만족스러운 인간관계를 발달시킬 수 있겠지만, 자칫 잘못하는 경우 상호간에 더욱 심한 욕구좌절감을 경험하게 될 우려도 큰 것이다. 그러므로 오늘날의 결혼과 가정생활의 건전한 발달을 위해서는 과거 어느 때 보다도 정서적, 사회적 욕구를 충족시킬 수 있는 가족 상호간의 효과적인 인간관계의 경험을 필요로 하는 것이다.

바람직한 인간관계의 필요성은 학교 및 사회의 여러 교육현장에서도 절실히 요청된다. 오늘날과 같이 학생 수가 증가하고 학습내용이 다양해지는 이때, 우리는 자칫 교사와 학생, 학생 상호간의 바람직한 인간관계에 대하여 소홀히 할 가능성이 크다. 그러나 교육이란 본질적으로 하나의 사회화 과정이기 때문에 인간관계의 차원을 무시할 수 없는 것이다.

교육이란 내용의 전달이나 사실의 획득이 아니라, 타인간 존재들과 끊임없는 상호작용을 통하여 경험하는 그 무엇인 것이다.[15)]

Howe에 의하면, 교육에 대한 상반되는 두 가지 견해가 옛 부터 지금까지 논쟁을 벌이고 있다. 즉 그것은 ① 교육을 전달(transmission)이라고 보는 견해와 ② 교육을 귀납(induction)으로 보는 입장이다. 그러나 이들 두 이론적 입장은 전체의 교육작업이 궁극적으로 의존하고 있는 교사와 학생간의 인간관계의 중요성과 그 힘을 무시하고 있기 때문에 교육의 과업을 원만히 성취시키기 위해서는 부적당하다. 이와 같이 인간들의 상호작용이란 교육에 있어서 무시할 수 없는 가장 중요한 요소인 것이다.

따라서 학교교육에서는 물론, 기타 여러 가지 사회 교육적 실천에 있어서도 바람직한 인간관계 발달의 능력은 교육의 효과를 높이는 데 있어서 필요불가결한 요소가 되는 것이다.

바람직한 인간관계 발달의 능력은 기업체의 생산성을 높이는데 있어서도 매우 중요시 되고 있다. 과거에는 생산성을 높이기 위해서 주로 기술적인 면의 향상에 역점을 두었다. 그러나 오늘날에 와서는 작업 자체가 인간관계 요인을 내포하고 있다는 사실을 인정하게 되므로 인간관계적 측면을 더욱

---

15) G. Stanford & A. E. Roark, *Human Interaction in Education*, Boston: Allyn & Bacon, 1984; C. H. Swensen, Jr., *op. cit.*, pp. 212–215.

강조하기에 이르렀다.[16)]

사실 생산의 증가는 기업의 조직과 기술의 개선에 의해서만 이루어지는 것이 아니다. 기업이란 조직, 기술, 자본, 정보 및 인간이라고 하는 여러 가지 요소들로 구성되어 있기 때문에, 바람직한 대인관계의 발달이 기업 내 구성원들의 욕구충족과 생산성을 증가시키는데 있어서 무엇보다도 중요한 것이다. 그렇기 때문에 최근에는 기업에서도 생산성을 증가시키기 위한 중요한 방법의 하나로서 대인관계 훈련 프로그램을 활용하게 된 것이다.[17)]

바람직한 인간관계의 발달을 위한 능력은 상담과 심리치료 분야에서도 매우 중요시되고 있다.[18)]

최근 정신의학과 심리학에서의 강조점이 개인 위주로부터 그 개인이 타인들과 갖게 되는 인간관계에로 옮겨진 것은 이 사실을 입증하고 있는 것이다. 정신질환은 주로 인간관계에 대한 그릇된 경험에서 일어나는 것이며, 때문에 이에 대한 치료는 보다 건설적이고 치료적인 대인관계의 확립을 통하여 가능한 것이다.

파터슨(C. H. Patterson)은 상담 그 자체를 일종의 인간관계로 보고 효과적인 상담은 효과적인 인간관계의 원리에 입각해야 한다고 강조했다.[19)] 그러므로 상담과 심리치료란 바로 바람직한 인간관계의 원리의 특수한 적용에 불과한 것이다.

뿐만 아니라 효과적인 대인관계의 발달을 위한 원리와 능력은 인종적인 갈등, 종교간의 알력, 국가간의 오해 및 기타 여러 가지 인간들이 관여하는 모든 사회분야의 문제를 원만히 해결하기 위해서도 절실히 요청된다고 보지 않을 수 없다.

---

16) W. G. Bennis, E. H. Schein, F. I. Steels & D. E. Berlow(Eds.), *Interpersonal Dynamics: Essays and Readings on Human Interaction*(Rev. ed.), Homewood, Ill.: Dorsey Press, 1978; K. Davis, *Human Relations at Work*(4th ed.), New York: McGraw-Hill, 1972.

17) G. E. Parker, *An Evaluation of a Supervisory Training Course in Human Relations*, Unpublished Doctoral Dissertation, Saint Louis University, 1991.

18) C. R. Roger, E. T. Gendlin & C. B. Truax, *The Therapeutic Relationship and Its Impact A Study of Psychotherapy with Schizophrenics*, Madison: University of Wisconsin Press, 1987.

19) C. H. Patterson, Counseling as a Relationship, *Journal of Rehabilitation*, 1959, Nov.-Dec., pp. 13-15.

4. 인간관계의 유형

1) '만남'의 관계와 '스침'의 관계

우리들이 경험하는 모든 인간관계는 크게 '만남'의 관계와 '스침'의 관계로 구분해 볼 수 있다. 필자는 본서에서 '만남'의 관계를 바람직한 인간관계로 보고, 이와 같은 관계의 발달을 장려하려고 한다.

어떤 의미에서 모든 인간은 두 가지 측면의 '자기'를 가지고 살아가고 있다. 그 중의 하나는 있는 그대로의 자기 또는 참된 자기이고, 다른 하나는 남에게 보이기 위하여 꾸며진 자기 또는 가면을 쓰고 '··· 인 체'하는 자기인 것이다.

우리가 말하는 만남의 관계는 있는 그대로의 '나'와 있는 그대로의 '너'가 서로 만나서 상호작용을 하는 관계를 말하고, 스침의 관계란 나 자신의 가면과 너 자신의 가면이 만나서 무의미하게 시간과 정력을 낭비하는 피상적인 관계를 말하는 것이다.

포웰(J. Powell)에 의하면 실존주의 심리학에서 사용하는 만남(encounter)이란 두 사람 사이의 특별한 관계를[20] 뜻하는 것이다. 이것은 있는 그대로의 한 인간실존이 있는 그대로의 다른 인간실존과 만나서 사적으로 의미 있는 의사소통을 하는 일종의 본체론적 친교, 두 인간실존의 참된 융합을 나타내는 말이다.

예를 들어, 우리들이 일상생활에서 경험하고 있는 스침의 관계에서는 다른 사람들이 당하는 고통을 듣고 보는 경우라 할지라도 이에 대하여 별다른 감정이나 동정을 느끼지 못한 채 건성으로 대하게 된다. 그렇지만 우리가 참 만남의 관계를 경험한 멀리 있는 한 친구에게서 온 편지를 통해 그 친구가 고통을 당하고 있거나 병중에 있다는 사실을 알았을 때, 우리가 당장에 그 친구의 고통을 무조건 동참하는 경험을 하게 되는 것이다. 이처럼 있는 그대로의 내가, 다른 있는 그대로의 한 인간실존과 만남의 관계를 경험하게

---

20) J. Powell, *The Secret of Staying in Love*, Niles, Ill.: Argus Communications, 1984.

될 때, 그는 더 이상 나의 이기적인 목적에 봉사하는 수단적인 존재가 아니라, 무엇인가 신비스럽고 만족스러운 친교 또는 동참의 경험을 함께 나누어 가지는 인간인 것이다.

이와 같은 만남의 인간관계를 우리는 생산적이고 바람직한 인간관계라고 부르는 것이며, 이러한 관계의 경험을 통하여 우리는 보다 자기실현을 할 수 있는 인간으로 변화해 가는 것이다.

인간은 누구나 생득적으로 만남의 인간관계를 형성 · 발달시킬 수 있는 가능성을 가지고 태어났다. 그래서 우리는 어렸을 때 있는 그대로의 자기로서 행동할 수 있었다. 울고 싶을 때, 있는 그대로 울 수 있었고, 웃고 싶을 때도 있는 그대로 웃을 수 있었다. 그러나 이와 같은 있는 그대로의 언행이 때때로 무시 또는 질책이라는 불쾌한 반응을 초래케 한 나머지 강화의 법칙에 따라 어느 듯 자신도 모르게 있는 그대로의 나의 느낌이나 생각을 은폐하고 남들에게 보이기 위하여, 인정받기 위하여 가식적인 자기를 형성 · 발달시키기에 이르렀다.

그래서 우리는 울고 싶어도 슬프지 않은 체, 두려워하면서도 태연한 체하게 된 것이다. 그리고 성장함에 따라 주객이 바뀌어 드디어는 양자 중 어느 것이 참 자기인지 조차 구별하기가 힘들게 되었다. 이와 같은 현상을 심리학자들은 '자기소외'라고 부른다.

인간은 누구나가 두 가지 측면의 자기를 가지고 있으면서 타인들로부터 칭찬이나 인정을 받기 위하여 있는 그대로의 자신의 느낌이나 욕구를 억제 또는 은폐하고, 오히려 참 자신의 것들이 아닌 것을 자신의 것인 양 가장하고 있는 것이다.

이런 관점에서 볼 때, 우리는 모두 가면을 쓰고 살아가고 있으며, 현대인의 인간관계란 거의 모두가 가면관계(假面關係)에 불과한 것이다.[21] 그 결과 우리는 있는 그대로의 느낌과 생각을 나누어 가질 수 없게 되므로 상호간에 거리감을 느끼게 되고 군중 속의 외로움을 경험하게 되는 것이다.

의사거래 분석학파에 의하면, 현대인의 인간관계는 한낮 게임에 불과하다.[22] 게임에서 이루어지고 있는 인간관계는 인간중심이 아니고 의식과 상

---

21) T. O'Bannion & A. O'Connel, *The shared Journey: An introduction to encounter*, Englewood Cliffs, N. J.: Prentice-Hall, 1970.

22) E. Burne, *Games People play*, New York: Grove Press, 1964.

황중심의 관계이며, 이미 사회와 문화에 의하여 정해진 프로그램에 따라 판에 박힌 행동을 연출하는 것에 불과한 것이다. 때문에 이와 같은 게임의 관계는 보다 의미 있고 생산적인 바람직한 인간관계를 방해하게 되는 것이다.

조우라드(S. M. Jourard)는 '스침'의 관계를 역할관계로 설명하고 있는데 그에 의하면, 현대인은 역할관계에 치중한 결과로 참된 인간관계에 실패하고 말았다.[23] 사회제도의 유지를 위해서는 역할수행이 필요하다. 그러나 현대인의 병폐는 역할 자체를 역할을 수행하는 자아를 가진 인간보다 더 중시하게 된데 있다. 따라서 현대인은 학자, 교사, 의사, 정치인, 종교지도자의 역할을 하기 위하여 있는 그대로의 참 자기를 팔아 넘겼다. 그래서 상대방을 대할 때, 존엄성을 가진 한 인간으로서 대하기보다 교수나 학자, 정치인이나 종교지도자, 즉 역할로서 대하는 것이다.

이와 같이 역할 대 역할의 관계는 우리로 하여금 스침의 관계에서 머물게 함으로 인간 대 인간의 만남의 경험을 할 수 없게 하는 것이다.

헤이(G. V. Haigh)는 현대인을 "사교적이고 인도적인 외양을 하고 있음에도 불구하고 정서적으로는 타인간으로부터 단절되어 있는 존재"로 보고 있다.[24]

현대인은 스스로를 어떤 일에 몰두하도록 허용하지 못하며 타인과 함께 정서적으로 깊은 관계를 맺고 일할 수도 없다. 그는 주위의 세계로부터 고립되어 있다. 따라서 그는 만사에 무기력하고 무관심하다. 그는 어떤 일에 관여되기를 주저하며, 인간을 인간으로 돌보지 않는다. 현대인의 대부분의 행동은 사회에 의하여 미리 제작된 각본에 따라 움직이는 것뿐이다. 이 사회의 프로그램을 떠나서는 스스로를 하나의 공허한 유기체로 느끼게 될 뿐이다.

(1) 만남의 관계에로의 발전

사람들이 참 만남의 관계를 발달시키지 못하고 스침의 관계에서 머무르게 되는 첫 번째 이유는 자기노출의 기피이고 두 번째 이유는 자기이해의 부족 때문이다.

---

23) S. M. Jourard, *The transparent self*, New York: D. Van Nostrand, 1971.

24) G. V. Haigh, "Psychotherapy as interpersonal encounter." In J. F. T. Bugental (Ed.), *Challanges of Humanistic Psychology*, New York: McGraw-Hill, 1987, pp.219-224.

포웰(J. Powell)은 우리들이 이와 같은 스침의 관계, 즉 가면관계 또는 역할관계를 발달시키게 된 이유에 대하여 "만약 내가 누구인지에 대하여 있는 그대로 이야기할 경우, 상대방이 나를 싫어하고 배척할까 두려워하기 때문"이라고 설명하고 있다.[25]

그에 의하면, 현대인들은 상호간에 신뢰가 없기 때문에 자기 자신들을 더 이상 상처받지 않도록 보호하기 위하여 여러 가지 방어기제를 쓰고 있다는 것이다. 사람들이 "안녕하세요", "별고 없습니까", "만나서 반갑습니다"는 등과 같은 판에 박힌 대화를 주고받거나 제3자에 관한 험담으로 시간을 보내고 있는 한은 있는 그대로의 우리 자신을 노출하지 않기 때문에 우리는 상처받을 위험 없이 안전한 것이다.

그렇지만 우리들이 이와 같은 피상적이거나 방어기제를 통한 상호작용을 하고 있는 동안은 인간 대 인간의 만남은 불가능한 것이다. 그 결과 우리는 보다 깊은 차원의 의사소통을 할 수 없을 뿐만 아니라 우리의 정체감과 인격적 통합감을 상실하게 되는 것이다.

사실은 사람들 모두가 진정으로 바라고 있는 것은 이와 같은 가면관계나 역할관계에서 벗어나서, 보다 깊이 있고 진실된 만남의 관계를 발달시키는 일이다. 하지만 정직한 자기노출이 당면하게 될 위험이 너무도 강력하리라는 우려 때문에 사람들은 역할놀이를 통한 가면관계를 그대로 지속시키게 되는 것이다. 때문에 사람들은 성장, 통합, 사랑을 경험케 하는 인간관계, 즉 생산적인 참 만남의 바람직한 인간관계를 발달시키지 못하고 있는 것이다. 그 결과 사람들은 스스로의 풍부한 인간성장에도 지장을 받을 뿐 아니라, 가정, 학교, 직장 또는 기타 여러 종류의 모임에서도 귀중한 시간과 심적 에너지를 낭비함으로 생산적이지 못하는 것이다.

우리들이 타인과의 참 만남의 차원에서 인간관계를 발달시키지 못하는 다른 또 하나의 이유는 내가 나 자신에 대하여 오해하고 있으므로 진정한 나를 상대에게 보여주지 못하기 때문이다. 다시 말해서 나 자신이 나를 정확하게 평가하지 못하고 있거나 상대방이 나 자신에 대하여 어떻게 느끼고 생각하고 있는가에 대하여 올바로 깨닫지 못한 채 그 상대방과 관계를 발달시키려 하기 때문이다.

---

25) J. Powell, Why am I afraid to tell you who I am? Chicago: Argus Communications, 1969; *Ibid.*, 1984, pp. 230-235.

예를 들면, 실제적으로는 나 자신이 그렇게 현명하지 못함에도 불구하고 자기 스스로 현명한 줄 알고 행동하거나 자신의 언행이 상대방에게 싫증을 주는 것임에도 불구하고 이를 전혀 깨닫지 못한 채 오히려 그가 자기를 좋게 보고 있는 것처럼 그릇 판단하고 행동하는 경우를 들 수 있겠다. 이와 같은 경우에는 주로 자기이해가 부족한 사람들에게서 흔히 볼 수 있다.

우리는 유치원에서부터 대학원에 이르기까지 지나치게 객관적인 지식위주의 교육을 받아왔기 때문에, 미국의 16대 대통령이 누구인지, Msslow의 기본적 욕구에 관한 이론이 어떤 것인지 등과 같은 자기 아닌 타인에 대해서는 상당히 많은 지식을 가지고 있다. 그러나 자기 자신에 대해서는 학습할 기회를 거의 갖지 못했기 때문에 막상 "나는 어떤 사람인가?" "나의 장점과 단점은 무엇인가?" 등에 관한 물음에 직면할 때는 망설이게 된다. 그 결과로 우리는 대인관계에서 말하거나 행동할 때 나는 무엇을, 왜 그러한 방법으로 행동하고 있는지에 대하여 잘 모르고 있다. 즉 나는 지금 상대방에게 화를 내고 있는지, 불안이나 긴장감을 느끼고 있는지, 나는 지금 상대방에게 무엇을 바라고 있는지, 나는 지금 상대방의 기대에 부응하기 위하여 말하며 행동하고 있는지, 아니면 그의 욕구에 반대하기 위하여 특정한 말과 행동을 하고 있는지, 그리고 이와 같은 나의 언행이 상대방에게 어떤 영향을 미치고 어떤 반응을 불러 일으키고 있는지 등에 대하여 잘 모르고 있는 것이다.

이러한 요인들 때문에 우리는 본의 아니게 상대방에게 오해를 사거나 싫증을 느끼게 하여 효과적인 관계 발달을 그르치게 하는 것이다.

(2) 조하리의 마음의 창문

자기이해 및 자기노출의 두 가지 요소를 포함하여 인간관계 전반에 대한 이해에 도움을 얻기 위하여 조하리의 '마음의 창문'으로 불리어 지고 있는 [그림 1-1]과 같은 모형을 살펴보기로 한다.

사분정방형으로 도식화된 [그림 1-1]의 모형을 보면, 우리들에게는 느낌, 생각, 행동 등이 자신과 타인에게 함께 알려져 있는 개방된 부분 공개된 영역(Ⅰ)이 있는가 하면, 타인에게는 알려져 있어도 자기 자신은 지각하지 못하고 있는 미인식 영역(Ⅱ)이 있고, 또 자신은 알고 있지만 타인에게는 은폐된 영역(Ⅲ)이 있다. 그리고 마지막으로 타인과 자기 자신에게도 전혀 알려지지 않고 있는 미지의 영역(Ⅳ)도 있다.

그림 1-1 조하리의 마음의 창문

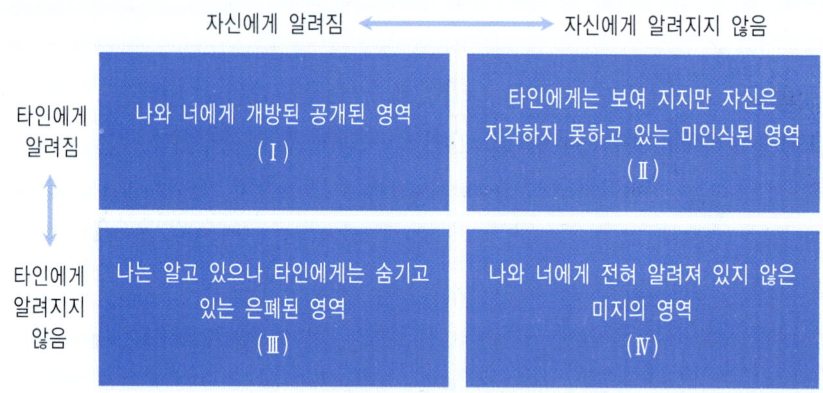

자료: J. Luft, *Group Process: An Introduction to Group Dynamics*, Mayfield, 1963.

위 모형에 따르면, 바람직한 인간관계의 발달이란 Ⅱ, Ⅲ, Ⅳ의 영역을 줄이고 Ⅰ의 공개된 영역을 확장하는 것을 의미한다. 우리들 중에서 눈치가 없고 우둔한 사람으로 이해되고 있는 사람들은 Ⅱ의 미인식된 영역이 넓어서 타인들이 보기에는 개선해야 할 점들이 많으나 자기 자신은 그와 같은 것을 깨닫지 못하고 스스로 잘난 체하거나 문제가 없는 체하는 등으로 자기도취적이 되어 있다. 그렇지만 어쩐지 남들과는 생산적인 관계를 발전시키지 못하는 사람이다. 자기이해가 부족한 사람의 경우에 해당한다고 볼 수 있다.

그리고 일반적으로 자기표현을 못하기 때문에 그 속에 어떠한 느낌이나 생각을 하고 있는지 알 수가 없어서 쉽사리 접근하기에 힘 드는 그러한 사람은 Ⅲ의 은폐된 영역을 넓게 소유하고 있는 사람이라고 말할 수 있겠다. 그는 민감하여 자기 자신을 비교적 정확히 이해하기는 하는 편이다. 그러나 스스로 이해하는 자기 자신을 수용하지 못하므로, 남에게 있는 그대로 내어놓기를 싫어하고 주저하기 때문에 자기를 은폐하고 있는 편이다. 그 때문에 타인과의 생산적인 관계를 맺는데 지장을 받을 뿐만 아니라 일반적으로 불안해하고 긴장해 하며 자기은폐에 지나친 신경을 쓰기 때문에 자기의 기능을 충분히 발휘하여 생산적인 삶을 사는데 방해를 받기 쉽다.

이와 같은 사람들에게 특별히 자기노출의 용기와 훈련이 필요한 것이다. 결국 우리는 인간관계 훈련을 통하여 Ⅰ의 영역을 넓히고, Ⅱ, Ⅲ, Ⅳ의 영역을 축소함으로써 자기성장은 물론 타인과의 효과적인 관계를 형성·발전시키는데 힘써야 할 것이다.

2) 일반적 개념으로서의 인간관계

일반적 개념의 인간관계는 일반 사회에서 널리 이용되고 있는 일반적인 의미에서 ① 인간과 인간의 심리적 관계, ② 대인관계, ③ 인화(人和) 등의 의미로 사용되고 있다.

즉 인간과 인간의 심리적 관계로 쓰여 지는 인간관계는 일반적으로 특별한 목적의식이 없이 자연인 상호간에 형성되는 일정한 심리적 관계 그 자체를 의미하는 것으로 여기에는 이념이나 가치판단의 의미는 전혀 개재되지 않는다. 한편 대인관계(對人關係)라는 의미로 사용되고 있는 인간관계는 사람이 다른 사람을 대면하는 경우에 개인의 언행과 태도에 관심을 갖고 형성되는 상호관계이므로 개인과 개인의 교양과 개성(personality) 수준의 정도 및 대인적 교섭과 수용 태도에 치중하는 내용으로 이해될 수 있다.

그리고 인화(人和)라는 의미로 사용되는 인간관계는 공통의 목표 의식이 있는 동일 집단에서 인간 상호간에 형성되는 바람직한 심리상태로 이해되어야 한다. 즉 특정 개인의 대인관계를 형성하는 능력과 잠재능력 및 탁월한 친화력이나 지도력의 결과로 목표 지향적인 인간관계 상태와 심리적 상태를 조성하여 집단의 효율과 능률의 극대화를 기대할 수 있다는 의미로 이해되어야 한다.

이와 같이 일반적 개념에서의 인간관계의 의미는 일반 사회에서 무분별한 상태에서 사용되고 있기 때문에 때로는 일반적인 의미에서의 인간관계를 통속적인 의미에서의 인간관계로 포괄적인 의미에서 이해되는 경우가 있다. 따라서 학문적인 의미에서 인간관계의 내용을 명확하게 규정할 필요가 있다.

3) 학문적 개념으로서의 인간관계

학문적 개념으로서의 인간관계의 내용은 인간관계의 과학과 산업 상의 인간관계로 대별하여 생각할 수 있다. 특히 산업 상의 인간관계는 기술적 인간관계와 공식적 인간관계(formal human relation) 및 비공식적 인간관계(informal human relation) 등으로 구분·정리하여 그 내용을 이해하는 것이 바람직하다.

(1) 인간관계의 과학

인간관계의 과학은 넓은 의미에서 사회과학과 동의어로 사용되는데, 여기에는 경제학, 노동 경제학, 정치학, 법학 등이 포함된다. 그러나 좁은 의미에서의 인간관계 과학은 심리학을 비롯한 사회심리학과 산업심리학, 사회인류학 및 임상심리학 등의 제 학문(諸 學問)을 포괄하고 있다.

이와 같이 인간관계 과학은 제 인접과학(諸 隣接科學)을 배경으로 하여 인간을 중심으로 인간 행동과 욕구 및 심리상태와 변화 과정 등을 상세하고 적나라하게 분석 연구하여 진의를 파악하는 기술적인 학문이다. 이와 같이 인간의 심리와 행동에 관한 이론적 측면을 더욱 심오한 경지로 개발 내지 발전시키고 있기 때문에 경영학에서 인간관계론이 차지하고 있는 비중은 매우 크다고 하겠다.

(2) 산업 상의 인간관계

산업 상의 인간관계라는 용어는 조직 내의 경영관리 측면에 존재하는 현실, 즉 기술적인 면이나 공식적인 면과 비공식적인 면에서의 현실 자체의 인간관계의 사실을 지칭하게 된다. 이와 같이 다양한 측면에서 볼 때 경영조직 내에 존재하는 인간관계를 항상 선의 또는 좋은 결과를 당연히 초래할 수 있는 안일하고 용이한 의미로만 생각할 수는 없다. 오히려 경영조직 내에서는 구성원 상호간의 질투, 대립, 마찰 및 눈에 보이지 않는 암투 등이 개재되어 있을 수도 있다.

물론 건전한 조직 풍토 속에서는 이러한 요소가 존재하지 않을 수도 있지만 심오한 연구·분석에는 제외할 수 없는 것이다. 특히 조직은 상호간 상이한 개성을 가진 개개인의 집단이며, 동시에 상이한 개인의 차이와 욕구 및 이에 수반하는 행동 양상을 보이고 있기 때문에 조직 내의 현실 그대로의 인간관계의 사실을 말하는 것이다.

따라서 현실 그대로의 인간관계를 조직적인 측면에서 보면 ① 기술적인 인간관계와 ② 제도적인 인간관계 및 ③ 비공식적인 인간관계 등의 3가지 형태로 다시 구분할 수 있다.

① 기술적 인간관계

기술적 인간관계(technical human relation)는 생산공정 상에서 기술적인 의미에서 상호 의존적 · 협동적 관계를 갖고 있는 인간관계만을 한정시키고 있다. 이러한 관계는 인간 상호간의 작용, 즉 인간의 상호 우호적인 인지(recognition)와 기대(expectation) 및 개인욕구(individual needs)를 토대로 한 언행의 교환이 이루어지지 않을 경우에도 이 인간관계는 형성될 수 있다.

따라서 기술적인 면에서의 인간관계는 경영조직 내에서 물질적 · 기술적 조직 속에서 형성되는 인간관계이며, 이러한 작업 그 정도의 인간관계는 인간을 비인격화 내지 기계화하는 것과 같은 기계적 관계와 유사하다고 할 수 있다.

② 공식적 인간관계

이는 사회 규범(social norm)과 같이 조직 상의 규정이나 제도에 의하여 형성되는 직무 상의 관계이며, 동시에 공식적인 인간관계를 의미한다. 이는 형식적이고 외면적인 관계에 지나지 않으며, 현실적인 인간 상호간의 작용성은 결여되어 있다. 이러한 예는 대기업의 최고 경영자와 하부 계층의 종업원간의 관계에서 볼 수 있는 현상이다. 이러한 유형의 인간관계는 인격적이고 유기적인 유대 관계가 결여되어 있는 비인격적인 인간관계라고 말할 수 있겠다.

③ 비공식적 인간관계

비공식적인 면에서의 인간관계(informal human relation)는 제도적인 인간관계와는 달리 인간 상호간의 일상적인 인간 접촉을 통해서 확립되는 인격적인 관계이며, 이는 제도적인 인간관계와는 상이한 점이 있으므로 이를 요약하면 다음과 같다.

첫째, 직접적인 상호 접촉을 전제로 한다(man to man).

둘째, 인간 상호간의 퍼스낼리티(personality)에 대하여 갖는 특정한 감정이나 가치 판단(value valuation) 때문에 형성 또는 지속되는 관계이다.

셋째, 조직의 제도(system)와 규범에 의해 인위적으로 형성되는 관계가 아니고 자연발생적 또는 자생적으로 성립되는 관계이다.

이상과 같은 비공식적인 인간관계를 규정하였으나 여기서 분명히 밝혀야 할 것은 인격적 관계라고 해서 반드시 집단이나 조직 내에서 목표 지향적 개념에서의 인화(人和)라는 가치적인 요소를 포함시키지는 않는다.

그러므로 협의의 인간관계는 사실상 자생적인 인간관계를 뜻하는 것이기는 하지만, 이는 기술적이고 제도적인 두 가지의 관계와 상호 제도적인 연관성을 갖고 있으므로, 연구의 대상으로는 ① 기술적인 인간관계와 ② 공식적인 인간관계 및 ③ 비공식적인 인간관계의 개념을 일괄적으로 인간관계의 사실이라고 간주하고 포괄적으로 다루어야 한다. 따라서 인간관계적 연구방법(human relation approach)을 포괄적으로 인간관계라고 부르기도 한다.

5. 인간관계의 형성과 발전

조직 구성원간의 인간관계는 다음 [그림 1-2]에 나타난 바와 같은 일련의 과정을 거치면서 형성·발전한다.

그림 1-2 인간관계의 발전 과정

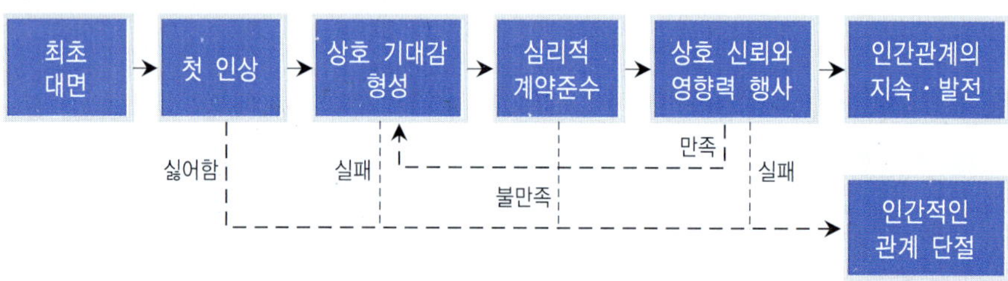

1) 첫 인상(印象)의 형성

인간관계 발전의 첫 번째 단계는 첫 인상을 형성하는 단계로써, 최초의 만남을 통하여 각자가 가지는 상대에 대한 호감의 정도에 따라 첫 인상의 이미지가 형성되는데, 상호간 호감의 정도가 높으면 인간관계는 다음의 단계로 발전할 수 있지만, 만약 호감의 정도가 낮을 경우에는 인간관계는 단절이 되고 만다. 여기서 첫 인상에 영향을 미치는 요인들을 정리해 보면 그 내용은 다음과 같다.

첫째, 육체적 특성으로써 연령, 성(性), 체격, 용모, 피부색 등을 들 수 있는데 이는 선천적 요인으로써 숙명적으로 수용할 수밖에 없는 특성이지만 바람직한 대인관계를 위한 절대적 요인은 아니다.

둘째, 그 다음은 지적 능력으로써 사고력, 판단력, 창의력, 의사소통 능력 등이 있다. 이는 후천적인 성격이 강한 특성들로써 바람직한 대인관계의 지속성이나 강도에 크게 영향을 미치는 요인들이다.

셋째, 그리고 마지막으로는 Personality 특성으로써 수용성, 신뢰성, 사회성 등을 지적할 수 있겠다. 이 또한 후천적 성격이 강한 특성들로써 바람직한 대인관계에 크게 영향을 미치는 요인들이다.

돈 바이른(Donn Byrne)의 연구에 따르면 인간은 자기와 비슷한 특성(태도, 배경, 문화, 사고 등)을 지닌 사람을 선호하게 된다. 그것은 자기와 유사한 특성을 소유한 사람을 지지함으로써 자기 자신의 신념, 인생관, 의사결정의 정당함을 증명, 확인하는 심리적 보상을 받을 수 있기 때문일 것이다.

해롤드 켈리(Harold Kelley)는 타인의 특성에 관한 선입관이 그 정당성과는 관계없이 타인과의 대인관계에 지대한 영향을 미친다고 주장했다. 이러한 연구들을 고찰할 때 개인이 보여주고 있는 첫 인상이 대인관계 발전에 있어서 얼마나 중요한 것인지를 잘 알 수 있다. 물론 호감을 주는 첫 인상이 지속적인 대인관계를 유지하여 준다는 보장은 할 수 없지만, 적어도 상대방과의 대인관계 발전의 초기 단계에서는 필수적인 요인이 된다는 것만은 부인할 수 없는 명백한 사실이라 하겠다.

2) 상호 기대감의 형성

상대방에 대한 호감적인 첫 인상이 형성되고 나면, 사람들은 장기적 대인관계 유지를 위한 상호 기대감의 형성 단계로 발전한다. 조직 구성원들이 상호간에 기대하는 사항들은 조직에서의 신분 보장, 친교관계 유지(affiliation), 조직에서의 원만한 역할 및 직무수행, 상호 영향력의 행사, 자아실현, 성취동기의 발달 등일 것이다. 즉 신입사원은 상급자가 친절하고 공정하게 자기를 대해 주기를 기대하며, 자기를 지지하여 주고, 자기의 욕구를 충족시켜 주길 기대하는 반면에 상급자는 신입사원이 생산적이며, 조직에 충성심을 갖고 조직의 규범과 규칙을 준수하여 주길 기대한다. 상호간에 이러한 기대감이 형성되고 나면 다음 단계로의 대인관계가 발전되는 반면, 기대감이 형성되지 못할 경우에는 대인관계가 단절되는 셈이 된다.

3) 심리적 계약의 준수

상대방에 대한 기대감이 형성되고 난 다음, 상호간의 관계유지는 기대감을 충족시켜 주기 위한 상호간 노력의 정도와 그 결과에 의해 결정되는데, 이 단계를 심리적 계약의 준수단계라 한다. 이 단계는 상대방이 제3자의 자세가 아닌 관계 당사자로서의 적극적이며, 진실하고 정직한 행동을 통하여 다른 상대방의 기대를 충족시켜 주는 과정이다. 물론 상대방의 기대를 완벽하게 충족시켜 주지 못하는 경우가 종종 있을 수 있다. 이때는 상대방에게 적어도 "당신의 욕구를 충족시켜 주기 위하여 최대한의 노력을 하였다"는 것을 구체적으로 확신시켜 주어야 한다. 만일 확신을 시켜 주지 못한다든지 또는 상대방이 다른 상대방의 의도적 내지는 이기적(利己的)인 욕심에 의해서 자신의 기대가 충족되지 못하였다는 것을 느끼게 되면 양자간의 원만한 대인관계 유지는 매우 어렵게 된다.

Kiesler는 집단 구성원간의 강력한 우애(友愛)는 상대방을 좋아하고 있으며, 그의 기대감을 충족시켜 주기 위한 최대한의 노력을 하고 있다는 진실된 표현을 보여주는 단순한 행위에 의하여 조성된다고 주장하고 있다.

인간관계를 성공적으로 유지하기 위해서는 상대방이 무엇을 기대하고 있는지를 정확하게 알아야 하며, 또한 기대를 충족시켜 주기 위한 행위가 정직・진실하여야 하고, 신뢰성이 있어야 하며 예측 가능하여야 할 것이다. 만일 이러한 요건이 결여된다면 상대방에 대한 불만이 고조되어 갈등이 발생하고, 갈등을 해소하지 못하는 종국에는 인간관계가 단절되고 만다.

Gabarro가 제시하고 있는 대인관계에서 갖는 공통된 기대사항들을 열거해 보면 그 내용은 다음과 같다.

(1) 개인 속성에 대한 기대

① 정직성(正直性) : 도덕적, 양심적인 사고와 행위의 유지
② 동기(動機) : 정당한 의도와 신뢰할 수 있는 행동
③ 일관성(一貫性) : 일관된 행위 표현 및 유지
④ 개방성(開放性) : 대인관계에서 정직한 자기 노출
⑤ 신중성(愼重性) : 타인에 대한 신뢰하는 마음의 유지

(2) 능력에 대한 기대

① 기술적 능력 : 업무 수행에 필요한 전문지식 및 능력의 소유
② 대인관계 능력 : 효율적 대인관계를 유지할 수 있는 능력의 소유

(3) 판단에 대한 기대

① 경영 감각 : 훌륭한 경영 의사 결정
② 타인 평가 : 정확한 타인 평가

4) 신뢰감의 형성과 상호간 영향력 행사

상호간 기대감을 충족시켜주는 빈도 수(數)가 높아지면 질수록 대인관계는 상호 신뢰 및 영향력의 행사 단계로 발전한다.

신뢰감의 형성은 진실한 대인관계 유지에 매우 중요한 요소로써, 상대방이 형성된 심리적 계약을 잘 준수할 것이라는 믿음을 뜻한다. 즉 경영자가 종업원을 채용할 때는 종업원이 부여된 업무를 성공적으로 수행하여 줄 것이며, 조직에 충성심을 가지고 성실한 자세를 갖추며, 조직의 제반 규범과 규칙을 준수하여 줄 것이라는 신념을 갖기 때문이다. 또한 종업원은 경영자

와 조직이 자기의 신분을 보장하여 주며 사회적 욕구, 정신적 욕구를 충족시켜 줄 것이라는 신념을 가짐으로써 조직 구성원의 일원이 되는 것이다. 상대방을 신뢰하기 위해서는 상대방에 대한 신념을 가져야 되는 것이며, 신념은 상대방과의 관계를 유지하면서 체험한 경험에 의하여 그 농도가 결정되는 것이다.

Joe Luft에 의하면 대인관계가 원만하지 못한 것은 미지 영역(未知領域 ; unknown area), 즉 "내가 모르는 나의 부분과 남이 모르는 나의 부분"이 큰 경우로써 그 부분이 커지면 커질수록 상대방에 대한 정확한 판단이 흐려지며, 그 결과 상대방의 현실적 기대를 정확하게 파악(把握)하지 못하여 상호간의 기대 충족이 결여되고 신뢰의 수준이 감소되어 상호간의 갈등이 증가되며 그 결과 대인관계가 원만하게 유지되지 못한다고 주장한다. 상호 신뢰와 더불어 대인관계는 양 관계자가 상호간에 영향력을 행사하는 단계로 발전한다.

영향력 행사라는 것은 대인관계 형성의 초기 단계인 첫 인상에서 상호 신뢰까지 형성되어 온 대인관계를 바탕으로 상대방의 사고, 태도 및 행위에 변화를 일으키는 것을 의미한다. 앞의 단계에서와 마찬가지로 상호간 의견을 서로가 얼마나 수용, 동의하여 어떠한 변화를 나타내어 주는지 그 정도 여하에 따라 원만한 관계 유지 그리고 지속적 관계 유지가 결정되는 것이다.

상대방의 행위변화에 지속적으로 영향력을 행사하는 것을 우리는 리더십이라고 표현하며, 관리자의 리더십과 대인관계 능력을 중시하는 것은 조직의 목표 달성을 위하여 구성원들의 행위를 바람직하게 변화시키는데(영향력 행사) 대단히 중요할 뿐만 아니라 신입사원의 조직 사회화에 지대한 영향을 미치거나 역할을 수행하기 때문이다.

다른 사람과 효율적으로 인간관계를 유지하지 못하는 관리자는 진실로 훌륭한 관리자가 되지 못한다. 관리자의 부하와의 원만한 상호관계는 그들의 직무수행에 필요한 동기 유발을 도와주고, 직무수행에 필요한 지식을 제공하는데 도움을 주며, 발생한 문제를 해결하는데 도움을 줄 수 있다. 또한 다른 부서의 관리자와의 원만한 관계는 자기부서의 효율성 제고와 부서간의 갈등해소에 도움을 주며, 조직 전체의 원만한 운영에도 도움을 준다.

6. 인간관계를 어렵게 만드는 요인들

실제적으로 우리의 삶 속에서 인간관계의 관리만큼 어려운 것도 없다. 하이네의 「라자노의 노래」에서 "어째서 올바른 자가 십자가를 지고 피를 흘리며 길을 가고, 나쁜 놈들이 도리어 승자가 되어 의기양양하게 활보하는가?" 하고 탄식한 것은 인간관계의 어려움을 말해 주는 단면일 것이다. 인간관계에는 방정식이 없다고 한다.

그래서 일본의 한 유명한 작가인 나츠메 쇼세기(夏目瀨石)는 그의 명작 『草枕(초침)』(구사마구라, 1964)에서 "지적(知的)으로 움직이면 모(角)가 나고, 정(情)으로 노 저으면 떠내려가고, 의(意, 배짱)로 밀고 나가면 뜻대로 안 되어 숨이 막힌다. 이럭저럭 세상은 살기 어렵다"고[26] 인간관계의 어려움을 노래한 바 있다.

인간관계를 어렵게 하는 이유는 헤아릴 수 없을 정도로 많겠지만 기본적인 것이라고 생각되는 몇 가지를 예시해 보면 다음과 같다.

(1) 사람은 제각기 다른 환경과 경험 속에서 서로 다른 욕구를 추구해 가면서 각자의 삶을 살아가고 있기 때문이다(개인차의 법칙, 심리학의 제1법칙).

데이비드 리스만은 『고독한 군중』에서 "천의 창문에선 서로 다른 천의 목소리가 나온다고" 하였다. 남성의 리듬과 여성의 리듬은 다르다. 사람에 따라 로버트 테일러를 좋아하거나 클라크 케이블을 좋아할 수 있고, 칸초네나 샹송을 좋아할 수 있다. 각자 좋아하는 음성과 아름다움이 서로 다르다.

(2) 사람은 각자 서로 다른 가치관을 가지고 살아가고 있기 때문이다. 채플린은 「Modern Times」 속에서 여배우가 "인생은 희망과 용기와 돈"이라고 했듯이 무엇을 삶의 의미로 하는가는 사람마다 다르다. "물질이 있는 곳에 마음이 있다"고 한다. 기독교의 성서를 보면 장자권을 얻기 위해 아내를 팔아 버린 이야기에서부터 루터가 종교개혁을 하게 되리만큼 면죄부를 돈으로 팔았고 심지어는 열두 제자 중의 하나인 가룟 유다는 예수를 은 삼십 량에

26) 後藤敏夫, 『人間關係』, 帝國地方行政學會, 1968, p. 1; 上野一郎, 『マネジメント思想の發展系譜』, 日本能率協會, 1977, p. 199; 삼국지에 나오는 주인공인 조조는 知로, 그리고 유비는 情으로 후계자를 선발했다고 한다.

팔았다. 이 모두는 가치관의 차이에서 비롯된 아픔이 아니겠는가?

(3) 사람은 각자가 어느 무대에서나 자신을 주인공으로 생각하고 너무 사랑하기 때문이다. 이 세상에는 '나'만을 위해 존재하는 것은 아무것도 없는데도 각자는 자기중심의 천동설(天動說)에서 벗어나지 못하고 있다.

"동료가 없어도 자기 혼자서 해 나갈 수 있다고 생각하는 것은 잘못이다. 동료가 없으면 자기 혼자서는 해 나갈 수 없다고 생각하는 것도 잘못이다. 또한 자기가 없으면 동료가 해 나갈 수 없다고 생각하는 것은 더욱 잘못이다."라는 표현이 이의 좋은 설명이 된다. 더욱이 각자가 자기만을 사랑한다면 이 세상은 어떻게 유지되겠는가?

(4) '개인'은 '전체'의 한 부분이라는 사실에 대한 인식이 부족하기 때문이다. 한 사람은 가정에서도, 대학에서도, 직장에서도 저마다 구성원들 가운데 한 부분일 뿐인데도 혼자서 갖겠다거나 하겠다고 하기 때문이다. 말하자면 자동차에 소요되는 많은 부품들 가운데 어느 한 부품만으로는 아무런 의미가 없고 여타의 부품들과 유기적으로 연관되어 전체(자동차)의 일부가 될 때 비로소 존재가치가 있는 것이다.

(5) 사람들은 제각기 자기 자신과 자신의 약점을 모르고 있기 때문이다. 소크라테스는 "너 자신을 알라"고 했지만 프랑스의 생리학자 카렐(A. Carrel)이 말하듯이 "인간 : 그것은 미지(未知)의 것"이며 자신의 약점을 더욱 잘 모르는 존재이다. 성서에 "네 눈에 들보는 보지 못하고 남의 눈의 티를 본다고" 했듯이 상대방의 약점만을 보고 그것도 크게 본다.

불교에서는 사람은 누구나 두 개의 업보(짐)를 지고 살아간다고 한다. 앞의 짐은 상대방의 약점이고 뒤의 짐은 자신의 약점인데 사람들은 언제나 앞에 앉고 있는 짐, 즉 상대방의 약점만을 보게 되니 문제가 생기지 않겠는가?

자신의 시야는 상대방의 시야보다 좁을 수 있고 각자에게는 시각의 사각지대(死角地帶)가 있듯이 감정의 사각지대가 있음을 잘 모른다. 자신의 장점이 바로 단점이 될 수 있듯이 다른 사람의 단점은 바로 그의 장점이 될 수도 있을 것이다.

(6) 대부분의 사람은 자기 자신에 대해서도 잘 모르지만 상대방에 대해서는 더욱 잘 모르기 때문이다. 이와 관련하여 조해리의 창(Johari window)이라 불리는 의사소통 유형에 관한 이론을 원용하여 다음과 같은 네 가지 관계를 제시해 볼 수 있겠다.

① 나는 상대를 잘 알고 상대도 나를 잘 알고 있는 관계
② 나는 상대를 잘 아는데 상대는 나를 잘 모르는 관계
③ 나는 상대를 잘 모르는데 상대는 나를 잘 알고 있는 관계
④ 나도 상대를 잘 모르고 상대도 나를 잘 모르고 있는 관계

아마도 인간관계를 유지하면서도 많은 경우에 사람들은 ④에 해당하지 않겠는가?

(7) 상대방에 대한 신뢰가 없기 때문이다. 상호간 신뢰감이 부족하면, 상호 마음의 문을 열지 못하고 벽을 쌓게 된다. 건전한 인간관계의 기본적인 방향은 상대에 대한 신뢰감의 형성과 유지 및 발전이다.

〈표 1-1〉 인간관계의 네 단계

인간관계의 4단계		설득의 난이점
제1단계	나쁜 인간관계 (상호 적대 감정)	선입관이 나쁘기 때문에 설득이 안 됨 (이미지 개선이 선행되어야 함)
제2단계	보통의 인간관계 (호의도 악의도 없음)	이해와 보증과 이익을 주면 설득이 가능하나 상당한 노력이 필요함
제3단계	좋은 인간관계 (신용을 해 줌)	명분 있는 일이면 대강 설명해도 설득이 용이함
제4단계	가장 좋은 인간관계 (절대적 신뢰를 함)	용건만 말하면 곧 승낙함.

(8) 자기가 상대방이나 조직 또는 집단에 꼭 필요한 존재가 되지 못하기 때문이다. 이 세상에는 ① 있어야 할 사람, ② 있으나 마나 한 사람 그리고 ③ 있어서는 안 될 사람이 있다고 한다. 자신이 상대나 소속된 집단에서 꼭 필요한 있어야 할 사람이 될 때 좋은 인간관계가 형성·유지될 수 있다.

(9) 적당한 거리를 유지하지 못하기 때문이다. 지나치게 먼 거리에서는 인간관계가 형성도 유지도 불가능하다. 또한 상호 신뢰를 통하여 밀착된 좋은 인간관계로 발전되어야 하지만 지나치게 가까워지면 오히려 위험을 초래할 수도 있다는 점에 유념할 필요가 있다. '고슴도치의 딜레마'로 잘 알려진 쇼펜하워의 우화에 이런 이야기가 있다.

"어느 추운 겨울날 추위로 얼어붙을 것 같은 몸을 녹이려고 하는 두 마리의 고슴도치가 있었다. 서로가 가까워지면 가까워질수록 생각과는 달리 자기의 가시가 상대편을 찌르고 또한 자기도 찔려 서로가 상처투성이가 된다. 반대로 떨어지면 떨어질수록 추위를 참아낼 수가 없었다. 두 마리의 고슴도치는 몇 번이고 가까워졌다가는 떨어지고 떨어졌다가는 다시 가까워지는 일을 반복하는 동안에 서로가 상처를 입지 않고 추위도 견딜 수 있는 적당한 거리를 깨닫게 되었다는 것이다."

(10) 사람들은 제각기 동일한 사실 또는 현상을 다르게 지각하기 때문이다. 엄밀한 의미에서의 객관적인 세계는 있을 수 없고, 모든 사람은 주관화된 객관적인 세계를 지각하므로 오해나 갈등 및 오류를 범하게 되어 인간관계를 형성할 수 없거나 유지할 수 없게 된다.

(11) 성숙도(maturity)가 낮기 때문이다. 성숙도가 낮을수록 자신이 승자가 되고 상대방이 패자가 되길 원한다. 환언하면 상대방의 희생 위에서 자신의 이익을 찾으려 한다. 자신이 그렇게 하길 원하듯이 상대방도 그렇게 하길 원한다면 양자의 관계는 어떻게 되겠는가?

(12) 상대에 대한 기대감이 지나치게 높기 때문이다. 아내가 남편에 대해, 시어머니가 아들에 대해, 그리고 부모가 자식에 대해 기대감이 지나치게 높으면 실망하게 되는 경우가 많은데 이는 오히려 관계의 약화를 초래한다.

(13) 바람직한 인간관계의 관리기법에 대한 이해가 부족하기 때문이다. 모든 경영활동을 위해서는 여러 가지 경영기법의 동원이 필요하듯이 바람직한 인간관계를 위해서도 그러하다.

7. 바람직한 대인관계의 기본자세

바람직한 인간관계는 인간의 삶의 질(quality of life)을 풍성하게 해 준다. 그러나 앞에서 살펴보았듯이 여러 가지 이유로 많은 어려움에 봉착하여 바람직한 인간관계의 형성 및 개선에 실패하여 불행을 초래케 된다. 이의 극복을 위해서 『성경』을 비롯해서 『명신보감』, 『채근담』 등 많은 책들이 좋은 교훈을 제공하고 있다. 또한 여러 학자들에 의해 개발된 인간관계 개선을 위한 기법들도 많을 도움을 준다. 여기서는 인간관계 개선을 위한 제 기법들을 설명하기에 앞서 바람직한 인간관계 형성을 위한 기본적인 자세에 대하여 먼저 설명하고자 한다.

첫째, 진심으로 상대방을 이해하고자 하는 노력이 필요하다. 자신이 좋아하지 않는 사고나 행동을 상대방은 왜 그렇게 하고 있는지를 상대방의 입장에 서서(put in his shoes) 해석하고 이해할 수 있어야 한다. 잠깐 본의 아닌 사고의 잘못일 수도 있고, 충동적인 순간의 행동일 수도 있다. 자신도 언젠가 그 같은 사고와 행동을 할 수도 있다. 그래서 성경의 황금률은 "먼저 네 눈 속의 들보를 빼라. 그런 후에 밝히 보고 형제의 눈 속의 티를 뽑으라."는 교훈을 준다.

둘째, 무엇보다도 자기 자신에 철저해야 한다. 이를 위해서는 "待人春風(대인춘풍)하고 持己秋霜(지기추상)하라"는 격언이 도움이 된다. 자기변명, 자기 위로, 자기기만을 하면 인간관계에서 뿐만 아니라 자기 인생에서도 실패하게 된다. 자기 자신에 철저한 사람이 인생에서 그리고 인간관계에서도 성공하는 사람이 된다. "내 탓이요. 네 덕이요"라는 자세가 필요하다. 『명심보감』에서는 자기를 용서하는 마음으로 남을 용서하면 교제를 온전히 할 것이라 했다(以恕己之心으로 恕人則全交니라).

셋째, 바람직한 인간관계의 형성과 유지를 위해 적극적이어야 하며 매사에 솔선수범하는 자세가 필요하다. 이는 자신의 성격 여하에 따라 매우 어려운 일일 수도 있다. 이와 관련하여 공자는 "자신이 원치 않는 바를 남에게 하지 말라"고 하는 소극적 입장에 서 있으나 기독교의 성서는 "두들겨라 그리하면 열린다." "자신이 대접을 받고자 하는 대로 남에게 먼저 베풀라"고 하여 매우 적극적인 입장에 서 있다. 또한 「평화의 기도」라는 찬송은 스스로가 먼저 적극적이게 되기를 기도하고 있다.

주여 나를 평화의 도구로 써 주소서
미움이 있는 곳에 사랑을, 상처가 있는 곳에 용서를
분열이 있는 곳에 일치를, 의혹이 있는 곳에 믿음을 심게 하소서
오류가 있는 곳에 진리를, 절망이 있는 곳에 희망을
어둠이 있는 곳에 광명을, 슬픔이 있는 곳에 기쁨을 심게 하소서
위로 받기보다는 위로하며
이해 받기보다는 이해하며

사랑 받기보다는 사랑하며
자기를 온전히 줌으로써 영생을 얻기 때문이니
주여 나를 평화의 도구로 써 주소서.

넷째, 바람직한 자신의 새로운 모습을 위해 현재의 자신을 창조적으로 파괴해야 한다. 전혀 수정하거나 바꿀 필요 또는 여지가 전혀 없는 사람은 이 세상에 한 사람도 없다. 자기 자신이 미운 사람이 얼마든지 있다. 원하는 선(善)을 행하지 못하고 오히려 원하지 않는 악(惡)을 행하는 순간이 얼마든지 있다. 그래서 자신과의 싸움을 하게 된다. 사람은 자연과의 싸움에서 시작하여 타인과의 싸움을 거쳐 자신과의 싸움에 이르게 된다. 자신과의 싸움에서 승리하는 자가 진정한 승자인 것이다.

다섯째, 자신의 새 모습을 위해 현재의 자신을 창조적으로 파괴함으로써 진정한 '화(和)'의 세계를 구축해야 한다. 기독교에서는 평화라는 이름으로 거론되고, 유교에서는 맹자의 오륜[五倫 ; 父子有親(부자유친), 君臣有義(군신유의), 夫婦有別(부부유별), 長幼有序(장유유서), 朋友有信(붕우유신)]을 통해 거론되는 '和'는 인간관계의 기본이 된다.

어느 일방이 승자가 되고 어느 일방은 패자가 되어서는 결코 건전한 인간관계라 할 수 없으며, 바람직한 것은 모두가 승자가 되는 (I am OK – You're OK, I win – You win)상황,[27] 그래서 '우리'의 세계(we–field)를 구축하는 일이다. 동료간, 부부간 또는 그 어떤 관계에서도 그러해야 하며, 노사 관계에서도 그러해야 한다. 이 같은 세계의 구축을 위해서는 '나'보다는 '우리'가 강조되어야 한다.

8. 인간관계의 개선방안

조직생활에서 바람직한 인간관계를 형성·유지·발전시키기 위한 방안으로써 ① 커뮤니케이션(communication) 개선, ② 친교 동기의 강화, ③ 행위의 일관성 유지, ④ 업무 수행능력의 향상을 제시코자 한다.

---

27) R. N. Lussier, *Human Relations in Organizations Irwin*, 1993, 2nd, p. 5 및 p. 17.

1) Communication의 개선

조직의 효율적 운영을 위하여 그리고 대인관계의 개선을 위하여 커뮤니케이션의 중요성이 많은 학자들의 연구에서 언급되고 있다. Mintzberg는 관리자들의 근무시간 중 75%가 커뮤니케이션에 소비되고 있다는 것을 밝히고 있으며, 폰디(Pondy)는 커뮤니케이션(communication)이 집단의 응집력과 종업원들의 업무수행 및 만족에 지대한 영향을 미친다는 것을 구명하고 있다. 학자들의 연구결과를 더 이상 열거하지 않더라도 구성원간의 협동심 앙양, 정보교환, 동기강화, 행위 통제 및 변화에 커뮤니케이션이 절대적으로 중요한 기능을 발휘하고 있다는 것은 주지의 사실이다.

일반적으로 커뮤니케이션(communication) 상의 가장 큰 문제는 방어적 커뮤니케이션의 사용이라 할 수 있는데 여기서 방어적 커뮤니케이션이란 자기방어 및 직위보존을 위하여 취하는 대화 자세로써 자기의 능력에 자신이 없다든지 성취동기가 낮은 사람들의 경우에 많이 노출된다. 이러한 대화행위의 특징은 합리적이고 논리적이며 문제 해결 지향적인 의사교환보다는 "어떻게 하면 남에게 잘 보일까? 어떻게 하면 승리할까? 상대방을 지배할까? 처벌을 회피할까? 아니면 예측되는 공격을 회피할 수 있을까?(변명할까?) 자기의 잘못을 합리화할까? 등에 초점을 두고 대화를 한다는 점이다.

방어적 성향이 높은 사람일수록 상대방의 동기, 가치관, 감정을 확고히 인지하는 능력이 떨어지며, 이러한 방어적 대화 분위기가 높은 조직일수록 조직의 효율성은 낮아지고 구성원들은 조직의 목표달성보다는 자기의 이익충족을 중시 하게 되어 조직의 발전을 저해하게 된다.

이와 반대로 방어적 대화 자세를 감소시키며 지지적인 대화방법을 사용하는 경우, 감정보다 이성적 문제해결이 가능하여질 뿐만 아니라 집단의 응집력 강화를 통한 조직 효율성의 제고와 상대방에 대한 우정의 표현이 용이하다. 특히 신입사원들의 조직 사회화가[28] 상급자의 행위에 지대한 영향을 받는다는 것을 고려할 때 관리자는 상급자와의 인간관계 개선 및 긴밀한 유지를 위하여 방어적 대화를 지양하고 지지적인 대화를 적극 사용하여야 할 것이다.

---

28) 조직사회화란 신입 사원이 조직 구성원으로서의 자격 유지에 필요한 조직의 가치관, 규범, 행위를 습득하며 조직에 대한 충성심, 애착심, 환멸감 등이 형성되는 과정을 뜻함.

Gibbs의 이론을 바탕으로 지지적인 대화행위를 강화시키기 위한 방안을 제시하면 다음과 같다.

(1) 평가적인 대화 태도의 감소

의사소통에서의 수신자와 상대방의 표현, 말하는 태도, 음(音)의 크기, 대화의 내용 등이 자신을 평가하고 있다고 판단될 때는 방어적 자세를 취하게 된다. 이러한 반응을 예방하기 위하여 발신자는 상대방이 최대한의 심적 안정 상태를 유지할 수 있도록 자연스러운 대화 제세를 취하며, 책임추궁 보다는 원인규명과 필요 정보의 교환을 중시하는 기술적 대화자세를 갖추는 것이 바람직할 것이다.

(2) 통제적인 대화 태도의 감소

규칙과 규정을 지나치게 강조하거나 인용하여 상대방의 행위를 통제하려는 경우 또는 상대방의 의사결정 능력을 무시하거나 정신적 성숙을 인정하지 아니하여 상대방의 사고나 행위를 통제하려는 경우 상대방은 강력한 반발을 일으키며, 자기방어를 위한 반응을 보인다. 이러한 반응을 예방하기 위하여 대화자는 상대방을 설득하기 위한 노력 또는 문제해결을 위한 해답의 제시보다는 상대방 자신이 문제를 규명하고 해결할 수 있도록 필요한 정보를 제공하거나 제언을 제시하여 주는 문제 지향적인 대화자세를 갖추는 것이 바람직하다.

(3) 전략적인 대화 태도의 감소

긴말한 인간관계 유지를 위한 중요한 요소 중의 하나가 상대방에 대한 신뢰감의 형성이다. 신뢰감의 정도는 정확하고도 일관성 있는 행위에 의하여 결정되며, 그것은 또한 상대방의 솔직한 의사 표현에 의하여 영향을 받게 된다. 사람은 누구나가 상대방이 자신을 수단이 아닌 목적으로서 관심을 갖고 상대해 주길 바란다. 상급자는 권모술수를 사용하여 하급자의 행동변화를 일으키기 보다는 솔직하고 정직한 그리고 자연스런 의사표현을 통하여 하급자의 자발적 행동변화를 유도하는 것이 상호간의 인간관계를 긴밀히 유지하는데 도움이 된다.

(4) 우월적인 대화 태도의 감소

의사소통 중 어느 한편이 지위, 부(富), 지적 능력, 육체적 특징, 연령 등을 앞세워 우월적 태도를 보일 때 수신자는 발신자의 전달내용을 아예 청취하지 않으려고 하거나 청취하여도 전달내용을 무시하거나 아니면 경쟁적 또는 대항적인 태도를 보임으로써 자신을 방어하려고 한다. 이의 결과는 수신자의 협력거부 또는 발신자의 우월성을 감소시키기 위한 행위가 나타날 수 있으며 이것은 곧 상호간의 인간적 관계가 중지된다는 것을 의미한다. 상급자는 인간적 신뢰감과 존경심을 바탕으로 대등한 위치에서 하급자와 의사소통을 할 때 이러한 문제를 해결할 수 있다.

(5) 독선적인 대화 태도의 감소

실증적인 자료 또는 정확한 근거를 제시하지도 못하면서 자기의 생각만이 옳다고 주장하는 행위나 자기만이 모든 것을 잘 알고 해답을 갖고 있다는 식의 행위를 접할 때 상대방은 자기방어적인 태도를 취하거나, 발신자를 조소하는 행위 또는 반박하는 행위를 취하게 된다.

독선적 대화태도를 취하는 이유로서는 지나친 내적 열등감, 문제해결보다는 승리자체에 대한 지나친 애착심, 지나친 타인 통제 및 지배욕이 지적되고 있다. 따라서 상급자는 통제, 지배 또는 승리를 목적으로 하는 논쟁보다는 사실 중심의 문제 해결을 위한, 그리고 상대방의 옳은 의견은 수렴하겠다는 태도로써 하급자와 대화를 나눌 때 上·下간의 원만한 대인관계는 유지될 수 있다.

관리자는 上·下간의 긴밀한 인간관계 유지, 집단 응집력의 강화, 협동적 분위기 조성 그리고 문제의 합리적 해결을 위해 지지적인 대화를 활용해야 할 것이다.

2) 친교동기의 강화

효과적인 인간관계를 위해서는 상·하급자간의 친교동기를 강화하는 것이 바람직하다. Kolb에 의하면 친교동기는 협력적 대인관계 형성에 영향을 미치는 요인으로써, 상대방을 효율적으로 도와주는 사람은 적당한 수준의 성취욕구와 권력욕구와 친교동기를 가지고 있는 반면 도움을 비효율적으로 주는 사람은 상대적으로 높은 수준의 권력욕구와 성취욕구를 가지나 낮은 수준의 친교동기를 갖고 있다는 것이다. 그러나 Boyatzis는 친교동기의 유형을 친교보증(affiliations assurance) 동기와 친교관심(affiliations interest) 동기로 분류한다. 전자는 업무수행 보다도 자신의 보호와 안전을 위하여 상급자에 친교적인 태도를 보이며, 이러한 동기가 강한 관리자는 하급자의 반대의견을 수렴하지 못하는 폐쇄적인 사고의 소유자로 자기의 하급자가 승진하는 것을 싫어할 뿐 아니라 반대의견을 제시하는 하급자에게는 괴로움을 주거나 위협을 가하여 자기를 추종하도록 하는 특징을 갖고 있으므로 조직의 측면에서는 비효율적인 관리자가 되는 것이다.

반면, 후자는 밀접한 인간관계의 형성은 조직의 목적달성을 위한 업무를 함께 수행하는 가운데 형성된다는 것으로 효율적 업무수행을 위해서는 하급자의 반대의견도 기꺼이 수렴하는 개방적 사고의 소유자로 하급자의 승진을 위하여 기꺼이 노력할 뿐 아니라 하급자의 발전을 위하여 객관적 평가와 충고를 하여 주며 복지향상에 지대한 관심을 보여줌으로써 하급자와의 친밀한 관계를 유지하고 이를 바탕으로 上·下간의 신뢰심을 높이며 관리의 효율성을 높이므로 조직에서 가장 이상적으로 요구되는 관리자다. 따라서 보야츠는 관리자의 친교관심 동기를 강화시켜 주는 것이 조직의 성장과 발전에 도움을 준다는 것이다.

친교 동기는 2차적 동기로써 학습에 의하여 형성되며 강화된다. 친교동기를 강화하기 위한 방안으로써 현재 활용되고 있는 학자들의 이론을 중심으로 제시해 보면 그 내용은 다음과 같다.

(1) 개방적인 성격의 강화

바람직한 친교관계 동기는 개방적 성격과 밀접한 관계를 갖고 있으며, 개방적인 성격은 자신의 정직성과 신뢰성을 상대방에게 심어 주는데 대단히 중요하다. 개방적인 성격을 강화하기 위하여 관리자는 개인의 공공영역을 확대시키는 것이 중요하다. 즉 나의 행위에 대하여 상대방이 어떤 반응을 보여주는지를 정확히 파악하여 자신의 행위가 상대방에게 어떤 도움 또는 피해를 주며 그에 대한 상대방의 반응은 어떤지를 파악하여 자신의 잘못은 반성하고, 개선하면서 옳은 행위는 강화하여 자신의 감정과 기분 그리고 지식을 사실대로 상대방에게 노출시키는 능력을 강화시켜야 한다. 상대방으로부터 불신을 받는다든지 또는 정직하지 못하다는 소리를 듣는 것은 상대방에 관한 정보를 수집한 후, 자신의 이익을 위하여 필요한 시기에만 자신이 알고 있는 상대방의 약점을 노출시켜 상대방에 영향력을 행사하거나 이용하려 하기 때문이다. 따라서 공공 영역을 넓힐수록 관계 당사자 쌍방에 대한 지각 상의 판단을 정확하게 내릴 수 있는 기회가 커지며 상호간의 현실적 기대파악과 그 충족이 용이하여 상호간의 만족스러운 관계가 유지되며 신뢰와 영향력이 증대되어 대인관계 능력이 함양되는 것이다.

(2) 유아적인 자아와 성인적인 자아의 강화

자아의 유형을 Thomas Harris는 부모적 자아(parent ego), 성인적 자아(adult ego), 유아적 자아(child ego)로 분류하여 인간 상호간의 가장 자연스러운 그리고 효과적인 관계(즉 상대방의 반발심을 야기시키지 않으면서 합리적으로 문제해결을 하여 나갈 수 있는 관계)유지는 낮은 수준의 부모적 자아와 높은 수준의 성인적 자아와 높은 수준의 자유스러운 유아적 자아의 상태에서 대인관계가 이루어질 때 가능하다는 것이다. 그 이유로는 부모적 자아상태에서 대인관계를 시도하면 상대방은 자기 방어적 반응을 보여 문제해결보다는 상호지배를 위한 경쟁적 대인관계로 발전하게 되어 효과적이지 못하며, 성인적 자아는 현실적 문제의 합리적 해결에만 집착하는 성향이 강하여 성인적 자아상태에서 대인관계를 추구하면 인간미가 결여된 지나치게 업무 지향적인 대인관계 내지는 인위적인 대인관계로 발전되어 대인관계의 긴밀성이 결여된다. 유아적 자아는 부모적 자아와 성인적 자아가 학습에 의하여 형성되는 것과는 달리 인간의 잠재적 본능 및 무의식상태에서 형성되는 것으로 인간의 유아 시절에 소유하고 있던 자연적이며 정직한 감정의 상태(primary motives와 general motives들이 포함됨)이다.

따라서 유아적 자아는 친교적 동기의 강도 결정 및 정직성에 영향을 미치며 유아적 자아 상태에서의 대인관계 시도는 인위적이 아닌 자연스러운 인간관계의 유지를 가능케 하는 것이다. 따라서 친교적 동기의 강화를 위해서는 유아적 자아를 강화시켜야 한다. 여기에서 주의할 것은 유아적 자아만을 강화시킬 때 나타나는 지나치게 유치한 행위의 출현을 방지하기 위하여 성인적 자아의 강도도 병행되어야 할 것이다.

(3) 행위의 일관성 유지

행위의 일관성이라는 것은 인지한 동질류의 자극에 대하여 동질성의 반응을 지속적으로 나타내는 것을 의미한다. 따라서 개인행위의 일관성은 행위자의 행위예측과 정직성, 그리고 신뢰성을 평가하는데 대단히 중요할 뿐만 아니라 대인관계 능력과도 밀접한 상관관계가 있다.

행위의 일관성이 결여되는 원인 중 중요한 것은 인지상의 문제(사물의 평가 및 상황판단 능력과 자기보호 동기가 지나치게 강한 성격, 다시 말해 자신의 이해관계에 지나치게 예민한 성격)를 들 수 있겠다. 따라서 행위의 일관성을 유지하기 위한 방안으로 지각 능력향상과 친교관심 동기강화를 제시할 수 있는데 여기서는 지각능력 향상에 대해서만 기술하고자 한다.

이미 앞에서 언급한 것처럼 행위의 일관성이란 동질류의 자극에 대하여 동질성의 반응을 지속적으로 보이는 것이다. 따라서 행위의 일관성을 유지하기 위해서는 먼저, 현재 지각된 자극이 과거에 지각하였던 어떤 자극과 동질성이 있는지를 판별하는 것이 중요하다. 즉 지각된 자극간의 형태, 내용과 의미, 중요성, 시급성, 난이도 등에 있어서의 동질성을 정확하게 지각하는 것이다.

학자들의 사회적 지각(조직 구성원 상호간의 지각 관계)에 관한 연구 결과에 의하면, 대인지각 상의 오류는 지각에 영향을 미치는 지각자와 피지각자의 특징을 이해하지 못한 결과라는 것이다. 이에 그 특징을 살펴보면 다음과 같다.

◇ 지각자의 특징

① 자신을 잘 아는 자는 타인을 정확히 보는 것이 용이하다

일반적으로 자신의 성격을 잘 이해하고 있는 사람은 타인의 지각에 오류를 적게 범하며, 내재적으로 충만한 사람은 타인을 판단함에 있어 극단적인 흑백 관점에서의 판단을 하지 않는다.

② 지각자의 특성은 타인 지각에 영향을 미친다.

안정이 보장된 사람은 안정이 보장되지 못한 사람과 비교할 때 사람들을 냉정하게 보기보다는 온정적으로 보며, 권위주의적 사고를 가진 자는 타인 지각 시 심리적 요소보다는 권력요소를 중시하는 경향이 있다.

③ 지각자는 자신의 장점을 소유한 타인을 좋아하는 경향이 있다.

④ 타인의 정확한 지각에는 규범과 감정, 감수성 등 다양한 요소가 작용한다.

◇ 피지각자의 특징

① 피지각자의 지위는 지각자의 피지각자에 대한 지각 형성에 지대한 영향을 미친다. 사람들이 낮은 지위의 사람보다 높은 지위의 사람을 더 중시한다든지, 같은 전달내용이라도 높은 지위의 사람이 전달하는 내용을 더욱 신뢰하는 것 등이다.

② 지각자는 피지각자를 단순한 두 개의 범주(지위와 역할)로 분류하는 경향이 짙다.

③ 피지각자의 노출되는 특성은 자신에 대한 지각형성에 지대한 영향을 미친다. 사람들은 일반적으로 피지각자의 내재적 요소보다는 외재적 요소를 바탕으로 피지각자를 지각한다는 것이다.

자극에 대한 정확한 지각을 하고 나면 다음으로 중요한 것은 동질의 자극에 대해서는 동질의 행위(반응)를 상대방에게 보여줌으로써 행위의 일관성을 유지하는 것이다. 즉 사용하는 어휘, 음(音), 음의 크기, 얼굴 표정, 몸짓, 태도, 표현의 방식, 의사결정의 과정, 감정 등에 일관성을 부여한 자연스러운 행위 표현 자세를 유지 하는 것을 뜻한다.

(4) 업무수행 능력의 향상

상급자가 조직 구성원들과의 성공적인 인간관계를 장기적으로 유지하면서 동시에 구성원들에 대한 영향력을 높이기 위해서는 강한 친교성과 더불어 업무 수행능력이 있어야 한다. 상급자가 필요로 하는 업무 수행능력은 의사결정 능력, 담당직무에 관한 전문지식, 조직화 능력, 일반상식, 종업원 관리능력 등으로 지적되고 있으며, 이러한 능력개발을 위한 기법은 조직 개발이론 등에서 다양한 방법을 제시하고 있다.

종업원들이 기대하는 인간적 관심을 나타내 보이며 동시에 업무를 성공적으로 수행할 수 있는 방법은 의사결정 과정에 그들을 적극 참여시키며 그들의 의견을 최대한 반영하여 종업원 중심적 목표설정과 과업수행을 하는 것이 바람직하다는 것은 제이 홀(Jay Hall)의 성취욕이 높은 관리자에 관한 연구에서 밝혀지고 있다. 이에 종업원 중심적 업무수행을 효율적으로 달성하기 위하여 관리자가 구비, 강화하여야 할 역할은 집단유지역할과 집단과업역할이다.

◇ 집단유지 역할

집단의 충성심 고취, 동기강화, 집단의 정직성 향상, 효율적 상호 관계개선 및 효과적인 문제해결을 위한 활동과 관련된 것으로 세부적 내용은 다음과 같다.

① 격려역할 : 상대방의 공헌을 인정하고, 칭찬을 하여 주며, 관심을 보이며, 동의적 태도를 보이며, 상대방의 의견을 청취하며, 확고한 신뢰심을 보이며, 온정적 태도를 보이는 활동.

② 화합역할 : 구성원의 대립을 중재(仲裁), 조정하며, 긴장된 분위기를 완화하는 활동.

③ 협상역할 : 이해관계에 관련되어 있을 때 조직의 화합을 위하여 자신의 과오를 인정하거나 양보하며, 자기의 감정을 통제하는 활동.

④ 보호역할 : 의사소통 및 진행에 관한 규칙을 설정하여 줌으로써 구성원 간의 의사결정을 용이하게 하며, 의사소통의 통로가 항상 개방되도록 하여 구성원의 의사결정 참여를 적극 권장하는 활동.

⑤ 표준설정 역할 : 집단 구성원의 행위를 위한 표준설정 및 집단의 과업 수행 진척을 평가하기 위한 설정된 표준의 적용 활동.

⑥ 관찰역할 : 집단의 과업진행을 평가하고 발전시키기 위한 각종 관련 자료의 기록, 보존 및 해석 그리고 필요한 정보의 제공 활동.

이러한 역할은 집단 구성원간의 친화력, 상호지지와 보호, 동기강화 그리고 집단에 발생한 지적 문제를 편견이나 감정을 개입시키지 아니하고 공정하면서 이성적으로 해결할 수 있는 능력강화, 그리고 성숙한 집단으로서의 기능을 발휘할 수 있는 능력강화에 대단히 중요한 것이다.

여기서 하나 지적하여야 할 것은 이러한 역할은 물론 중간관리자들에게도 중요하지만 구성원 모두가 이러한 역할을 훌륭히 수행할 때 그 집단 구성원 간의 인간관계 및 효율성은 더욱 높아질 것이다. 반면에 다음과 같은 행위들이 집단 구성원 중 누군가에 의하여 행해질 때 집단의 효율적 유지는 대단히 어려워질 수 있다.

◇ 효율적 집단 유지의 저해요인

① 공격적 행위 : 개인의 지위나 위치, 체면, 권위를 보존할 목적으로 상대방을 모함, 비난하거나 상대방의 공식적 권한을 무시하려는 활동.

② 봉쇄적 행위 : 상대방의 행위나 의견을 윤리적 반증 없이 감정적으로 반대하거나 거절하며, 전체적 내용 보다는 부분적 형식에 얽메여 지나치게 비논리적, 비합리적, 비정상적 방법을 사용하여 집단의 발전을 저해하는 활동.

③ 경쟁적 행위 : 상급자의 호감을 쌓기 위해 과잉역할을 수행하거나 지나치게 주도력을 행사하거나 감언이설로 아부하는 등 자신의 출세를 위하여 구성원과 경쟁하는 등의 활동.

④ 동정추구 행위 : 집단의 공식적 목표 달성보다는 개인의 이익충족을 목적으로 자신의 개인적 불행, 또는 곤경을 빌미로 상대방의 동정을 추구하거나, 지지를 받으려 하거나, 자신의 과오를 해명 없이 넘기려는 활동, 또는 동료의 개인적 곤경에 가시적 동정을 보여 자신의 이익 충족에 이용하려는 등의 활동.

⑤ 특별변론 행위 : 개인적 이익을 추구, 충족하기 위하여 개인적 신념이나 철학, 사고 등을 막후 접촉을 통하여 상대방을 설득하고 지지를 획득하려는 등의 활동.

⑥ 독백행위 : 집단의 공식적 업무수행 또는 문제해결과는 전혀 관련이 없는 개인적 의견이나 관점을 제시하거나 감정을 노출시키는 등의 활동.

⑦ 방황행위 : 집단의 업무에 관한 주제를 파악치 못하거나 지나치게 형식에 얽매이거나, 이해집단을 조성하거나 하여 공식적 업무수행을 방해하거나 방관하는 등의 활동.

이러한 집단 유지에의 저해적인 행위가 집단 내에서 발생한다면 조직 구성원들 각자는 행위 유발자에 대항하여 자기 보호적 그리고 방어적 행위를 취하지 않을 수 없게 될 것이며 그 결과는 구성원간에 불신, 대립, 모함, 경쟁적 분위기가 형성되어 그 집단은 수습하기 어려운 혼란의 상태에 빠져들게 될 것이다. 따라서 중간관리자를 포함한 구성원 전체는 집단의 효율성을 높이기 위하여 저해적인 역할을 지양하고 유지적인 역할을 강화시켜야 한다.

어려울 때일수록 인간관계를 소중히

한 사람의 실업자가 발생하면 그 영향권에 드는 사람이 적어도 15명은 되는 것이 우리 사회의 특징이다. 본인 가족 3명, 양가부모·형제까지 우리는 말이 핵가족이지 아직은 대가족 영향권에 살고 있다. 동생이 실직했는데 나 몰라라 할 순 없는 일, 여기서 갈등이 생긴다. 거기다 친한 친구까지 모른 척할 수도 없고, 도우려니 내 코가 석자다.

여기서 인간관계의 문제가 발생하고 인간관계가 서먹해지기 시작한다. 사업관계는 더욱 난감하다. 부도·거래중단, 형편이 안 되는 줄 뻔히 알면서 독촉을 한다. 안 그래도 잔뜩 신경이 날카로운데 결국 언쟁으로 번져 돈 잃고 사람까지 잃는다.

요즘 장사 제대로 돌아가는 데가 없다. 눈치나 보고 기다릴 수밖에 없다. 독촉한다고 될 일이 아니다. 경기가 돌아갈 때까지 기다려야 한다. 장사 하루 이틀하고 말 게 아니라면 기다려야 한다. 힘들지? 오히려 격려하고 위로해야 한다. 그게 장사꾼의 도량이다. 사람 그릇 크기는 어려울 때 드러나는 법이다. 어려울 때 서로 돕고, 참고, 격려해 주는 게 진정한 인간관계이다. 곤경에 처했을 때 받는 위로의 말 한마디나 작은 도움은 평생을 두고 잊혀 지지 않는 법, 진실한 인간은 어려움 속에 얻어지는 것이다. 그때 받은 작은 도움을 나중에 큰 은혜로 보답하는 감동적 휴먼스토리는 우리 주위에서도 얼마든지 볼 수 있다.

잊지 말자. 아름다운 인간 가화(佳話)는 어려움 속에 태어난다. 서로 잘 살 때는 아쉬울 게 없으니 베풀 일도 없고 고마워 할 일도 없다. 대단한 감동이 우러날 일도 없다. 오 헨리의 '크리스마스 선물'처럼 눈시울이 뜨거우리만큼 가슴 뭉클한 이야기는 가난과 곤경이 가져다줄 축복이다. 이건 가난한 자만이 누릴 수 있는 축복이요, 행운이다.

몇 해 전 남미의 화산분출 때 이야기다. 민가를 덮친 탁류 속에 한 소녀가 겨우 얼굴만 내민 채 구조의 손길을 기다리고 있었다. TV로 중계된 그 애처러운 모습에 세계인이 안타까워했다. 장애물 제거에 사력을 다하고 있는 구조대원에게 "아저씨들도 좀 쉬세요. 난 괜찮아요." 검은 눈을 반짝이며 입가엔 웃음까지 머금고, 아비규환 속의 그것은 천사의 목소리였다. 끝내 탁류 속에 잠기어 갔지만 그 소녀는 어려움에 처한 인간이 어떠해야 하는가를 가르쳐 주고 갔다.

<중앙일보 옮긴 글>

2

인간관계론의 태동과 발전

1. 전통적 인간관계론의 형성배경
2. 초기 인간관계론의 성립과 발전
3. 현대적 인간관계론의 등장

제2장 인간관계론의 태동과 발전

인간관계론은 경영적 측면에서 종업원의 생산성이나 능률향상이라는 과제에서부터 태동하게 된다. 우리가 흔히 거론하는 '인간관계론'은 메이요(E. Mayo)와 뢰슬리스버거(F. J. Rothlisberger)를 중심으로 하는 하버드학파의 인간관계론과 오늘날의 현대적 인간관계론과는 구분되어져야 하는데 전자를 전통적 또는 초기 인간관계론이라 하고, 후자를 현대적 또는 후기 인간관계론이라고 한다.

전통적(초기) 인간관계론은 Mayo와 Reothlisberg를 중심으로 형성된 소위 인간관계학파(human relations school)에 속하는 논자들의 관점을 말하며, 현대적(후기) 인간관계론이란 마치(H.A. March), 사이몬(H. A. Simon), 맥그리거(D. McGregor), 리커트(R. Likert), 아지리스(C. Argyris), 베니스(W. G. Bennis) 및 허즈버그(F. Herzberg) 등과 같이 인간의 행동을 강조한 소위 인간행동학파(behavioral school)에 속하는 논자들의 관점을 말한다.

1. 전통적 인간관계론의 형성배경

1) 과학적 관리와 인간관계

미국의 경영학은 테일러(F. W. Taylor)에 의해 개발되어 전 세계적으로 보급된 과학적 관리(scientific management)에서 비롯되었다. 20세기 이전의 미국의 기업 환경은 경제적·합리적 인간관에 바탕을 둔 과학적 관리가 성공할 수 있는 여러 가지 조건을 이미 구비하고 있었는데 산업기술의 도입과 기계화를 기초로 하는 대량생산 및 대량소비 체제의 보급 등은 과학적 관리방식의 적용을 매우 효과적인 것으로 만들 수 있었다.

과학적 관리론이 전제하고 있는 인간의 본성(인간관)은 인간은 경제적 유인(inducement)에 의해 동기부여되며, 인간이 일을 하는 동기는 유일하게 돈을 얻기 위함이고, 물질적 보수와 이를 제공할 수 있는 지위에 대한 개인적 욕구가 사회시스템을 동기부여한다는 것이다.

"물질적 욕구충족–물질적 유인–물질적 만족"이라는 욕구충족의 주기(cycle)는 시장경제의 요청과 합치되어 경제적 성장을 촉진할 수 있었다. 그러나 그 후 과학적 관리가 성공할 수 있었던 종래의 사회·경제적 환경이 크게 변화되면서 과학적 관리는 이제까지와 같은 효과를 기대할 수 없게 되었고, 그것을 소홀히 하여 미제(未濟)의 문제로 남았던 인간적 측면의 중요성이 새로운 과제로 등장하게 되었다.

이론적인 측면에서의 인간관계론의 태동은 과학적 관리를 포함하는 고전이론의 비판 위에서 등장한 반동 또는 반대이론이라 할 수 있다.

고전이론은 생산중심의 사고로써 오늘날 경영학 발전의 하나의 원천을 이루고 있는데 고전이론의 가정이나 특성을[1] 요약해 보면 그 내용은 다음과 같다.

① 생산에 대한 관심(concern for productivity) : Taylor, Gilbreth & Gantt 등의 여러 논자들은 어떻게 하면 생산성을 향상시킬 수 있을까? 하는 능률적인 생산에 대한 관심이 지배적이었다.

② 합리적·기계적·경제적 인간관 : 고전이론에서는 종업원은 생리적·경제적 욕구에 의해 동기부여 되며, 경제적 보상의 극대화를 위해 일한다는 합리적 인간관(rational view of human nature) 및 경제인의 인간관(economic man)에 입각하고 있다. 뿐만 아니라 고전이론은 종업원을 사람으로 보기보다는 기계 속의 톱니바퀴(cogs)로 다루고 생산의 한 요소로 다루는 기계인의 인간관(machine model)에 입각하고 있다.

③ 보편타당성의 탐색(a search for universals) : 고전론자들은 가장 능률적인 작업방법, 가장 좋은 관리원칙, 이상적인 조직구조 등 경영에 있어

1) 윤대혁·이강호, 경영학의 이해, 도서출판 대명, 2009.

서 끊임없이 유일최선(唯一最善; one-best way)의 방법을 추구하였다.

④ 공식적 측면의 강조(emphasis on formal aspect) : 고전이론은 조직의 부서간, 과업간 및 구조적 요소간의 관계에 관심을 두고 비공식적인 측면에는 무관심하였다.

이러한 특성을 지니는 고전이론은 생산의 기적을 낳았다고 하리만큼 생산관리의 측면에서 크게 공헌하여 오늘날의 경영학 연구와 발전에 도움을 주고 있을 뿐만 아니라 직무설계, 종업원의 과학적 선발·개발에 과학적인 기반을 제공하였고, 산업체 이외의 비영리조직(학교, 교회, 병원, 군대 등)에도 많은 교훈을 제공하여 'OR' 또는 '경영과학' 등의 학문으로 이어지고 있다.

그러나 모든 사회과학의 이론에서와 같이 고전이론에 대해서도 현대적인 관점에서 많은 한계 및 문제점을 지적하고 있는데, 이에 대한 비판의 내용을 요약·정리해 보면 그 내용은 다음과 같다.

첫째는 생산성에 관한 것이다. 기업의 중요한 목적 가운데 하나는 생산성의 향상이다. 그러나 생산성과 이윤(profit)의 지나친 강조는 경영자로 하여금 종업원과 고객을 이기적인 목적으로 이용하고 착취하게 할 수 있다. 종업원의 만족 또한 중요한 기업의 목적임에도 불구하고 이에 대해서는 소홀히 하고 있다. 다시 말해 인간행동 중심의 사고가 결여된 점을 지적할 수 있다.

둘째는 인간관에 관한 문제이다. 인간은 모든 행동을 합리적으로만 하지 않는다. 그럼에도 불구하고 고전이론에서는 합리적 인간관에 근거하고 있다.

인간은 경제적 욕구만 지니고 있는 것이 아니라 고차적인 다른 욕구도 지니고 있기 때문에 이에 의해 동기부여되기도 한다. 그럼에도 고전이론은 경제인의 인간관에 기반하고 있다. 또한 인간은 기계처럼 다룰 수 있는 생산단위가 아니라 인간성을 지닌 그리고 수단이 아닌 목적으로서의 존재이다. 그럼에도 고전이론에서는 기계인의 인간관에 기반하고 있다.

셋째는 보편적인 진리의 탐색에 관한 것이다. 고전이론이 추구하는 유일최선의 것이란 있을 수 없고, 효과적인 것은 환경에 따라 다르다는 환경적응론의 관점에서 보면 크게 잘못이다. 결코 조직의 목적에 관련된 생산성 증대의 방법이나 '일의 조직화'만이 중요하거나 절대적인 것일 수 없다.

넷째는 연구과제에 관한 것이다. 조직은 공식적 측면과 비공식적 측면으로 구성되어 있으므로 양자에 대한 관심과 연구가 이루어져야 하는데 고전이론은 전자만을 과제로 삼고 있다.

이상에서 살펴본 바와 같이 근대산업의 기계화 과정에서 인간 노동력을 과학적으로 합리화시켜 생산성 향상에 기여했던 과학적 관리법이 노동자를 도구화 기계시하고 인간성과 존엄성을 무시한다 하여 회의와 부정적 태도가 격화되고 배척운동이 벌어져 노동자연맹(AFL; American Federation of Labor)과 1917년에는 정부차원에서 까지도 금지하기에 이르렀다. 이러한 사회적 비판과 반대와 함께 생산성 측면에서도 과학적 관리는 노동자를 오직 임금획득이라는 경제적 동기에서 일하는 기계로만 보고 인적 요소를 무시함으로서 장기적 결과로는 노동자의 노동의욕은 감퇴되고 목표지향적인 협력체계의 확립이 어려워져 결국 생산능률은 저하되고 말았다.

따라서 경영합리화를 위해서는 인간 상호간의 관계와 인간행동 및 욕구에 부합되는 동기를 고려하고 개인의 차이를 전제로 상호이해를 합리적으로 조정하며, 근본적으로 인간의 탈기계화로 존엄성을 인정함으로써 인간의 목표지향적인 협력체계를 확립하는 인간관계론적 접근의 필연성이 대두케 된 것이다.

미국 '시카고' 교외에 있는 서부 전기회사(The Western Electric co.,)의 호손공장 실험도 처음에는 테일러 등과 같은 수단으로 작업장 여건조정과 동작연구를 통하여 능률향상을 도모하려 하였으나, 이를 실패하게 되자 사회과학적 방법을 통한 인간성의 연구가 시작되었던 것이다.

2) 호손실험과 인간관계론

비록 과학적 관리법(scientific management methods)의 창시자로 알려지는 테일러의 이른바 Taylor System이나 Fordism, 즉 흐름 작업에 의한 조립방식의 창안자로 일컬어지는 포드의 포드 시스템이 경영관리학의 생성적 기원으로 간주되기는 하지만, 그것은 어디까지나 생성과정, 그것도 기계노동과정의 노동 과학적 연구를 기초로 한 능률연구에 지나지 않았다는 점에 관해서는 이미 앞에서 언급한 바 있는 그대로다. 다시 말해서 '과학적 관리운동 시기'의 경영관리론은 주로 공장관리나 작업관리의 과학화(기술적 합리화)에 관한 실제를 중심으로 한 것이어서 아직도 총체적인 관점에서의 경영전반에 관한 실제와 이론의 학문일 수는 없었다.

물론 제1차 세계대전이 일어날 즈음하여 Taylor System이나 Ford System

이 미국에서 뿐만 아니라 전 세계적으로 보급되어 군수품을 비롯한 기타 상품의 대량생산과 그 능률화에 이바지한 바 컸던 것은 사실이다. 그러나 그것은 어디까지나 일종의 노동 과학적 어프로치(engineering approach)에 의한 일선 노무자의 능률을 향상시키는 데에 초점이 두어졌으며, 인간을 다만 기계시해서 기계가 아닌 감정의 동물로서의 인간의 심리적・사회적 측면을 경시해 온 미시적인 경영관리론에 불과했었다는 점도 이미 지적한 대로이다.

바로 이러한 미완성된 역사적 한계를 보완해 나간 것이 곧 인간관계론과 조직론의 태동이라 할 수 있다. 이러한 태동과정을 단계사적으로 고찰할 때 그 첫 보완적 경영관리론이 1930년 이후 메이요(E. Mayo), 뢰슬리스버거(F. J. Roethlisberg) 등을 중심으로 해서 전개된 인간관계론(Human relations) 및 바나드(C. I. Barnard), 사이몬(H. A. Simon) 등을 중핵으로 해서 주장되어 온 새로운 의미에 있어서의 행동과학론이다. 물론 1930년대 이전, 즉 1920년대를 전후해서도 테일러의 인간을 기계시한, 오직 능률향상만을 위주로 한듯 한 과학적 관리에 대한 반성이 전혀 없었던 것은 아니다. 우선 테일러 시스템의 승계자로 자타가 공인하는 포드 자신도 기업에 있어서의 노무자의 인간성을 중시해서 기업의 목적이 이윤추구 지상주의에 있는 것이 아니라 노무자 복지를 포함한 '사회봉사'에 있다고 주장했을 정도이다.

이러한 새로운 인간관계의 측면에 초점을 두어 과학적인 실험을 통해 경제적 조건뿐만 아니라 심리적 조건이나 사회적 조건에 의해 영향되는 다면적인 인간상을 파악한 대표적인 논자들이 바로 호손실험으로 유명한 메이요와 뢰슬리스버거 등 그 일파이자 그들의 인간관계론이며, 더 나아가서 그러한 인간관계론의 측면적인 영향과 보완의 결과로써 근대적인 인간관을 전제로 한, 일정한 공통목적의 달성을 지향하는 조직에 관한 이론, 다시 말해서 조직을 구성하는 인간에 대한 새로운 견해를 피력한 이들이 바로 바나드(C. I. Barnard)나 사이몬(H. A. Simon) 등 그 일파이자 그들의 조직이론이라 할 수 있다.

3) 호손실험의 주요 내용

호손실험(Hawthorne Experiment)은 미국의 벨(Bell)식 전화기제조회사인 웨스턴 일렉트릭 회사(Western Electric Company)의 호손공장[2])에서

1927년 4월부터 1932년 5월까지 만 5년 이상이나 계속된 인간관계에 대한 임상적 실험이었다.

이러한 대규모적인 조사연구는 그 회사의 조사부장인 딕슨(W. J. Dickson)과 하바드대학교 경영대학원 산업조사연구실의 협력으로 Rockefeller 재단의 재정적 후원을 얻어 메이요 교수가 전반적인 연구지도를 담당하였다.

(1) 조명실험(Illumination Experiment : 1924. 11 ~ 1927. 4)

조명실험[3]은 1927년 하바드 연구팀이 참여하기 4년 전인 1924년에 웨스턴 일렉트릭회사와 국립학술조사심의회(National Research Council of National Academy of Science)의 공동연구 하에 시작되었는데, 이것은 공장 내의 조명의 강도와 종업원의 생산능률과의 상관관계를 연구하고자 한 것이었다.

이 조명실험은 1924년 11월부터 1927년 4월까지 2년 반에 걸쳐 행하여졌으며, 그 결과는 후에 메이요의 직접 지도 하에 실시된 소위 호손실험의 선구적 역할을 하였다.

이 실험은 정확히 말해서 인간관계에 관한 실험이라고 말할 수는 없지만, 호손실험 중 맨 첫 번째의 실험으로 그 내용은 다음과 같다.

동일 수준의 생산능률을 올리고 있는 종업원들을 실험집단(test group)과 통제집단(control group)으로 구분하였다. 실험집단은 작업 시에 조명의 강도를 변화시킬 수 있는 작업환경에서 작업을 하게 하고, 통제집단은 가능한 한 조명의 강도를 일정하게(10촉광) 고정시킨 상태에서 작업을 하도록 해 놓고, 두 집단간의 작업 능률을 측정·비교하였다.

이 실험은 조명의 강도를 높일수록 생산능률이 증가될 것이라는 가설을 실증하는 것이 목적이었다. 그리하여 실험집단에는 조명의 강도를 24촉광으로부터 26촉광, 76촉광으로 서서히 높인 작업조건 하에서 일을 시키고, 통제집단에는 조명의 강도를 변화시키지 않고 16촉광 내지 28촉광으로 고

---

2) 호손工場(Hawthorne Plant)은 시카고 근교에 위치하고 있는 대규모 공장으로서 실험 당시 약 29,000명의 종업원을 보유하고 있었다.

3) 조명실험은 1927년 Harvard 팀이 참여하기 4년전인 1924년에 Western Electric Company가 전국학술연구협의회(National Research Council)의 협조를 얻어 당회사의 기사인 펜톡(G. A. Pennock)이 행한 실험을 의미하고 있으나, 이는 실험상의 실패를 수정하기 위한 작업이 요청되어 메이요를 중심으로 한 2차실험이 행하여졌기 때문에 엄밀한 의미에서 볼 때 인간관계의 실험이라고 할 수 없다.

정 · 유지하면서 작업을 하게 하였다. 그 결과, 실험집단에서는 가설대로 조명의 강도가 높아짐에 따라 생산고가 증가하였다.

한편, 조명의 강도를 일정하게 고정 · 유지시킨 통제집단에서도 생산고는 증가하였으며, 더욱이 실험집단과의 차이가 아주 근소한 것이었다.

그리하여 다시 통제집단에는 조명의 강도를 10촉광으로 고정시키고, 실험집단에는 조명의 강도를 10촉광으로부터 점차 내려 3촉광까지 내려 보았다. 그 결과, 실험집단은 조명의 강도가 낮아졌음에도 불구하고 생산능률은 점차 상승하였으며, 통제집단 역시 실험집단과 같은 생산능률의 상승을 나타내었다. 이러한 결과는 당초의 가설과 정반대가 되는 것이었다.

그리하여 이번에는 조명의 강도를 변화시키지 않고 조명의 강도를 높인 것처럼 인식을 시켰다. 그 결과 종업원들은 조명조건에 대하여 개선되었다고 심리적으로 만족을 표명하였으나 실제 생산성에는 아무런 변화가 없었다. 또한 그 반대로 조명의 강도를 변화시키지 않고 조명의 강도를 낮출 것이라는 암시를 주었다. 그 결과, 조명조건에 대한 불만은 있었으나 생산능률에는 아무런 변화가 없었다. 또한 조명도를 0.06촉광에 이르기까지 낮추어 보았다. 이것은 마치 월광(月光) 정도에 해당하는 밝기였다. 그러나 생산능률에는 이렇다 할 변화가 보이지 않았다.

이러한 결과는 작업장의 조명도가 생산능률을 좌우하는 요인 중에 하나는 될 수 있어도 절대적인 요인이 아님을 입증하게 되었다. 즉 작업시간, 자극임금, 조명도, 표준동작 등과 같은 제 조건이 생산능률의 향상에 절대적인 요인이 아니라는 사실을 실험을 통해 입증하게 됨으로써 실질적인 생산능률 향상의 절대적 요인은 무엇인가를 연구하는 과제와 기회를 부여하게 되었으며, 이 문제점을 명확히 규명하기 위해 본격적인 호손실험에 착수하게 되었다.

(2) 계전기 조립작업 실험(The Relay Assembly Test Room Experiment : 1927. 4 ~ 1932. 5)

이 실험은 메이요(E. Mayo)학파가 수행한 최초의 실험으로 1927년 4월부터 1929년 6월까지 호손공장에서 전화기의 부품인 계전기 조립작업에 종사하는 의좋은 6명의 여공을 하나의 소집단으로 구성하고, 이를 대상으로 실험을 하였다.

계전기 조립작업 실험[4]은 먼저 2명의 여공(女工)을 선정하고, 선정된 女

工으로 하여금 자기가 좋아하는 다른 4명의 女工을 선택케 하여 6명의 女工을 동일한 작업실에 수용시켜 1명은 부품공급자이고, 5명은 실제 작업자로 긴 의자에 일렬로 배치한 다음 계전기를 조립하는 작업을 시켰다. 이때 작업실에는 1명의 감시원을 배치하여 그 女工들의 실험결과에 대하여 대화를 나누며 또 불평과 불만을 청취하도록 하였다.

이 실험에는 다양한 변화된 조건을 제시하면서 연구하였다. 즉 작업시간 중에의 휴식, 간식 제공, 임금지급 방법 및 작업시간 단축 등의 변화를 통해 어떠한 시간이 종업원의 피로와 권태감을 최소화하며, 생산능률을 최대로 할 수 있는가를 발견하기 위하여 여러 가지 작업조건에 나타나는 생산고의 변화를 관찰한 실험이다. 이 실험에 따른 결과를 정리·요약하면 다음 〈표 2-1〉과 같다.

〈표 2-1〉 계전기 조립실험 기록 요약표

실험 기간	작업 및 실험조건	효 과 (1인당 평균생산량)
제1기 1927. 4. 25~5. 10	없음. (평상시의 작업조건 ; 휴식시간 없고 토요일을 포함해서 1주 48시간제)	1주 2,400개 (기초생산량)
제2기 1927. 5. 10~6. 11	실험실로 옮김	1주 2,400개
제3기 1927. 6. 13~8. 6	단체 성과급제 실시 (기준단위를 100人에서 5人으로 변경)	1주 2,500개
제4기 1927. 8. 8~9. 10	오전(10시), 오후(2시) 각 5분간 휴식시간 도입	〃
제5기 1927. 9. 12~10. 8	오전, 오후 휴식시간을 5분에서 10분간으로 연장함	1주 2,550개
제6기 1927. 10.10~11. 5	5분간씩의 휴식을 6회에 걸쳐 갖도록 함.	1주 2,500개

4) 繼電器組立作業은 코일 유전자, 접촉 바네, 절연체 등을 하나의 器具로 조립하여 각 부품을 각각 4개의 나사로 조여 맞추는 작업을 의미한다. 이 조립은 단위당 1분이 소요되며 주로 여성 노동자가 담당하고 있다.

실험 기간	작업 및 실험조건	효 과 (1인당 평균생산량)
제7기 1927. 11. 7~ 1928. 1. 12	오전 15분간, 오후 10분간의 휴식 오전 휴식시간 중에 간식 제공	1주 2,500개 (이후 생산량 표준)
제8기 1928. 1. 23~3. 10	제7기와 동일 조건으로 하고 근무시간 30분 단축	1주 2,650개
제9기 1928. 3. 12~4. 4	제7기와 동일 조건으로 하고 근무시간을 1시간 단축 (오후 4시 퇴근)	1주 2,600개
제10기 1928. 4. 9~6. 20	제7기와 동일 조건으로 하고 근무시간 단축 폐지(오후 5시 퇴근)	1주 2,800개
제11기 1928. 6. 22~9. 1	제7기와 동일 조건으로 하고 토요일 휴무(주 5일제)	1주 2,600개
제12기 1928. 9. 3~11. 24	제3기와 동일 조건으로 환원 (휴식, 간식, 근무시간 단축제 폐지)	1주 2,900개
제13기 1928. 11. 26~ 1929. 6. 29	제7기와 동일 조건으로 환원 (단, 간식 개인지참)	1주 3,000개

이상의 실험내용 및 실험결과를 놓고 볼 때, 실험의 전 과정을 통하여 여하한 실험적 변화를 막론하고 생산고가 상승하고 있는 경향을 찾아볼 수 있다. 즉 실험기간 중의 생산고의 추세를 보면 초기의 2,400개에서 제13기에 이르러서는 3,000개로 증가되었으며, 특히 제7기, 제10기 및 제13기는 동일한 작업조건이었음에도 불구하고 각각 2,550개, 2,800개, 3,000개의 변화 실적을 나타내었다. 또한 제3기와 제12기를 비교하여 보아도 동일한 작업조건인데도 불구하고 2,400개에서 2,900개로 증가되었다. 마지막 제13기는 31주간이나 계속되었음에도 감소추세를 보이지 않고 3,000개라는 높은 생산고를 유지하였다.

이러한 실험결과는 결국 급여방식·휴식시간·작업일수·간식공급 등의 각 조건이 생산고에 미치는 개별적인 효과에 대하여 회의를 갖게 하였다. 이들 요인들의 어느 것도 생산고의 계속적인 상승현상을 충분히 설명하지 못한다는 것을 발견하였다.

이 실험의 결과에 대해서 웨스턴 일렉트릭회사의 경영진을 비롯한 실험 담당자들이 내린 주요 결론은 다음과 같다.

첫째, 생산고는 휴식시간의 변화에 상관없이 계속적인 증가추세를 보였으며, 이는 휴식이 주는 자극과는 무관한 것으로 보인다.

둘째, 근육의 피로를 덜어 주는 것이 생산을 증가시킨 일차적 요인은 아니다.

셋째, 실험 대상인 여공들의 심리적 만족감은 계속적으로 증가되어 왔다.

넷째, 실험 대상이었던 여공들은 실험이 시작된 이래 결근율이 약 80%가 감소되었으며, 이는 전체 여공들의 결근율에 비하면 3분의 1에 불과하였다.

다섯째, 생산고는 주당 작업일수보다는 그 작업상황의 형태에 보다 직접적인 관계가 있다.

여섯째, 실험기간 중 작업조건의 변화 도입은 여공들에게 늘 새로운 의욕을 갖게 하였다.

일곱째, 생산에 있어 보다 중요한 요인은 엄격한 감독이나 징계를 줄이고 자유와 변화를 주는 것 등이다.

한편, 직접 실험지도를 담당했던 메이요(Mayo) 교수는 이러한 실험결과를 평가함에 있어서 여공집단의 심리적 태도의 변화를 지적하였다. 즉 실험상의 제 조건의 변화를 도입하기 전에 회사 측이 이 집단과 미리 상의하고 그들의 의견을 청취하고 존중하였기 때문에 그들이 작업조건의 결정에 있어서 참여의식을 갖게 됨과 동시에 자기네끼리 한 개의 회사단위를 이루고 있다는 정신적으로 결속된 사회적 의식을 갖게 됨으로써 직장에 있어서 작업성적이 비약적으로 향상되었다고 결론을 내렸다. 그는 휴식시간의 채택, 간식의 제공 등에 대하여도 그 직접적인 효과보다는 심리적인 만족과 같은 부수적인 효과를 중시하였다. 즉 외적인 변화보다도 내적·심리적 균형(temperamental inner equilibrium) 또는 정신적 안정상태(mental steady state)를 유지케 함으로써 각종 다양한 외적인 조건의 변화에 대응할 수 있는 집단적 내지 사회적 역량을 부여하였다고 강조하였다.

이와 같은 계전기 조립실에서의 일련의 실험의 결과를 통해서 연구자들은 조직 또는 집단 내에서 물리적 작업조건보다도 인간의 인정감·책임감·만족감 등의 감정적·심리적 요인이 더욱 중요하다는 사실을 깨닫고 이때까지 간과되었던 종업원의 감정·태도 등에 관한 문제를 새로운 연구과제로 삼고 제3차 실험에 들어갔다.

(3) 면접실험(interviewing program, 1928. 9 ~ 1930. 5)

제2기까지의 실험에서 연구자들은 종업원의 생산성은 감독자의 영향력에 따라 좌우된다는 사실을 알게 되었다. 동시에 협동의욕은 작업조건(working conditions) 등이 다른 물리적 환경 이상으로 작업과 감독자에 대한 종업원 자체의 감정(sentiment)과 태도(attitude)가 중요하다는 것을 점차 이해하게 되었다. 그래서 실험자로서는 이와 같은 감독자의 태도를 파악하고 감독의 방법을 개선하는 것이 면접실험의 본질적인 목표가 된 것이다.

당초 이 면접실험은 호손공장의 조사부(inspection branch)의 현장 및 사무실에 종사하는 1,600명 정도를 대상으로 하였으나, 1928년 9월부터 1930년 9월까지 약 2개년간에 걸쳐 21,126명의 종업원을 일일이 면접하였다.

면접의 내용과 목적은 공장 내에서의 지휘감독 및 기타의 관리방법을 개선하기 위하여 종업원의 불평불만을 조사하고 공장의 물리적 환경 · 안전위생 및 종업원 관계의 개선을 도모하기 위한 것이었으며, 이와 아울러 소작업 집단을 대상으로 한 실험에서 나타난 결론들을 보완 · 검정하기 위한 것이었다.

면접계획의 실시는 충분히 훈련된 면접관(interviewer)들에 의하여 신중히 행하여졌다. 종업원들의 모든 진술내용은 절대 비밀을 보장하고 무기명으로 하였다. 화제는 주로 종업원 각자의 직무 · 작업환경 또는 분위기 · 감독자들에 대한 좋은 점과 나쁜 점 등이었다.

면접초기에 있어서는 면접원이 미리 질문항목을 설정한 후 이에 따라 종업원의 응답을 호(好) · 불호(不好)의 두 종류로 분류 기록하였으나, 그러한 방법을 가지고는 종업원들의 기분을 충분히 파악할 수 없었으므로 1929년 7월에는 면접방법을 달리하여 면접원이 프로그램의 개요를 설명한 다음 종업원이 마음대로 화제를 선택하도록 유도하고 또는 종업원의 자발적인 의사표현에 관심을 표시하고 그 내용을 기록하도록 하였다.

이러한 비지시적 면접방법의 선택으로 면접 소요시간과 보고기록은 점점 길어지고, 내용은 보다 상세한 것이 되었다. 더욱이 면접원의 경험과 기술이 세련됨에 따라 종업원들의 태도에 훨씬 좋은 영향을 주게 되었다. 즉 면접관과 종업원 사이에는 깊은 신뢰감과 친밀감이 조성되어 그들의 면접에 점점 열의를 보이게 되었으며, 그 결과 면접계획의 초기에는 한 사람의 면접에 약 30분이 소요되었으나, 이와 같은 면접방법의 개선으로 나중에는 1

인당 약 1시간 또는 1시간 30분이 소요되었다.

또한 면접과정에서 흥미 있는 하나의 사실은 면접조사 그 자체가 종업원들에게는 그들의 불평·불만을 토로할 수 있는 좋은 기회가 되었을 뿐만 아니라, 결과적으로는 그들이 진술하는 고충이나 불만들이 회사의 경영정책에 반영될 수 있다는 인식을 갖게 됨으로써 생산능률에 좋은 영향을 미치게 되었고, 감독자들에게는 종래 감독방법에 대한 반성의 기회를 줄 수 있었다는 점이다. 즉 면접에 의하여 집약된 종업원들의 반응·의견·감정 또는 태도는 감독자 회의에 제시되어 토의를 거친 다음 개선책을 강구하였기 때문이다.

연구자들은 보고서에서 면접계획의 효과로서 ① 작업조건의 개선점 발견, ② 감독자 훈련 및 인간관리를 위한 자료제공, ③ 면접을 받은 종업원들의 심리적인 안정, ④ 연구자료의 제공 등을 들었다.

한편, 메이요(Mayo)교수는 이 실험의 전 과정을 통해서 다음과 같은 법칙적 사실을 발견하였다.[5)]

첫째, 노동자들이 심중에 있는 고정을 토로하면 할수록 그만큼 불평·불만을 덜어 준다.

둘째, 노동자의 근로의욕은 심중에 품고 있는 감정(sentiment)과는 분리해서 이해할 수 없다.

셋째, 노동자의 불평·불만은 객관적인 사실을 토로하는 것이 아니고 다만 심중에 잠재하고 있는 불만과 진실한 심정의 표현이다. 따라서 노동자의 위장된 심리상태(규범과 억압·명령·제도에 의함)의 근원을 찾도록 노력해야 한다.

넷째, 노동자가 소지하는 감정 또는 각종 요구는 각각 과거의 경력 또는 현재의 직장상황에 의하여 좌우된다.

다섯째, 노동자의 만족 또는 불만은 객관적인 판단보다 오히려 자기 자신들이 회사 내에 있어서 자신의 위치(position)를 여하히 생각하고 있는가 하는 주관적인 판단에 의하여 좌우된다.

즉 위의 면접방법에 따라서 명백히 된 사실은 노동자의 근로의욕은 개개인이 가지고 있는 감정이 중요한 역할을 한다는 것이다. 이 감정은 두 가지가 있는데, 그 하나는 개인적·심리적인 것이며 또 하나는 노동자가 특정의 사회적 그룹으로 공통적으로 가지고 있는 감정이다. 개인적이고 심리적인 감정은 노동자가 자기임금수준에 불만을 나타내든가 또는 여공의 성장과정

---

5) 柳基鉉, 人間關係論, 貿易經營社, 1986, p. 39.

에서 심리적으로 받은 공포감에 따른 선입관에 의한 감독자에 대한 공포감 등을 예로 들 수 있다. 그리고 집단에 있어서 사회적 그룹으로서 공통적으로 가지는 감정은 노동자가 예속되어 있는 집단에 있어서 개인적인 존재로의 심리적인 것보다도 사회적인 존재로서의 모든 것을 들 수 있다. 다시 말해 면접실험의 결과 종업원의 태도나 감정은 종업원 개인의 과거의 사회적 학습 내지 개인적 경험에 의하여 형성된 가치관, 원망, 기대와 직장에서의 동료나 상사와의 사회적 접촉을 통하여 얻어지게 되는 만족감에 의하여 형성된다는 것이다.

(4) 배전기 권선작업 관찰실험(Bank Wiring Observation Room Experiment : 1931. 11 ~ 1932. 5.)

이 실험은 3차에 걸쳐 실시한 실험결과를 조사하기 위해 전화 자동교환기의 일부인 배전기(Bank)의 권선작업(코일을 감는 작업)에 종사하는 남자 노동자 14명을 선발하여 면접 및 관찰에 의한 조사연구가 시작되었다.

여기서 회사의 조직면에 나타나지 않는 자생적인 집단이 형성되고 있음을 발견하였다. 즉, 성별, 거주지, 출생지, 경력, 종교, 취미 기타 원인에 의하여 형성되었고, 종업원의 근무의욕은 개인의 감정에 의하여 움직이지만 그가 속해 있는 사회적인 집단에 의해 영향을 받고 있음을 알게 되었다.

이 실험에서 비공식조직을 관찰하기 위하여 두 사람 이상 사이에 빈번한 대화나 친밀한 행동, 비공식적인 회합의 형태와 그 참여인원, 조직적인 소집단의 유무와 규모 등을 관찰·기록하여 분석하도록 하였으며, 이와는 별도로 면접자들은 지속적으로 외부인사로서의 입장을 견지하여 남자직공들의 비공식적인 소집단에 대한 태도와 동료들에 대한 감정 등을 면접을 통해서 통찰하였다.

결국 이 실험은 관찰자와 면접자들이 각각 다른 방향에서 작성한 자료들을 보완하여 종합적인 분석을 시도한 것으로 실험의 결과에서 밝혀진 내용을 요약·정리하면 그 내용은 다음과 같다.[6)]

① 실험기간 중 14명의 남자 노동자들 사이에는 자연히 두 개의 비공식적인 클럽(club)이 생겨서 그 기풍이 다르고 능률면에서도 상이한 결과가 나

6) 朴璉鎬, 人間關係論, 博英社, 1988, pp. 39-40.

타났다.

② 각자의 좌석이 자연히 고참의 순서로 정해져 있으며 각자의 지능지수나 숙련도는 반드시 작업능률과 상관관계가 있는 것이 아니라 오히려 각자의 근로의욕 여하가 작업능률과 상관관계가 크다. 즉 14명의 남자 노동자들 중에서 작업능률이 가장 낮은 사람이 지능지수가 가장 높고 숙련도는 세 번째였으며, 가장 작업능률이 높은 사람은 숙련도에서는 일곱 번째였으며 지능지수는 가장 낮았던 것이다.

③ 이 집단의 종업원들은 회사에서 정한 표준과업을 달성하기 위한 노력은 하지 않고 오히려 생산억제를 자행하고 있었으며, 그보다도 낮은 수준의 생산기준을 그들 자신이 스스로 만들어 가고 있었다. 뿐만 아니라 생산한 결과에 대한 보고도 정확하게 하지 않았다.

즉, 작업집단 내에서의 행동은 그 집단이 가지고 있는 관습이나 규범이 결정적인 영향을 미친다. 따라서 자생적인 조직이 공식조직 보다 더욱 강한 통제력을 갖는 것은 작업집단의 배후에 깔려 있는 다음과 같은 집단규범 내지 집단감정(group's sentiments) 때문이라는 사실을 발견할 수 있었다.

첫째, 동료 종업원보다 현저하게 많은 업무량을 수행해서는 안 된다. 만일 이에 위배된다면 '임률 파괴자'(rate buster)가 되며, 집단 일탈적 · 이기적인 인간으로서 동료들로부터 배척당하게 된다.

둘째, 일을 너무 게을리 해서도 안 된다. 만일 이를 무시한다면, 다른 동료들에게 자기가 하지 못한 몫만큼 부당하게 업무를 가중시키게 되므로 그런 자는 사기사(chiseler)로 간주되어 동료들로부터 고립되게 된다.

셋째, 일반적으로 조직 내에서 제정한 제도 상의 직무에 너무 충실하거나 공식적인 직무를 맡았다 할지라도 때로는 인간적으로 대할 필요가 있다는 것이다. 즉 검사공이라도 검사공인 체 행동하는 것은 좋지 않다.

넷째, 동료의 난처한 일을 상사에게 고자질해서도 안 된다. 만일 이를 무시하면 그런 자는 배신자(traitor)가 된다.

다섯째, 조직 내의 각자는 상사에게 아부해서는 안 된다는 것이다.

4) 호손실험의 결과

호손실험에서 얻은 중요한 발견을 요약[7]하면 다음과 같은 몇 가지로 정리된다.

첫째, 비공식집단을 발견했다. 조직 구성원들은 직장 내에서 순수하게 개인적으로 행동하는 것이 아니다. 그들은 공생을 위한 자생적인 비공식조직을 형성한다. 고전론자들에게는 인정받지 못했던 비공식집단은 집단규범(group norm)을 만들어 구성원의 태도와 작업 상에서의 행동에 결정적인 영향을 미치며 생산성을 좌우한다. 말하자면 그 규범이 집단규범에 지지적인 것이면 생산성은 높아진다.

둘째, 생산능률은 종업원의 태도나 감정, 즉 **인간적 반응에 크게 의존하고 있다**는 사실이다. 다시 말하면 작업의 난이도, 물리적 조건, 시간이나 환경, 어떤 경우에는 임금이나 복지보다도 종업원이 자기의 작업, 동료, 상사 및 회사 전체에 대해 갖는 태도나 감정이 생산능률에 큰 영향을 미친다는 사실이다. 결국 종업원은 감정을 지니고 있기 때문에 합리적이거나 논리적으로만 행동(logical behavior)하는 것이 아니라 비합리적이거나 비논리적(non-logical behavior) 또는 몰논리적(illogical behavior)이기도 한다는 것이다.

셋째, 이와 같은 태도와 감정은 그들이 소속하고 있는 직장 내 분위기와 밀접한 관련이 있다는 사실이다. 특히 그들이 소속하고 있는 집단의 행동양식이나 사고방식과 깊은 관계가 있으며 상급자의 감독 및 지도 방침이나 행동에 의해 그들의 태도, 감정 및 신념이 크게 변화한다.

넷째, 생산성은 집단의 팀워크(teamwork)와 협동의 정도에 직접적으로 관련되며, 이들의 수준은 다시 집단에 대한 감독자의 관심 등에 관련됨으로써 ([그림 2-1] 참조) 조직을 테일러가 기술적·경제적 시스템으로 본 반면, 이들은 사회적 시스템(social system)으로 보았다.

그림 2-1 종업원의 높은 생산성에 대한 호손실험 결과

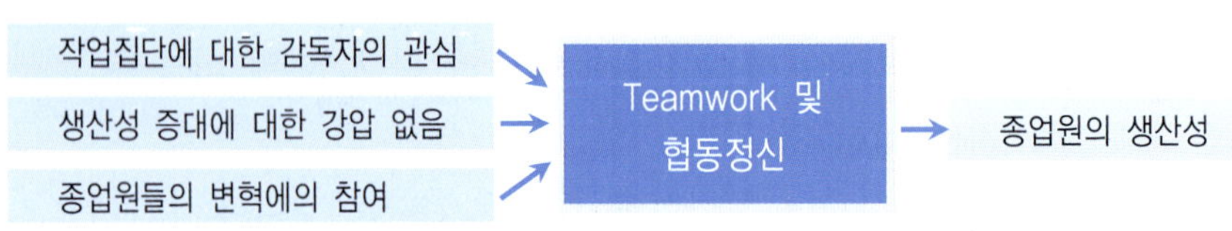

자료: W. F. Cascio, *Managing Human Resources: Productivity, Quality of Work Life, Profits*, McGraw-Hill, 1989, p. 45.

7) 이한검, 人間行動論, 螢雪出版社, 1994, pp. 87~90.

다섯째, "인간은 왜 일하는가?"라는 기본적인 물음에 대해 종래의 산업심리학은 '경제인'의 인간관에 입각하였으나 일련의 실험결과는 인간을 단지 경제인이 아니라 심리적 · 사회적 존재라는 인식과 가치를 부여함으로써 '사회인'(social man)의 인간관에 입각하고 있다는 것이다. 이는 고전이론에 입각했던 '경제인'의 인간관에서 인간은 사회적 욕구를 강하게 지니고 있다는 '사회인'의 인간관으로의 전환을 의미한다. Roethlisberge는 이 실험의 결과를 다음 [그림 2-2]와 같이 설명하고 있다.

그림 2-2 호손실험 가설의 변천 단계

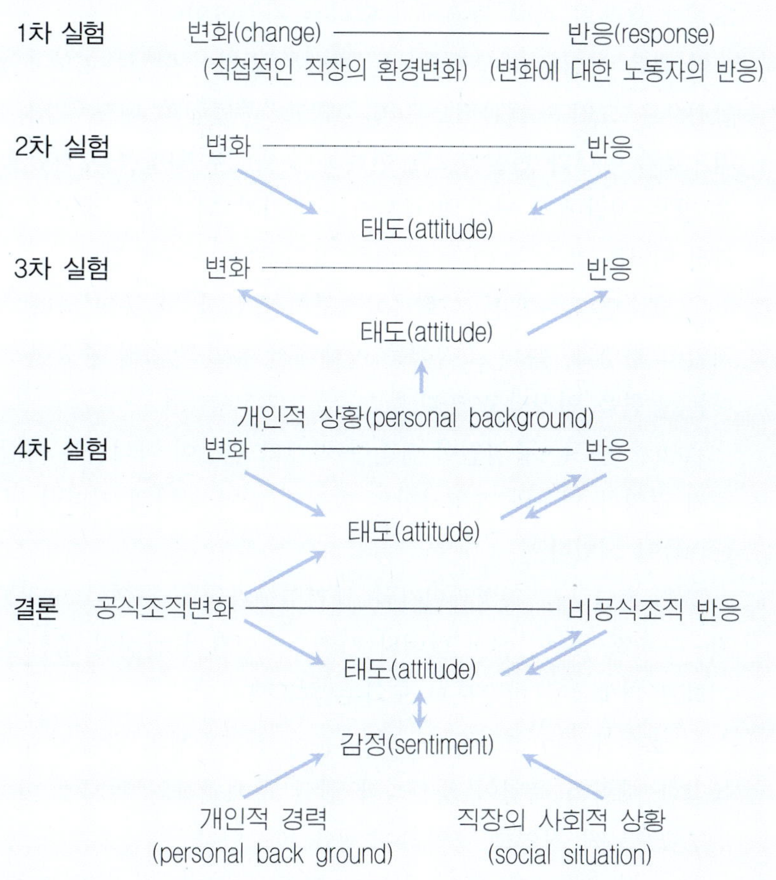

자료: F. J. Roethlisberger, *Man in Organization*, 1968, p. 21.

요컨대 이를 간단히 요약하면, 종업원의 태도는 감정에 따라 변화하며, 개인적인 상황과 직장의 상황에 따라 변화함을 발견하게 되었다. 따라서 인간조직은 사회적인 조직으로서 공식조직과 비공식조직으로 구성되며, 비용의 논리(logic of cost)와 능률의 논리(logic of efficiency)를 강행하려면 비공식조직의 감정의 논리(logic of sentiment)의 저항을 가져오게 되어 생산능률의 저하를 가져온다는 것이다.

더욱이 비공식조직 가운데는 어느 특유한 행동기준이 발생하고 또한 집단적 압력에 의하여 집단 구성원의 행동이 강력히 통제되고 있다는 사실이다. 또한 종업원은 그러한 조직의 구성원이 됨으로써 개인적 만족과 행복을 찾고 있다는 것이다. 즉 거기에는 개개 종업원이 합리적·경제적 이해타산을 초월한 모종의 힘이 작용하고 있다는 사실이었다.

이 같은 사실은 부분적으로는 새로운 발견이 아닐는지도 모른다. 다만 종합적으로 그리고 객관적으로 입증했고, 종업원의 태도, 감정, 행동을 개념적으로가 아니라 현실적으로 이해하는 새로운 입장을 개척했으며 그 중요성을 많은 사람에게 널리 인식시키는 계기가 되었다는 점에서 호손실험의 **역사적 의의**를 찾을 수 있는데 이를 요약하면 다음과 같다.

① 호손연구는 모든 사회과학연구의 중요한 것 중의 하나이며 의심의 여지없이 경영학, 특히 조직행동 이해에서 유일한 가장 중요한 기반을 제공했다는 공헌을 인정받고 있다.[8)]

② 호손연구는 종업원이 단순한 기계의 연장이 아니라는 사실을 말해 줌으로써 경영학 연구와 경영사상의 발전에 있어 하나의 커다란 전환점(turning point)이 되었다.[9)]

③ 호손연구는 경영관리자와 경영연구가들로 하여금 고전론자들의 기술적·구조적인 관심에서 벗어나 사회적·인간적 관심이 생산성 향상의 핵심이라고 지향성를 바꾸도록 도와주었다.[10)]

④ 호손연구는 고전론자들의 단순한 인간관계의 관점을 부정하고 오히려 복잡한 사회적 측면이 생산성과 집단 구성원간의 관계에 미치는 영향력을 강조함으로써 경영학 영역의 초점을 바꾸었다.[11)]

---

8) J. M. Ivancavich & M. T. Matteson, *Organizational Behavior*, Irwin, 1992, 3th, p. 8; S. P. Robbins, *Management*, Prentice Hall, 1994, 4th, p. 48.
9) J. R. Schermerhorn, *Management for Productivity*, Wiley, 1993, 4th, p. 127.
10) J. R. Schermerhorn, *op. cit.*, p. 126.

5) 호손실험의 문제점과 한계

효과적인 인간관계를 창조하는 사회적·심리적 요인을 체계적으로 발견하려는 인간관계 운동의 최초의 계기를 이룬 호손연구는 위에서 살펴본 바와 같은 역사적인 공헌에도 불구하고 다음과 같은 문제점과 한계점이 지적되고 있다.

① 조사연구가 비과학적이며, 내리는 결론이 자료에 의해 충분히 뒷받침되지 못하고 있다.

② 연구논자들이 자신들의 발견을 지나치게 일반화하려는 경향이 있다.

③ 환경적인 요인들을 충분히 고려하지 못했다.

④ 인간의 일면성을 너무 강조하고 있다. 즉 '경제인'의 인간관에 대한 부정이 지나치다. 모든 종업원의 근로동기가 경제적인 것에 있는 것이 아닐 뿐더러 인간관이 점차 발전하므로 '사회인'의 인간관이 등장함은 한편으로는 자연스러우나 모든 사람의 근로동기가 사회적 욕구의 충족에 있는 것이 아니다. 경제적 욕구를 강하게 지닌 종업원도 얼마든지 있을 수 있다.

⑤ 비공식조직을 지나치게 강조한 나머지 공식조직에 대한 관심이 희박하고, 이를 지나치게 경시했다. 종업원이 지니고 있는 욕구, 특히 고차원 욕구의 충족도 중요하나 그에 못지 않게 중요한 것이 공식조직의 목적달성임을 간과해서는 안 된다. 즉 이들 두 가지가 동시에 중시되어야 함에도 공식조직의 목적을 경시하고 있다.

⑥ 인간관계론의 접근은 조직과 환경과의 조화 및 변화관계로 다루지 않고 조직 및 조직 구성원의 내재적인 면을 연구하게 되었다. 따라서 조직의 목표달성은 전적으로 내적 요인에 의해서 추구된다고 보았기 때문에 조직 외적 환경적응과 그에 대한 변화전략을 수립할 수가 없었다.

⑦ 인간관계론의 접근은 구성원간의 협동이나 원활한 관계만을 강조함으로써 갈등의 건설적이고 긍정적인 측면을 무시하고 있다. 즉 발전에 대한 욕망은 개선과 개혁에 대한 갈등으로 표시될 수 있으며 그 갈등을 해소하기 위해서는 좀 더 효과적인 방안을 추구하게 되는데 이 접근방법에서 갈등은 하나의 불만요소로 취급하게 된다.

⑧ 인간관계론의 접근은 조직과 집단 구성원을 자기발전과 자아성취를 위

---

11) K. M. Bartol & D. C. Martin, *Management*, McGraw-Hill, 1994, 2nd, p. 51.

한 선의의 경쟁관계로 보는 것이 아니라 서로를 견제하고 능률을 올리지 못하게 하는 상대적 입장으로 파악하였다. 즉 비공식조직이 공식조직에 반하는 세력으로 분류하여 서로 각각의 욕구수준을 달리함으로써 서로 다른 자아성취를 한다고 판단하였다.

⑨ 가장 대표적인 것으로 양호한 인간관계를 유지하고 사회적 욕구의 만족을 통해 종업원을 만족시키면 생산성(업적)이 높아진다는 단순한 준거의 기준(unitary frame of reference)에 입각한 보편타당성의 이론이다.

종업원은 경제적 욕구가 강하므로 경제적 욕구를 충족시켜 주면 생산성이 높아진다고 보는 보편타당성의 이론인 고전이론이 오류를 범하고 있듯이 이 이론도 잘못을 범하고 있다. 또한 이윤추구를 목적으로 한다는 점에서 여타의 조직과는 구분되는 기업에서 종업원의 만족이 중요한 목적이기는 하나 추구해야 할 유일한 목적으로 생각할 수 없다. "인간관계가 기업의 번영에 우선하지 않는다는" 주장이[12] 이를 잘 말해 주고 있다.

2. 초기 인간관계론의 성립과 발전

호손실험을 통하여 인간의 노동능률은 물적 근로조건 그 자체보다도 오히려 인간관계에 의해 보다 많은 영향을 받는다는 사실을 발견하였다. 즉 인간 노동의 능률을 좌우하는 것은 물적인 요인이 아니고 종업원들이 회사나 관리자들에 대해서 가지고 있는 감정이나 기분, 태도와 같은 그 자신의 비논리적인 인간적 요인이라는 것이다. 그래서 직장에서는 무엇보다도 좋은 인간관계를 확보하는 것이 제일 중요하다는 이론을 확립하게 된 것이다. 그러므로 과학적 관리법의 아버지를 테일러(F. W. Taylor)라고 한다면 인간관계론의 아버지는 메이요(E. Mayo)라고 할 수 있는 것이다.

과학적 관리법에서 호손실험에 의한 초기(전통적) 인간관계론의 성립까지의 과정을 요약하면 다음 [그림 2-3]과 같이 나타낼 수 있다.

---

12) R. M. Hodgetts, *Modern Human Relations at Work*, South-Western, 1990, 4th, p.59; 日本經營協會 編, 『トラツカの經營哲學』, 日本經營協會 綜合研究所, 1992, p. 89.

그림 2-3 인간관계론의 성립 과정

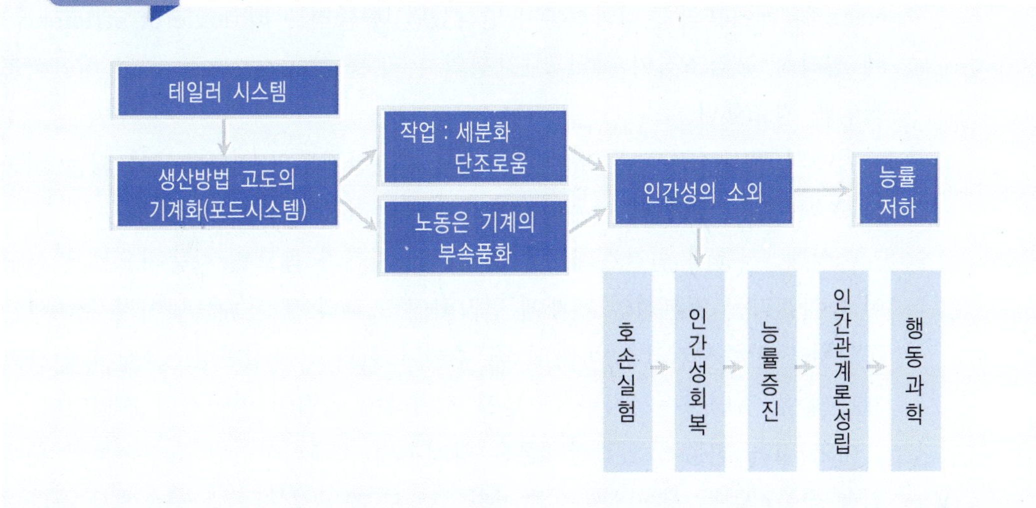

이와 같이 성립된 초기 인간관계론은 종래 강조되어 온 능률의 논리, 비용의 논리를 등한시하고, 종업원의 인간으로서 갖는 비합리적인 감정의 논리가 인간관계를 통하여 작용한다는 점을 중시하였으며, 경제인의 가설을 부인하고, 종업원을 소속집단에 대한 소속감과 심리적인 안정감 등 사회적인 욕구를 갖는 사회인으로 규정하였다.

호손실험의 결과에 기반하여 전개된 전통적 인간관계론의 이론적 특성을 보다 간략하게 정리·요약하면 다음과 같다.

첫째, 기술적 기능보다는 사회적·인간관계적 기능을 강조했다. 종래에 강조했던 기술적 기능만으로는 호손연구에서 발견된 행동을 처리하기에는 불충분하기 때문이다.

둘째, 사회인의 가설을 도입했다. 고전이론이 '경제인'이나 '기계인'의 가설에 근거하여 임금에 의한 생산성 증대를 기대한 반면 전통적 인간관계론은 감정을 지닌 '사회인'의 가설에 근거하여 생산성을 종업원의 사기에 의해 증대시키려 했다.

셋째, 이와 관련하여 '사기'(morale)의 개념을 도입했다. 즉 직장에서의 인간적 만족도가 높을수록 사기(근로의욕)가 높아지고 생산성도 높아진다는 것이다.

넷째, '감정의 논리'(logic of sentiments)를 도입했다. 인간행동의 한계를 극복하는 것은 테일러의 과학적 관리가 입각했던 '비용의 논리'(logic of costs)와 페이욜의 관리과정론이 입각했던 '능률의 논리'(logic of efficiency)에 입각한 공식조직이 아니고 '감정의 논리'를 행동기준으로 하는 비공식조직임을 강조했다.

이때의 공식조직은 논리적인데 비해 인간관계론의 연구대상이 되는 비공식 조직은 심리적이고 비논리적이거나 몰논리적인 특성을 지닌다.

다섯째, 전통적 인간관계론은 종업원의 사기가 높으면 자동적으로 생산성이 높아진다는 기본적인 전제에 입각하여 조직의 생산성을 높이기 위해서는 종업원을 만족시키고 행복하게 해 주어야 한다고 주장한다. 그래서 인간관계가 좋은 경영자는 생산성을 높일 것이라는 관점이 일반적인 진리였다.

이와 같은 전통적 인간관계론은 당시까지 지배적이었던 고전이론의 문제점을 극복하려는 시도에서 이루어진 것으로 경영의 이론과 사상에서 하나의 붐을 일으키면서 여러 가지 측면에서 지대한 공헌을 하였을 뿐 아니라, 특히 인간행동을 사회학적, 심리학적, 정신위생학적 등 여러 과학적 분야에 걸쳐 이를 종합적으로 연구하려는 행동과학론을 탄생케 하였다.

전통적 인간관계론은 조직에 있어서 비공식적 인간관계, 즉 조직의 사회적 상호작용 과정에서 자생적으로 생성된 모든 유형의 행위와 규범에 초점을 둔 것이었으나, 행동과학은 조직의 공식적 측면과 비공식적 측면을 다 같이 포함하여 조직 전체를 인간의 조직활동 내지 집단과정으로 보고 그것을 객관적으로 측정하고 연구하려는 것이다.

이러한 행동과학은 오늘날 인간관계 중심의 행동과학과 의사결정 중심의 행동과학의 두 방향으로 발전되고 있다. 전자는 메이요의 인간관계론을 기초로 하여 발전되고 있는 동기부여의 문제가 중요시 되고 있다. 이에 반해 후자는 근대조직론의 흐름으로서 조직에 있어서 의사결정 과정을 행동과학으로 해석하고 설명하려는 것이다. 즉 조직 내의 인간행동에서 비공식적 조직인 인간관계가 중요한 것이 아니고 공식적 목표달성을 위한 의사결정이 중요하다는 것이다.

또한 인간관계 중심의 행동과학에서는 경제적 인간관을 중시했던 과학적 관리론이나 의존적 인간관을 강조했던 전통적 인간관계론과는 달리 자립적 인간관을 중시한다. 그리하여 행동과학에서는 자기 성취욕구에 기초를 둔 동기이론을 강조하고 있다.

3. 현대적 인간관계론의 등장

1920년대~1930년대에 걸쳐서 호손실험을 바탕으로 하여 생산성, 사기(morale) 및 인간관계의 상호관계를 밝힌 메이요 그룹(Mayo group)에 의한 인간관계론을 초기 인간관계론이라 하고, 1950년대에 걸쳐서 전개된 매슬로우(A. H. Maslow)의 욕구계층이론, 아지리스(C. Argyris)의 미성숙·성숙이론, 리커트(R. Likert)의 참가적 관리시스템론, 맥그리거(D. McGregor)의 Y이론, 허즈버그(F. Herzberg)의 2요인이론, 블레이크와 무턴(R. R. Blake & J. S. Mouton)의 메니지리얼 그리드(managerial grid)이론, 그리고 공식조직에 있어서의 의사결정과정을 행동과학적으로 해명코자한 마치와 사이몬(J. G. March & H. A. Simon) 등과 같이 인간의 행동을 강조한 인간행동학파(the human behavior school)에 속하는 논자들의 관점을 '현대적(또는 후기) 인간관계론'이라고 하는데 이는 '전통적 인간관계론'에 기반하고 그것을 더욱 발전시킨 이론으로서 의사결정론, 모티베이션론 및 리더십이론 등이 포함된다.

현대적 인간관계론은 초기(전통적) 인간관계론의 이론적 결함을 시정하기 위하여 등장하게 된 새로운 이론으로서 전통적 인간관계론에서 파악된 사회인 모델을 포괄하고 있을 뿐만 아니라 나아가서는 고차원의 욕구를 지닌 존재로서의 인간관을 이론의 바탕으로 삼고 있는 데 그 특징은 다음과 같다.

첫째, 종업원의 욕구로서 자아실현 욕구를 중시하고 이를 충족시켜 주기 위한 참여 내지 자주적 관리시스템을 강조하고 있다.

둘째, 공식조직과 비공식조직을 구별하지 않고 행동과학의 입장에서 조직이나 관리시스템을 사람과 사람과의 관계에서 형성되는 사회적 시스템으로 간주하는데 그 특징이 있다.

현대적 인간관계론은 1960년경부터 미국에서 인사·노무관리에 응용되기 시작했다. 예컨대 채용관리나 교육·훈련 관리에 전제가 되는 종업원의 욕구분석, 직무만족의 분석뿐만 아니라 모티베이션, 리더십 등의 기법이 도입되었으며, 기술혁신에 대응하기 위한 전문관리자에 대한 자기계발의 기법 내지는 작업 직에 대한 직무확대 기법, 종업원 태도조사 및 감수성훈련

(sensitivity training) 등의 기법이 발달되게 되었다.

인간관계론에 대한 관심은 1970년대에 절정에 이르렀고, 70년대 후반에는 '인간관계론'이라는 어휘가 '조직행동론'으로 일반화되었다.

'조직행동론'은 인간행동론에 속하는 '전통적 인간관계론'에 기반하고 그것을 더욱 발전시킨 이론으로 표현을 바꾸면 그것은 '현대적 인간관계론'이라고 할 수 있다. 그리고 '인간관계론'과 '조직행동론'에서 다루는 주제는 대체로 유사하지만 개인과 조직 어느 쪽에 관심과 비중을 더 두는가에 따라 다소 달리 전개되고 있을 뿐이다.

데이비스(K. Davis)는 현대적 인간관계론은 두 개의 측면을 지니고 있는데 그 하나는 실증연구를 통하여 인간행동의 인과관계를 이해하고 규정하여 명확하게 하는 일과 관련된 것이고, 또 다른 하나는 실제적인 상황에 이와 같은 지식, 즉 행동과학에서 얻은 지식을 적용하는 방법과 관련된 것이다.

이때 전자는 조직행동론이고 후자는 인간관계론이라 하고 이들은 상호 보완관계에 있다고 주장하고 있다.

3

커뮤니케이션의 이해

1. 커뮤니케이션의 의의
2. 커뮤니케이션의 과정과 구성요소
3. 커뮤니케이션의 형태
4. 커뮤니케이션의 장애요인과 극복방안
5. 효과적인 커뮤니케이션의 기법
6. 생명의 언어훈련

제3장 커뮤니케이션의 이해

인간의 만남이 인간 상호간의 관계를 형성하는 물리적인 측면을 말해 준다면, 커뮤니케이션은 그 만남에 혼을 불어넣는 일라고 할 수 있다. 상호 주고 받는 언어와 비언어적인 의사소통 과정을 통해 우리는 만남의 성격을 규정한다. 아무리 오랜 시간 만남의 기회를 가졌다고 해도 서로가 대화와 의사전달 과정을 통해 이해하고 공유하는 부분을 만들어 내지 못한다면, 그 만남은 아무런 의미가 없다. 따라서 커뮤니케이션은 우리의 일상생활에 지속적으로 이어지고 있는 만남의 특성을 결정짓고 그 만남을 우리 삶의 일부분으로 변화시키는 과정이다.

우리는 그동안 이 중요한 커뮤니케이션을 무조건 자연스럽게, 생각나는 대로, 어려서부터 배운 대로, 우리의 생각, 느낌 및 감정 등을 주고받으면 되는 것으로만 생각해 왔다. 하지만 이 과정은 우리의 생각만큼 간단하지도 않고, 단순하게 삶의 일부분으로 접어 둘 성질의 대상도 아니다. 어쩌면 우리의 인생을 엮어나가는 가장 중요한 요소인지도 모른다. 제3장을 통해 우리는 커뮤니케이션을 보다 구체적으로 이해하고, 바람직한 인간관계를 형성하기 위한 중요한 방편으로써 좀 더 나은 커뮤니케이션 기술을 탐색해 보기로 하자.

1. 커뮤니케이션의 의의

커뮤니케이션(communication)이란 용어는 라틴어의 '*communus*'에서 유래된 것으로써 공통적으로 나누어 갖는다는 의미이며, 언어와 같은 공통적으로 이해되는 심볼(symbol)의 수단에 의해 행해지는 개념의 교환과정을 말한다.

커뮤니케이션이 한 사람을 다른 사람에게 연결시켜 주는 교량(bridge) 역할을 한다고[1] 볼 때 그것은 어떤 형태의 관계를 형성·유지시키는 활동이라고도 할 수 있다. 이런 의미에서 보면 삶은 커뮤니케이션의 연속을, 그리고 죽음은 그것의 단절을 의미한다고 할 수 있으며 우리 모두는 사람과 사람의 관계를 떠나서는 살아갈 수 없는 존재임에 틀림없다.

'너'와 '내'가 있는 곳에는 언어적이든 비언어적이든 어떤 형태든 간에 관계 유지를 위한 커뮤니케이션이 있게 마련이다. 부자관계, 부부관계, 사제관계, 동료관계, 연인관계 등 관계가 있는 곳에는 반드시 커뮤니케이션이 있어야 하고, 그것 없이는 그 어떤 관계도 존립할 수 없음을 우리는 쉽게 경험할 수 있다.

보통 사람이 삶의 3/4 이상의 시간을 커뮤니케이션에 바친다고[2] 할 때 인간 삶의 성공 여부는 커뮤니케이션을 얼마나 잘 할 수 있는가에 달려 있다고 볼 수 있을 것이다.

그만큼 커뮤니케이션은 인간생활에서 필수적이며 대인관계의 기본이 되고, 인간관계가 커뮤니케이션을 통해서 이루어지는 상호과정이기 때문에 사회적으로는 물론, 조직 내에서도 더욱 중요한 연구과제로써 인식되어 가고 있다.[3]

그런데 종래에는 커뮤니케이션이라고 하면 무조건 기계적인 정보의 전달만으로 이해되었다. 다시 말해 한 지점에서 다른 지점에 필요한 정보를 전달하면 그것을 곧 커뮤니케이션으로 인식했다. 하지만 커뮤니케이션은 정보의 전달 이상의 것이다.

---

1) R. M. Fulmer, *The New Management*, Macmillan, 1989, 4th, p. 255.
2) F. Luthans, *Organizational Behavior*, McGraw-Hill, 1992, 6th, p. 466.
3) W. V. Haney, *Communication & Interpersonal Relations*, Irwin, 1992, 6th, p. 3.

우리가 남들에게 일방적으로 언어를 통해 우리의 의사를 전하는 것은 엄격한 의미에서 말하는 것(talking)이지 커뮤니케이션이라고 할 수 없다. 커뮤니케이션이란 서로 다른 이해와, 사고와, 경험과, 선호 및 교육적 배경을 지닌 당사자들이 어떤 특정한 사안에 대하여 유사한 의미와 이해를 만들어 내기 위한 과정이다. 인간은 똑같은 상황이라도 다르게 이해하며 다른 의미를 부여한다.

커뮤니케이션이란 이렇게 다른 이해와 의미를 가지고 있는 사람들이, 공통적으로 공유할 수 있는 의미와 이해를 만들어 내려고 언어 또는 비언어적인 수단을 통해 상호 노력하는 과정이라고 말할 수 있겠다.

2. 커뮤니케이션의 과정과 구성요소

개인 간에 메시지가 교환되는 과정을 나타내고 있는 [그림 3-1]에 의하면 커뮤니케이션 과정은 발신자, 코드化, 메시지, 전달매체, 수신자, 해독, 피드백 및 잡음(장애) 등 여덟 가지의 기본적 요소로 이루어지고 있다는 것을 알 수 있다. 그리고 이들 요소들은 다 같이 커뮤니케이션의 양과 질을 결정하게 된다.[4)]

그림 3-1 커뮤니케이션의 과정 모델

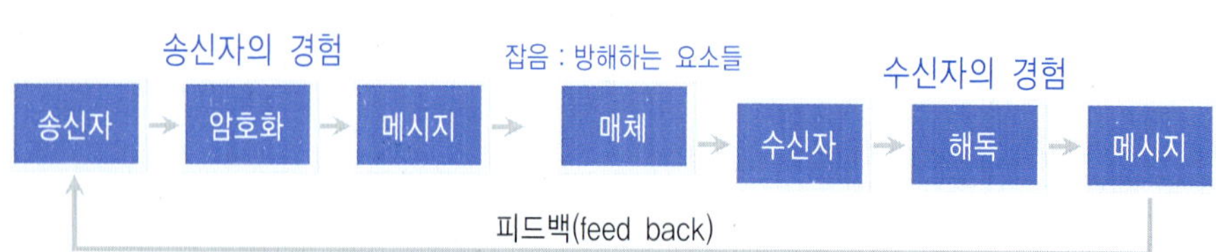

자료: J. L. Gibson et als., *op. cit.*, 1991, p. 541.

4) K. H. Chung and L. C. Megginson, *Organizational Behavior: Developing Managerial Skills*, New York: Harper & Row, Publishers, 1981, pp. 192–194.

1) 송신자(sender)

송신자란 '생각', '아이디어', '의도'(intention), '의미' 또는 '정보' 등과 같은 메시지를 전달하려고 하는 사람으로 '발신자', '착상자'(originator), '전달자'(transmitter) 또는 송신자가 전달하려고 하는 생각과 의미를 수신자가 이해할 수 있는 암호를 통해서 한다는 의미에서 '암호를 만드는 사람'(encoder)이라는 등의 여러 가지 이름으로 거론된다.

송신자의 태도, 신뢰성 및 기타 특질(attributes) 등은 커뮤니케이트 되는 대상이나 내용을 지각하고 해석하는 데 영향을 미치며, 발신자의 퍼스낼리티(personality) 또한 메시지가 전달되는 방법에 영향을 미치게 된다. 예컨대 민감한 사람은 커뮤니케이션 과정을 수신자의 시각에서 보게 될 것이고, 감각이 둔한 사람은 1차적으로 자신의 욕구에 관심을 가지게 될 것이다.

2) 암호화(encoding)

암호화란 메시지의 내용(생각 또는 감정)을 수신자가 이해할 수 있도록 글, 말, 제스처 등의 전달 가능한 형태로 바꾸는 과정을 말한다.[5] 다시 말해 암호화는 송신자가 전달하고자 하는 생각과 느낌을 언어(language), 어휘(words), 상징(symbol), 차트 또는 제스처 등과 같은 형태로 전환하는 구성 과정을 의미한다.

메시지가 수신자에게 전달되기 이전에 이루어지는 이 단계에서는 다음과 같은 두 가지 사실에 깊이 유념해야 한다.

① 언어, 어휘 또는 상징은 사실 또는 사건이 지닌 의미인데 이들은 같은 것이 아니라는 점이다. 다시 말해 송신자가 의사소통하기 원하는 대상(내용)과 사용하는 어휘나 상징 사이의 관계는 직접적인 것이 아니라는 점이다. 따라서 송신자는 사건에 관한 그의 생각을 주의 깊게 구성하고 그의 생각을 올바르게 나타낼 수 있는 어휘를 선택하여야 한다.

수신자도 같은 의미를 지닌다고 믿는 상징(어휘, 제스처)을 선택해야 한다. 메시지는 수신자에게 이해될 수 있는 형태를 지녀야 한다. 그렇지 못할 때

---

5) C. L. Bovée et als., *op. cit.*, 1993, p. 537.

의사소통의 곡해가 일어나고 결과적으로 원만한 대인관계가 형성·유지되지 못한다는 사실을 우리는 많이 체험하고 있다.

② 송신자가 언어, 어휘, 표정 또는 제스처 등으로 암호화하는 데 있어서(그리고 수신자가 해독하는 데 있어서) 각종 **과거의 경험과 태도 및 준거기준(frame of reference)이** 크게 영향을 미친다는 것이다. 다시 말해 의미는 어휘에 있는 것이 아니고 사람에게 있으므로 어휘와 상징에 대한 의미는 각자의 경험과 태도에 의해 다르게 된다.[6)]

송신자가 의도한 암호의 내용을 수신자가 얼마나 정확하게 해독할 수 있느냐의 정도는 송신자와 수신자가 과거에 가졌던 경험영역의 공통성이 얼마나 많으냐에 달려 있다. 예를 들어 문화가 다르고 언어소통이 자유롭지 못한 외국인과의 의사소통과 사랑하는 연인들이 눈빛(상징) 하나만으로도 충분한 의사소통을 하고 있는 사실을 연상해 보면 이를 쉽게 이해할 수 있을 것이다.

혹자는 모든 형태의 커뮤니케이션에서 암호화의 정확도를 높이기 위해 적용할 수 있는 원칙으로 다음과 같은 다섯 가지를 제시하고 있다.[7)]

(1) 관련성(relevancy)의 원칙 : 메시지는 상호 관련이 있고 중요한 의미를 지니는 것으로 만들고 적절한 어휘, 상징 또는 제스처를 선택하라.

(2) 단순성(simplicity)의 원칙 : 메시지를 작성할 때에는 함축적 의미나 복잡한 상징적 의미를 지닌 어휘나 특수용어의 사용은 피하고, 가능한 한 메시지를 단순하게 만들어 의도하는 생각과 감정이 정확하게 전달될 수 있도록 단어, 상징 또는 제스처의 수는 극소화하라.

(3) 조직화(organization)의 원칙 : 이해를 촉구하기 위해 메시지를 요점(point) 중심으로 조직화하여 논리적 체계를 확립하라.

(4) 반복(repetition)의 원칙 : 메시지의 주된 요점을 최소 한 두 번 반복하라. 반복은 특히 어휘가 처음에 분명히 들을 수 없거나 충분히 이해될 수 없는 구두적인 커뮤니케이션에서 더욱 중요하다.

(5) 초점(focus)의 원칙 : 메시지의 긴요한 부분, 즉 핵심적인 요점에 초점

---

6) J. F. Budd, "Is the Focus Communication on Target?" *Sloan Management Review*, 1982. 및 J. L. Gibson et als., *op. cit.*, 1991, p. 508.

7) R. H. Lenge & R. L. Daft, "The Selection of Communication Media as an Executive Skill," *Academy of Management Executive*, 1988. 및 J. L. Gibson et als., *op. cit.*, 1991, p. 542.

을 두어라. 메시지를 분명히 하고 불필요한 구체성을 피하라. 구두적인 의사소통에서는 음조, 잠시 멈춤, 제스처 등을 바꾸어 가면서 그리고 적절한 얼굴표정을 지어 가면서 주요 요점을 강조하고, 문서적인 커뮤니케이션에서는 중요한 문장, 구절 또는 단어에 밑줄을 쳐라.

3) 메시지(message)

암호화 과정의 결과인 메시지는 커뮤니케이션의 핵심이다.[8] 커뮤니케이션이 이루어지기 전에 메시지로 표현되는 목적이 있어야 하기 때문이다. 경영 관리자는 이때의 목적으로 여러 가지를 지닌다. 예컨대 타인들이 자신의 아이디어를 이해하게 하거나 타인들의 아이디어를 자신이 이해하며 또한 행동을 하는 등이다.

메시지는 언어적·비언어적인 형태(상징)로 표현되어 전달되는데 그것이 동전과 같이 양면성을 지니고 있어서 송신자가 전달한 메시지와 수신자가 받은 메시지가 반드시 같지는 않다는 데 문제가 있다. 이 같은 현실은 주로 송신자와 수신자 간의 성장배경과 관점의 차이에서 비롯된다.[9]

4) 전달매체(medium)

전달매체는 메시지를 수신자에게 전하는 수단이다. 이에는 언어적인 것만이 아니라 비언어적인 것도 포함된다. 뿐만 아니라 전화기와 컴퓨터 등 전자매체도 포함된다. 특히 최근에 와서 컴퓨터 네트워크, 전자우편 및 비디오 등을 포함하는 정보기술을 통한 이 전자매체는 괄목할 만한 발전을 거듭하고 있다. 펙시밀리의 확산은 수평적인 정보유통을 확산시켰고, 문자만을 다루는 PC에 그래픽, LAN, 음성 및 비디오 등 멀티미디어 환경이 갖추어지면 PC를 이용한 화상회의가 열릴 수도 있다. 디지털 비디오 시대의 선두주자인 대면적인 영상회의는 새로운 커뮤니케이션의 중요한 경로가 되어 가고 있다.

이들 여러 가지 전달매체 가운데서 어느 것을 선택하는가에 따라 커뮤니케이션의 효과 그리고 더 나아가 결과적으로 경영관리자의 업적이 크게 달

8) A. J. DuBrin & R. D. Ireland, *op. cit.*, 1993, p. 322.
9) D. Hellriegel & J. W. Slocum, *op. cit.*, p. 635.

라지므로 전달매체의 선택은 커뮤니케이션 과정에 결정적으로 중요하다. 물론 이 때의 선택은 다른 것을 보완하는 혼합적인 것일 수도 있다.

5) 해독(decoding)

해독은 접수된 메시지가 아이디어, 사고 및 감정으로 해석되는 과정을 말한다. 따라서 이 해독과정은 송신자의 의미를 이해하는 과정이라 할 수 있는데 송신자의 뜻하는 바 의미대로 이해되지 않으면 커뮤니케이션이 효과적으로 이루어진 것이라고 할 수는 없다.

이처럼 커뮤니케이션의 과정이 완전한 것이 되기 위해서는 해독되어야 하고 그것은 해석을 통해 이해에 이르는데 이 같은 과정은 암호화의 과정에서처럼 수신자의 과거의 경험과 준거기준(frame of reference)에 크게 영향을 받는다. 말하자면 당사자(송신자와 수신자)간의 경험과 준거기준이 유사할수록 공통된 의미(common meaning)를 갖게 되는 폭이 커지고 결과적으로 이해의 정도가 높아진다.[10] 레비트(H. J. Leavitt)는 "커뮤니케이션이란 정보를 쏴서 목표에 맞추는 일"(shooting information and hitting a target with)이라고[11] 이해의 중요성을 강조하고 있다.

6) 수신자(receiver)

수신자는 메시지를 접수하는 사람을 말한다. 그런데 메시지에 관한 지식이나 발신자와의 관계, 그리고 퍼스낼리티와 같은 수신자의 특성은 메시지가 접수되고 해석되는 방법에 크게 영향을 미친다.

7) 피드백(feedback)

피드백이란 메시지에 대한 수신자의 반응이다. 다시 말해 커뮤니케이션은 자연발생적인 것이 아니라 의도된 것이라는 관점에서 송신자의 의도대로 전

10) J. R. Gordon, *op. cit.*, 1993, p. 274.

11) H. J. Leavitt, "Communication: Getting Information from A to B" in B. Bass & S. m Deep(eds.), *Current Perspectives for Managing Organization*, Prentice-Hall, 1970, p. 290.

달되었는가를 확인하는 과정이 피드백이다. 따라서 이 과정에서는 역할이 바뀌어 수신자가 송신자가 되고 최초의 송신자가 수신자가 되어 이제까지의 과정이 역방향으로 흐르게 된다. 말하자면 피드백은 일방적인 커뮤니케이션에서는 일어나지 않지만 쌍방적인 커뮤니케이션에서는 매우 중요한 과정이다.

일방적 커뮤니케이션이 송신자가 수신자에게 메시지(정보)를 일방적으로 보내는 것인 데 반해 쌍방적 커뮤니케이션은 수신자가 다시 송신자에게 메시지(정보)를 보내기도 하는 의사소통을 말한다. 라디오나 TV가 일방적 의사소통의 예가 되고, 전화나 대화가 쌍방적 의사소통의 좋은 예가 된다. 정보의 쌍방적 흐름은 피드백 형태를 취하기 때문에 '피드백 루프'(feedback loop)라고도 하고, 호환적 성격을 지니고 있어 '의사거래적(transactional) 의사소통'이라고도 하는데 쌍방적 커뮤니케이션에 있어서의 피드백에 관한 상대적인 비교와 중요성을 정리해 보면 그 내용은 다음과 같다.

① 속도 면에서 보면 일방적 커뮤니케이션이 쌍방적 커뮤니케이션 보다 빠르다. 그러나 받아들이는 가능성의 정도는 쌍방적 커뮤니케이션이 높다.

② 잘못을 감추기는 일방적 커뮤니케이션에서 더욱 용이하다.

③ 송신자의 권력보호가 쌍방적 커뮤니케이션에 비해 일방적 커뮤니케이션이 쉽다.

④ 일방적 커뮤니케이션은 계획적이고 질서정연하며 체계적이다.

⑤ 쌍방적 커뮤니케이션에서 보다 확실한 의사소통이 가능하다.

피드백은 무엇을 들었고, 무엇을 보았으며, 무엇을 읽었는지에 관한 기본적인 반응이다. 다시 말하면 언어적이든 비언어적이든 간에 정보가 최초의 송신자에게 피드백 되면 메시지가 어느 정도로 이해되었고 수락되었는지를 알게 된다. 쌍방적인 커뮤니케이션은 빠르지는 못하나 보다 정확함으로써 해석의 정확성을 더욱 믿게 해 준다.

대부분의 논자들은 커뮤니케이션은 이해되어야만 하는 성질의 것이기 때문에 대부분의 경우에 피드백이 될수록 커뮤니케이션과정이 효과적이라고 주장되기도 한다. 그러나 환경적응론적 관점에서 볼 때 그것은 상황에 따라 효과적인 것일 수도 있고 그렇지 못한 것일 수도 있기 때문에 피드백이 효과적인 것이 될 수 있는 지침을 제공하고 있다.

예컨대 혹자들은[12] 피드백이 지녀야 할 특성으로 다음과 같은 것들을 제

12) R. W. Rasberry & L. F. Lemoine, *Effective Managerial Communication*, Kent

시하면서 효과적인 피드백의 지침을 제공하고 있다.

① 도움이 되어야 한다. 수신자가 송신자의 정보(메시지)에 수신자의 생각이나 판단을 덧붙이면(add) 피드백에 도움이 된다.

② 평가(판단)적이기 보다는 기술적이어야 한다. 수신자가 주관에 의해 판단(평가)적이면 피드백은 비효과적일 뿐만 아니라 의사소통의 단절과 문제를 초래하게 된다.

③ 일반적이기 보다는 구체적이어야 한다. 그렇지 못하면 핑계거리가 되거나 이해가 덜 된다.

④ 적시적(timed)이어야 한다. 그렇지 못하면 효과가 감소되거나 무의미하게 된다.

⑤ 압도적(overwhelm)이어서는 안 된다. 메시지가 길거나 복잡하면, 그리고 특히 구두적인 메시지에서 어조가 잘못되면 비효과적인 피드백이 된다.

8) 잡음(noise)

잡음은 커뮤니케이션 과정에서 의도된 메시지(정보)를 방해하고 혼란을 일으키며 왜곡시키는 모든 종류의 장애요소를 말한다. 다시 말해 잡음은 소리와 같은 물리적·환경적인 것뿐만 아니라 수신자의 감정과 태도 그리고 공포와 강력한 반대의견 등 까지도 포함된다.

3. 커뮤니케이션의 형태

커뮤니케이션의 형태는 논자에 따라 ① 구어적(verbal, oral)인 것, ② 문서적(written)인 것, ③ 비언어적(nonverbal)인 것, ④ 전자적(electronic)인 것으로,[13] 그리고 또 다른 논자들은[14] ① 언어적인 것, ② 비언어적인 것, ③ 청취(listening) 등으로 구분하기도 한다.

Publ., 1986, pp. 168-170. 및 D. Hellriegel & J. W. Slocum, *op. cit.*, 1992, p. 518.

13) S. P. Robbins, *op. cit.*, 1994, p. 529.

14) J. A. Pearce & R. B. Robinson, *op. cit.*, 1989, p. 559.

그러나 대부분의 논자들은[15] ① 언어적인 것과 ② 비언어적인 것으로 대별하고 전자를 다시 구어적(oral)인 것과 문서적(written)인 것으로 구분하여 거론하고 있다.

1) 구어적(oral)인 커뮤니케이션

언어(word, language)를 통해서 커뮤니케이션하는 대인적인 방법은 가장 오래된 것으로 구어적인 방법과 문서적인 방법으로 구분된다.

언어는 좋은 의미에서든 나쁜 의미에서든 실로 위대한 힘을 지니고 있다. 언어의 위력은 다음과 같은 시구에서도 잘 나타난다.

부주의한 말 한 마디가 싸움의 불씨가 되고
잔인한 말 한 마디가 삶을 파괴합니다.
쓰디쓴 말 한 마디가 증오의 씨를 뿌리고
무례한 말 한 마디가 사랑의 불을 끕니다.
은혜로운 말 한 마디가 길을 평탄케 하고
즐거운 말 한 마디가 하루를 빛나게 합니다.
때에 알맞는 말 한 마디가 긴장을 풀어 주며
사랑의 말 한 마디가 축복을 줍니다.

천만번 들어도 기분 좋은 말(예 : "사랑합니다", "미안합니다", "고맙습니다")이 있고, 상대방에게 희망과 용기를 주는 말도 있다. 그러나 때로는 상대방에게 칼날보다 더 날카롭게 상처를 주는 말도 있다. 병은 입으로 들어오고, 화는 입으로부터 나온다고 한다. 병은 음식을 잘 못 먹어서 생기고, 화는 말을 잘못해서 생긴다는 뜻이다. 그래서 『논어』에서는 "군자는 항상 말을 조심하라"는 교훈을 준다.

인간은 이 언어를 수단으로 하는 커뮤니케이션에 공식적이든 비공식적이든 간에 75%의 시간을 바치는데,[16] 가장 중시되는 개인간의 대면적(face of

---

15) K. H. Roberts & D. M. Hunt, *op. cit.*, 1991, pp. 237-247.
K. M. Bartol & D. C. Martin, *op. cit.*, 1994, pp. 440-442.

16) F. Luthans & J. K. Larson, "How Managers Really Communicate?" *Human Relations*, 1986. 및 L. R. Smelzer & G. L. Fann, "Comparision of Managerial Communication Patterns in Small, Entrepreneurial Organizations and Large, Mature Organizations," *Group & Organization Studies*, 1989. 및 D. H. Holt, *op.*

face) 대화를 비롯해서 연설, 전화를 통한 대화, 비공식적인 루머, 즉 포도넝쿨 및 집단토의(Brain Storming)를 위한 회의 등이 이에 포함된다. 모든 계층에서 관리자들이 많은 시간을 바치는 의사소통 중에서도 듣고 말하는 시간이 상대적으로 비교할 수 없으리만큼 많다는 점에서 구두적인 수단은 매우 중요하다.

혹자는[17] 이처럼 관리자가 듣고 말하는 데 바치는 시간은 70~80%가 된다고 했다.

2) 문서적인 커뮤니케이션

문서적인 방법에는 크게 나누어 인적인 것(예 : 서신, 메모, 보고서 등)과 비인적인 조직차원의 것(예 : 회사의 사보, 포스터, 게시물, 매뉴얼, 간행물 등)이 있다. 구두적인 커뮤니케이션의 한계를 극복하기 위해 문자를 수단으로 하는 이 방법도 그리 쉬운 것은 아니다.

문서적인 방법은 때로는 필수불가결한 것이기는 하지만 그것은 때로는 혼란과 곡해를 일으키는 경우도 얼마든지 있다. 그러나 대부분의 논자들에[18] 의하면 문서적인 방법은 15% 내외의 시간밖에 바치지 않는 방법이기는 하나 매우 중요한 커뮤니케이션의 방법임에는 틀림이 없다.

3) 비언어적인 커뮤니케이션

비언어적인 방법은 언어를 사용하지 않고 말하는(speaking without words) 방법으로써 이것은 언어만으로는 표현할 수 없는 메시지를 전달하는 방법이며, 언어 아닌 여타의 방법에 의해 보여 주는 커뮤니케이션의 수단이다. 그래서 이 방법을 '행동의 언어'(language of behavior) 또는 '무언의 언어'(silent language)라고도 한다.

시인(詩人) 그릴파르처의 「키스」라는 제목의 다음과 같은 시구는 키스

---

cit., 1993, p. 514.

17) D. C. Cherrington, *Organizational Behavior: The Management of Individual and Organizational Performance*, Ally & Bacon, 1989, p. 563.

18) R. M. Fulmer, *The New Management*, Macmillan, 1989, 4th, p. 254; D. H. Holt, *Management*, Prentice-Hall, 1993, 3rd, p. 514.

(kiss)가 무언의 설득력 있는 커뮤니케이션의 수단임을 잘 말해 준다.

손 위에 하는 것은 존경의 키스
이마 위에 하는 것은 우정의 키스
뺨 위에 하는 것은 감사의 키스
입술 위에 하는 것은 사랑의 키스
감은 눈 위에라면 기쁨의 키스
손바닥 위에라면 간구의 키스
팔과 목에 하는 것은 욕망의 키스
그밖에 하는 것은 모두 미친 짓!

한 조사 연구에 의하면 오직 7%만이 언어적인 방법에 의해 전달되었으며, 55%의 메시지는 얼굴표정과 육체언어(body language)에 의해, 그리고 38%의 메시지는 음성의 변화와 그의 강약에 의해 전달되었다는[19] 결과를 종합하여 65%에서 93%의 의사소통이 비언어적인 방법에 의해 이루어진다고 한다.

결국 "무엇을 말하는가가 중요한 것이 아니라 그것을 어떻게 말하는가가 중요하다"는 주장에 감동하게 되며 비언어적 방법의 위력을 인정하지 않을 수 없게 된다.

이 같은 중요성 때문에 비언어적인 방법에 관한 연구는 행동과학자들에 의해 새로운 영역으로 최근에 이루어지고 있는데[20] 이들 논자들이 제시한 구체적인 방법을 중심으로 하여서 우리는 다음과 같은 몇 가지 특징적인 사실을 발견할 수 있다.

첫째, 이들의 구체적인 방법에서는 거의 공통성을 찾을 수 없이 다양하다. 그럼에도 불구하고 혹자들은 신체적(physical)인 것과 상징적(symbolic)인 것으로 구분하기도 하고, 혹자들은 이를 조금 다르게 신체적인 또는 상징적인 언어와 관계언어 등의 두 가지로 구분하기도 한다.

둘째, 그 어떤 구분에도 불구하고 대인적인 의사소통에서 얼굴표정(facial expression)과 음성(vocal, verbal intonation)이 가장 주된 것들이다.

---

19) B. G. Nichols, "Listening if Good Business," *Management of Personnel Quarterly*, 1962. A. Mehrabian, "Communication Without Words," *Psychology Today*, 1968. 및 *Nonverbal Communication*, Aldine, 1972, p. 19.

20) D. A. Level & W. P. Galle, *Management Communications*, Business Publ., 1988, p. 19; J. L. Gibson et als., *op. cit.*, 1991, p. 544; D. H. Holt, *op. cit.*, 1993, p. 637.

웃는 표정이 행복과 친절을 말해 주는 데 비해 눈살을 찌푸리는 표정은 불행과 불쾌를 말해 준다. 눈을 마주 쳐다보는 것은 흥미와 관심이 있음을, 그리고 그렇게 하지 않음은 무관심을 말해 준다. 그래서 많은 논자들은 얼굴표정의 의미에 관해 연구하고 있다. 한편, 음성의 적절한 사용도 효과적인 의사소통에 중요한데 이는 ① 음색, ② 음조(높·낮이), ③ 음량, ④ 음속(빠르거나 느림) 및 ⑤ 잠시 멈춤 등의 음성의 질이 포함된다.

포터(G. Forter)는 음성의 강·약과 말하는 음속을 중심으로 그것들이 커뮤니케이션에 어떻게 반영되는가를 다음과 같이 설명하고 있다.

(1) 어조(tone)가 높으면 적대감·대립감(antagonism)을, 그리고 그것이 낮으면 만족·안심(complacence)을 일으킨다.

(2) 소리의 질이 조용하면 메시지가 더욱 분명해진다.

(3) 소리의 양(volume)이 크면 더욱 강조된다.

(4) 속도와 리듬에 있어서 말씨가 매우 빠르면 듣는 사람으로 하여금 싫증나게 한다. 빠른 속도, 짧은 의견의 진술, 그리고 잦은 멈춤은 노여움이나 공포를 나타낸다. 너무 자주 중지하면 결정적인 의견이 없음을 의미하거나 긴장 또는 저항을 의미할 수 있다.

셋째, 얼굴표정과 눈 맞춤 그리고 동작이 정서의 유형(type)에 관한 정보를 제공하는 데 비해 거리, 자세 및 제스처 등과 같은 신체적인 것은 정서의 차도(intensity)를 말해 준다.

넷째, 이상에서 살펴본 대로 비언어적인 방법이 커뮤니케이션에서 실로 중요한 기능을 다하고 있음에도 불구하고 그것은 언어적인 방법과 마찬가지로 장·단점을 지니고 있으며, 여러 가지 문제점(한계상황)을 지니고 있다. 무엇보다도 비언어적인 방법이 단독적으로 사용되는 경우이다.

이상의 세 가지 커뮤니케이션 형태에 대한 장·단점을 요약·정리해 보면 그 내용은 다음 〈표 3-1〉과 같다.

〈표 3-1〉 커뮤니케이션 형태에 따른 장·단점

수 단	장 점	단 점
구어적	· 보다 빠름 · 즉각적인 피드백을 받음 · 보다 개인적이고 자발적임 · 즉각적인 상호작용을 함	· 덜 정확함 · 기록이 보존되지 않음 · 갈등이 생길 경우에 안전장치가 없음
문서적	· 공식적인 기록이 있음 · 보다 정확함 · 보다 신뢰적임	· 비교적 낮음 · 즉각적인 피드백을 받을 수 없음 · 자발성이 결여됨
비언어적	· 언어적인 것보다 더욱 정확함	· 혼란을 초래할 수 있음

자료: K. H. Chung, *Management*, Allyn and Bacon, 1987, p. 412.

4. 커뮤니케이션의 장애요인과 극복방안

커뮤니케이션 과정에는 많은 장애요인이 있을 수 있다. 부적합하게 표현된 메시지, 단어의 누락, 생대방의 불신, 어의(語義)의 왜곡, 주위에서 일어나는 여러 가지 잡음 등 이루 헤아릴 수 없을 정도로 많은 장애요인들이 있다.

따라서 우리는 송신자와 수신자가 의사소통을 하고 있는 동안 쌍방의 인식과정에서 일어날 수 있는 장애요인들을 구체적으로 살펴보고자 한다.

1) 커뮤니케이션의 장애요인

바람직한 커뮤니케이션이란 일련의 과정을 거쳐 송신자가 의도한 대로 수신자에게 메시지(정보)가 전달될 뿐만 아니라 이해되어야 하는 성질의 것이다. 그러나 실제로 우리의 가정생활이나 학교생활에서나 그 어떤 집단에서나 이 같은 바람직한 커뮤니케이션이란 실로 어렵다는 것을 체험하고 있다.

스토너(J.A.F. Stoner)는 커뮤니케이션의 장애는 의사소통의 과정이 실로 복잡하다는 데서 연유될 뿐만 아니라 인간은 본질적으로 성장배경, 욕구,

정서, 가치관 및 경향에 따라 현실을 지각하고 해석한다는 데서 연유된다고[21] 본다.

효과적인 커뮤니케이션은 개인과 조직에 절대적으로 필요한 데도 실제로는 여러 가지 장애 때문에 그것이 상당히 비효과적이라는 데 심각한 문제가 있다.

커뮤니케이션의 장애란 송신자와 수신자 사이의 정보의 교환을 방해하는 요인인데 데이비스(K. Davis) 등은 다음과 같은 세 가지로 구분하여[22] 논의하고 있다.

① **인간적인 것에 의한 장애**(personal barriers) : 작업상황에서 흔히 일어나는 이 장애에는 심리적 거리(psychological distance)를 의미하는 인간의 감정, 가치관 및 나쁜 청취습관 등이 포함된다.

② **물리적인 것에 의한 장애**(physiological barriers) : 커뮤니케이션 환경하에서 일어나는 장애를 의미하는 이 장애에는 외부로부터의 소리가 전형적인 것이고 기타 공간적인 거리 및 벽 등의 요인이 포함된다.

③ **어의(語義)에 의한 장애**(semantic barriers) : 거의 모든 커뮤니케이션이 어떤 의미를 지닌 단어(word), 그림 및 육체언어와 같은 행동 등의 상징(symbol)에 의해서 이루어진다. 이때의 상징은 지도(map)가 실제적인 영토 그 자체가 아니라 그것을 기술하는 것에 불과하듯이 여러 가지 의미를 지닐 수 있고 그 중에서 어떤 의미를 선택해야 하므로 여기에서 의사소통의 장애가 일어난다.

커뮤니케이션의 장애를 세 가지로 구분하여 설명하는 대표적인 또 다른 논자로는 먼디(R. W. Mondy) 등을 들 수 있는데, 이들의 구분내용은[23] 다음과 같다.

① **기술적 장애**(technical barriers) : 환경적인 장애요인이라고도 할 수 있는데, 이에는 제한된 시간, 정보의 과다 및 문화적 차이 등이 포함된다.

② **언어적 장애**(language barriers) : 이에는 사용하는 어휘(vocabulary)와 같은 단어(word)의 서로 다른 의미의 어의(semantics)에서 유래되는 문제가 포함된다.

---

21) J. A. F. Stoner & R. E. Freetrom, *Management*, Prentice-Hall, 1992, 5th, p. 546.
22) K. Davis & S. W. Newstorn, *Human Behavior at Work*, McGraw-Hill, 1989, 8th, p. 7
23) R. W. Mondy & S. P. Premeaux, *Management*, Allyn & Bacon, 1993, 6th, pp. 372-277.

③ **심리적 장애**(psychological barriers) : 이상의 두 가지보다 주된 장애로는 대인관계를 포함하는 정보의 여과, 신뢰와 개방, 질투(투기), 선입관, 듣고자 하는 바를 들으려고 함, 지각체계의 차이, 잡음 등을 들 수 있다.

그러나 대부분의 논자들은 의사소통이 일어나는 차원(수준)을 기준으로 하여 대인간에 일어나는 장애요인과 조직 내에서 일어나는 장애요인으로 대별하여 설명하고 있다.

(1) 대인간 커뮤니케이션의 장애(interpersonal barriers)

◇ 언어 상의 장애

말의 내용이 사람에 따라 다르게 해석되는 데서 오는 장애를 말하는 것으로 예를 들면 임금이라는 말은 경영자로서는 원가 내지 비용요소로서 이해되지만 종업원은 소득요소로서 생각하는 것과 같다. 전문용어, 비어, 방언 등의 사용도 효과적인 커뮤니케이션을 저해하는 장애요인이 될 수 있다.

언어 상의 장애는 커뮤니케이션에서 실로 심각한 문제를 야기하는데, 효과적인 커뮤니케이션을 방해하는 장애요인의 원천은[24] 다음과 같다.

① 추상적 개념 때문에 어의(語義) 상의 장애가 일어난다. 언어는 추상화의 정도가 다른데 그것이 높은 언어일수록 어의상의 장벽은 높다.

효과적인 커뮤니케이션을 위해서는 만질 수 있는 실재가 무엇이고, 상징적이고 추상적인 개념이 무엇인가를 알아야 한다. 상징은 오직 실제의 표현일 뿐이다.

② 상대방이 의도하거나 알고 있는 의미를 잘 알지 못하기 때문에 장애가 발생한다. 말하자면 하나의 어휘가 여러 가지 의미를 지니고 있고 여러 가지 상이한 어휘가 같은 의미를 지니고 있다는 사실을 알지 못하거나 알려고 하지 않을 때 어의 상의 장애가 일어난다.

③ 상대를 평가하려는 경향 때문에 어의 상의 장애가 일어난다. 잘못된 비판은 사실과의 혼돈을 일으키고 '이것 아니면 저것'의 양극화를 일으키며 선입관을 지니게 하여 어의 상의 장애가 일어난다.

④ 전문적인 특수용어 때문에 어의 상의 장애가 일어난다. 한 집단 내에서

---

24) P. V. Lewis, *Organizational Communication: The Essence of Effective Management*, Wiley, 1987, p. 119.

는 다른 집단에서는 이해하기 힘든 어휘(단어)를 사용한다는 의미에서 '집단 내 언어'(in-group language) 또는 '조직의 특수한 언어'(organizational specific language)라는 개념으로도 거론되는 이 '전문적인 특수용어'는 집단 내에서는 효과적인 커뮤니케이션을 촉진시키고 응집력을 강화하여 경쟁우위를 갖게 하지만 익숙하지 않은 다른 집단이나 외부인들과의 커뮤니케이션에서는 장애를 일으키게 된다.

◇ 지각 상의 장애(perceptual barriers)

지각은 개인이 환경으로부터의 정보를 선택하고 조직화하고 해석하는 세 가지 단계를 포함하는 데 있어서 매우 중요한 역할을 한다. 왜냐하면 커뮤니케이션 과정에서 송신자와 수신자는 자신의 지각을 통해서 메시지를 주고받기 때문이다.

그림 3-2 커뮤니케이션 여과과정으로서의 지각

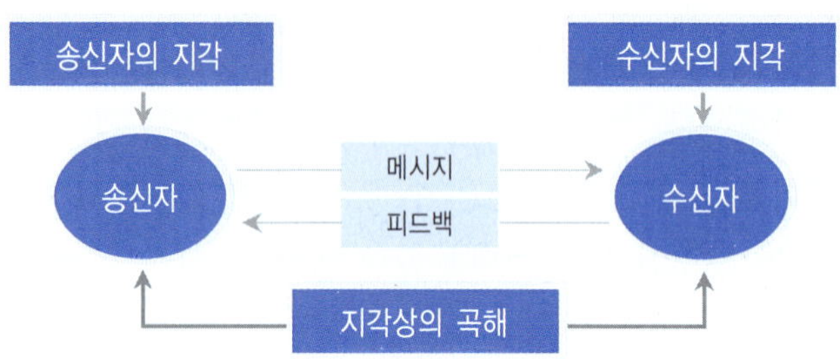

자료: J. R. Schermerhorn, *Management for Productivity*, Wiley, 1993, 4th, p. 482.

이때 문제가 되는 것은 각자가 지각하는 바의 세계가 서로 다르다는 점인데, 송신자와 수신자는 각자 성장배경, 경험, 기대, 가치관, 욕구, 관심 등등에 의해 형성되는 준거기준(frame of reference)이 상이하기 때문이다. 이 같은 준거기준의 차이가 지각의 차이를 일으켜 커뮤니케이션의 장애가 된다.[25)]

25) P. V. Lewis, *op. cit.*, 1987, p. 109.
C. L. Bovée et als., *op. cit.*, 1993, p. 550.

이러한 지각 상의 장애에는 다음과 같은 여러 가지가 포함된다.

① 고정관념(stereotyping) : 과거의 경험과 어떤 범주에 대한 신뢰감으로부터 형성되는 고정관념은 특정 특질이나 행동을 집단의 모든 구성원에게 일반화시키는 것을 의미한다. 예를 들어 소련사람은 둔감하고, 프랑스 사람은 감정적이며, 미국사람은 합리적이라거나 키가 큰 사람은 싱겁고 얼굴이 검은 사람은 정열적이라는 등의 편견이 그것이다.

② 선택적 지각(selective perception) : 인간은 자신의 욕구, 감정, 동기, 경험, 성장배경 등 여타의 개인적 특성에 기반하여 메시지나 정보를 보고 듣는다.

이처럼 인간은 자아개념, 관념 또는 선택에 일치하는 지각을 선택하려는 경향이 있어 커뮤니케이션 과정에서 상대방의 지각내용을 쉽게 이해하지 못하고 이로 인하여 지각 상의 장애가 일어난다.

③ 현혹효과(halo-effect) : 현혹효과란 관찰한 지각내용(자질과 행동)으로 관찰하지 않은 것들에까지 지각적 영향을 미치는 과정을 말한다. 즉 한 사람의 좋거나 나쁜 자질 또는 행동의 단면만을 보고 그 사람에 대한 전체적인 판단을 해버리는 경향을 말한다.

④ 투사(投射, projection) : 자신의 잘못이나 결함을 객관적인 평가나 분석도 없이 타인에게 적용하려는 것이 투사의 오류인데, 흔히 과거 또는 현재의 지식과 감정이 때로는 사람들로 하여금 그것이 참으로 자신의 것처럼 타인에게 투사하게 한다. 다시 말해 드라마에 나오는 주인공을 자기 자신으로 인식한다든지, 자신이 사기꾼이면 다른 사람도 사기꾼이라고 믿고, 자신이 거짓말쟁이면 타인도 거짓말쟁이라고 믿게 되는 것은 투사에 의한 오류의 예가 된다.

◇ 비언어적인 장애

비언어적인 방법은 전달하고자 하는 메시지(상징)의 의미가 애매모호한 경우가 많아 수신자가 곡해하기 쉽다. 문화권이 동질적이면 어느 정도 공통성을 찾기가 쉽지만 문화권이 다를 경우에는 흔히 곡해되어 커뮤니케이션의 혼란을 야기하게 된다.

예를 들어 몸 전체로 대화를 하는 경향이 짙은 아랍인들은 상대의 이마에 입을 맞추면 그의 지혜에 대한 존경을 표시한다는 뜻이 되고, 코는 권위, 어깨는 힘에 대한 존경의 표시가 된다. 태국인들을 대할 때는 절대로 머리를 만져서는 안 된다고 한다. 그들은 대부분 목에 불상(佛像)의 목걸이를 걸고 다니는 불교신자들로서 그들의 머리를 만질 수 있는 사람은 부모와 스승 그리고 스님뿐이기 때문이다.

이처럼 비언어적인 방법은 언어적(구어적)인 방법을 수반하지 않을 경우 그것이 무엇을 의미하는지를 잘 알 수 없을 뿐만 아니라 결과적으로 커뮤니케이션의 효과를 감소시키기 때문에 비언어적인 방법은 거의 언제나 구두적인 방법을 수반하게 된다.[26)]

이때 이들 양자가 일치하면 각기 서로간의 효과를 강화해 주게 되지만, 만약 일치하지 않을 경우 수신자는 혼란에 빠지게 되고 의도하는 바의 메시지를 분명히 받아들일 수 없게 된다.

이 같은 장애를 최소화하고 애매하여 곡해될 수 있는 상징(비언어적인 방법)의 의미를 제대로 해석하여 커뮤니케이션의 효과를 증대하기 위해서는 비언어적인 방법을 언어적인 방법과 함께 사용하는 것이 바람직하다.

이와 관련하여 네프(M. Knapp)는 다음과 같은 여섯 가지 방법을 제시하고 있는데[27)] ①~④는 비언어적인 커뮤니케이션이 언어적인 메시지를 강화해 주고, 다섯 번째에서는 비언어적인 메시지가 언어적인 것을 대신해 주고, 여섯 번째에서는 불일치한 메시지를 전달하기 위해 언어적인 요소를 함께 동원함을 알 수 있다.

① 언어적인 메시지를 반복한다(repeating).

② 언어적인 메시지를 추가하여 보충 설명한다(complementing).

③ 언어적인 메시지를 강조한다(accenting).

④ 머리를 끄덕이거나 눈동자를 움직인다거나 자리를 옮기면서 상대와의 언어교환을 조정한다(regulating).

⑤ 메시지를 전달하기 위해 얼굴표정 또는 신체의 움직임을 통해 한 마디 말도 없이 언어적 메시지를 대신한다(substituting).

⑥ 언어적인 메시지를 부언한다(contradicting).

---

26) S. P. Robbins, *op. cit.*, 1994, p. 533.

27) M. Knapp, *Nonverbal Communications In Human Interactions*, Holt Publ, 1972.

(2) 직장 내 커뮤니케이션의 장애요인

직장 내 커뮤니케이션의 장애요인은 대인간 커뮤니케이션의 장애요인과 불가분의 관계가 있지만, 양자간의 공통적인 장애요인을 발견하기란 매우 어렵다. 보비(C. L. Bovée)는 직장 내 커뮤니케이션의 장애요인으로 다음과 같은 여러 가지를[28] 제시하고 있다.

① 정보의 과다(information overload) : 수신자의 능력을 초과하는 메시지의 량은 정보의 과다를 초래하여 커뮤니케이션의 장애가 된다.

② 메시지의 복잡성(message complexity) : 송신자가 관리자인 경우, 그는 메시지를 개인적으로 그리고 조직의 대표자로서 커뮤니케이션을 하게 되므로 수신자는 송신자가 어떤 입장에서 메시지를 보내는지를 알기가 어려워 장애가 된다.

③ 메시지의 경쟁(message competition) : 수신자는 흔히 두 가지 이상의 경쟁을 요하는 메시지를 받게 된다. 예컨대 보고서를 검토하면서 전화를 받는 경우이다. 이때 주의가 산만함으로 인해 커뮤니케이션은 성공적으로 이루어질 수 없게 된다.

④ 상이한 직위와 과업지향성(differing status and task orientation) : 사람들은 직위를 달리하거나 과업의 책임을 다르게 하는 조직 내·외의 다른 사람들과 커뮤니케이션하기를 회피하는 경향이 있는데, 이 같은 성향이 커뮤니케이션의 장애를 일으킨다.

⑤ 신뢰의 부족(lack of trust) : 신뢰는 커뮤니케이션의 결정적인 구성요소이기 때문에 신뢰의 부족과 불신은 커뮤니케이션의 절대적인 장애요인이 된다.

그림 3-3 신뢰와 업적의 관계

자료: W. V. Haney, *Communication and Interpersonal Relations*, Irwin, 1992, 6th, p. 35.

---

28) C. L. Bovée et als., *Management*, McGraw-Hill, 1993, pp. 552-557.

⑥ 커뮤니케이션을 위한 구조 상의 권한 : 조직 내 커뮤니케이션은 누가 누구에게, 그리고 누가 의사결정의 권한을 갖고 있는가 등의 공식적인 제한에 따라 영향을 받고 있으므로 조직구조가 어떻게 되어 있는가에 따라서는 커뮤니케이션의 장애요인이 될 수도 있다.

⑦ 잘못된 매체의 선택(incorrect choice of medium) : 모든 매체가 주어진 커뮤니케이션 상황에 적합한 것이 아니므로 매체의 선택을 잘못하면 메시지가 곡해되어 결과적으로 의도한 의미가 효과적으로 전달될 수 없다.

⑧ 폐쇄된 커뮤니케이션의 분위기(a closed communication climate) : 개방되고 긍정적이며 비위협적인 분위기는 커뮤니케이션의 효과를 증대시킬 수 있고, 그렇지 못한 분위기는 커뮤니케이션의 장애가 된다.

⑨ 비윤리적인 커뮤니케이션(unethical communication) : 문서 또는 메모를 작성하는 등의 커뮤니케이션은 시간과 여러 가지 자원을 필요로 하는데 커뮤니케이션 활동의 유익을 극대화하기 위해서는 시간과 자원이 능률적으로 동원되어야 한다.

2) 장애요인의 극복방안

(1) 대인간 커뮤니케이션의 장애요인 극복방안

대인간 일어나는 커뮤니케이션의 장애를 극복하고 효과적인 커뮤니케이션을 하기 위한 전략은 다음과 같은 두 가지 방법으로 정리할 수 있다.

첫째, 특별한 기준 없이 전반적으로 가능한 모든 기법을 동원하는 방법으로써 먼디(R. W. Mondy et als) 등은 ① 감정이입(empathy), ② 경험, ③ 읽는 기법, ④ 관찰, ⑤ 단어의 선택, ⑥ 육체언어, ⑦ 행동 및 ⑧ 의사거래분석 등을 들고 있다.[29] 그리고 이반세비치(J. M. Ivancevich) 등은 ① 팔로잉 업(following up), ② 정보흐름의 규정화, ③ 피드백의 활용, ④ 감정이입, ⑤ 반복, ⑥ 상호신뢰의 촉구, ⑦ 적시, ⑧ 단순한 언어, ⑨ 경청, ⑩ 감정의 억제, ⑪ 비언어적 신호의 주의 및 ⑫ 포도넝쿨의 활용 등을[30] 제시

---

29) R. W. Mondy et als., *Management and Organizational Behavior*, Allyn & Bacon, 1990, p. 367.

30) J. M. Ivancevich & M. T. Matteson, *Organizations Behavior and Management*, Irwin, 1993, 2nd, pp. 650-653.

하고 있다.

둘째, 커뮤니케이션의 장애를 중심으로 한 극복방법으로써 홀트(D. H. Holt)는 〈표 3-2〉에서와 같은 여러 가지 방법을 제시하고 있다.

〈표 3-2〉 커뮤니케이션 장애의 극복방안

장애요인	극 복 방 법
어의(語義) 상의 혼란	• 분명히 그리고 정밀하게 표현하고 특수용어를 피하라.
물리적 잡음	• 조용한 장소를 선택하고 스스로가 잡음을 만들지 말라.
지각적 잡음	• 듣는 사람의 주의를 끌고 반복을 통하여 메시지를 강화하라.
불량한 청취	• 송신자에 초점을 맞추고 적극적으로 주고받아라.
편견된 관점	• 개인적·문화적 선입관을 조심하고 양극화를 피하라.
고정관념	• 상황과 개인을 지나치게 단순화하지 말고 자신의 태도를 타인들의 욕구에 적응시켜라.

자료: D. H. Holt, *Management*, Prentice-Hall, 1993(3rd), p. 535.

그리고 듀브린(A. J. DuBrin) 등은 송신과정과 청취과정을 중심으로 커뮤니케이션 장애의 효과적인 극복방법을 다음과 같이 제시하고 있다.

◇ 송신과정에 관련된 장애극복을 위한 전략·전술

① 커뮤니케이션에 앞서 아이디어를 명확히 하라.

② 문서를 작성할 때는 주된 아이디어를 앞에 쓰라.

③ "당신이 아는 바 그대로" "실로" 등과 같은 문장은 흥미를 유발하지만 이 같은 잡동사니 단어는 피하라.

④ 평범한 단어를 쓰라.

⑤ 편견 없는(bias-free) 언어를 사용하라.

⑥ 사실 밑에 깔린 감정을 커뮤니케이션하라.

⑦ 어조, 표정 등 비언어적인 행동이 미치는 결과를 잘 알라.

⑧ 행동을 하면서 말로 표현하라.

⑨ 피드백을 받으라.

◇ 수신(청취)과정에 관련된 장애극복을 위한 전략 · 전술

① 각 어휘를 들으려고 노력하기 보다는 요점, 즉 의미의 파악에 집중하라.
② 말하고 있는 바에 관한 생각과 사전정보를 동원하여 말하는데 몰입하라.
③ 모든 이야기를 듣기 전에 결론에 이르지 말고 전체아이디어를 청취하라.
④ 사실 자체를 청취하지 말고 감정과 기분을 인정하라.
⑤ 송신자의 관점에서 그의 진술을 반복하여 피드백해 주라.
⑥ 청취한 바를 요약하라.

(2) 조직 내 커뮤니케이션에서의 장애요인 극복방안

관리자는 개인적인 커뮤니케이션의 능력을 증진시켜야 할 뿐만 아니라 조직차원에서 장애를 극복하고 커뮤니케이션을 증진하는 방법을 알아야 한다. 그린버그(J. Greenberg)는 직장 내 커뮤니케이션의 질(質)을 증대시키는 방법으로 다음과 같은 두 가지를[31] 제시하고 있다.

첫 번째 방법은 피드백 하는 일이다. 커뮤니케이션을 가장 효과적으로 진행하기 위해서 조직은 송신자와 수신자간의 커뮤니케이션을 정확히 할 수 있어야 하는데 실제로는 그렇지 못하다. 이때의 피드백(feed back)을 위해서는 종업원에 대한 의견조사, 제안제도, 기업 내 핫라인(hotline), 비공식적인 회의 및 중첩된 계층 등과 같은 기법이 동원될 수 있다.

두 번째 방법은 과중한 정보를 처리하는 일이다. 관리자는 계층의 상하로부터 정보를 받게 되는데, 흔히 정보는 최근에 능력 이상으로 컴퓨터를 사용하면서 과다하게 되고 많은 메시지를 부정하거나 주의 깊게 검토하지 못하여 결과적으로 어떤 메시지를 간과하거나 잘못 해석하게 된다. 과중한 정보에 대해서는 다음과 같은 몇 가지 방법으로 반응하여 이를 해결하게 된다.

① 문지기(gatekeeper)를 활용한다. 말하자면 한 수신자에게 너무 많은 메시지가 부과되지 않도록 정보의 흐름을 통제한다.

② 혼란을 피하기 위해 정보가 순서대로 처리될 수 있도록 들어오는 정보를 일렬로 정리하는 대기행렬을 통해 과중을 피한다.

한편 메스콘(M. H. Mescon) 등은 조직 내 커뮤니케이션의 효과를 증진하기 위한 구체적인 방법으로 다음과 같은 몇 가지 내용을[32] 제시하고 있다.

31) J. Greenberg & R. A. Baron, *op. cit.*, 1993, pp. 518-522.
32) M. H. Mescon et als., *op. cit.*, 1988, pp. 176-179.

① 각 관리자들에게 요구되는 바를 검토하여 커뮤니케이션의 흐름을 규정화한다.

② 경영관리자는 부하들과 간단한 모임이나 정규적인 회의를 자주 한다.

③ 조직의 통제 시스템 및 경영정보 시스템의 일부인 피드백 시스템을 제도화한다.

④ 상향적 커뮤니케이션을 촉진하기 위해 제안제도를 제도화한다.

⑤ 뉴스레터, 홍보용 간행물 및 비디오테이프 등을 활용한다.

⑥ PC와 스마트 폰 같은 최신의 정보기술을 활용한다.

이들 논자들이 제시하는 여러 가지 방법은 모두가 조직 내 커뮤니케이션 장애를 극복하고 효과적으로 전개하기 위한 구체적인 방법들이다. 그러나 많은 논자들은 무엇보다도 중요한 것은 커뮤니케이션을 자유롭고 허심탄회하게 할 수 있는 신뢰와 개방 그리고 지원적인 분위기를 조성하는 일이 기본적으로 전제되어야 함을[33] 강조하고 있다.

3) 대인간 커뮤니케이션의 지침

◇ 미국 경영자협회의 십계명(十誡命)

미국경영자협회(American Management Association)가 제시한[34] 커뮤니케이션의 십계명(ten commandments of good communication)의 내용은 다음과 같다.

① 의사를 전달하기 전에 자신의 생각을 분명히 정리한다.

② 진정 바라고 있는 것이 무엇인지 커뮤니케이션의 참된 목적을 먼저 검토한다.

③ 무엇을, 누구에게, 그리고 언제 할 것인가에 관한 물리적·인간적 여러 환경들을 깊이 고려한다.

④ 커뮤니케이션을 계획할 때 필요에 따라서는 다른 사람의 충고도 받아들인다.

⑤ 커뮤니케이션의 효과는 메시지의 내용 못지 않게 어떻게 송신되는가에

---

33) J. R. Gordon, *Organizatonal Behavior*, Allyn & Bacon, 1993, 4th, pp. 291-292.

34) AMA, "The Commentments of Good Communication," *Management Review*, 1955(Oct.).

영향을 받으므로 이 점에 특히 유념한다.

⑥ 가능하면 수신자의 관심과 욕구에도 유용한 정보를 전달한다.

⑦ 수신자가 메시지의 내용을 제대로 이해했는지 확인하고 대응책을 세우기 위해 추적한다.

⑧ 대부분의 커뮤니케이션은 현재 상황의 욕구가 충족되도록 이루어지는데, 현재와 마찬가지로 미래에도 연결되도록 한다.

⑨ 언행이 일치되도록 한다.

⑩ 메시지의 내용을 보다 잘 이해할 수 있게 경청한다.

◇ 프런치(G. L. Frunzi) 등의 지침

프런치 등은 "효과적인 커뮤니케이션은 구성원의 사기를 증진시키고 작업분위기를 양호하게 하며 개인과 조직과의 양호한 관계를 유지하게 하며 생산성을 높여서 개인과 조직에 공헌한다."는 관점에서 효과적인 의사소통을 위한 구체적인 지침을 다음과 같이 제시하고[35) 있다.

① 커뮤니케이션을 소중하게 생각하라(place a premium on communication) : 리더십을 발휘하는 직위에 있는 모든 경영관리자는 모든 상호작용이 커뮤니케이션에 관련됨을 인정해야 한다. 즉 커뮤니케이션의 중요성을 인정함은 경영관리자에게 주어진 절대명령(imperative)이다.

② 청취하는 방법을 배우라(learn to listen) : 메시지는 청취가 효과적일 때만 수신되므로 모든 언어적·비언어적 방법으로 읽을 수 있도록 배워야 한다.

③ 메시지를 간결하게 하라(be brief) : 모든 메시지는 간결하고 단순해야 한다. 메시지가 복잡하면 혼란을 일으키고 곡해할 위험이 많게 된다. 따라서 불필요한 어휘나 제스처는 제거되어야 하며 커뮤니케이션의 목적은 어디까지나 이해에 있음을 명심해야 한다.

④ 어휘를 깊게 연구하는 사람이 되라(be a student of words) : 어휘는 모든 커뮤니케이션의 주된 구성요소이며 방법이므로 깊이 연구하여 올바르게 선택할 수 있어야 한다.

⑤ 거리감을 줄여라(reduce the distance) : 송신자와 수신자간의 심리적

35) G. L. Frunzi & P. E. Savini, *Human Relations*, South-Western, 1992, p. 235.

거리가 좁으면 커뮤니케이션의 효과는 증진된다.

⑥ 충분한 시간적 여유를 주어라(allow enough time) : 커뮤니케이션은 결정적으로 중요하므로 시간의 투자는 가치 있는 것이므로 송신자나 수신자가 말하도록 충분한 시간을 주어야 한다. 그렇지 못하면 의견의 일치는 어려우며 곡해가 일어난다.

⑦ 적절한 장소를 선택하라(choose an appropriate place) : 커뮤니케이션은 때로는 사적이고 비밀스런 것이 있을 수 있으며 일상적인 것이라고 하더라도 잡음이 일어나지 않도록 좋은 장소를 선택하는 것은 매우 중요하다.

⑧ 감정이입을 하라(display emphathy) : 송신자가 수신자의 입장에서 생각하고 느끼는 감정이입이 이루어지면 커뮤니케이션은 촉진된다.

⑨ 충분한 주의를 기울이라(devote full attention) : 부분적인 주의는 부분적인 이해를 갖게 하며 그것은 불일치와 좌절의 근원이 된다.

⑩ 일정한 형식을 따르라(follow the formula) : 전달하고자 하는 바가 무엇인가를 먼저 말하고, 전달의 구체적인 내용을 말한 다음 자신이 말한 바를 수신자가 말하게 하는 단계를 밟는 것이 좋다.

⑪ 시각적인 보조도구를 활용하라(use visual aids) : 언어적인 설명과 함께 시각적인 도구를 사용하면 의도하는 의미를 명확히 할 수 있으므로 커뮤니케이션의 효과는 증대된다(百聞 不如一見).

⑫ 피드백을 요구하라(seek feedback) : 메시지의 정확한 이해를 위해 전달 후에는 질문을 하라. 이는 쌍방적(two-way) 커뮤니케이션이 된다.

⑬ 자신의 생각을 먼저 정리하라(organics your thoughts) : 메시지의 내용을 먼저 생각하고 정리한 다음 전달하게 되면 메시지의 내용이 정확해지고 완전해져서 효과적인 커뮤니케이션을 할 수 있게 된다.

⑭ 긍정적인 자세로 임하라(communicate in a positive manner) : 흔히 조직은 구성원들에게 유익한 방침과 규정을 만들고 있음에도 구성원들은 부정적인 자세를 취하고 있는데, 이때 경영관리자는 긍정적인 자세로 임해야 한다.

⑮ 미래를 위한 기반을 조성하라(build a foundation for the future) : 오늘의 커뮤니케이션은 내일의 커뮤니케이션에 영향을 미치므로 건전한 기반 조성을 위해 노력해야 한다.

5. 효과적인 커뮤니케이션의 기법

조직생활은 커뮤니케이션의 연속으로 이루어지고 있다. 커뮤니케이션을 효과적으로 하고 못하는 것은 자신에게 커다란 영향을 미치게 된다. 더욱이 비즈니스의 세계는 나날이 복잡하여지므로 커뮤니케이션의 효율화와 질적 개선이 거듭 요망되고 있다. 효과적인 커뮤니케이션의 체득과 의식적인 실천은 인간관계의 개선, 원활한 조직분위기의 조성, 기업의 안정과 성장에도 직결된다.

1) 적극적인 경청을 하라.

효과적인 대화능력은 자신의 의견을 효율적으로 전달하는 것 못지 않게 상대방의 이야기를 정성껏 들어주는 수용의 자세가 병행되지 않으면 안 된다.

적극적인 경청이란 소리를 듣기만 하는 것이 아니라 상대방이 전달하고자 하는 말의 내용은 물론 그 내면에 깔려 있는 동기나 정서에 귀를 기울여 듣고 이해된 바를 상대방에게 피드백 하여 주는 것을 의미한다. 다시 말해 이것은 평가 · 의견 · 충고 · 분석 · 의문을 전달하는 것이 아니라 상대방이 의미하는 것 그 자체가 무엇인가를 이해하며 듣는 것을 의미한다. '경청'은 다음과 같은 세 가지의 수준으로 구분될 수 있는 데 투사적 경청이 메시지를 상호 잘 이해할 수 있는 단계이다.

① 최저한의 경청(marginal listening) : 대부분의 메시지가 들리지도 않고 이해되지도 않는다.

② 평가적 경청(evaluative listening) : 수신자가 수용되지 않는 바를 들으려고 주의 깊게 경청하며 경청이 끝나면 불완전한 메시지에 대한 반응이 일어난다.

③ 투사적 경청(projective listening) : 수신자가 메시지에 대한 평가를 하지 않으면서 경청하여 송신자의 관점을 이해하기 위한 노력을 한다.

그런데 사람들이 적극적인 경청을 하지 못하는 데에는 다음과 같은 세 가지 이유가 있다.

첫째, 사람은 말 보다 생각을 더 빨리 한다. 보통의 사람은 1분 동안 600~700개의 어휘를 처리하면서도 125개 정도의 어휘를 말한다.

둘째, 송신자와 견해를 달리할 때나 퍼스낼리티가 상이한 사람의 이야기를 경청할 때 일반적으로 감정이 어떤 메시지를 봉쇄하게 된다.

셋째, 대답을 준비하면서 경청한다.

그러나 경청은 경청자, 말하는 사람, 메시지 및 환경과 같은 특성들의 함수이기 때문에 효과적 또는 적극적 경청을 위한 기법이나 지침을 명확히 제시하기란 매우 어렵다.

로빈스는 효과적이고 적극적인 경청의 기법을 다음과 같이[36] 제시하고 있다.

(1) 눈(시선)을 맞추어라(make eye contact).

(2) 고개를 끄덕이며 적절한 표정을 지으라.

(3) 주위를 산만하게 하는 행동이나 제스처를 피하라.

(4) 질문을 하라.

(5) "내가 듣기로는 당신이 말하는 바가 ·····" 또는 "당신이 말하는 바는 ·····" 하는 등의 표현으로 부연(paraphrase)하라.

(6) 말하는 사람들 사이에 끼어들어 방해하지 말라.

(7) 너무 많은 말을 하지 말라.

(8) 말하는 사람과 듣는 사람의 역할 전환을 자연스럽게 하라.

듀브린(A. J. DuBrin) 등은 다음과 같은 여섯 가지를[37] 제시하고 있다.

(1) 의미에 집중하라. 다시 말해 하나하나의 어휘를 경청하려고 하지 말고 전체적인 요점을 파악하도록 노력해야 한다.

(2) 말하는 것에 몰입하라. : 생각과 사전 정보를 동원하라.

(3) 말하는 것을 모두 경청해라. : 말이 끝나기 전에 결론을 내리지 말라.

(4) 감정을 인정하라. : 사실 자체만을 청취하는 것은 충분히 효과적이지 못하므로 상대방의 입장에서 사실과 함께 감정을 인정하라.

(5) 50 대 50의 법칙으로 자신을 평가하라. : 이 법칙에 따르면 자신이 말하는 시간에 50% 이상을 할애하지 말라.

(6) 경청한 바를 요약하라.

---

36) S. P. Robbins, *op. cit.*, 1993, pp. 341-343.

37) A. J. DuBrin & R. D. Ireland, *Management and Organization*, South-Western, 1993, 2nd, p. 341.

데이비스(K. Davis)는 커뮤니케이션의 효과를 증진시키기 위해 적극적인 경청자가 되는 지침을[38] 다음과 같이 제시하였다.

(1) 말을 많이 하지 말라. 자신이 말을 계속하면 상대의 말은 들을 수 없다. 햄릿의 플로니어스는 "모든 사람에게 너의 소리를 들려주지 말고, 너의 귀를 주라"고 했다.

(2) 상대방을 편하게 해 주라. 다른 사람이 자유롭게 말할 수 있도록 도와주라.

(3) 말하는 사람에게 당신이 듣기 원함을 보여 주라. 반대하기 위해서가 아니라 이해하기 위해서 잘 들으라.

(4) 산만한 정신을 가져서는 안 된다.

(5) 말하는 사람에게 감정이입을 하라. 타인의 견해를 알려고 노력하라.

(6) 주장과 비판을 차분히 하고 논쟁하지 말라. 논쟁하면 이기더라도 지는 것이다.

(7) 질문을 하라. 그렇게 하면 말하는 사람에게 용기를 주고 당신이 청취하고 있음을 보여 줌이다. 그것은 요점을 더욱 잘 알게 해 준다.

2) 상대에 대한 존경과 신뢰감 조성

커뮤니케이션(communication)에 있어서 상대에 대한 예의와 존경은 무엇보다 중요하다. 존경이란 상대방의 인격과 존재가치를 충분히 인정하는 것인데, 이러한 인정은 상대로 하여금 심리적 만족감을 느끼게 한다. 상대에 대한 인격적 존중이 전제될 때 예의바른 태도가 나타난다. 그리고 상호 신뢰할 수 있는 분위기는 효과적인 커뮤니케이션의 기본이 된다. 상호간 불신의 벽이 있는 경우에는 진정한 의미에서의 커뮤니케이션은 불가능하다.

종교 지도자들이 대화나 설교를 통해 다른 사람을 쉽게 이해시키고 설득하며 경우에 따라서는 많은 감동을 줄 수 있는 것은 바로 그들에 대한 존경과 신뢰가 전제되어 있기 때문일 것이다.

경영자와 종업원 사이에 상호 신뢰감이 형성되면 대체로 커뮤니케이션의 효과는 높아진다.[39] 일반적으로 조직에서 커뮤니케이션의 질은 하위자의 판

38) K. Davis & J. W. Newstrom, *Human Behavior at Work*, McGraw-Hill, 1989, 8th, p. 413.

단에서 평가되며, 상위자에 대한 하위자의 인지와 관련이 깊다. 경영자가 커뮤니케이션에 대한 비판을 줄이고, 하위자와의 사이에서 이해력을 높여 나갈 때 상호신뢰는 향상된다.

3) 장애물 제거

효과적인 의사소통을 위해서는 커뮤니케이션에 방해가 될 수 있는 장애물은 사전에 제거해야 한다. 상대방에 대한 편견이나 선입견을 버리고 편향된 주관적인 판단을 배제해야 한다. 사람들은 자신만이 가지고 있는 왜곡망(screens), 즉 자기의 가정, 가치관, 신념, 관심 등으로 인해 메시지가 왜곡될 수 있기 때문이다.

4) 피드백(feedback)

효과적인 의사소통을 위해서는 상대방의 의도나 의미를 정확하게 이해할 수 있어야 한다. 대화 중 자신의 메시지가 정확하게 전달되고 있는지를 부분적으로 검토해 가면서 상호 공통된 관심과 이해의 폭을 넓혀 나가야 한다.

피드백을 주고받으면 개방적인 인식영역이 넓혀지고 새로운 통찰을 얻게 된다. 따라서 평소 상대방의 메시지를 청취하면서 자신의 말에 반영할 수 있는 태도를 꾸준히 개발해 나가는 자세를 확립해 나가야 할 것이다.

5) 강압 및 조작 회피

일반적으로 상대방을 제압하거나 지배하기 위한 커뮤니케이션은 분위기를 경직시키고 조직의 사막화를 촉진시킨다. 커뮤니케이션은 강압의 도구가 아니라 협조와 이해를 통해 조직을 활성화시키는데 초점이 맞춰져야 한다.

효과적인 커뮤니케이션이 되기 위해서는 어느 한쪽이 다른 한쪽을 일방적으로 지배해서는 결코 아니 된다. 지위와 권력을 가지고 있는 사람은 때로

---

39) K. H. Roberts and C. A. O'Reilly Ill, "Failures in Upward Communication in Organizations: Three Possible Culprits," *Academy of Management Journal*, June 1974, pp. 205-215.

자기의 지위를 이용하여 자기가 원하는 방향으로 대화를 이끌어 가려고 한다. 그러나 사람들은 자신이 권력의 남용이나 조작적인 상황에 처해 있다는 사실을 알게 되면, 상대방을 승리와 패배의 시각에서 판단해 버린다.

따라서 커뮤니케이션은 권력싸움이 아니라 진실된 마음을 주고받는 수단이기 때문에 지위나 권력 및 권위의 사용이라는 유혹에서부터 벗어날 수 있을 때 진정한 의미에서의 커뮤니케이션이 가능하게 된다.

6) 진실하고 솔직한 수용태도

수용은 상대의 감정과 경험을 존중하고 배려하는 것을 의미하는데, 이에는 다른 사람과 함께 하려는 개방적이고 자발적인 태도가 요구된다. 조건없이 상대방을 수용하는 것은 커뮤니케이션을 원활하게 만든다. 이러한 분위기는 서로를 존중하고 사랑하는 태도를 갖게 한다. 따라서 이러한 상호존중의 태도는 커뮤니케이션을 하는 당사자들에게 상호 진실되고 솔직한 수용태도를 갖고 접근하게 하는 중요한 요인이 된다.

커뮤니케이션의 당사자들이 상대에 대한 판단을 지양하고, 서로를 수용하는 자세에서 상호 관심사를 자유롭게 나눌 수 있을 때 효과적인 커뮤니케이션은 지속될 수 있을 것이다.

7) 소문의 활용

소문은 일종의 비공식 커뮤니케이션의 통로인데, 수동적이고 일시적이며 대면적인 특성을 가진 커뮤니케이션이기 때문에 대부분의 경우에는 공식시스템보다도 더 빠르게 의사가 전달된다. 그래서 소문은 "불길과 같이 빠른 속도로 경영자의 집무실을 거쳐 휴게실과 복도를 통과하는 과정에서 여과된다"라고 한다.[40]

기업에 있어서 소문은 때때로 매우 효과적인 커뮤니케이션의 수단으로 사용되고 있다. 왜냐하면 소문은 직접적인 대면관계와 피드백이 이루어지므로 정보 수용자에게 강한 영향을 미칠 수 있기 때문일 것이다. 그리고 소문은

---

40) K. Davis, *Human Behavior at Work*, New York: McGraw-Hill, 1972, p. 267.

여러 가지 심리적 욕구를 충족시켜 주기 때문에 항상 어느 곳에나 존재하며, 누구도 이를 제거할 수는 없다.

6. 생명의 언어훈련

언어가 일상생활에 있어 매우 중요하다는 사실은 아무리 강조해도 지나침이 없다. 사람이 말의 실수가 없다면 그는 온전한 사람일 것이다. 그러나 누구에게나 말의 실수는 있게 마련이다. 따라서 이 세상에 온전한 사람은 하나도 없다. 작은 불씨가 큰 산을 불태우는 것처럼 혀는 엄청난 영향력을 갖는다.

말에는 독성이 있기 때문에 혀를 길들인다는 것은 참으로 어려운 일이다. 우리의 몸을 아름답게 만들기 위해 다이어트도 하고 운동도 한다. 자신을 아름답게 꾸미려고 좋은 옷을 입지만 혀가 단련되어 있지 않으면 아무런 소용이 없다.

언어는 습관이다. 습관은 하루아침에 만들어진 것이 아니다. 습관을 바꾸려면 꾸준한 훈련이 필요하다. 혀를 길들이기 어렵다고 해서 포기해서는 안 된다. 말이 나오는 대로 그대로 두면 자신의 인생을 매우 어렵게 만들고 만다.

언어의 습관이 우리의 삶을 결정한다면 우리는 자신의 말을 꾸준히 다듬어 가야만 한다. 언어는 크게 두 종류로 대별할 수 있는데 하나는 파괴적이고 부정적인 언어이고, 다른 하나는 긍정적인 언어로서 생명을 살리는 창조적인 언어이다.

우리가 부정적인 언어를 어떻게 최소화하고 긍정적인 언어, 즉 생명의 언어를 어떻게 확대시켜 나갈 것인가 하는 문제는 자신의 인생을 변화시키는 중대한 작업이 될 것이다.

1) 부정적인 언어

(1) 비난

비난은 사람들의 입에 많이 익어 있다. 다른 사람의 약점과 허물을 들추어내는 것은 인간관계를 어렵게 만드는 중요한 요인이 된다. 세상에는 비밀이 없다. 험담하는 사람들은 좀 더 중요한 가치를 보는 눈이 없기 때문에 다른 사람들의 실수, 연약함, 약점, 잡담(gossip)들을 즐긴다. 말을 만들어 전파하는 사람들은 너무 한가해서 그렇다. 게으른 사람들이 쓸데없는 말을 만들어 전파한다. 자신의 일에 최선을 다하는 사람들은 남의 일에 참견할 시간이 없다. 한가하기 때문에 험담을 하고 말을 만들어 낸다. 건설적이고 창의적인 일에 적극적으로 참가하는 것이 좋다. 인터넷에 댓글을 다는 사람들, 악플러들은 소영웅주의에 빠져 있다. 그러한 비난에는 사랑의 마음이 전혀 없다.

(2) 과장

'엄청난', '굉장히', '절대로', '내 손에 장을...' 등 지나친 과정은 허풍이다. 지나친 강조에는 진실성이 결여 된다. 아이가 실수를 한 번 한 것을 가지고 "너는 항상 그래"라고 하는데 이것도 과장이다. 우리가 즐겨 쓰는 대화 중에는 과장법이 많다. "배가 고파 죽겠다", "배불러 죽겠다", "좋아 죽겠다" 등 모두 정직한 표현이 아니다. 이런 표현이 강하면 사람들이 대화를 회피하게 된다.

(3) 거짓

자신의 감정이나 진의는 감추고 대화를 하면 진실성이 없게 된다. 말은 "괜찮아"인데 사실은 전혀 아니고 뒤끝이 있으면 이는 갈등을 만드는 중요한 요인이 된다. 우리 안에는 자신의 분명한 것들을 표현하지 않는 문화가 있는데 이것이 외국문화와 충돌하고 굉장한 갈등을 일으키기도 한다.

아첨도 거짓의 일종이다. 이간질하는 것도 거짓이다. 거짓은 모든 관계를 깨뜨린다. 언어에 있어 중요한 것은 진실성이다. 사실을 사실대로 말하는 것이 매우 중요하다.

(4) 폭언

폭언은 파괴적이면서 상대의 인격을 건드리고 감정을 깨뜨린다. 사건에 대해 이야기하는 것이 아니라 사건을 넘어 사람에 대해 이야기하며 자존심을 건드리게 된다. 언어적 폭력은 살인적이다. 뼈가 부러진 상처는 시간이 지나면 아물지만, 언어의 폭력은 일평생 지워지지 않는 상처가 되어 그 사람의 삶을 지배할 수가 있다. 거칠고 과격한 혀는 상대를 격노하게 만든다. 온순한 혀는 생명의 나무이지만 패역한 혀는 마음을 상하게 한다.

(5) 욕설

우리나라 사람들은 억눌린 것이 많아 욕을 통해 카타르시스를 느낀다고 한다. 욕설은 자신을 더럽힌다. 구강 청결제를 사용하고 양치질을 자주 한다고 해서 입이 깨끗해지는 것이 아니다. 깨끗한 언어를 사용해야 입이 깨끗해진다. 공자는 일찍이 군자는 입을 잘 다스려야 한다고 강조했다. 입으로 들어가는 것을 잘 다스리지 못하면 건강을 해치고, 입에서 나오는 것을 잘 다스리지 못하면 화근(일만 악의 뿌리)이 된다고 하였다.

(6) 비아냥과 불평

비아냥은 비비 꼬인 말로 말이 꼬여 있다. 칭찬인지 아닌지 알 수 없는 말이다. 불평은 불신의 한 형태다. 감사한 마음이 사라진 자리에는 불평이 자리를 잡는다. 어떤 일에 불평을 할 수도 있지만 불평하는 삶의 태도가 문제가 된다. 너무 말을 많이 하는 수다도 조심해야 한다. 누추한 말, 성희롱, 음담패설보다는 감사의 말을 많이 하도록 노력해야 한다.

요즘 성희롱 문제가 사회적 이슈가 되고 있다. 은근히 성적인 농담을 하는 사람은 이미 성적인 범죄를 범할 예비단계에 진입한 것으로 볼 수 있다. 성희롱을 한다는 것은 이미 그의 생각 속에 성적인 것들이 지배하고 있음을 의미한다. 마음속에 있는 생각이 말로 표현되기 때문에 성희롱은 성추행의 예비단계인 것이다.

따라서 우리는 말을 하기 전에 생각을 좀 해야 한다. 생각하지 않고 말을 하면 악을 쏟아내기 일쑤다. 생각의 성숙과정을 거치지 않으면 실언을 할 수밖에 없다. 내 뱉은 말은 더 이상 다룰 수 없고 물을 엎지른 것과 같다.

말을 하지 않았으면 전혀 문제가 되지 않고 넘어갈 일인데 괜히 말을 해서 벌집을 건드리듯이 문제를 복잡하게 만드는 경우가 많다. 먼저 생각하고 말하는 습관을 기르는 것은 참으로 중요한 일이다.

2) 긍정적인 언어

부정적인 언어는 삶의 공해이고 행복한 삶을 파괴하기 때문에 이를 제거하기 위해서는 다음과 같은 긍정적인 생명의 언어를 적극적으로 사용하려는 노력이 필요하다.

(1) 감사

매사에 감사를 표현하는 것은 하나의 습관이다. 감사하는 습관이란 작은 일에도 그냥 지나치지 않고 감사하는 것을 의미한다. 감사와 사랑은 표현하는 것이 중요하다. 감사를 지속적으로 표현하면 그 감사가 우리의 삶을 풍성하게 만든다. 감사하는 사람들을 보면 삶이 매우 밝고 긍정적이다. 감사는 생명의 언어이기 때문에 소원한 관계에 유착감정을 불어 넣는다.

(2) 축복

축복은 생명의 언어이다. 따라서 다른 사람을 축복하면 파괴되었던 소원한 관계가 회복될 수 있고 상처받은 마음들이 치유될 수 있다. 축복의 언어가 적극적으로 흘러나오는 곳에는 새로운 생명이 돋아나게 된다.

(3) 격려와 칭찬

『칭찬은 고래도 춤추게 한다』라는 저서의 저자인 켄 블랜차드는 비판을 잘하고 부정적인 말을 잘하는 사람은 자아상이 어둡다고 하였다. 비관적인 삶을 살아가는 사람들은 대부분 어둡고 상처가 많은 사람들이다. 자신이나 삶에 대해 비관적인 삶의 태도를 갖는 사람들은 다른 사람과 사물에 대해서도 비관적인 태도를 가질 수밖에 없다.

칭찬은 밝은 자아상을 가진 사람들이 할 수 있는 일이다. 좋은 면, 긍정적인 면을 보는 습관을 가져야 한다. 칭찬도 하나의 습관이다. 따라서 칭찬하는 연습을 해야 한다. 칭찬을 많이 받고 자란 아이는 자존감이 강해진다. 아이들이 칭찬을 받고 싶은데 칭찬을 해 주지 않으면 그것이 상처가 될 수 있다.

격려의 힘은 굉장히 크다. 아내가 차린 식탁에서 음식을 칭찬하면 더 좋은 밥상이 차려질 수 있다. 아이의 현재의 모습만 보면 칭찬할 만한 것이 없을 수도 있지만, 미래를 보면서 칭찬을 해야 한다. 말이 씨앗이 되고 뿌린 대로 거두게 될 것이다.

(4) 용서와 사과

용서와 사과는 바람직한 인간관계를 회복하기 위해 매우 중요하다. 캔 브랜차드는 또 다른 『신실한 사과는 우리를 춤추게 한다』는 책을 저술하였다.

사람은 누구나 실수를 할 수는 있다. 그러나 문제는 실수를 인정하는 용기가 있어야 한다. 많은 실수를 하고서도 자신을 방어하고 정당화하고 위기를 모면하려고 온갖 변명으로 일관한다면, 해결의 실마리는 찾을 수 없다. 잘못을 인정하는 것은 어렵지만 진실한 사고, 용서를 구하면 오히려 더욱 만회하는 새로운 기회가 될 수 있다.

(5) 예쁜 말

예쁜 말은 생명의 언어이다. 말이 다 똑같지는 않다. 이왕이면 예쁜 말을 해야 한다. 맛깔 나는 말, 향기로운 말, 긴 여운을 주는 아름다운 말, 생명력 있는 언어를 사용하는 습관을 길러야 한다. 이러한 습관을 기르기 위해서는 다음과 같은 세 가지 훈련이 필요하다.

첫 번째는 침묵하는 훈련이다. 생명력 있는 언어를 사용하려면 무엇보다 침묵하는 훈련이 필요하다. 어니 젤린스키라는 사람의 『느리게 사는 즐거움』이라는 책에서 그는 "말을 하고 있을 때는 아무것도 배우지 못한다"고 하였다. 내가 말을 하고 있을 때는 말을 하는 데 집중하기 때문에 아무것도 배울 수가 없다.

침묵은 침묵 자체가 좋은 가르침이다. 침묵을 하면 깨달음을 얻을 수 있다. 그러나 말을 적게 한다는 것은 쉬운 일이 아니다. 현대인들은 모두가 아는 것이 많고 하고 싶은 말이 많다. 그래서 다른 사람들의 말을 잘 들어보려고 하지 않는다. 다른 사람의 말을 듣지 않고 자신의 경험과 이론을 장황하게 늘어놓는 것은 늙음의 한 증상이기도 하다. 문제는 그때부터 배움을 잃어버린다는 사실이다. 자녀들에게 따돌림 당하는 부모의 특징은 자녀들의 말에 귀를 기울이지 않는다는 점이다.

다른 사람을 지배하고 통제하려고 할 때 대화는 단절된다. 어른들은 아이들을 통제하고 조정하는 것에 익숙해 있다. 나이가 들어갈수록 남의 말을 경청하는 훈련을 많이 해야 한다. 침묵을 배우지 못하면 우리의 언어는 소음, 공해가 되고 사람들에게 고통을 주게 된다.

사람들은 침묵과 고독을 두려워한다. 잘못하면 우울증이 나타나기도 한다. 그러나 침묵의 방, 고독의 방에서 놀라운 일들이 일어난다. 침묵의 방에서 언어가 제련되고 정제되는 작업을 하게 되고 그 작업을 거치게 될 때 내 안에 생명의 언어가 흘러나오기 시작한다. 침묵 후에 흘러나오는 말은 큰 울림이 있고 그것은 생명의 언어가 된다.

두 번째는 경청의 훈련이다. 듣기를 속히 하고 말하기는 더디 하며 성내기도 더디 해야 한다. 효과적인 커뮤니케이션의 기본 원칙은 경청이다.

부부 갈등의 대부분은 상대방이 내 말을 잘 들어주지 않는다는 것이다. 서로 자기가 하고 싶은 말만 하고 상대의 말에 귀를 기울이지 않는다. 만약 경청의 기술만 확보된다 해도 부부 갈등의 대부분은 해소될 수 있을 것이다.

폴 틸리히는 "사랑의 첫 번째 모습은 경청이다"라고 하였다. 그냥 말을 듣는 것이 아니라 심중의 깊은 것까지 듣는 것이 중요하다. 다른 사람의 말에 귀를 기울여 주면 치유의 역사가 일어난다.

우리의 언어는 경청으로부터 출발한다. 상담의 중요한 기능 중 하나는 내담자의 말을 경청하는 일이다. 사람들이 외로워하는 것은 자신의 말을 들어줄 상대가 없기 때문이다. 자신의 말을 들어 줄 사람이 없으면 이것이 병이 될 수 있다. 듣는 것도 하나의 기술이다. 온몸으로 들어주어야 한다.

커뮤니케이션 이론에 의하면, 말에 의한 소통은 7%밖에 되지 않는다. 나머지 93%는 비언어적인 형태로 소통된다는 것이다. 공감하는 얼굴표정이나 몸짓은 강력한 비언어적인 소통의 수단이 된다. 사람들은 자신의 말을 경청해 줄 사람을 찾고 있다. 따라서 상대의 말을 잘 듣기만 해도 좋은 친구를 얻을 수 있게 되는 것이다.

세 번째는 묵상의 훈련이다. 자신의 마음속에 무엇을 담고 있느냐의 문제는 매우 중요하다. 마음속에 무엇이 담겨져 있느냐에 따라 독설이 나오기도 하고 생명의 언어가 나오기도 한다. 마음속에 채워진 것이 입을 통해 흘러나온다. 그렇기 때문에 현인들은 양서를 많이 읽는 것이 중요하다고 강조하여 왔다.

묵상은 우리의 마음속에 생명의 언어를 담기 위한 훈련이다. 묵상을 통하여 나의 생각과 나의 언어가 제련되고 정제되게 된다.

묵상이 깊어지면 마음속에 새로운 창조의 역사가 일어난다. 좋은 말, 좋지 않은 말은 어떤 것일까? 내가 한 말을 듣고 상대는 반응한다. 사람들은 좋지 않은 말을 들으면 기분이 나빠지고 분노가 일어나고 우울해지고 실족하며 죽고 싶은 마음이 들기도 한다. 내가 한 말을 듣고 상대의 기분이 좋아지고 용기가 생기고 마음이 밝아진다면 그 말은 분명 좋은 말이다.

일상에서 생명의 언어를 사용하게 되면 인생에 변화가 일어난다. 그것은 언어의 격이 곧 인생의 격이기 때문이다.

4

태도변화와 자기개발

1. 태도의 개념과 의의
2. 태도의 구성요소
3. 태도형성과 태도변화의 영향요인
4. 태도의 변화
5. 태도의 이해와 측정
6. 태도와 행동의 관계
7. 태도와 인간관계
8. 직무태도
9. 자신의 변화와 자기개발
10. 이미지 관리와 자기개발

제4장 태도변화와 자기개발

1. 태도의 개념과 의의

태도(attitude)란 인간의 행동을 결정하는 요소로써 Personality 및 지각 등과 연결되어 있으며 어떤 사상(事象)이나 사람에 대해 호의적이라든지 아니면 비호의적이라는 평가적 진술이다. 태도의 개념은 이를 연구하는 학자들에 따라 다양하게 정의되고 있는데, 쉬네이크(M. E. Schnke)는 "태도란 한 개인이 좋아하는 것과 싫어하는 것에 영향을 미치는 사람, 대상물, 사건 등에 관한 의견이다"라고 했고, 스티어스(R. M. Steers)는 "태도란 주어진 환경 하에 있는 대상물 또는 사람에게 좋다거나 나쁘다고 반응하는 경향"이라고 했다. 그리고 로빈스(S. P. Robbins)는 "태도란 대상물, 사람 또는 사건에 대해 좋다거나 나쁘다는 평가적인 기술"이라고 했다.

이상의 논자들의 견해를 종합해 보면, 태도는 어떤 사물이나 사람에 대해 좋다거나 나쁘다고 반응하는 심리적인 상태라고 개념을 정의할 수 있겠다. 따라서 태도는 그가 어떻게 느끼고 있는가를 반영하고 있는 것으로써 "나는 나의 직업을 매우 좋아 한다"고 말하고 있을 때 나는 나의 직업에 대한 태도를 표명하고 있는 것이 된다.

이처럼 태도는 가치관과 유사하지만 다른 개념으로써 가치관보다는 광범하고 보다 포괄적인 개념이라 할 수 있다. 가치관은 옳은 것이라든지, 바람직한 것이란 도덕적인 내용을 가미하고 있다. 그래서 "차별하는 것은 그릇된 일이다"라는 말은 가치관을 반영하고 있는 개념이고, "종업원의 선발에서 평등고용 기회법이 실현되는 것에 호의를 가지고 있으며 또 조직 내의 관리직위를 위해 여자를 훈련시키는 데 대하여도 좋게 생각하고 있다"고 말하는 것은 태도를 반영하고 있는 개념이다.

그림 4-1 태도와 관련된 개념간의 관계모형

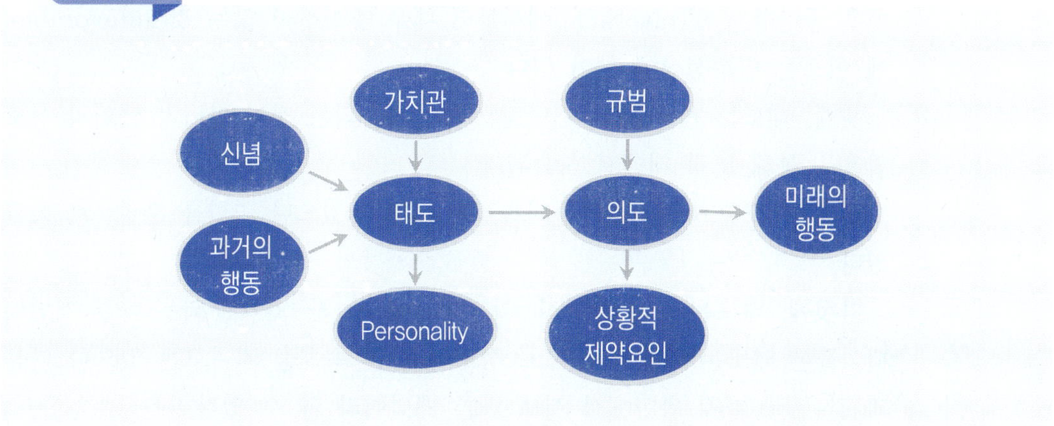

자료: T. R. Michell & J. R. Larson, *People in Organizations; An Introduction to Organizational Behavior*, McGraw-Hill, 1988, 3rd, p. 118.

사람은 수천 가지의 태도를 가질 수 있다. 그러나 조직에 비중을 둔 인간관계 연구에서는 매우 한정된 수의 '직무와 관련된 태도'(job-related attitudes)에 초점을 맞춘다. 이 같은 직무와 관련된 태도에는 직무만족(job satisfaction), 직무몰입(job involvement), 조직업무에의 전념도(organizational commitment), 조직에 대한 충성심과 일체감의 지표 등이 포함된다. 그러나 그 중에서도 직무만족이 확실히 많은 주목의 대상이 되고 있다.

직무만족은 직무에 대한 그 개인의 일반적인 태도를 가르치는 말이다. 그래서 높은 직무만족감을 가진 사람은 그 직무에 대해 긍정적 ·적극적인 태도를 갖게 되고, 반면에 그 직무에 대해 불만족하고 있는 사람은 그 직무에 대한 부정적·소극적인 태도를 갖게 되는 것이다. 그래서 종업원의 태도에 대해 말할 때에는 그것이 직무만족을 의미하는 것으로 생각하는 경우가 많은 것은, 실제로 두 용어가 상호 교환적으로 사용되고 있는 경우를 흔하게 볼 수 있기 때문이다.

그리고 태도는 다음과 같은 몇 가지의 특성을 지니고 있음을 알 수 있다.

첫째, 태도는 태도의 결과는 볼 수 있어도 그 자체는 볼 수 없는 성질의 것이다. 다만 태도 자체는 추리가 가능할 뿐이다.

둘째, 태도는 다차원의 개념이다. 즉 특정한 사람이나 대상물에 대한 태도는 매우 좋아하는 것(favorable)에서부터 매우 좋아하지 않는 것(unfavorable)에 이르는 연속선상에 놓여 있다.

셋째, 태도는 학습된다. 개인적으로만 학습되는 것이 아니라 타인과 상호작용을 통해 조직 내에서 학습된다.

넷째, 태도는 어느 정도의 지속성은 지니고 있으나 변화를 본성으로 하고 있다.

다섯째, 태도는 유사 개념인 '의견'(opinion) 및 '가치관'과는 다른 개념이다. 물론 태도는 가치관과 어느 정도의 같은 속성을 지니고는 있으나 다음과 같은 세 가지 측면에서 서로 다른 개념이라 할 수 있다.[1)]

① 태도는 가치관보다 구체적이고 한정적인 데 반해 가치관은 태도보다 포괄적이다.

② 가치관은 무엇이 옳고 그르며, 또한 좋고 나쁜가에 초점을 두는데 비해 태도는 좋아하는 것과 싫어하는 것에 초점을 둔다.

③ 가치관은 태도보다 더욱 안정적이다. 즉, 태도가 가치관보다 바꾸기가 쉽다.

이상에서 살펴본 바와 같이 태도는 인간행동의 원인이라고 할 수 있다. 따라서 어떤 사람의 태도를 이해한다는 것은 그 사람의 행동을 예측할 수 있다는 의미가 되기도 한다는 점에서 인간행동을 이해하고 예측·관리하기 위해서는 무엇보다 태도에 대한 이해가 전제되어야 할 것이다.

---

1) M. E. Schnake, *Human Relations*, Merrill Publ., 1990, p. 102.

2. 태도의 구성요소

한 개인의 태도는 다음과 같은 서로 연관된 요소들로 구성되어 있다.

1) 인지적 요소(cognitive component)

인지적 요소는 대상에 대한 지각·신념·사고로 구성되는데 경우에 따라서는 '신념적 요소', '정보적 요소', 또는 '사고적 요소'라고도 한다. 이것은 사람이 무엇에 대하여 갖는 정보 또는 사고방식을 의미한다.

태도체계에 포함되는 가장 중요한 인지적 요소는 평가적 신념(evaluative belief)인데 그것은 대상에 대한 호(好)－불호(不好), 선(善)－악(惡) 등의 속성을 포함한다.

또한 인지적 요소는 대상에 대한 적절－부적절의 반응양식을 포함하기도 한다. 그리하여 인지적 요소는 행동적 요소와 밀접한 관련성을 갖게 되는 것이다.

2) 정서적 요소(affective component)

정서적 요소는 '감정적(feeling, emotional) 요소' 또는 '평가적(evaluative) 요소'라는 개념으로도 거론되는데 이는 개인의 어떤 대상에 대한 감정을 말하며, 그것에 대한 好·不好가 포함된다. 그리고 태도에 대하여 고집을 세우고 흥분하게 하고, 또한 동기화의 특성을 부여하는 정서적인 면을 일컫는다.

정서적 요소는 대체로 부모, 선생님 또는 동료 등으로부터 학습된 것으로 긍정적이거나 부정적일 수도 있으며 중간적일 수도 있다.

3) 행동적 요소(behavioral component)

행동적 요소는 '의도적 요소'라고도 하는데 이는 어떤 대상물에 대해 특정 방식으로 행동하려는 경향(tendency)을 말하는 것으로써 태도의 활동요소이다. 어떤 개인이 특정 대상에 대해서 긍정적 태도를 갖고 있다면, 그는 그 대상을 돕거나, 혹은 지지하고 싶을 것이며, 반면에 그가 부정적 태도를 지니고 있다면 그 대상을 헤치거나, 혹은 파괴하고자 할 것이다.

이상에서 살펴본 태도의 세 가지 구성요소 가운데서 우리가 행동을 보고 알 수 있는 것은 태도의 행동적 요소뿐이다. 好·不好의 감정은 안색이나 대화, 접근 및 회피 등을 통해서 간접적으로만 알 수 있고, 인지적 요소도 언어나 토론 등에서 추정할 수 있을 뿐이다.

3. 태도형성과 태도변화의 영향요인

1) 태도형성의 영향요인

코스텔로(T. W. Costello) 등은 태도형성에 영향을 미치는 요인으로써 ① 문화, ② 주요 집단의 성원자격, ③ 가족, ④ 동료 집단, ⑤ 사전 작업경험 등을 들고 있으며, 태도는 이러한 요인들에 의해 학습된다는 것이다.[2)]

(1) 문화(Culture)

문화는 한 개인의 태도형성에 가장 큰 영향을 미치는 요인이다. 문화는 음식에 대한 기호(嗜好)로부터 인간관계에 대한 태도, 그리고 정치적 견해에 이르기까지 모든 것에 영향을 준다. 예컨대 대부분의 한국 사람들은 말고기나 원숭이 고기를 혐오스런 식품으로 간주한다. 그러나 세상 어떤 곳에서는 이러한 것이 진미로 간주되고 있다. 또한 힌두교도들은 두껍고 피가 흐르는 스테이크와 햄버거를 좋아하는 미국인의 식성을 혐오스럽게 여긴다.

문화란 한 사회가 갖는 관습이나 전통 등을 의미하며, 이들이 한 개인의 성격이나 행동, 특히 그의 태도형성에 결정적인 영향을 미치게 된다.

---

2) T. W. Costello & S. S. Zalkind, *Psychology in Administration, Englewood Cliffs*, N. J.: Prentice-Hall, 1963, pp. 260-263.

(2) 주요 집단의 성원 자격(mores of a society)

인간은 복잡한 사회생활 속에서 그가 소속한 많은 집단, 즉 지리적, 종교적, 사회·경제적 계층의 집단 구성원자격에 의하여, 그가 어떤 태도를 학습해야 하는가에 관한 규범과 기준을 제공받는다. 그리고 때때로 그가 접하는 다른 집단의 태도들은 그 자신과 서로 마찰을 빚을 수가 있다.

(3) 가족(family)

개인의 태도형성에 가장 큰 영향을 미치는 요인은 가정과 그의 가족들이다. 한 개인의 사고방식, 행동양식, 그리고 태도 등은 그가 성장하면서 소속되어 있던 가정과 가족들에 의해 크게 영향을 받는다.

(4) 동료 집단(peer groups)

셰리프(M. Sherif)는 인간은 자신을 이해하기 위해 자기가 속한 소속집단에 비춰 본다고 했다. 따라서 그가 타인이나 사회에 대해 가지는 태도는 자연히 그가 속한 집단이 가지고 있는 준거의 틀을 벗어나지 못한다. 따라서 자신과 함께 일하는 동료집단은 개인들의 태도에 영향을 주어 공통된 규범을 이끌어 나가게 된다. 특히 준거집단(reference)은 원래 집단의 규범에 상충되는 태도를 지닌 개인을 집단 규범에 동조하도록 영향을 준다. 처음에는 동내의 소꼽친구, 친지, 학교친구, 그 다음에는 동료작업자와 그밖에 그가 접촉하는 사람들이 한 개인의 태도에 영향을 미치게 된다.

(5) 사전 작업경험(previous job experiences)

어떤 개인은 이전의 직장에서 형성된 태도를 가지고 옮겨 온 회사의 보수, 승진절차, 작업조건, 감독방식, 기타 회사정책 등을 비교하게 될 것이다. 뿐만 아니라 대외적으로 고객, 공급자, 그리고 경쟁자들에 대한 태도 면에서도 이전의 경험들은 상당한 영향을 미칠 것이다.

2) 태도변화의 영향요인

우리가 인간의 태도를 연구하는 중요한 이유는 태도가 행동을 하기 전의 심리적인 준비상태이기 때문에 인간행동의 이해를 위해서는 태도에 대한 이해가 필수적인 것이다.

그런데 태도변화는 일반적으로 변화되어야 할 태도자체가 어떤 상태인지에 따라 변화의 속도가 촉진되기도 하고 저해되기도 한다. 먼저 태도변화에 영향을 미치는 요인들을 내적 요인과 외적 요인으로 구분하여 설명해 보면 그 내용은 다음과 같다.

(1) 내적 영향요인

태도변화에 영향을 주는 내적 요인에는 유사성, 일관성, 조화성 및 유용성 등의 요인이 존재한다.

① 기존의 태도와 새로운 태도간의 유사성 정도에 따라 태도변화의 속도나 강도는 다르게 나타난다. 일반적으로 반대의 태도를 가지고 있다든지, 극단적인 태도를 가진 사람에게서 새로운 태도변화를 기대하기란 매우 어렵다.

② 태도의 구성요소(인지적 · 정서적 · 행위적)간 일치성의 정도가 높으면 그 태도는 매우 안정적이고 고정화될 수 있기 때문에 태도변화는 어렵게 된다.

③ 현재의 태도와 요구되는 새로운 태도간의 조화의 정도가 태도변화에 영향을 미친다. 즉 상호 조화되는 태도(예컨대 인간의 생명은 존엄한 것이다. 사형제도는 폐지되어야 한다)들은 상호 강한 영향을 미쳐 태도변화를 어렵게 만든다.

④ 특정 태도는 그 사람이 어려서부터 외부세계에 적응하고, 욕구를 충족하기 위해 키워 온 결과의 산물이라 할 수 있다. 따라서 어떤 태도가 그 사람에게 계속 이용가치가 있다고 판단되면 그 태도는 좀처럼 변화되지 않는다.

(2) 외적 영향요인

태도변화에 영향을 주는 외적 요인에는 메시지의 원천, 메시지의 전달방법, 공포분위기, 집단에의 소속감, 저항감 등이 있다.

① 메시지의 원천 : 메시지의 원천이 갖는 특성에 따라 태도변화에 미치는 영향력은 다르다. 일반적으로 메시지의 원천은 사람, TV뉴스나 광고, 책 등 여러 가지가 있을 수 있는데 이들이 다음과 같은 특성을 지닐 때에는 영향력은 증대된다.

첫째, 전문성이다. 흡연이 건강을 해치고 인간의 생명을 단축시킨다는 말을 일반인이 아닌 의사로부터 들었을 때, 또한 그러한 내용을 주간잡지에서 보았을 때 보다는 의학전문 학술지에서 보았을 때 신뢰성은 높고 태도변화에 대한 영향력은 증대한다.

둘째, 신뢰성이다. 수신자가 송신자에 대해 갖는 신뢰성의 정도는 전달하는 내용에 대한 신뢰성이나 수신자의 태도에 많은 영향을 미친다.

셋째, 호감의 정도이다. 수신자가 송신자에 대해 평소 갖고 있는 존경심이나 호감의 정도에 따라 수신자의 태도에 미치는 영향은 다르다.

② 송신자의 태도와 전달방식 : 커뮤니케이션을 함에 있어 보다 중요한 것은 전달하는 메시지의 내용보다도 전달하는 송신자의 태도와 전달방식은 수신자의 태도변화에 많은 영향을 미친다. 동일한 내용의 메시지라 할지라도 송신자의 태도와 전달하는 방식에 따라 그 효과는 전혀 다르게 나타날 수 있다.

③ 공포분위기 : 일반적으로 사람들은 공포와 위협을 느끼는 상황에서는 단순해지기 때문에 설득이나 태도변화가 쉬워진다. 예컨대 금연을 강조하면서 폐암에 걸린 환자의 수술장면을 적나라하게 보여준다든지, 흡연으로 인해 손상된 허파를 보게 해주면, 금연에 대한 설득이나 태도변화는 쉬워진다.

④ 집단에의 소속감이나 연결정도 : 집단에 대한 소속감이나 열정이 강한 개인을 설득하여 태도를 변화시키기란 매우 어렵다. 집단소속감이나 연결정도가 느슨한 개인을 설득하여 새로운 태도를 갖게 하는 것이 보다 쉬운 일이다.

⑤ 저항감 : 일반적으로 사람들은 변화보다는 안정을 추구하려는 경향성이 강하다. 변화는 새로운 태도와 행동을 요구하며 어느 정도의 위험을 감수해야 하기 때문에 사람들은 변화에 저항하게 된다. 이러한 저항의 크기에 따라 태도변화의 정도가 결정되는 것이다. 따라서 변화에 대한 저항감을 줄이려면 변화의 필요성이나 당위성에 대한 깊은 이해와 변화를 위한 준비태세를 갖게 하는 것이 중요하다.

4. 태도의 변화

1) 태도변화의 어려움

무인고도에 홀로 사는 사람이 아니라면 모든 사람들은 다른 사람들과의 관계개선을 위한 태도변화가 필요하다. 그런데 태도변화에는 다음과 같은 두 가지 어려움이 있다.

첫째, 변화의 기본적인 대상이 되는 지식보다는 태도가, 태도보다는 개인행동이, 개인행동보다는 집단행동이 더 어렵다. 여기서 변화되어야 할 집단행동을 위해서는 이 보다 쉬운 지식, 태도, 개인행동부터 변화시켜야 한다는 교훈을 얻을 수 있다.

둘째, 이와 관련하여 변화에 소요되는 시간은 다르다. 집단행동보다는 개인행동이 변화의 시간이 짧게 걸리고, 행동보다는 태도의 변화에, 태도보다는 지식변화에 더 짧은 시간이 소요된다.

그림 4-2 행동변화에 소요되는 시간과 어려움

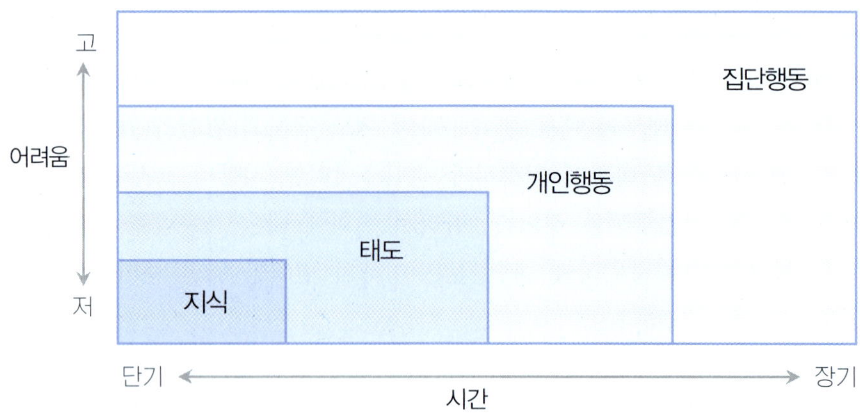

자료: P. Hersey and K. H. Blanchard, *Management of Organizational Behavior*, Prentice-Hall, 1993, 6th, p. 4.

2) 태도변화의 제이론

태도는 변화될 수 있는가? 인간행동을 연구하는 대부분의 학자들은 태도는 변화가능하고 인간행동의 변화에 직접적인 영향을 미칠 수 있다고 보고 있다.

(1) 행동주의 이론

바람직한 행동을 강제시키다 보면 태도 역시 동일한 방향으로 변화됨을 알 수 있다. 예컨대, 산을 싫어하는 사람을 강제로 데리고 정상에 올랐더니 밝고 상쾌한 자연의 아름다움과 성취의 기쁨을 맛보게 되었다. 이러한 경험은 그의 등산에 대한 태도를 변화시킬 수 있다. 또한, 잠꾸러기를 일찍 일어나게 했을 때 그가 이른 아침의 상쾌함을 느끼고 나면 그의 태도가 변화될 수 있다. 이처럼 행동주의자(behaviorist)들은 태도의 변화는 자극-반응의 원리인 일종의 학습에 의해 가능하다고 본다.[3] 따라서 어떤 사람의 태도를 변화시키려면 새로운 것이 더욱 좋고 유리하다는 것을 입증해 주어야 한다. 사람은 자신의 행동의 결과가 자신에게 보다 유리하다고 느낄 때에는 자신의 태도 또한 그러한 방향으로 변화를 시키게 된다는 것이다.

이처럼 행동주의자들은 인간의 태도는 관심, 이해, 수용과 같은 요인들에 의해 변화가 이루어지게 된다고 주장한다.

① 관심 : 어떤 자극에 대하여 관심이 없을 경우에는 영향력을 발휘할 수 없다. 따라서 태도의 변화를 위해서는 무엇보다 자극에 대해 관심과 주의를 기우리도록 해야 한다.

② 이해 : 태도가 변화되기 위해서는 자극에 대하여 이해할 수 있어야 하고, 그 자극을 일으킨 사람처럼 동일한 역할을 할 수 있어야 한다.

③ 수용 : 경험한 자극을 새로운 태도로 인정하고 그것을 수용할 수 있을 때 태도변화는 일어나게 된다.

(2) 장이론(Field theory)

쿠트 레윈(K. Lewin)의 장이론에 따르면, 인간의 심리상태인 태도는 고

---

3) C. I. Hovland, I. L. Janis an H. Kelly, Communication and Persuasion, New Haven, Connecticut: Yale University Press, 1953; 임창희, 전게서, p. 144.

정적이거나 안정되어 있는 것이 아니라, 겉으로는 그렇게 보일지라도 실제로는 서로 상충되는 힘의 작용으로 동적인 세계에서 균형상태를 유지하고 있을 뿐이라는 것이다.[4)]

우리가 가지고 있는 많은 태도들의 대부분은 준거집단으로부터 전수된 것이다. 일반적으로 사람은 다른 사람들이 가지고 있는 보편적인 태도를 그대로 수용하려는 경향성이 매우 높다. 따라서 다른 사람들이 사장을 싫어하면 나도 싫어한다.

예컨대 제2차 세계대전이 시작된 직후 미국이 식육용 고기부족으로 곤란을 겪고 있을 때 사회심리학 연구기관의 관계자였던 쿠트 레윈(K. Lewin)이 이문제의 해결을 맡았다.[5)] 즉 주부들로 하여금 소의 간, 허파, 내장 등에 대한 부정적인 태도를 변화시켜 이를 즐겁게 구매하여 먹게 하는 것이었다. 대부분의 주부들은 이미 "소의 내장 등은 쇠고기보다 나쁘고 가난한 사람들이 구매하여 먹는다"는 준거집단의 규범에 물들어 있었기 때문에 좀처럼 태도를 바꿀 수가 없었다.

이때 레윈은 주부들끼리의 토론의 장을 만들어 놓고 설득하려는 자들을 주부들과 같은 동료집단으로 참석시켰다. 강의를 듣는 것이 아니라 자신들이 토론에 참여했고, 준거집단인 동료부인들이 새로운 의견을 제시하니까 쉽게 동조하였던 것이다.

다시 말해 집단구성원의 태도를 변화시키기 위해 특정한 한 사람을 개별적으로 접촉하여 설득하게 되면 해당되는 한 사람에게만 영향을 미치지만, 집단 속에 들어가 집단을 상대로 설득하였더니 그 영향력이 순식간에 구성원 모두에게 퍼져 나갔던 것이다. 즉 집단 속의 개인들은 상호 영향을 받기도 하고 영향을 미치기도 하면서 자신의 태도를 변화시켜 나간다.

---

4) 차대운, 경영조직행동, 도서출판 대명, 2002, p. 152-154.

5) K. Lewin, Field Theory in Social Science, New York: Harper, 1951; D. Hammon, The Science of Synthesis; Exploring the Social Implications of General Systems Theory, University Press of Colorado, 2003; K. Lewin, "Defining the Field a a Given Time," Psychological Review, Vol. 50. 1940, pp. 292-310; 임창희, 전게서, p. 144. 재인용.

그림 4-3 레윈의 장이론과 태도변화

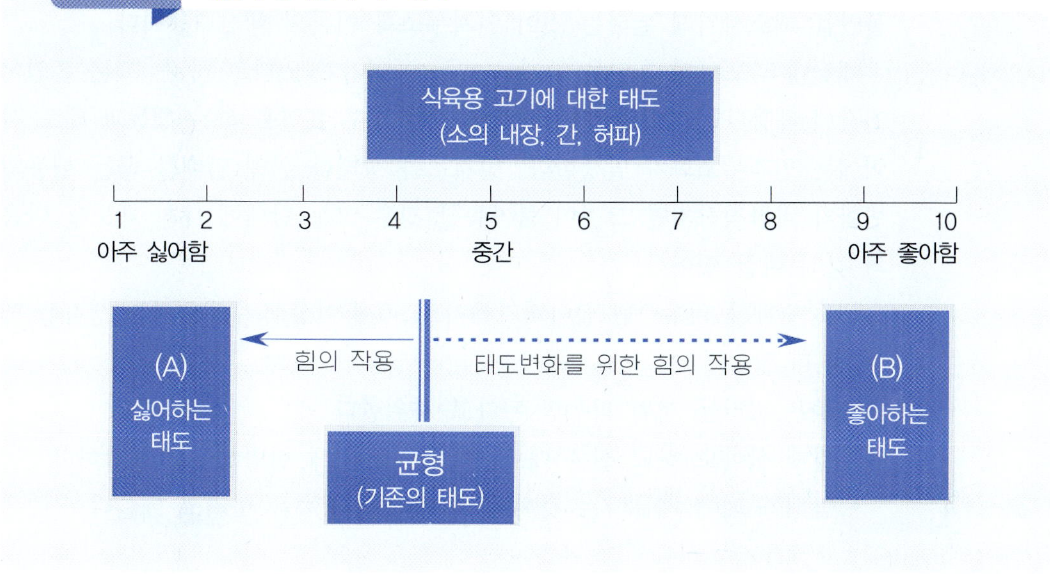

위 [그림 4-3]에서 보는 바와 같이 소의 간, 내장, 허파 등에 대한 싫어하는 태도를 (A)라 하고, 호의적인 태도를 (B)라고 했을 경우, 싫어하는 기존의 태도를 좋아하는 (B)쪽으로 이동시키려면 식육용으로 소의 간, 내장, 허파가 좋다는 긍정적인 정보·지식의 제공 등을 통해 태도변화에 대한 힘을 강화시키면 마치 자석의 힘이 센 쪽으로 쇠막대가 끌려가듯이 호의적인 태도의 변화가 일어나게 된다는 것이다.

(3) 인지부조화이론

사람은 누구나 자신의 두뇌 속에 수많은 인지를 갖고 있다. 이들 중 서로 관련이 있는 인지들 사이에 불일치가 존재하면 인지부조화(cognitive dissonance)상태가 되어 불안한 마음을 갖게 된다.[6] 그래서 인간은 이러한 불안한 마음으로부터 탈피하려고 자신의 인지의 조화상태를 만들기 위해 노력하게 되는데, 이때 한쪽의 인지를 바꾸어 다른 쪽과 일치시키면 자연스럽

6) L. Festinger, A Theory of Cognitive Dissonance, Stanford, California: Stanford University Press, 1957; M. Sherif and C. I. Hovland, Social Judgement: Assimilation and Contrast Effects in Communication and Attitudes Change, New Haven, Connecticut: Yale University Press, 1981.

게 태도의 변화가 일어나게 되고, 이러한 태도변화가 곧 마음속의 긴장과 불안을 해소시키게 된다는 것이 인지부조화 이론의 핵심내용이다.

예컨대 과도하게 흡연을 즐기고 있는 애연가가 있다고 하자. 그는 흡연이 건강에 해롭다는 태도를 가지고 있다. 이 경우 흡연을 하는 행동과 태도 사이에는 인지부조화가 발생한다. 인지조화 상태를 위해 담배를 끊는 행동의 변화가 바람직하지만 그것이 불가능할 경우 그는 담배에 대한 태도를 다음과 같이 바꿀 것이다.

- 줄 담배를 피우시던 할아버지께서도 90세 이상 장수하였다는 생각을 해본다.
- 좋은 필터를 끼워 피우면 된다고 자위한다.
- 짧게 살아도 하고 싶은 대로 하면서 사는 게 현명하다고 생각하다.
- 담배가 폐에 해롭다는 것이 근거 없다는 생각을 하려고 애쓴다.

그림 4-4 인지부조화와 태도변화

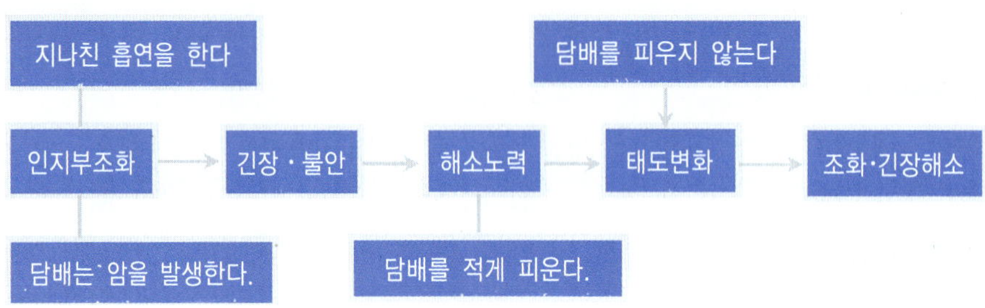

3) 태도변화의 과정

개인과 기업의 성장·발전을 위한 모든 혁신기법의 시도는 변화와 개발에서부터 비롯된다. 인간을 변화시키고 능력을 개발하기 위해서는 다음과 같은 점차적이고 계획적인 노력이 필요하다.

(1) 변화의 필요성에 대한 인식

인간의 태도와 행동의 변화는 자기를 아는 자각(self-awareness)에서부터 시작된다.

먼저 자기평가를 통해서 변화의 필요성을 인식하고, 개발해야 할 부분은 어디에 있으며, 어느 정도인가를 알아야 한다. 아니면 일상생활을 통해 다른 사람들이 자신의 어떤 행동이 변혁되기를 기대하는지를 알아야 한다.

자신이 어떤 사람인지, 어떤 위치에 있는지를 알게 되면, 변화되고자 하는 모습을 향하여 점차적으로 변화를 시도할 수 있을 것이다. 자기성찰이나 자기반성의 자각 그리고 의식적인 자기혁신의 자세가 새로운 '자신의 모습'을 만들어 갈 수 있을 것이다.

(2) 변혁하고자 하는 의욕

자각이 변화와 개발의 핵심적인 첫 단계이기는 하나 그것은 그렇게 하려는 태도변화, 즉 의욕으로 이어지지 않으면 무의미한 것이 된다. 다시 말해 변화되어야 할 바람직한 자신의 태도와 행동을 위한 계획을 수립하고, 그것에 따르려는 바램(desire), 즉 의욕(willingness)을 지닐 때 비로소 자기변화와 자기개발을 시도할 수 있다.

"산 속의 적은 쳐부수기는 쉬워도 마음속의 적을 이기기 어렵다"는 왕양명의 격언이 잘 말해주듯이 자기변화는 결코 쉬운 일이 아니다.

"잘못이 있거든 주저하지 말고 고처라"는 맹자의 가르침에 따라 자기변화를 위한 노력을 하지 않으면 안 된다. 사무엘 울먼(S. Ullman)의 「청춘」(*Youth*)이라는 다음과 같은 시를 읽어 보면 자기 변화는 언제든지 시작해도 늦지 않았고, 나이에 상관없이 지금이 바로 변화를 위한 그 시점임을 알 수 있다.

청춘

사무엘 울맨(S. Ullman)

청춘은 인생의 어느 기간이 아니라 마음가짐의 상태이다. 그것은 장밋빛 볼, 붉은 입술과 유연한 무릎을 지니는 것이 아니라 왕성한 의지, 풍부한 상상력과 불타는 정열을 말하며 인생의 깊은 샘의 청신(淸新)함이다.

청춘은 약한 의지를 추방하는 용기와 안이함을 사랑하는 대신 모험심을 갈망하는 성향의 지배를 의미한다. 따라서 때로는 20세의 사람에게 보다는 60세의 사람에게 그것이 존재한다. 그 어느 사람도 나이가 많아진다는 것만으로 늙어지는 것이 아니다. 인간은 이상(理想)을 잃을 때 비로소 늙어지는 것이다.

> 세월은 피부의 주름살을 지어 주기는 하나 열정을 포기하면 정신의 주름살이 생긴다. 고뇌, 공포 그리고 실망이 용기를 잃게 하고 정신을 잿더미로 만든다.
> 60세든 16세이든 인간의 가슴에는 경이에 대한 매력, 어린이와 같은 미지의 세계에 관한 탐구심, 그리고 게임과도 같은 삶의 환희가 있다. 당신의 가슴 그리고 나의 가슴의 중심부에는 무선의 정차장이 있어서 그것이 사람들과 신으로부터 아름다움과 희망과 희열과 용기 그리고 힘의 메시지(영감)를 받아들이는 한 당신은 젊다.
> 꿈이 없어지고 정신이 비탄의 눈(雪)과 비관의 얼음으로 뒤덮일 때 비록 20세의 나이인 당신은 이미 늙어버렸으며 꿈이 높이 솟아올라서 희망과 낙관의 파도를 타는 한 당신은 80세에 죽을 희망을 지닌 청춘이다.

(3) 변화에 필요한 지식의 획득

변화과정은 자신의 내적인 것이다. 이제 다른 사람으로부터 정보를 획득하고, 충고를 받으며, 그들의 경험을 사는 일이 요망된다. 이는 주변에서 스승을 찾거나, 심층적인 연구를 위해 집단에 참여하거나, 충분한 자료를 수집하여 자기 자신을 가르치는 활동을 의미한다.

만약 자신이 자아개념을 확립할 필요를 느꼈다고 한다면, 아마도 당신은 서점에 가서 이와 관련된 몇 권의 책을 사서 읽어보면 몇 가지 좋은 생각을 얻게 될 것이다. 그것만으로 부족함을 알게 되면 같은 목표를 지닌 사람들과 이야기를 나눌 필요가 있다. 즉 집단을 만들거나 참여하는 것도 바람직하다.

이제 자기 스스로의 힘으로 자신의 발전과 성장을 추구해야 한다. 이제부터는 자기 자신이 스스로 행동을 형성하고 그것에 영향을 미칠 것이 무엇인가를 결정하여야만 한다.

(4) 새로운 행동·기법의 실천

정보는 그것을 활용할 때만이 쓸모 있는 것이 된다. 이는 행동을 변화시키기 위해 배운 바를 실천하여야 함을 의미한다. 자신에게 중요한 변화가 하룻밤 사이에 일어나는 경우도 있기는 하지만, 대부분의 사람들에게 있어서는 새로운 태도의 변화를 일으키는 가장 확실한 방법은 점진적으로 변화하는 방법이다.

시간적인 여유를 가져라. 그러나 너무 지체하지는 말아라. 인생은 유한하며 태도변화는 빠를수록 성공의 확률은 높아진다.

(5) 피드백의 수행

새로운 기능을 실천할 때 가능하면 피드백을 활용하라. 그렇게 하면 시행착오의 방법에만 의존하는 것 보다 진행이 훨씬 빨라질 것이다. 대부분의 사람들은 새로운 일을 시도할 때 얼른 깨닫지 못하는 약점을 지니고 있는데 변화과정에 돌입했거나 실제로 변화되었을 때 다른 사람들로부터의 피드백을 필요로 한다.

부모, 스승, 또는 친구로부터 받은 피드백은 자아개념을 더욱 증대시킬 수 있도록 도와주는 하나의 단계가 될 것이다.

(6) 새로운 행동 · 기법의 강화활동

자신이 변화되고 개발하고자 하는 그런 행동유형을 나타내고 있음을 알게 되었거나 다른 사람들이 자신에게 그렇게 되었다고 말해주면 지체 없이 자신에게 보상(자축)하라. 최종목표에 도달하지 않았다고 자신에 대한 보상 활동을 지연하지 말라. 중간목표를 달성할 때 마다 자신에 대해 보상하라. 중간목표는 최종목표에 이르는 수단이며 최종목표 추구는 인생이 끝날 때까지 계속된다.

▶ 인생의 경력단계

1) 여러 가지 가능성을 모색하는 탐험기(exploration) : 15-20세

2) 자신이 어떤 직장과 어떤 직무에 잘 맞는지 시험하는 시험기(trial) : 20-30세

3) 특정 업무(직장, 직무)에 자신을 투입하여 개발하는 확립 기간 : 35-40세

4) 현재의 업무에서 **성장, 현상유지 또는 퇴보**하게 되는 중간경력전환기(mid-career transition) : 45세

5) 현직에서 물러나는 퇴양시기(exist) : 60세-65세

특히 4번째 단계가 중요하며 따라서 그 이전 단계에서 바람직한 경력관리를 위한 설계와 준비가 요구된다.

이상에서 우리는 인간 삶 속에서 패자가 되지 않고 승자가 되기 위해 자신을 변화시키는 첫 번째 과제가 되는 자아개념의 확립에 관하여 자기혁신과 개발의 몇 단계를 중심으로 살펴보았다. 누구나 이 같은 노력을 게을리하지 않는다면 자기가 되고자 하는 모습, 다시 말해서 인생의 목적을 달성하는 성취인이 될 수 있을 것이다.

다른 사람을 도와주는 일은 미소와 같고 메아리와 같다고 한다. 이는 자신이 최선의 것을 다른 사람에게 줄 때 그도 당신에게 최선의 것을 주게 된다는 진리를 말해 준다. 다른 사람이 원하는 바를 성취하도록 도와준다면 당신도 당신의 인생에서 원하는 바를 모두 성취할 수 있을 것이다.

지그 지글러(Zig Ziglar)는 "모든 인간은 그 어떤 것을 성취하기 위하여 만들어졌으며, 성공하게끔 설계되었으며 유리하게 될 소질을 갖고 태어났다"고 하였다.

4) 태도변화의 단계

레윈(K. Lewin)은 인간의 태도변화는 해빙(unfreezing), 변화(changing), 재동결(refreezing)의 3단계를 거치면서 이루어진다고 하였는데 그 특징을 살펴보면 다음과 같다.

◇ 제1단계 : 해빙(unfreezing)

이 단계에서는 조직 구성원들이 변화를 준비하고 수용할 수 있도록 변화에 대한 동기를 부여하고, 변화의 필요성을 인식시키기 위해 구성원들의 마음속에 작용하고 있는 힘들을 재편성하여야 한다. '얼음이 녹듯이' 변화에 대한 두려움이나 저항감을 완화시키고, 변화에 저항하는 태도나 감정을 누그러지게 하는 것이 중요하다.

세인(E.H. Schein)은 해빙이 요구되는 상황에서 나타나는 다음과 같은 공통적인 요소를 제시한 바 있다.[7]

첫째, 변화의 대상이 되고 있는 개인을 그가 지금까지 관여해 온 일상 업

7) E. H. Schein, "Management Development as a Process of Influence," in David R. Hampton, *Behavioral Concepts in Management*, Belmont, Calif.: Dickinson Publishing Co., Inc., 1968, p. 110.

무, 정보원, 사회관계로부터 격리시켜야 할 경우

둘째, 사회적 지지가 감소하거나 붕괴되는 경우

셋째, 변화대상이 되고 있는 구성원들이 지금까지의 자신의 행동과 태도가 무가치한 것이라고 느끼는 불쾌하고 굴욕적인 경험을 하게 되어 변화에 대한 저항을 처벌로 일관해서 결부시키고 있는 경우 등이다.

이와 같이 해빙과정은 조직 구성원들의 몸에 배인 낡은 풍습, 습관, 전통을 무너뜨리고 새로운 행동양식을 받아들이기 위한 준비를 하는 과정이다. 힘의 장에 대한 분석의 관점에서 보면 해빙은 추진력이 증대하든가 아니면 변화에 저항하는 억제력이 감소하는 경우에 일어나게 된다.

◇ 제2단계 : 변화(changing)

변화에 대한 동기가 유발되고 나면, 구성원들은 새로운 행동을 수용할 준비자세를 취하게 된다. 이 단계는 변화를 실제로 주입시키는 활동적인 단계인데 일반적으로 변화는 동일시(identification)와 내면화(internalization) 중 어느 한쪽에 의해 일어날 가능성이 높다.[8)]

동일시(identification)는 개인이 변화모델을 발굴하여 그 모델과 자신을 동일시하여 그 모델이 갖고 있는 특성을 하나하나 모방하면서 새로운 행동패턴을 학습할 때 나타나는 변화를 의미한다. 한편, 내면화(internalization)는 개인이 주어진 상황에서 성공적으로 대처하기 위해 요구되는 새로운 행동패턴을 학습하면서 나타나는 변화를 의미한다. 여기서 요구되는 새로운 행동패턴이란 생존의 필수조건이 되기도 하고, 새롭게 나타나는 높은 욕구를 반영하기도 한 것이다.

따라서 내면화는 개인의 의지에 따라 변화의 방향이 설정되는 경우가 일반적이다. 예컨대 금연프로그램, 건강원의 단식프로그램, 종교적인 수양회 등에서 일어나고 있는 감화력이나 교육적인 효과는 내면화를 통해 일어나는 경우가 대부분이다.

변화를 불러일으키는 또 하나의 메커니즘으로 강제 혹은 맹종(force or compliance)을 생각해 볼 수도 있다. 예컨대 강력한 지위나 권력을 가진 자

---

8) The Mchaism are taken from H.C. Kelman, "Compliance, Identification and Internalization: Thee Processes of Attitude Change," *Conflict Resolution*, Ⅱ (1958), pp. 51-60.

가 상벌을 조작하여 개인의 행동변화를 강요하는 경우가 있다. 이러한 경우에는 변화를 강요하는 자가 직접 개입을 하고 있는 동안에는 행동의 변화가 나타나지만, 감시가 사라지면 그 변화된 행동은 사라지게 된다.

이러한 관점에서 강제는 변화의 메커니즘이라기보다는 해빙을 위한 하나의 도구로 생각하는 것이 좋을 것이다.

◇ 제3단계 : 재동결(refreezing)

이는 새롭게 습득한 행동패턴이 정형화되는 과정이다. 즉 새로운 행동이 학습을 통해 내면화되면 개인의 퍼스낼리티(personality)와 자연스럽게 조화를 이루어 재동결이 촉진된다. 그러나 새로운 행동패턴이 동일시를 통해 학습된 경우에는 새로운 행동패턴에 대한 사회적인 지지나 강화가 없으면 지속되기 어렵다. 따라서 최고 경영자는 적극적인 의지를 가지고 강화를 위한 적절한 조치를 강구해야만 한다.

이 과정에서 충분히 배려해야 할 것은 새로운 행동패턴이 시간이 경과해도 약화되거나 소거되지 않게 하는 것이다. 일반적으로 새로운 행동패턴에 대한 최고 경영자의 계속적인 강화행위가 뒷받침되면 새로운 행동패턴은 조직 구성원들에 의해 빠르게 학습되고 확산된다. 그러나 이에 대한 관심이나 지지가 약화되거나 사라지면 새로운 행동패턴은 비교적 빠르게 소거된다.

5) 성공적인 태도변화의 전제

기업경영에서 조직 구성원의 태도변화의 궁극적인 목표는 행동변화와 더불어 강한 조직을 만드는 데 있다. 어떻게 하면 강한 조직을 만들 수 있을까? 성공적인 변화의 전제는 무엇일까?

지금까지 경영실무에서는 조직의 경쟁력을 높이고 조직을 활성화시켜 강한 조직을 만들기 위해 다음과 같은 많은 노력들을 경주해 왔다. 예컨대 유능한 경영자나 리더를 영입하거나 교체하기도 하였고, 때로는 관료적인 조직을 수평조직, 학습조직, 정보조직, 고객지향적인 조직, 프로젝트 조직, 팀 조직, 글로벌 조직 등 동태적인 새로운 다양한 형태의 조직구조를 설계하거나 리더십의 스타일이나 관리방식에 변화를 주어 보기도 하였다. 또한 경쟁의 핵심요소에 극적인 변화를 주어 조직이나 경영을 혁신시키기 위한 많은 노력도 하였다.

이와 같은 노력에도 불구하고 조직혁신기법을 도입하여 조직변화를 시도했던 조직들의 70%가 성공적인 변화에는 왜 실패하였을까? 그것은 이전에 조직을 지배하였던 Mind-sets, 즉 구태의연한 관행이나 정치적 형태를 함께 혁신시키지 못했기 때문일 것이다.

그동안 우리는 성공적인 변화를 위해 조직구조를 바꾸고, 관리방식이나 경영방식을 바꾸고, 새로운 규정을 제정하고 직무수행 방법이나 절차나 수단을 변화시키기 위해 노력을 하면서도 근본적인 변화의 동력인 조직의 풍토(문화)를 바꾸는 일에는 크게 관심을 기울이지 못했었다.

그러나 변화의 핵심은 기존의 일상과 실제를 떠받치고 있는 조직 구성원들의 Mind-sets, 비전(vision), 패러다임(paradigm), 이미지, 신념, 공유하고 있는 의미체계를 변화시키지 않고서는 그 어떤 변화도 성공을 기대하기란 어렵다는 사실이다.

피터스와 워트만(Tom Peters & Robert Waterman)은 『초우량기업을 찾아서』라는 명저에서 성공한 기업은 "핵심규범, 가치, Idea"를 중심으로 응집력이 강한 조직문화를 만드는 기업들이라고 했다.

응집적인 조직분위기는 사업추진의 원동력이 되고 길잡이 역할을 한다. 인간은 다른 동물과 달리 외부의 자극에 단순히 반응하는 것이 아니라 선택할 수 있는 자유와 힘(능력)을 가지고 있다.

그림 4-5 인간과 동물의 차이

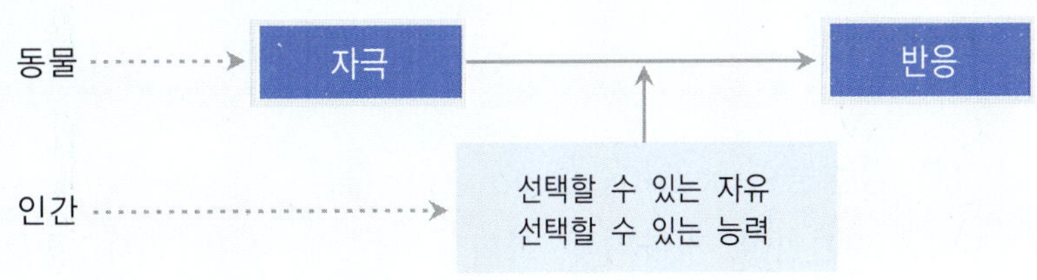

인간은 삶의 방향을 선택할 수 있는 자유와 힘(능력)을 통해 스스로를 확신시키고, 창조적 활동을 하며, 변화를 주도하게 된다. 인간은 올바른 선택을 통해 자신의 삶의 방향을 결정하기 때문에 이는 매우 중요한 일이 된다.

인간만이 향유하고 있는 이러한 자유선택의 능력을 올바르게 사용하려면 무엇보다 패러다임(paradigm)의 전환이 필요하다. 다시 말해 가시적으로 보여 지는 사물자체가 아니라 그 사물을 보는 시각이 달라야 하고 사고와 견해가, 그리고 기본적인 가정이 먼저 변화되어야 한다. 인간만이 가지고 있는 능력에는 다음과 같은 요소들이 있다.

(1) 지적능력(intelligence ability)-지성

이는 사물을 분석하고, 추론하고, 추상적으로 생각하고, 언어를 사용하고, 마음속으로 그려보고, 이해하는 능력을 의미한다. 비전(vision)이란 가능성을 지성의 눈으로 보는 것이다. 즉 지성이 가능성을 인식할 때 비전이 나타나게 된다.

(2) 신체능력(physical ability)-신체

인간의 신체는 호흡기계통, 순환기계통, 신경계통, 기타 생명활동시스템을 움직인다. 신체는 환경을 감시하고, 죽은 세포를 제거하고, 생존을 위해 싸운다. 또한 인간의 신체는 의식적으로 노력하지 않아도 활동한다. 그런데 여기에는 규율이 있다. 적당한 양의 영양을 규칙적으로 습취해야 하고, 적당한 운동을 해야 하며, 적당한 수면과 휴식이 필요하고 배설을 해야 한다. 규율을 지키기 못하면 신체활동에는 이상이 발생한다.

규율이란 보다 큰 미래의 즐거움을 위해 현재의 즐거움을 포기하는 것을 의미하며, 규율이란 비전을 실현하기 위해 수반되는 희생이며 대가(對價)이다. 즉 꾸준하게 운동을 하는 노력의 대가를 지불함으로써 건강을 유지하게 되는 이치다.

(3) 감성능력(sensitivity ability)-감성

이는 자기인식, 자아의식, 사회성, 감수성, 공감, 의사소통능력 등을 의미한다. 직장생활에서 감성능력은 밖으로 들어난 능력보다 2배나 중요하다는 주장이 있다. 오늘날 성공한 리더들의 성과의 2/3는 모두 감성능력이 좌우한 것으로 드러나고 있다. 이와 같은 감성능력은 대개는 열정으로 나타나게 되는데 열정이란 에너지, 욕구, 신념의 힘이며, 이는 비전을 실현시키기 위해 규율을 지속시키는 추진력인 것이다.

(4) 영적능력(spiritual ability)-영성

이는 지성, 신체, 감성의 안내자 역할을 하는 것으로서 무한한 것과의 연결과 삶의 의미를 추구하며, 양심의 한 부분을 이루고, 미래를 꿈꾸며 노력하게 만든다.

간디는 양심이란 "비전, 규율, 열정을 지배하는 힘"이라 하였다. 양심의 명령에 따라 세상에 필요한 존재라는 의식을 가지고 일할 때 내면의 소리를 들을 수 있고, 영혼 속에 숨겨진 소망이 나오게 되는 것이다.

지금까지 성공적인 조직변화의 전제로서 Mind-sets, 비전(vision), 패러다임(paradigm)에 관한 내용을 살펴보았다. 다음은 성공적인 조직변화의 전제로서 조직 구성원들의 균형잡힌 조직생활에 대한 내용을 살펴보기로 하자.

성공적으로 조직이 변화되고 나면 조직의 유효성이나 생산성이 향상되어야 하고, 조직 구성원들의 심리적 만족이 증가하며 강한 응집력을 가진 건전한 조직풍토가 조성되어야 한다. 개인의 만족이나 조직문화에 부정적인 영향을 미치는 심리적 요인으로써 구성원들의 갈등의 문제를 해결하는 것은 매우 중요하다. 조직 내 갈등의 대부분은 다음과 같은 세 가지 측면의 이해관계가 상호 균형을 이루지 못함으로써 나타나게 된다.

그림 4-6 조직생활의 균형과 갈등

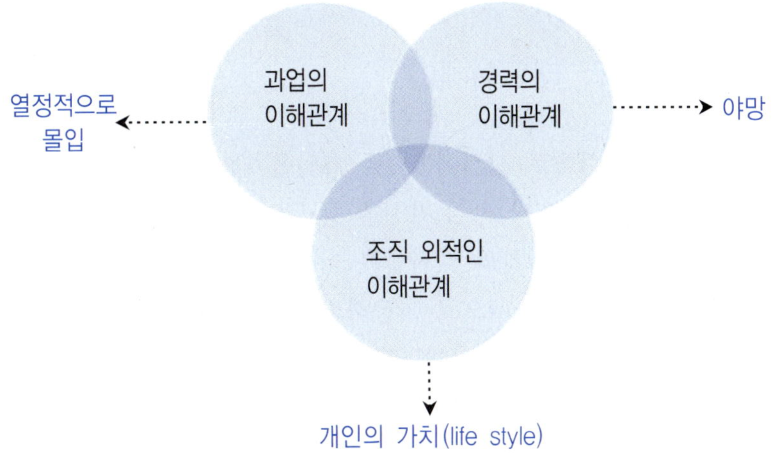

대부분의 조직 구성원들은 자신이 맡은 직무를 완벽하게 수행하여 상사로부터 자신의 과업수행 능력을 인정받고 싶어 하고, 자신의 야망을 실현하기 바라며, 다른 한편에서는 자신의 행복된 삶이나 가치 있는 삶을 위해 노력하게 된다.

모든 직장인들은 이러한 세 가지의 목표가 모두 달성되기를 희망한다. 어떤 사람은 자신이 하고 있는 일을 최우선 목표로 삼고 여기에 몰입하기도 하며, 또 다른 사람들은 경력관리 지향적으로 자신의 야망을 위해 처신할 수도 있다. 그리고 어떤 사람들은 직장생활을 가능한 한 자신의 취향에 맞도록 만들어서 편안한 직장생활을 하기를 바란다.

그러나 세 가지 요소의 목표를 모두 달성하기란 현실적으로 불가능하다. 양립할 수 없는 이러한 목표들은 조직 생활의 갈등요인이 되며 개인의 특성을 결정짓는 요인이 되기도 한다.

개인마다 세 가지 요인들의 균형점은 다를 수 있겠지만 제각기 나름대로의 균형잡힌 생활이 이루어질 수 있을 때 조직 구성원으로서의 바람직한 자세와 태도도 확립될 수 있을 것이라 생각된다.

5. 태도의 이해와 측정

1) 자신의 태도이해

그리스의 아폴로 신전에는 "너 자신을 알라"(know thyself)는 글이 쓰여 있다고 한다. 그러나 자기 자신을 잘 안다고 하는 것은 결코 쉬운 일이 아니다. 왜냐하면 대부분의 사람들은 타인을 지각함에 있어 흔히 자기 자신을 판단기준(benchmark)으로 활용하고 있기 때문이다. 따라서 대부분의 심리학자들은 ① 자신을 잘 알면 타인을 잘 알 수 있고, ② 자신의 특성은 타인들의 특성에 영향을 미치며, ③ 자신을 수용하는 사람은 타인들의 좋은 측면을 잘 보게 된다고 한다.

그리고 사람들은 자신에 대해 긍정적·부정적 태도를 지니고 있으며, 타인들에 대해서도 이와 같은 태도를 지니고 있음을 알 수 있다.

그림 4-7 자신에 대한 태도와 타인에 대한 태도간의 상호작용

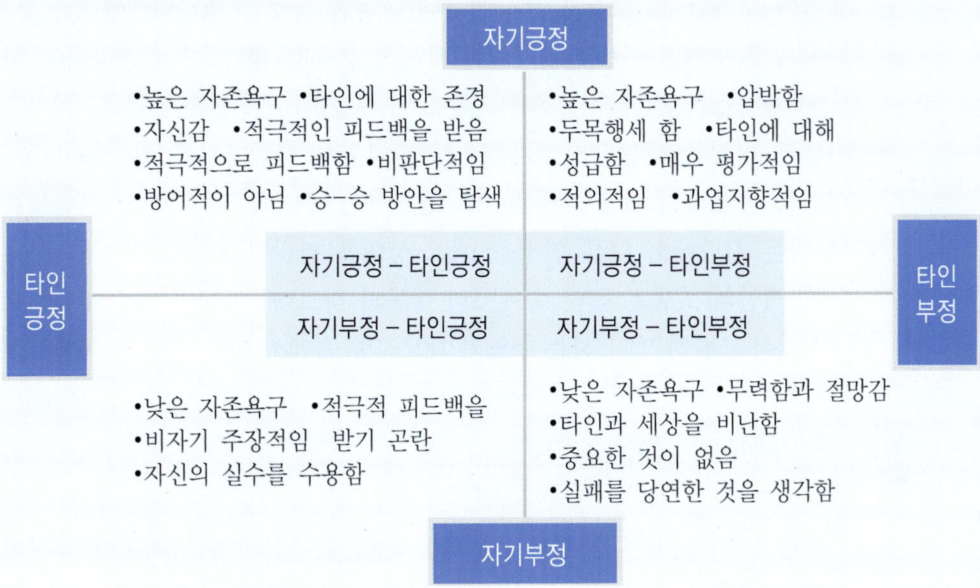

2) 타인의 태도이해

다른 사람의 행동이나 태도를 이해하지 못하면 건전한 인간관계를 형성하고 유지할 수 없다. 일반적으로 다른 사람의 행동과 태도를 이해하기 힘든 이유에는 여러 가지가 있겠지만 대표적인 몇 가지를 소개하면 다음과 같다.

(1) 사람들은 양면성을 지니고 있다. 육체(동물성)와 정신(인간성)으로 구성된 사람은 육체와 정신의 상반된 요구에 의해 행동한다. 인간은 때로는 양면성을 지닌 야누스(Janus)와 같은 존재일 뿐만 아니라 때로는 다면성을 지닌 카멜레온(chameleon)과 같은 존재인 것이다.

(2) 인간은 실체와 함께 그림자를 지니고 있는데, 사람들은 그림자로 실체를 판단하는 경우가 많다. 말하자면 양과 음을 함께 가지고 있다. 그러나 그림자(음)를 보고 실체를 분명하게 판단하기는 매우 어렵다.

(3) 사람들은 말과 행동으로 상대방을 이해하게 되는데 이들은 반드시 일치하지는 않기 때문이다.

(4) 사람들은 어느 순간의 태도나 행동으로 상대를 판단한다. 사람의 태도는 어느 정도 다른 사람과 다르고, 무대를 달리함에 따라 변화하는데 어느 순간에 포착한 그 모습으로 상대를 판단하면 잘못을 범한다. 이러한 오류를 범하지 않으려면 가능한 한 오랜 시간 많은 태도를 보고 판단하여야 한다.

(5) 사람들은 자신의 선호를 기준으로 판단하려는 경향이 있다. 키가 크고 가냘픈 여인을 아름답게 보는 총각이 있는가 하면, 키가 짤막하고 통통한 여인을 동양적인 미를 갖추었다고 선호하는 중년 남자도 있다. 사람들은 서로 다른 시각에서 다른 안경을 쓰고 상대를 판단하고 있는 것이다.

(6) 개인의 행동은 집단 속에서의 행동과 다르다. 학생이 교수와 1 : 1로 연구실에서 조용히 만나 하는 언행과 데모군중 속에서 하는 언행은 크게 다르다.

3) 태도의 측정

사람은 어릴 때부터 부모나 가족, 스승, 친구들과의 관계에서 자신의 태도를 정립하기 시작한다. 생애를 통해 끊임없이 일에 대하여 그리고 직장동료, 가족생활 등에 대하여 새로운 태도를 개발해 가고 있다.

우리는 타인의 행동을 관찰함으로써 그들의 태도를 규정한다. 일반적으로 낙관적인 태도를 지니고 있는 사람들은 대인관계에 있어서 성공적일 확률이 매우 높다.

대부분의 사람들은 새로운 태도를 쉽게 선택하지 못하거나 낡은 태도에서 쉽사리 벗어나지 못하는 경향이 있지만 태도를 변화시킬 수는 있다.

사람들은 그들의 태도를 경험에 의해 변화시키고 있다. 타인들에 의한 피드백은 종종 사람들의 태도가 변화되도록 고무시킨다. 자신이 타인에게 피드백 할 수 있는 기회가 있을 때 부정적인 것과 긍정적인 것 간의 균형을 유지해야 한다. 항상 행동에 대한 자신의 피드백의 초점은 그 사람에 맞추지 말고 비판은 피해야 한다. 구체적 상황이나 태도에 피드백의 초점을 맞추도록 해야 한다. 그리고 적절한 시기와 장소에서 피드백을 해야 한다.

질문 : 당신은 다른 사람들을 위한 피드백을 효과적으로 활용할 수 있는가?

매우 소극적이다.	조금 소극적이다.	적극적이다.	매우 적극적이다.

만약 당신이 위의 응답 중에서 좌측에 치우친다면 당신은 타인에 대한 당신의 기본적인 태도와 건설적인 피드백 능력을 재검토할 필요가 있을 것이다.

6. 태도와 행동의 관계

'태도'와 '행동'간의 관계에 대한 초기의 연구는 태도와 '행동'간에는 인과관계가 있을 것이라고 가정하였다. 즉 사람들이 보유하고 있는 태도가 그들이 무엇을 하게 되는가(행동)를 결정한다는 것이었다. 역시 상식적으로 생각해 봐도 태도와 행동간에는 관계가 있다고 생각이 된다. 사람들은 좋아하는 TV프로는 시청하고, 작업자들이 싫어하는 작업의 할당을 회피하려고 하는 것은 너무나 논리적이기 때문이다.

그러나 1960년대 말에 와서 이 같은 태도(attitudes)와 행동(behavior)간의 관계에 대한 가정은 그때까지의 연구의 결과들에 대한 개관(review of research)에 의해 도전을 받게 되었다. 태도와 행동의 관계를 연구하였던 수많은 연구들에 대한 평가를 기초로 하여 Wicker는 태도는 행동과 관계가 없으며 만약 관계가 있다면 기껏해야 약간의 관계가 있을 뿐이라고 하였다. 그러나 보다 최근의 연구결과에 따르면 조절적인 유관변인(moderating contingency variables)을 고려하면 태도와 행동간의 관계는 실제로 측정가능한 유의한 관계(measurable relationship)가 있음을 나타내고 있다.

태도와 행동간에 보다 유의한 관계를 규명해 볼 수 있는 한 가지 방법은 구체적인 태도와 구체적인 행동간의 관계에 연구의 초점을 맞추는 것이다. 환경보호에 대한 태도에 대해 말하는 것과 저유황 휘발유(공기오염을 줄이기 위한)의 구매에 대한 태도에 대하여 말하는 것은 별개의 문제이다.

환경오염에 대한 태도는 일반적이며 광범한 것이고 저유황 휘발유의 구입에 대한 태도는 환경오염에 대한 구체적인 태도이기 때문이다. 그래서 우리가 측정하고 있는 태도가 보다 구체적이면 구체적일수록 그 같은 태도와 관련된 행동을 확인하는 데 그만큼 더 구체적이 될 수 있으며, 태도와 행동간의 관계를 찾아볼 수 있는 가능성(확률)이 그만큼 더 커진다.

연구자들이 저유황 휘발유를 사용하는 운전자들과 보통 휘발유를 사용하는 운전자들을 표본으로 하여 그들에게 네 가지 단계의 질문을 던져 보았다.

네 가지 단계의 질문(four levels of questions)이란 환경보존 문제에 대한 일반적인 관심을 묻는 문항으로부터 환경보존을 위해 저유황 휘발유를 구입 사용해야 할 의무감의 정도를 묻는 구체적인 문항에 이르는 질문들로 구성된 설문지였다. 구체성이 최저인 질문에서 구체성이 최고인 질문으로 나아감에 따라, 태도와 행동간의 관계는 +.12에서 +.59로 증가하고 있었다.

다시 말해서 질문의 내용이 보다 구체적이면 구체적일수록, 실제적인 휘발유 구매행동과 관련된 반응행동과 더욱 더 긴밀한 관계를 나타내고 있었다.

태도와 행동간의 또 하나의 조절변인(moderator)은 행동에 대한 사회적 압박 내지는 사회적 압력(social constraints of behavior)이다. 태도와 행동간의 불일치는 그 개인으로 하여금 그런 식으로 행동하도록 하는 사회적 압력(social pressure) 때문으로 설명할 수가 있다.

그밖에 다른 이유들 때문에도 태도와 행동간에 차이가 있을 수 있다. 사람들은 어떤 특정한 시점에서 서로 모순되는 태도들을 가질 수 있고 또 확실히 가지고 있다. 그렇지만 앞에서도 지적한 바와 같이 모순되는 태도들간의 일치에 대한 압력이 있다. 그밖에 태도 이외의 다른 요인들이 행동에 영향을 미치기도 하지만, 약간의 비판(공격)에도 불구하고, 태도와 행동간의 관계에 대한 대부분의 연구가 정(正)적 관계가 있음을 나타내 보이고 있다. 그래서 태도가 행동에 확실히 영향을 미친다고 말하는 것은 매우 당연한 일이다.

7. 태도와 인간관계

인간관계에서 태도에 대한 깊이 있는 이해가 요구되는 가장 큰 이유는 상대방을 설득하고 영향력을 미쳐 어떤 수단과 방법으로 상대방의 태도변화를 유도할 수 있을까에 대한 접근방법을 제시해 주기 때문이다.

앞에서 지적한 바와 같이 태도에는 인지적인 요소, 감정적인 요소 및 행동적인 요소가 있다. 이들 각 요소들을 통한 태도의 변화방법을 살펴보면 다음과 같다.

첫째, 변화를 유도하는 방법은 태도의 인지적인 요소의 변화를 통해 유도하는 것이다. 예를 들면 학생들의 자가용 등교에 대한 부정적인 태도를 바꾸기 위한 접근법으로는 자가용 등교에 대한 장점들의 설득력 있는 열거로써 가능할 수 있다. 즉 직장이 있는 학생의 유일한 교통수단이 자가용일 경우라든지, 저녁 늦게까지 도서관에서 공부하고 집으로 돌아가는 여학생의 경우라든지, 음대 학생의 경우처럼 무거운 악기를 가지고 등교를 하기 때문에 어쩔 수 없는 경우가 있다.

조사결과 자가용 등교 학생의 90%가 위와 같은 이유에서 자가용 등교를 하고 있다는 정보를 제공하게 되면, 학생들의 자가용 등교에 대한 부정적인 태도는 변할 수 있을 것이다.

다른 한 가지는 감정적인 평가측면에 호소하는 방법이다. 이 접근법을 감정의 전이(transfer of affect)라고 하는데 이는 주로 광고에서 많이 사용한다. 예를 들면 자동차 선전에서 예쁜 여자 모델이나 운동선수 등 있기 있는 사람들을 동원하는데 그들이 광고하고 있는 상품을 볼 때 자연스럽게 예쁜 아가씨의 모습이 떠올라 그 대상 상품에 그 아가씨에 가졌던 좋은 감정이 전가되어, 그 물건에도 좋은 감정을 가질 수 있도록 유도하는 것이다. 음료수를 광고할 때 푸른 초원의 시원한 바람과 생동감 넘치는 자연을 배경으로 아름다운 탤런트를 등장시켜 광고하는 이유도 그 음료수를 대할 때 그 광고에서 받은 시원하고 생동감이 있는 감정이 자연적으로 연상되어 긍정적인 감정을 가질 수 있도록 설득하자는 것이다.

한 가지 중요한 사실은 인지적인 요소가 감정적인 평가에 선행해 감정적 평가에 도움이 될 수 있지만 감정적으로 좋게 한 평가가 인지적인 요소에 역으로 영향을 줄 수 있다는 점이다. 예를 들면 내가 좋아하는 냉장고가 있으면 그 냉장고를 접할 때 좋은 정보만을 보게 되고 부정적인 측면의 정보는 무시하여 감정적 평가가 정보의 선택과정에 영향을 미칠 수 있다는 것이다.

내가 좋아하는 상대방의 모든 행동은 다 좋게 보이고, 싫어하는 사람의 행동 하나하나가 다 부정적으로 보이는 것도 바로 감정적인 요소가 인지적 요소에 영향을 주는 예이다. 이 감정적인 측면의 변화를 통해 태도변화를 유도하는 경우도 일단 대상물에 좋은 감정을 가짐으로써 그것에 대한 모든 정보를 긍정적인 면에서 평가하도록 유도하는 방법이다.

마지막으로 인간의 태도변화를 가져오기 위한 방법으로 먼저 행동변화를 유도하는 것이다. 만일 자기가 가지고 있는 태도와 다른 행동을 했을 때 인간은 자기가 한 행동을 정당화시키기 위해 태도를 바꿀 수 있다는 사실이다. 사실 이 방법은 인간의 태도변화를 위한 가장 확실한 방법으로써 그동안의 많은 연구조사에서 밝혀진 접근법이다.[9]

끝으로 태도에 대한 논의를 마치기 전에 인간관계에서 태도와 행동 일치의 중요성을 지적하고자 한다. 한 인간에 대한 신뢰는 과연 그 사람의 태도와 행동이 일치하느냐 하는 것이 중요한 척도로서 작용한다. 만일 어떤 학생이 학교에서, 시험 중의 부정행위는 학생 실력평가의 왜곡을 가져오고, 시험 준비과정을 소홀히 할 수 있어 실력배양에 저해요소가 되고, 교수를 속이는 나쁜 행위이므로 부정행위는 근절되어야 한다고 강력히 주장하면서, 시험도중 부정행위를 했다면 우리는 그 학생을 신뢰할 수 있을까? 우리가 신뢰할 수 있는 사람은 바로 자신의 감정에 솔직하고 자신이 믿는 바를 행동에 옮기는 사람이다.

우리가 말하는 참된 사람이란 바로 사물 및 상대방에 대한 올바른 이해를 통해 판단한 자신의 감정에 솔직하고, 자신이 밝힌 태도에 따라 행동하는 자를 우리는 참된 사람이라고 말할 수 있다. 우리는 옳다고 믿는 바와 행동이 연결되지 않고 신뢰감을 상실해서 도태되는 많은 사회의 인사들을 볼 수 있다. 사회정의를 부르짖고 공평성과 정직성을 생명처럼 생각하며 산다고 공공연하게 말하던 정치인들을 파헤쳐 보니 뒤로는 부정과 부패를 통해 엄

9) D. J. Bem, "Self-perception: An alternative interpretation of cognitive dissonance phenomena," *Psychological Review*. 1, 1967, pp. 199-218.

청난 축재와 해외 재산도피를 해놓은 사실을 보아 왔고, 가장 청렴결백해 보이던 공무원이 자신에게 주어진 권력을 남용해 자기의 이익만을 차려 쇠고랑을 차게 되는 경우를 많이 보아 왔다. 이는 바로 태도와 행동의 일관성의 결여가 가져다 준 결과이다.

8. 직무태도

기업경영의 관점에서 가장 중요한 태도는 종업원들이 직장에 대해 갖는 태도일 것이다. 종업원이 갖는 직장에 대한 태도에는 직무관련 태도를 비롯하여 조직에 대한 태도, 상사에 대한 태도, 동료에 대한 태도, 제도나 정책에 대한 태도, 인사처우에 대한 태도 등 다양한 형태의 태도가 존재하지만 이를 총괄하여 직장생활의 만족이라고도 할 수 있다.

특히, 조직행동의 관점에서의 직무태도는 직무만족과 조직몰입을 그 중심개념으로 이해하고 있다.

1) 직무만족(job satisfaction)

일반적으로 직무만족이란 자신이 수행하는 직무를 통해서 경험할 수 있는 욕구충족의 정도나 직무에서 얻게 되는 유쾌감이나 기분 좋은 상태 및 자기가 맡은 직무에 대해 만족하는 정도를 가지고 설명할 수 있는 개념이다.

사람들이 갖는 직무나 직장에 대한 만족의 정도는 어느 정도의 수준이며 어떻게 알 수 있을까? 이러한 내용에 대한 정확한 이해는 바람직한 태도의 변화를 유도할 수 있게 한다.

특히, 직무만족이나 조직몰입은 여러 가지 요소들이 복합적으로 작용하여 함축적으로 표현되는 개념이기 때문에 이를 한마디로 표현하기란 매우 어렵다.

따라서 직무만족은 단순평가에 의해 측정되는 총체적인 만족과 여러 분야별로 실시하여 평가한 결과를 합산하는 부분만족도로 구분하여 측정할 수 있는데, 전자의 경우에는 "귀하는 전반적으로 직장생활(직무)에 만족하십니까?"라는 설문을 통해 조사될 수 있다. 그러나 후자의 경우에는 직무(work itself), 급여(pay), 감독자(supervisor), 승진(promotion), 동료(coworker) 관계 등 여러 측면에서 만족도를 조사하여야 만이 만족점수를 산출할 수 있게 된다.[10)]

그러나 일반적으로 직무만족도에 대한 측정은 ① 직무자체와 직무에 따른 역할과 책임에 대한 만족도, ② 직무관련 인간관계와 성과평가에 대한 만족도, ③ 직무를 통한 욕구충족의 정도를 가지고 측정하는 경우가 많다.

2) 직무만족과 인간행동

조직행동론이나 경영학에서는 직무만족은 생산성이나 조직성과를 높일 것이라고 추론하고 있다. 직무만족은 조직의 효율성 측면에서도, 근로생활의 질이나 조직 구성원의 행복추구의 관점에서도 매우 중요한 개념이다. 직장생활의 불만이나 불평, 이직률, 결근율, 불순종, 태만 등은 모두 직무만족과는 역관계에 있는 개념들로서 직무만족의 중요성을 깨닫게 한다.

또한 조직이 발전하려면 구성원들이 맡은 바 직무에 충실해야 함은 지극히 당연한 일이다. 그러나 이것만으로는 부족하다. 조직이 발전하려면 구성원 모두가 직무관계를 떠나 조직의 발전에 도움이 되는 일이라면 언제든 적극적으로 참여하여 주인의식과 사명감을 바탕으로 최선의 노력을 기울일 수 있어야 한다.

이와 같이 의무적인 일도 아니고 보상도 없지만 자신이 근무하고 있는 직장을 위해 자발적으로 수행하는 부차적인 행동들을 조직시민행동(organizational citizenship behavior; OCD)이라고 하는데 직무만족은 이러한 조직시민행동과도 직결된다.

3) 조직몰입(organizational involvement or commitment)

조직몰입이란 구성원들이 어느 정도 조직과의 일체감을 가지고 조직생활

---

10) The Wyatt Company's 1989 National Work America Study에 의하면 직무만족도를 다음과 같이 12가지 측면에서 조사 분석하였다. -회사전체, 작업조건, 커뮤니케이션, 직무성과, 동료, 직속상사, 관리제도, 임금, 복리후생, 교육훈련, 직무만족, 회사이미지와 변화정도.

에 몰두하느냐, 또는 얼마나 조직을 위해 헌신하고 있는지에 대한 정도를 나타내는 개념으로 이해되고 있다. 따라서 조직목표나 가치관에 대한 수용의 정도, 조직을 떠나지 않으려는 조직에 대한 애착심, 조직에 충성하고 공헌하려고 하는 의지 등의 감정적 몰입 내지는 마음으로부터 우러나는 충성이라고 할 수 있겠다.

따라서 조직몰입의 정도는 ① 조직에 대한 헌신이나 충성도, ② 조직목표와 가치를 수용하려는 정도, ③ 조직에 대한 공헌의욕과 애착도, ④ 조직 구성원으로서의 자부심, ⑤ 조직에 남으려는 의향의 정도를 가지고 측정할 수 있으며 다음과 같은 세 가지 측면을 포함하게 된다.

(1) 감정적 몰입측면 : 감정적 몰입이라 함은 조직 구성원의 마음에서부터 우러나는 조직에 대한 충성심이나 조직에 대한 일체감 또는 조직목적이나 조직의 가치를 수용하려는 신념이라 할 수 있다. 따라서 감정적 몰입의 정도가 높은 구성원들은 조직의 핵심가치를 수용하고 조직을 위해 헌신적으로 노력하면서 남다른 조직에 대한 애착과 높은 자긍심을 갖게 된다.

(2) 지속적 몰입측면 : 이는 조직에 남아 있는 것이 조직을 떠나는 것보다 이익이 된다는 생각이나 태도를 의미하는 것으로써 사람들은 조직을 떠났을 때 예견되는 불이익이나 손실과 조직에 머물러 있음으로써 얻을 수 있는 이익을 상호 비교하여 이익이 크면 클수록 강한 지속적 몰입을 나타내게 된다.

(3) 규범적 몰입측면 : 일반적으로는 조직의 목표와 개인목표가 일치할 경우, 또는 조직에서 받는 혜택이 투입한 노력에 비해 크다고 판단하면 사람들은 규범적 몰입의 정도를 높이게 된다. 그러나 조직 구성원으로써 할 도리를 다한다는 도덕적 의무감이나 높은 개인의 내재적 가치체계에서도 규범적 몰입은 나타날 수 있으며 조직사회화(organizational socialization) 과정을 통해서도 조직에 대한 충성심이 야기되기도 한다.

4) 몰입적 태도의 유형

몰입적 태도는 크게 조직중심의 몰입과 개인중심의 몰입으로 구분된다. 이를 세분하면, 조직중심의 몰입은 조직몰입과 팀 몰입으로, 개인중심의 몰입은 직무몰입과 경력몰입으로 구분하여 고찰할 수 있겠다.

(1) 팀 몰입(team involvement)

팀(team)이란 말은 개인주의에 대칭되는 개념으로써 두 사람 이상이 모여 공동목표를 가진 사람들이 서너지 효과(synergy effect)를 얻기 위해 만든 조직을 의미한다. 오늘날 지식기반사회에는 지식의 창조가 조직의 핵심능력이 되었을 뿐만 아니라 조직활동이 고객서비스 중심체제로 되어감에 따라 조직에 대한 충성보다는 고객을 중심으로 한 구성원간의 협력이 조직의 성과를 좌우하게 되었다. 따라서 대부분의 구성원들은 팀 내에서 함께 정보를 공유하고 업무를 수행하도록 되어 있다.

따라서 오늘날 조직 구성원들은 자신의 업무와 조직에 충성하는 이외에 팀 구성원인 동료나 부서원에게 몰입하는 태도가 더욱 중요하게 되었다. 또한 성과의 배분도 개인 업적보다는 팀의 성과에 따라 결정되며 개인의 목표나 조직의 목표보다도 팀의 목표달성을 위해 더욱 노력하게 된다.

이러한 팀 수준의 몰입은 지금까지 거론된 조직몰입이나 직무몰입과는 독립된 개념으로써 동료와의 바람직한 인간관계나 긍정적인 태도가 팀 몰입의 정도를 결정하는 중요한 변수로 작용한다.[11)]

(2) 직무몰입(job involvement)

직무몰입이란 자신이 수행하고 있는 직무가 자신의 삶에서 차지하는 중요성의 정도라고 할 수 있다. 직무만족이 마음으로 느끼는 감정적 측면이라면, 직무몰입은 의미 있고 중요하다는 사실을 알고 있으며, 그렇게 믿고 있는 인지적 측면의 태도라고 할 수 있겠다. 따라서 직무몰입의 정도는 ① 자신의 삶에서 해당 직무가 중요하다고 여기는 정도, ② 해당 직무에 적극적으로 참여하고 관여하려는 정도, ③ 인생의 여러 가치 중에서 그 직무의 성과(결과)에 부여한 가치의 정도를 가지고 측정할 수 있다.

그리고 직무몰입에 영향을 미치는 요인에는 ① 자신의 직무가 얼마나 의미심장한지, ② 자신이 수행한 직무에 대해 직무수행 중이나 종료 후 그 성과를 알 수 있는지, ③ 그리고 자율과 책임의 정도는 어떠한지가 중요한 영

---

11) M. Beared, *A Team is Viewers Most Wanted oldie of Prime Tim Revival, Independent*, London, 2003; S. D. Hunt, and R. M. Morgan, "Organizational Commitment: One of Many Commitment or Key Mediating Construct?" *Academy of Management Journal*, Vol. 37, 1994, pp. 1568-1587.

향요인이다. 또한, 학력, 연령, 성별, 근속연수 등 개인특성이나 신분변수도 직무몰입의 정도를 결정하는 주요변수가 된다.

기업경영에서 조직 구성원들의 직무몰입은 직무만족이나 조직몰입, 직무성과 향상과 연계되어 긍정적인 영향을 미치고 있기 때문에 관리자나 직무담당자는 직무몰입의 정도를 높이기 위한 다양한 방안을 강구해야 할 것이다.

(3) 경력몰입(career commitment)

조직 구성원들이 조직이나 직무에 몰입할 때 그것은 개인적으로 경력을 쌓기 위해서인지, 아니면 직장에 충성하기 위해서인지를 구분할 필요가 있다. 경력몰입은 조직몰입보다 안정적이고 지속적이며 장기적이라는 특성을 지닌다. 따라서 현재 근무하는 직장뿐만 아니라 다른 직장으로 옮겼을 때에도 높은 수준을 유지할 수 있다는 점에서 조직몰입과는 구분된다.

이러한 경력몰입의 개념은 처음부터 명확하게 구분된 것은 아니었고 지금까지는 경력동기, 경력몰입, 전문적 몰입, 직업몰입 등으로 지칭되기도 하였다.[12]

9. 자신의 변화와 자기개발

1) 환경변화와 생존

조직에는 인간에게서와 같은 천수가 없다. 가톨릭교회처럼 2000년을 지속하는 조직이 있는가 하면, 구소련과 같은 거대한 국가조직이 100일 사이(91.8~12)에 소멸해 버리는 경우도 있다. 이와 같은 현상은 기업조직에서 흔

12) G. Abbott, F. A. White and M. A. Charles, "Linking Values and Organizational Commitment: A Correlational and Experimental Investigation in Two Organizations," *Journal of Occupational and Organizational Psychology,* Vol. 78(4), 2005, pp. 531-551; T.A. Wright and D. G. Bonnett, "The Moderating Effects of Employe Tenure on the Relation between Organizational Commitment and Job Performance: A Meta-analysis," *Journal of Applied Psychology*, Vol. 87(6), 2002, pp. 1183-1190.

히 볼 수 있다. 미국 기업의 경우 5년간 생존하는 비율이 38%, 25년간 생존하는 비율이 10%에 불과하다.

연간 매출액을 기준으로 미국의 대기업 순위를 발표하는 *Fortune*誌에 따르면, IBM과 같은 기업은 1955년에는 순위 속에 포함되어 있지 않았고, 1955년에 포함되었던 International Harvester와 같은 기업이 1989년에는 그 순위 속에서 사라지고 말았다.

최근에 와서 미국의 풍요로움을 상징하였던 간판기업들이 줄줄이 무너지고 말았다. 공룡에 비유되었던 많은 미국의 대기업들이 "과거의 영광은 미래의 영광을 보장하지 못 한다"는 교훈을 남기고 사라져 가고 있다.

우리나라의 경우도 마찬가지다. '전국경제인연합회'가 창립 당시 13개 회원그룹기업으로 출발하였으나 30년이 지난 2001년에 이르러서 존속하고 있었던 회원그룹은 2개밖에 되지 않았다.

계속기업(going concern)을 특성으로 하는 기업이 왜 때로는 성장·발전을 계속하고 때로는 쇠퇴하는가? 성공하는 기업이나 실패하는 기업을 찾아보면 거기에는 성공하거나 실패할 수밖에 없었던 충분한 이유가 있음을 알 수 있다.[13)]

이와 같은 이유는 얼마든지 열거될 수 있음에도 불구하고 하나의 기본적인 이론적 공통점이 있다. 그것은 환경적응적인 유기체로서의 기업이 보다 큰 시스템인 환경에 적응하지 못하면 성장·발전은 말할 것도 없이 생존자체마저 어렵게 되며, 환경에 잘 적응하는 기업은 생존은 물론 성장·발전할 수 있게 되는 것이다.

2) 생존을 위한 변혁

최근 개방화·세계화의 진전과 지구촌시대의 개막으로 급변하는 경제환경에 적응하기 위해 기업들은 변신되고 변혁되지 않으면 안 되게 되었다.

환경적응론적 관점에서 현재의 기업을 기본적이고도 근본적으로 그리고 극적으로 파괴하고 거듭나려 하며 혁신하려는 경영의 르네상스 운동이 전개되고 있다.[14)] 과거에는 경영혁신이나 개혁이 중요한 패러다임이었으나, 이

13) 21세기 위원회, 미래의 전망: 2020년의 한국과 세계, 동아일보사, 1992, p. 148.
14) W. P. Anthony, *Organization Theory*, Allyn & Bacon, 1991, Chapt. 16.

제는 종래(20세기)의 옷을 벗고 경영혁명(management revolution)을 해야 한다는 주장이 제기되고 있다.

이와 관련하여 드럭커(D. F. Drucker)는 그의 저서 『탈자본주의사회』(Post-Capitalist Society; 후기 자본주의사회, 1993)에서 역사적으로 몇 단계의 중요한 혁명이 있었다고 전제하고 이를 **산업혁명→생산성 혁명→경영혁명**의 도식으로 설명하면서 지식사회인 탈산업사회에서의 경영혁명의 중요성을 강조한 바 있다.

시대적으로 요청되는 이들 개념은 현상을 창조적으로 타파함을 강조하는 개념이며, 과거의 경험에서 성공한 안정상태를 크게 마음먹고 파괴해야 함을 의미한다.

슘페터(J. A. Schumpeter)는 기업가정신(entrepreneurship)을 경제발전의 원동력으로 보고, 창조적 파괴활동으로서의 혁신(innovation)을 기업가정신의 과정으로 강조하였는데, 최근에는 "수(修)·파(破)·이(離)"의 개념으로 이해되는 창조적 파괴의 사상이 널리 보급되고 있다.

이때 '파괴' 또는 '혁신', 더 나아가 혁명의 대상으로는 여러 가지를 들 수 있는데 삼성그룹의 총수 이건희 회장은 『**삼성을 '2류'라고 말할 수 있는 삼성맨 이건희**』라는 저서를 출간하면서 "**자식과 마누라를 빼고는 모두 바꾸어야 한다**"고 선언하였다.

모두가 파괴되고 혁신되고 혁명되어야 할 대상이다. 그러나 이들을 구분하여 보다 구체적으로 살펴보면, 다음과 같다.

本多哲夫는 기업문화를 중심으로 혁신의 대상으로서 ① 하드웨어(hardware), ② 소프트웨어(software), ③ 휴먼웨어(human-ware)를 들었고, 로베이(D. Robey)는 ① 신제품, ② 기술혁신 및 ③ 경영혁신을, 바톨(K. M. Bartol)은 ① 기술, ② 조직구조, ③ 인적자원 및 ④ 문화를 변혁의 대상으로 생각하였다.

그림 4-8 혁신의 관련도

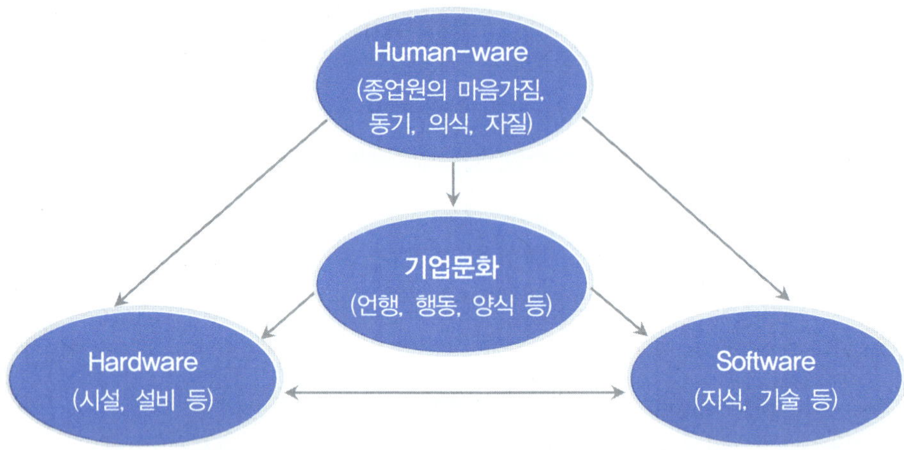

최근에는 리엔지니어링(re-engineering)을 강조하는 모리스(D. Morris) 등은 혁신의 대상으로 ① 공정(process), ② 기술 및 ③ 사람 등의 세 가지를 들고 있다.

그림 4-9 리엔지니어링의 접근방법

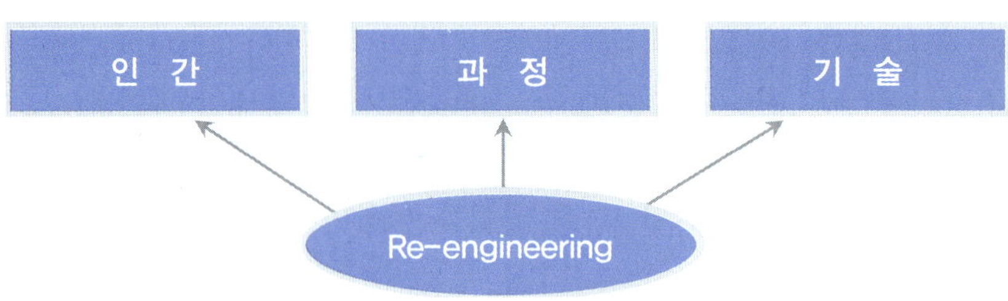

이상의 제 학자들의 관점을 정리해 보면, 기업활동의 모두가 변혁, 재구조화 또는 혁명의 대상이 되고 있지만, 이들 중 가장 중요한 대상은 사람이다. 그것은 다음과 같은 이유 때문이다.

첫째, 기업의 성공은 기술적 기능과 함께 일하는 기능(collaborate skill), 즉 대인관계기법(interpersonal skill)의 함수인데 후자가 더욱 중요시 되고 있다.

둘째, 모든 자원 가운데서 인적자원이 가장 중요하며, 이는 유일한 동태적인 자원이다.

셋째, 모든 기업들의 하드웨어와 소프트웨어는 비슷한 수준이지만, 대인관계기능을 의미하는 휴먼웨어는 향후 기업의 우열을 좌우하는 핵심요인이 될 것이다.

넷째, 사람의 의식변화가 기업변화의 주류를 이루고 있다.

다섯째, 가장 결정적인 문제는 사물(things)의 세계에 있는 것이 아니라 사람(people)의 세계에 있다. 인간 존재로서의 최대의 실패는 다른 사람들의 협동을 이끌어 내지 못하는 것이고, 그들을 이해하는 능력의 부족에서 초래된다.

3) 바람직한 대인관계 자세

대인관계에 있어 바람직한 제세는 어떤 것이어야 하는가? 흔히 대인관계에는 방정식이 없다고 한다. 그러나 바람직한 대인관계의 기본적인 자세가 어떤 것인지를 쉽게 이해할 수 있는 다음과 같은 예를 한번 생각해 보자.

인간의 몸속에는 여러 가지의 장기들이 있다. 그리고 이들은 제 각기 맡은 바 역할을 수행하고, 조화를 이루면서 건전한 육체를 유지해 가고 있다.

그런데 어느 날 눈과 손과 입이 불평불만을 토로하기 시작했다. "우리는 부지런히 일하고 있는데 배는 놀고 있어. 맛있는 음식을 잘게 씹어 삼키면 배는 비스듬히 누워서 받아먹기만 하고 있으니 너무 불공평해. 그래서 이들은 동맹파업을 하기로 결의했다. 그러면서 몇 끼니를 굶었다. 뱃속에서는 요란스런 소리가 들렸다. 눈과 손과 입은 파업의 효과를 기대할 수 있다고 서로를 격려하면서 신바람이 났다. 그런데 어찌된 일인가? 눈까풀에 힘은 서서히 풀리고 감기면서, 입은 바싹 말라 타오르고, 손은 맥없이 축 늘어지는 것이 아니가? 배속에서 또 한 번 꼬르륵 소리가 나면서 하소연 한다. 그래서 입이 이렇게 할 수밖에 없었던 이유의 자초지종을 말했다.

그때 배는 어이없다는 듯이 이렇게 말했다. "너희들만 땀 흘리면서 일하고 나는 놀고만 먹는다고 생각하는데 그것은 오해야. 나는 자네들이 넘겨준 음식을 혼자 외롭게 새김질 하면서 찌꺼기는 아래로 보내고 좋은 것만 골라 자네들에게 되돌려 주는 일을 하고 있단다. 이 일을 내가 안하니까 너희들도 못살겠지?"

그래서 서로 오해를 풀고 난 눈과 입과 손은 전보다 더 열심히 맛있는 음식을 배에게 넘겨주었더니 몸이 더욱 건강해 졌다.

위의 예를 통해 우리는 다음과 같은 사실을 알 수 있다.

첫째, 조직전체의 효율성 제고나 목적달성을 위해서는 조직 내 모든 집단과 기능들이 맡은 바 역할을 제대로 수행하면서 조화를 이루어야 한다.

둘째, 조직은 여러 사람들로 구성되어 있기 때문에 조직목표의 달성을 위해서는 구성원 각자가 조직에 꼭 필요한 존재가 되어야 한다.

셋째, '나'와 '너'라는 개인중심의 이기주의적인 대립의식에서 벗어나 '우리'라는 공동체의식을 형성해야 한다. 그것이 모두 승자가 될 수 있는 길이다. 부부관계에서도, 동료관계에서도, 친구관계에서도 그러해야 한다. 물론 '우리'라는 의식이 잘못되어 집단 이기주의로 발전되어서는 안 된다.

넷째, 서로가 상생할 수 있는 상황(win=win situation)을 만들기 위해서는 서로를 잘 알고 이해할 수 있어야 한다.

그림 4-10 대인관계에서의 상호이해의 유형

		상대방은 나를	
		안다	모른다
나는 상대방을	안다	나는 상대방을 알고, 상대방도 나를 안다	나는 상대방을 아는데, 상대방은 나를 모른다.
	모른다	나는 상대방을 모르고, 상대방은 나를 안다.	나도 상대방을 모르고, 상대방도 나를 모른다.

자신과 대인관계를 맺고 있는 타인과의 바람직한 관계를 형성하기 위해서는 다음과 같은 질문에 대한 답을 생각해 보는 것이 좋다.

첫째, 당신은 상대(동료, 친구, 애인, 고객 · · · · ·)를 얼마나 잘 알고 있으며 이해하고 있는가?

둘째, 상대는 당신을 얼마나 알고 있으며 또 이해하고 있는가?

결론적으로 가장 바람직한 대인관계는 나도 상대를 잘 알고, 상대도 나를 잘 알 수 있는 그런 경우가 될 것이다.

현실적인 삶 속에서 우리는 크고 작은 의견불일치로 인해 타인과의 대인관계의 문제에 직면하게 된다. 건전한 대인관계의 기본목적은 상생(相生)할 수 있는 상황을 창조하는 것이겠지만, 우리는 크고 작은 이해관계를 가지면서 직면하게 되는 문제들을 나름대로 잘 해결하기 위해 때로는 당면한 문제를 회피할 수도 있고, 때로는 상대와 직면할 수도 있다.

대부분의 경우 문제를 회피하거나 방치해 두게 되면, 대인관계는 더욱 악화되는 것이 일반적이다. 따라서 문제해결을 회피하기 보다는 적극적으로 문제를 해결하는 것이 더욱 바람직하다.

4) 변화를 통한 관계 개선

펄머(R. M. Fulm)는 자신의 태도를 바꿈으로써 성공이 가능하다고 보았다. 그는 건강하고 행복한 사람의 특성을 다음과 같은 몇 가지로 설명하였다.

(1) 바꿀 수 없는 상황이라면 그것을 수용할 수 있다.
(2) 다른 사람들과 가까이 지내는 일을 두려워하지 않는다.
(3) 상황의 판단을 능률적으로 한다.
(4) 창의적이고 눈이 높다.
(5) 상이한 북소리에 맞추어 행진한다.
(6) 다른 사람들로부터 기꺼이 배우려고 한다.

런던에 있는 칼 마르크스(K. Marx)의 비문에는 “철학자들은 여러 각도에서 해석만 해 왔다. 중요한 것은 변화시키는 일”이라고 새겨져 있다. 물론 이때의 변화는 사회와 국가를 주된 대상으로 한 것이리라 믿어지지만 이 교훈만은 건전한 대인관계를 바라는 모든 사람들의 태도에도 적용될 수 있을 것이다.

건전한 대인관계를 원하면 먼저 자신을 변화시켜야 한다. 자아(self)는 I와 me로 구성되어 있으므로 현재의 나의 모습(태도)을 다른 사람이 좋아하는지(me), 아니면 나 스스로(I) 자신(me)을 좋아할 수 있는지를 생각해 보면 알 수 있다. 모든 사람은 변화되어야 한다.

한 사람이 지니고 있는 긍정적이거나 부정적인 태도는 자신의 행복이나 불행에는 물론, 관계를 맺고 있는 상대방에게도 이 같은 영향을 미치게 된다. 따라서 자신의 행복과 타인의 행복을 원한다면 건전한 대인관계의 형성과 유지를 위해 있을 수밖에 없는 자신의 문제를 해결해 나가려는 태도의 변화가 필요하다.

이때의 태도변화는 각자에게 "내가 먼저"라는 자세가 필요하다.

서로가 "내가 먼저"라는 자세는 얼마든지 좋은 결과를 초래하게 될 것이지만, 서로 "네가 먼저"라는 자세는 관계개선을 지연시키게 되고 불가능하게 만들기 때문이다.

따라서 우리가 현실적으로 직면하게 되는 여러 가지 대인관계의 문제를 해결하기 위해 생각할 수 있는 구체적인 방법은 다음과 같다.

첫째, 상대방을 변화시키는 방법

둘째, 상황을 변화시키는 방법

셋째, 자신을 변화시키는 방법 등이다.

(1) 상대방을 변화시키는 방법

사람들은 대인관계의 문제가 발생할 경우 대체로 그 원인과 책임을 상대방에게 돌리는 경향이 있다. 자신이 기대하는 바를 충족하기 위해 상대방이 필요한 행동변화를 일으켜 주기를 기대하고 때로는 강요하기도 한다. 대인관계의 문제는 어느 한쪽에 기인된 경우보다는, 쌍방에게 문제가 있는 경우가 대부분이다. 그럼에도 불구하고 자신을 돌아보지 않고, 탓하지 않으면서 늘 자신은 결백하고 순수하며 정당하다고 생각하여 모든 원인과 책임을 상대의 탓으로 돌린다면 그리고 상대방의 행동변화만을 요구한다면, 상대는 분개하게 되고 대인관계는 더욱 악화될 수밖에 없을 것이다.

(2) 상황을 변화시키는 방법

사람들은 자신의 경험을 토대로 대인관계의 문제를 해결하기 위해 이런 저런 방법들을 동원하지만 기대하는 만큼의 성과가 없을 때, 때로는 대인관계의 문제를 해결하기 위해 직면하고 있는 자신의 결함이나 행동에 대한 책임을 회피하거나 노출시키지 않기 위해 수시로 상황을 변화시키기도 한다. 그러나 이러한 접근방법으로는 문제를 해결할 수 없다. 왜냐하면 이러한 접근을 시도하고 있는 사람들은 대체로 직면한 문제를 너무 간단하게 다루려고 하기 때문이며, 머지 않아 동일한 문제가 새로운 일에서도 일어날 수 있기 때문이다.

(3) 자신을 변화시키는 방법

바람직한 대인관계를 형성하고 유지해 나감에 있어 자신의 행동을 통제하는 것은 매우 중요한 일이 된다. 실제로 대인관계의 여러 상황 속에서 자신이 통제할 수 있는 유일한 상황은 자신의 행동뿐이다. 따라서 자신을 변화시키는 접근방법이야 말로 대인관계의 모든 문제를 지혜롭게 논리적으로 해결할 수 있을 것이다.

만약 당신이 개인적인 성장의 목표를 설정한다면, 다른 어떤 사람들이 당신에게 그렇게 하도록 강요한다는 느낌을 받지 않으면서도 많은 부정적인 행동이나 습관을 잊어버릴 수 있을 것이다. 당신은 당신의 개인적인 직무목표를 달성하기 위해여 당신의 잠재력을 개발하고 능력을 증대시키기 위해 진력할 것이다.

결국 변화된 당신의 행동은 다른 사람들에게 그들의 행동을 변화시키도록 결정하게 할 것이며, 비록 그들이 구태의연한 행동을 계속한다고 하더라도 당신은 그들에게 어떻게 반응할 것인가를 선택할 수 있을 것이며, 동시에 당신은 그들이 당신의 행동이나 태도를 모방하도록 하지도 않을 것이다. 즉 당신은 효과적으로 주어진 상황을 극복하는 능력을 개발할 수 있게 될 것이다.

결론적으로 바람직한 대인관계의 개선을 위해 위의 세 가지 방법 중에서 상황을 바꿀 수 없는 한 변화의 대상은 타인과 자신이 되며, 가장 적극적이고 1차적인 것이 자기 스스로를 변화시키는 방법임을 알게 된다.

그림 4-11 자신과 타인의 태도변화

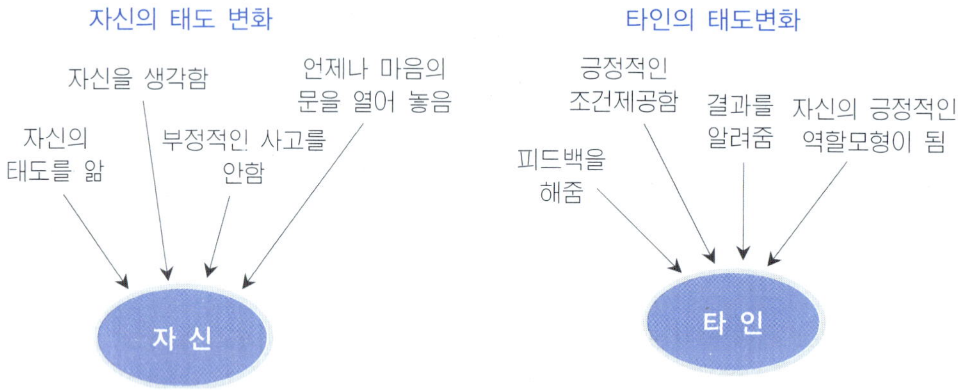

5) 긍정적 자아개념의 정립

'자아개념'이란 "대인관계에 영향을 행사하는 자신에 대하여 자신 스스로가 갖고 있는 조직되고 일관성 있는 일련의 생각과 태도와 느낌들"이라고 정의하고 있다.

그리고 긍정적인 자아개념을 가진 사람들의 특성[15]을 정리해 보면 그 내용은 다음과 같다.

첫째, 미래지향적이고, 과거의 잘못이나 실패에 지나친 관심을 갖지 않는다.

둘째, 생활 상의 문제와 실망을 극복할 능력이 있다.

셋째, 모든 차원의 감정을 느낄 수 있으면서도 그들 감정이 그들의 행동에 부정적인 방법으로 영향을 미치도록 용납하지 않는다.

넷째, 다른 사람들을 도울 수 있으며 도움을 받아들인다.

다섯째, 다른 사람들을 독특하고 유능한 개체로 수용하도록 훈련된다.

그리고 건전하고 긍정적인 자아개념은 어떤 분야에서나 성공의 기초가 되며, 자신의 개인적·직업적 가능성을 형성한다. 자신이 긍정적 자아개념을 갖고 있다면 자신은 성공을 기대하고 자신의 힘과 능력을 최대한으로 이용

---

15) B. L. Reece and R. Brandt, *Effective Human Relations in Organizations*, Houghton-Mifflin, 1993, 4th, Chapt. 17.

하기 위한 계획을 세우게 될 것이며, 만약 자신이 실패를 예견한다면 아마도 그렇게 될 것으로 사료된다.

현재의 자아개념은 자신의 가족, 친구, 동료, 선생님 등으로부터 영향과 삶의 경험을 통해 형성된 것이지만, 미래의 자아개념은 스스로의 노력과 다른 사람들의 도움을 얼마나 구하느냐에 따라 형성될 것이다.

자신의 가능성을 명확히 해 주는 사람들, 예컨대 피그말리온(Pygmalion)[16]과 여타의 훌륭한 지도자(mentor)들이 또한 자신의 자아개념에 긍정적인 영향을 미칠 것이다.

질문 : 당신은 현재의 자아개념이 어떻다고 보는가?

매우 부정적이다	부정적인 편이다	긍정적이다	매우 긍정적이다
(　)	(　)	(　)	(　)

당신은 과거에 일어났던 일을 바꿀 수는 없지만, 당신이 그렇게 되기를 바라는 사람(person you would like to be)에 대하여 알게 됨으로써 미래를 바꿀 수가 있다. 비록 바꾸는데 시간은 걸리겠지만 그럴 만한 가치가 있다.

있는 그대로의 자신을 인정하고 자신의 긍정적인 면에 초점을 맞추어 당신 스스로의 한계점을 개발할 수 있다. 싫은 일을 하게 될 경우 자기 자신을 미워하지 말고 그 행동(activity)을 미워하라. 자신의 좋은 친구가 되어 자신을 사랑하라.[17]

자신이 원하는 결과를 미리 영상화해(visualize) 보고 익힘으로써(rehearse) 자신의 행동을 변화시킬 수 있다. 충분히 도전할 만한 가치가 있으나 현실성 있는 목표를 설정하여 그 목표를 달성하라.

모든 경험들을 배우고 키워 나가는 기회로 그리고 어떤 분야에서 탁월한 전문지식을 얻는 기회로 생각하라.

자신이 되고자 하는 유형의 사람과 유사한 행동을 하게 될 때 스스로를 격려하는 것을 잊지 않도록 하라.

자기 스스로에 대한 의견을 바꾸기 위해 행동함으로써 일상생활에서 모든 상황을 이용하여 당신의 강점은 더욱 강하게 약점은 최소화할 수 있다.

---

16) 피그말리온(그리스 신화): 자기가 만든 상(像)에 반한 키프로스의 왕. 조각가.
17) R. M. Fulmer, *Practical Human Relations,* Irwin, 1993, 2nd, p. 28.

10. 이미지 관리와 자기개발

긍정적인 자아개념과 깊은 관련이 있는 자신의 이미지는 매우 중요하다. 이때의 이미지 관리(image management)는 인상(impression)이나 심상(image)을 그 내용으로 한다.

초등학교에 입학을 하고 처음 만난 담임선생님으로부터 받은 인상, 결혼하기 전에 처음 만난 상대방으로부터 받은 인상, 신입사원 채용 시 면접시험에서 받은 인상 등은 비록 몇 분 사이에 형성된 것이기는 하지만 오랜 세월동안 뇌리에 남아 대인관계에 많은 영향을 미친다. 첫 인상이 좋아서 결혼한 사람도 있고, 사업에 성공한 사람도 있다.

이와 관련하여 정(K. H. Chung) 등은 좋은 인상의 중요성을 다음과 같이 설명하고 있다.

그림 4-12 대인관계의 형성과 발전 모형

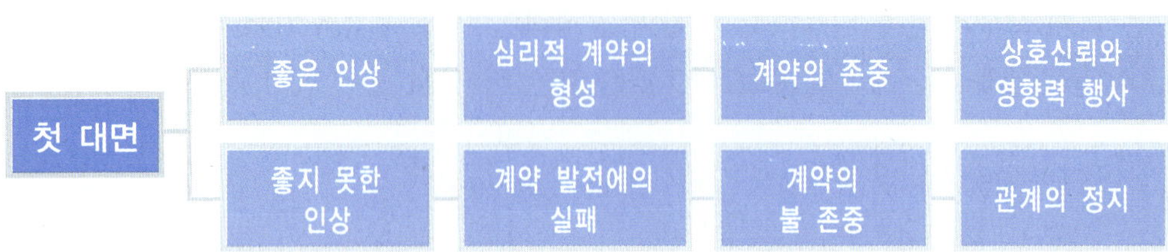

자료: K. H. Chung and L. C. Megginson, *Organizational Behavior*, Harper and Row, 1981, p. 169.

[그림 4-12]에서 보는 바와 같이 첫 대면 접촉을 통해 주고받은 좋은 인상은 신뢰와 영향력을 증진시켜 지속적으로 관계를 유지하게 하고 좋지 못한 인상은 관계를 정지시키게 하는 경향이 있음을 지적하고 있다.

자신을 표현하는 인상이 이처럼 중요한 결과를 초래하기 때문에 이미지 관리에 많은 연구가 이루어지고 있지만, 이미지는 목소리의 강·약과 옷차림·몸치장에서 시작하여 여러 가지 요인에 의하여 형성되고 있다.

그러나 대부분의 학자들에 의해 거론되고 있는 ① 얼굴표정과 ② 의사소통유형에 관해서만 살펴보기로 한다.

그림 4-13 이미지를 형성하는 제요인

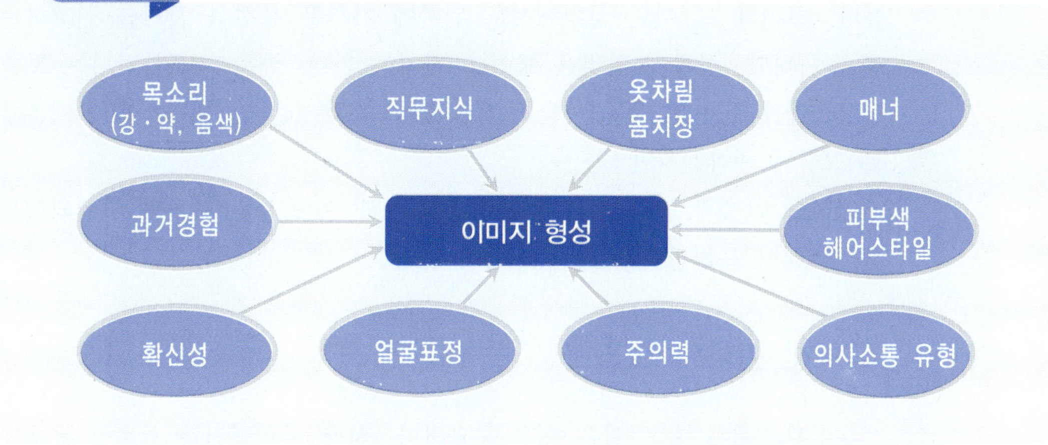

자료: B. L. Reece and B. Brandt, *op. cit.*, 1993, p. 271.

1) 얼굴표정

얼굴표정은 자신의 심리적인 만족과 불만족의 상태나 좋아함과 싫어함의 감정과 태도를 나타내는 것이기 때문에 이미지 형성에는 물론 대인관계의 형성과 유지에 있어서도 매우 중요한 요인이 된다.

먼저 [그림 4-14]에서 당신은 평소에 어떤 표정을 짓는 편인지를 체크해 보라.

그림 4-14 여러 가지 모습의 얼굴표정들

자료: 윤대혁, 인간관계와 커뮤니케이션, 탑북스, 2010, p. 153 참조.

왼쪽에 가까울수록 오른쪽에 가까운 경우보다 대인관계에서 성공할 확률이 높다. 그러나 그 어떤 상황에서도 왼쪽에 가까운 표정을 짓기를 권고하는 것은 아니다. 상황에 알맞은 표정을 지어야 한다. 매춘부처럼 만나는 모든 남성들에게 웃는 표정을 지을 필요는 없고 그래서는 안 된다. 물론 매춘부는 그렇게 해야겠지만……

엄청난 아픔과 슬픔을 당한 초상집에서 밝은 표정을 지으면 어찌되겠는가? 그래서 표정관리를 재치(tact)라고 한다.

2) 첫 인상의 적극화

대인관계에서 첫 인상은 매우 중요하다. 사랑하는 연인과 결혼한 부부들의 이야기를 들어 보면, 그들의 관계는 첫 인상에서 비롯되었고 그것에서 크게 작용되었음을 알게 된다. 말하자면 좋은 첫 인상은 가벼운 대인관계에서부터 시작하여 취업을 하거나 직장에서 승진하는 데도 크게 도움을 준다.

사람들은 첫 인상을 빠른 시간 내에 받는다. 접촉하자마자 몇 초 이내에 적대적이거나 위협적인 느낌을 받게 되는가 하면 깊은 호감을 받을 수도 있다. 목소리의 음색과 강·약, 개인적인 습관, 복장, 얼굴 표정, 머리 모양 그리고 악수 등을 포함하는 여러 가지 요인에 의해서 첫 인상과 이미지(심상)가 형성된다([그림 4-15] 참조).

그림 4-15 자기 이미지의 구성

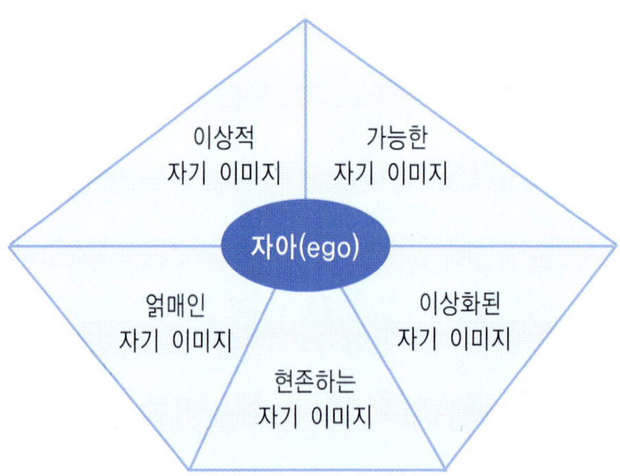

좋은 인상을 갖게 하는 일이 비록 어려운 일이기는 하나 노력할 만한 충분한 가치가 있으며 노력 여하에 따라서는 관리가 가능하다는 점에 특히 유념할 필요가 있다.

여기서 한 가지 덧붙여 강조하고 싶은 것은 첫 인상에 영향을 미치는 다양한 요소 중에서 헤어스타일이나 의상과 같은 외관은 첫 인상에 있어 매우 중요한 부분이다. 그래서 사람들은 외출하기 전에 거울 앞에 서서 자신의 외관을 단장하게 된다.

대부분의 사람들은 거울에 비치는 자신의 모습을 보고 자신의 취향과 기준에 따라 이런 저런 자신만의 개성과 모양을 연출하게 된다. 그러나 연출되는 자신의 모습을 보고 느끼고 평가하는 것은 어디까지나 자신이 아닌 타인이라는 사실을 잊어서는 안 된다.

만약 상대가 가지고 있는 취향이나 기준이 자신의 취향이나 기준과 일치하지 않는다면 어떻게 되겠는가?

현명한 사람은 접촉해야 할 상대가 누구냐에 따라 그가 가지고 있는 외관에 대한 취향과 기준을 먼저 이해하고, 그 기준에 부합되는 자신의 모습을 연출하려고 노력한다. 이러한 노력은 상대에게 보다 좋은 첫 인상을 심어줄 수 있게 하는 촉매제가 될 것이다.

3) 의사소통의 유형

의사소통의 유형은 지배형(dominance)과 사회성(sociability)이라는 두 개의 중요한 인간행동의 차원으로 구성되며 이들의 조합에 의해 다음과 같은 네 가지 유형으로 구분된다.[18]

첫째는 감동형(emotive)이다. 이 유형의 강점은 표현의 신선함에 있다.

둘째는 지도형(directive)으로 이 유형의 강점은 판단성 있는 결단력에 있다.

셋째는 사려형(reflective)으로 이 유형의 강점은 감정의 통제력에 있다.

넷째는 지원형(supportive)이다. 이 유형의 강점은 대응성(responsiveness)에 있다.

그러나 이들 유형 중에서 언제나 바람직한 '유일최선(唯一最善; one best)의 것'은 없으며 각 유형은 그 나름대로의 독특한 강점을 지니고 있다.

---

18) B. L. Reece and R. Brandt, *op. cit.*, 1993, p. 190.

사람들은 다른 사람들을 부분적으로 그들의 의사소통유형에 기반하여 판단하려는 경향이 있는데 서로 다른 유형을 지닌 두 사람이 만나면 의사소통 유형상의 편견(bais)이 나타날 수 있다.

대인관계에 대한 이와 같은 장애는 자신의 유연한 유형(flexible style)을 발휘하려 할 때 극복될 수 있다. 여기에서 '유연한 유형'이란 다른 사람들의 욕구를 만족시키기 위해 자기 자신의 유형을 바꾸려는 의도적인 시도를 말한다.

대인관계에서 자신의 의사소통의 유형을 타인의 의사소통 유형에 알맞도록 조정할 수 있는 능력은 매우 가치 있는 기능(skill)이다.

4) 자신에 대한 동기부여

인생설계에 있어 중요한 한 부분은 자신에게 동기부여 할 수 있는 요인을 발견하는 일이다.

동기부여(motivation)란 어떤 목적을 수행하기 위한 내적인 충동(drive)이라고 정의될 수 있는데, 직장에서 보면 그것은 인간으로 하여금 더욱 열심히 일하게 하는 바의 것이다.

따라서 자신이 스스로 강하게 동기부여(self-motivate)되면 될수록 자신의 목표가 무엇인지 그리고 어떻게 그것을 달성할 수 있는지에 관해 보다 분명한 생각을 가지게 된다.

이러한 동기부여는 욕구에 기반하고 있다. 어떤 욕구가 자신에게 중요한 것이 되면 그것을 만족시키기 위해 동기부여 주기(motivational cycle)라고 불리는 몇 단계를 거치게 된다.

동기이론의 대표적인 논자라고 할 수 있는 매슬로우(A. H. Maslow)나 허즈버그(F. Herzberg) 등은 장기간에 걸쳐서 가장 강력한 동기부여 요인은 자존의 욕구와 자아실현의 욕구와 같은 고차원의 욕구이며, 단기간의 동기부여 요인은 생리적 욕구, 안전(안정)의 욕구 그리고 사회적 욕구와 같은 저차원의 욕구임을 주장하고 있다.

그러나 대부분의 전문가들은 개인에 따라서는 어떤 욕구도 동기부여요인이 될 수 있음을 주장하고 있다.

사실상 대부분의 사람들이 직면하는 공통된 문제 중의 하나는 무엇을 해야 할 것인지 그리고 그에 어떻게 도달해야 하는지에 관한, 말하자면 방향감각이 결여되고 있다는 것이다.

따라서 자신을 진실로 동기부여하는 것이 무엇인지를 아는 사람일수록 만족스러운 인생을 선택할 수 있게 되고 그만큼 더욱 성공적일 수 있을 것이다.

겐지(釼地) 교수는 스스로에게 동기부여 하는 몇 가지 방법을 다음과 같이 제시하고 있다.

첫째, 목표한 일이 달성되었을 때의 자기 모습을 상상한다.

둘째, 중간 목표 또는 목표치를 설정하여 때때로 성취감을 느낀다.

셋째, 스스로의 동기부여는 자신과의 싸움이므로 목표가 달성되면 애인과 더불어 여행을 한다든지 영화구경을 하는 등 스스로에게 보상을 하고 스스로를 위로한다.

넷째, 때때로 기분전환을 시도한다.

5) 가치체계의 확인

가치관이란 어떤 대상이나 생각에 부여하는 개인적인 보람(worth) 또는 중요성을 의미하는 것으로 인생의 초기에 형성됨으로써 태도나 의견보다 더 오래 지속된다. 또한 가치관은 사람으로 하여금 동기부여하게 하는 깊은 선호도(preference)를 의미하며 가치의 우선순위에 대한 분명한 청사진은 사람으로 하여금 자신의 목표를 달성하도록 도와 줄 수 있다.

이러한 가치관은 최종적인 것(terminal values)과 도구적인 것(instrumental)으로 대별할 수 있는데, 최종적인 것은 죽기 전에 인생에서 성취하기 원하는 바를 의미하고, 도구적인 것은 자신의 인생과정에서 자신의 행동을 통제하고 지휘하는 데 도움을 준다. 따라서 자신의 선호나 행동의 우선순위에 대한 이해는 개인적인 선택과 경력적인 선택을 하는 데 도움을 주고 다른 사람과의 대인관계를 하는데 있어서 도움을 준다.

이러한 가치체계(value system)는 사람, 생각과 개념 또는 사물에로 지향되는데 자신의 가치관이 이들 세 범주 중의 어느 것에 있는지를 알게 되면 자신에게 최대의 만족을 주는 경력의 유형을 선택할 수 있게 된다.

뿐만 아니라 자신의 가치관을 분명히 함은 양호한 대인관계를 수립하는데 있어서 매우 중요하다. 자기 자신 속에 또는 자기와 다른 사람들 사이에 있는 가치관의 갈등은 자신의 목적을 성취하고 양호한 대인관계의 유지를 위해서는 해결되어야 한다.

따라서 누구나가 자신의 생애에서 어떤 가치가 중요한지를 결정하고 그 중에 어떤 것들을 얻을 수 있고 또한 어떤 것들을 얻을 수 없는지 결정할 필요가 있다. 더 나아가 타인의 가치를 자신의 가치로 받아들이지 않더라도 그들의 가치와 우선순위를 이해하는 능력을 지닌다면 양호한 대인관계 형성을 위한 긍정적인 분위기를 조성할 수 있게 될 것이다.

가치관의 우선순위와 동기부여는 같은 보조를 취해 나가므로 만일 자신이 가치를 부여하는 바를 알아내면 자신은 자기에게 최선의 경력을 선택하는데 도움을 주고 자신이 동기부여되도록 돕는 우선순위를 설정할 수 있게 된다.

6) 건설적인 자기노출

대부분의 사람들은 사랑의 감정이나 다음과 같은 이유에서 자기노출(자기개방)을 꺼려하고 자신을 폐쇄(non-disclosure)시킨다.

(1) 사람들은 침묵은 금이다. 가만히 있으면 본전은 한다는 등의 오랜 경험에 기인하여 자신의 노출을 꺼려하고 비자기주장적이고(unassertive) 반동적이게 되는 경우가 많다.

(2) 과거의 경험과 관찰을 통해 사람들은 "지식은 힘"이라는 결론을 얻게 되었다. 특히 경쟁관계에서 자신의 유리한 고지를 점령하기 위해 자신의 힘을 감추려는 경향이 많다.

(3) 대다수의 사람들은 다른 사람들과 함께 생각이나 감정을 나눌 수 없는 그들만의 개인적인 문제에 열중하고 있기 때문이다.

(4) 스스로를 고독한 사람이라 생각하고 독립적으로 문제를 해결하기를 좋아하고 성공 또는 실패에 대한 책임을 자기 스스로 지려고 한다.

이와는 반대로 자기개방(self-disclosure)이란 다른 사람들로 하여금 자신이 생각하고 느끼며 원하는 바를 알게 하는 과정을 의미하는 것이므로 건설적인 자기개방은 강력한 상호관계를 구축하는데 도움을 준다. 따라서 자기개방을 통해 얻을 수 있는 이점은 다음과 같다.

첫째, 어느 누구도 다른 사람의 마음을 완전히 읽을 수는 없는데 자기개방을 통해서 의사소통의 정확성을 증대시킬 수 있다.

둘째, 사생활을 강조하거나 감정을 숨기려고 하면 할수록 스트레스를 받게 되는데 자기개방을 통해 이와 같은 스트레스를 줄일 수 있다.

셋째, 사람들은 자각(self-awareness)을 통해 적절한 행동에 관한 의사결정을 하는데, 자신들의 행동이 다른 사람들에게 어떤 영향을 미치는가를 알면 그 행동을 바꿀 수 있다. 다시 말해 자각은 다른 사람들로부터 피드백을 받을 때 증대된다. 이때의 피드백의 질은 대체로 자기개방의 정도에 의존한다.

사람들이 건설적인 자기개방을 하게 되면, 의사소통의 정확성이 높아지고, 스트레스가 줄어들게 되며, 자각이 증대되어 결과적으로는 양호한 대인관계를 발전시킬 수 있게 된다.

그러나 생각과 감정을 다른 사람과 함께 나눌 때는 지나치게 개방하지 않거나 하는 극단적인 자세는 피하는 것이 좋다.

지나친 개방(over-disclosure)은 개방(openness)을 요하지 않는 상황 하에서 스스로에 관해 너무 많이 말하거나 상세한 정보를 나눔을, 그리고 지나친 비개방(under-disclosure)은 더 많은 개방을 요하는 상황 하에서 마저도 스스로에 관해 정보를 너무 적게 나누는 것을 의미한다.

7) 감정통제를 위한 학습

시기, 질투, 분노, 공포 등과 같은 부정적인 감정은 좋은 대인관계를 형성하는 데 장애가 된다. 그리고 마음속의 잠재의식은 행동에 영향을 미친다.

잠재의식적·심리적 활동의 이해를 촉구하는 가장 쉬운 방법 중의 하나는 의사거래분석(transactional analysis)에 관해 연구하는 일이며, 이를 통해 감정통제의 방법을 배울 수 있다.

의사거래분석을 하나의 기법으로 개발한 번(E. Bern)에 의하면 모든 사람의 퍼스낼리티(personality)는 ① 어버이(Parent), ② 어른(Adult), ③ 어린이(Child)라고 불리는 세 개의 자아상태(ego state)로 구성되어 있다.

사람들은 그의 부모가 하는 행동을 보고 그대로 행하고 느끼고 생각할 때 그들은 어버이 자아상태에 있는 것이다. 다른 사람을 양육하고 보살피는 행위를 하는 것은 자애로운 어버이(Sympathetic Parent)같이 행동하는 것이다. 그러나 다른 사람들에게 견해를 나타내거나 판단적인 것은 통상 비판적

어버이(Critical Parent)에 의해 영향을 받고 있음이다.

자신이 만일 어린 시절에 했던 것과 같이 느끼고 행동할 때 자신은 자신의 어린이 자아상태에 있는 것이다. '자연스러운 어린이'(Natural Child)는 누구에게나 있는 자아의 한 부분으로서 충동적이고 장난 끼가 있으며, 즉흥적이고 애정적인 성격을 지닌다. 또한 그것은 반항적이며 행동의 결과를 생각하지 않으려 한다.

인생의 초기에서 우리는 다른 사람들의 요구에 순응하기를 배운다. 번(E. Bern)이 '순응된 어린이'(Adapted Child)라고 부르는 이 같은 행동의 어떤 것들은 다른 사람들에게 부정적인 영향을 미친다.

예컨대 어렸을 때 입을 비쭉거리거나 성격이 변덕스러웠던 사람은 이 같은 어린이 같은 행동을 노년에도 답습하는 모습을 보게 된다. 어린이의 자아 상태에서는 득(plus)과 실(minus)이 있다.

자기 속에 있는 어른의 자아상태(Adult ego state)는 어버이와 어린이의 자아상태에서 얻은 정보에 근거하여 객관적으로 의사결정을 하게하며 스트레스가 많은 상황에서 적절한 감정반응을 선택하도록 도와준다.

당신은 문제를 해결하고 의사결정을 하는데 있어서 논리적이고 감정을 배제한 어른자아(Adult ego)를 동원하는가?

나는 이 같은 행동을 거의 하지 않는다. ( )	나는 이 같은 행동을 드물게 한다. ( )	나는 이 같은 행동을 가끔 한다. ( )	나는 이 같은 행동을 자주 한다. ( )

위의 연속선 상에서 당신의 반응은 스트레스 상황에서 당신이 어떻게 반응하는가를 잘 말해 주는데, 만일 당신이 당신의 비판적인 어버이(Critical Parent)나 순응된 어린이의 부정적인 측면에 지나치게 의존하고 있음을 발견하면 대인관계에서 어려움에 직면하게 될 것이다.

당신의 감정통제 판(emotional switchboard)에서 적절한 버튼(button)을 선택하면 당신은 다른 사람들과 보다 강력하고 만족스러운 관계를 유지할 수 있게 된다.

8) 적극적인 강화전략

적극적 강화(positive reinforcement)는 대인관계를 개선 · 증대하기 위해서 매우 중요하다.

적극적인 강화가 대부분의 종업원들에게 있어서 중요한 보상으로 선호되고 있음을 많은 태도조사 결과에 의해 확인할 수 있다. 진지한 칭찬이나 감사의 표현은 사람의 기본적인 욕구를 만족시켜 주는 일반적인 자극제의 역할을 다한다. 대인관계에서 성공하기 위해서는 무엇보다도 다른 사람들이 이룬 업적을 인정하여야 한다.

적극적인 강화전략을 동원할 수 있는 기회는 많다. 신입사원이 집단에 들어오면 자신을 소개하고 따뜻하게 맞아들여야 한다. 단순한 겸양이 새로운 대인관계를 형성하는 데 있어서 크게 공헌할 수도 있다. 함께 일하는 사람에게 문제가 발생하면 시간을 내어 그의 이야기를 경청해 주어야 한다. 그 사람의 생각을 경청해 주는 일도 강력한 강화가 될 수 있다.

동료가 최근 중요한 업적을 이루었으면 그 사람에게 축하 메시지를 보내야 한다. 감사의 마음을 글로 써서 보냄은 언제나 환영받을 일이다. 적극적인 강화활동은 모든 사람이 해야 할 일이다.

이처럼 적극적인 강화가 자극제(tonic)라면, 자주 동원하지 않을 이유가 어디 있겠는가? 다른 사람들에게 감사하려 하지 않거나 감사하지 못하는 이유가 무엇인가? 생각하면 그 하나의 이유는 사람들이 자기 자신에게만 몰두하고 있다는 데 있다.

다시 말해 자신의 행복과 번영에 지나치게 관심을 갖고 있는 반면에 주변 사람들의 욕구에는 지나치리만큼 주의를 기울이지 않는다는 데 문제가 있다.

자기 자신의 문제와 다른 사람들의 적극적인 행동을 인정하고 강화하는 배려와의 균형이야 말로 건전하고 바람직한 대인관계의 모습이라 하겠다.

5

인간행동의 이해

1. 인간행동의 본질
2. 인간행동의 차이
3. 의식수준과 인간행동
4. 퍼스낼리티(Personality)
5. 지각
6. 가치관
7. 학습

제5장 인간행동의 이해

1. 인간행동의 본질

인간관계론은 기본적으로 인간의 존재와 그의 행동에 초점을 두고 있으며, 인간 상호간의 작용을 주제로 하고 있다. 행동은 개인의 업적에 영향을 미칠 뿐만 아니라 그것은 결과적으로 조직의 업적에도 영향을 미치기 때문에 개인의 업적 더 나아가 조직업적의 증대를 위해서는 인간행동의 이해가 결정적으로 중요하게 된다.

그림 5-1 개인행동, 업적 및 효과의 결정요인

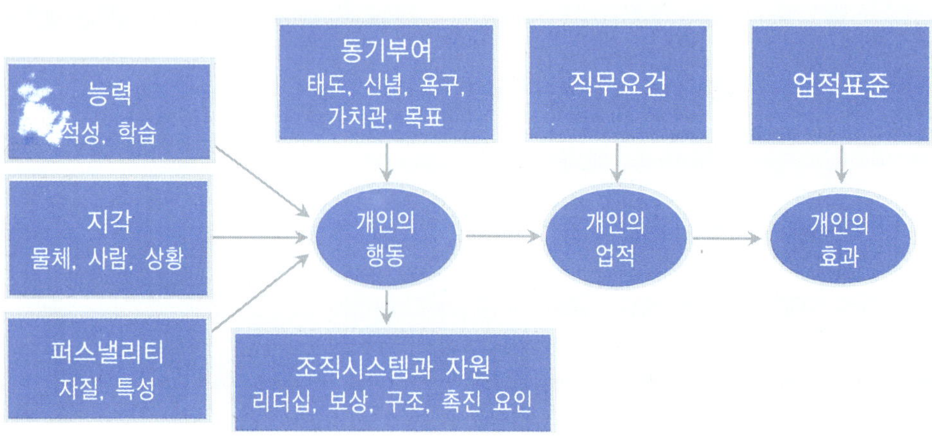

자료: H. J. Arnold & D. C. Feldman, *Organizational Behavior*, McGraw-Hall, 1986, p. 24.

인간의 태도와 욕구는 제각기 다르므로 인간관계의 양상을 이해하고 관리론의 측면에서 활용하기까지는 매우 어렵다. 인간이 왜 그리고 어떻게 그런 행동을 하는가 하는 질문을 한다면 그에 대한 대답은 실로 다양할 것이기 때문이다. 한편, 인간존재는 행동과정에서 이 같은 차이성이나 독특성만 지니고 있는 것이 아니라 해부학 상으로나 생리학 상으로 서로가 매우 유사하듯이 기본적으로 유사성도 지니고 있다.

그림 5-2 조직업적에 미치는 개인행동의 영향력

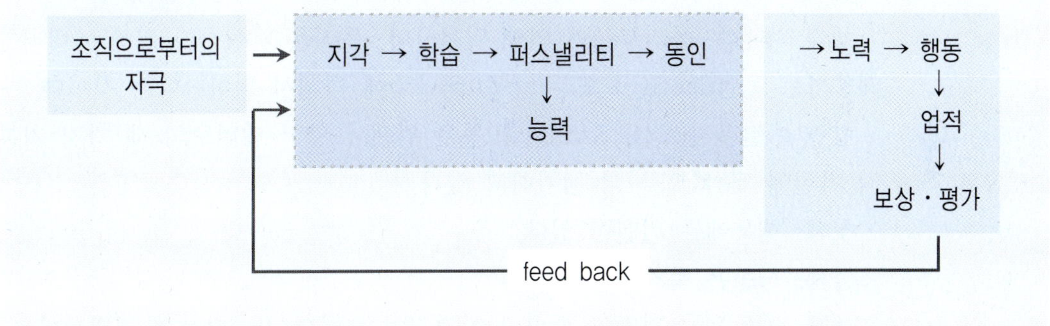

자료: A. D. Szilagyi & M. J. Wallace, *Organizational Behavior and Performance*, Harper Collins, 1990, 5th, p. 53.

이에 레비트(H. J. Leavit)는 인간의 행동에 관한 다음과 같은 상호 관련된 세 가지 기본적인 가설이 이론의 수립이나 조사연구에서 일반화되고 있음을 주장하였다.

그림 5-3 인간행동의 기본적인 모형

자료: H. J. Leavitt, *Management Psychology*, University of Chicago Press, 1978, 4th, p. 8.

레비트가 말한 세 가지의 기본적인 가설이란 첫째, 인간의 행동에는 원인이 있다는 것이다. 물리적 세계에서 물체가 외부의 어떤 힘에 의해서 움직이듯이 인간의 행동도 결코 우연히 일어나는 것이 아니라 그럴 만한 이유가 있어서 일어난다. 그러나 이는 이들 이유가 행동을 개인에게 반드시 분명히 함을 의미하지는 않는다.

둘째, 인간의 행동은 목적지향적이다. 인간의 행동은 어떤 목적을 추구함이며, 목적 없는 행동은 하나도 없다. 그러나 이는 반드시 목적을 의미하거나 가장 능률적으로 접근함을 의미하는 것은 아니다. 인간의 행동은 아무렇게나 일어나거나 비논리적인 것이기 보다는 자신에게 의미가 있다.

셋째, 행동은 동기부여에 의해 일어난다. 목적을 달성하기 위해 에너지를 제공하는 동인(motive) 또는 충동(drives)에 의해서 일어난다는 것이다.

한편 스질라지(A.D. Szilagyi) 등은 위에서 말한 레비트의 세 가지 기본적 가설에 몇 가지를 더 첨가하고 있다.[1)]

첫째, 행동에는 원인이 있다.

둘째, 행동은 목적지향적이다.

셋째, 행동은 유전적인 요인과 환경적인 요인의 상호작용의 결과이다.

넷째, 유전적 요인과 환경적 요인의 상호작용에 의해 개인은 퍼스낼리티의 특성유형을 발전시킨다.

다섯째, 개인이 속해 있는 각 사회집단이 그의 행동형성에 도움을 제공한다.

여기서 유념해야 할 것은 하나의 동일한 행동에도 여러 개의 원인이 있을 수 있고, 또한 하나의 동일한 상황에서도 여러 개의 행동을 야기할 수 있다는 것이다.

아무튼 이 같은 목적지향적인 인간의 행동은 욕구가 충족되면 긴장이 풀려서 다른 욕구로의 행동이 일어나게 된다. 말하자면 욕구충족으로의 과정은 계속되게 되는 것이다.

그러나 어떤 목적은 단기적인 것이어서 쉽게 충족될 수 있으나 어떤 목적은 장기적인 것이어서 쉽사리 그리고 한 시점에서 충족될 수 없으며 사람은 고도(孤島)에서 사는 것이 아니고 또한 사람들은 진공 속에서 상호 작용을 하지 않기 때문에 내·외의 많은 요인에 의해 방해에 직면하지 않을 수 없

---

1) A. D. Szilagyi & M. J. Wallace, *Organizational Behavior and Performance*, Harper Collins, 1990, 5th, p. 7.

게 된다. 따라서 목적달성을 위해서는 여러 번의 행동을 시도하게 된다.

이처럼 목표지향적인 행동이 방해를 받으면 좌절 또는 갈등이 일어나게 되며, 이들에 의해 긴장이나 위협이 생기면 이를 줄이기 위해 몇 개의 무의식적인 반동, 즉 방어 메커니즘(defense mechanism)이 일어나게 마련인데 이들의 구체적 유형을 보면 먼저 공격적인 반동(aggressive reaction)을 생각할 수 있고, 그 다음은 대체적인 반동(substitution reactions)을, 그리고 마지막 세 번째는 회피적인 반동(escape or avoidance of reaction)을 생각할 수 있다.

2. 인간행동의 차이

인간은 동서고금을 막론하고 다른 사람과 많은 점에서 유사성(similarities)을 지니고 있다. 신체구조 상에서의 유사성은 물론이고 심리적으로도 그러하다. 사랑하는 사람과 헤어지면 흥분하고 괴로워하며 슬픈 표정과 기쁜 표정 등 인간이 가지는 모든 감정은 어느 정도 유사성을 지닌다. 힉스(H. G. Hicks) 등은 다음과 같은 몇 가지 측면에서 개인은 서로 유사한 공통성을 지니고 있음을[2] 지적하고 있다.

① 지성(intelligence) : 인간이 갖고 있는 지적인 능력은 다른 동물과 비교할 수 없을 정도로 높다. 인간의 지성은 인과관계를 결정할 수 있으며 추리를 가능케 하며 꿈을 지니게 한다.

② 자기반사력(self-reflexiveness) : 인간의 독특한 특성은 자기를 반사할 수 있다는 것이다. 사람은 많은 것을 알기만 하는 것이 아니라 자신이 알고 있다는 사실까지도 알고 있다. 이러한 자기반사력이 문명을 창조하고, 선택할 수 있는 힘을 갖게 하며, 목적을 설정할 뿐만 아니라 그에 이러는 방법까지도 알게 해준다.

③ 언어(language) : 언어는 인간만이 사용한다. 언어는 그것이 문서적인 것이든 아니면 구두적인 것이든 의사소통을 원활하게 해주는 수단이다.

2) H. G. Hicks & C. R. Gullett, *Management*, McGraw-Hill, 1987, 4th, p. 163.

④ 기타 특성 : 인간은 현재뿐만 아니라 과거와 미래도 생각할 수 있다. 또한 매우 복잡한 과정과 사회 시스템을 갖고 있으며, 존재의 의미를 이해하기 위해 종교를 가진다. 또한 인간은 의식적으로 변혁을 시도하고 있다.

이처럼 인간은 동물과는 다른 유사성을 지니고 있으면서도 모든 사람은 서로 다른 차이성(individual differences)과 독특성(uniqueness)을 지니고 있다.

데이비스(K. Davis)에 의하면 인간관계는 개인으로부터 출발하고 개인 각자는 각기 독특한 특징을 가지고 있다는 것이 전제되고 있다. 즉 개인은 각자가 자기의 고유한 신체적인 특징을 지니고 있을 뿐만 아니라, 지식과 기술, 취미와 관심, 그리고 성격과 가치관 등 여러 면에 있어서 서로 다르다는 것이다.

그러므로 개인은 주어진 상황 하에서 각기 다른 태도를 보이고 다른 행동을 취함으로써 행동 상의 차이를 나타낸다.

이러한 행동 상의 차이가 개인의 성과는 물론 나아가 조직의 성과에도 큰 영향을 주는 것은 당연한 것이다.

이에 관하여 스콧트(W. D. Scott) 등은 다음과 같이 말하고 있다.[3] "모든 사람은 육체적으로 서로 다른 특성을 지니고 있는 것과 마찬가지로 정신적 자질에 있어서도 서로 다른 개인적 특질을 갖는다."라고 하여 개인행동에 대한 차이의 소재를 명백히 하고 있음과 동시에, 나아가서 개인차에 대한 주목할 점을 다음과 같이 요약하고 있다.

① 인간이 갖는 개인적 적성 내지 특수한 능력은 서로 다르다.

② 인간이 갖는 관심 및 동기도 사람에 따라 다르다. 따라서 특정한 자극에 대한 인간의 반응의 방식도 사람에 따라 서로 다르게 된다.

③ 동일한 인간도 그 능력의 정도와 종류 및 관심은 시간에 따라 변화한다.

④ 작업의 종류가 다르면 이를 수행하는 사람에게 요구되는 개인적 능력의 종류도 자연히 달라진다.

⑤ 만약 능력이 동등하다면 그 작업에 대하여 특별한 관심을 갖는 사람이 가장 잘 이것을 수행한다.

⑥ 각 지위의 내용도 시간에 따라 변화한다.

⑦ 작업환경, 예를 들면 작업조건, 감독방법, 고용주 및 동료와의 관계,

---

3) W. D. Scott, R. C. Clothier and W. R. Spriegel, *Personnel Management*, New York : McGraw-Hill, 1954, pp. 8-10.

승진의 기회 등도 개인적 능률에 커다란 영향을 주며, 결과적으로 전체 생산에도 영향을 미친다.

그러므로 관리자는 조직 구성원 각자의 행동을 이해하고 각자의 차이점도 인정함으로써 이에 적절한 상황여건을 마련해 줄 수 있고, 따라서 각자의 성과는 물론 조직체 전체의 성과도 높일 수 있게 된다.

이처럼 모든 사람은 다른 사람과 다르다는 관점을 '개인차의 법칙'(law of individual differences)이라 하기도 하고, 심리적·정신적인 차이를 중심으로 '심리학의 제1법칙'(psychology's first law)이라고도 한다.

이 같은 독특성에는 ([그림 5-4] 참조) 신체적, 정서·감정적 및 지적인 차이가 거론되기도 하나 인간행동론에서는 동기부여와 관련된 대인적인 욕구, 가치관, 태도 및 관심 등의 차이가 주된 것으로 거론되기도 한다.

그림 5-4 개인의 독특성

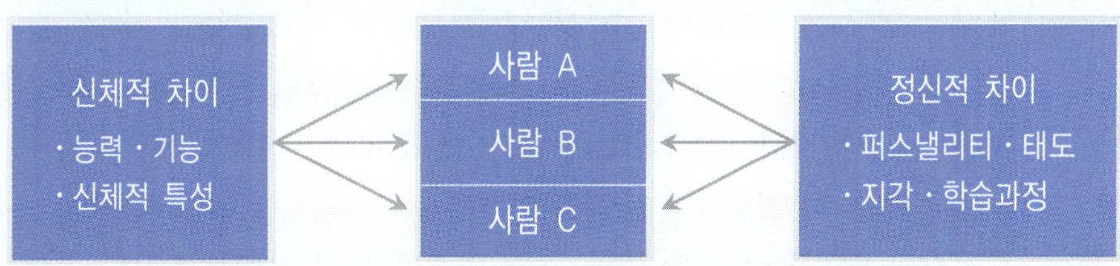

자료: G. Moorhead & R. W. Griffin, Organizational Behavior, Houghton-Mifflin, 1992(3rd), p. 98.

모든 사람은 이처럼 상이한 차이성을 지니고 있을 뿐만 아니라 동일한 사람에 있어서도 시점을 달리함에 따라 유사한 상황에서 상이한 반응을 보이기도 한다. 유사한 상황에서 오전과 오후에 각각 다른 반응을 보이기도 하고 청년기와 노년기에 다른 반응을 보이기도 한다. 개인 내에서 일어나는 이 같은 차이성은 '개인 내 차이'라는 개념으로[4] 설명이 된다.

인간행동의 차이성과 독특성에 대한 클라크혼(C. Kluckhohn)의 표현을 빌리면 다음과 같다.

4) A. J. DuBrin, *Foundations of Organizational Behavior,* Prentice-Hall, 1984, p. 54.

① 모든 사람은 다른 모든 사람과 같다(every person like all other people).

② 모든 사람은 다른 몇몇 사람과 같다(every person like some other people).

③ 모든 사람은 그 어떤 사람과도 같지 않다(every person like no other person).

대체로 인간은 생각에 있어서나 느낌에 있어서나 그리고 행동에 있어서나 서양인이나 동양인이나 모두 유사하나(①), 동양인과 서양인은 어느 만큼 다르며(②), 더 나아가 쌍둥이들도 다르다(③)

결국 다음과 같은 두 가지 결론에 도달하게 된다.

첫째, 이 같은 인간행동의 차이성에도 불구하고 모든 사람의 행동에 흐르고 있는 어떤 기본적인 일치(consistency), 즉 유사성이 있기 때문에 행동을 일반화(generalization)할 수 있고, 따라서 행동의 예측도 가능하다.

둘째, 이 같은 예측을 정확하게 그리고 종합적으로 판단하기 위해서는 체계적인 연구가 필요하다. 즉 개인차를 관찰하고 인정해야 하며, 개인행동에 영향을 미치는 변수를 발견하고 이들 간의 관계를 구명(究明)해야 한다.

따라서 개인차를 인정하고 난 다음의 문제는 각 개인의 행동에 영향을 미치는 변수가 무엇인가에 관한 것이다.

인간의 행동은 실제로 여러 가지 변수에 의해서 영향을 받고 있기 때문에 일반화해서 모든 사람에게 적용하기는 매우 어렵다. 이때의 변수라는 어휘 대신에 많은 학자들이 개인적인 특성 또는 개인차라는 어휘를 동원하여 거론하고 있는데 이에는 퍼스낼리티(personality), 지각, 학습 및 태도와 가치관이 대표적인 것으로 포함된다. 따라서 이들에 관한 세부적인 내용을 언급하기에 앞서 다음과 같은 두 가지 사실에 대하여 이해하고 유념할 필요가 있음을 강조한다.

(1) 이들은 상호 깊이 관련됨으로써 분리해서 생각할 수 없으며 인간의 행동을 이해하기 위해서는 전체적 인간(total, whole person)을 보아야 한다.

(2) 인간의 다양하고 복잡한 행동을 '연속선'(continuum) 상의 개념으로 해석하고 설명하여야 한다. 예를 들면 그 누구도 극단적으로 합리적이거나 비합리적인(감정적) 행동을 하는 것이 아니라 연속선 상의 어느 위치에서 어느 정도 합리적이면서 또한 비합리적인 행동을 한다.

3. 의식수준과 인간행동

인간이 어떤 행동을 할 때에는 반드시 동기가 있으며, 동기는 사물과 사건에 어떤 의미를 부여하고 있는가에 따라 다르게 나타난다. 세상 모든 것에 나 스스로 부여한 의미는, 사물과 사건을 이해하는 '나의 관점'에서 비롯되며, 이러한 관점이 바로 의식수준의 위치성이다.

인간은 의식수준의 위치성이라는 렌즈를 통해 세상을 바라본다. 자신의 의식수준은 다른 그 무엇이 나에게 부과한 것이 아니라 각자의 선택과 믿음 그리고 목표에서 나온다. 인간은 세상을 있는 그래도 바라보는 것이 아니라 각자의 의식수준으로 해석하여 판단을 한다. 즉 내가 보고 있는 세상이란 나의 주관적 해석에 의하여 나에게 '보여 지는 세상'인 것이다.

따라서 관찰된 모든 사실들은 각자가 지니고 있는 의식수준의 반영이라 할 수 있다. 모든 문제를 다루는 그 어떤 방법도 그 자체에 이미 한계가 주어져 있으며, 오직 각자의 주관적인 관점에 따라 사물과 사건을 판단할 따름이다. 우리가 행복하지 못한 이유는 내가 행복할 줄 모르는 무지 때문인 것이다.

1) 인간 의식수준의 의의

인간의 삶은 매 순간 선택의 연속인데, 내가 지니고 있는 삶의 숙제는 나의 의식수준의 위치성에 걸맞게 제시된다. 지금 내가 고통스럽다면 그것은 나의 의식이 그곳에 위치해 있기 때문이다. 해결되지 않는 숙제는 모양만 달리할 뿐 같은 수준의 숙제가 끊임없이 제시된다. 당면한 문제가 해결되고 나면 이제는 보다 상승한 의식의 위치성에 걸 맞는 더 높은 수준의 문제가 제시된다.

이처럼 인간의 삶은 끝없이 제시되는 삶의 숙제로 이루어져 있으며, 이러한 삶의 숙제를 가장 쉽게 해결하는 방법은 바로 헌신이다. 헌신의 출발점은 겸손과 포용이며 더 나아가서는 세상을 신에게 내 맡기는 것이다.

인간의 의식수준의 진보가 그토록 느리게 진행될 수밖에 없었던 이유는 문제의 원인을 명확히 모르면서 그 결과만을 고치려고 안간힘을 써 왔기 때문이다.

호킨스(David R. Hawkins)가 의식지도를 그릴 수 있었던 것은 마치 '콜럼버스'가 신대륙을 발견하였을 때 나침판의 발명에 비유된다. 의식수준은 수백만 번의 근육측정에 의하여 인간의 어떠한 마음이 어떤 한계를 가지고 있는지를 확증할 수 있었다. 그는 운동역학을 통하여 모든 의식을 수치로 나타낼 수 있었고, 이것을 가지고 다양한 인간의 의식수준을 한 눈에 파악할 수 있는 지도를 만들었던 것이다.

인간이 의식하고 경험할 수 있는 의식수준의 모든 영역을 대수로 나타내었다. 즉 최하위의 의식수준을 0으로 하고, 역사적으로 인간이 도달하였던 최고의 의식수준을 1000이라고 임의로 정하여 인간의 모든 생각과 행동을 0에서 1000까지 수치화할 수 있었다.

〈표 5-1〉 호킨스의 의식지도

신에 대한 관점	지각에 대한 관점	수준	로그	감정	과정	행복도(%)
참나	있음	깨달음	700	형언할 수 없는	순수의식	100
전존재	완벽한	평화	600	지복	빛 비춤	99
하나	완전한	기쁨	540	평온	변모	96
사랑하는	온건한	사랑	500	경외	드러남	89
현명한	의미 있는	이성	400	이해	추상	79
너그러운	조화로운	수용	350	용서	초월	71
영감을 주는	희망적인	자발성	310	낙관주의	의도	68
할 수 있게	만족스러운	중립	250	신뢰	풀려남	60
허락하는	실행할 수 있는	용기	200	긍정	힘의 부여	55
무관심한	요구가 많은	자부심	175	경멸	팽창	22
복수심 품은	적대하는	분노	150	미움	공격	12
부정하는	실망스러운	욕망	125	갈망	노예화	10
벌하는	겁나는	두려운	100	불안	위축	10
냉담한	비극적인	슬픔	75	후회	낙담	9
선고하는	희망하는	무감정, 증오	50	절망	포기	5
보복하는	악(惡)	죄책감	30	비난	파괴	4
멸시하는	가증스러운	수치심	20	치욕	죽임	1

주) David R. Hawkins, 「호모스피리투스」, p. 585.

이러한 수치는 산술 값이 아니라 대수 값이다. 예컨대 150과 200은 50의 차이가 아니라 0이 50개나 더 붙은 로그(log)값의 차이이다.

의식수준에 나타나 있는 대표적인 20개의 수치화된 각 수준들은 의식자체에 내재하는 인간의 모든 행동을 이끌어내는 끌개 장(attractor fields)을 대표한다고 할 수 있다.

끌개 장이란 인간의 사고와 행동을 지배하는 보이지 않는 강력한 힘이며, 이러한 힘은 일정한 패턴을 지니고 있다. 그리고 끌개 장은 인간행동의 광범위한 패턴들을 나타내는 조직화된 에너지로써의 구실을 한다. 따라서 의식수준에 따른 끌개 장의 위치성은 모든 시대를 망라한 인간의 경험을 총체적으로 재해석할 수 있는 새로운 패러다임을 제공하게 된다.

2) 인류전체의 부정적 의식상쇄

지금부터 약 2,500년 전 석가가 탄생할 무렵의 인류의 의식수준은 90이고, 2,000년 전 예수 탄생 무렵에는 100이었다. 그 후 인류의 의식수준은 천천히 증가하여 190수준으로 상승하였으며 이후 수 세기 동안 이 수준에 머물러 있다.

1980년대 말 의식수준은 갑자기 결정적 수치인 200을 넘어 204, 나중에는 207까지 상승하였다. 그러다가 2007년에 다시 하락하여 현재 인류 전체의 의식수준은 204로 측정되고 있다.

현재 인류 전체의 의식수준이 200이 넘는다고 하여 인류의 절반이 의식수준 200 이상이라는 의미는 아니다. 현재 약 85%는 여전히 부정적인 의식수준인 200 미만으로 측정되고 있다. 그럼에도 불구하고 의식주준 200 미만의 85% 인구집단의 부정성은 나머지 15% 소수 인구집단의 긍정적인 힘에 의해 상쇄된다. 왜냐하면 잠재적 힘의 증가는 산술급수적이 아니라 기하급수적이기 때문이다. 따라서 대다수의 인류의 부정성을 상쇄하기 위해서는 사실 매우 진보된 의식수준을 지닌 극소수의 사람들이 필요할 뿐이다.

예컨대 의식수준 1000의 아바타르(Avatar)는 전 인류의 부정적 에너지를 상쇄할 수 있다. 운동역학의 시험결과는 이를 다음과 같이 보여 주고 있다.

의식수준 700의 한 개인은 200 이하의 7,000만 명의 부정성 상쇄
의식수준 600의 한 개인은 200 이하의 1,000만 명의 부정성 상쇄
의식수준 500의 한 개인은 200 이하의 75만 명의 부정성 상쇄
의식수준 400의 한 개인은 200 이하의 40만 명의 부정성 상쇄
의식수준 300의 한 개인은 200 이하의 9만 명의 부정성 상쇄

주) 의식혁명, p.264.

의식수준 700의 12명은 한 분의 아바타르(화신)와 같다. 2004년 무렵 지구에는 700의 수준에 도달한 사람이 12명 존재하였다. 아마 이러한 상쇄작용이 없었더라면 인류는 부정적 에너지의 혼란으로 자멸했을 지도 모른다.

호킨스의 저서에 나타난 진실과 거짓의 구체적인 내용을 정리해보면 그 내용은 다음과 같다.

진실(200 이상)	
1	기도는 치유를 증진한다(진실)
2	다중 우주론(진실)
3	염력(진실)
4	우주 근원으로서의 신성(1,000)
5	지구 온난화 주기는 태양 표면의 자기장 활동에 따른 결과, 즉 지구 자기장의 약화에 의하여 온난화가 되었다(455)
6	화성에는 미생물 유기체가 존재한다(진실)
7	다윈의 진화론(450)
8	지적 창조 설계론(480)
9	창조론(245)
10	성경의 창세기(600)
11	기 에너지는 경략에 에너지를 불어 넣는다(진실)

거짓(199 이하)	
1	'빅뱅' 우주론(거짓)
2	오염으로 인한 지구 온난화(190)
3	온실가스로 인한 지구 온난화 이론(190)
4	평행 우주론(거짓)

거짓(199 이하)	
5	무신론(165)
6	신의 존재를 부정할 수 있다는 과대망상 속에서 끝을 모르는 자만심을 부리는 것. 즉 에고의 허영(190)
7	귀신은 있고 귀신이 나온다(거짓)
8	예언된 종말(거짓)
9	사람은 자신의 육체의 죽음을 경험할 수 있다(거짓)
10	지구에 관한 예언과 마야력(거짓)
11	마리아와 예수는 결혼했다(거짓)

3) 의식수준별 인간의 삶

(1) 의식수준 200 미만의 삶

수준	의식수준에 따른 구체적인 내용
20	수치심, 멸시하는, 가증스러운, 치욕, 악마 숭배
30	죄책감, 파괴, 비난, 연쇄 살인자, 지하드(이슬람)
50	무감정, 증오, 절망, 희망이 없는, 포기, 선고하는, 사교(邪敎)
75	슬픔, 낙담, 후회, 비극적인, 냉담한, 호메이니
100	두려움, 위축, 불안, 벌하는, 무정부 상태
125	욕망, 탐욕, 갈망, 실망스러운, 부정하는, 노예화
150	분노, 적대하는, 복수심을 품은, 낙인(프레인)찍기
175	자부심, 요구가 많은, 무관심한, 대의명분, 북한의 의식

■ 의식수준 200 이하의 삶의 특징

① 부정적인 의식의 소유자

② 마음의 문이 닫혀 있음

③ 관계가 없는 고립의 삶

④ 자신의 원하는 것을 얻기 위해 분투, 노력해야 한다고 느낌

⑤ 계산에 밝다. 자신에게 얼마나 이익이 되느냐의 계산

⑥ 자신의 생각과 신념이 옳다는 것을 증명하기 위해 온갖 논리를 동원

⑦ 자신의 의견에 반대하는 사람들은 적으로 간주하여 기회만 닿으면 바로 적극적인 공격을 감행

⑧ 타인에 대한 열등감이 지나치게 많고 자아 존중감이 낮아 불만을 표출하지 않는다.

⑨ 자신에게 남아 있는 욕망을 채우기 위한 적극적이고 현실적인 행동을 하기 보다는 상상에 의존한다.

⑩ 모든 것은 다른 사람의 탓으로 돌린다.

(2) 의식수준 200~499의 삶

수준	의식수준에 따른 구체적인 내용
200	용기, 긍정, 온전함, 진실, 실행할 수 있는
225	온건한, 사려 깊은, 易地思之의 자세
250	中庸, 중립, 신뢰, 평온한, 존경할만한
300	신의가 두터운, 도움, 진심, 질서 정연함
310	자발성, 영감을 주는, 희망적인, 직관적인
350	포용, 수용, 너그러움, 조화로운, 용서, 자유사상가
385	지혜
395	행복한, 주지주의, 단순한 산술 수준
400	이성, 지성, 과학, 대한민국, 독일의 의식수준
450	지적 통찰, 인간관계 개념, 서양의 위대한 저작들
499	과학의 천재, 뉴턴, 아인슈타인, 프로이드의 의식수준

■ 의식수준 200~499의 삶의 특징

의식수준 200은 개인과 집단이 성공과 행복으로 가는지, 아니면 실패와 불행으로 가는지를 결정짓는 분수령이 되는 수치이다.

① 세상에 관하여 긍정적인 마음가짐을 갖는다.

② 자기 자신에게 정직한 마음을 갖는다.

③ 모든 것에 감사한 마음을 갖는다.

④ 선의가 두드러지게 나타나고 일과 삶에서 기쁨을 느끼고 능력을 발휘한다.

⑤ 타인에게 선의의 도움을 주고 싶어 안달한다.
⑥ 도움을 필요로 하는 사람에게 맞춤식으로 도와준다.
⑦ 합리적, 이성적, 지성적으로 판단한다.
⑧ 과학과 학문의 천재들은 대체로 499의 의식수준을 지닌다.

(3) 의식수준 500 이상의 삶

수준	의식수준에 따른 구체적인 내용
500	사랑과 영성은 500 이상, 경외, 드러남, 도교
540	무조건적 사랑, 하나, 완전한, 헌신적 행위
600	聖人, 전 존재, 완벽한, 평화, 至福
700	깨닫음, 자아소멸, 참나, 형언할 수 없는, 순수의식
850	자신의 의지를 신에게 온전히 내 맡기는 것 - 헌신
1000	붓다, 예수의 의식수준, 불성1,000+, 그리스도 의식+

■ 의식수준 500 이상의 삶의 특징

① 진정한 사랑
② 에고가 완전히 사라진 빈자리에 오직 사랑만으로 가득 찬 상태
③ 세상과 삶을 신에게 내 맡기는 의식수준
④ 형언할 수 없는 완벽한 평화에 이른 삶
⑤ 거짓된 자아(ego)가 완전히 사라진 상태

4. 퍼스낼리티(Personality)

1) Personality의 개념

인간의 행동은 각 개인이 가지고 있는 특질들이 종합적으로 연결되어 환경에 대한 적응현상으로 나타나는데, 우리가 퍼스낼리티를 이해한다는 것은

개체가 가지고 있는 특성 내지 특질들이 환경에 적응할 때 전체적으로 나타나는 각양각색의 심리현상을 체계적으로 파악하는 것이며, 이를 통해 인간행동에 대한 올바른 이해를 보다 가능하게 한다.

Personality의 어원은 '꿰뚫어 말함'(to speak through)을 의미하는 라틴어의 'persona'라는 합성어에서 유래된 것으로 고대 그리스와 로마의 연극에서 개인이 청중 앞에서 연출하는 역할을 말하고 있다. 그러나 오늘날에 있어서 Personality란 그 개인의 측면에 더 관심을 두고 역할은 별도로 취급하고 있으며, 논자들 간에 관점이 달라 용어에 대한 정의마저도 일치를 보지 못하고 있는 실정이다.

루탄스(F. Luthans)에 의하면 퍼스낼리티를 기술하는 어휘는 최소한 4,000개 이상이나 된다고[5] 한다. 이와 같은 Personality는 너무 복잡하여 그 개념을 명확하게 정의하는 것이 쉽지 않다. 왜냐하면, 개인에 있어서 학습, 지각, 기억, 사고, 동기, 정서 등의 여러 심리과정은 서로 얽혀서 그 나름의 독특한 퍼스낼리티를 형성하기 때문이다.

Personality의 개념은 이를 연구하는 학자들에 따라 매우 다양하게 논의되고 있는데 대표적인 몇 가지를 소개해 보면 다음과 같다.

- Personality는 유전과 외적인 환경요인에 의해 의미심장하게 형성된 상대적으로 안정된 일련의 특성(characteristics), 성향(tendencies) 및 기질(temperaments)이다. 이들 변수들이 개인의 행동에서 공통성과 차이성을 결정한다.[6]
- Personality는 개인의 행동을 설명하고 예측하는 데 도움을 주는 상대적으로 안정된 하나의 자질(traits)이다.[7]
- Personality는 개인이 나타내는 독특하고 상대적으로 안정된 행동, 사고 및 감정의 패턴이다.[8]
- Personality는 동인(motives), 감정, 가치관, 태도 및 적성 등을 포함하는 차이가 있는 일련의 개인적인 특성이다.[9]

---

5) F. Luthans, *Organizational Behavior*, McGraw-Hill, 1992, 6th, p. 85.
6) R. M. Steers, *Introduction to Organizational Behavior*, Harper Collins, 1991, 4th, p. 31.
7) R. N. Lussier, *Human Relations in Organizations*, Irwin, 1993, 2nd, p. 38.
8) J. Greenberg & R. A. Baron, *Behavior in Organizations*, Allyn & Bacon, 1993, 4th, p.193.
9) J. R. Gordon, *A Diagnostic Approach to Organizational Behavior*, Allyn & Bacon,

이상에서 살펴본 여러 학자들의 견해를 종합해 보면, Personality란 개인으로 하여금 자기 자신이 처해 있는 환경에 독특하게 적응해 나가도록 해주는 동태적인 심리적 시스템이라고 할 수 있겠다. 즉 **Personality는 인간과 인간, 인간과 자연환경에서 발생하는 특정 상황에서 어떤 개인이 비교적 일관성 있고, 그리고 독특한 방법으로 대응해 나가는 행동양식을 말하는 것이라고 개념을 정의할 수 있겠다.**

2) Personality의 특성

Personality는 인간행동을 이해함에 있어 개인차를 설명할 수 있는 핵심변수이다. 따라서 Personality는 개인을 타인과 구별하게 하는 독특하고 안정된 개인적인 특성과 심리체계로써 다음과 같은 특성을 갖는다.

첫째, Personality는 개인의 특징적인 내적 상태이다.[10)]

둘째, Personality는 안정성 및 지속성과 관련된다. 따라서 Personality는 태도나 가치관보다 상대적으로 안정적이며 그 어떤 시점과 상황에서도 일관성을 지니게 된다.[11)]

셋째, Personality는 조직화된 전체이다. 다시 말해 포괄적인 개념인 Personality는 관점을 달리하면 다른 모습으로 보일 수 있는 특성들의 통합된 전체, 즉 상호작용하는 특성의 묶음이다.

넷째, Personality는 유사성(공통성)과 함께 차이성(독특성)을 지닌다. 따라서 모든 사람의 Personality는 어떤 측면에서는 다른 모든 사람과 다르고 또 다른 측면에서는 유사하다.

다섯째, Personality는 매우 다양하고 복잡한 심리적 개념이다. Personality의 여러 가지 특성(자질, 유형)은 일반적으로 대조적으로 구분되어 말해지고 있으나 이는 연속선(continuum) 상의 개념으로 해석되어야 한다. 즉 특정인의 Personality는 "의심이 많다거나 신뢰적이라고 할 때" 그것의 의미는 어느 정도 그렇다는 경향성을 나타내는 의미이지 극단적으로 그렇다는 의미

1993, 4th, p. 77.

10) R. Brown & R. Herrnstein, *Psychology*, Little, Brown, 1975, p. 529.

11) R. M. Steers, *op. cit.*, 1991, p. 31; T. R. Mitchell & J. R. Larson, *People in Organizations; An Introduction, to Organizational Behavior*, McGraw-Hill, 1988, 3rd, pp. 93-98.

는 아니다.

올포트(G. W. Allport) 등의 연구에 의하면 Personality의 특성(traits)에는 17,953개가 포함되어 있다.[12] 이같이 많은 특성을 고려하여 인간의 행동을 예측한다는 것은 거의 불가능하기 때문에 이들을 보다 관리하기 쉬운 몇 가지 요인으로 압축하려는 노력들이 있었다.

3) Personality의 결정요인

Personality를 결정하는 요인은 무엇일까? 이에 대한 초기의 연구는 주로 그것이 유전에서 초래된 것인가 아니면 환경에서 초래된 것인지에 연구의 주안점을 두고 논의되어 왔다. 다시 말해 Personality는 출생 시부터 결정(형성)된 것이라는 선천설의 관점과 환경과 개인의 상호작용의 결과라는 후천설의 관점으로 크게 구분될 수 있다.

"그 아비에 그 아들" 또는 "그 어미에 그 딸"이라는 말이 있고, "씨도둑은 못 한다"는 등의 말은 유전설과 관련이 되고, "맹모삼천지교(孟母三遷之敎)"의 교훈은 후자와 관련된다.

Personality의 형성에 대한 논의는 위와 같은 두 가지 관점에서 논의되어 왔으나 오늘날에는 이들 두 가지 요인들이 모두 어느 정도 작용하여 나타나는 산출물로써 이해하는 것이 보편적이다. 여기에서 Personality에 대한 여러 학자들의 주장과 강조점을 정리해 보면 다음과 같다.

〈표 5-2〉 상이한 Personality이론의 주요 내용

논 자	접근방법	강조점	주요 내용
S. Freud (1856~1939)	정신분석적	무의식의 영향력	세 가지의 주요 시스템, 즉 본능아(id), 자아(ego), 초자아(super-ego)가 있다.
C. G. Jung (1875~1961)	정신분석적	유전 및 환경	Personality는 한 시대에서 다음 시대로 유전학적으로 연결되는 생리적이고 인종적인 역사와, 미래에 대한 목적과 갈망이라는 두 개의 함수이다.

12) G. W. Allport & H. S. Robert, "Trait Names, A Psychological Study," *Psychological Monographs*, 1936, No. 47.

논 자	접근방법	강조점	주요 내용
C. Rogers (1902~1987)	자아(self)	환경(특히 자기개념)	한 사람의 자기개념(self-concept)에 관한 지각적, 개념적 및 태도적인 모든 측면을 연구하고서야 행동을 이해하고 예측할 수 있다.
J.P. Guilford (1897~1987)	자질(특성)	유전 및 환경	특성은 인간행동에서 관찰된 일관성으로 나타난다. 보다 포괄적으로는 Personality의 특성은 지능, 기질, 관심, 성향, 태도 및 육체적 특성 등의 명칭으로 구분된다.
W.H. Sheldon (1898~1977)	기질적 특성	유전(특히 육체적)	한 인간의 육체구조와 그의 행동간에는 매우 밀접한 관련이 있다. 육체적 유형에 관련된 Personality패턴(기질적 특성)이 있다.
H.S. Sullivan (1892~1949)	사회 심리적	환경(특히 대인관계)	인간은 상호 관련됨으로써 대인관계를 떠나서는 존재할 수 없다. Personality는 크게 보면 인간이 생애 중에서 이미 갖고 있거나 가지려 하는 여러 가지 대인관계의 함수이다.
K. Lewin (1890~1949)	(화학과 물리학의 모형에 강조점을 둔) 사회 심리적	환경(특히 심리학적 분야나 생활 공간)	Personality와 행동은 인간이 주어진 시점에서 활동하는 상황(분야 또는 context)에 매우 깊이 관련된다.
G. Allport (1897~1967)	자기 및 특성	환경	Personality는 항상 성장하고 변화하는 상태에 있다. Personality는 일련의 개인적 및 공통적 특성과의 관련에서 이해될 수 있다.

자료: R. M. Fulmer, *Praactical Human Relations*, Irwin, 1993, 2nd, pp. 54-55; 이한검, 전게서, 141에서 재인용.

이상에서 살펴본 Personality에 대한 여러 학자들의 이론과 강조점들을 근거로 본서에서는 Personality의 결정요인을 ① 유전적 요인, ② 문화적 요인, ③ 가족과 사회집단의 영향 및 ④ 상황적 요인으로 분류하여 고찰하고자 한다.

(1) 유전적 요인

Personality 자체가 유전이 되는가에 대해서는 궁극적으로 Personality의 특질을 좌우하는 유전인자의 생물학적 과정이 밝혀져야 하므로 이를 명백하게 규명하기란 어렵다. 그러나 유전이 신체적, 심리적 제 특성의 형성에 중요한 역할을 한다는 데 대해서는 유전학자들 간에 이견이 없다.[13)]

(2) 문화적 요인

인간이 살아가는 사회에는 그 사회마다의 독특한 특성을 지니고 있는 공통의 가치, 규범의 체계나 행동양식, 또는 생활양식이 있다. 이러한 공통의 가치체계나 생활양식은 조상으로부터 전승해 내려온 사회적 유산인데, 이를 우리는 문화(culture)라고 부른다. 사회 속에 존재하는 개인은 이러한 문화를 학습해 가면서 사회화를 이루고 자기의 Personality를 형성해간다. 개인은 자기 고유의 Personality를 지니고 있지만, 같은 사회 내에서 오랫동안 동일한 문화와 공통의 생활경험을 공유하는 사회구성원들 간에는 Personality의 공통성이 형성되게 마련이다.[14)] 예컨대 서양문화는 일반적으로 자주적이고 경쟁적인 사람을 높이 평가하는 데 반하여, 동양문화는 그렇지 못하다. 서양 문화권에서 성장한 사람과 동양 문화권에서 성장한 사람은 서로 다른 Personality를 지니게 된다. 그리고 서양계의 혈통을 가진 사람이 동양 문화권에서 성장하게 되는 경우, 그는 동양 문화적인 Personality를 가지게 된다.[15)]

행동과학자들은 문화가 생물학적 인자보다도 Personality에 더욱 중요한 영향을 미친다고 믿고 있다. 그들은 심리적 과정으로서 학습을 중시하며, 문화는 학습에 있어서 결정적 역할을 한다고 믿는다. 문화는 개인의 학습을 통해서 그의 Personality에 직접적인 영향을 준다.

(3) 가족과 사회집단의 영향

가족과 사회집단은 Personality의 형성에 가장 중요한 영향력을 미치게 된다. 유아의 사회화는 가정에서의 어머니와의 접촉에서부터 시작된다. 그

---

13) L. Kaplan, *Foundations of Human Behavior*, New York: Harper & Row, 1965, p. 3.
14) 鄭喆洙, 社會心理學, 法文社, 1985, p. 32
15) F. Luthans, *Organizational Behavior*, 3rd ed., McGraw-Hill, 1981, pp. 123-124.

리하여 다른 가족으로부터 사회화되고, 후에는 구성원 집단이나 준거집단 등 사회적 집단의 영향을 받아서 사회화가 이룩된다. 이와 같은 사회화 과정에서 그는 다른 사람들과의 동일화 과정(identification process)을 통해 타인을 닮아가게 되는 것이다.[16)]

(4) 상황적 요인

사람들은 누구나 주어진 상황과의 복잡한 상호작용을 통해서 자신의 행동을 결정하게 된다. 따라서 개인의 Personality는 그가 처한 상황에 의해서 크게 영향을 받게 된다.

그림 5-5 Personality의 주요 영향요인

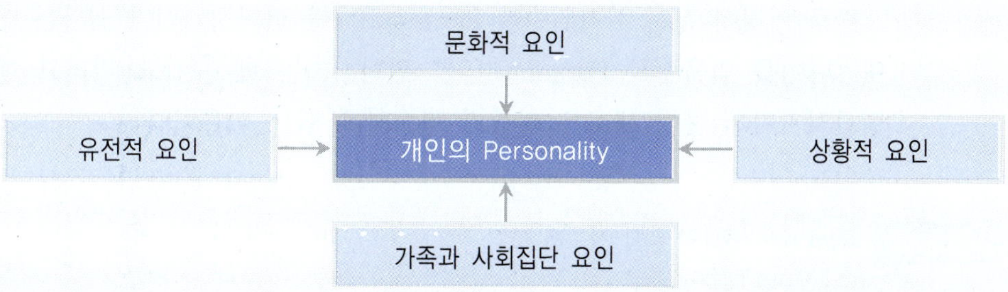

위에서 보는 바와 같이 퍼스낼리티를 형성하는 각 요인들은 경영자의 통제가 거의 이루어질 수 없음을 알 수 있다. 그러나 비록 Personality가 조직 외부요인에 의해서 형성된다고 하더라도 조직 구성원의 행동반응은 Personality의 개념을 고려하지 않고서는 충분히 이해할 수 없기 때문에 Personality는 개인행동을 이해할 수 있는 매우 중요한 요소라고 할 수 있다.[17)]

16) 朴運盛, 經營組織論, 博英社, 1995, p. 315.

17) J. L. Gibson, J. M. Ivancevich and J. H. Donnelly, Jr., *Organizations*, Plano Texas: Business Publications, Inc., 1982, pp. 56-57.

4) Personality의 변화와 발전

인간의 기본적인 Personality의 구조는 인생의 초기에 형성된다. 그리하여 대부분의 심리학자들은 7~8세가 지나면 Personality는 거의 변화하지 않는다고 주장하고[18] 있다.

인간이 어떤 행동을 하면 그것은 새로운 투입으로서 그 사람의 과거의 많은 경험으로 이루어져 있는 경험의 창고 속에 부가되는데, 이 투입이 인생의 조기(早期)에 일어나면 일어날수록 그만큼 더 이후의 행동에 영향을 미치는 잠재력은 커지게 된다. 왜냐하면 인생의 초기에 있었던 행동의 경험이 인생의 후기에 있었던 행동보다 그 사람의 총체적인 경험 내에서 차지하고 있는 비중이 크기 때문이다. 더욱이 행동의 강화기간이 길면 길수록 그 행동은 더욱 고정화되고 변화시키기가 어려워진다.

바로 이것이 젊은 시기일수록 Personality를 변화시키기가 쉽다는 이유이며, 나이를 먹을수록 Personality를 변화시키는 데 시간도 걸리고 행동을 변화시키기 위하여 새로운 경험이 필요하게 되는 이유이다.

그림 5-6 Personality변화를 위한 피드백 모델

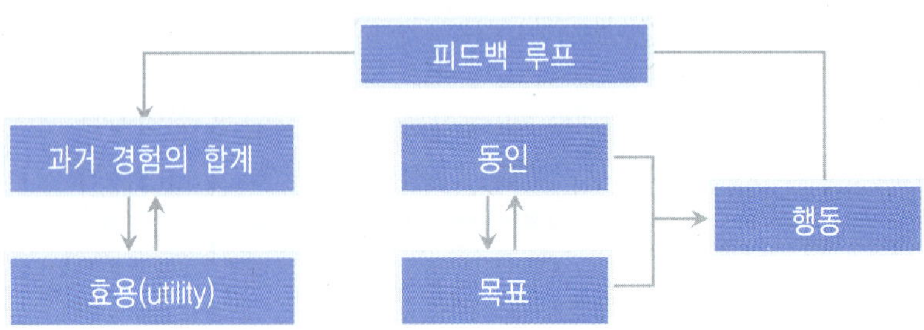

Personality의 이론은 학자들에 따라 매우 다양하게 논의되고 있다. 히포크라테스(Hippocrates)가 기원전 5세기와 4세기에 걸쳐 최초로 Personality를 가장 단순하게 ① 낙천적인 것, ② 까다로운 것, ③ 나태한 것 및 ④ 우

18) P. Hersey & K. H. Blanchard, *Management of Organizational Behavior*, Prentice-Hall, Inc., 1982, pp. 25-26.

울한 것 등으로 구분한 이래로 여러 심리학자들에 의해 Personality이론은 다양하게 발전되어 왔다.

(1) 프로이드의 정신동태이론

오스트리아의 의사로서 정신분석학의 창시자인 프로이드(Sigmund Freud)는 심리학자들 중에서 가장 많은 기여를 하였고 찬사와 비판을 많이 받은 학자이다. 프로이드는 퍼스낼리티의 연구에서 동태적 측면을 강조함으로써 그의 이론을 '정신동태이론'(psychodynamic theory) 또는 '고전적 정신분석이론'(classical psychoanalytic theory)이라고 부른다.

그는 다윈(Darwin)의 생물학 개념과 마르크스가 그랬던 것처럼 19세기의 기계론적인 뉴턴 물리학에 많은 영향을 받았으며, 인간의 마음과 행동과 그리고 아동이 초기에 겪은 경험적 상황을 통합했으며, 정상적인 사람과 비정상적인 사람을 그 이론 속에 포괄시켰다. 그가 비판을 받은 시대에는 종교의 영혼이라 하는 부분의 신앙적 영향이 커서 인간의 영혼은 정신적인 생산이나 특수한 물질로 이루어지고 영원불변하며 자유의지에 의존하며, 신에게 그 기원을 두며, 물리적 혹은 생리적 현상과 아주 다르다고 믿는 사조가 높은 시대적 배경 하에서 거부반응을 많이 받았다.

다윈은 생명력이 성욕으로부터 시작되는 것이며 개개 생명체는 동시에 종(種)의 보존과 번식기능을 한다고 주장하였다. 문명 초기의 인간생활은 다른 동물들과 극히 유사하여 감정적이고 본능적인 행동형태가 일어난다. 특히 이것은 농경사회가 산업사회로 변천하는 시대 또는 대규모적인 사회 변동기에서도 나타내는 시대적 배경 속에서 프로이드가 인간의 비합리적인 이론을 전개하였던 것을 주목할 필요가 있다.

그에 의하면 인간의 행동은 숨겨진 동기와 무의식적 욕구에 의해 지배된다는 가정을 설정하고 있다. 다시 말하면 그는 인간의 마음을 빙산(iceberg)에 비유하여 물 위에 떠 있는 적은 부분을 '의식'으로, 그리고 물속에 잠겨 있는 더 많은 부분을 '무의식'으로 비유하였다.

그림 5-7 퍼스낼리티의 빙산 모형

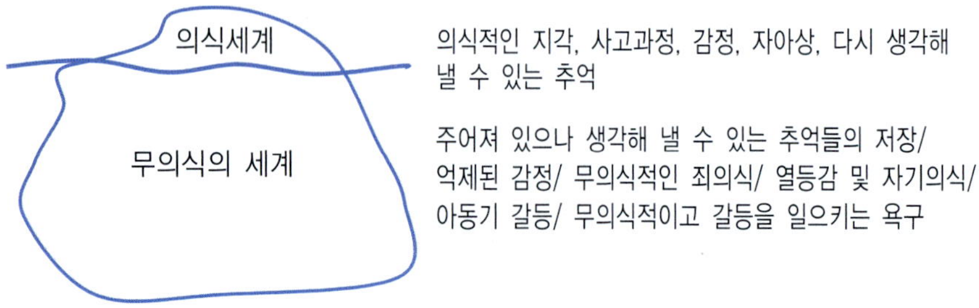

자료: J. C. Williams, *Human Behavior in Organizations*, South-Western Public., 1978, p. 8.

무의식의 세계에는 우리가 쉽사리 알지 못하는 사고와 욕구와 충동 등이 존재하고 있으며 그것이 인간의 의식적 사고와 행동을 지배한다는 것이다.

프로이드는 이와 같은 가정 하에서 Personality의 구조와 동태적 과정에 관해 설명하고 있는데, 기본적으로 개인간에 Personality의 차이가 있는 것은 개인이 충동을 처리하는 방식이 다르기 때문이라고 주장한다. 이를 설명하기 위해 마음속에 있는 다음과 같은 세 가지 개념을 동원하고 있다.

◇ 본능아(원초아 ; id)

인간이 태어날 때부터 가지게 되는 본능적인 충동(性, 공격)의 원천으로써 리비도(Libido : 원욕)라는 영역이 있다. 이 영역은 외부의 제약이 없으면 원시적이고 본능적인 쾌락추구의 충동적 행동으로 욕구충족을 일삼는 영역이다.

다시 말해 본능아(id)는 원초적인 에너지 시스템으로써 유전된 주관적이고 정신적인 실제로써 현실에 대한 아무런 지식도 없고, 작동되는 원리는 긴장의 감소와 쾌락추구의 원칙에 의해 지배된다. 따라서 본능아(id)는 무의식세계의 핵으로써 성적·공격적 특성을 지니며, Personality의 기초가 되며, 쾌락을 극대화하고 고통을 극소화하기 위해 노력하는 에너지의 원천이라 할 수 있다.

◇ 자아(自我, ego)

자아는 인간 마음의 두 번째 부분으로서 본능아(id)가 사회적으로 용인된 방향으로 행동을 하도록 허용되었을 때 나타나는 정신생활의 영역인데, 객관적 세계인 현실세계와 교호작용을 하면서 인간의 성격을 관리·통제를 하고, 행동이 일어나는 주된 배출구로서 이드(id)와 초자아(super-ego)의 상충되는 욕구를 통합한다.

본능아(id)가 무의식을 내포한 개념인 데 비해 자아(ego)는 의식적인 것이며 Personality의 현실 지향적인 부분으로서 현실의 원리에 의해 지배되고, 쾌락의 원칙을 지연시키며, 인지적·지적기능으로써 현실검증과 탐색을 끊임없이 한다.

이러한 자아의 영역을 분석해 보면 첫째는 "자아가 어떤 형태로 존재하는가"에 관련된 자아상태의 문제이고, 둘째는 "자아의 본질이 무엇인가"에 관한 자아개념의 문제이다.

◇ 자아 상태

사람은 누구나 정도의 차이는 있어도 세 가지 자아상태, 즉 어버이(parent), 어른(adult), 어린이(child) 등의 자아상태가 존재한다.

베른(E. Berne)은 "인간은 세 가지 자아상태를 관찰할 수는 없지만, 행동은 관찰할 수 있고, 이 같은 관찰된 행동을 통해서 이들 세 가지 자아상태 중 어느 자아가 작동하여 행동이 유발 되는가"를 추론할 수 있다고 했다.[19] 이러한 세 가지의 자아상태를 도식화하면 그 내용은 다음과 같다.

그림 5-8 자아의 세 가지 상태

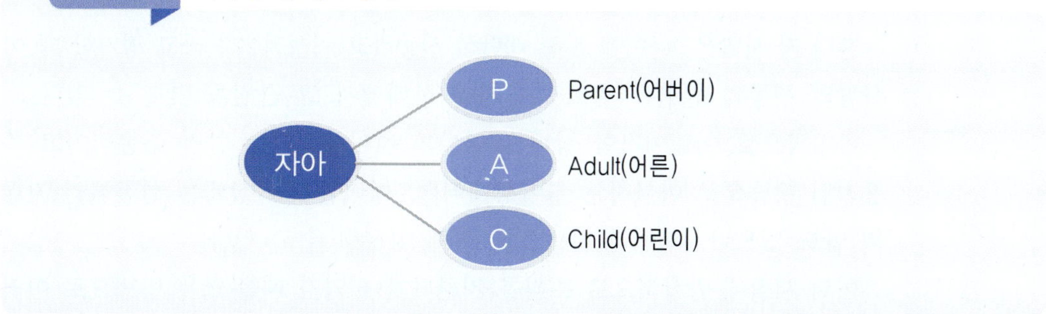

19) E. Berne, *Principles of Group Treatment*, New York: Oxford University Press, 1964.

앞의 그림에서 어버이자아(parent ego) 상태는 일종의 조건반사 작용으로 나타나는 현상으로 파악할 수 있다. 여기서 조건반사란 어린 시절 부모, 형제, 유치원 선생님들로부터 얻은 경험들이 거의 습관적으로 입력되어 있기 때문에 '옳고' '틀림'을 판단할 때에 특별히 이성적으로 생각하거나 판단하지 않고, 반사적으로 행동할 수 있는 자아상태를 뜻한다.

예컨대 복잡한 버스에서 노인에게 자리를 양보하는 것은 당연하다고 느낄 때에 "왜 자리를 양보해야 하는가"에 대한 이성적 판단 없이 어린 시절에 입력된 경험으로 조건반사적으로 노인에게 자리를 양보하는 행동은 어버이자아 상태에서 일어나는 행동이라고 볼 수 있다.

이러한 어버이자아도 두 가지 유형이 있는 데 그 하나는 '양육하는 어버이 자아'이고, 다른 하나는 '비판적인 어버이 자아' 상태이다. 양육하는 어버이자아 상태는 항상 남의 좋은 면을 보고 감싸주는 자아상태인데 반해, 비판적인 어버이자아 상태는 남의 결점을 무의식적으로 들추어내는 습성이 있는 자아 상태이다. 그리고 어른자아 상태는 이성적 사고를 토대로 합리적 행동, 합리적인 의사결정 및 문제해결 능력을 유발할 수 있다.

인간이 이성적이고 논리적으로 행동할 수 있는 것은 바로 이러한 어른자아 상태가 존재하기 때문이다.

어른자아 상태에서 행동하는 사람은 어린이자아 상태의 감정적인 것과 어버이자아 상태의 조건반사적인 자아가 담겨진 것을 함께 취하여 그 두 가지를 외부의 현실세계에 적절히 적응시켜 행동한다. 그리고 어른자아에 의해 크게 영향을 받는 사람은 실제 연령과 관계없이 어떤 행동을 실행하기 전에 여러 가지 대안과 가능성 및 가치 유무를 신중히 검토한 다음에 행동을 하게 된다.

흔히 저 사람은 "나이에 비해 대단히 신중하고 이성적이다"라고 평가할 때 이 사람의 행동의 원천은 주로 어른자아 상태에서 그 근원을 엿볼 수 있다.

마지막으로 어린이자아 상태는 어른의 자아상태와는 달리 충동적이고 즉흥적인 행동으로 이어지는 자아상태이다. 이러한 자아상태는 선천적인 기질의 탓도 있으나, 후천적 학습으로 인해 형성될 수도 있다.

어린 시절에 감상적으로 소리를 지른다거나 억지 때를 쓰는 방법으로 여러 가지를 얻을 수 있다는 것을 배웠을 때에도 나타날 수 있다.

어린이자아 상태가 지배하고 있는 사람은 합리적인 문제해결을 기피하고 문제를 논리적으로 사고하기가 어렵다.

예컨대 한 가정주부가 시장에 가서 저녁상을 차릴 여러 종류의 식품을 구매하러 갔다가 마침 방금 바다에서 갓 잡아온 갈치를 팔고 있는 가게에서 많은 사람이 모여 갈치를 사고 있는 것을 보고, 자기도 아무런 이성적 판단 없이 가진 돈으로 갈치를 몽땅 사는 '충동구매' 행위를 했을 때, 이 주부는 어린이자아가 이러한 충동구매를 하게 한 것이다.[20]

이러한 어린이자아에도 '행복한 어린이자아'와 '파괴적 어린이자아'가 있다.

행복한 어린이자아는 충동적인 행동을 하지만, 남에게 부담을 주지 않으려고 한다. 예컨대, 한 학생이 남을 의식하지 아니하고, 라디오 볼륨을 높여 들으면서 공부를 할 때, 옆에 있는 다른 학생이 시끄럽다고 불평을 하면 그 학생이 즉시 라디오 볼륨을 낮추는 행동의 원천은 바로 이 행복한 어린이자아에서 유래된 것이라 할 수 있다.

이와는 달리 파괴적 어린이자아는 타인에게 괴롭힘을 주는 충동적 행동을 할 때 나타난다. 앞의 예에서 라디오 소리 때문에 옆의 학생이 공부를 못하겠다고 소리를 낮추어 줄 것을 요구하면 오히려 소리를 더 크게 하여 옆 사람을 괴롭히는 행동을 하는 자아의 상태이다.

이상에서 설명한 세 가지 자아, 즉 어버이자아, 어른자아 그리고 어린이자아 등은 뒤에 설명한 의사교류분석(TA; transactional analysis)의 기초가 되므로 인간행동을 연구하는 데 중요한 역할을 하고 있다.

◇ 자아개념(self-concept)

자아개념이란 한 개인의 존재가치를 나타내는 가장 기본이 되는 가치체계로 타인과의 관계형성에 중요한 영향을 줄 뿐만 아니라 자신과 타인을 차별화 할 수 있는 자신의 이미지(image)이다. 또한 자아개념은 인간의 핵심적인 부분이며, 인간이 일상생활에서 표현하는 모든 반응의 산물이고, 자아에 대한 자신의 이미지이다.

이러한 자아개념 형성에 관련해서 검토되어야 할 몇 가지 사항을 열거해보면 다음과 같다.

첫째, 자아개념은 획득되는 것이다. 사람은 선천적으로 고유한 자아개념

20) 김남현 역, 조직행동의 관리, 경문사, 1980, pp. 107-108.

을 갖고 태어나는 것이 아니라 현실세계에서 생활하면서 이상적인 나에서 현실적인 나의 존재를 지각하면서 점진적으로 자아개념을 형성해 나간다. 즉 자아개념이 후천적 사회학습에 의해 형성되므로 감수성이 예민하고 학습활동이 왕성한 청소년기에는 자아개념의 변화가 일어나다가 성인기에 접어들면 고유한 자아개념이 확립된다. 그러므로 비교적 지속적이고 일관된 Personality형성에 영향을 미친다.

둘째, 의미 있는 타인은 자신의 자아개념에 영향을 미친다. 자신의 생활에 아주 중요한 역할을 하고 있는 부모, 교사, 동료, 친구 등은 자신의 자아개념 형성에 중요한 영향을 미치므로, 의미 있는 타인이라고 볼 수 있다.

앞에서도 언급했지만 자아는 후천적 학습에 의해 형성되므로 의미 있는 타인의 영향력은 자아개념을 형성하는 데에 큰 변수로 작용한다. 예컨대, 아버지를 대단히 존경하는 자녀는 아버지와 상호작용관계에서 아들은 무의식적, 의식적으로 아버지의 자아를 닮아 가게 된다. 이와는 반대로 아버지를 존경하지 않는 아들은 아버지가 자신에 대해 어떻게 생각하는지에 대해 전혀 관심을 두지 않을 뿐만 아니라 자신도 아버지에 대해 별로 관심을 가지지 않게 되므로 아버지의 자아가 아들의 자아형성에 크게 영향을 미치지 못하게 된다.

셋째, 자아개념은 외부로 발산한다. 우리나라 축구선수들의 실제 실력을 객관적으로 평가할 때 일본 선수들에 비해 한 수 아래인데도 불구하고 3 : 2로 이기는 경기를 보았다. 이는 분명 어떤 일이 있어도 일본한데는 꼭 이겨야겠다는 민족적 자긍심과 선수들의 자아개념이 밖으로 발산된 선수 개개인의 자아개념과 결집되어 시너지 효과(synergy effect)로 나타난 것이라 볼 수 있다.

이와 같은 현상을 조직에서는 팀워크(team work)라고도 한다. 이외에도 어떤 개인이 아주 아끼는 자동차, 카메라, 골프채, 전축, 기타 소유물을 타인에게 주기 싫어하는 현상 역시 자기의 자아가 외부로 발산되어 소유물에까지 확대되어 있기 때문이다.[21]

---

21) A. Ellenson, *Human Relations*, Englewood Cliffs, New Kersey: Prentice-Hall, Inc, 1982; 朱三煥·明昌濟 共著, 人間關係論, 法文社, 1993, pp. 44-48.

◇ 초자아(超自我, super-ego)

초자아는 전통적인 가치나 이상을 내면적으로 대표하고 있으며 쾌락보다는 완성을 지향하고, 양심과 자아, 이상(ego ideal)으로 구성되어 있다. 초자아는 일반적으로 양심으로 간주되며, 감시 메커니즘 이고, Personality에 윤리적·도덕적 차원을 추구한다. 대부분 무의식에 속하는 초자아는 이상주의적이다. 예컨대, 배고픔에 지친 사람이 남의 가게에 가서 주인 몰래 빵을 훔쳐 먹으려고 자아의 영역에서 훔칠 계획을 세웠지만, 초자아의 영역에서 비도덕적인 행동을 못하게 판단을 내리면 아무리 배가 고파도 빵을 훔치는 행동을 하지 않는다. 이와 같이 초자아는 쾌락이나 현실을 위해서보다는 이상적이고 완전한 것을 원하는 Personality의 도덕적, 윤리적 기준이다.

이상에서 살펴본 바와 같이 Personality가 갖는 세 가지 영역 중 가장 많은 에너지가 본능아(id)에 저장되어 있을 때 그 개인은 본능 지배적인 행동이 나타나고, 많은 에너지가 자아(ego)영역에 저장되어 있을 때는 논리적이고 이성적인 행동을 한다. 그리고 많은 에너지가 초자아(superego)영역에 저장되어 있을 때에는 도덕과 양심에 따라 행동하게 된다.

그리고 Personality의 두 부분, 즉 본능아(id)와 초자아(super-ego)는 끊임없는 갈등상태에 있기 때문에 자아(ego)가 이들 세력의 조정역할을 담당하며 이의 정도가 Personality의 차이와 행동을 유발하게 한다.

프로이드는 생득적 본능을 생명의 본능과 규범의 본능으로 구분하였는데 규범의 본능은 무기질적인 물질의 세계로 돌아가려 하는 것이고, 이것이 이면적으로는 공격적 행동과 파괴적 행동(aggressor)으로 나타난다고 하는 것이다.

생명의 본능이 자신의 기능을 수행하며 에너지를 방출하는 형태를 리비도(libido)라고 불렀다. 이는 선천적인 것으로 자신의 안락을 추구하고 성적욕구 해결이나 고통 탈피와 관련된다.

프로이드는 불안이란 정신적인 균형이 마음과 환경과의 관계에서 불균형이 이루어지고 쾌락의 혼란을 빚어내는 상태라고 설명하고 있다. 불안은 공포와 불안감에서 빚어내는 상태라고 설명하고 있다. 불안은 공포와 불안감에서 오는 현실적 불안과 신경성 불안(Neurotic anxiety)으로 구분되어지는데, 이것이 본능이 통제를 벗어나는 데 대한 불안이다.

그가 전개한 방어기제(防禦旣濟)의 개념은 자아가 과도한 불안에 놓여 있어서 부정(否定), 현실의 왜곡, 억압, 투사(投射), 반동형태, 고착, 퇴행의 상태에 이르는 것을 말하고 있다.

프로이드의 Personality이론을 인간행동 연구의 관점에서 정리하면 다음과 같다.

- 어린 시절의 경험, 특히 부모와의 관계는 그 후 그의 사고와 행동에 지대한 영향을 미침으로써 매우 중요하다.
- 어린이는 외적인 영향력과 내적인 충동에 의해 퍼스낼리티를 형성한다.
- 상이한 수준의 의식과 무의식이 행동에 영향을 미친다.
- 한 사람의 퍼스낼리티를 그의 과거와 관련된 전인(total person)으로 이해한다.
- 모든 행동은 삶의 본능과 죽음의 본능 등 두 가지의 무의식적 충동에 의해 나타난다. 이와 관련하여 건강한 사람은 성공적으로 사랑하고 일하는 사람이다.

5. 지각

1) 지각의 개념

개인차를 만드는 중요한 요인의 하나는 지각(perception)이다. 모든 사람은 서로 다른 자신의 눈으로 사건·사물이나 현상을 보게 된다. 따라서 인간은 동일한 환경 속에서 동일한 내용을 보고 들어도 서로 다른 생각과 행동을 할 수 있게 되는 것이다. 이러한 지각의 개념에 대해서는 이를 연구하는 학자들의 연구 목적이나 관점에 따라 다양하게 정의되고 있는데, 쉬네이크(M. E. Schnake)는"지각이란 사람이 환경에 대한 정보를 받아서 해석하는 과정"이라고 했고, 스티어스(R. M. Steers)는 "지각이란 사람이 자극에 대해 의미를 부여하기 위하여 자극을 체득하고, 선택·조직화하며 해석하는 과정"이라고 하였다. 또한 로빈스(S.P. Robbins)는 "지각이란 사람이 환경에 의미를 부여하기 위해 감각적인 인상을 조직화하고, 해석하는 과정"이라고 했다.

이상의 논의를 종합해 보면, 지각이란 개인이 외부로부터의 감각적 자극에 대해서 의미를 부여하고, 심리적 영상을 형성하기 위하여, 투입된 자극을 선택(selection), 조직화(organizing), 해석(interpreting)하는 심리적 과정을 의미한다고 할 수 있겠다.[22)]

2) 지각의 중요성

지각·학습·태도·성격·능력·욕구와 같은 개인행동에 영향을 미치는 변수들은 우리가 환경을 어떻게 보고, 그 환경의 자극에 어떻게 반응하는가에 영향을 미칠 뿐만 아니라 과업수행에도 중대한 영향을 미치고 있기 때문에 오늘날 개인행동연구에서는 중요한 변수로 인식되고 있다.

지각이 개인행동연구에서 중시되고 있는 이유를[23)] 살펴보면 다음과 같다.

첫째, 객관적 '현실세계'와 '지각된 세계'간에는 차이가 있다.

둘째, 조직 구성원은 서로가 서로를 지각하고, 타인에 의해서 지각되어진다.

셋째, 지각 상의 차이가 의사소통을 왜곡시킬 수 있다.

넷째, 지각 상의 차이로 갈등이 촉진된다.

다섯째, 인간은 객관적인 사실보다 지각된 바에 따라 주관화된 객관성을 가지고 현실을 인식하고 행동한다.

따라서 개인행동을 연구하고 이해하기 위해서는 먼저 지각에 대한 이해가 전제되어야만 할 것이다.

3) 지각의 과정

환경으로부터 자극이 지각되어 반응으로써 행동이 나타날 때까지에는 많은 복잡한 심리적 과정을 거치게 된다. 또한 감각적 자극을 선택하고 조직화하는 데에도 개인적 차이가 있을 수 있기 때문에 동일한 외부환경이라도

---

22) B. Berelson and G. A. Steiner, *Human Behavior*, New York: Harcourt, Brace & World, 1964, p. 88; S. P. Robbins, *Organizational Behavior: Concepts, Controversies, and Applications*, 2nd ed., Englewood Cliffs, N. J.: Prentice-Hall, 1983, p. 109.

23) 신유근·백삼균·한인수 공저, 조직행위론, 한국방송통신대학출판부, 1995, p. 52.

개인 나름대로의 독특한 지각이 형성될 수 있다. 즉 개인의 전문지식의 영역이나 배경, 경험 등의 차이에 따라서 지각하는 바는 달라질 수 있다. 그리고 개인의 행동은 각 개인의 독특한 지각에 입각하여 이루어지기 때문에 모든 사람은 서로 다른 자신의 눈으로 세계를 바라보게 되는 것이다. 같은 정보, 사건 또는 상황에 직면해서도 사람들은 흔히 상당히 대조적인 해석이나 반응을 취하는 것은 바로 이러한 이유 때문이다.

개인의 행동과 연관시킨 하나의 시스템으로서의 지각과정을 그림으로 나타내 보면 그 내용은 [그림 5-9]와 같다.

그림 5-9 시스템으로서의 지각과정

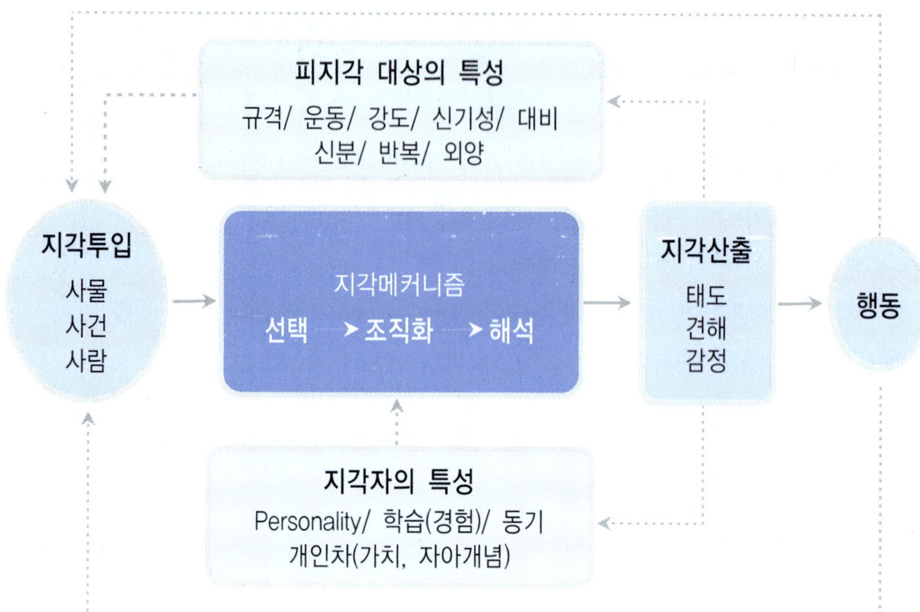

자료: K. H. Chung and L. C. Megginson, *Organizational Behavior: Developing Managerial Skills*, New York: Harper & Row, Publishers, 1981, p. 112.

위의 그림은 환경 속의 사람, 사물 및 사건들이 우리들의 지각영역에 수용되고, 또한 이들 지각투입이 어떻게 선택·조직·해석되어지는가 하는 과정을 보여주고 있다. 이와 같은 지각과정은 다음과 같은 요소들로 구성되어 있다.

① **수용**(reception)

지각투입은 우리의 감각기관을 통해 수용된다. 즉 환경 속의 사물, 사건 및 사람 등이 시각(視覺), 청각(聽覺), 촉각(觸覺), 후각(嗅覺) 및 미각(味覺) 등을 통해서 우리의 지각영역으로 들어온다.

이때 개인은 생리적인 감지기능에 따라 정도와 성격을 달리하면서 자신에게 유리하고 관련 있는 것만을 선택하여 수용하게 된다. 이처럼 감지과정이 주어진 자극을 선택적으로 수용하게 되는 것은 나름대로의 심리적 영역을 가지고 있기 때문이다. 따라서 개인은 자극의 강도가 자신의 심리적 영역수준보다 낮을 경우에는 그것을 감지할 수 없게 된다. 이와 같은 심리적 영역은 개인의 목적과 욕구, 경험과 태도에 의해 양향을 받고 있기 때문에 동일한 자극이라 할지라도 그것을 감지하는 강도에는 개인차가 있게 마련인 것이다.

② **처리**(processing)

인간의 오관에 의해 외부로부터 수집되어 선택된 정보(자극)는 지각메커니즘에 의하여 처리된다. 즉 지각자에게 의미 있는 것으로 조직화되어 해석하는 과정을 거치게 된다.

일반적으로 감지된 자극은 대부분 완전하지 못한 부분적인 조각들로 존재하기 때문에 이를 조합하거나 재구성하여 보다 구체적이고 완전한 사물이나 형상으로 만들어 의미를 찾게 되는데 이러한 과정을 조직화라고 한다.

지각대상을 조직화하는 과정에서는 그림과 배경, 지각적 집단화, 지각항등성, 지각맥락, 지각방어 및 공격, 지각분화 등의 형상구성이 이루어진다.

◇ 그림-배경의 원리(figure-ground principle)

일반적으로 사람들은 지각하는 과정에서 의미 있게 눈에 띄는 부분에 대해서만 관심을 기울이고, 나머지 부분은 중요하지 않은 것으로 간주하게 된다. 이를 그림-배경의 원리라고 한다.

여기에서 그림이란 지각자가 의미를 두는 부분이고, 배경이란 중요하게 생각하지 않는 부분을 말한다. 따라서 사람들이 무엇을 지각했다고 하는 것은 그것을 배경으로부터 분리한 다음 그에 대해 의미를 부여하고 해석을 내린 결과의 상태를 뜻하는 것이다.

◇ 지각적 집단화(perceptual grouping)

이는 지각자가 수용한 자극을 어떤 방식을 통하여 의미 있는 형태로 조직화하는 것을 지각적 집단화라고 하는데 여기에는 연속성, 근접성, 유사성, 완결성과 같은 원칙이 적용된다. 형태심리학에서는 이것을 게스탈트과정(gestalt process)이라고 한다.[24]

- **근접성**(proximity) : 가까이 있는 자극끼리 한데 묶어 지각하는 경향성을 말한다. 예컨대 집단구성원들 가운데는 헌신적인 사람들이 있음에도 불구하고 불만건수가 많다는 이유로 그 집단을 문제집단으로 간주하려는 것이나 특정 부문에서 일하는 사람을 하나의 집단으로 인식하는 것은 근접성에 해당된다.
- **유사성**(similarity) : 자극들이 근접해 있다면, 그 중에서도 유사한 자극들 끼리 한데 묶어 지각하는 경향을 말한다. 예컨대 경기장의 운동선수들의 유니폼 색깔에 따라 동일한 집단으로 인식하는 것은 이에 해당된다.
- **완결성**(closure) : 실제 존재하지 않는 것을 전체적인 하나의 완결된 형태로 지각하는 것으로써 예컨대 불완전한 그림이나 글씨를 의식적으로 보충하여 완전한 그림이나 문장으로 지각하는 것이나 조직에서 몇 가지 불완전한 정보를 가지고 있음에도 불구하고 이것을 의식적으로 보충하여 하나의 완전한 틀을 만들어 의사결정을 하려는 것이 이에 해당된다.
- **연속성**(continuity) : 어떤 형태가 규칙성을 가지고 있다면, 그 패턴을 계속 유지할 것으로 지각하는 경향이다. 즉 연속성은 시각적 요소들이 방향과 관련지어 연속적 직선이나 곡선을 형성하기 위해 집단화하는 경향이다.
- **공통성**(commonality) : 함께 움직이고 있는 대상들은 주변과는 별개인 하나의 집단으로 지각하는 경향을 말한다.
- **단순화**(simplification) : 지각자의 눈에 덜 띄는 정보는 빼버리고 지각하려는 경향을 의미한다.

---

24) 게스탈트(gestalt)란 독립적으로 존재하는 여러 부분을 어떻게 하나의 '의미있는 전체'로 지각하게 되는지를 이해시키기 위해 사용하는 심리학적 용어이다.

◇ 지각항등성(consistency)

지각항등성이란 지각대상이 변화하고 있는데도 불구하고 대상들을 비교적 안정적이고 변화하지 않는 것으로 지각하는 경향을 말한다. 예컨대 석탄은 항상 검게 지각하고, 코끼리는 항상 크게 지각한다. 이처럼 자신이 가지고 있는 지식이나 경험을 근거로 하여 사물을 판단하게 됨으로써 지각항등성이 나타나게 되는 것이다.

◇ **지각방어**(perceptual defense)**와 지각공격**(perceptual offense)

지각방어란 개인적·문화적으로 용납될 수 없거나 갈등을 일으키는 맥락 속의 상황적 사건 내지 자극들에 대해 인식하기를 거부하거나 왜곡시키는 것을 말하고, 지각공격은 자극이 자신에게 호의적이든 비호의적이든 모든 자극을 수용하는 것을 말한다.

◇ **지각맥락과 지각분화**

지각맥락이란 지각상황에 대한 참여와 전후관계의 이해 없이는 지각 불가능한 것을 말하고, 지각분화란 지각이 분화되어 어느 한쪽으로 치중함으로써 다른 측면을 제대로 판단하지 못하는 지각편중현상을 말한다.

◇ **산출**(output)

지각산출은 태도, 견해 및 감정 등으로 나타난다. 이들 산출요소는 지각자의 행동을 결정할 뿐만 아니라, 또한 지각투입 요소들이 장래에 지각되게 될 방식에도 영향을 미치게 된다.

◇ **반응**(reaction)

지각자의 행동은 피지각 대상으로부터의 반응을 유발한다. 이러한 반응들은 피지각 대상에 새로운 의미를 부여하기 위하여 처리될 일련의 새로운 투입 요소들을 형성하게 된다.

4) 지각과정의 영향요인

지각자는 지각과정에서 내·외적인 영향변수들에 의해 많은 영향을 받게 된다. 일반적으로 논의되고 있는 구체적인 내·외적인 영향요인은 정리해 보면 그 내용은 같다.

(1) 내적 영향요인

① 성격(personality) : 사람들이 무엇을 어떻게 지각할 것인가에 영향을 미친다. 지각자가 외향적인 성격의 소유자인지, 내향적인 성격의 소유자인지, 낙관론자인지, 비관론자인지에 따라 사물을 바라보는 관점이나 인식방법에는 차이가 있다. 일반적으로 성실한 사람은 성실하지 않은 사람보다 외적 환경이 주는 신호에 더 많은 관심을 기울이는 경향이 있다. 반대로 덜 성실한 사람은 충동적이고, 무관심하며, 무책임하다. 그들은 자신이 처해 있는 환경을 매우 불안정하게 본다.

이러한 견해는 그들이 지각적 선택을 하는 방식에 영향을 미친다. 반면에 좀 더 성실한 사람은 지각한 내용을 좀 더 깔끔하게 분류하고 조직화한다. 이렇게 함으로써 그들은 자료를 좀 더 빠르고 조직화된 방식으로 찾아 볼 수 있다. 다시 말해 그들은 지각을 선택하는 데 주의 깊고 기술적이며 잘 훈련되어 있다.

② 학습과 경험 : 지각형성에 많은 영향을 미친다. 예컨대 어떤 사람과 좋은 관계를 유지한 경험이 있다면 설혹 그가 변했다 할지라도 과거의 경험이 그 사람을 평가하는 데 도움을 준다. 과거의 경험은 타인지각뿐만 아니라 자기지각에도 영향을 주어 성공한 경험이 많을수록 자기능력을 높이 평가하고, 실패한 경험이 많은 사람은 자신감을 잃게 된다. 또한 학습은 지각적 세트의 개발을 결정한다. 지각적 세트란 같거나 비슷한 대상에 대한 과거 경험에 기초한 특별한 해석을 기대하는 것을 말한다.

조직에서 관리자들이 의사결정을 할 때 그들의 기능적 배경(예, 회계, 엔지니어링, 마케팅, 생산)에 의해 영향을 받는다. 따라서 어떤 환경이 주어질 때 그들은 자신의 경험과 가치관 측면에서 문제를 해석하는 경향이 있다.

③ 동기 : 개인이 지각하는데 중요한 역할을 하는 또 하나의 변수는 동기이다. 특정 시점에서 어느 한 개인이 갖는 긴급한 욕구와 욕망은 지각에 영향을 줄 수 있다. 예컨대 샤워 중에 전화벨이 울리고 있다. 샤워를 중단하고 물을 떨어뜨리면서 전화를 받겠는가? 만일 중요하고 긴급한 전화를 기다리고 있을 경우에는 어떠하겠는가? 당신의 의사결정은 당신의 기대와 동기에 의해 영향을 받는다.

일반적으로 사람들은 욕구충족을 도와준다고 약속하는 것들이나, 과거에 받았던 보상들을 잘 지각한다. 조금 방해되는 것(개짓는 소리 등)은 무시하는 경향이 있지만, 위험한 사건(화재발생 등)에는 빠르게 반응한다. 동기와 지각과의 관계를 보면, 기분 좋은 사건을 기분 나쁜 사건보다 좀 더 효율적이고 정확하게 처리하는 경향이 있는데 이를 **'낙천적 원칙'**이라고도 한다.

④ 가치 : 사람은 누구나 평소 자신이 깊은 관심을 두고 있는 사건이나 사람을 쉽게 지각한다. 예컨대 어머니가 수많은 아이들 가운데서도 자기 아이를 쉽게 찾아낸다든지, 여러 사람들 가운데서 지위가 높은 사람이 쉽게 지각되는 것은 모두 이 때문이다. 이와 같이 존재가치가 큰 물체가 실제보다 더 크게 지각되는 경향이 있는데 이를 **'지각 강조'**라고 한다.

(2) 외적 영향요인

지각과정에 영향을 미치는 외적인 요인에는 다음과 같은 것들이 있다.

① 규모(size) : 대상물(자극)이 클수록 더 쉽고 빨리 지각된다. 이를 '규모의 원칙'(principle of size)이라고 한다. 신문광고에서 전면광고가 몇 줄의 광고보다 더 많은 효과를 기대하는 것도 이 규모의 원칙에 따른 예가 된다.

② 강도(intensity) : 대상물이 강도가 강할수록 더 잘 지각된다. 이를 '강도의 원칙'(principle of intensity)이라고 한다. 소리를 높이 지르거나 조명을 강하게 하면 그렇지 않을 때보다 더 많은 주의를 하고 지각을 하게 된다. TV광고에서 보면 이 원칙을 살려 다른 정규 프로그램보다 큰 소리로 방송하고 있다.

③ 대조(contrast) : 대상물이 바탕으로부터 튀어나오거나 기대하지 않았던 모습으로, 말하자면 다른 자극과 다를 때 더 많은 주의를 기울이게 되고 지각하게 된다. 이를 '대조의 원칙'(principle of contrast)이라고 한다. 지면에서 색감을 달리하거나 메시지의 내용을 비정상적으로 거꾸로 쓰거나 아무렇게나 배열하는 경우가 이에 해당하는 예이다.

④ 신기성(novelty)과 익숙함(familiarity) : 신기하거나 익숙한 외적인 상황은 주의를 크게 집중할 수 있다. 말하자면 익숙한 무대에서 새로운 사건 또는 새로운 무대에서의 익숙한 대상물 · 사건은 많은 주의를 끌어 지각하게 한다. 이를 '신기성의 원칙'(principle of familiarity)이라고 한다.

⑤ 동태성(motion) : 움직이는 대상물은 정지상태에 있는 대상물보다 더 많은 주의를 끌어 지각하게 한다. 이를 '동태성의 원칙'(principle of motion)이라고 한다.

⑥ 반복성(repetition) : 반복되는 외적인 자극은 단 한 번의 자극보다 더 많은 주의를 끌어 지각하게 한다. 이를 '반복성의 원칙'(principle of repetition)이라고 한다.

이상과 같은 내·외적인 영향요인들을 논할 때 유념해야 할 두 가지 사실은 첫째, 이들 외적인 영향요인 가운데서 움직임과 반복성의 두 가지는 동태적 속성(dynamic properties)에, 그리고 여타의 것들은 물리적 속성(physical properties)에 속한다.

둘째, 규모가 크고, 강도가 높고, 배경(바탕)과 크게 대조적이고, 신기하고, 익숙하고, 움직임이 강하며, 반복적인 것일수록 그렇지 않은 것들보다 자극이 강하여 지각에 크게 영향을 미친다.

(3) 귀인에 의한 영향요인

일반적으로 사람에 대한 지각에 영향을 미치는 요인은 선택적 지각에 영향을 주는 요인과 동일하다. 내·외적 요인이 모두 사람에 대한 지각에 영향을 미친다. 그러나 한 사람이 다른 사람을 어떻게 지각하느냐에 영향을 미치는 요소들은 지각되는 사람의 특성이나 지각하는 사람의 특성 및 지각하는 상황이나 전후 관계로 분류하여 논의할 수 있다. 다시 말해 지각과정에 미치는 영향요인을 그것이 어디에 귀인(attribute)되는가에 따라 다음과 같이 구분한다.

① 지각하는 사람(perceiver)의 특성

사람이 대상물(자극)을 보고 그것을 해석하려고 할 때 그 해석은 지각하는 사람 개인의 특성(속성)에 크게 영향을 받게 된다. 가장 중요한 영향요인이라 할 수 있는 귀인의 특성에는 여러 가지가 포함된다. 논자에 따라 자아개념(self-concept), 인지의 구조, 반응의 돌출 및 타인과의 과거의 경험 등이 거론되기도 하고 동인, 과거의 학습(경험) 및 Personality 등이 거론되기도 하며 또한 태도, 동인, 관심사, 경험 및 기대 등이 거론되기도 한다.

예컨대 Personality가 지각에 미치는 영향에 관한 몇 개의 연구는 다음과 같은 결과를 제시하고 있다.

- 안전한(secure) 사람은 타인을 차가운 존재라기보다는 따뜻한 존재로 지각하는 경향이 있다.

- 사려 깊은 사람은 사물을 흑백논리로 지각하거나 타인을 극단적으로 판단하려 하지 않는 경향이 있다.
- 자신을 받아들이는 사람은 거절하는 사람보다 타인을 호의적으로 대하는 경향이 있다.
- 자신을 받아들이는 사람은 타인이 자기를 좋아하고 필요로 하며 받아들인다고 지각한다.
- 성격적 특성이 유사한 사람을 지각할 때는 그렇지 못한 사람을 지각할 때보다 더욱 정확하다.

② 지각되는 사람(perceived) 또는 대상물(object, target)의 특성

지각의 대상을 사람으로 할 때 지각되는 사람의 특성(속성)이 그의 지각에 영향을 미치는데 이에는 그의 신체적 외관, 언어적·비언어적 의사소통 및 그의 직위와 직업 등에 기인하는 것들이 포함되기도 하고, 제스쳐 또는 얼굴 표정과 같은 신체적인 것과 음질, 교육수준 및 주택의 위치 등과 같은 사회적인 것과 연령, 성(性), 직업, 종교 및 민족 등과 같은 역사적인 것들이 포함되기도 한다. 이와 관련하여 루탄스(F. Luthans)는 보다 직접적으로 다음과 같은 설명을 하고 있다.

- 지각되는 사람의 직위는 그 사람에 대한 타인들의 지각에 크게 영향을 미친다.
- 지각되는 사람은 통상 지각하는 사람의 지각활동을 단순화하기 위해 직위와 역할 등의 두 가지 범주로 구분된다.
- 지각되는 사람의 가시적인 특성은 그 사람에 대한 타인들의 지각에 크게 영향을 미친다.

한편, 지각의 대상을 물체로 할 때 지각되는 대상물의 특성(속성)이 지각에 영향을 미친다. 이에는 앞에서 살펴본 바 있는 외적인 영향요인, 즉 지각의 대상이 되는 대상물의 규모, 강도, 대조, 신기성, 동태성 및 반복성 등이 포함된다.

③ 지각이 이루어지는 상황(situation)의 특성

위에서 거론한 지각하는 사람이나 지각되는 사람(또는 대상물)은 같다고 하더라도 상황(환경)이 다르면 지각이 달라진다. 캄캄한 새벽에 서재에 홀로 앉아 원고를 쓰는 사람이 밖에서 들려오는 참새의 소리를 때로는 기쁜 마음으로 받아들이기도 하고 때로는 짜증스럽게 받아들일 수도 있다. 이처럼 상황이 지각에 영향을 미치는데 이에는 다음 〈표 5-3〉에서와 같이 공통성을 찾을 수 없는 여러 가지가 포함된다.

〈표 5-3〉 상황특성의 구분

논 자	구 분
Michell / Larson(88)	· 첫 인상/ 만나는 장소/ 동반하는 사람/ 만남의 시간의 장·단
R. M. Steers(91)	· 조직의 역할/ 사건이 일어나는 장소
M. Dalton et als.(92)	· 감정상태/ 시간/ 장소/ 연령/ 빈도
S. P. Robbins(93)	· 작업무대/ 사회적 무대/ 대상물을 보는 시점

이상의 논의를 종합적으로 정리해 보면 다음과 같은 결론을 얻을 수 있다.

첫째, 모든 지각자의 특성(속성)의 상이함으로 인해 동일상황에서 동일대상(사람, 사건, 물체)을 다르게 지각할 수 있는 것이다.

둘째, 지각되는 대상의 특성이 다르기 때문에 동일한 사람이 동일한 상황에서도 달리 지각될 수 있다.

셋째, 지각이 이루어지는 상황이 다르면 같은 사람도 동일한 대상을 다르게 지각할 수 있다.

5) 지각오류

지각은 여러 가지 요인에 의하여 영향을 받으면서 형성된다. 이 과정에서 다음과 같은 오류(errors), 곡해(distortions) 또는 장애(barriers)가 발생할 수가 있다.

(1) 고정관념(stereotyping)

고정관념은 집단의 개인차를 무시하고 한 개인을 그가 소속된 집단의 평가에 기반하여 일반화하려는 경향성을[25] 의미한다. 즉 지각의 과정을 단순화하여 다른 사람을 일반적 범주화와 지각된 유사성에 기반하여 그도 그 같은 특성을 지닐 것이라고 긍정적·부정적으로 귀인시키려는(판단하는) 경향이다.

25) K. M. Bartol & D. C. Martin, *Management*, McGraw-Hill, 1994, 2nd, p.448.

예

· 성별 : 여성은 감성적이고 남성은 지성적이다.
· 연령별 : 젊은이는 버릇없고, 혁신적이며 늙은이는 예의바르며 보수적이다.
· 직업별 : 모든 노동자는 게으르고 무책임하며 모든 교수는 열심히 연구하며 책임감이 강하다.
· 국적별 : 프랑스인은 감정적이고, 미국인은 합리적이다.
· 신체별 : 키 큰 사람은 싱겁고, 작은 사람은 야무지다. 뚱보는 어수룩하며 빼빼는 야무지다. 피부가 검은 사람은 성욕이 강하고 흰 사람은 성욕이 약하다.

물론 이와 같은 일반화는 장점이 없는 것은 아니나 위의 예에서 알 수 있듯이 반드시 모든 사람이 그렇지는 않으며 오히려 상반된 경우도 얼마든지 있을 수 있다. 이 때문에 지각의 오류를 범할 수 있다.

(2) 후광효과(halo effects)

이는 고정관념과 깊이 관련되어 한 사람의 좋은 자질 또는 행동의 단면을 보고 그 사람의 모든 것을 좋게 평가하려는 경향성을 말한다. 즉 관찰한 지각내용(자질과 행동)이 관찰하지 않은 것들에까지 지각적 영향을 미치는 경향을 '후광효과' 또는 '현혹효과'라고 한다.

긍정적인 좋은 특성을 가지고 좋게 평가하려는 경향성을 후광효과(halo effects)라고 하고, 이와는 반대로 나쁜 특성이나 특질로 인해 지각 대상자의 모든 것을 부정적으로 평가하려는 경향을 '뿔 효과'(horne effect)라고 한다.

예컨대, 신입사원의 선발 인터뷰에서 '후광효과'가 작용하는 것은 흔히 있는 일이다. 시장조사원의 직무를 담당하려고 지원한 지원자가 단정치 못한 옷차림을 하고 왔다면, 인터뷰 담당자는 그 같은 단일 특성만으로 그 사람을 비전문적 태도와 최저의 능력을 가진 책임감 없는 사람으로 지각하는 경우가 좋은 예가 된다. 사실 그 지원자는 책임감이 높고, 전문성이 있으며, 능력 있는 사람일 수도 있을 것이다. 이 경우에 일어나고 있는 것은 단일특성, 즉 용모가 그 개인에 대한 인터뷰 담당자의 일반적 지각의 다른 특성들을 유린(무효화)하고 있는 것이다.

〈표 5-4〉 후광효과와 뿔 효과

효과	실제모습	착각
후광효과	빼어난 용모 고급승용차, 우수한 학벌	유능한 사람으로 간주 집안이 좋다고 생각
뿔 효과	남루한 옷차림 소형승용차, 떨어지는 학벌	무능한 사람으로 간주 사회적으로 뒤떨어졌다고 생각

(3) 투사(projection)

사람은 흔히 다른 사람들도 나와 유사할 것이라고 판단한다. 말하자면 타인들도 나와 같은 생각을 하고 느끼며 또한 나와 같은 특성을 지니고 있다고 가정한다. 이 같은 경향을 '투사' 또는 '자신과의 유사성 효과'(similar-to-me effect)라고 한다. 사람들은 자신의 속성을 타인들에게서 찾아볼 수 있다고 생각하며 흔히 타인을 나 자신의 환상(reflection)인 것처럼 보게 된다. 사기꾼은 타인도 사기꾼이라고 믿고 거짓말쟁이는 타인도 거짓말쟁이라고 믿게 되는 것들이 이 오류의 예가 된다. 자신의 잘못을 객관적인 평가나 분석 없이 타인에게 적용하려 하는 것이 투사의 오류이다. 전통적인 투사의 오류는 관리자의 욕구와 부하의 욕구가 같다고 전제한다.

(4) 지각적 방어(perceptual defense)

사람은 지각 상 혼란을 야기하거나 위협을 주는 자극을 회피하거나 체념하는 경향이 있다. 다시 말해 자신의 신념을 위협하거나 그것에 도전하는 정보는 들어오지 못하게 하는 경향이 있다. 오히려 사람들은 자신의 관점을 지원해 주는 정보(자극)를 선택하는 경향이 있는데 이 같은 경향성(메커니즘)을 '지각적 방어'라고 한다.

예를 들면 어떤 부하직원을 승진시키기로 결심한 관리자가 동료들의 생각과 다를 때 자신의 결심에 유리한 정보만을 선택하고 그 결심을 흔들리게 하는 덜 유리하거나 불리한 정보를 부정할 수 있다.

그림 5-10 행동으로서의 방어 메커니즘

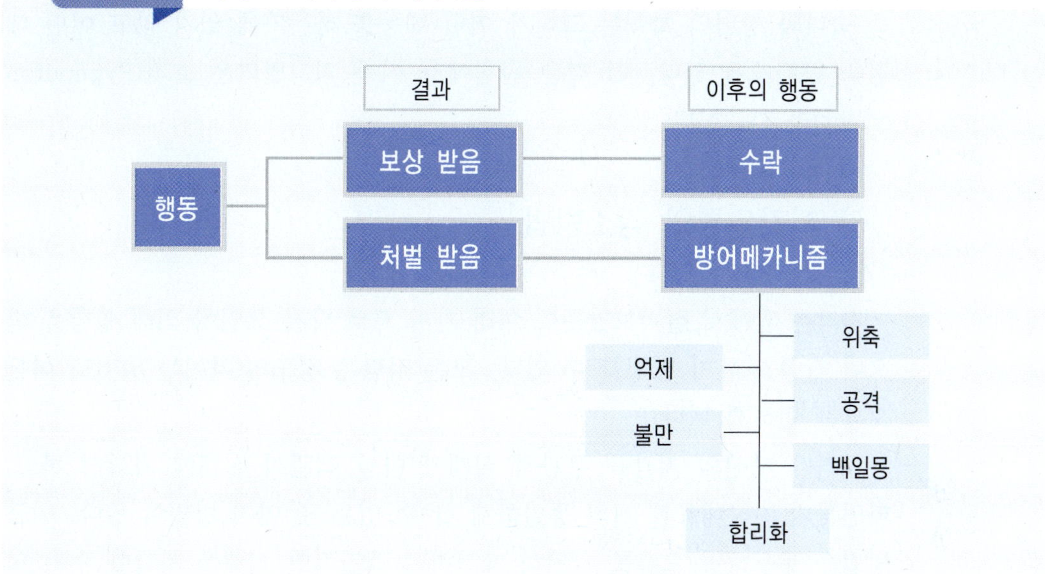

자료: J. L. Massic & J. Douglas, *Management*, Prentice-Hall, 1992, 5th, p. 25.

(5) 선택적 지각(selective perception)

사람은 자신의 현재의 신념, 가치관 또는 욕구를 강화하거나 이들에 일치하는 상황 또는 사람의 측면에 주의를 집중하는 경향이 있다. 다시 말해 사람은 주변에 있는 모든 사람, 대상물 또는 사건에 주의를 기울일 수 없고 특출한 것에만 주의를 기울이고 지각하게 된다. 사람은 흔히 원하는 바를 듣고 보려 하는데 이 같은 경향을 **'선택적 지각'**이라고 한다.

(6) 기대(expectation)

기대의 오류는 지각하는 사람의 기대가 그 대상(지각되는 사람)에게 실제로 나타나게 만드는 과정을 의미하는 것으로 '지각의 준비'(conceptual readiness) 또는 '자아충족적 예언'(self-fulfilling prophecy)이라고도 한다. 이 과정은 자극대상을 자신의 기대와 일치하도록 지각하게 한다.

이 같은 기대효과는 특히 우리가 타인의 행동을 해석하는 경우에 강력하게 나타난다. 예컨대, 대중 앞에서 "김××게는 문제아야"라고 말하면 이는 그에게 문제아처럼 행동하게끔 면허증을 준거나 다름없으며 사창가에 있는 여인을 숙녀로 대접해 주면(my fair lady) 그녀는 숙녀처럼 행동하게 된다. 즉 숙녀와 창녀의 차이는 그녀가 어떤 행동을 하는가에 있지 않고 어떤 대접을 받는가에 있다. 이 같은 관점에서 이를 피그말리온 효과(Pygmalion effect)라고도 한다.

6) 지각오류의 감소방법

지각은 앞에서 살펴보았듯이 여러 가지 서로 다른 요인에 의해 영향을 받으며 각종 오류가 발생할 수 있다. 모든 사람은 정도의 차이는 있어도 이들 오류를 범하게 된다.

그러나 자신의 지각을 주관적 실재가 아닌 객관적 실재에 가깝게 하고, 타인들의 지각내용과 거의 동일하게 할 수 있는 몇 가지 방법이 있다. 이들 방법을 동원하면 오류를 완전히 제거하여 객관적인 실재를 지각할 수는 없다고 해도 오류를 줄여서 그것에 가까운 것을 지각할 수는 있게 된다.

랜돌프(W. A. Randolph)는 이 같은 방법으로 다음과 같은 다섯 가지를 제시하였다.

① 지각의 과정이 어떻게 작용하는지를 눈여겨보면 오류가 어디서 일어나는지를 알 수 있기 때문에 오류의 영향을 극소화시킬 수 있다.

② 자신의 지각과 타인의 지각을 비교하고 자신의 지각이 보다 정확한 것이 되도록 하기 위해 타인과의 의사소통의 기회를 증대한다.

③ 타인들의 관점을 이해하려고 노력한다. 여기서 중요한 것은 타인에게 자신의 정당함을 믿게 하려고 노력하기 보다는 타인들을 이해하는 일이다.

④ 새로운 정보를 접하면 자신의 지각이 기꺼이 변혁한다. 이렇게 할 때 후광효과(현혹효과) 및 지각방어와 같은 오류를 극복할 수 있다.

⑤ 세계를 동태적인 관점에서 본다. 이는 지금의 지각이 옳다고 하더라도 시간이 흘러 현상이 바뀜에 따라 그것이 옳지 않은 것이 될 수도 있음을 인정함이다.

그리고 던함(R. B. Dunham)은 이에 관해 다음과 같은 세 가지 방법을 제시하였다.

① **자기이해(self-understanding)** : 이는 상동적 태도, 현혹효과 등에 의해 야기되는 지각오류를 자신도 범할 수 있음을 인정하는 것을 말한다.

② **자기수용**(self-acceptance) : 이는 자기가 아직은 완전하지 않음을 이해하고 받아들임을 의미한다. 그렇게 되면 투사의 오류를 크게 줄일 수 있게 된다.

③ **의식적인 정보과정**(conscious information process) : 이는 선택, 조직화 및 해석 등 지각과정의 세부적인 메커니즘을 주의 깊게 지켜보면서 각종 오류가 발생하지 않도록 함을 의미한다.

결론적으로 우리가 사물을 바라보고 그것을 나름대로 엮어서 이해하는 지각과정을 통해 알 수 있는 것은 그 과정 속에서 일어날 수 있는 수많은 굴절과 왜곡의 가능성이다. 사실 우리가 사물을 바라본다는 것은 있는 그대로 보는 것이 아니라 우리가 생각하는 대로 만들어 보는 창조의 과정임을 알 수 있다. 특히 다른 사람을 지각할 때나, 지각의 대상이 복잡할 때, 우리는 나름대로 정보를 첨가하고 누락시키고 있음을 알 수 있다.

우리는 상대방을 있는 그대로의 모습을 보는 것이 아니라 우리의 두뇌나 마음속에서 창조한 상대방의 이미지를 통해 상대방을 보고 이해하고 있다. 그러므로 우리가 지각한 내용은 실상이 아니라 허상일지도 모른다.

다시 말해 우리가 보고 있는 것은 있는 모습 그대로가 아니라 우리 마음이 지어낸 상상물에 불과하다. 즉 상대방에 대한 우리의 이해는 자신이 보고 싶은 대로, 자신의 가치기준에 따라 자신의 경험에 짜 맞춘 이미지에 불과하다. 우리는 이러한 지각을 통해 형성된 이미지를 바탕으로 상대방과 상호작용하며 조직생활을 영위하고 있다.

자신의 기준에 따라 상대방을 판단하고, 상대방에게 기대를 가지며, 그것을 바탕으로 상대방을 대하듯, 상대방도 똑같이 자신들의 기준에 의해 생각하고 그가 스스로 창조한 이미지를 통해 나를 이해한다. 그러므로 우리는 서로 각기 다를 수밖에 없으며 아무리 같은 상황에서 동일한 사건을 보더라도 그 사실을 달리 이해하고 해석할 수 있다. 조직생활은 이러한 다른 이해를 바탕으로 살아가는 사람들끼리 서로 조화를 이룩해 가는 과정이라 할 수 있다.

만약 우리의 사고가 모두 같고 우리가 모든 사물들을 동일하게 본다면, 대화의 필요성은 존재하지 않으며 서로가 서로를 도와줄 아무런 이유도 없다. 서로가 다른 사고와 다른 이미지를 가지고 부딪치고, 경쟁하고, 조화를 이룰 수 있는 접점을 찾으려 노력하는 과정에서 조직생활의 보람이나 성과를 창출할 수 있게 되는 것이다.

좀 더 사실에 가까운 서로의 이미지를 형성하기 위한 유일한 방법은 서로가 자신의 느낌이나 사고를 좀 더 진솔하게 주고받는 과정에서만이 가능할 것이다. 내 사고가 어떻게 잘못되었는지는 같은 사건에 대해 상대방은 어떻게 보고 이해하고 있는지를 알아보고 비교해 봄으로써 알 수 있을 것이다.

7) 지각과 인간관계

인간이 사물을 바라보고 그것을 나름대로 엮어서 이해하는 지각과정을 통해 우리가 알 수 있는 것은 그 과정 속에서 일어날 수 있는 수많은 굴절과 왜곡의 가능성이다. 사실 우리가 사물을 바라본다는 것은 있는 그대로 보는 것이 아니라 우리가 생각하는 대로 만들어 보는 창조의 과정임을 알 수 있다.

우리가 특히 대인지각의 경우처럼 지각의 대상이 복잡할 때, 우리 나름대로 첨가하고 누락시키는 정보의 양은 막대하다고 할 수 있다. 우리는 상대방을 있는 그대로 보는 것이 아니라 우리의 뇌에서 창조한 상대방의 이미지를 통해 상대방을 보고 이해한다. 그러므로 그것은 실상이 아니라 허상이다. 우리가 보고 있는 것은 있는 그대로가 아니라 우리 마음이 지어낸 상상물에 불과하다. 즉 상대방에 대한 우리의 이해는 우리가 보고 싶은 대로 우리의 가치기준을 가지고 우리의 경험에 짜 맞춘 이미지에 불과하다. 우리는 이러한 지각을 통해 형성된 이미지를 바탕으로 상대방과 대화를 해나가고, 인간관계를 형성해 나아가는 것이다.

내가 자신의 기준에 따라 상대방을 판단하고, 상대방에게 기대를 걸며 그것을 바탕으로 그 사람을 대하듯, 상대방도 똑같이 그 사람의 기준에 의해 생각하고 그 사람 스스로 창조한 이미지를 통해 나를 이해한다. 그러므로 우리는 서로 각기 다를 수밖에 없으며 아무리 같은 상황에서 동일한 사건을 보더라도 그 사실을 달리 이해하고 해석할 수 있다.

인간관계는 이러한 다른 이해를 바탕으로 살아가는 사람들끼리 서로 조화해 나가는 과정이다. 만약 우리의 사고가 모두 같고 우리가 모든 사물들을 동일하게 본다면, 대화의 필요성도 존재하지 않으며 서로가 서로를 도와줄 아무런 이유도 없다. 서로가 다른 사고와 다른 이미지를 가지고 부딪치고, 경쟁하고, 조화를 할 수 있는 점을 찾으려 노력하는 과정에서 우리는 돈독한 인간관계의 형성이 가능하며 사회의 발전이 있는 것이다.

여기서 우리가 참된 인간관계를 위해 얻을 수 있는 교훈이 있다면, 우선 우리는 서로가 다르다는 것을 인정해 주어야 하며, 상대방의 사고를 존중해 주어야 한다는 사실이다. 우리는 남의 사고를 무시해서도 안 되고 남의 사고를 자신의 생각대로 바꾸려 해서도 안 된다. 어느 누구도 내 사고 속에 들어와서 내가 생각하고 있는 바, 느끼고 있는 바를 좌지우지할 수 없듯, 나도 남의사고 속에 들어가 남의 사고를 나와 동일하게 바꿀 수 없다. 우리의 사고의 주인은 단지 우리 자신일 뿐이고, 우리가 하는 선택의 책임자는 우리 자신일 수밖에 없다. 우리의 사고의 주인은 단지 우리 자신일 뿐이고, 우리가 하는 선택의 책임자는 우리 자신일 수밖에 없다. 또한 우리가 지각과정에서 얻을 수 있는 교훈이 있다면, 우리는 우리의 생각이나 행동에 대해 단지 옳다고 믿고 있을 뿐이지 사실은 옳지 않을 수도 있다는 것이다. 그러므로 우리의 사고 속에서는 항상 오류가 있을 수 있다는 사실을 인정하고 남의 의견이나 충고에 귀를 기울일 줄 알아야 한다.

우리는 단지 가능하면 서로에 대해 사실에 가까운 이미지를 가질 수 있도록 서로 노력하고, 도와줄 수 있을 뿐이다. 좀 더 사실에 가까운 서로의 이미지를 형성하기 위한 유일한 방법은 서로가 자신의 느낌, 자신의 사고를 좀 더 진솔하게 주고받는 과정에서만이 가능하다. 내 사고가 어떻게 잘못되었는지는 같은 사건에 대해 상대방은 어떻게 보고 이해하고 있는지 알아보고 비교해 봄으로써 발견이 가능하다.

6. 가치관

1) 가치관의 개념과 특성

남성이 여성에게 농을 하면 법률적인 제재를 받아야 하는가? 교사의 체벌은 나쁜가? 남녀간의 혼전정사는 있어서는 안 되는가? 종업원은 근무시간에 열심히 작업을 해야 하는가? 불노소득으로 고급 외제 승용차를 타고 다니면 죄(罪)인가?

사람은 세상을 살면서 있을 수 있는 이와 유사한 수많은 질문에 직면하게 된다. 판단을 요구하는 이들 질문에는 분명히 옳거나 그른 대답이 없고 각자 자신의 가치관에 기반해서 행동할 수밖에 없다. 내가 어떤 가치관을 갖고 행동하는가는 관련되는 사람들에게 영향을 미친다. 따라서 가치관은 삶에서는 물론, 조직행동에서 중요한 연구과제가 되고 있는데 이 개념에 대한 몇몇 논자들의 정의를 살펴보면 다음과 같다.

- 가치관은 행동방법에 관한 일반적인 신념이나 선호하는 어떤 최종적인 상태이다.[26]
- 가치관은 행동방법에 관한 광범위하고 일반적인 신념이나 바라는 바의 최종적인 상태이다.[27]
- 가치관은 적절한 행동표준과 바라는 결과에 대한 개인의 신념이다.[28]
- 가치관은 구체적인 행동양식이나 생존의 최종적인 상태가 개인적으로나 사회적으로 반대되는 그것들보다 선호되는 기본적인 신념이다.[29]

가치관에 대한 이들 정의를 통해서 다음과 같은 몇 가지 특성을 지적할 수 있다.

- ▸ 가치관은 태도에 영향을 미치고 결과적으로 행동에 영향을 미친다. 즉 가치관은 인간행동의 차이를 이해하기 위한 특성인 퍼스낼리티, 지각 및 태도 등의 기초가 된다.
- ▸ 가치관은 무엇이 옳고(right) 좋으며(good) 바람직한가(desirable) 하는 '규범'(norm)과 관련된다. 즉 'should be'와 관련된다.
- ▸ 가치관은 다른 여러 개인적인 특성처럼 학습된다. 사람들은 어릴 때부터 평생 동안 부모, 학교, 교회 그리고 사회에서 배운다. 말하자면 가치관은 여러 가지 요인들에 의해 영향을 받으면서 형성된다.([그림 5-11] 참조)

---

26) M.E. Schnake, *op. cit.*, 1990, p. 99.
27) R. J. Aldag & T. M. Stearns, *op. cit.*, 1991, p. 397.
28) P. C. Nystron, "Difference in Moral Value between Corporations," *Journal of Business Ethics*, 1990, Dec. 및 A. J. DuBrin & R. D. Ireland, *Management and Organization*, South-Western, 1993, 2nd, p. 67.
29) S. P. Robbins, *op. cit.*, 1993, p. 171.

그림 5-11 가치관의 형성에 영향을 미치는 요인

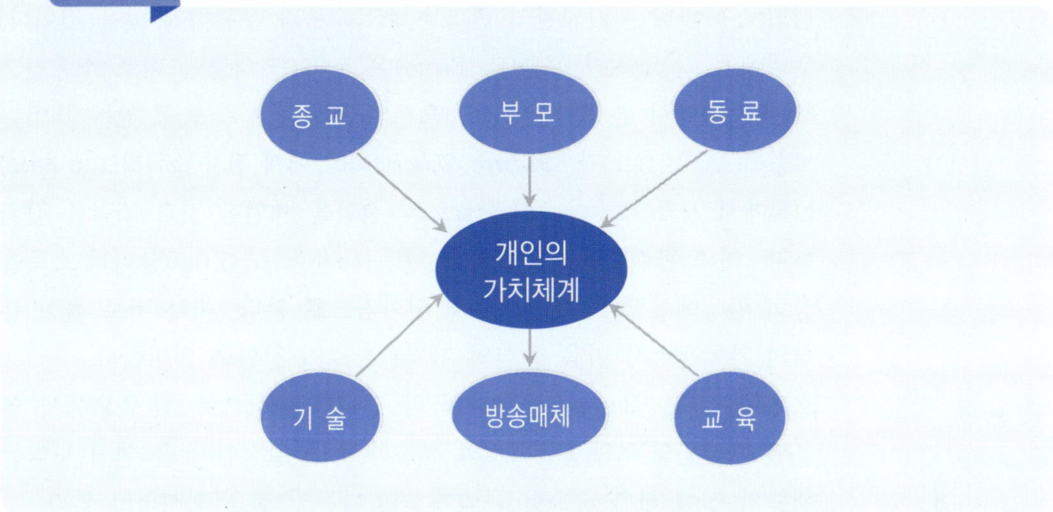

자료: R. L. Hughes et. als., *Leadership: Enhancing the Lessons of Experience*, Irwin, 1993, p. 169.

- 가치는 최종적인 것과 도구적인 것으로 구분된다. 지혜 또는 구원과 같은 높은 순위의 최종적인 가치는 개인이 일생을 통해 얻기 원하는 최종적인 상태인데, 데비토(A. J. DeVito et als) 등의 연구에서는 ① 가족의 안정, ② 평화로운 세계, ③ 자유, ④ 자존, ⑤ 행복, ⑥ 지혜 등을 제시하고 있다.

한편 도구적 가치는 바라는 바 목적, 즉 최종적인 가치를 얻기 위한 대체적인 행동, 또는 수단이다.

- 각자가 지니는 가치의 중요성은 상대적이다. 말하자면 각자의 가치관은 언제나 주관적인 순위를 지닌다. 이를 가치체계라고 한다.
- 가치관은 변화한다. 유엔이 정한 '제1회 세계 가정의 날'에 즈음하여 통계청이 발표한[30] 우리나라 가정 현황을 살펴보면 부부간에 지켜온 전통적 가치관이 크게 흔들리고 있음을 알 수 있다. 결혼에서 파경에 이르는 기간이 세계에서 가장 짧으며 부부의 불화를 주된 이유로 한 이혼은 지난 20년 동안 4.8배나 늘어 7쌍 중에 한 쌍 꼴로 이혼하고 있다. 뿐만 아니라 가족 없이 혼자 살아가는 1인 가구의 비중도 9%로

30) 동아일보, 1994, 5월 14일 및 조선일보, 1994년 5월 14일.

부쩍 늘고 있다. 핵가족 이후 찾아오는 탈가족화의 가족해체현상의 심화로 나타나는 가치관의 변화는 소득수준과 무관하지 않을 것이다. 우리에게 잘 알려진 프롬(E. From)은 5,000달러를 고비로 소유인간(to have)에서 존재인간(to be)으로의 전환점으로 보고 있는데 이는 토플러(A. Toffler)가 『*Future Shock*(1970)』에서 점차 소유하는(to have) 생활에서 사용하는(to use) 생활로의 전환을 예언한 것과 맥락을 같이 한다. 이와 관련하여 매슬로우(A. H. Maslow)도 5,000달러의 소득을 양의 인생에서 질의 인생으로의 전환점으로 본다. 이는 바로 물질 중심의 가치관에서 마음 중심의 가치관으로의 전환을 의미한다.

호제트(R. M. Hodgetts)는 미국의 경우를 중심으로 ① 풍요에서 연유된 고차원의 욕구충족으로의 경향과 ② 물질적인 것을 얻기 보다는 생활의 질이 더욱 중요함을 믿게 되었다는[31] 점을 제시하고 있다.

2) 가치관의 유형

올포트(G. Allport)는 개인들이 지니고 있는 구체적인 가치관은 사람의 수만큼이나 수 없이 많이 있을 수 있지만 주된 유형을 여섯 가지로 구분하였다.[32]

첫째, 이론적 유형(theoretical type) : 비판적 · 합리적 방법에 의해 진리를 발견하는 일을 강조하는 유형이다.

둘째, 경제적 유형(economic type) : 유용하고 실천적인 것을 강조하는 유형이다.

셋째, 미적(美的) 유형(aesthetic type) : 형식과 조화를 강조하는 유형이다.

넷째, 사회적 유형(social type) : 인간을 사랑하는 일을 강조하는 유형이다.

다섯째, 정치적 유형(political type) : 권력과 영향력의 획득을 강조하는 유형이다.

여섯째, 종교적 유형(religious type) : 우주 전체에 대한 경험과 이해의 합일(cenity)을 강조하는 유형이다.

이들은 가치의 유형을 이처럼 여섯 가지로 구분하고 이에 기반한 실증적

---

31) R. M. Hodgetts, *Modern Human Relations at Work*, Dryden Press, 1990, 4th, p. 73.
32) G. Allport et als., *Study of Value*, Houghton-Mifflin, 1960, 3rd.

고찰을 통해 상이한 직업에 종사하는 사람들이 상이한 유형의 가치에 대해 중시하고 있음을 발견하였다(〈표 5-5〉 참조).

〈표 5-5〉 집단별 가치의 중요도 순위

우선순위	목　사	구매 담당 경영자	산업 내 과학자
1	종교적	경제적	이론적
2	사회적	이론적	정치적
3	미　적	정치적	경제적
4	정치적	종교적	미　적
5	이론적	미　적	종교적
6	경제적	사회적	사회적

자료: R. Tagiuri, "Purchasing Executive: General Manager or Specialist?" *Journal of Purchasing*, 1967(Aug.) 및 S. P. Robbins, *op. cit.*, 1993, p. 173.

또한 이와 관련하여 한국을 포함한 5개국의 수천 명의 경영관리자를 대상으로 한 실증연구를 통해 잉글랜드(A. W. England)는 다음과 같은 세 가지의 주된 가치지향성(value orientation)을 발견하였다.

첫째, 도덕 지향성(moral orientation) : 행동의 올바른 매너에 관심을 둔다.

둘째, 실존 지향성(pragmatic orentation) : 성공과 현실에 관심을 둔다.

셋째, 심미 지향성(aesthetic orientation) : 기쁨의 상태를 만드는 일에 관심을 둔다.

그리고 연구결과 국적에 상관없이 도덕주의와 실존주의가 주된 가치지향성이기는 하나 경영관리자의 집단에 따라 약간의 차이가 있음이 밝혀졌다.[33]

한편 성공과 관련된 또 다른 그의 연구에 의하면 국적에 상관없이 성공적인 경영관리자일수록 실천적, 동태적 및 성취 지향적인 가치관을 지니고 있는 데 비해 덜 성공적인 경영관리자일수록 수동적이고 정태적인 가치관을 지니고 있었다.

33) G. W. England, "Personal Values of American Managers," *The Academy of Management Journal*, 1967(Vol. 10) 및 "Managers and Their Values Systems: A Five Country Comparative Study," *Columbia Journal of World Business*, 1978 (Summer).

7. 학습

1) 학습의 개념과 중요성

학습은 인간 삶의 시작이요 삶의 과정이라 할 수 있다. 공자는 논어에서 맨 처음 언급한 것이 "學而時習之 不亦悅乎(학이시습지 불역열호)"라고 하였다. 즉 "배우고 때때로 익히면 기쁘지 아니 한가"라는 뜻이다.

또한 맹자는 "上無例下不學, 賤民興, 喪無日矣(상무예하불학, 천민흥, 상무일의)"이라 했다. 즉 "위에 있는 사람이 예의가 없고 밑에 있는 사람이 배우지 아니하면 도적들이 흥하여 근심이 끊이지 않을 날이 없다"는 것이다.

또한 중용에 "好學近乎知, 力行近乎仁, 知恥近乎勇(호학근호지, 역행근호인, 지치근호용)"이라 하였다. 즉 "배움을 좋아하는 것은 지혜에 가깝고, 힘써 행하는 것은 어짐에 가깝고, 부끄러움을 아는 것은 용기에 가깝다"는 것이다.

이처럼 배움은 사람의 마음을 기쁘게 하며 사회를 이끌어 가는 데 안정과 질서를 유지시켜 주는 작용도 아울러 하고 있다. 또한 배움은 지혜 있는 자가 행하는 과정이라고 할 수 있다.

거의 모든 복잡한 인간의 행동이 학습된다는 것은 명백한 근거를 가지고 있다. 우리가 조직 내의 인간의 행동을 설명, 예측, 통제하기를 원한다면 사람들이 어떻게 학습하는지를 이해하는 것이 필요하다. 보통의 문외한들은 학습을 "학교에 다닐 때 우리들이 배웠던 것"으로 생각하지만 학습에 대한 심리학자들의 정의는 보다 더 광범하다. 먼디(R. W. Mondy et als.) 등은 학습이란 유형화된 행동과 실천을 통해 기능, 지식, 능력 및 태도를 얻는 활동이라고 하였고, 로빈스(S. P. Robbins)는 학습이란 경험의 결과로서 일어나는 비교적 영속적인 행동의 변화라고 하였다. 실지로 우리들 각자에게는 끊임없이 학습이 계속되고 있는데 [그림 5-12]는 이러한 학습과정을 그림으로 나타낸 것이다.

그림 5-12 학습의 과정

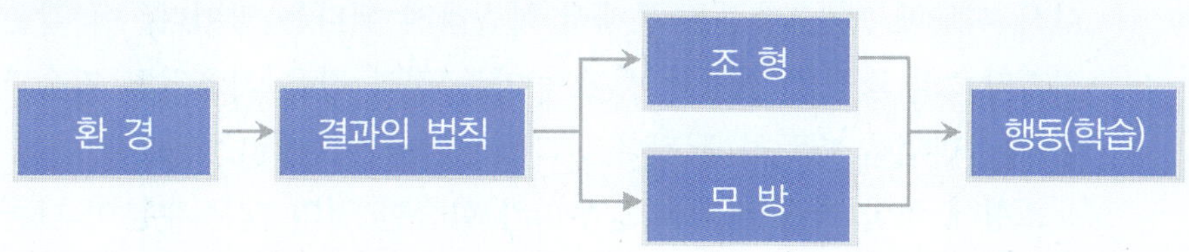

자료: Adapted from Robert Kreitner, *Management: A Problem-Solving Process* (Boston: Houghton Mifflin, 1980), p. 306.

위의 [그림 5-12]에 나타난 바와 같이 학습은 우리를 도와 환경에 적응하거나 환경을 정복하게 한다. 우리는 변화하는 상황에 적응하기 위해 우리의 행동을 변화시킴으로써 책임을 다하는 시민, 생산적인 종업원이 된다.

그러나 학습은 결과의 법칙(law of effect) 위에 구축된다. 결과의 법칙이란 행동은 그 결과(그 행동의 결과)와의 함수관계라는 것을 가리키는 말이다.[34] 호의적인 결과가 뒤따르는 행동은 반복되는 경향이 있고 비호의적인 결과가 뒤따르는 행동은 되풀이 되지 않은 경향이 있다. 여기에서 사용되고 있는 결과란 용어는 행동하는 사람이 보상이라고 생각하는 것(돈, 칭찬, 승진)을 가르치는 말이다.

만약 상사가 그 판매원의 판매방식에 대하여 칭찬을 하였다면, 그 판매원은 그 같은 행동을 반복할 가능성이 높다. 그러나 이와 반대로 상사가 그 판매원의 판매방식을 질책하였다면 그 판매원이 그 같은 행동을 되풀이할 가능성은 그만큼 더 낮아질 것이다. 그러나 학습과정의 핵심은 두 이론, 즉 우리가 어떻게 학습하느냐에 대한 두 가지 설명이다. 여기에서 두 가지 이론이란 조형이론(shaping)과 모방이론(modeling)이다.

학습이 점진적 단계를 거쳐 일어나고 있을 때, 학습(행동)이 조형된다고 말한다. 관리자들은 종업원들에게서 바람직한 행동을 끌어내기 위해 종업원이 바람직한 행동으로 가까이 나아가는 각 단계마다 보상을 주어 강화함으로써 종업원의 행동을 조형(shaping)한다. 학습의 많은 부분이 조형에 의해

34) Edward L. Thorndike, *Educational Psychology: The Psychology of Learning*, New York: Columbia University Press, 1913; and B. E. Skinner, *Beyond Freedom and Dignity*, New York: Knopf, 1971.

이루어지고 있다. 그리고 우리가 "실수를 통해 배운다"고 말할 때 곧 그것은 조형에 의한 학습을 말하고 있는 것이다. 우리는 시도해 보고 실패하고 또 다시 시도해 보는 과정을 통해서 학습하게 된다는 말이다. 이 같은 일련의 시행착오의 과정을 거쳐서 자전거 타는 것과 같은 기초적인 기술과 수학적인 계산방법을 터득하게 된다.

조형에 의한 학습 이외에도 우리가 학습한 것의 많은 부분이 다른 사람들을 관찰하고 그들의 행동을 따라 하는 모방의 결과이다. 시행착오에 의한 학습과정은 보통 느린 학습과정인 반면에 모방은 복잡한 '행동의 변화'를 매우 신속하게 이룩해 낼 수 있다. 예를 들어 학교에서나 또는 어떤 특정한 교육과정에서 어려움을 겪고 있을 때 우리들 대부분은 때때로 과정의 모든 내용을 완전히 마스터하고 있는 것처럼 보이는 사람을 찾아 우리가 하고 있는 방법과 다르게 행하고 있는 것이 무엇인가를 관찰하게 된다. 그리하여 어떤 차이를 발견하게 되면 그 차이를 우리의 행동에 통합하게 된다. 그리하여 우리의 업적(성적)이 개선되면(호의적인 결과), 우리는 다른 사람들에게서 효과적으로 작용하는 그들의 행동을 우리의 행동에 반영하여 우리의 행동을 영구히 변화하려고 한다. 이 같은 학습과정은 학교에 있어서처럼 작업현장에 있어서도 동일하다. 신입 종업원, 즉 자기의 직무수행에 성공하고 싶은 신입 종업원은 조직 내에서 존경받고 직무수행에 성공하고 있는 사람을 찾게 되고 그리고는 그 사람의 행동을 모방하려고 노력할 것이다.

학습이 조직관리에서 갖는 중요한 의미는 우선 조직은 인간으로 구성되고 인간행위를 통하여 조직목표가 달성되기 때문에 학습은 조직에 있어서 필수불가결의 요소인 동시에 제2차, 3차적으로 다시 학습되는 과정들을 가지고 있다. 이것이 교육훈련 과정이라 할 수 있다. 이 교육훈련을 통하여 조직에서 필요로 하는 사람의 행위를 규정시켜 놓고 있으며 직무에 적합한 전문적 기술과 지식을 습득케 하여 준다.

그래서 학습은 강화된 현실부터 경험의 결과까지 영원한 형태의 변화와 밀접하게 연관되어 있다. 이런 현상들을 종합하여 중요한 특성을 찾아본다면 다음과 같은 몇 가지로 정리할 수 있다.

첫째, 학습은 형태에 있어서 개혁을 필요로 하지 않더라도 변화를 수반한다. 학습된 후에는 그 이전보다도 어떤 모습으로든 달라진다. 변화는 조직의 관점에서 보면 좋은 것일 수도 있고 나쁜 것일 수도 있다. 종업원이 바람직한 행동을 학습하는가, 아니면 바람직하지 못한 행동을 학습하는가에 따라 조직의 생산성에 미치는 결과가 다를 수 있기 때문이다.

둘째, 이때의 변화는 상대적으로 영구적인 것을 의미한다. 말하자면 학습에 의해 일어난 변화는 오랫동안 지속되는 경향이 있다. 일시적인 변화는 반응적인 것일 뿐 참다운 학습이라고 할 수 없다.

셋째, 학습은 행동과 관련된다. 학습은 현재의 행동뿐만 아니라 잠재적인 행동에도 영향을 미친다.

넷째, 학습은 경험의 결과이다. 이때의 경험은 직접적인 것일 수도 있고 간접적인 것일 수도 있다. 또한 학습을 위해서는 어떤 형태로든지 경험을 필요로 한다.

다섯째, 학습은 지식과 기능만이 아니라 태도와 사회적 행동을 포함한다.

여섯째, 학습은 분명히 인간행동에 영향을 미치는 요인이다. 그러나 학습은 행동에 영향을 미치는 여러 개 요인 중의 오직 하나일 뿐이다.

일곱째, 성장, 피로 또는 수면과 같은 신체적 변형에 따른 행동변화는 학습이 아니다. 말하자면 학습결과 얻은 행동변화와 성숙 또는 나이를 먹음에 따라 일어나는 변화는 다르기 때문이다.

보다 직접적으로 말하면 학습은 환경과의 경험에서 나오는 것이기 때문에 조직의 업적에까지 연결되는 행동변화의 하나의 원천이기도 하나 본능적 또는 유전적인 다른 행동변화의 원천과는 여러 가지 측면에서 성격을 달리하는 독특한 원천이다.

2) 학습 특성과 개인행동

학습은 인간이 생각하고, 느끼고 행동하는 방법과 신념, 그리고 가치 및 목표에 대하여 커다란 영향을 미치며, 학습을 통한 경험은 개인의 행동을 변화시킨다. 그래서 학습은 인간의 행동과 동기유발에 있어서 매우 중요한 영향변수가 되는 것이다.

어느 개인이 복종형인가 아니면 지배형인가, 순종형인가 아니면 자기 주장형인가 하는 것 등은 보통 학습경험에 의하여 결정된다. 뿐만 아니라 한 개인이 어떻게 자신의 욕구를 충족시켜 나가며, 자신의 욕구좌절(frustration)을 어떻게 대처해 나가고 또 자신의 갈등을 어떻게 해결해 나가는가 하는 것 등도 학습에서 얻은 경험에 의하여 크게 영향을 받는다.

인간은 학습을 통하여 자신의 개념화(conceptualization)와 그가 살아 나갈 대상세계를 형성하여 나간다. 그리하여 자기만이 가지는 행동과 태도의 특성을 나타내면서 생활하게 된다. 이와 같이 개인의 취미, 태도, 관심 및 동기와 신체적 · 본능적 욕구가 충족되어지는 방법 등은 학습에 의하여 크게 영향을 받는다.

이상에서 살펴본 바와 같이 모든 사람은 각각 다른 유전형질과 경험을 가지고 있기 때문에 개성이 상이할 수밖에 없고 행동 또한 다를 수밖에 없다. 그러므로 종업원의 행동도 각 개인에 따라서 천차만별일 것이라는 전제 하에 경영자는 종업원을 차별적으로 다루어야 할 것이다.

3) 학습강화의 유형

학습은 연습의 강화에서 비롯되는 경험으로부터 나타나는 행위의 지속적인 변화라고 할 수 있다. 따라서 개인의 행동을 변화시키기 위해서는 그가 가진 경험을 변화시켜야 하며, 또 이들의 경험을 변화시키기 위해서는 연습의 강화라 할 수 있는 학습행위가 뒤따라야 한다.

이 경우 학습이 행동변화를 가능하게 하려면 그것이 상당 기간 지속적으로 이루어져야 하며, 또한 부단한 연습과 그에 따른 새로운 경험의 형성이 수반될 수 있어야 한다. 그리고 이를 위해서는 강화를 통한 조건형성이 반드시 필요하게 된다.

조건형성이란 자극－반응(stimulus－response)과정에서 자극을 강화시켜 준 결과 행동에 있어서의 변화가 발생하는 것을 말한다. 이와 같이 개인의 행동을 변화시키려 할 경우 강화요인은 가장 중요한 것인데, 이는 강화가 학습의 기초적 조건이 됨으로써 강화가 없는 학습은 생각할 수도 없고 또 행동의 수정은 불가능할 것이기 때문이다.

그런데 인간의 학습은 일정한 Motivation이 강화로서 주어질 때 실제로 이루어지는 것이며, 인간의 행동 또한 Motivation으로서의 보상이 제공됨으로써 가능하게 될 것이기 때문에, 개인의 행동을 수용시켜서 새로운 행동의 획득을 기대하려면 강화를 통한 개인에 대한 Motivation을 부단히 실행하여야 한다.

강화가 없을 때 행동의 발생이나 변화는 있을 수 없다. 따라서 부하의 행동에 변화를 기대할 경우 상사는 부단한 강화활동을 실현해야 한다. 그렇게 함으로써 상사는 부하의 행동을 조직목표 지향적으로 유인할 수 있기 때문이다. 이와 같이 행동에 영향력을 행사하기 위하여 사용할 수 있는 강화전략에는 적극적 강화, 부정적 강화, 소거 및 벌 등 네 가지 유형이 있는데 **적극적 강화 및 부정적 강화는 바람직한 행동을 촉진하기 위하여 사용되고 소거 및 벌은 바람직하지 못한 행동을 감소시키기 위해 사용된다.**

(1) 적극적 강화(positive reinforcement)

적극적 강화는 바람직한 행동의 빈도나 범위를 증가시키기 위하여 사용된다. 행동에 따른 보상이 적극적 강화요인이고, 그 행동의 빈도를 증가시킬 수 있다. 그러나 모든 보상이 적극적 강화요인이라고는 할 수 없다. 보상이 행동의 빈도를 증가시켜 주지 못하면 강화요인이 못된다.

보상이 효율적인 강화요인이 되기 위해서는 다음 두 가지 조건을 충족시켜 주어야 한다.

첫째, 보상은 성과와 결부되어야 한다. 그렇지 못할 경우 보상은 인간을 Motivate시킬 수 없다.

둘째, 보상은 직무수행자의 욕구와 결부되어야 한다. 그렇지 않으면 행동을 강화시킬 수 없다.

적극적 강화요인은 1차적 강화요인과 2차적 강화요인으로 나누어 볼 수 있다. 1차적 강화요인(primary reinforcer)은 요인자체에 선천적으로 인간의 욕구를 충족시키고 직접적으로 행동을 강화시키는 것이다. 즉 과거의 경험과 아무런 관계없이 반응행동의 결과가 생리적 욕구를 충족시킴으로써, 똑같은 반응행동을 유도해 내는 요인들이다. 예컨대 음식물은 공복에 대한 욕구를 충족시켜 주는 1차적 강화요인이다. 그리고 포옹은 애정욕구를 충족시켜 주는 1차적 강화요인이라 할 수 있고, 작업과 유희는 인간의 능력욕구를 충족시켜 주는 1차적 강화요인이라 할 수 있다.

한편, 2차적 강화요인(secondary reinforcer)은 학습과 경험을 통하여 만족감을 느끼게 하는 요인들로서 현존하는 다른 강화요인과 관련되는 조건화된 강화요인이다. 금전, 칭찬 및 지위상승 등과 같은 것을 그 예로 들 수 있다. 이와 같은 것들은 그 자체로서는 가치를 가지고 있지 않으나 음식물, 애정 및 봉급인상과 같은 강화요인과 관련되기 때문에 가치를 가지게 된다.

(2) 부정적 강화

부정적 강화(negative reinforcement)는 불쾌한 결과나 벌을 제거함으로써 어떤 행동의 빈도를 증가시키기 위하여 사용된다. 보상의 부여보다 벌이나 벌의 위협의 제거를 부정적 강화라고 한다. 부정적 강화의 방법이 효과적이기 위해서는 다음과 같은 두 가지 조건이 갖추어져야 한다.

첫째, 벌의 제거나 불편한 자극이 강화하고자 하는 행동과 결부되어야 한다. 예컨대 한 죄수의 석방이나 그의 모범수로서의 행동과 결부되어 있을 때, 그것은 선행을 강화시키게 된다.

둘째, 특정 행동을 하고난 후에 제거될 수 있는 불쾌한 결과(처벌, 처벌의 위협)가 있어야 한다. 즉 어떤 사람이 그가 회피하고자 하는 고통스러운 환경이 있어야 한다.

(3) 소거(消去)

소거(extinction)란 강화작용의 결여로 말미암아 작동적 행동이 유지되지 못하는 현상을 말한다. 행동이 보상받지 못하게 되면 그의 빈도가 감소되어 마침내 사라지고 만다. 일상생활에서 인간은 타인의 행동을 무시함으로써 소거를 하게 된다.

소거는 벌(罰)을 직접 적용하는 것이 아니기 때문에 실제 처벌보다 덜 고통스러울 것으로 생각될 수 있으나, 경우에 따라서는 소거는 실제 처벌과 마찬가지로 가혹할 수도 있다. 예컨대 다른 종업원들은 모두 봉급인상이 되는데 어떤 한 사람의 종업원만이 그렇지 못할 경우 그는 고통을 경험하게 될 것이다.

(4) 벌(罰)

벌(punishment)은 바람직하지 못한 행동에 대해서 불쾌한 결과를 주거나 적극적 강화요인을 제거하는 것을 말한다. 지각한 부하를 꾸짖는 것은 불쾌한 결과를 주는 것이고, 지각한 것을 이유로 시간 외 근무의 기회를 주지 않고 따라서 특근수당을 주지 않는 것은 적극적 강화요인을 제거하는 것이 된다.

인간은 어떤 처벌을 수반한 과거의 경험이나 다른 사람이 특정 행동으로 말미암아 처벌되는 것을 관찰함으로써 회피행동을 학습하게 된다. 이와 같은 학습을 회피학습이라고 하며 그것은 처벌행위와 밀접하게 관련되고 있다.

이상에서 살펴본 네 가지 강화전략은 개별적으로 사용되기도 하지만 적절히 혼합하여 사용할 때 더욱 효과적이다. 이와 같은 혼합전략에는 다음과 같은 두 가지 방법이 있다.

첫 번째는 적극적 강화(보상)와 벌을 혼용하는 방법이다. 즉, 바람직한 행동을 강화하기 위해서는 보상을 이용하고 바람직하지 못한 행동을 소멸시키기 위해서는 벌을 사용하는 것이다. 이 전략은 당근과 채찍이라는 말로 표현되는 방식으로서 경영자들에 의하여 자주 사용되고 있다.

두 번째 방법은 적극적 강화와 소거를 혼용하는 것이다. 벌은 가끔 부작용을 동반하기 때문에, 벌의 사용에 따른 부작용을 제거하면서 바람직스럽지 못한 행동을 약화시키기 위하여 벌 대신 소거를 사용한다. 즉 소거는 바람직스럽지 못한 행동을 약화시키고, 적극적 강화는 바람직스러운 행동을 강화시켜 준다. 따라서 종업원은 자신이 바라는 보상을 얻을 수 있고, 조직은 바람직스럽지 못한 행동을 제거할 수 있다는 이점이 있다.

그림 5-13 강화전략의 유형

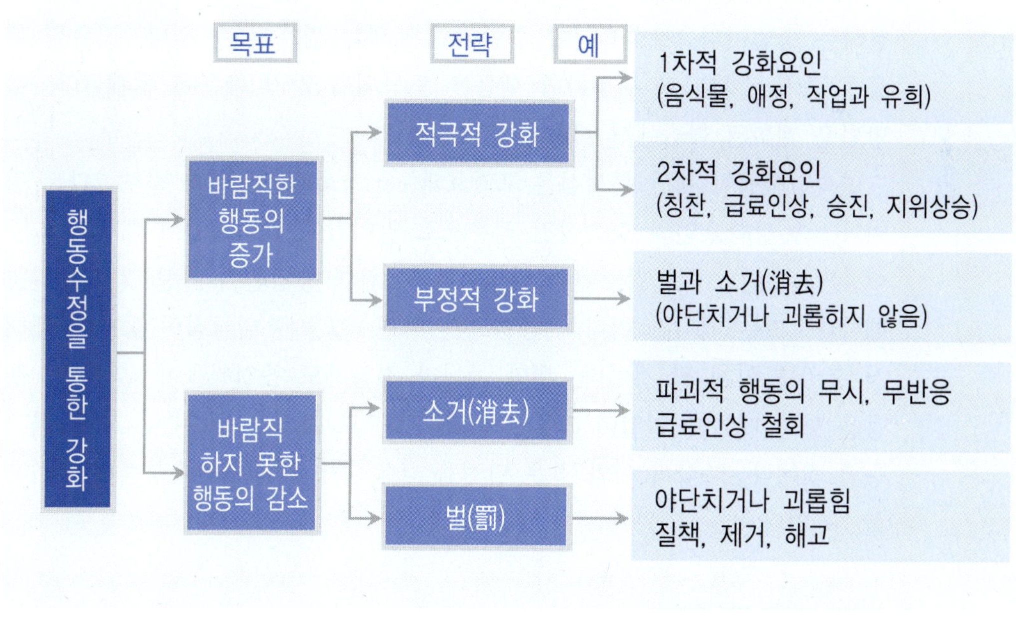

자료: K. H. Chung and L. C. Megginson, *Organizational Behavior: Developing Managerial Skills*, New Yoik: Harper & Row, Publishers, 1981, p. 98.

4) 학습강화의 방법과 관리

강화는 두 가지 관점에서 이를 실행하여야 한다. 그 하나는 일정한 시간을 두고 강화하는 것이고, 다른 하나는 강화대상의 강화에 대한 반응을 보고 강화를 해 나가는 방법이다. 어떤 방법에 의하든, 이들은 일정한 계획에 따라서 실행되어야 한다.

보상이나 처벌 등 두 가지 형태의 강화방법을 강구할 때, 이들이 갖는 동기유발의 수단으로서의 효과는 다르다. 뿐만 아니라 동일한 강화라도 그것이 개인에게 주는 동기유발의 효과는 다르다. 따라서 강화를 하려 할 경우에 있어서는 강화의 관리를 잘 해야 한다.

경영자가 종업원들에게 보상을 줄 때 사용할 수 있는 적극적 강화의 대표적인 일정계획(reinforcement schedule)으로써 강화요인의 적용시기를 중심으로 크게 연속강화법과 단속강화법을 생각해 볼 수 있다.

(1) 연속강화법(continuos reir.forcement schedule)

연속강화법은 종업원들이 정확한 반응행동을 보일 때마다 강화요인을 적용하는 방법이다. 강화요인이 중단되면 성과는 감소될 수 있다. 정확한 행동은 즉시 강화되고 부정확한 행동은 보상되지 않기 때문에 억제된다. 이 방법은 계획된 학습에서 사용된다.

연속강화법이 지닌 문제점은 포만효과(satiation effect)가 발생한다는 점이다. 즉 강화요인의 연속적인 적용으로 말미암아 강화요인에 대해서 싫증이 나서 유인가치가 감소된다는 것이다. 예컨대 종업원이 어떤 것을 생산할 때마다, 또는 매시간 마다 임금을 받는다면, 그들은 임금적인 유인에 대해서 흥미를 잃게 될 것이다. 뿐만 아니라 경영자도 종업원들이 요구되는 행동을 보일 때마다 일일이 그들에게 계속적으로 보상을 해준다는 것도 불가능할 것이다. 따라서 이와 같은 단점을 극복하기 위하여 단속강화법을 사용할 수 있다.

(2) 단속강화법(intermittent reinforcement schedule)

단속강화법은 보통 조직의 보상을 관리하는 데 사용된다. 단속강화법의 예로서는 급료, 칭찬, 승진, 수상 및 인정 등을 들 수 있다. 조직은 바람직한 행동이 발생할 때마다 강화한다는 것은 거의 불가능하기 때문에 조직의 보상체계를 관리하기 위하여 단속강화법을 사용하게 된다.

단속강화 방법에는 ① 고정간격법, ② 변동간격법, ③ 고정비율법, ④ 변동비율법 등 네 가지 방법이 있다.

첫째, **고정간격법**(fixed interval schedule)은 요구되는 행동이 아무리 많이 발생하였더라도 어느 일정 기간을 간격으로 강화요인을 적용하는 방법이다. 대부분의 조직의 급여체계는 고정간격법에 바탕을 두고 있다. 종업원들은 그들이 직무에 소비한 시간에 대하여 시간급, 주급 또는 월급을 받게 된다. 급여가 시간간격에 묶여 있기 때문에 이 방법은 Motivation수단으로서는 효과가 적다.

둘째, **변동간격법**(variable interval schedule)은 강화요인의 적용시기에 일정한 간격을 두지 않고 변동적인 간격으로 강화요인을 적용하는 방법이다. 부하를 칭찬해 준다거나 승급·승진 등과 같은 것이 이 방법의 예이다.

강화의 시기를 예측할 수 없기 때문에 종업원은 소거 시에 강화작용을 기대하게 된다. 따라서 변동간격법은 고정간격법보다 바람직한 행동을 유지하는 데 더욱 효과적이라고 한다.[35)]

셋째, **고정비율법**(fixed-ratio schedule)은 작동행동의 일정한 수나 일정한 비율에 따라 강화요인을 적용하는 방법이다.

생산량에 비례하여 지급되는 성과급제나 일정량의 페이지를 타자(打字)해야 보수를 받는 타자수, 판매를 해야만 수수료를 받는 판매사원 등을 그 예로 들 수 있다. 고정비율법은 행동과 그 결과 사이의 인과관계를 증가시킬 수 있다. 고정비율법에 의한 성과는 간격법에서 얻게 되는 성과보다 일반적으로 높다. 예컨대 시간급제 하에서보다는 성과급제 하에서 생산성이 더 높아지는 경우와 같다.

넷째, **변동비율법**(variable ratio schedule)은 작동행동에 일정한 비율을 사용하지 않고 변동적인 비율을 사용하여 강화요인을 적용하는 방법이다. 높은 생산성을 촉진하기 위하여 경영자는 일정 생산수준까지는 낮은 임률을 적용하고, 일정수준 이상일 경우 높은 임률을 적용하는 것이다.

---

35) G. A. Yukl, K. N. Wexley, and J. D. Seymore, "Effectiveness of Pay Incentives Under Variable-Ratio and Continuous Reinforcement Schedule," *Journal of Applied Psychology,* 1972, Vol. 56, pp. 19-23.

이상과 같은 강화방법은 학습의 성격과 환경에 따라 그 효과성이 다르다. 그러나 일반적으로 독자적인 성과에 관심을 둘 경우 간격법보다는 비율법이 더 높은 학습효과를 가져온다. 왜냐하면 간격법보다는 비율법이 작동적 행위, 즉 성과와 강화요인간에 직접적인 연관성을 갖기 때문이다. 한편 일정기간에 일정행동을 원한다면 간격법이 좋다.

6

동기와 인간행동

1. 인간의 욕구와 행동
2. Motivation의 개념
3. Motivation의 과정
4. Motivation의 접근방법
5. Motivation의 제이론

제6장 동기와 인간행동

1. 인간의 욕구와 행동

인간이 살아 있음은 움직임으로써 확인된다. 인간은 계속적으로 먹고, 마시고, 잠을 자고, 일하고, 사람을 만나고 그리고 희로애락(喜·怒·哀·樂)에 휩싸여 살아간다. 우리는 왜 지속적으로 이렇게 움직이고 일을 하며 살아가야 하는가? 이에 대한 대답은 인간행동의 바탕인 인간욕구와 그것의 충족과정을 통해서 이해될 수 있다. 인간의 마음속에는 무한한 욕구가 있으며 이 욕구는 인간의 내·외적인 요소들에 의해 계속적으로 자극받고 있으며 이러한 자극에 의한 욕구는 분출되어 행동으로 이어진다.

그러나 이러한 행동을 순수하게 인간욕구의 충족과정이라고 만은 할 수 없다. 왜냐하면 욕구가 충족되어지는 과정에서 행동은 많은 환경적인 요소와 충돌하고 상호 절충되기 때문이다. 따라서 인간의 행동은 욕구와 환경적 요소와의 충돌과 상호 절충의 산물이라고 표현하는 것이 더 정확할 것이다.

인간 내적인 욕구가 외부의 환경적인 요소들과 상호작용하는 과정은 우리가 단순하게 공식화할 수 있는 순차적(順次的)인 과정은 아니다. 이는 욕구가 표출되는 데 영향을 주는 개인이 처해 있는 환경은 물론 개인의 태도 및 가치관 등의 여러 요소들이 동시에 영향을 미치는 복잡한 과정이다. 그러므로 이러한 복잡한 과정을 분류하여 그 중에 특정한 요소만을 가지고 인간의 행동을 이해하고자 하는 것은 매우 위험한 일이다.

본 장에서는 분석의 편의를 도모하고 이해를 돕기 위해 주로 인간행동의 동기에 초점을 맞추어 논의를 하고자 한다.

동기와 행동에 대한 연구는 복잡한 인간의 본성(nature of man)에 대한 문제를 해결하는 데 가장 필요하다. 이는 사람들의 과거 행동의 수수께끼를 풀어 줄 뿐만 아니라 사람들의 장래 행동을 어느 정도 예측하고 변화시키고 통제하는 데도 도움이 될 수 있기 때문이다.

행동은 본래 목표지향적(goal oriented)이다.[1] 즉 행동은 동기가 목표를 향하여 움직이는 것이다. 인간의 행동은 목표를 달성하려는 갈망에 의하여 일반적으로 동기가 유발된다.

따라서 인간이 조직에 참여하는 것도 조직이 개인의 요구를 어느 정도 충족시켜 주리라는 기대가 있기 때문이다.

인간은 조직을 통하여 입고 먹고 사는 것과 같은 일차적인 욕구뿐만 아니라 동료들과 함께 일을 할 수 있고, 존경을 받을 수 있으며, 어떤 일을 스스로 성취했다는 기쁨을 맛볼 수 있는 사회적인 욕구를 충족하게 된다. 이러한 만족을 얻기 위하여 개인은 기꺼이 시간과 노력을 조직에 투입하는 것이다. 또한 인간은 조직에서 그의 욕구가 충족되기를 바라지만 또 한편으로 자기 혼자서 할 수 없는 일을 조직을 통하여 달성할 수 있다고 기대하기 때문에 조직에 참여하는 것이다.

리비트(H. J. Leavitt)는 인간행동의 기본적 모델을 다음과 같이 설명하고 있다.[2)]

그림 6-1 인간행동의 기본 모델

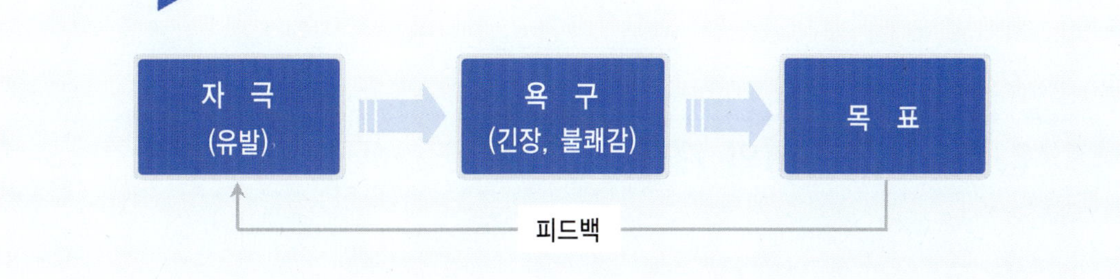

원래 유기체인 인간은 여러 가지 욕구(motives)를 지니고 있다. 또한 욕구가 충족되지 않으면 긴장상태를 면치 못하거나, 불쾌감을 느끼게 된다.

---

1) P. Hersey & K. H. Blanchard, *Management of Organizational Behavior*, N. J., Prentice-Hall Inc., Englewood Cliffs, 1982, p. 14.

2) H. J. Leavitt, *Managerial Psychology*, University of Chicago, 1972, p. 12.

인간은 그와 같은 상태에서 벗어나기 위하여 외부로부터 적절한 자극(동인)이 주어지기만 하면 목표를 달성코자 어떠한 행동을 함으로써 긴장이나 불쾌감을 소멸시키려 한다. 그러므로 인간의 행동에는 반드시 세 가지 요인, 즉 자극·욕구 및 목표가 뒤따르게 마련이다.

즉 개인은 ① 욕구충족의 증대를 얻으려 하며, ② 욕구충족의 감소를 회피하려는 두 가지 이유에서 하나를 위해 행동한다. 뿐만 아니라 인간은 욕구충족을 초래시켜주는 행동을 반복하려 하며, 반면에 욕구충족의 감소, 즉 처벌을 받는 행동을 회피하려는 경향이 있는 것이다.3)

따라서 경영관리자는 사람을 자극하기 위하여 두 가지 방법 중의 하나를 사용하게 된다.

첫 번째 방법은 요구하는 행동이 그들의 욕구를 만족시켜 주리라는 것을 작업자에게 알리는 것이며, 두 번째 방법은 그들의 욕구충족의 방법을 회피하려고 하는 행동의 방향에 따라야 한다는 것을 그들에게 납득시켜야 한다. 그리고 종업원을 자극하기 위한 경영자의 힘이라는 것은 종업원의 입장에서 보면 경영자가 그들 자신의 욕구를 만족시킬 수 있는 수단을 통제할 수 있는 규범 내에서만 효과가 있는 것이다.4)

그러므로 현대 기업조직에 있어서 조직의 성과를 실현하기 위해서는 조직 구성원들의 진정한 인간적 협동을 확보하는 행동체계가 무엇보다 필요하다 하겠다. 그리고 이와 같은 협동적 노력을 끌어내기 위해서는 각 개인행동의 동기를 충분히 이해하고 그것에 따른 합리적인 관리방안을 강구하여야 한다.

2. Motivation의 개념

'동기부여' 혹은 '동기유발'을 의미하는 'motivation'이란 단어의 어원은 "움직인다"는 뜻을 가진 라틴어의 '*movere*'에서 유래되었기 때문에 이에 관한 연구는 2,300여 년 전 희랍에서 비롯되어 오늘에 이르고 있다. 그러나

---

3) 李濬範, 現代經營管理論, 博英社, 1980, pp. 29-30.

4) D. McGregor, *The Human Side of Enterprise*, McGraw-Hill Book Co., Inc., 1960, p. 20.

Motivation이라는 용어는 그 후 연구자의 연구목적에 따라 다양한 의미로 사용되고는 있으나 Motivation이란 눈으로 볼 수 없고(invisible) 손으로 만질 수도 없는(intangible) 심리적인 과정이기 때문에 객관적으로 이를 측정하기란 불가능하다. 또한 Motivation은 인간행동을 설명하고 예측하기 위한 이론체계를 위해 매우 다양한 의미로써 사용되고 있는 개념이기 때문에 인간행동을 이해함에 있어 핵심적인 개념이면서도 아직까지 통일된 개념정의가 없는 것도 사실이다. 그러나 지금까지의 연구에서 사용되어진 대표적인 개념들을 요약·정리하고 Motivation의 개념을 정의해 보면 다음과 같다.

Motivation은 행동(action, behavior)을 통해 인간의 내적인 욕구를 충족시키는 과정이다.[5)]

- Motivation은 목표달성을 위해 행동을 자극하고 방향을 지어 주며 유지하는 일련의 심리적인 과정이다.[6)]
- Motivation은 행동에 목적과 방향을 부여하는 심리적인 과정이다.[7)]
- Motivation은 어떤 목표나 유인을 향한 행동이나 충동을 일으키는 신체적·심리적 결핍 또는 욕구에서 시작하는 과정이다.[8)]
- Motivation은 인간으로 하여금 특정 방법으로 행동하게 하는 힘이다.[9)]
- Motivation은 행동에 활기를 불어 넣어 줄 뿐더러 방향을 제시해 주며 지속하려는 경향을 뒷받침해 주려는 내적인 힘이다.[10)]

이상에서 살펴본 제 정의는 각기 다른 특성을 가지고 있으나 일반적으로 심리학적인 관점에서의 Motivation이란 **인간의 행동을 유발하고, 그 유발된 행동을 유지하며, 더 나아가서 이를 일정한 방향으로 유도해가는 과정의 총칭**이라고 할 수 있겠다.

이와 같은 개념 정의에서 다음과 같은 몇 가지 특징적인 사실들을 도출해 볼 수 있다.

첫째, 행위자의 행동원인(motive)은 볼 수 없으나 그의 행동을 통해 동인이 무엇인지를 추리할 수 있고 그가 동기부여되었는지를 알 수 있다.

---

5) G. L. Frunzi & P. E. Savini, *Human Relations*, 1991, p. 112.
6) K. H. Roberts and D. M. Hunt, *Organizational Behavior*, 1991, p. 435 및 J. Greenberg & R. A. Baron, *Behavior in Organizations*, 1993, p. 114.
7) R. Kreitner, *Management*, 1992, 5th, p. 385.
8) F. Lathans, *Organizational Behavior*, 1992, 6th, pp. 146-147.
9) R. W. Griffin, *Management*, 1993, 4th, p. 36.
10) K. M. Bartol & D. C. Martin, *Management*, 1994, 2nd, p. 377.

둘째, Motivation은 인간의 행동을 일으키는 내적인 상태이고, 내적인 충동과 힘(internal drives and forces)에서 발생되는 행동과 관련되며, 행동을 일으키는 것이 무엇(what)이고, 어떻게(how) 이루어지며, 또한 행동이 왜(why) 일어나는가 하는 원인과 관련된다.[11)]

셋째, Motivation은 단순한 행동이 아니라 목표지향적인 행동과 관련된다. 이 같은 행동은 개인의 경우에는 충족되지 않은 욕구의 충족만을 목표로 하나 조직에서는 종업원이 지닌 욕구의 충족과 기업이 달성하고자 하는 목적(생산성)의 두 가지를 목표로 지향한다.

넷째, Motivation은 단순히 신체적인 행동만이 아니라 정신적인 움직임까지도 포함한다. 동물이나 노예의 경우 전자의 움직임은 하지만 후자의 움직임은 하지 않는다.

'동작부여'(motion)와 '동기부여'(motivation)는 개념 상의 혼란을 일으킨다. 양자는 다른 개념이다. 동작을 하지 않는 사람도 동기부여가 될 수는 있다. 또한 Motivation은 본질적으로 강제되는 것이 아니라 자의적이어야 한다.

다섯째, Motivation은 기본적으로 무엇(what)을 위해서인가의 내용과 함께 어떻게(how) 하는가의 과정과 관련된다.[12)]

여섯째, Motivation은 개인적인 현상이다. 말하자면 모든 사람은 독특하게행동하고 반응하므로 모든 동기부여 이론은 서로 달리 이 같은 독특성을 용납하고 있는 것이다.

일곱째, Motivation 이론은 종업원의 효과적인 관리를 위해 그의 행동을 예측하는 데 기본적인 목적이 있다.

3. Motivation의 과정

Motivation의 과정을 설명한 대표적인 학자로서 스티어스(R. M. Steers)와 포터(L. W. Porter) 그리고 듀네트(M. D. Dunnette)와 커쉬너(W. K. Kirchner) 등을 들 수 있다.

11) J. A. Peance, R. B. Robbins, *Management*, McGraw-Hill, 1989, pp. 462-472.
12) A.J. DuBrin, *Foundation of Organization Behavioral*, Prentice-Hall, 1984, p. 64.

그림 6-2 동기부여의 과정

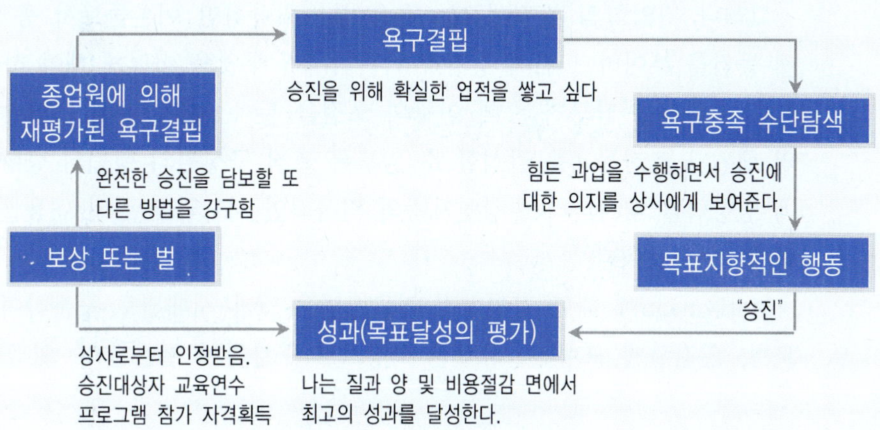

스티어스(Steers)와 포터(Porter)[13]는 욕구(needs)와 목표(goals)라는 변수를 중심으로 하여 다음과 같은 Motivation의 과정을 보여주고 있다.

위의 그림에서 보는 바와 같이 욕구가 결핍되면 인간은 심리적 불안이나 갈등을 느끼게 되며 이를 해소하기 위한 수단을 탐색하게 된다. 그 결과 하나의 행동대안이 선택되어 목표지향적인 행동을 하게 된다. 일정한 시간이 경과한 다음 자신의 성과를 평가받고, 평가결과에 기초한 보상이나 벌이 주어지게 된다. 이것은 다시 개인들에 의해 욕구결핍을 재평가하게 하고 그 성과를 평가하고 새로이 부각된 욕구의 결핍을 충족시키려는 순환과정을 반복하게 된다는 것이다.

4. Motivation의 접근방법

Motivation에 관한 연구는 크게 심리학적 관점에서의 연구와 경영학적 관점에서의 연구로 나누어 볼 수 있다. 심리학의 관점에서는 인간의 행위가

13) R. M. Steers and L. W. Porter, *Motivation and Work Behavior*, New York; McGraw-Hill Book Co., 1979, p. 6.

왜, 어떻게 유발되고, 활력을 얻고, 방향을 결정하고, 특정 행동이 중단되는가?에 관한 이론들을 탐구하는데 연구의 초점을 두고 있다.

그러나 경영학의 관점에서는 응용이나 처방적인 이론들로서 종업원들에게 동기를 부여하기 위해 경영자나 관리자가 무엇을 어떻게 해야 하는가?에 대한 이론들을 탐구하는 데 연구의 초점을 둔다. 다시 말해 개인이나 집단의 행위가 조직목표를 달성할 수 있도록 조직 구성원의 행동의 방향과 정도에 영향력을 행사하려는 경영자측의 의식적인 시도와 관련된 내용들을 탐구하게 되는 것이다.

Motivation에 대한 경영학적 접근방법은 크게 시대별로 구분하여 전통적 모형, 인간관계 모형, 인적자원 모형으로 구분하여 접근할 수 있겠다.

1) 전통모형

Motivation연구의 전통모형은 1800년대 후반부터 1930년대 초까지 실시되었던 고전적 관리론(구조적 · 기계적인 조직관리론)에서 강조되었던 동기부여 이론으로서 이는 합리적 · 경제적인 인간관(rational-economic man)의 가설에 기반 하여 논의되고 있다.

(1) 기본가정

① 일이란 대부분의 사람들에게는 본래 싫은 것이다.

② 일을 통해 받게 되는 보수에 비하면 하는 일은 중요하지 않다.

③ 창의성 · 자주성 · 자제력 등이 요구되는 작업을 하려고 하거나 할 수 있는 사람은 극히 소수에 불과하다.

(2) 동기화 정책

① 관리자의 기본업무는 부하를 엄중하게 감독하고 통제하는 일이다.

② 업무는 단순하게, 반복하기 쉽게, 그리고 작업공정을 쉽게 학습할 수 있도록 작업단위를 세분해야 한다.

③ 상세한 일상 작업방법과 절차를 마련해서 반드시 이에 따르도록 공정하게 관리해야 한다.

(3) 기대되는 성과

① 봉급만 상당한 수준으로 받고, 상사가 공정하게 대우한다면 작업에 대해서는 참을성을 보일 것이다.

② 업무가 매우 간단하고 통제를 철저히 하게 되면 작업표준까지 생산성이 높아질 것이다.

2) 인간관계 모형

인간관계 모형은 1930년대 호손연구 이후 1950년대까지 실시되었던 신고전적 조직관리론(인간관계론적 조직관리론)에서 강조하고 있는 동기부여이론으로써 이는 사회적 인간관(social man)의 가설에 기반하여 논의되고 있다.

(1) 기본가정

① 인간은 자신이 유용하고, 중요한 존재라고 느끼고 싶어 한다.

② 인간은 소속감을 갖고자 하며, 인간으로서의 존엄성을 인정받고 싶어 한다.

③ 작업동기에서 소속감과 인정의 욕구가 금전보다 중요하다.

(2) 동기화 정책

① 관리자의 기본업무는 각 근로자로 하여금 자신이 유용하고 중요한 존재라고 느끼도록 해주는 것이다.

② 부하들에게 여러 가지 정보를 제공해 주며, 자신의 계획에 대한 반대 의견도 경청해야 한다.

③ 업무에서 일상적으로 처리할 수 있는 것에 대해서는 부하들이 스스로 행하고, 스스로 통제력을 발휘할 수 있도록 허용해야 한다.

(3) 기대되는 성과

① 부하들에게 여러 가지 정보를 제공하고, 업무에서 일상적인 경험을 할 수 있도록 관여시킴으로써 부하들의 소속의 욕구와 중요하다고 느끼고 싶어 하는 욕구를 충족시켜 줄 수 있다.

② 소속욕구와 중요한 존재라고 느끼고 싶어 하는 욕구를 충족시키게 되면, 사기가 높아지고 조직의 공식적 권위에 대한 저항이 경감됨으로써 부하들이 조직을 위해서 기꺼이 협력하게 될 것이다.

3) 인적자원 모형

인적자원 모형은 1960년대 이후 오늘에 이르기 까지 실시되고 있는 현대적 조직관리론(인적자원관리론)에서 강조하고 있는 동기부여이론으로서 이는 자아실현적인 인간관(self-actualizing man)이나 복합적인 인간관(complex man)의 가설에 기반하여 논의되고 있다.

(1) 기본가정

① 일이 본래부터 싫은 것은 아니다. 자신이 협조해서 설정한 뜻있는 목표에 대해서는 공헌하고자 한다.

② 대부분의 사람들은 현재의 지위에서 필요로 하는 것보다 훨씬 더 창조적이고, 책임 있게 행동하고, 자기관리나 자제력을 더 낫게 발휘할 수 있다.

(2) 동기화 정책

① 관리자의 기본업무는 부하들이 지니고는 있으나 개발되지 않은 잠재적인 능력을 발휘할 수 있도록 하는 것이다.

② 관리자는 모든 조직 구성원들이 자기 능력의 한도 내에서 그 나름대로 공헌할 수 있는 환경을 조성해야 한다.

③ 관리자는 부하들이 계속해서 자기관리와 자제력을 발휘할 수 있도록 해 줌으로써 주요한 문제점에 대해서도 충분히 참여할 수 있게 고무해야 한다.

(3) 기대되는 성과

① 부하의 영향력, 자기관리 및 자제력을 더 발휘할 수 있게 하면 업무 상의 효율성이 직접적으로 개선될 것이다.

② 부하들이 지니고 있는 인적자원을 충분히 사용할 수 있도록 해 주면 직무만족은 부산물로써 자연히 개선될 것이다.

5. Motivation의 제이론

인간행동의 동기가 되는 욕구내용을 밝히고, 욕구들의 상호관계에 대한 체계적인 설명을 시도하려는 많은 연구가 있어 왔다. 이러한 이론들은 인간 욕구가 어떠한 과정을 통해 어떠한 방향으로 유인되는지에 대한 동태적인 측면의 설명은 약할지 모르지만, 내적으로 인간들은 무엇에 의해 움직여지며 인간을 움직이게 하는 요소들 중에 다른 동물들이 가지고 있지 않은 인간만의 고유의 특징은 무엇인가를 이해하는 데는 많은 도움이 된다.

1) 욕구계층이론(Maslow's needs hierarchy theory)

매슬로우(A. H. Masolw)의 주장에 따르면 인간이 특정한 목적의식을 가지고 어떠한 행동을 하는 것은 단순히 인간이 가지고 있는 논리적인 사고의 결과가 아니라 그 내면에 잠재해 있는 욕구충족의 필요성 때문이라는 것이다.

그의 임상적인 관찰에 의하면 일반적으로 인간은 문화권이 달라도 같은 종류의 욕구를 가지고 있으며 이 욕구들은 생리적인 욕구, 안전 욕구, 소속과 애정 욕구, 존경 욕구 및 자기실현 욕구 등 다섯 가지로 계층을 형성하고 있는 것으로 파악하였다.[14] 그리하여 그는 다음과 같은 세 가지의 기본적인 가정을 전제로 욕구계층의 모델을 설정하였다.

첫째, 인간은 항상 부족한 존재이다. 결핍의 존재인 인간은 다양한 욕구를 안전화시키려는 욕구에 의해 기계화되고 있다.

둘째, 인간의 욕구는 중요성의 계층에 따라 음식과 거처와 같은 기본적인 욕구에서 자아실현 욕구와 같은 최상의 욕구까지 연속적으로 정돈되어 있다.

셋째, 인간의 욕구는 저차원의 욕구가 최소한으로 충족되어야만, 그 다음의 욕구차원으로 전환될 수 있다. 따라서 이미 충족된 욕구는 동기유발요인이 될 수 없다. 이상과 같이 세 가지 가정에 따라 다음과 같은 욕구계층이론을 전개하였다.

---

14) Abrham H. Maslow, *Motivation an Personality*, 2nd ed., New York: Haper & Row, Publishers, 1970.

그림 6-3 매슬로우의 욕구단계

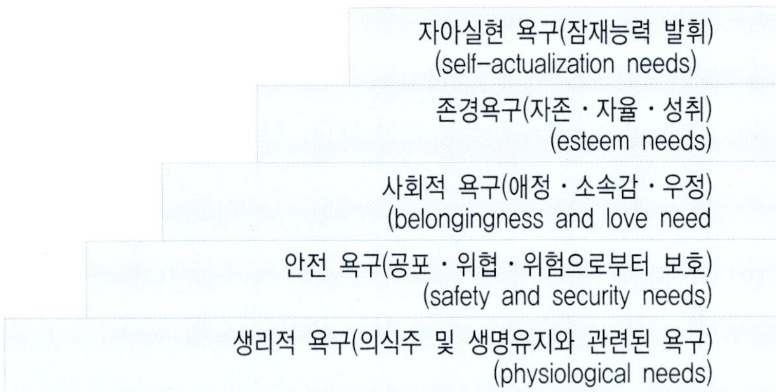

(1) 생리적 욕구(physiological needs)

생리적 욕구는 모든 욕구들 중에서 가장 강력한 욕구이다. 생리적 욕구들을 충족시키지 못한 사람은 다른 어떤 욕구들보다도 생리적 욕구들이 강력한 동인이 되는데 이에는 굶주림, 갈증, 성, 휴식, 수면, 배설 등이 포함된다.

예를 들어서, 안전, 애정, 존경 등의 욕구들이 있다고 하더라도 굶주린 상태에서는 먹으려는 욕구가 그 어느 것보다도 기본적이고 강한 동기가 된다. 만약 굶주림의 욕구가 충족되지 않는다면 인간은 생리적 욕구에 지배되며, 다른 모든 욕구들은 존재하지 않는 것과 마찬가지이거나 또는 배경으로 밀려나게 된다.

굶주림이라는 생리적 욕구에 지배되는 경우에 인간의 모든 기능들은 생리적 욕구를 충족시킴으로써 만족을 얻는데 활용된다. 즉 모든 기능들이 먹으려는 목적에 따라서 조직화된다. 이렇게 되면 모든 감각기관이나 운동기관, 지능, 기억, 습관 등은 단지 배고픔을 만족시켜 주는 도구에 불과하다.

생리적 욕구는 다음과 같은 특성을 갖는다.

첫째, 비교적 상호 독립적이다.

둘째, 육체의 특정 부위와 관련이 있다.

셋째, 비교적 짧은 시간에 반복하여 충족시켜야 한다. 즉 주기성을 갖는다.

그런데 생리적 욕구들이 일단 충족되면 인간은 이 보다 상위의 욕구의 지배를 받게 된다. 마찬가지로 이 상위의 욕구가 또다시 충족되면 보다 고등한 욕구가 나타난다. 인간의 기본적 욕구들이 상대적 강도를 갖는 계층으로 조직화되어 있다는 것은 이를 의미하는 것이다. 그러므로 동기이론에서는 욕구의 결핍이라는 개념이 중요한 만큼 만족이라는 개념도 중요하다.

만족은 인간을 생리적 욕구의 지배로부터 벗어나게 함으로써, 이 보다 상위의 사회적인 다른 목표들이 나타날 수 있게 하기 때문이다. 그러므로 생리적 욕구는 충족이 방해를 받을 때에만 다시 나타나서 인간을 지배하게 되며, 그렇지 않을 때에는 잠재적인 형태로 존재하게 된다. 즉 인간은 충족되지 못한 욕구들에 의해서만 지배되고 행동이 조직화된다. 일정한 욕구가 항상 충족되었던 사람은 장차 이 욕구가 충족되지 않은 상태에 당면하더라도 융통성 있게 대처할 수 있다. 반면에 과거에 욕구충족을 경험하지 못한 사람은 현재 이러한 욕구의 만족을 경험하더라도 전에 욕구충족을 경험했던 사람들과는 매우 다르게 반응하게 된다.

(2) 안전의 욕구(safety needs)

생리적 욕구가 비교적 충족되면 다음으로는 안전의 욕구로 분류되는 새로운 욕구 군이 나타난다. 이 욕구들은 일반적으로 안전을 추구하는 도구로서의 기능을 하기 위해서 행동을 조직화하는 역할을 한다. 이 욕구에 극단적으로 지배되는 경우에는 안전 자체만을 위해서 살게 된다. 대부분의 문명화된 사회에서는 이러한 욕구들이 흔히 아동들에게서 나타나고 또한 적절히 충족된다.

안전욕구란 위험, 위협, 불안으로부터 자신을 보호하고자 하는 욕구로서 건강하고 정상적인 성인은 대부분 안전욕구에 만족을 느끼는 것이 보통이다. 안정된 사회에서는 인간이 맹수, 극히 춥거나 더운 기온, 범죄, 폭행, 살해, 학대 등의 위협으로부터 안전함을 느끼도록 되어 있다.

따라서 실생활에서 안전의 욕구가 적극적인 동기요인이 되지 않는 경우가 많다. 그러므로 이러한 욕구의 지배를 받고 있는 사람들은 신경증적이나 신경증에 가까운 사람들 또는 경제적·사회적인 피해자들에게서 볼 수 있다. 또한 전쟁, 질병, 자연재해 등의 경우도 안전의 욕구에 큰 영향을 미치게 된다. 이런 극단적인 사태를 제외하면 안전의 욕구는 보통 안정성(security) 있는 직업에 대한 선호, 저축열의, 여러 가지 종류의 보험(예, 생명보험)에 대한 선호 등으로 표현된다.

(3) 사회적 욕구(social needs)

생리적 욕구와 안전 욕구가 충족되면, 그 후에 사랑, 애정 및 소속감의 욕구(love, affection, and belongingness needs)들이 나타나게 된다. 이전에는 이런 욕구들이 나타나지 않다가 생리적 욕구와 안전의 욕구가 충족된 후에 친구, 애인, 아내 혹은 자녀들이 없는 것을 문제삼게 된다.

일반적으로 타인들과 다정한 관계를 가지려고 갈망하게 되고 친구들과 어울리려고 한다. Maslow의 주장에 따르면 발전된 사회에서는 정상적인 성인의 경우에는 이 욕구가 적절히 충족될 수 있기 때문에 이러한 욕구가 충족되지 못한 경우란 부적응 사례나 심한 정신병리학적 사례에서나 볼 수 있다고 하였다.

Maslow의 주장은 이와 같지만 실제로는 산업화된 사회에서 다정한 대인관계가 오히려 악화된다는 주장도 많기 때문에 이 주장의 타당성은 의심스럽다.

사랑이나 애정은 일반적으로 사랑과 증오의 양가감정(ambivalence)을 갖는 것으로 간주되며, 성욕으로 표현될 가능성이 있는 경우에는 관습적인 제약과 금지를 받게 된다. 정신병리학 이론들에서는 대체로 애정의 결핍이 부적응의 기반이 된다는 점을 강조하고 있다. 실제로 이 욕구는 사회에서 자주 좌절되기 쉬운 욕구이다. 여기서 강조할 점은 사랑이 성(性)과 동의어가 아니라는 것이다. 성(性)은 순전히 생리적인 욕구로서도 연구될 수 있겠지만, 일상적인 성적행동이란 다양한 요인들에 의해서 결정되는 것이므로 성욕뿐만 아니라 사랑이나 애정 이외에도 다른 욕구들에 의해서 영향을 받는다.

그런데 사랑의 욕구에는 사랑을 주는 것과 받는 것이 모두 포함된다. 매슬로우는 사랑의 욕구가 발전되는 과정을 다시 두 가지로 구분해 보았는데, 자기중심적이거나 혹은 자신의 결핍된 사랑(D－love)이 어느 정도 충족된 다음에 타인에 대한 사랑(B－love)이 성립된다고 한다.

(4) 존경의 욕구(esteem needs)

대부분의 사람들은 사회생활을 통해서 계속적으로 자신을 높이 평가하고, 자신을 존중하며, 자존심을 지니며, 타인으로부터 존경받기 바라는 욕구를 지니고 있다. 자존심이란 실제적인 역량이나 성취를 나타내기도 하며 타인으로부터의 존경을 의미하기도 한다. 이러한 자존심의 욕구들은 두 종류로 나누어 볼 수 있다.

첫째는, 자신이 강하다는 느낌, 성취감, 적당감, 실생활에서의 자신감, 그리고 독립과 자유에 대한 갈망을 들 수 있다.

둘째는, 명성 혹은 위엄, 인정, 타인의 주의획득, 중요한 인물로 대우받기, 높이 평가를 받으려는 욕망 등이 포함된다.

자존심이 충족되면 자신감, 가치감, 강자라는 느낌, 효능감 및 적당감, 그리고 사회에서 유능하고 필요한 존재라는 느낌을 갖게 된다. 그러나 이러한 욕구들이 충족되지 못하면 열등감, 무력감 등이 유발된다. 이런 감정들은 다시 기본적인 무기력감이나 심리기제인 보상적 경향 혹은 신경증적 경향을 일으킨다. 심한 외상적 신경증을 다룬 연구들을 살펴보면 기본적인 자신감이 필요함을 알 수 있으며, 또한 자신감이 없는 사람들을 이해해 주는 것이 중요함을 알 수 있다.

(5) 자기실현의 욕구(self-actualization needs)

앞에서 언급한 모든 욕구들이 충족되더라도 자신에게 적합한 일을 하지 못하고 있는 한 새로운 불만과 불안이 생기게 된다. 음악가는 음악을, 미술가는 그림을, 시인은 시를 써야만 최상의 행복을 느끼게 된다. 이는 한 인간으로서 실현할 수 있는 최상의 인간이 되어야 함을 뜻한다. 이러한 욕구를 자기실현의 욕구라고 부른다. 그런데 이 욕구는 외부적 보상요인이 아니라 내적인 만족요인들이 있을 경우에만 적절히 충족될 수 있다.

자기실현이라는 용어는 골드스테인(Goldstein)에 의해 이름 붙여진 것이지만, Maslow는 다음과 같이 제한된 의미로 사용한다.

이 욕구는 자기완성(self-fulfilment)에 대한 갈망을 뜻하며, 인간이 잠재력을 지닌 존재로부터 그 잠재력을 실제로 발휘하는 존재로 실현되려는 경향을 말한다. 이 경향은 자기 자신이 더욱 참 존재로 되어가면서 실현될 수 있는 최선의 존재가 되는 것을 말한다.

물론 이런 욕구들은 사람에 따라서 매우 다양한 형태로 나타난다. 어떤 사람에게서는 이상적인 아버지의 역할을 하려는 욕망에서 부성애적인 행동으로 나타나기도 하고, 다른 사람에게는 운동이나 심미적인 활동으로 나타날 수도 있다. 그런데 이러한 욕구는 생리적 욕구, 안전 욕구, 애정의 욕구, 존경의 욕구 등이 먼저 충족되어야만 나타난다. 이들 하위의 욕구들이 충족된 사람은 기본적 만족을 경험한 사람이라고 볼 수 있으며, 이들에게서는 풍부한 창조력을 기대할 수 있다. 한 번 자기실현의 욕구에 지배되면 이 욕구가 충족되는 경우가 있더라도 그 뒤에도 계속해서 이 욕구의 지배를 받는다. 이 점이 다른 욕구와 구별되는 중요한 측면이다.

비록 발전된 사회라고 하더라도 자기실현 이하의 욕구들이 기본적으로 충족된 사람은 극히 적기 때문에 임상이나 실험을 통해서 자기실현 욕구의 성질에 관해서 실증적으로 밝히기가 어렵다는 문제가 따른다. 뿐만 아니라 현 산업사회의 구조 속에서 주어진 업무와 주어진 규율에 따라 행동하다 보면 이 욕구의 충족은 많은 제약을 받는다.

매슬로우에 의하면 미국사회에서 단지 10%정도가 이 욕구의 충족을 위해 일하고 있다고 한다.

지금까지 알아본 매슬로우의 인간욕구계층이론은 인간이 단지 동물적인 욕구충족에 만족하지 않고 사회봉사와 자기실현을 추구하는 존재로서 인간의 존엄성을 확인했다는 측면에서 인정을 받을 수 있다. 또한 인간을 체계적으로 분류해서 인간의 심리를 좀 더 구체적으로 이해할 수 있는 바탕을 마련했으며, 이를 통해 인간의 특정 행동의 동기를 설명하는 기반을 구축했다는 데 큰 의미가 있다. 하지만 매슬로우가 주장한 대로 아직도 인간의 욕구가 실질적으로 계층구조에 따라 자극이 되는지, 이미 충족된 욕구는 더 이상 행동을 자극하는 요인이 될 수 없는지는 미지수라고 할 수 있다.

또한 여러 욕구들, 즉 존경욕구, 사회욕구, 안전욕구들은 동시에 행동의 원천적 힘으로 작용할 수 없는지 하는 문제들이 실증적인 검증을 통해 아직 증명되지 않아 반론의 여지를 많이 남겨두고 있다.

한편, 매슬로우의 이론은 경영자들로 하여금 근로자들이 지니고 있는 욕구를 이해하고 이를 충족시켜 줄 수 있는 적절한 대책이 강구되어야 한다는 점을 깨닫게 해준 점에서 큰 공헌을 하였다.

이와 같은 배경에서 동기관리를 위해서 이 이론이 시사하고 있는 요점을 정리하면 다음과 같다.

첫째, 작업집단의 환경여건을 조절할 수만 있다면 근로자에게서 일정한 동기를 활성화시킴으로써 생산성의 증가를 보일 수도 있고 종업원의 이직률과 결근율을 줄일 수도 있다. 근로자의 욕구가 일단 안전욕구 이상의 단계로 옮겨 가면 가능한 한 고등한 욕구를 활성화할 수 있는 조직환경을 만들어 주는 것이 매우 바람직하다.

둘째, 보수와 안전이라는 면에서 직무조건들이 불가피하게 나쁠 경우라면 경영자는 상위욕구보다는 보수와 안전이라는 측면에서 변화를 꾀해야만 동기화 효과를 얻을 수 있다. 그러나 보수와 안전 등의 조건이 향상될수록 관리자의 행동이 근로자의 동기관리에서 상대적으로 점점 더 중요성을 띄게 된다. 그렇지만 보수나 안전을 포함하는 조직환경들이 극히 좋아지게 되는 경우에는 감독자 역할의 중요성은 다시 감소하게 되고 작업 자체의 특성이 동기적인 측면에서 매우 중요한 의미를 갖게 된다. 왜냐하면 이 경우에는 작업 자체가 자기실현의 욕구와 관련을 갖기 때문이다.

이 단계에서는 이전의 생리적 욕구, 안전의 욕구 만족이 요구되던 때에 작업이 중요시되던 것과는 그 성질이 다른데, 자기실현의 욕구 단계에서는 작업이 수단이 아니라 그 자체로써 목적이 된다.

셋째, 조직에서 직위가 높아질수록 보다 높은 수준의 욕구에 의해서 행동이 동기화된다. 그러므로 조직 내의 각 위계의 관리자들이나 근로자들을 각각 다르게 다루어야 한다.

넷째, 조직으로서는 근로자들이 요구하는 높은 수준의 욕구를 가능한 한 충족시킬 수 있도록 최선을 다해야 한다. 관리자 역시 자기실현의 욕구에 지배되는 사람이 최상의 관리자이다. 권위주의적인 관리자는 자신의 존경의 욕구나 권력의 욕구를 충족시키기 위해서 부하들의 자존심을 무시하기 쉬우므로 적절치 못하다. 그러나 매슬로우는 현실을 무시할 수 없다고 보고 실무적인 측면에서는 근로자를 잘 대해주게 되더라도 일을 그르치게 될 수 있다고 생각했다. 즉 한 번 높은 수준의 욕구를 충족시켜 주는 대책을 사용하게 되면, 근로자들이 이보다 낮은 수준의 직무수행 조건에는 만족하지 못하고 이러한 조건을 받아들이려고 하지 않을 위험이 있기 때문이다. 따라서 경영자들이 높은 수준의 욕구를 충족시켜 주기 위한 정책을 일단 채택하게 되면 그 이하의 욕구수준으로 되돌아가는 정책을 채택하기는 어렵다는 점을 이해해야 한다.

다섯째, Maslow의 이론은 개인차를 강조하지 않고 보통의 인간을 모형으로 한 이론이므로 포괄적인 조직운영을 염두에 두는 경영정책 결정에 적합한 이론으로서 받아들여졌다.

이상에서 살펴본 Maslow의 욕구이론은 경영학에서 많은 사람들이 즐겨 사용하고 있지만 다음과 같은 **비판이나 문제점**[15]도 내재하고 있음을 기억해야 할 것이다.

① 인간의 욕구는 매슬로우가 제시한 5가지 욕구 외에도 또 다른 욕구가 존재한다. 예컨대 자아실현의 욕구 위에는 우주의 섭리를 깨닫고 싶어 하는 욕구라든지, 성인(聖人)이 되고 싶은 욕구, 아니면 신적인 존재가 되고 싶은 욕구 등이 그것이다.

② Maslow는 욕구가 행동의 근원이 된다고 했지만, 어떤 사람이 생리적 욕구(배고픔)가 결핍되어 돈을 벌기 위한 노동을 했다고 했을 때, 왜 그 사람이 사냥이나 도둑질과 같은 다른 행동을 할 수 있음에도 불구하고 돈을 벌기 위한 노동을 선택했는지에 대한 설명은 하지 못한다.

③ 욕구는 결핍된 것, 필요한 것 그 자체가 아니다. 필요한데도 바라지 않을 수도 있다는 점을 간과하고 있다. 즉 결핍상태와 소망상태를 혼동한 것은 잘못이다.

④ 신체적인 욕구는 선천적인 것이라 하더라도 안전, 사랑, 존경, 자아실현 욕구는 후천적인 면이 크다. 예컨대 양로원이나 고아원에 있는 사람들이 사랑욕구가 강한 것은 선천적으로 다른 사람들 보다 사회적인 사랑욕구가 강한 것은 아니다. 환경에 의해 후천적으로 그렇게 되었다고 보아야 할 것이다.

⑤ 동일한 신체욕구라도 사람에 따라 그 내용은 다르다. 방글라데시 국민의 일차욕구는 하루에 1,200칼로리의 음식일 것이다. 그러나 선진국 국민의 일차욕구는 자동차와 TV나 컴퓨터 등 전자제품이 포함된다.

이상과 같은 문제점과 비판이 있음에도 불구하고 Maslow의 욕구단계이론은 동기부여에 대한 고전적인 기초를 닦아 놓았으며 인간행동의 동기에 관한 종합적인 정리를 함으로써 학계나 산업계에 많은 시사점을 갖게 하였다.

2) X · Y이론

맥그리거(Douglas McGregor : 1906~1964)는 그의 저서 『기업의 인간적 측면』(*the human side of enterprise*)에서 관리자가 인적자원을 통제함에 있어 근거로 하는 이론적 가정이 무엇이냐에 따라 기업의 전체적 성격이 결

15) 임창희, 전게서, pp. 207-208.

정된다고 전제하고 인간의 본성을 부정적으로 보는 X이론과 이의 반대의견으로서 인간의 본성을 긍정적으로 보는 Y이론을 제시하였다.

(1) X이론의 가정(명령 · 통제에 관한 전통적 견해)

- 인간은 일을 싫어하며 가능하면 일을 회피하려고 한다. 즉 일은 고통이고 괴로움이다.
- 인간은 별로 야심이 없고, 책임회피를 좋아하며, 명령받기를 선호하고, 안정을 추구한다.
- 대다수의 사람들은 조직문제를 해결할 만한 창의성을 구비하고 있지 않다.
- 따라서 조직목표의 달성을 위해서는 명령, 강제, 위협, 처벌과 같은 강압적인 수단과 방법을 강구하여야만 한다.

X이론에 따르면 인간의 동기는 대체로 저차원 수준의 욕구, 즉 생리적 욕구와 안전욕구의 수준에 머무르고 있다고 가정한다.

동기부여 방식

- 통제와 지시방식으로 관리한다.
- 감독을 철저하게 한다.
- 물질적 보상을 통해 동기를 유발시킨다.
- 조직은 수직적이다.

(2) Y이론의 가정(개인과 조직 목표의 통합)

- 인간이 일을 한다는 것은 자연적인 현상이며, 따라서 스포츠를 할 때나 놀이나 휴식의 경우와 다를 바 없다. 일은 고통의 원천이 되기도 하지만 조건 여하에 따라서는 기쁨을 가져오기도 한다. 조건이 허락되면 인간은 책임을 스스로 질 뿐만 아니라 오히려 그것을 추구한다.
- 인간이 조직목표에 관여하는 경우 그들은 자기지향성과 자기통제력을 갖는다.
- 개인이 조직목표에 헌신적으로 관여하는 정도는 목표달성과 보상과의 함수관계이다.
- 목표지향적인 노력에 가장 큰 기대는 자아 및 자아실현 욕구의 충족이다.

- 대체로 인간은 조직문제를 해결하기 위한 창의적 노력을 구비하고 있다.
- 현대 조직에 있어서 평균적 인간의 지적 능력은 그 일부분밖에 활용되지 않고 있다.

Y이론에서는 개인은 본성적으로 성장과 발전의 잠재력을 갖춘 행동주체로 인식되고, 동기부여의 문제도 관리계층의 책임으로 규정하고 있다. 따라서 관리계층은 인간에 대한 전통적 가정과 사고, 관리방법 등을 재조정하여야 하며 그렇게 함으로써 조직과 개인의 목표는 부합되어야 한다고 주장하고 있다.

동기부여 방식

- 자율에 맡긴다.
- 자긍심과 위신을 세워준다.
- 정신적 보상을 통해 동기를 유발시킨다.
- 조직은 수평적이다.

이상에서 전통적인 경영자의 종업원에 대한 기본적인 가정인 X이론과 현대적인 경영자가 종업원에 대해 갖는 Y이론적인 인간관에 대해 살펴보았다. 그러나 이들은 경향성을 나타내는 연속선 상의 개념으로 이해하는 것이 바람직하다. 현실적으로 X이론적인 인간관에만 의존하여 조직을 관리하는 경영자도, 완전히 Y이론적인 인간관에 입각하여 조직을 관리하는 경영자도 없을 것이다. 따라서 X · Y이론에 입각한 동기화의 정도는 조직이나 구성원의 특성과 상황에 따라 다를 것이다.

3) 허쯔버그의 2요인 이론 (Herzberg's two-factor theory of motivation)

Maslow의 욕구계층이론이 임상적 관찰이라는 점에 반해서 허쯔버그(F. Herzberg)의 동기부여-위생이론은 직무자료에 이론적 기초를 두고 있다.

Herzberg는 1959년 펜실베니아주의 핏츠버그(Pttsburgh)지역 내의 11개 기업에 고용되어 있는 203명의 회계사와 엔지니어를 대상으로 어떠한 일을 할 때 만족을 느끼며, 또 불만을 느끼는가를 광범한 면접을 통하여 조사하였다. 그 결과 종업원이 특정 직무를 수행함에 있어 만족과 불만족을 느낄 때에는 서로 다른 차원의 요인이 있다는 사실을 발견하게 되었다.

즉 직무에 불만을 품고 있는 인간은 직무환경에 관심을 가지고 있으나 직무에 만족하고 있는 인간은 직무 그 자체(work itself)에 깊은 관심을 두고 있다는 것이다.[16)]

Herzberg는 직무에 만족을 주는 요인을 동기요인이라 하였고, 불만을 초래하는 요인을 위생요인(hygiene factors)이라고 가정하고 이론을 전개하였는데 이를 요약하면 그 내용은 다음과 같다.

〈표 6-1〉 위생요인과 동기요인

위생요인 (불만요인-직무환경)	동기요인 (만족요인-직무내용)
회사정책과 제도 감독·지시량 작업조건 인간관계 월급액수 안정도	승진기회 상사·동료의 인정 책임감 기회 성취감 기회 성장의 기회 자긍심 기회

(1) 위생요인(hygiene factors)

위생요인에는 회사의 정책과 제도, 감독·지시량, 작업조건, 인간관계, 임금, 안전도 등을 포함한다. 이들 요인은 주로 개인의 직무환경과 관련된 직무 외재적 성격을 지니고 있다. 결국 위생요인은 ① 불편함을 회피하려는 인간의 욕구이고, ② 사람이 직무를 처리하는 환경과 관련이 있다.

이러한 요인들에 대해서 위생이란 용어를 사용하게 된 것은 의학상의 의미, 다시 말해서 예방적인 의미와 환경적인 의미를 나타내는 것이다.

예컨대 깨끗한 음료수의 공급이나 오물처리는 질병의 예방을 위해서 필요한 조건이기는 하나 그것만으로는 질병을 치료할 수 없는 것과 같이 위생요인이 잘 갖추어진다 하더라도 종업원의 생산능력의 증대는 가져오지 않는다고 Herzberg는 주장하고 있다.

---

16) F. Herzberg, B. Mauser and B. Snyderman, *The Motivation to work*, New York: John Wiley & Son, 1959.

(2) 동기요인(motivators)

동기요인이란 보람이 있고 지식과 능력을 활용할 여지가 있는 직무를 수행할 때에 경험하게 되는 성취감이나 전문직업인으로서의 성장, 인정을 받는 등 사람에게 만족감을 주는 요인을 말한다. 즉 동기요인은 인간성장의 욕구이면서 동시에 인간이 직무를 이용하는 방법과 관련이 있고 직무자체와 관계가 있는 것이다.

이러한 동기요인이 사람들로 하여금 보다 나은 만족과 성과를 가져오게끔 동기를 부여하는데 효과적이기 때문에 이렇게 이름을 붙인 것이다. 따라서 동기요인을 만족요인이라고도 한다.

동기요인의 특성은 동기요인이 충족되지 않아도 불만은 없지만 일단 충족되게 되면 만족에 적극적인 영향을 줄 수 있고, 일에 대한 적극적인 태도를 유지할 수 있다는 것이다.

따라서 Herzberg는 종업원의 만족감을 향상시키고, 보다 높은 동기를 부여하기 위해서는 개개인의 직무자체에 자기의 능력을 이용하고, 자기통제를 할 수 있도록 책임과 기회를 많이 부여해야 한다고 주장하고 있다.[17)]

위에서 살펴본 위생요인과 동기요인은 단일차원의 양극에 있는 것이 아니라 상이한 두 가지 차원, 즉 각각 독립적인 요인이다.

특히, 직무만족의 상대적인 용어는 직무불만(job dissatisfaction)이 아니라 직무만족(job satisfaction)을 하지 못하는 개념으로 이해해야 한다는 점에 유의해야 한다.

Herzberg의 2요인 이론은 작업 Motivation을 설명하는 데 있어서 1960년대까지는 많은 인정을 받았으나, 그 후 특히 브룸(V. H. Vroom)에 의해서 신랄한 비판을 받았다. Vroom에 의하면 Herzberg의 2요인 이론은 Herzberg의 조사에서나 발견할 수 있는 것이지 일반적인 상황에서는 그렇게 나타나지 않았다는 것이다. 왜냐하면 직무에 대한 만족 혹은 불만족은 직무의 성질과 내용에 따라 달라지기 때문이다.

---

17) F. Herzberg, One more time: How Do You Motivate Employees? *Harvard Business Review*, January-February 1968, pp. 59-62.

그림 6-4 전통적 태도모델과 2요인적 태도모델

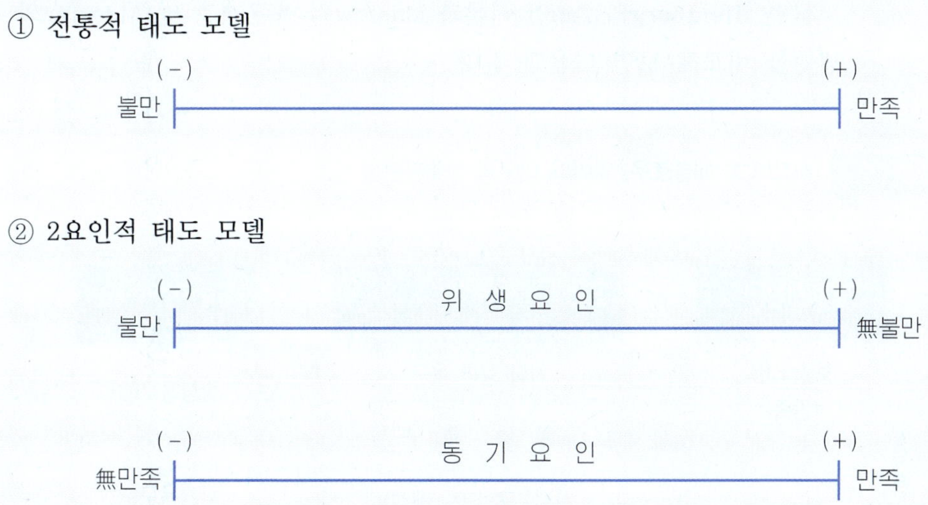

자료: F. Herzberg, The Managerial Choice, Dow Jones-Irwin, 1976; 北野利信. 能率と人間性, 東洋經濟新聞社, 1979, p. 343.

한편, Herzberg는 임금을 만족요인으로서의 동기요인은 못되고 위생요인으로써의 역할만을 주장하고 있으나 벨쳐(D. W. Belcher)에 의하면 보상이 지나치게 낮거나 보상관리제도 자체에 있어서 불공정성이 있을 때 그것은 절대적인 불만족요인, 즉 위생요인이 되며, 금전적 보상이 성과와 그것에 대한 강화수단으로서 사용될 때 그것은 만족요인, 즉 동기요인이 된다는 것이다.

그 이유는 경영자가 종업원의 동기를 유발시키기 위해 사용할 수 있는 여러 가지 도구 중 임금은 가장 관리하기 편리하기 때문이다.[18] 그리고 2요인이론은 주로 직무요소와 만족-불만족관계에 대한 연구로서 직무요소와 동기 및 성과간의 관계가 충분히 분석되지 않았다는 비판도 받고 있다.

그러나 Herzberg는 Maslow의 이론을 개조하여 이를 작업 Motivation에 응용할 수 있게 하고, 이전에 무시되고 있던 직무내용적인 요소에 관심을 가지게 했다는 것은 Herzberg의 기여라고 할 수 있다. 즉 Herzberg의 이론

18) D. W. Belcher, Ominous Trends in Wage & Salary Administration, *Personnel* 41, No. 5, September-October 1964, pp. 42-50.

은 많은 종업원의 Motivation과 직무충실화계획(job enrichment program)에 초점을 집중시키고 있는 것이다.

한편, Herzberg의 2요인 이론과 Maslow의 욕구계층 및 Alderfer의 욕구범주를 비교해 보면 다음과 같다.

그림 6-5 허쯔버그, 매슬로우, 알더퍼 이론의 상호관련성

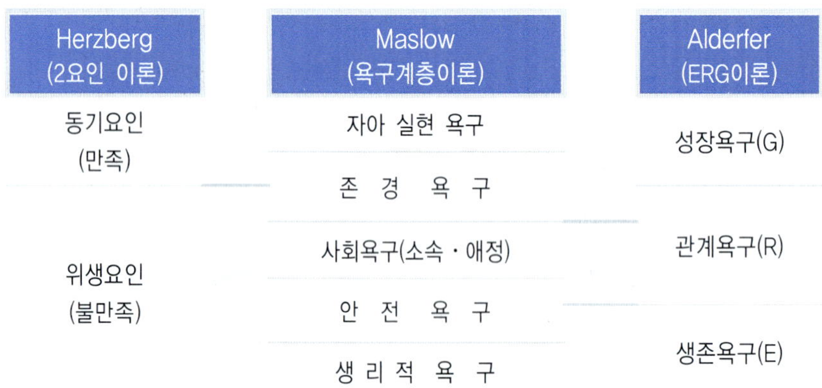

4) 알더퍼의 ERG이론

알더퍼(C. D. Alderfer)의 이론은 Maslow의 인간 동기이론으로부터 큰 영향을 받았다. 이론의 핵심으로 볼 때 Maslow이론의 수정제안이라고 볼 수 있겠지만, 그 이론의 기반을 조직의 실제를 다룬 현장연구에 두었다는 점에서 독특하고 중요한 의미를 지닌다.

Alderfer는 주로 질문지법을 사용하여 직장이나 대학 등의 조직생활에 직결된 연구결과를 기반으로 해서 Maslow의 5단계 욕구수준을 3단계로 수정한 욕구위계이론을 제시했다.

이 3단계의 욕구란 각각 생존욕구(existence needs), 관계욕구(relatedness needs), 성장욕구(growth needs)를 말하는데, 이의 첫 글자를 따서 Alderfer의 이론을 ERG이론이라고도 한다. Alderfer의 이론을 Maslow의 이론과 비교할 때 욕구위계의 구분에서도 다르지만 다음과 같은 세 가지 점에 있어서

도 서로 다르다.

첫째, 욕구위계에서 고등한 욕구로의 진전과정뿐만 아니라 낮은 욕구로의 퇴행과정도 있다고 보았다. Maslow의 욕구위계 이론에서는 한 수준으로부터 다음 수준으로의 진전이 이루어지기 위해서는 낮은 수준의 욕구만족이 선행되어야 한다고 주장한다. 즉 낮은 수준의 욕구만족에 의해서 다음 계층으로의 진전이 이루어진다고 봄으로써 낮은 수준의 욕구로부터 고등한 수준의 욕구까지의 욕구만족-진전이라는 과정에 덧 붙여서 역시 욕구충족의 좌절-퇴행 과정도 있다고 보았다.

둘째, Maslow의 이론에서는 다섯 가지 욕구 중에서 우세한 욕구가 지배적으로 활성화된다고 주장한다. 물론 다른 욕구들이 전혀 영향을 미치지 못하는 것은 아니지만 우세한 욕구의 기능을 강조했다. 그러나 Alderfer는 일정한 시점에서 세 욕구의 강도가 서로 다르기는 하지만 하나 이상의 욕구가 동시에 작용을 하거나 활성화될 수 있다고 본다.

이 가정은 Maslow의 동기과정 모형보다 융통성이 있는 것으로서, 이 보다 시기적으로 앞서서 머래이(Murray)가 주장한 바 있는 여러 욕구의 작용과정에 대한 설명과도 일치되는 것이다.

셋째, 욕구는 의식적으로 인식될 수 있는 것이다. 특히 우세한 욕구는 자신에 의해서 잘 인식된다. 이러한 측면이 있기 때문에 알더퍼는 질문지나 면접 등을 통해서 욕구를 연구할 수 있다고 주장하였다. 이러한 주장을 배경으로 해서 Alderfer는 인간욕구를 **무의식 수준**에서 다루어야 한다는 Maslow의 주장과는 달리, 조직에서의 인간욕구를 **의식수준에서** 다루었다.

이러한 특징을 지니는 Alderfer의 이론을 다루기 위해서 먼저 욕구위계를 Alderfer의 주장대로 소개한 다음 욕구과정을 다루면서 이 이론의 기본명제들을 살펴보기로 한다.

Alderfer에 의하면, 인간 및 동물의 동기에 관한 체계적인 연구, 조직에서의 조직변화 계획 적용에 관한 연구 및 조직 구성원의 근무태도에 관한 요인분석적 연구 등을 정리해 볼 때 인간의 욕구들은 세 가지의 범주로 분류될 수 있다.

Alderfer의 욕구위계[19]를 각각 설명하기에 앞서서 세 가지의 욕구위계를

19) C. P. Alderfer, *Existence, Relatedness and Growth Needs,* The Free Press, 1972, p. 25.

Maslow의 욕구위계와 비교해서 제시해 보면 다음과 같다.

〈표 6-2〉 Maslow와 Alderfer의 욕구위계 비교

Maslow	Alderfer
생리적 욕구	생 존 (Existence; E)
물리적 안전	
대인관계의 안전	관 계 (Relatedness; R)
애정(소속감)	
대인관계의 자존심	
자기 확신의 자존심	성 장 (Growth; G)
자기실현	

(1) 생존욕구(Existence needs)

생존욕구에는 다양한 생리적·물질적 욕망들이 포함된다. 굶주림, 갈증, 봉급, 특별 부가급, 물리적 작업환경 등이 이 욕구와 관련된다. 이 욕구와 관련된 물질들을 예로 들자면, 음식, 주거지, 돈 등이 이에 속한다. 이와 같이 이 욕구는 인간이 생존을 유지하기 위해서 필요로 하는 욕구들이므로 이들 욕구가 충족되지 못하면 인간의 생존이 위협받게 된다. 이 욕구들은 주로 공급이 한정된 물질에 대한 갈망으로 구성되어 있는데 조직에서는 임금이나 쾌적한 물리적 작업조건에 대한 욕구가 이 범주에 속한다. Maslow이론의 생리적 욕구나 물리적 측면의 안전욕구가 모두 이 생존욕구에 포함된다.

생존욕구가 충족되는 과정이란 대부분의 경우에 한 사람의 획득이 다른 한 사람의 손실을 의미한다. 즉 두 사람의 득실을 합쳐 보면 영(零)이 되는 영합게임(zero-sum game)과 같다. 그러나 생존욕구의 충족과정이 항상 영합게임 상황에서 일어나는 것은 아니다. 예를 들면, 산소의 공급과 같은 경우는 모두에게 만족스럽게 충족될 수도 있다. 그러므로 생존욕구는 충족될 수 없는 것이 아니기 때문에 필요한 만큼 다양한 물질을 얻을 수 있는지에 따라서 만족여부가 결정된다.

(2) 관계욕구(Relatedness needs)

관계욕구는 작업장에서 타인과의 대인관계와 관련된 모든 것들을 포괄한다. 인간은 타인과의 관계에서 자신의 정서나 지각을 드러내 놓고 검토함으로써 사회실현에 대한 일체감을 공유할 수 있게 된다. 이러한 기반이 있기 때문에 타인과의 관계를 유지하려고 하며, 이를 통해서 자신의 생각이나 감정을 타인과 서로 나누려고 한다. 즉 인간은 타인과 상호 교류함으로써 자신의 생각과 감정을 교환하려고 한다. 이것은 영합상황이 아니라 오히려 일방의 만족이 상대방의 만족과 밀접한 상관을 보이게 된다. 또한 타인과의 교류에서는 개방적이고 정확한 의사소통이 중요한 것이지, 의사소통을 통해서 얻어지는 만족이나 불만족은 이차적인 것이다.

이 범주에 속하는 욕구는 자신을 둘러싸고 있는 사회환경과 인간관계에 초점을 두는 것들이므로 사회관계 및 대인관계 등이 이에 포함된다. 특히 자신에게 중요한 의미를 지니는 타인과의 관계가 이 욕구의 핵심을 이루는데, 의미 있는 타인이란 부모, 상사, 사장, 동료 근무자, 형제와 같이 자신이 크게 가치를 부여하고 있는 타인들을 말한다. 따라서 이 욕구의 충족은 서로 생각과 감정을 공유할 수 있는 인간관계를 맺을 수 있는지의 여부에 달려있다.

한편, 관계욕구를 Maslow의 욕구위계와 비교하면, Maslow의 안전의 욕구 가운데서 대인관계에서의 안전, 사회적 욕구 가운데 애정 및 소속감, 그리고 존경의 욕구 가운데서 대인과계에서의 자존심 등이 모두 관계욕구에 포함된다.

이것은 관계욕구가 Maslow의 욕구범주에서 애정의 욕구를 중심으로 하고 그 아래 및 하위 위계의 욕구 중의 일부를 포함함으로써 세 범주에 걸쳐 있음을 나타내는 것이다.

(3) 성장욕구(Growth needs)

성장욕구는 창조적 성장이나 개인적 성장과 관련된 모든 욕구를 포괄하고 있다. 이 욕구는 개념이 명확히 정의되어 있지 못한 것으로써, Alderfer 자신도 중요한 개념적인 특성을 제시하지 못했다. 그렇지만 자신에게 가장 중요한 개인적 능력이나 잠재적 능력을 발전시키는 방향에서 환경과 상호작용을 할 수 있는 욕구들이 이에 포함된다. 따라서 성장욕구를 충족시킨다는 것은 개인의 능력이 근본적으로 변화된다는 것을 의미한다.

이 욕구의 범주에는 대인관계에서 타인과의 비교를 통해서 얻는 자존심이 아니라 스스로 얻게 되는 자신감의 욕구 등이 포함된다. 이 욕구의 만족수준은 개인의 잠재적 능력을 활용하고 새로운 재능을 개발할 수 있는지의 여부에 달려있다. 그런데 개인의 잠재능력을 충분히 활용할 수 있게 한다는 면에서 생각하면 환경이 매우 다양하다.

따라서 성장욕구의 만족이란 개인이 환경에 대해서 능동적인 자세를 취하는데 따라서도 결정되지만, 환경이 불가피한 경우라면 개인의 역량이 성장욕구의 충족에 영향을 미치지 못할 수도 있다. 환경이 불가피한 경우라면 개인의 역량이 성장욕구의 충족에 영향을 미치지 못할 수도 있다. 환경이 개인의 성장욕구를 촉진시켜주는 매개체 역할을 하는 경우란 도전과 선택의 기회를 제공해주는 때를 말한다.

성장욕구는 Maslow의 자기실현의 욕구와 비교하면 능동적인 자신감의 획득과정이 추가되기 때문에 자기실현의 욕구뿐만 아니라 자존심의 욕구 가운데 일부도 포함되고 있다.

그림 6-6 알더퍼의 ERG이론

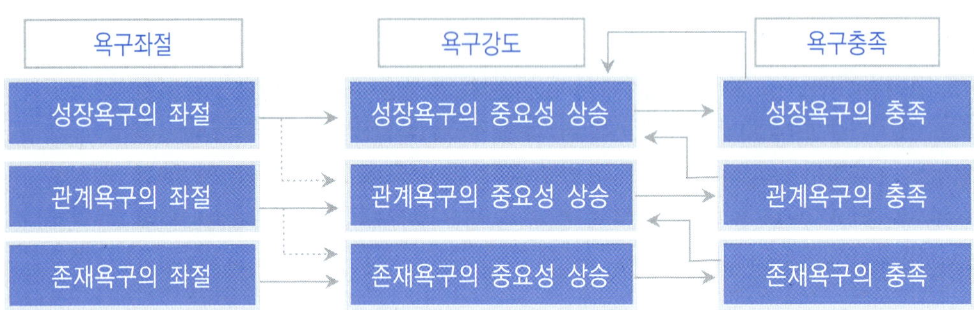

주) 만족-진행: —— 좌절-퇴행: ··········

ERG이론과 Maslow이론과의 차이점[20]을 정리해 보면 다음과 같다.

첫째, ERG이론은 Maslow이론과는 달리 계층성을 강력히 주장하고 있지 않다. 즉 한 가지 이상의 욕구가 동시에 작용할 수 있다.

20) E. J. McCormik and D. R. Ilgen, *Industrial Psychology,* 7th ed., Prentice-Hall, 1980, pp. 266-267.

둘째, 상위욕구의 불만족은 하위욕구의 추구로 퇴행현상을 야기한다는 것이다. 예컨대 관계욕구가 만족되지 않으면 급여, 작업환경, 휴가 등과 같은 생존욕구에 보다 더 관심을 갖게 된다는 것이다.

셋째, 관계 및 성장욕구는 그것이 어느 정도 충족되면 더욱 중요성이 증대된다는 것이다.

5) 맥클리랜드의 성취동기이론

국가의 경제발전을 촉진하거나 저해하는 요인이 무엇인가에 대한 논의는 많은 사람들에 의해 논의되어 왔는데 전통적인 경제이론은 생산성, 혹은 GNP와 관련하여 자본축적, 천연자원, 생산구조, 노동력, 분업 및 기술 등을 강조하였다.

그러나 이들 경제적인 요인들은 경제발전의 필수조건은 될 수 있으나 충분조건은 되지 못함으로써 일부 사회학자들은 경제외적 요인인 인간의 심리적・사회적・문화적 요인의 중요성을 강조하게 되었다.

예컨대 사회학자인 막스 베버(M. Weber)는 서구에서 자본주의 경제가 발전할 수 있었던 원인을 기독교적 바탕(청교도 정신)에서 찾았고, 경제학자인 슘페터는 경제발전과정에서 작용하는 기업가정신(entrepreneurship)에서 찾았다.[21)]

하바드 대학의 심리학자인 맥클리랜드(D. C. McClelland)는 그의 유명한 저서, 『성취하는 사회』(*The Achieving-Society*)에서 경제발전에 일반적으로 중요한 심리적 요인을 찾으려 했다. 그는 머래이(V. Murray)가 제시한 20개 욕구 중에서 성취욕구(need for achievement)를 경제발전의 심리적 요인으로 결론지었다. 다시 말해서 그는 개인이나 기업이나 국가에 부족한 것은 자원이나 자본 등의 경제적 외부여건이나 능력, 지식, 기술이 아니라 강력한 성취동기라는 것이다.

그는 성취욕구야말로 인간이 인간다울 수 있는 최고의, 가장 바람직한 욕구라고 주장하여 동기부여이론에 크게 공헌하고 있다. 그에 의하면 성취상념이 클수록 성취동기가 높고 그에 따라 성취가 가능하여 '성취인'이 됨으로써 기업과 자신의 성장과 발전에 이르게 된다는 것이다.

---

21) R. M. Steers, *op. cit.*, 1991, p. 133.

그는 이 같은 성취인의 행동특성을 다음과 같이 열거하고 있는데 이들 특징은 경제발전에 중추적인 역할을 하는 기업가적 행동모형과 유사하다는 점을 지적하고 있다. 다시 말해서 기업가의 역할을 성취동기와 관련시켜 논의하고 있다.

그림 6-7 베버 사상에 대한 맥클리랜드의 사상의 추가

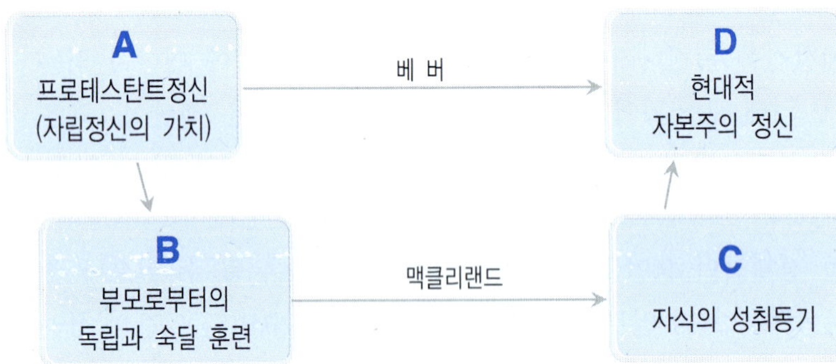

자료: D. C. McClelland, *The Achieving Society*, Van Nostrand, 1961, p. 47; 윤대혁, 전게서, p. 308에서 재인용.

McClelland가 제시한 성취인의 행동특성을 살펴보면 다음과 같다.

① 성취인은 적당한 모험을 한다. 이는 성취내용과 수준을 의미한다. 즉 성취동기가 강한 사람은 목표설정을 중요시 하고, 실제 목표설정에 있어서도 모험성과 난이도가 잘 절충되어 자신의 능력에 비추어 도전적이면서도 달성 가능한 수준에서 시작하여 이를 점차적으로 상위수준으로 올리면서 성과를 높여 나간다.

② 성취인은 목표를 향한 제반 활동을 어떻게 진행하고 있는지에 관한 정보를 곧바로 피드백 받기를 원한다. 즉 일의 결과를 빨리 알려고 한다.

③ 성취인은 물질적 보상을 받기 위해서가 아니라 내적인 만족을 얻을 수 있는 과업을 찾아 성취한다.

④ 성취인은 하고자 하는 목표를 선정한 후에는 그것이 완성되기까지 그 과업에 몰두함으로써 과업지향적이다.

⑤ 성취인은 미래지향적인 사고를 한다.

결국 McClelland의 성취동기이론은 여러 논자들에 의해 '후천적으로 획득된 욕구이론'이라고 하리만큼 앞에서 살펴본 욕구계층이론이나 ERG이론이 욕구를 선천적인 것이라고 보는데 비해[22] 그는 욕구를 생활경험에 기반하여, 말하자면 환경과의 상호작용을 통해 후천적으로 학습되고, 획득되며 가르칠 수도 있는 성질의 것이라고 보는데 특색이 있다.

때로는 다음과 같은 세 가지 욕구를 내용으로 하여 전개하기 때문에 '세 욕구이론'이라고도 불리는 그의 이론은 종업원을 어떤 특정 방법으로 행동하게 하는 세 가지의 힘 있는 욕구를 분명히 했고, 어떤 종업원은 이들 중 둘 이상에 의해 동기부여되기도 하지만 많은 사람들은 이들 중 어느 하나의 욕구가 다른 것들보다 우세한 것으로 특징지어지고, 이러한 우세욕구를 통해 동기가 부여된다고 하였다.

(1) 성취욕구(need for achievement; n-Ach)

이는 위험을 무릅쓰고 노력하여 무엇인가를 성취하려는 욕구로서 사람들로 하여금 성공을 위해 강력한 노력을 하게 하고 실패의 가능성을 걱정하게 한다. 이 같은 사람은 경제적이고 실제적으로 목표지향적(goal-oriented)이며 책임감 있고 열심히 일하는 경향이 있다.

그리고 성취욕구는 다음과 같은 상황에서 우세욕구로 나타난다.

① 결과에 대해 개인적인 책임을 지는 일(업무)

② 성취할 수 있으나 도전적인 목표를 지닌 일

③ 업적에 대한 피드백을 제공하는 일

(2) 권력욕구(need for power; n-Pow)

이는 조직 내에서 지배적 위치나 지위를 차지하여 통제하고 영향력을 행사하려는 욕구로서 사람들을 리더(leader)가 되도록, 또는 막후에서 통제의 위치(locus of control)를 갖도록 충동한다. 권력욕구가 강한 사람은 말하기를 좋아하며 가끔은 논쟁하기를 좋아하고, 고집이 세고, 요구사항이 많으며, 타인을 자기가 바라는 대로 행동하도록 하는 경향이 있다.

그리고 권력욕구는 다음과 같은 상황에서 우세욕구로 나타난다.

---

22) K. M. Bartol & D. C. Martin, *Management*, McGraw-Hill, 1994, 2nd, p. 378.

① 타인에 대한 통제력을 지닌 일
② 사람과 사건에 영향력을 미치는 일
③ 대중의 인정과 주의를 받는 일

(3) 친화욕구(need for affiliation; n-Aff)

이는 타인과 우호적인 관계를 맺고 유지하려는 요구로서 사람들이 타인을 좋아하게 하고 타인의 거절을 피하도록 행동하게 한다. 이 같은 사람은 친절하고 동정심이 많고 다른 사람을 도우며 즐겁게 지내는 경향이 있다.

그리고 친화욕구는 다음과 같은 상황에서 우세욕구로 나타난다.

① 대인관계를 포함하는 일
② 교제의 기회를 제공하는 일
③ 사회적 승인을 받는 일

이상에서 살펴본 세 가지 기본적인 욕구는 직무와 관련되기 때문에 이 이론은 조직 구성원 각자에게 알맞은 직무를 할당하는데 유용하게 응용될 수 있다. 예컨대 권력욕구가 강한 사람은 그의 통제력이 적게 미치는 직무에서는 행복할 수 없고, 친화욕구가 강한 사람은 다른 사람과 격리된 그런 직무에서는 불행할 것이며, 성취욕구가 강한 사람은 도전할 만한 가치가 없거나 발전기회가 없는 그런 직무에서는 불행할 것이다.[23)]

따라서 맥클리랜드(MClelland)는 세 가지 욕구를 중심으로 직무와 관련시켜 다음과 같은 주장을 하고 있다.

첫째, 성취욕구는 특히 기업가, 세일즈맨, 교수와 같은 전문직에 종사하는 사람들이나 성공을 위해 능력에 의존하는 사람에게 매우 중요하다.

둘째, 권력욕구는 부하직원의 능력을 개발하고 육성해야만 하는 조직의 경영관리자에게 가장 중요하다.

셋째, 친화욕구는 많은 비관리자에게 가장 중요하나 관리자에게도 얼마만큼은 중요하다.

그의 이 같은 주장에 관련하여 특히 유념할 것은 경쟁적인 오늘날의 환경에서 기업 내 관리자가 효과적이고 성공적이기 위해서는 ① 중간 또는 높은

---

23) R. M. Fulmer, *Management and Organization*, Harper & Row, 1979, p. 149; S. P. Robbins, *op. cit.*, 1994, pp. 470-471.

정도의 권력욕구, 특히 제도적인 권력욕구, ② 중간정도의 성취욕구 그리고 ③ 낮은 정도의 친화욕구를 지녀야 한다고[24] 한 바도 있으나 그 후 ① 높은 성취욕구와 ② 높은 사회화된 권력욕구의 결합이 관리자를 성공에 이르게 한다고[25] 역설하고 있다는 점이다.

그는 특히 성취욕구가 강한 기업가는 기업의 업적향상에 크게 기여함은 더 말할 나위도 없고 성취욕구야 말로 국가의 경제발전에 기여한다는 주장을 그의 이론 발전의 기반으로 하고 있기 때문에 성취욕구가 높은 사람의 특성을 다음과 같이 설명하면서 성취에 알맞은 직무의 연결을 시도하였다.

첫째, 성취욕구가 높은 사람은 과업을 완수하거나 문제의 해결방안을 찾는 데 있어서 개인적으로 책임지려는 강한 바람을 갖고 있다. 그래서 다른 사람들과 함께 일하려 하기 보다도 혼자서 하려 한다.

둘째, 성취욕구가 높은 사람은 얼마만큼 어려운 목표를 설정하고 계산된(계획적인) 모험을 감당하려 한다.

셋째, 성취욕구가 높은 사람은 업적에 관한 피드백을 받으려는 강한 바람을 갖고 있다.

넷째, 성취욕구가 높은 사람은 오직 과업과 과업의 달성에만 관심을 갖고 몰두한다.

그림 6-8 성취인과 직무의 연결

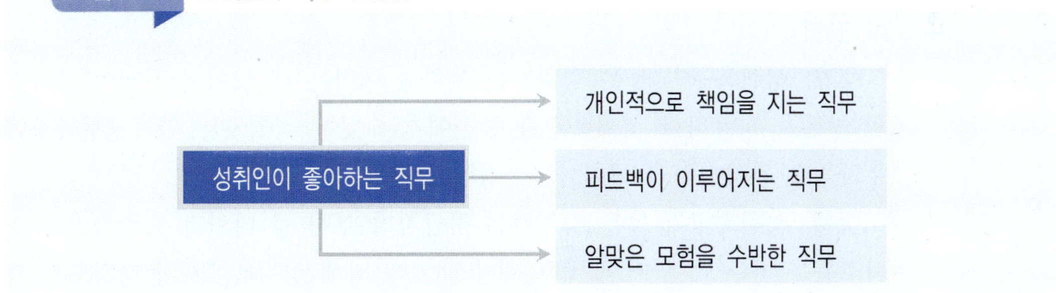

자료: S. P. Robbins, *op. cit.*, 1994, p. 470; 윤대혁, 전게서, p. 311에서 재인용.

---

24) K. M. Bartol & D. C. Martin, *op. cit.*, p. 384.
25) K. M. Bartol & D. C. Martin, *op. cit.*, p. 449.

이와 같이 성취동기이론은 인간의 기본적(저차원)인 욕구에 관해서는 언급하지 않고, 고차원의 욕구에 속하는 세 가지 욕구에만 초점을 두어 논의하였기 때문에 근로동기에 관한 완전한 이론이 될 수 없다는 등의 비판이 있음에도 불구하고 기본적인 욕구는 상당할 정도로 충족된 현대인을 주된 대상으로 관리해야 한다는 점에서 보면, 인간행동에 관한 학문발전에 크게 공헌하고 있으며 많은 논자들이 이와 관련된 연구를 계속하고 있음도 쉽사리 이해된다.

이와 관련하여 한 논자는 기본적으로 이 같은 성취동기의 개념에 따라 성취수준이 다른(고, 중, 저) 16,000명의 경영자들을 대상으로 그들의 관리유형과 관리방법을 비교한 광범위한 연구를 실시한 바 있는데, 그 결과를 요약하면 다음과 같다.[26)]

첫째, 성취욕구가 약한 경영자가 비관적인 견해에 의해 특징지워지고 부하를 불신하는가 하면, 성취욕구가 강한 경영자는 그와는 반대로 낙관적이고 부하를 호의적으로 대한다.

둘째, 경영자의 개인적인 동기부여는 그의 부하들에게 투영된다. 성취욕구가 높은 경영자는 개인적으로 성취하게 되는 직무에 관심을 가져 부하들과 이에 관해 토의하고 몰두하며, 성취욕구가 중간 정도인 경영자는 오직 직위에만 관심을 갖고 있으며, 성취욕구가 낮은 경영자는 직무안정에 관심을 갖고 있다. 이들은 부하를 동기부여하는데 있어서도 이처럼 다른 방법으로 한다.

셋째, 성취욕구가 높은 경영자는 부하를 대하는 데 있어서 기꺼이 참가적인 방법을 사용하나 성취욕구가 중간이거나 낮은 경영자는 의사결정과정에 부하들을 참가시키려 하지 않는 경향이 있다.

넷째, 성취욕구가 높은 경영자는 하급자나 부하 등 타인과 접촉하거나 의사소통을 하는 데 있어서 매우 개방적인 데 비해 성취욕구가 중간정도인 경영자는 그들 자신의 생각과 느낌에 몰두하며, 성취욕구가 낮은 관리자는 타인과의 접촉과 의사소통을 회피하는 경향이 있다.

다섯째, 성취욕구가 높은 경영자는 종업원과 생산에 함께 지대한 관심을 갖고 있고, 성취도가 낮은 경영자는 자기 자신의 보존에만 관심을 가질 뿐

26) R. Zemke, "What are High Achieving Managers Really Like," *Tranning HDR*, 1992, p. 35.

종업원에게도 생산에도 관심이 없다.

이상에서 우리는 인간을 동기부여하는 것이 무엇인가에 관한 내용이론에 속하는 대표적인 이론들을 살펴보았다. 앞에서 논의한 Maslow의 욕구단계이론, 알더퍼의 ERG이론, Herzberg의 2요인이론, McClelland의 성취동기이론 및 McGergor의 X・Y이론을 종합적으로 고찰하여 정리해 보면 그 내용은 다음과 같다.[27)]

첫째, 개인의 욕구에 초점을 둔 이들 이론은 상이한 어휘를 사용하면서 강조점과 내용을 조금씩 달리하고 있다. 말하자면 각 이론은 조금씩 상이한 관점에서 인간의 행동을 설명하며, 개인을 동기부여하는 욕구의 범주(range)와 종류(kinds)에 대한 초점을 달리하고 있다.

둘째, 그럼에도 불구하고 이들은 같은 배경을 지니고 있기 때문에 상당한 유사성을 지니고 있으며 따라서 상호 보완적인 상호작용을 하고 있다.[28)]

셋째, 이들 이론은 모두가 나름대로의 장・단점(한계사항)이 지적되고 있다.

따라서 이 같은 단점 때문에 그리고 다음과 같은 몇 가지 측면에서 가치를 인정받으면서 내용이론은 동기부여이론의 중요한 한 부분을 차지하게 되었고, 조직행동론의 발전에도 크게 공헌하고 있는 것이다.

첫째, 관리자로 하여금 대상에 따라 동기부여하는 방법이 달라야 함을 인식하는데 도움을 준다.

둘째, 욕구에는 여러 가지가 있고 그것들은 계층을 이루고 있으며 모든 인간은 저차원의 욕구에 의해서만 동기부여되는 것이 아니라 고차원의 욕구에 의해서도 동기부여된다는 사실을 인정하고 있다.[29)]

6) 기대이론(expectancy theory)

기대이론은 오랜 심리학사를 배경으로 하여 종합개발 및 검토・분석과정을 거쳐서 이루어진 이론으로서 톨먼(E. C. Tolman)의 인지(Cognition)에 바탕을 둔 기대와 레빈(K. Lewin)의 유인성(valence)과 힘(force) 등의 개

---

27) J. L. Gibson, J. M. Ivancevich and Donnelly, *Organizations: Behavior, Structure, Processes*, Business Pub. Inc., 1988, p. 128; 朴乃會, 組織行動論, 博英社, 1989, p. 164.

28) K. M. Bartol & D. C. Martin, *op. cit.*, 1994, p. 384.

29) D. H. Holt, *op. cit.*, 1993, p. 420.

념을 바탕으로 발전되었다. 그러나 기대이론의 이론적 구성에 기여한 주요 이론을 어떠한 것으로 집약시킬 것인가에 관해서는 학자들 사이에서 견해의 일치를 보지 못하고 있다.

왜냐하면 다음의 〈표 6-3〉에서 제시되고 있는 바와 같이 기대이론과 유사한 개념을 사용하고 있는 연구내용들이 많이 있을 뿐 아니라 그 외에도 다양한 연구가 기대이론의 맥락 속에서도 파악할 수 있기 때문이다.

〈표 6-3〉 기대이론과 관련된 연구

학 자	행동 충동의 요인
레빈(K. Lewin)	잠재력 × 유의성
에드워즈(A. L. Edwards)	주관적 가능성 × 유용성
아트킨슨(J. W. Atkinson)	기대 × (동기 × 유인)
롯터(J. B. Rotter)	기대 × 보상가치
브룸(V. H. Vroom)	기대×유의성
피이크(H. Peak)	수단성 × 태도
피쉬베인(M. Fishbein)	가능성×태도

자료: T. R. Mitchell, Expectancy Models of Job Satisfaction, Occupational Preference, and Effort: A Theoretical, Methodological, and Empirical Appraisal, *Psychological Bulletin* Vol. 81, 1974; 유기현, 조직행동론, 무역경영사, 1983, p. 133.

많은 기대이론의 주장들 중에서 모티베이션을 직무상황과 연관시킬 목적으로 이론을 전개한 학자는 브룸(V. H. Vroom)이 처음이다. 즉 기대이론은 60년대 중반에 브룸에 의해 시작되었고 포터-로울러(L. W. Porter & E. E. Lawler) 등에 의해 70년대 초반에 확대·보급되고 정교화되어 그 어느 이론보다도 동기부여에 관한 포괄적인 관점을 제공하고 다른 이론들을 통합해 주기에 이르렀다. 많은 논자들은 기대이론을 이들 두 사람의 이론으로 구분하여 설명하고 있다.

(1) 브룸의 기대이론

브룸은 1차 및 2차 수준 결과, 유의성(Valence), 도구성(instrumentality) 및 기대(expectancy), 힘(force), 능력(ability) 등의 개념을 가지고 모티베이션 이론을 모델화하였다. 이 모델의 기본적인 가정은 다음과 같다.

① 개인 내 및 작업상황 내에서 움직이는 힘(force)은 행동을 유발하고 결정하기 위해 결합된다.

② 사람은 자신의 행동에 관한 주의 깊은 의사결정을 한다.

③ 어떤 행동과정을 선택할 것인가는 어떤 행동이 바라는 바의 결과에 이르게 될 것인가의 기대에 달려 있다.

다시 말해 이 모델의 기본적인 가정은 대체적 행동과정 중에서 개인이 행하는 선택은 행동과 동시에 일어나는 심리적 사상에 관계된다는 것이다.

이 모델에서 중심이 되는 개념인 힘은 기본적으로 모티베이션과 같은 것인데, 결국 힘은 제 기대와 유의성으로 얻은 결과의 수학적 통계를 말하며 이를 공식화하면 다음과 같다.

힘(force) = Σ 유의성(valence) × 기대(expectancy)

- 인간은 본능적으로 행동하는 것이 아니라 어떤 행동이 특정 결과를 가져오리라는 기대의 강도와 그 결과에 대해 개인이 가지고 있는 매력의 정도에 의해 행동한다고 보았다.
- 노력-성과의 관계 : 일정한 노력을 하면 얻게 될 성과에 대한 기대확률
- 성과-보상의 관계 : 특정 수준의 성과가 기대하는 바람직한 보상을 가져올 것으로 믿는 기대감의 정도
- 1차 수준결과 : 조직목표나 직무성과와 관련된 것
- 2차 수준결과 : 1차 수준결과가 개인에게 주어지는 보상(임금, 휴가, 승진 등)
- 수단성 : 1차 수준결과가 2차 수준결과를 가져올 것이라고 믿는 개인의 지각된 주관적 확률
- 유의성 : 1차 수준결과와 2차 수준결과에 대해 개인이 느끼는 매력의 강도
- 기대 : 노력의 결과 1차 수준결과를 가져오리라고 믿는 주관적 확률

이 이론의 중요 변수 중의 하나인 유의성이란 우리나라의 논자들에 의해 때로는 '선호가', '매력성'이라고도 번역되기도 하는데 이는 구체적 결과에 대한 만족감 또는 선호가(preference)를 의미하는 개념이며 어떤 보상에 대한 선호의 강도를 의미하는 개념이다. 그것은 긍정적인 가치와 함께 부정적

인 가치를 지니고 있다. 예컨대 작업현장에서 보면 긍정적인 선호가를 위해서는 임금인상을 기대하며 감독자로부터의 징계는 부정적인 선호가 된다.

말하자면 선호가는 기대되는 보람(anticipated worth)이라고 할 수 있으며 "어떤 결과에 대해 어느 정도의 가치를 두는가?(선호가 지각)"에 대한 질문과 관련된다. 만일 정(+)의 유의성이 있다면 그 결과를 갖는 것이 안 갖는 것보다 좋을 것이고, 부(−)의 유의성이 있다면 그 반대의 경우가 성립하게 될 것이다. 결국 이와 같은 결과는 나름대로 유의성을 지니기도 하고 아니면 이 결과로 인해서 만족이나 불만족을 줄 수 있는 파생된 결과가 나타날 수 있다는 예상 때문에 유의성이 있게 된다.

따라서 특정 결과의 유의성을 확립하는 기초로서 브룸은 다음과 같은 공식을 설정하고 있다.

$$V_j = f_i \left[\sum_{n=1}^{n} (V_k I_{jk}) \right] \quad (J = 1 \cdot \cdot \cdot n)$$

f_i = 어떤 행동을 할 힘

V_j = $_j$라는 결과가 갖는 유인가

V_k = $_j$라는 결과에서 파생되는 $_k$라는 결과가 갖는 유인가

V_{jk} = $_j$라는 결과가 $_k$라는 결과를 초래할 가능성에 대한 지각

유의성의 또 다른 주요 투입요인은 2차 수준 결과인데, 이는 1차 수준 결과의 목표적인 성격을 갖고 있다. 예를 들면 특정인이 승진을 원하고 있는데, 이 승진목표를 달성하기 위해서는 우월한 능률이 필요하다고 가정했을 경우, 1차 수준 결과에서는 우수한 능률, 평균 능률 또는 평균 이상의 능률이 발휘될 것이고 그 다음의 2차 수준의 결과인 승진목표가 결정될 것이다.

따라서 1차 수준의 결과(능률)는 2차 수준의 결과(승진)를 성취하는 수단적 성격이 된다고 할 수 있다.

이 모델에서 사용하고 있는 또 다른 변수인 기대란 어떤 특정 행동(노력)을 하면 어떤 특정한 결과가 나타날 것이라는 가능성을 의미하고, 이와 유사하게 어떤 특정한 1차적 결과를 가져 올 가능성을 의미하며, 작업에 관련된 노력이 어떤 업적을 완성하게 될 것이라는 믿음의 강도를 의미하는 개념이다. 말하자면, 얼마만큼의 노력을 하면 얼마만큼의 업적에 이를 것이라는

가능성(노력→ 보상 가능성)을 나타내는 이 개념은 "어떤 대체안을 선택하면 성공할 것인가?(기대 지각)"에 대한 질문과 관련된다.

또 다른 변수인 도구성이란 수단성이라고도 하는데, 동기부여란 목표를 달성하면 실제로 지각된 보상을 얻을 것이라는 믿음에서 일어나는 행동이다.

예컨대 기업은 종업원이 생산적이기를 원하는데, 이는 종업원의 보상 가능성(업적→보상 가능성)에 대한 지각에 의존하게 된다. 이때 생산성은 1차적 결과(first level out come)이고 승진은 2차적 결과(instrumentality)가 된다. 따라서 이는 "성공하면 어떤 결과(보상)를 얻게 될 것인가?(도구성 지각)"에 대한 질문과 관련된다.

이상에서 살펴본 브룸 모델(Vroom's model)은 경영자가 종업원의 동기를 분석하는 데에는 큰 도움을 준 바 있지만은 실질적인 Motivation을 해결하는 데에는 많은 어려움이 뒤따르고 있다. 이는 이 이론의 이론체계가 복잡하여 실제의 조직상황에 적용하기가 어렵게 전개되고 있기 때문이다.

브룸의 이론은 갈브레이스(J. Galbraith)와 커밍즈(L. Cummings)에 의하여 보완되고 있는데, 이들은 브룸이 밝힌 바와 같이 어떤 결과는 그것이 낳는 파생적 결과가 갖는 유의성 이외에도 그 자체로서 유인을 독자적으로 갖는다는 것을 밝혀내고 있다. 예컨대 구성원이 훌륭한 성과를 실현했을 경우 그것은 여러 가지의 부수적인 부대적 보상(extrinsic compensation)—급여, 승진, 은급(恩給) 등—을 얻도록 함은 물론 성과실현 그 자체에서 비롯되게 되는 고유의 보상도 얻게 된다.

따라서 갈브레이스와 커밍즈는 한 결과가 가져다 줄 수 있는 총유의성에 고유의 모티베이션도 표시하는 유인가치를 첨가하였다. 또 그들은 1차 수준 결과와 2차 수준 결과를 명백히 하고 이들이 갖는 수단(instrumentality), 즉 급여 · 은급 · 승진 · 감독자의 지원 · 작업집단의 수용에 대해서도 자세히 관찰하였다.

(2) 포터와 로울러의 기대이론

일반적으로 종업원의 만족 또는 사기와 성취 또는 생산성간의 관계가 행동과학의 주요 고찰대상이 되어 왔다. 그리하여 그들의 높은 만족이 높은 생산성과 어떤 상관관계를 가지는지, 아니면 그 반대인지가 많은 행동과학자들에 의하여 논의되어 왔다. 그러나 Porter & Lawler는[30] 이 같은 사기—

생산성간의 관계에서 종업원의 Motivation을 추구할 것을 포기하고, Vroom의 이론을 기초로 하여 단순히 성과와 Motivation을 연결시키는 데 그치지 않고 다양한 변수를 추가하여 독자적인 이론을 전개하고 있다.

이들은 종업원의 성취에 직접 관계되는 요인을 만족이 아닌 노력에서 구함으로써 종업원의 만족이 성취(performance)를 가져오는 것이 아니라 직무성취의 수준과 그에 따른 보상수준의 여하(如何)가 오히려 직무만족의 원인이 된다고 분석하였다.

그리하여 이들은 종업원의 성과실현, 즉 성취를 위해서 노력을 바칠 것인가 노력을 바치지 않을 것인가를 기대의 평가에 의해서 선택한다고 설명하였는데, 이 경우 기대란 개인에게 주어지는 보상의 가치와 그가 자신의 노력에 대해서 받을 수 있으리라고 믿는 보상 가능성에의 느낌이다.

일정한 노력을 바쳤을 경우에 그에 따른 보상 가능성이 개인에게 기대대로 되지 못할 때 개인은 성취실현을 위한 노력을 게을리 할 것이다. 따라서 직무성취와 거기에 결부된 보상에 부여하는 가치, 그리고 어떤 노력이 보상을 가져다 줄 것이라는 기대가 직무수행 노력을 좌우한다.

직무성취에 대한 만족은 성취의 실현에 대한 대가로서 부여되는 내재적·외재적 보상에 의해서 강화될 때 나타난다. 이 경우 내적·외재적 보상이 종업원의 만족을 보장하려면, 이들 보상수준이 개인이 받을 수 있으리라고 기대하는 정당한 보상수준을 상회하여야 한다. [그림 6-9]에 명시된 바와 같이 Porter & Lawler의 모델 변수로는 다음과 같은 것을 활용하고 있다.

(1) 보상의 가치(value of reward) : 브룸의 이론에서 유인가에 해당하는 개념으로써 하나의 성과(결과)가 지니는 매력적인 가치를 의미한다. 즉 성과가 지닌 매력의 정도를 뜻한다.

(2) 지각된 노력의 보상 : 보상은 차별적인 노력의 근거에서 구별되고 있는지의 여부에 관한 지각을 뜻하며, 이는 노력—성과(기대)와 성과—보상(도구성) 요소로 구별되고 있다.

(3) 종업원의 노력(effort) : 특정한 과업을 수행하는 과정에서 사용되고 있는 에너지(힘)

30) L. W. Porter & E. E. Lawler, *Managerial Attitudes and Performance*, Homewood Ⅲ.: Richard D. Irwin, 1968, pp. 164-166; 金石會, 組織行爲論, 貿易經營社, 1982, pp. 84-85에서 재인용.

그림 6-9 포터와 로울러의 기대모형

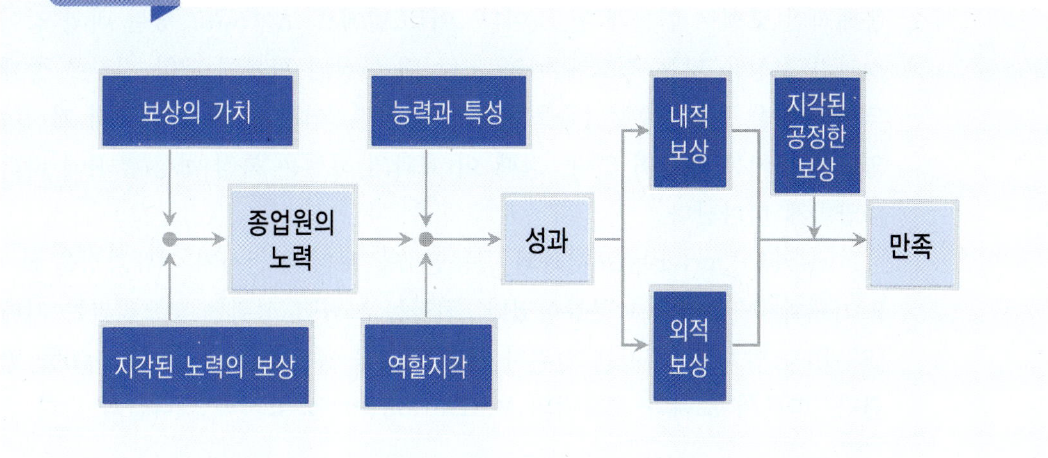

자료: W. Porter & E.E. Lawler, *Managerial Attituder and Performance*, Irwin, 1968, p. 165; D. Hellriegel & W. Slocum, *Management*, Addisen-Wesley, 1992, 6th, p. 445.

(4) 능력과 특성(abilities and traits) : 이는 특정인이 갖는 장기적 특성을 말한다.

(5) 역할지각(role perception) : 이는 조직 구성원이 자신의 직무와 과업에 대해서 갖는 사명감을 말한다. 즉 효과적인 직무수행에 필요한 노력의 유형을 뜻한다.

(6) 성과(performance) : 직무를 구성하고 있는 제과업에 대한 인간의 성취.

(7) 보상(rewards) : 자기 자신의 생각이나 타인의 행동에서 얻을 수 있는 바람직한 사상(내재적 · 외재적 결과)

(8) 지각된 공정한 보상(perceived equitable rewards) : 한 사람이 공정하다고 생각하는 보상의 양을 말한다.

(9) 만족(satisfaction) : 받을 보상이 지각된 공정수준에 부합되거나 아니면 이를 초과하는 정도(불만은 과소 보상된 불공정성에서만 발생한다.)

브룸의 이론에서와 마찬가지로 처음의 두 변수, 즉 보상의 가치와 노력 대 보상의 확률을 곱하면 세 번째 변수인 노력이 산출된다. 그리고 능력과 노력은 곱의 관계를 이루며 성과를 결정한다. 또 역할지각도 노력과 같은 관계를 이루면서 성과를 결정한다. 따라서 능력과 역할지각의 두 변수로 해서 노력과 성과는 완전한 관계를 유지하지 못한다.

따라서 Porter & Lawler는 피드백 순환 개념을 이용하여 Vroom의 이론을 동태적인 모델로 만들게 된 것이다. 이 모델에서 보여 주고 있는 바와 같이 성과가 보상을 낳는 정도에 따라 노력 대 보상의 확률에 대한 지각은 증대되며 보상을 받은 후에 만족을 경험하게 되면, 이는 그 보상의 장래 가치에 영향을 미치는 경향이 있다. 그때 이 효과의 특질은 특정 보상(결과)에 따라 다양하게 나타난다.

Porter & Lawler는 포터와의 공동연구를 보다 진전시켜 기대과정을 E→P 기대와 P→O기대로 분류하였다. 전자는 노력이 성취를 낳으리라는 기대(E→P)를 말하고, 후자는 성취가 결과 보상을 낳으리라는 기대(P→O)를 말한다. 따라서 포터와 로울러의 Motivation공식을 표시하면 다음과 같다.

$$\text{노력(effort)} = (E \rightarrow P) \times \Sigma\ [(P \rightarrow O)\ (V)]$$

즉 노력이 성과를 낳으리라는 기대(성과가 결과를 낳으리라는 기대)에 유의성의 총합을 곱한 것이 노력, 즉 Motivation이 된다.

E→P 기대의 가장 단일한 결정변수는 객관적 상황이다. 여기에 추가하여 당사자의 자기존중, 동일한 상황에서의 과거경험, 타인과의 커뮤니케이션 등이 그 사람의 상황에 따른 지각에 대한 주요 투입요소가 된다.

P→O에 대한 지각은 E→P기대와 동일한 많은 요소에 의해 영향을 받고 있는 데 여기에 추가하여 성과의 매력도, 누가 성과를 통제하느냐 하는 통제의 위치(locus of control), 그리고 E→P기대가 P→O기대에 영향을 미친다.

그런데 포터와 로울러의 모델에서 노력이 얼마만한 성과를 가져오는가는 개인의 능력과 특성 및 조직 내에서의 자기의 역할지각의 적절성에 의존하게 된다. 또한 성과가 개인에게 가져다주는 보상의 크기가 지각된 공정한 보상의 크기를 하회하는 정도가 작을수록 만족은 크게 된다. 그리고 보상이라는 변수는 브룸 모델의 제 결과(outcomes)에 상당하는 것이다.

Porter & Lawler의 모델에서는 두 개의 피드백과정이 있다. 그 하나는 만족이 보상의 가치에 연결되는 것이다. 즉 만족을 얻는 것이 결핍욕구의 경우라면 가치는 하락할 것이고, 성장욕구처럼 장기 강화적인 경우에는 가치를 더해 줄 것이다.

이상과 같이 개인의 합리적인 기대 메커니즘이라는 인지적 프로세서를 중시하는 점에 기대이론의 특징이 있다 하겠다. 기대이론은 능력주의에 의거한 총합적인 Motivation이론이며 구성원의 Motivation을 높이기 위해서는 먼저 노력이 성과를 가져다주는 개인의 기대를 높일 필요가 있고, 그 때문에 조직구조나 관리자의 리더십 스타일을 재검토할 필요가 있다. 다음에 노력에 의해 달성한 성과가 보상을 가져오는 기대를 높이기 위해서는 승진, 승급, 상여 등의 외재적 보상 제도를 업적주의로 바꿀 필요가 있고 또 구성원의 내재적 보상(달성 · 성취감)을 높이기 위하여 성취동기를 주입시키는 교육훈련 계획이 필요하다.

이상에서 논의한 Porter & Lawler의 기대이론은 가장 바람직한 동기부여이론으로 인정받아 실무에서는 널리 활용되고 있지만 이 이론도 다른 이론들과 마찬가지로 한계와 단점이 있어서 다음과 같은 비판을 받고 있다.

첫째, 동기부여를 위한 기대이론은 복잡한 과정과 여러 개의 변수를 통해 의사결정 과정을 거치게 되는데 복잡한 상황 하에서, 다시 말하면 여러 개의 대체안이 있는 경우에는 이 같은 과정을 밟기가 어렵다.

둘째, 이 이론에서 최선의 대체안을 선택하기 위한 의사결정 과정에서 합리적 측면은 강조되고 비합리적인 측면은 무시됨으로써 적용범위가 합리적인 행동에 한정된다.

셋째, 이 이론은 여러 개의 복합적인 변수들로 구성되어 있으므로 너무 복잡하여 검증 자체가 매우 어렵다.

넷째, 이 이론은 인간이 만족이 큰 것에 의해 동기부여된다는 전제, 즉 쾌락주의에 근거하고 있는데 반드시 그러한가는 의심스럽다.

다섯째, 또한 이 이론이 주장하듯이 모든 사람이 언제나 복잡한 계산과정을 거쳐서 행동하는 것은 아니다.

요컨대 우리는 앞에서 성과가 만족에 이른다(생산적인 종업원이야말로 만족하는 종업원)는 생각에서 출발하여 아마도 가장 큰 공헌을 한 포터-로울러의 기대이론을 중심으로 만족과 성과간의 인과관계에 관해 살펴본 바와 같이 여러 가지 비판에도 불구하고 많은 조사결과의 지지를 받아 널리 실무적으로 적용되면서 공헌하고 있다.[31] 기업경영이 중시하여 최대의 관심을 갖게 되는 종업원의 높은 만족과 기업의 높은 성과의 동시적인 추구를 위한 지침이 여러 논자들에 의해서 제안되고 있다.

---

31) K. M. Bartol & D. C. Martin, *op. cit.*, 1994, p. 390.

먼저 Lawler는 이전 이론의 비판을 계기로 내들러(D. A. Nadler)와 함께 수정된 새로운 모형을 제시하면서 다음과 같은 여러 가지 지침을 제안하고 있다.[32]

그림 6-10 기대이론의 수정 모델

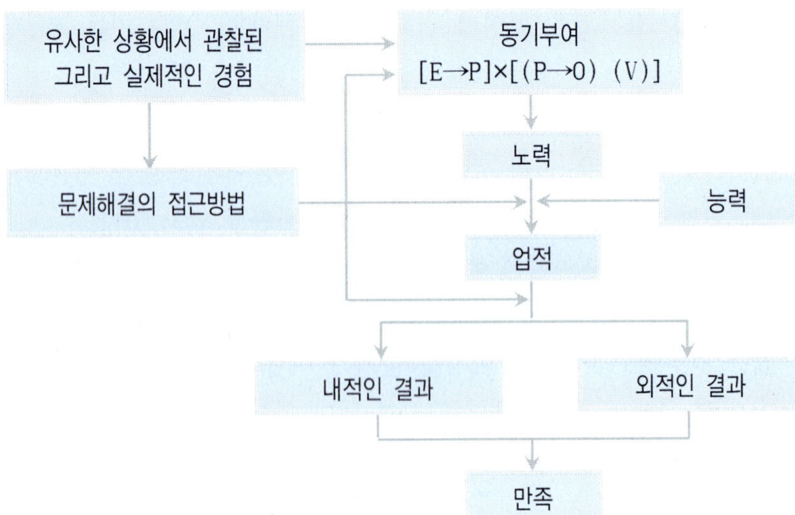

자료: D. A. Nadler & E. E. Lawler, "Motivation: A Diagnostic Approach" in R. Hackman et als.(eds), *Perspectives on Behavior in Organizations*, McGraw-Hill, 1983 및 D. H.Holt, *op. cit.*, 1993, p. 423.

첫째, 각자 가치가 있다고 생각하는 결과, 즉 주된 바람(want)을 찾아내라. 가치 있는 보상이 주어졌을 때만 동기부여는 효과적이기 때문이다.

둘째, 바라는 바의 행동을 결정하라. 말하자면 조직이 바라는 바의 행동은 분명하게, 구체적으로 가시적인 그리고 측정 가능한 표현이어야 한다.

셋째, 바라는 바의 성과를 달성할 수 있는 수준으로 결정하라. 목표가 너무 높으면(노력→성과) 기대는 영(零)에 가까워지고 동기부여는 비효과적인 것이 되기 때문이다. 말하자면 바라는 바의 업적수준은 달성 가능한 것임을 확신시켜야 한다.

32) D. H. Holt, *Management*, Prentice-Hall, 1993, pp. 423-424.

넷째, 바라는 바의 결과와 업적을 연결(link)시켜라. 말하자면 보상과 기타 바라는 바의 결과를 선호하는 업적기대에 연결시켜야 한다.

다섯째, 갈등상태에 있는 전체적인 상황을 분석하라. 흔히 높은 업적에 높은 임금이 주어지는데 만약 작업집단이 높은 임금을 좋아하지 않는다면 이 같은 동기부여는 무의미한 것이 된다.

여섯째, 행동변화가 클수록 좋다는 것을 확신시켜라. 바라는 바의 행동변화가 하찮은 것이라면 보상도 하찮은 것일 수밖에 없기 때문이다.

일곱째, 시스템이 공정한가를 체크하라. 사람은 공정히 대접받기를 좋아하므로 전체적인 시스템이 공정하게 설계되어야 한다.

여덟째, 내·외적인 보상은 가치 있는 행동에 연결시켜라. 전자는 도전적이고 흥미있는 직무설계에 의해, 그리고 후자는 임금이나 직위와 같은 것들에 의해 증대된다.

이들 이외에도 루탄스는 다음과 같은 몇 가지를 제안하고[33] 있다.

(1) 각자가 가치 있다고 믿는 보상이 무엇인가를 결정하라.

(2) 바라는 바의 성과수준을 분명히 하라.

(3) 성과수준이 달성 가능한가를 확인하라.

(4) 성과와 보상을 연결하라.

(5) 보상이 적정한가를 확인하라.

7) 아담스의 공정성 이론(equity theory)

아담스(J. S. Adams)에 의해 개발된 공정성 이론의 근원은 아리스토텔레스의 정의론과 페스팅거(L.Festinger)의 인지부조화이론 및 호만즈(G. Homans)의 교환이론에서 찾을 수 있다.

공정성 이론은 근본적으로는 동기이론이다. 그러나 그것은 만족과 불만의 요인에 대한 몇 가지 중요한 사실에 대해 언급하고 있다. 아담스(1963, 1965)는 공정성 이론에 대한 그의 논문에서 만족은 다음과 같은 방법으로 개인의 인지된 투입-산출 균형에 의해 결정된다고 주장하고 있다. 즉 성과와 만족에 이르는 주된 요인은 설정된 표준과 자신을 비교하는 절대성의 개념이 아니라 자신과 타인을 비교하는 상대성의 개념에 따라 작업상황에 대해 종업

---

33) F. Luthans, *Organizational Behavior*, McGraw-Hill, 1992, 6th, p. 167.

원이 인지하는 사실이 아니라 지각하는 공정성(형평 또는 불형평)의 정도라는 것이며 불공정(inequity)과 공정(equity)이 일어나는 상황은 다음과 같다고 하였다.

① **불공정성(불형평)이 일어나는 경우**

$$\frac{\text{자기의 산출물}}{\text{자기의 노력투입}} < \frac{\text{타인의 산출물}}{\text{타인의 노력투입}} \quad \text{(과소보상)}$$

$$\text{또는} \quad \frac{\text{자기의 산출물}}{\text{자기의 노력투입}} > \frac{\text{타인의 산출물}}{\text{타인의 노력투입}} \quad \text{(과대보상)}$$

② **공정성(형평)이 일어나는 경우**

$$\frac{\text{자기의 산출물}}{\text{자기의 노력투입}} = \frac{\text{타인의 산출물}}{\text{타인의 노력투입}}$$

결국, 이러한 인지된 공정함이 만족을 결정하며 만족은 공정함이 인지될 때 생기게 된다. 따라서 만족은 개인이 자신의 일에 투입한 것과 관련하여 자신의 일에서 얻게 되는 것의 인지된 비율에 의해서 결정된다.

다시 말하면 종업원들은 항상 다른 사람들과 자신들을 비교하면서 살아간다. 종업원들은 직무상황에서 그들이 투입한 것(inputs)과 비교하여 무엇을 얻어내고 있는가(outcomes)를 지각하게 되고, 그리고 나서는 "투입－산출의 비율"을 비교대상이 될 수 있는 다른 사람들의 "투입－산출의 비율"과 비교한다. 그리하여 자신들의 비율과 다른 사람들의 비율이 동등하다고 지각하게 되면 종업원들은 그들의 상황에서 공정성을 지각하게 되고 정당성이 실현되고 있다고 느끼게 된다. 그러나 투입－산출의 비율이 불평등하다면, 불공정성이 존재하게 된다. 즉 종업원들은 자신들이 낮게 보상을 받고 있다거나 높게 보상을 받고 있다고 지각하게 된다. 이 같은 불공정성이 나타나게 되면 종업원들은 그 같은 불공정 상태를 수정하려고 한다는 것이다.

종업원들이 자신들과 비교의 대상으로 선정한 준거, 즉 비교대상이 공정성 이론에서는 매우 중요한 변인이다. 이 같은 비교대상은 세 가지 범주로 분류될 수 있는데 '다른 사람(other)', '시스템(system)', '자신(self)' 등이 그것이다.

다른 사람의 범주(the other categories)에는 같은 조직에서 비슷한 지구에 종사하는 다른 사람들이 포함된다. 그리고 여기에는 친구, 이웃, 동일직업에 종사하고 있는 동료 등도 포함된다. 종업원들이 다른 사람들의 입을 통해서, 신문이나 잡지를 통해서 얻은 정보를 바탕으로 하여 자신들의 임금과 다른 사람들의 그것과를 비교할 수 있게 된다.

비교대상의 시스템 범주에는 그 조직의 임금 정책 및 절차 그리고 임금관리 체계 등이 포함된다.

그리고 비교대상이 자신의 범주에는 그 개인 특유의 투입-산출 비율을 가리키는 것으로서 그 개인의 현재의 투입-산출 비율과는 다른 개념이다. 그리고 이 범주는 그 개인의 과거의 직무나 그 직무에 대한 전념도(가정에서의 역할과의 조화를 이루어가야 한다는 것을 감안하여)에 의해 영향을 받는다.

이 같은 특정한 비교대상의 선정은 "그가 적절하다고 생각하는 지각"뿐만 아니라 비교대상에 대한 활용 가능한 정보에 기초를 두고 있다.

공정성 이론에 의하면 종업원들이 불공정성을 지각하게 될 때 그들은 다음과 같은 네 가지의 선택대안들 중에서 하나 혹은 그 이상을 선택한다는 것이다.

1. 자신이나 다른 사람들의 투입 및 산출 중의 어느 쪽을 왜곡한다(distort either their own or other's inputs or outcomes).
2. 사람들을 설득하여 그들의 투입이나 산출을 변경시키기 위한 행동을 취한다.
3. 자신의 투입이나 산출을 변경시키기 위한 행동을 취한다.
4. 직무를 사직한다.

공정성 이론에서는 종업원들이 그들의 노력에 대한 대가로서 받게 되는 보상의 절대금액뿐만 아니라 다른 사람들이 받는 보상금액과의 비교에서도 관심을 갖는다는 사실을 인지하고 있다. 그래서 종업원들은 '자신의 직무에 대한 투입-산출'과 '다른 사람들의 투입-산출'간의 관계에 대한 판단을 내리게 된다. 자신의 투입, 즉 노력, 경험, 교육, 능력(competence) 등과 같은 투입에 기초하여 임금수준, 임금 인상폭, 인정 및 그 밖의 다른 요인 등과 같은 산출(outcome)과 비교한다. 그리하여 종업원들의 투입-산출 비율이 다른 사람들의 그것과 비교하여 상대적으로 불균형을 지각하게 될 때에는 긴장이 생겨난다. 이 같은 긴장이 곧 동기유발의 기초(토대)가 된다. 그리하여 종업원들은 공정하다고 지각하는 것을 위해 노력하게 된다.

보다 구체적으로 이 공정성 이론은 불공정한 임금과 관련하여 다음과 같은 네 가지의 명제(propositions)를 설정하고 있다.

1. 시간기준에 의해 임금이 지급될 경우, 과도하게 보상을 받는 종업원들이 공정하게 보상을 받는 종업원들보다 더 많이 생산하려 할 것이다. 이 경우 시간제로 급료를 받거나 월급을 받는 종업원들은 투입－산출 비율의 투입측면을 증가시켜 균형(공정성)이 이루어지도록 하기 위해 높은 양이나 높은 질의 생산을 하려고 할 것이기 때문이다.
2. 생산량의 기준에 의해 임금이 지급될 경우, 과도하게 보상을 받는 종업원들은 공정하게 보상을 받는 종업원들보다 더 적게 생산하지만 보다 높은 질의 제품을 생산하려고 할 것이다. 이 경우 성과급시스템에 의해 임금을 지급받고 있는 사람들은 공정성(균형)을 위해 그들의 노력을 증대시키려고 한다. 그리하여 그 결과는 보다 많은 생산량과 보다 높은 질의 생산이 나타난다. 그러나 생산량의 증가는 불공정성을 증가시킬 뿐이다. 한 단위 더 생산되면 더 과도한 지급을 받게 되기 때문이다. 그래서 생산량보다는 생산의 질을 높이는 방향으로 노력을 경주한다.
3. 시간기준에 의해 임금이 지급될 경우 과소하게 보상을 받는 종업원들은 보다 적게 생산하거나 혹은 보다 빈약한 품질의 제품을 생산할 것이다. 이 경우 노력이 감소하면, 그것이 공정하게 보상을 받는 사람들보다 더 낮은 생산성과 더 빈약한 품질의 제품의 생산을 통해 균형(공정성)이 유지된다.
4. 생산량의 기준에 의해 임금이 지급될 경우, 과소하게 보상을 받은 종업원들은 공정하게 보상을 받고 있는 종업원들과 비교해 많은 양의 저품질 제품을 생산할 것이다. 이 경우 성과급제에 의해 임금을 지급받고 있는 종업원들은 보상(산출)을 증가시키기 위해 많은 양의 제품을 생산함으로써 공정성(균형)을 이룩할 수 있게 된다.

최근의 연구들을 개관한 바에 의하면 다음과 같은 공정성 명제를 확실히 입증해 주고 있다는 것이다. 즉 종업원 동기유발은 절대임금(보상)은 물론 비교임금(보상)에 의해 크게 영향을 받는다. 그래서 그들이 불공정성을 지각할 경우, 그 같은 상황을 수정하기 위해 행동하게 된다. 그리하여 그 같은 행동은 보다 낮은 생산성, 보다 높은 생산성, 보다 개선된 품질, 보다 열등한 품질, 결근율의 증가, 자발적인 사직 등의 결과로 이어진다.

공정성 이론도 문제점이 없는 것은 아니다. 이 이론은 중요한 핵심적인 문제를 명백히 하지 못하고 있다. 예를 들어 종업원들이 비교대상으로 '다른 사람들의 범주'에서 누구를 어떻게 선택하는가? 투입과 산출을 어떻게 정의하는가? 그들이 투입이나 산출을 총계할 때 어떻게 합산하며 요소들에 대한 비중을 어떻게 배분하고 있는가? 이 같은 요인들이 시간의 경과에 따라 언제 어떻게 변화하는가? 등의 문제점에도 불구하고 공정성 이론은 매우 많은 양의 실증연구의 지지를 받고 있으며 우리에게 종업원 동기유발에 대한 중요한 직관을 제공해 주고 있다.

8) 목표설정이론(objective-setting theory)

이 이론은 'objective'와 'goal'은 대체적으로 사용되고 있기 때문에 혹자에 의해서는 '목표설정'(objective-setting)이라는 개념으로, 그리고 혹자에 의해서는 단순히 '목표이론'(goal theory)이란 개념으로 거론되고 있다.

목표설정이론은 기대이론과 마찬가지로 인간행동의 힘은 어떻게 유인되는가를 잘 설명해 준다. 목표설정이론의 기본가정은 인간이 어떠한 일을 함에 있어서 해야만 한다고 믿기 때문에 하기보다는 목표가 확실히 주어져서 그 목표를 성취해야만 하는 것으로 받아들였을 때, 그 사람의 사고와 행동은 그 목표로 더욱 집중되게 된다는 것이다. 하지만 모든 목표가 인간의 행동을 유인하는 목표로서 작용하는 것은 아니다. 우리가 생활함에 있어서는 여러 성취해야 할 목표가 동시에 존재할 수 있으며, 또한 그 목표들은 서로 갈등관계에 있어서 특정한 목표를 추구하기 위해서는 다른 목표를 포기해야 하는 경우도 많기 때문이다.

그렇다면 왜 목표는 행동유인 요소로 작용할까? 가장 설득력 있는 설명은 설정된 목표의 성취는 사람들에게 성취감을 주고 자신의 존재를 확인시켜 주는 역할을 하므로 행동유인 요소로서 작용을 한다는 것이다. 그렇다면 성취감을 얻기 위해서는 우선 목표자체가 특별한 노력 없이 성취가 가능한 쉬운 목표이면, 동기요인으로 바람직한 역할을 하리라고 가정해 볼 수 있다. 하지만 목표가 동기요인이 되기 위해서는 생각이 복잡하다. 우선 너무 성취하기 쉬운 목표는 인간에게 성취감을 주지 못하므로 관심의 대상이 될 수 없다. 또한 너무 목표자체가 이상적이거나 성취할 가능성이 희박한 목표는 노력한 대가를 얻을 수 없기 때문에 사람들은 쉽게 포기해 버린다.

그동안의 연구결과에 따르면 만약 사람들이 받아들이기만 한다면 성취하기 힘든 목표일수록 성취해 보고자 하는 의욕을 자극할 수 있는 가능성이 높다. 따라서 사람들의 강한 노력을 유도하기 위해서는 합의를 통해 만들어진 성취하기 힘든 목표가 좋다.

그동안 목표설정과 관련된 연구에서 가장 중요하게 지적되고 있는 것은 목표의 명확성이다. 추상적이고 불명확한 목표는 사람들의 행동요인으로서 작용하지 못하며 가능한 한 목표자체가 무엇을 언제 어떻게 성취되어야 하는지 구체적으로 명시되었을 때 도전의 대상이 된다는 것이다.

다음으로 목표설정에서 중요한 것은 목표자체를 행위자 자신이 의미 있는 것으로 받아들여야 한다는 점이다. 아무리 구체적이고 난이도에 있어서 성취의욕을 유인할 수 있는 요인을 갖춘 목표라고 할지라도 그 목표를 받아들이는 입장에서 큰 의미를 부여할 수 없다면 행동의 유인요소가 될 수 없다. 그러므로 조직의 경우에 있어서는 관련된 사람들이 목표설정에 대한 참여의 길을 열어 주는 것이 바람직하다.

이 목표설정이론 분야의 전문가는 로크(F. A. Locke)와 랜담(G. P. Lantham)인데[34] 이들은 목표의 설정은 각자에게 목표의 달성을 위해 주의와 행동에 방향을 지어 주고 노력을 하게 하고 인내력을 증대시키며 전략개발을 고무시켜 준다고 주장하면서 목표설정은 개인의 업적과 만족을 증진시킬 수 있다는 믿음에서 출발하여 목표의 난이도(goal difficulty)와 종업원의 수락, 즉 몰입수준(level of commitment)에 따라 종업원의 행동과 조직의 업적이 좌우됨을 역설하고 있다.

목표설정이론은 "목표를 지닌 사람이 목표를 지니지 못한 사람보다 더 많은 업적을 달성하려고 노력한다"는 기본가설에 입각하고 있으므로 이 이론에서는 목표의 설정과 업적간의 관계를 내용으로 하는 동기부여이론의 중심적인 연구과제가 된다.

다시 말해 이 이론은 목표가 적절히 설계되고 잘 관리되면 그것은 높은 업적의 달성을 위해 동기부여될 수 있다는 전제에 입각하고 있으므로 바람직한 목표의 특성이 무엇인가가 주된 연구과제가 되는데 이에 관한 여러 논자들의 관점을 정리하면 바람직한 목표의 특성은 다음과 같다.

---

34) G. P. Lantham & E. A. Locke, "Goal setting: A Motivational Technique that Works," *Organizational Dynamics*, 1979; E. A. Locke & G. P. Lantham, *Theory of Setting and Task Performance*, Prentice-Hall, 1990.

첫째, 바람직한 목표란 구체성(specificity)을 지녀야 한다. "막연히 최선을 다하라"고 하는 것만으로는 부족하다.

둘째, 바람직한 목표란 측정 가능성(measurability)과 관측 가능성을 지녀야 한다. 계량적인 목표가 중요하다.

셋째, 바람직한 목표란 구체적인 기간을 명시한 것이어야 한다.

넷째, 바람직한 목표란 어렵기는 하나 현실성이 있고 달성 가능한 것이어야 한다.

다섯째, 바람직한 목표란 다소 어려운(difficulty) 도전적인(challengeable) 것이어야 한다.

여섯째, 바람직한 목표란 구성원들의 참여에 의해 설정됨으로써 그들이 몰입할 수 있는 수락 가능한 것이어야 한다.

업적향상을 위한 목표설정의 성공여부는 적절한 목표의 설정에 달려 있기 때문에 위에서 살펴본 바와 같은 바람직한 목표의 특성을 지닐 때 그것은 개인과 집단의 업적향상에 동기부여 요인으로써 더욱 효과적인 기능을 다하게 된다.

알다그(R. J. Aldag) 등은 업적향상에 이르는 목표의 특성을 다음 [그림 6-11]과 같이 정리하였다.

그림 6-11 목표의 특성과 업적간의 관계

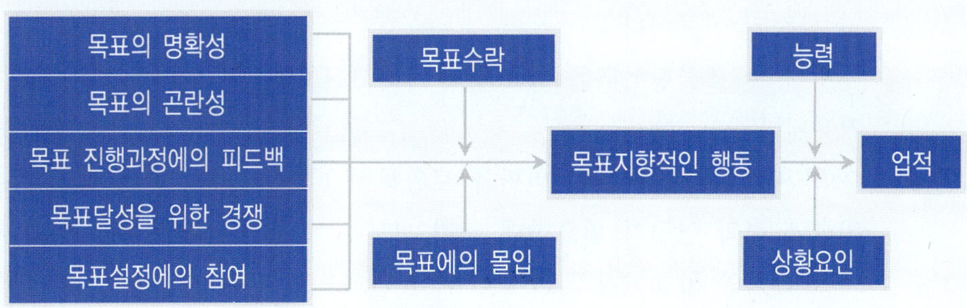

자료: R. J. Aldag & T. M. Stearns, *Managing*, South-Western, 1991, 2nd, p. 428.

지금까지 살펴본 목표의 설정과 업적, 그리고 만족과의 관계에 관한 내용을 종합하여 정리해 보면 그 내용은 다음과 같다.

(1) 달성하기 쉬운 목표를 지닌 사람보다 불가능한 목표는 아니나 어려운 목표, 더 나아가 도전적인 목표를 지닌 사람일수록 더 높은 업적(성과)을 달성하려 하고 실제로 달성하기도 한다.

(2) 목표는 구성원으로부터 수용될 수 있는 것이어야 한다. 다수의 조사결과는 수용된 목표는 그렇지 못한 것보다 더욱 효과적으로 동기부여하는 경향이 있음을 입증하고 있다.

(3) 구성원들의 몰입이 중요하다. 몰입한 사람들에 의한 목표설정에의 참여는 목표가 타인에 의해 주어질 때보다 높은 업적을 달성할 수 있기 때문이다. 목표에의 몰입은 목표설정에 있어서의 또 다른 하나의 중요한 요소이다.[35]

(4) 결과적으로 구성원의 참여는 언제나 높은 업적의 전제조건은 아니나 목표설정 과정에서 구성원의 만족의 커다란 원인이 되고 있고, 높은 업적으로 공헌함으로써 중요한 역할을 담당한다. 목표설정의 응용인 목표관리는 목표설정에의 참여적 접근방법의 좋은 예이다.

그러나 이와 같은 의의를 지닌 목표설정이론도 다음과 같은 몇 가지 측면에서는 비판을 받고 있다.[36]

첫째, 목표설정이론은 동기부여에 영향을 미치는 많은 동태성을 부정하고 있기 때문에 동기부여에 대한 설명을 충분히 하지 못한다.

둘째, 목표설정이론은 "목표가 모든 사람에게 같은 방법으로 영향을 미친다고" 가정하기 때문에 개인차를 부정하는 잘못을 범하고 있다.

셋째, 목표설정이론은 업적의 질보다는 양에 관심을 두고 있으므로 상당히 한정된 이론이다.

넷째, 목표설정이론은 목표를 수락하고 몰입하는 사람에게만 효과적으로 적용된다.

마지막으로 이 이론의 비판을 보완하여 더욱 지지를 받아 널리 응용되기 위한 노력과 연구가 필요한데 프리차드(R. D. Prichard) 등은 이와 관련하여 효과적인 목표설정의 설계를 위한 원칙으로 다음과 같은 몇 가지를 제시하고[37] 있다.

---

35) K. M. Bartol & D. C. Martin, *op. cit.*, 1994, p. 392.

36) L. E. Boone & D. L. Kurtz, *op. cit.*, 1992, pp. 358-359. 및 S. P. Robbins, *op. cit.*, 1994, p. 472.

37) R. D. Pritchard et als., "Designing a Goal Setting System to Enhance Performance: A Practical Guide," *Organizational Dynammics*(1989, Vol. 17) 및 H.

첫째, 목표를 측정가능하게 하고 조직의 목적과 관련시켜라.

둘째, 효과적인 피드백 시스템을 갖추라.

셋째, 선택한 방법이 작업의 구체적인 측면에 초점을 두면서 목표설정에 표적을 두고 있는지를 결정하라.

넷째, 단일 업적 측정치를 사용하라.

다섯째, 목표설정 시 감독자와 일반 종업원을 참여시켜라.

여섯째, 어렵기는 하나 달성 가능한 목표를 설정하라.

일곱째, 종업원들이 알게 하고, 동기부여 수준을 높이기 위해 목표를 공개하라.

여덟째, 관리활동의 논리적인 주기에 따라 업적을 평가할 수 있는 측정가능한 목표를 설정하라.

아홉째, 각 목표설정 기준의 마지막에 목표를 다시 평가하고 필요하면 목표를 조정함을 용납하라.

열번째, 목표설정 시스템을 개발하고 수행하기 위해 감독자들을 훈련시켜라.

9) 사회교환이론

사람들이 특정한 사람과 인간관계를 형성하며 그 관계를 지속해 나가는 동인은 무엇인가에 대해 살펴보고자 한다. 사람들은 사회생활을 하면서 특정인에게 관심을 보인다든지 호의를 베푸는 행동을 지속적으로 반복함으로써 인간관계를 형성하게 된다.

인간관계를 형성·유지하도록 하는 요인에 관한 이론들 중에서 가장 많이 거론되고 있는 하나의 이론이 사회교환이론이다.

사회교환이론이란 쉽게 표현하면 사회에서 인간관계는 상호 주고(cost) 받는(rewards) 과정에서 이루어지며, 쌍방이 그 관계의 결과 남는 것(profit-taking)이 있다고 여겨질 때 상호관계가 지속된다는 것이다.

좀 더 구체적으로 설명하면 일단 어떠한 사람과 관계가 형성되면 그 관계를 유지하기 위해서는 어떠한 형태로든 대가(cost)를 지불해야 한다. 즉 그 사람과 보내는 시간, 돈, 갈등, 가끔 겪는 불쾌한 기분, 불안한 감정 또는 그 관계로 인해 일어날 수 있는 다른 사람과의 좋지 않은 관계 등등이 대가

Roberts & D. M. Hunt, *op. cit.*, 1991, p. 462.

(cost)에 해당한다.

한편, 그 관계를 형성・유지하는 과정에서 자신에게 돌아오는 보상(rewards)이 있다. 즉 돈과 물질적인 이득은 물론 애정, 소속감, 인정, 존경, 자부심, 상대방으로부터 얻는 지식 등등이 이에 속한다. 이렇게 대가와 보상을 주고받는 과정을 사회교환과정(the process of social exchange)이라고 하고 이 주고 받는 과정의 결과, 다시 말해 그 관계에서 얻은 것에서 그 관계로 인해 들어간 비용을 뺀 것이 사회교환과정의 결과(outcome)인데, 그 결과가 상호 자신에게 도움이 된다고 여겨지면 그 관계가 지속된다고 하는 것이다.

여기서 문제가 되는 것은 그 결과를 어떠한 기준에 의해 평가하느냐 하는 문제다. 인간관계 결과에 대한 평가기준을 비교수준(comparison level)이라고 말한다. 즉 현재 이루어지고 있는 인간관계에서 얻은 결과가 비교수준에 비해 높으면 그 관계에 만족하게 되고, 비교수준보다 낮으면 불만족스럽게 여겨져 그 상태가 지속되면 관계는 계속 유지될 수 없게 된다.

그러면 비교수준은 어떻게 형성되는가?

첫째, 현재 진행되고 있는 관계를 과거의 유사한 경험과 비교한다는 것이다. 만약 현재의 관계가 과거 자신이 가졌던 유사한 관계에서 얻은 것보다 나으면 그 관계에 만족을 느끼고 그렇지 않으면 불만을 느낀다는 것이다. 예를 들어 내가 새로운 사람과 거래할 때보다 불친절하고 가격도 비싸면, 그 거래관계의 결과는 불만족감을 낳게 된다는 것이다.

둘째, 현재 내가 맺고 있는 관계의 결과와 다른 사람이 맺고 있는 유사한 관계에서 얻는 결과를 비교한다. 만일 다른 사람이 나와 유사한 관계에서 더 좋은 결과를 얻고 있으면 그 결과에 대해 불만을 갖게 된다. 예를 들면 다른 사람들은 거래하는 업체와 자신이 하고 있는 똑같은 거래 조건과 양을 거래하고 있는데 대우가 월등히 나은 반면, 자기가 거래하고 있는 업체는 자기에 대한 대우가 그리 좋지 않다고 여겨지면 그 관계에 불만을 갖게 된다.

셋째, 현재 자신이 맺고 있는 관계를 포기할 경우 그에 대한 대안이 있고 없는가에 관한 것이다. 위의 예를 들면 아무리 자신에 대한 상대방의 대우가 좋지 않다고 하더라도 다른 업체와 거래할 수 있는 특별한 거래의 대안이 없으면 그 관계에 대한 불만의 정도는 낮아진다.

따라서 이러한 여러 가지 조건에 의해 영향을 받아 형성된 비교수준은 그 관계의 지속여부를 결정하는 기준이 되는데 만약 특정 관계의 결과가 비교수준에 비해 너무 불만스러워 더 이상 그 관계를 지속할 수 없고 다른 대안을 찾아보아야겠다고 결심하기에 이르면 그 결심을 하게 되는 대안탐색을 위한 비교수준의 최저점이 된다.

그러면 과연 처음 인간관계를 형성하게 되는 동기를 사회교환이론에서는 어떻게 설명하고 있을까? 사회교환이론의 대표적인 학자의 한 사람인 브라우(P. M. Blaw)는 사람들 사이에 자발적이고 자유로운 상호작용의 매체를 매력으로 보았다.[38] 이는 좁은 의미에서는 그 사람의 인격에 대한 긍정적인 감정으로 규정하고, 넓은 의미에서는 어떠한 이유에서든 남에게 이끌리는 힘을 의미한다고 말하였는데, 그는 주로 매력을 넓은 의미로 사용하고 있다.

Blaw에 의하면 인간은 항상 타인에게 매력적인 존재로 인식되길 바라며 남들과의 상호관계 형성도 남이 가지고 있는 매력적인 요인이 촉발요소로 작용되어 그 요인이 자신에게 어떠한 형태로든 상호관계에서 보상으로 작용할 것이라는 기대에 의해 관계가 형성된다는 것이다. 또한 이 과정에서 상호관계를 원하는 당사자도 상대방에게 상호관계에서 자신의 매력적인 요인에 의해 보상을 받을 수 있으리라는 기대를 갖도록 할 수 있어야 한다는 것이다. 그러므로 인간관계 형성은 상호간 서로에게 느낀 매력의 상호 교환과정으로 유도되는 것으로 보았다.

여기서 재미있는 점은 나는 상대방에게 매력을 느끼고 있는데 상대방은 나에게 전혀 매력을 느끼지 않고 있을 경우 어떻게 해야 되는가의 문제이다. 이러한 경우 우리가 취할 수 있는 방법은 다음 세 가지를 생각해 볼 수 있다.

첫째는 내가 강제적으로 도움을 청하는 방법이고, 둘째는 필요한 도움을 받을 수 있는 다른 사람을 찾아보는 방법이며, 셋째는 자력으로 그 일을 해결해 보는 방법일 것이다.

하지만 만약 위의 세 가지 중에서 어느 하나의 선택도 불가능하다고 하면 궁극적으로 본인이 취할 수 있는 유일한 방법은 다른 사람이 필요로 하는 능력을 갖추는 길밖에 없다는 것이다. 따라서 남이 필요로 하는 인격적인 수양이나 지식의 축적 및 실력의 함양은 곧 바람직한 인간관계 형성의 첫 출발이요, 남으로부터 도움을 받을 수 있는 유일한 길이다.

여기서 다시 한 번 알 수 있는 것은 인간관계에서 상대방이 자신을 알아주

---

38) P. M. Blaw, "The Structure of Social Association," in W. L. Wallau(ed.), *Sociological Theory*. Chicago: Aldine Publishing Co.

지 않고 자신을 무시하고 지속적인 관계를 유지하지 않으려 하는 것은 상대방에 문제가 있는 것이 아니라 자신으로부터 상대방을 유인할 수 있는 매력이 없다는 것이다. 그러므로 원만하고 바람직한 인간관계를 원하는 사람들은 자신의 인격수양과 사회에서 요구하는 능력을 배양하는 것이 우선이라는 것이다.

이 이론은 인간관계는 주고받을 수 있는 그 무엇이 있어야 형성되며, 그 주고받는 과정에서 얻어지는 결과에 대한 평가가 긍정적일 때 지속된다는 것이다.

어떻게 보면 이 이론은 인간관계를 아주 계산적이며 타산적인 경제적 관계로 보고 인간을 단순한 경제적 동물로 본다는 측면에서 많은 비판의 여지가 있다. 또한 인간관계는 순수하게 그 사람이 좋아서라든지 우연한 기회에 서로 만나 마음을 주고 받다보면 자연스럽게 형성되는 것이지, 매력적인 면이 무엇이고 그 관계를 통해 얻어질 보상에 대해서 계산하고 사람들을 대하는 것은 아니라는 것이다. 이 비판에 대한 사회교환이론의 답변이라면, 인간은 설사 인간관계 형성과정에서 의식적으로 계산하거나 이익을 따지지 않는다 하더라도, 우리가 마음속에 가지는 그 사람에 대한 인상이라든지, 그 사람을 만난 후 남는 감정 등이 곧 그 관계에 대한 결과(outcome)를 가리키며, 이는 우리도 잘 인식하지 못하는 과정에서 우러나는 지극히 자연적인 현상이라는 것이다.

또한 인간관계는 단순히 계속해서 주기만 한다고 해서 건전한 관계가 형성되는 것이 아니고 반대로 받기만 한다고 해서 건전한 관계가 형성되는 것이 아니라는 것이다. 사람이 줄 때는 아무런 반대급부 없이 준다고 해도 받는 사람 입장에서는 항상 부담스러운 것이다. 또한 주는 사람도 무엇인가 주는 이유를 밝히지 않을 때 항상 그 속에 숨은 의도가 있다고 볼 수 있어 상대방을 불안하게 할 수 있다. 그렇기 때문에 그러한 일방적인 관계는 건전한 관계로 발전하기 어렵다. 인간의 진정한 관계는 줄 것은 주고, 받을 것은 받을 때 그 관계는 공정하며 투명한 부담 없는 관계로 발전할 수 있다. 이렇게 주고받는 관계에서 상호간에 신뢰가 싹트고 지속적인 관계가 가능하다. 그러므로 이를 구태여 불건전한 손익의 관계로 규정지을 수 없다고 본다.

동기유발과 관련된 위에 소개한 이론들은 인간이 특정한 행동을 하게 되는 동인과 행동의 방향 및 그 행동을 지속적으로 유지시켜 주는 요인들에 관한 것들을 설명해 주고 있으며, 인간행동의 기본적인 이유들을 잘 설명해 주고 있다.

10) 효과적인 동기부여의 원칙

이상에서 우리는 인간행동에 영향을 미치는 내적인 욕구에 초점을 두고 인간을 동기부여하는 욕구의 범위와 종류를 탐구하는 내용이론과 인간이 지닌 욕구를 충족하기 위해 따라야 하는 특정 경로에 이르는 의사결정을 안내하는 사고과정을 설명하는 과정이론에 대해 살펴보았다.

오늘날 기업경영에서는 이러한 동기부여 관리에 대한 중요성이 날로 증가하면서 효과적으로 이를 관리하기 위한 방법이나 지침에 관한 연구도 활발하였는데 지금까지 논의되고 있는 대표적인 몇몇 학자들의 연구결과를 소개해 보면 다음과 같다.

(1) 호제트(Hodgetts)의 효과적인 동기부여 원칙

호제트(R. M. Hodgetts)는 효과적인 동기부여의 지침으로써 다음과 같은 몇 가지 원칙을 제시하였다.[39]

① 작업에 사람을 연결하라(match the people to work). 모든 사람은 어떤 장점(strength)을 지니고 있다. 어떤 사람은 세밀한 작업에 알맞고 어떤 사람은 보다 광범위한 과업을 잘 수행한다. 어떤 사람은 혼자에게 맡겨버릴 때 업적을 올리고 어떤 사람은 자세한 지침을 받기 원하다. 따라서 작업자의 Personality와 과업이 요구하는 바의 내용을 잘 연결할 수만 있다면 그만큼 동기부여는 쉬워진다.

②과업을 분명히 하라(make the task clear). 집단 내에서 무엇을 해야 하고, 어떻게 수행해야 하는지를 모르는 사람들이 많다. 이를 경우 최선의 노력을 하여도 바람직한 결과가 나타날지는 의문스럽다. 따라서 각자의 과업을 명확히 하여야 높게 동기부여된다.

③ 피드백을 적극적으로 하라(give positive feedback). 구성원이 일을 끝냈을 때는 그 결과를 비밀로 할 것이 아니라 그에게 알려 주라. 그렇게 할 때 그 사람은 물론 그 같은 사실을 알고 있는 사람들이 더욱 동기부여 된다.

④ 보상의 내용을 알게 하라(let people the reward). 모든 구성원들이 동일한 방법에 의해 동기부여되는 것은 아니다. 각자가 원하는 바를 얻기 위해 동기부여되도록 보상의 내용을 달리 하라. 비금전적인 보상의 경우에

39) R. M. Hodgetts, *op. cit.*, 1986, p. 505; 이한검, 인간행동론, 1994, pp. 617~619.

이 같은 조치는 더욱 타당하다.

⑤ 장애물을 제거하라(remove the roadblock). 구성원이 여러 가지 이유 때문에 맡은 바 과업을 바람직하게 수행할 수 없는 상황에 직면하면 도와주고 해결해 주라. 그렇게 하면 생산성도 높아지고 동기부여도 높아진다.

(2) 로빈스(Robbins)의 효과적인 동기부여 원칙

로빈스(S. P. Robbins)는 종업원의 만족과 조직의 업적을 동시에 높이려면 다음과 같은 동기부여 원칙이 적용되어야 한다고 하였다.[40)]

① 종업원 각자의 개인차를 인정하라.

② 종업원을 직무에 맞추어라(종업원에게 알맞은 직무를 주라).

③ 목표와 피드백을 활용하라.

④ 목표가 달성 가능한 것으로 지각되었는지를 확인하라.

⑤ 각자는 서로 다른 욕구를 지니고 달리 동기부여되므로 각자에게 보상을 달리하라.

⑥ 업적에 알맞은 보상을 하라.

⑦ 공정성 시스템을 체크하라.

⑧ 금전을 과소평가하거나 부정하지 말라.

(3) 루시어(Lussier)의 효과적인 동기부여 원칙

루시어(R. N. Lussier)는 인간관계의 측면에서 다음과 같은 몇 가지 효과적인 동기부여의 원칙을 제시하였다.[41)]

첫째, 칭찬을 하라. 칭찬을 효과적으로 하려면 다음과 같은 단계적인 접근이 필요하다.

- 1단계 : 사람을 똑바로 보면서 무엇을 올바르게 했는지 분명히 말해 준다.
- 2단계 : 왜 그런 행동이 개인과 조직에 중요한지를 말해 준다.
- 3단계 : 그가 칭찬의 영향을 느낄 기회를 주기 위해 잠시 침묵을 지킨다.
- 4단계 : 업적을 반복하여 고무한다. 이는 업적을 계속유지하게 하는 강화요인이 된다.

둘째, 목표관리를 활용하라. 바람직한 목표기준을 설정하고 성문화하라.

---

40) S. P. Robbins, *op. cit.*, 1994, pp. 482-485.

41) R. N. Lussier, *Human Relations in Organizations*, Irwin, 1993, 2nd, pp. 191-196.

셋째, 직무충실을 기하라. 직무충실(job enrichment)은 직무를 보다 흥미롭고 도전적인 것으로 만들어 동기유발 요인을 형성해 가는 과정이다. 이를 위해서는 다음과 같은 몇 가지 단순한 방법이 있다.

- 더 많은 책임을 위양한다.
- 자연적인 작업집단을 형성한다.
- 그들로 하여금 자신의 일에 대한 책임을 지게 한다.
- 더 많은 자율성을 주라.

넷째, 직무를 바람직하게 설계하라. 직무설계(job design)는 투입물을 산출물로 전환하기 위한 시스템이다. 이 방법이 효과적이고 능률적일수록 종업원은 더욱 생산적이게 된다. 직무설계는 직무충실과 함께 종업원의 고차원적인 욕구, 즉 자존과 자아실현의 욕구, 성장의 욕구 및 권력과 성취욕구를 충족시킬 수 있기 때문에 위생요인(hygiene)이 아닌 동기유발 요인이 될 수 있다.

11) Motivation이론의 종합적 이해

(1) 인간욕구의 특성

인간욕구를 설명하는 제 이론을 종합해 보면 크게 두 가지로 대별해 볼 수 있는데 그 한 가지의 욕구는 인간의 가장 기본적인 욕구로서 인간육체의 생존과 관련된 생리적인 욕구와 편안하고 안정된 생활을 유지하고 싶어 하는 욕구 및 사회적인 동물로서 공동체 내 구성원들과 원만한 관계를 유지하고 싶어 하는 욕구이고, 다른 한 가지는 인간의 정신적인 측면과 관련된 남들로부터 존경받고 싶어 하고 끊임없이 자기의 성장을 추구하고자 하는 자기완성의 욕구이다.

여기서 인간이 인간일 수 있는 이유는 바로 인정받고 싶어 하고 자기 성장을 추구하는 욕구를 가지고 있기 때문이라는 것이다.

카네기(D. Carnegie)가 지적했듯이 이 욕구는 인간이 죽을 때까지 영원히 채워질 수 없는 무한한 욕구이다.[42] 이러한 측면의 욕구를 프로이드는 인간의 위대함을 추구하는 욕구로 표현했고, 미국의 철학자 죤 듀이는 중요한 사람으로 대접받고 싶어 하는 욕구로 묘사했다.

42) D. Carnegie, *How to Win Friends and Influence People*, Pocket Books, 1981.

이 끊임없이 갈구하는 인정받고 존경받고자 하는 욕구가 있어 왔기 때문에 인간문명의 발전은 가능했으며, 이 욕구가 바로 인류역사 발전의 원동력이 되어 왔다. 바로 이 인정을 받고 싶어 하는 자아완성의 욕구가 링컨이 어려운 상황에서 싸우며 자신을 갈고 닦아 세계의 역사를 바꾸어 놓을 수 있는 위대한 정치가가 될 수 있도록 한 원천적인 힘이며, 많은 위대한 학자들, 예술가들, 그리고 각 분야에서 두각을 나타내고 있는 사람들이 자기들의 목표를 향해 매진할 수 있게 하는 힘이다.

앞의 기대이론과 목표설정이론에서 지적했듯이 인간욕구는 각자에게 의미가 있고 가치가 있다고 여겨지며, 자신의 노력을 통해 성취 가능한 목표를 향해 표출된다. 따라서 욕구를 어떠한 방향으로 표출시켜 어떠한 일을 통해 사람들로부터 인정을 받고 싶어 하느냐에 따라 그 사람이 누구인가가 결정이 된다. 소설가는 훌륭한 소설을 써서 사람들로부터 인정을 받고 싶어 하므로 소설가가 되고, 정치가는 정권을 잡아 사회를 올바로 이끎으로써 사람들로부터 인정받고 싶어 하므로 정치가가 되는 것이다. 미국에서 가장 잔인한 은행강도요 절도범의 한 사람인 딜링거라는 사람이 경찰에 몰려 시골의 한 농가에 잠입했을 때 그가 마지막으로 그 농가에 사는 농부에게 한 말이 "내가 바로 딜링거라는 사람이다. 내가 당신들은 해치지 않을 테니 딜링거가 왔다는 것만 기억해 두어라"라고 했다고 하는 일화가 있다. 이는 절도와 강도를 통해 알려진 딜링거의 인정받고 싶어 하는 심리를 잘 나타내 준다. 그는 강도짓에 자신의 의미를 두었고 자신의 가치를 두었으며 그 속에서 가능성을 찾았다.

(2) 인정의 중요성

현재 정신병원에 있는 과반수에 달하는 환자들이 신체적인 결함이나 약물중독 또는 다른 정신적인 충격에 의해 정신병자가 된 것이 아니라 가정에서, 직장에서, 또는 부부 사이에 무시당하고 좌절함으로써 정신병자가 되었다는 통계 숫자는 인간이 인정받고 싶어 하고, 자아성장을 하고 싶어 하는 욕구가 얼마나 강렬한 것인가를 반증해 준다. 여기에서 우리는 인간관계의 중요한 핵심적인 비밀 한 가지를 발견할 수 있다. 그것은 바로 상대방을 인정해 주고 상대방의 장점을 찾아 칭찬함으로써 그 사람의 발전을 돕는다는 것이다. 또한 인간의 인정받고자 하는 욕구충족의 유일한 창구는 인간관계이다. 돌이켜 보건데, 그동안 우리가 사람을 다루고 관리하는데 주로 사용한 방법은 그 사람이 특정한 잘못을 했을 때, 그 잘못한 점을 지적해 시정을 요구한다든지 질책을 하는 방법이 주를 이루었다. 어떤 사람이 일을 잘하고 있을 때는 전혀 관심을 보이지 않은 채 방치해 두다가 잘못하는 일이 발견되면 그것을 지적하고, 때로는 그것이 평생 그 사람의 오점(汚點)으로 남게 되는 경우가 많다.

하지만 이러한 방법은 인간의 가장 강렬한 욕구 중의 하나인 인정받고 싶어 하고 성장하고 싶어 하는 욕구를 무시하고 그 사람의 가능성의 뚜껑을 닫아버리는 일이라 할 수 있다. 이제 맥그리거(D. M. McGregor)가 주장하듯[43] 우리는 인간들의 이 인정받고 싶어 하고 자기성장을 추구하고자 하는 욕구에 우리의 관심을 돌려 그러한 관점에서 사람을 대해야 한다. 그리고 서로 성장할 수 있도록 도울 수 있는 인간관계의 전환이 필요하다.

세계에서 최초로 개인기업에서 1년에 백만 달러의 보수를 받으며 일한 사람은 1921년 미국철강회사에서 근무하던 슈와브(Schwab)라는 사람이다. 그 사람은 나이 38세에 당시 일반 사람들로서는 상상하기 힘든 많은 보수를 받으며 일을 했다. 그 사람에 대한 높은 보수는 그 사람이 철강분야에 남들이 가지고 있지 않은 전문지식을 가지고 있었던 것도 아니요, 그가 천재로서 남이 생각하지 못하는 것을 생각할 수 있는 능력의 소유자이기 때문만도 아니다. 그의 말에 의하면 그에 대한 보수의 유일한 이유는 그가 가지고 있는 사람을 다루는 능력, 즉 사람들에게 열심히 일하고자 하는 의욕을 불러일으키기 때문이라는 것이다. 그의 표현을[44] 빌리면

> "내가 가지고 있는 위대한 재산 그리고 다른 사람 속에 살아 숨 쉬는 능력개발의 유일한 방법은, 그 사람을 칭찬해주고 할 수 있다는 용기를 주는 일이다. 상사로부터의 비판만큼 인간이 가지고 있는 꿈과 희망을 죽이는 것이 없다. 나는 결코 남을 비판하지 않는다. 내가 믿는 바는 관리자로서 할 수 있는 일은, 사람들에게 일을 하고 싶은 마음이 스스로 솟아오르도록 자극을 주는 것이다. 그러므로 나는 늘 다른 사람들의 잘한 점을 칭찬하는 데 나의 모든 시간을 보내며 가능한 한 남의 단점에는 관심을 두지 않으려 한다."

슈와브가 사람을 관리하며 발견한 사실은 **사람들의 잘해 보고자 하는 욕구와 열심히 일하려는 욕망은 그 사람을 인정해 주고 잘한 일에 칭찬을 아끼지 않을 때 가장 강하게 나타난다는 것이다.** 칭찬과 상대로부터 받는 진솔한 인정

43) D. M. McGregor, *The Human Side of Enterprise: 25th Anniversary Printing*, McGraw-Hill Book Company, 1985.

44) D. Carnegie, *op. cit.*, 1985, p. 24.

은 우리로 하여금 신바람이 나게 하고 무엇인가 하지 않으면 안될 만큼 의욕을 불러일으킨다.

(3) 새로운 대인관계 기술

강화이론에서는 인간행동에 대한 긍정적인 보상자체를 그 행동을 지속시켜 주는 주된 요인으로 지적하고 있는데 그 방법으로는 어떠한 구체적인 행동과 칭찬이 연결되어야 하며, 행동이 있은 즉시 칭찬을 해야 하고, 지속적이어야 할 것 등 몇 가지를 지적하고 있다.

여기서 우리가 주의해야 할 것은 칭찬과 아첨(阿諂)은 구분해야 한다는 것이다. 인간은 칭찬과 인정받고 싶은 열망에 간혹 다른 사람의 아첨과 사실에 근거하지 않은 헛된 칭찬에 유혹되는 경우가 종종 있다. 아첨은 위조지폐와 같아 값어치가 없으며 언젠가는 그 허위성이 드러난다. 아첨은 상대방이 점점 거만해져 현실을 직시하지 못하고 자기자만에 빠지게 되는 중요한 원인이 된다. 아첨은 혀와 이빨 사이로 나오는 말들이요, 순간적으로는 달게 느껴지지만 씹어보면 무의미한 언어들이다.

그리고 칭찬은 가슴으로부터 우러나는 진정한 의미가 담긴 사실에 입각한 느낌에 대한 표현이다. 이 진정한, **가슴에서 우러나는 상대방에 대한 인정과 칭찬만이 실지로 상대방을 움직일 수 있는 위대한 힘을 가진다.**

우리 인간은 어떤 특정한 문제에 골몰해 있지 않는 한 시간의 95%를 자신의 문제, 즉 자신이 원하는 무엇인가를 하면서 지낸다고 한다. 만약 우리가 진정한 인관관계를 원한다면, 만약 우리가 다른 사람들에게 영향을 미치고 그들을 움직이기를 원한다면, 우리는 다른 사람에게 눈을 돌려 그 사람이 가지고 있는 장점을 인정해 주고 잘하는 일에 칭찬과 격려를 아끼지 말아야 하겠다.

사회교환이론에 의하면 대인관계는 주고받는 과정에서 형성된다고 지적했다. 이것은 다른 말로 표현하면 우리가 남으로부터 무엇을 원하는지만 생각하지 말고, 자기가 원하는 바를 남에게 얻으려고만 하지 말고, 남이 원하는 것이 무엇이고 남이 바라는 것을 채워줄 수 있을 때 진정한 관계가 성립한다는 말이다. 이제 남에게 눈을 돌리고 그들이 원하는 것이 무엇인지 알려고 노력해 보자. 그리고 그들의 장점이 무엇인지 보고, 그것에 대한 아낌없는 찬사를 보내자. 그러면 그들도 우리에게 관심을 보이게 되고 새로운, 진정한 관계의 문이 열릴 것이다.

7

갈등관리와 인간관계

1. 갈등이란?
2. 갈등의 특징
3. 갈등의 원인
4. 갈등의 발전과정
5. 갈등의 유형과 인식의 변화
6. 갈등관리

제7장 갈등관리와 인간관계

인간의 삶 속에는 언제나 크고 작은 갈등이 존재하여 왔다. 성격이나 가치관, 경험과 태도, 추구하는 목적과 처한 현실이 제각기 다른 개인들이 공통의 목적을 달성하기 위해 상호작용하는 과정에서 나타나는 갈등은 지극히 자연스러운 현상일지도 모른다. 오늘날 대부분의 경영관리자들은 주어진 시간의 20%이상을 이러한 관등관리에 열중하고 있다고 한다. 조직생활 속에 존재하는 이러한 갈등은 때로는 순기능적으로 작용하기도 하기도 하지만 때로는 역기능적으로 작용하기도 한다.

여기에서는 갈등의 개념, 갈등의 원인, 갈등의 순기능과 역기능, 갈등에 대한 대책 및 협상을 통한 갈등해결의 방안 등에 대해 논의해 보고자 한다.

1. 갈등이란?

갈등(conflict)이란 개인 또는 집단의 지각된 욕구가 좌절되었거나 좌절될 것이라고 생각할 때 나타나는 심리상태로서 정상적인 활동이 방해되거나 애로를 겪는 다음과 같은 상황에서 발생하게 된다.

첫째, 추구하는 가치나 목표가 양립할 수 없는 상황이 될 때

둘째, 의식적으로 목표달성을 방해하는 작용이 있을 때

셋째, 상대에 대한 대립감정이나 적대감이 있을 때

넷째, 대립적인 상호작용이 있을 때

다섯째, 선택 가능한 여러 대안 중에서 최적의 대안을 선택하는 것이 어

려울 때 등이다.

이러한 갈등의 개념은 이를 연구하는 학자들의 관점이나 연구목적에 따라 다양하게 정의될 수 있는데, 혹자는 목표달성을 방해하는 과정을[1] 갈등이라고 하고, 혹자는 상호작용하는 과정 속에서 상대적인 손실을 지각한 결과 나타나는 다툼이나 적대감을[2]갈등이라고 하며, 혹자는 기대나 목표지향적인 행위가 좌절되거나 차단되는 상황을[3] 갈등이라고 하기도 한다.

2. 갈등의 특성

갈등은 심리적인 충격이나 좌절을 초래하기도 하고, 조직활동의 능률성이나 유효성을 저해하기도 하지만, 목표달성이나 자기성장을 자극하거나 도전의식을 일깨워 건전한 조직풍토의 조성이나 성장·발전의 원동력이 되기도 한다.

이와 같은 갈등이 갖는 공통된 특성을 살펴보면 다음과 같다.

첫째, 모든 갈등은 지각(perception)을 통해 나타난다. 갈등은 생각이나 신념, 목표나 행동 등이 양립될 수 없을 것이라는 지각이나 느낌이 있을 때 나타나는 것이므로 갈등의 핵심적인 개념은 어떻게 지각하느냐의 문제임을 알 수 있다.

둘째, 갈등은 적대감을 느낄 때, 양립할 수 없는 상황에 직면할 때, 어떤 형태의 상호작용(interaction)과 상호의존성(inter-dependance)이 있을 때 일어나기 때문에 이들 요소는 갈등과정의 출발점이 되는 조건들을 설정한다.

셋째, 갈등은 상호작용적이며 동태적인 과정(dynamic process)이다.

넷째, 갈등은 공공연하게 나타날 수도 있고, 잠복될 수도 있으며, 합리

1) S. P. Robbins, *Managing Organizational Conflict: A Nontraditional Approach*, Englewood Cliffs, New Jersey: Prentice-Hall, 1974, p. 23; J. B. Otomar, Using Conflict Theory, Cambridge University Press, 202.

2) J. A. Litterer, "Research Department within Large Organizations," *California Management Review*, Vol. 12, 1970, pp. 77-84.

3) R. Miles, Macro Organizational Behavior, Pacific Palisades, California: Goodyear Publishing, 1980.

적 · 논리적일 수도 있고, 비합리적 · 비논리적일 수도 있다.

다섯째, 갈등은 실제적(substantive)인 문제와 감정적(emotional)인 문제로 구분할 수 있다. 전자에는 목표, 자원배분, 보상배분, 방침과 절차, 직무배당 등에 대한 불일치가 포함되고, 후자에는 분노, 불신, 공포, 미움 등의 감정 및 성격의 충돌에서 초래된다.

여섯째, 갈등은 물질적인 갈등과 비물질적인 갈등, 드러난 갈등과 숨겨진 갈등, 현재화된 갈등과 잠재된 갈등으로 구분할 수 있다.

일곱째, 갈등은 포함되는 사람을 기준으로 하여 개인 내부의 심리적 갈등(이익과 손실, 선과 악, 양심적인 행동과 비양심적인 행동)과 개인 상호간의 갈등(홍길동과 박돌자), 개인과 집단간의 갈등(김과장과 회사), 집단 상호간의 갈등(영업팀과 생산팀), 조직 상호간의 갈등(노조와 기업, A기업과 B기업) 등으로 구분하여 논의되기도 한다.

이와 같은 갈등은 이를 연구하는 목적이나 관점에 따라 다양하게 접근할 수 있지만, 조직행동에서는 개인 내부의 심리적 갈등문제에는 관심을 두지 않는다.

3. 갈등의 원인

갈등이란 어떻게 발생하는가? 갈등이 발생하는 원인은 다양하다. 이를 개인의 심리적인 원인, 조직적인 원인으로 구분하여 고찰해 보면 다음과 같다.

1) 개인적인 심리적 원인

우리가 만나는 수많은 사람들 중에는 호감이 가는 사람이 있는가 하면, 아무런 이유도 없이 싫어지거나 미워하기도 한다. 이는 개인의 성격 탓일 수도 있고, 가치관이나 태도, 습관이 다르기 때문에 나타날 수도 있다.

갈등을 일으키는 개인적인 심리적 요인에는 본능, 욕구좌절, 방어메커니즘, 성격이나 가치관의 차이, 학습 등이 거론되고 있다.

(1) 본능

심리학자 프로이드(S. Freud)는 인간의 무의식의 세계에는 삶의 충동(eros)과 죽음의 충동(thanatos)이 끊임없이 충돌되고 있는데, 삶의 충동이 강할 때는 생의 에너지, 즉 쾌락추구 본능과 삶의 본능이 일어나 성장과 발전을 가능하게 만들지만, 죽음의 충동이 우세할 때에는 다른 사람에 대한 공격성이 작동한다고 하였다.

모든 인간은 이러한 동물적인 공격성을 지니고 있으며 또한 이를 통제할 수 있는 메커니즘도 갖고 있다. 공격성을 통제하는 메커니즘이 제대로 작동되지 않을 때 인간은 타인에 대해 공격적이고 비이성적인 행동을 하게 된다는 것이다.[4)]

(2) 욕구좌절

일반적으로 욕구가 좌절되면 불만이 쌓이게 되고, 이러한 불만은 타인에 대한 공격성을 증대시켜 갈등을 유발시키는 하나의 원인이 된다는 것이다. 흔히 조직생활에서 상사의 욕구좌절이 부하를 공격하여 부하의 욕구를 좌절시키고, 이로 인해 동료에 대한 공격성이 증대하여 갈등의 연결고리가 형성된다.

(3) 방어메커니즘

욕구가 좌절되면 사람들은 긴장하거나 불안해 하고 초조해 한다. 또한 이러한 긴장이나 불안이 고조되면 인간은 본능적으로 자율통제시스템(방어메커니즘)을 작동시켜 이를 해소하려는 노력을 하게 된다. 예컨대 날씨가 더워 기온이 오르면 신체는 시원한 곳을 찾거나 냉수를 마시거나 옷을 벗거나 샤워를 하기도 한다. 다시 말해 인간의 신체는 평형을 유지하기 위해 반응하게 되는데 이를 자율통제시스템 또는 방어메커니즘의 작동이라고 말한다.

그리하여 때로는 확실한 사실임에도 불구하고 그것을 부인하기도 하고(부정 메커니즘), 자신의 결점을 타인의 결점으로 여기기도 하며(투사 메커니즘),

---

4) D. G. Amaral, M. D. Bauman, P. Lavenex, W.A. Mason and J. E. Toscono, "The Expression of Social Dominance Following Neonatal Lesions of the Amygdala or Hippocampus in Rhesus Monkeys(Macaca Mulatta)," *Behavioral Neuro Science,* Vol. 120, 2006, pp. 749-760; 임창희, 전게서, p. 448.

자신의 실수를 정당화하기도(정당화 메커니즘) 한다. 이 과정에서 우리는 타인의 지탄을 받거나 그들과의 갈등을 유발시킨다.

(4) 성격이나 가치관의 차이

성격이나 가치관의 차이는 귀를 봉쇄하여 원활한 의사소통을 방해한다. 뿐만 아니라 사고나 행동에도 많은 영향을 미친다. 동일한 사건이나 현상에 대해 다른 생각과 행동을 하는 것은 모두가 성격이나 가치관의 차이에서 비롯되는 문제이다. 자신의 삶에서 가장 소중한 것이 무엇인가? 선택의 기준으로서의 0순위는 무엇이며 1순위는 무엇인가? 이러한 차이는 모두 갈등을 유발시키는 원인이 된다.

(5) 학습과 경험

학습과 경험의 공통성은 문화적인 동질성을 갖게 한다. 문화적인 동질성은 의사소통을 원활하게 하고 유대감이나 친밀감을 갖게 하며 상호 이해의 폭을 넓혀 준다. 그러나 학습된 내용이나 경험이 서로 다를 경우 문화적인 이질감을 느끼게 되고 공유할 수 있는 의미나 이해가 부족하여 많은 갈등을 유발시키는 원인이 되기도 한다.

2) 조직적 원인

조직 속에는 크고 작은 많은 집단들이 존재한다. 이들 집단은 추구하는 목적이나 구조, 집단 구성원의 수준이나 특성 등이 모두 다르다. 따라서 상이한 행동패턴이나 준거기준을 갖게 되며 이것이 집단갈등을 유발시키는 중요한 원인이기도 하다.

(1) 역할과 신분

조직은 목표달성을 위해 구성원 각자에게 역할을 분담시키고 권한과 책임을 확정하며 상호 작용관계를 명확하게 규정한다. 이때 조직 구성원들은 자신이 맡은 역할이 무엇이냐에 따라 조직 속에서의 신분이나 처우가 다르다. 그리고 조직 내의 역할들은 서로 상충되기도 하고 중복되기도 한다. 이러한 요인들은 모두 구성원간의 갈등을 유발시킨다.

또한, 신분불일치(status incongruence)는 신분갈등을 유발시켜 집단응집력이나 조직유효성에 부정적인 영향을 미칠 수 있다. 예컨대 상사보다 하급자가 나이가 많은 경우라든지, 이사의 책상보다 부장의 책상이 크고 좋다면 신분불일치가 나타나 당사자간에는 갈등요인이 될 수 있다.

(2) 목표의 차이

조직 속에 존재하는 각종 집단은 서로의 목적과 기능이 다르다. 따라서 집단 목표나 기능이 강조될수록 집단간의 갈등은 증대할 수밖에 없다. 다시 말해 조직의 규모가 커지고 기능이 다양해질수록 집단 내의 차별화는 확대되고, 상호작용이 복잡해지면서 상이한 집단간의 목표가 나타나 갈등을 유발시키게 되는 것이다.

(3) 제한된 자원

조직이 보유하고 있는 인적·물적 자원은 제한적이다. 조직 내의 집단들은 이러한 제한된 자원을 많이 확보하면 할수록 집단의 활동이나 목표달성이 수월해 진다. 따라서 이러한 제한된 자원을 확보하는 과정에서 집단간의 갈등이 유발된다.

(4) 과업이나 역할의 모호성

과업이나 역할이 불분명하거나 권한이나 책임성이 명확하지 않을 때, 규정과 규칙이 없거나 해석 상의 애매함이 있을 때 이는 갈등을 유발시키는 요인이 된다.

(5) 보상체계

조직 내의 보상체계가 전체 조직차원에서 결정되지 않고 개별 집단의 성과에 따라 이루어진다면 집단간의 갈등이 발생한다. 최근 많은 조직들이 성과에 따라 보상하는 능력급이나 팀 중심의 성과제도를 도입하여 개인간이나 집단간의 경쟁을 의도적으로 유발시키고 있다. 조직은 이러한 상호간의 경쟁을 통해 건설적인 갈등을 의도적으로 유발시키고 있으나 때로는 이러한 보상체계에 대한 불평이나 불만이 역기능적인 갈등의 원인이 되기도 한다.

(6) 관리유형

집단이나 조직을 관리하는 유형은 크게 민주적인 유형과 독재적인 유형, 과업지향적인 유형과 인간중심적인 유형, 구조중심의 관리유형과 배려중심의 관리유형 등으로 구분할 수 있다.

이러한 관리유형 중에서 독재적이거나 과업지향적이거나, 구조중심적인 관리에서는 상대적으로 구성원간의 갈등이 많이 나타나고 있다. 다시 말해 관리자의 독재성의 정도가 갈등의 원인과 매우 깊은 관련성이 있다고[5] 보는 것이다.

(7) 상호의존성

상호의존성이란 조직 내의 집단들이 목표달성을 위한 행동을 함에 있어 상호 협조나 정보교환 및 협력적인 활동을 필요로 하는 정도를 의미한다. 하나의 제품이나 서비스가 완성되기까지 다양한 작업들이 어떻게 연결되고 있으며, 이러한 관련 작업들이나 집단들이 어떠한 상호 의존관계에 놓여 있는지에 따라 갈등유발과 깊은 관련성을 갖는다. 일반적으로는 상호 의존성과 상호 의존관계가 많을수록 갈등이 발생할 소지는 많다고 보아야 할 것이다.

(8) 집단특성

성격이나 가치관, 행동양식 등 서로 다른 개인적인 특성들이 오해나 갈등의 원인이 될 수 있듯이 집단의 분위기, 전통, 관행의 차이가 갈등의 원인이 되기도 한다.[6]

4. 갈등의 발전과정

갈등이 발생하여 조직에 영향을 미칠 때까지에는 어떤 단계적인 과정을 거치게 되는지를 이해하는 것은 갈등관리를 수행함에 있어 매우 중요하다.

---

5) H. Mintzberg, Structure and Dynamique des Organizations, Paris; Edition, d'Organization, 1982.

6) M. Sherif, Common Predicament: Social Psychology of Intergroup Conflict an Cooperation, Boston; Houghton-Mifflin, 1966.

1) 제1단계 : 원인발생(잠재적 대립) 단계

갈등이 발생하도록 기회를 제공할 수 있는 여러 조건들이 존재하는 상태를 말한다. 갈등을 유발시키는 조건에는 의사소통의 장애, 구조적인 문제, 개인특성의 차이 등이 포함된다. 제1단계는 갈등원인은 출현되었으나 아직 갈등이 표면화된 상태는 아니다. 언제라도 갈등이 유발될 수 있는 원인들이 잠재되어 있는 상태를 의미한다.

2) 제2단계 : 갈등인지 단계

갈등원인을 인지하게 되면 불쾌감이나 적대감을 느끼게 되는데 이때가 갈등이 발생된 상태이다. 갈등의 원인들이 아무리 많이 잠복되어 있어도 이를 인지하지 못하면 갈등은 유발되지 않는다. 이 단계는 당사자간의 대립이나 불화가 현실적으로 표면화되는 단계이다.

3) 제3단계 : 해결의도 단계

이 단계는 일정한 방식으로 갈등을 해결하려고 의도하는 단계로서 사람들이 갈등에 대하여 지각하고 감정이 유발된 상태에서 그 갈등에 대해서 공공연한 행동을 전개하려고 하는 단계이다. 물론 마음먹은 대로 행동에 옮길지는 미지수이나 나름대로 타협을 할 것인지, 복종할 것인지 등 여러 가지 방식으로 대응하려는 의도를 가지게 된다.

4) 제4단계 : 해결행동 단계

갈등이 표면화되면서 실제 행동으로 반응하는 단계이다. 이때 본래의 의도와는 달리 과잉반응을 보이게 되면 갈등은 증폭된다. 갈등의 구체적인 행동에는 성명발표, 행동착수, 반응행동 등이 포함될 수 있다.

그림 7-1 갈등 정도에 따른 행동변화

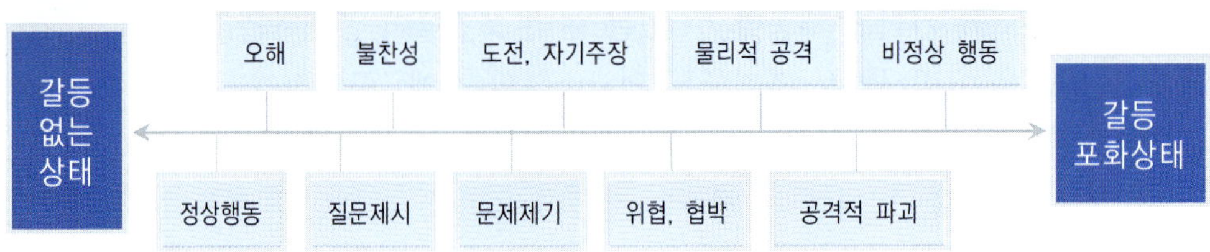

5. 갈등의 유형과 인식의 변화

하지(B. J. Hodge)는 갈등의 유형을 역할갈등, 논점의 갈등, 상호작용 갈등으로 구분하였으나 대부분의 학자들은 갈등의 유형은 갈등이 발생하는 원천에 따라 목표 갈등, 인지 갈등, 감정 갈등, 행동 갈등으로 구분하고, 갈등의 수준에 따라 개인적 갈등 , 개인간 갈등, 집단간 갈등, 조직간 갈등으로 구분하고 있다.

또한, 갈등을 바라보는 시각도 시대적인 흐름에 따라 부정적인 시각에서 긍정적인 시각으로 점차 변화되면서 오늘날에는 갈등의 순기능에 대한 관심이 점증하고 있는 추세다.

1) 갈등의 원천에 따른 유형

(1) 목표 갈등(goal conflict)

이는 바라는 목표나 결과가 개인, 집단, 조직의 내부 또는 사이에서 양립할 수 없는 동일상황에서 발생하는 갈등을 말한다. 즉 두 개 이상의 상이한 목표를 추구할 때 어느 목표를 추구해야 할지를 선택하는 과정에서 갈등이 발생한다.

(2) 인지 갈등(cognitive conflict)

이는 아이디어 또는 사고가 양립할 수 없을 것으로 지각되는 상황에서 나타나는 갈등이다. 즉 어떤 개인이나 집단이 가지고 있는 아이디어나 의견이 다른 사람이 가지고 있는 것과 일치하지 않을 때 발생한다.

(3) 감정 갈등(affective conflict)

이는 감각이나 감정이 양립할 수 없는 상황에서 나타나는 갈등이다. 즉 개인이나 집단의 감정이나 정서가 다른 사람들의 감정에 부합되지 않을 때 나타나게 된다.

(4) 행동 갈등(behavioral conflict)

이는 행동이 양립할 수 없는 상황에서 일어나는 갈등이다. 즉 어떤 개인이나 집단이 다른 사람이 수용할 수 없는 모욕적인 말이나 행동을 할 때 발생한다.

2) 갈등의 수준에 따른 유형

(1) 개인적 갈등

이는 개인의 내부에 존재하는 심리적 갈등을 의미하는 것으로서 이에는 좌절에 의한 갈등이나 목표 갈등 및 역할 갈등이 있다.

① **좌절에 의한 갈등** : 개인은 자신이 바라는 목표나 욕구가 차단되거나 불가능하다고 인지될 때 좌절감을 느끼게 된다. 이러한 좌절감은 내면적인 갈등을 유발하게 된다.

② **목표 갈등** : 개인이 설정한 목표가 서로 상충되거나 경쟁관계에 놓이면 갈등을 유발된다. 이러한 목표 갈등에는 다음가 같은 세 가지 유형이 있다.

㉮ **접근-접근 갈등** : 이는 둘 이상의 목표가 개인에게 긍정적인 결과를 가져다주기는 하나 상호 배타적일 때 나타나는 발생한다.

㉯ **접근-회피갈등** : 이는 어떤 목표가 긍정적인 속성과 부정적인 속성을 동시에 지니고 있을 때 발생한다. 즉 개인이 어떠한 목표로부터 얻어지는 결과에 끌리기도 하지만 그것을 회피하고자 하는 동기가 작용할 때 발생한다.

㉰ **회피-회피 갈등** : 부정적인 속성을 갖고 있는 대안 중에서 한쪽을 선택해야만 하는 경우에 나타난다. 이러한 갈등은 심한 스트레스로 이어진다.

③ **역할 갈등** : 이는 특정 시점에서 두 가지 이상의 역할을 수행하는 상황에서 나타나는 갈등이다.

(2) 개인간 갈등

이는 대인관계에서 개인적인 특성에서 비롯되어 나타나는 갈등을 의미한다. 성격이나 가치관, 태도, 사고방식, 행동양식 등의 차이는 갈등의 주요 원인이 된다.

(3) 집단간 갈등

이는 집단과 집단 사이에서 나타나는 갈등을 의미하며 집단의 규모가 커지고 기능이 다양해질수록 집단간의 관계는 복잡하게 되고 갈등이 발생할 여지도 많게 된다. 집단이 추구하는 목적이나 기능이 상이하면 이러한 갈등은 증폭된다.

(4) 조직간 갈등

이는 경쟁기업간의 갈등, 모기업과 하청기업간의 갈등, 정부와 기업간의 갈등, 기업과 노동조합간의 갈등, 국가와 국가간의 갈등 등이 이에 해당된다.

이는 해당 조직이 처한 환경이나 추구하는 목적과 기능에 따라 갈등의 정도는 다양하게 나타나게 된다.

3) 갈등에 대한 인식의 변화

초기 경영학의 연구에서는 갈등의 역기능만을 강조하여 갈등은 나쁜 것으로 인식되어져 왔다. 조직에서의 갈등은 의사소통의 단절이나 신뢰의 부족, 상대방에 대한 무시로부터 나타나고 이러한 갈등이 나타나지 않도록 사전에 예방하는 노력이 관리자의 주요 임무이기도 하였다.

그러나 행동과학이 발전하면서 갈등에 대한 이와 같은 인식은 크게 변화하여 집단 속에서의 갈등은 지극히 자연스러운 현상이고, 어느 정도의 갈등은 필요하기 때문에 갈등을 필요악의 일종으로 이해하고 수용하려는 분위기가 확산되기 시작하였다. 따라서 갈등의 순기능적인 측면과 역기능적인 측면을 제대로 이해할 수 있게 되었다.

〈표 7-1〉 집단 내 갈등의 순기능과 역기능

갈등의 순기능	갈등의 역기능
· 문제의 발견 · 활동력 증가 · 충성심 증가 · 혁신 풍토 조성 · 도전적 분위기 상승 · 다양성과 창조성 증대	· 커뮤니케이션 감소 · 독재자 출현 · 편견의 증가 · 파벌 의식 고조 · 상호 경계의식 증가 · 융통성 없는 공식화

한편, 우리 사회에서는 아직도 갈등은 부정적으로 비춰지고 있으며 다툼과 전쟁은 피해야 하고 협동과 사랑은 어느 조직에서나 강조되고 있는 분위기다.

하지만, 최근에는 이와 같은 통념과는 다르게 갈등은 개인이나 조직의 발전에 도움이 될 수 있으며 다음과 같은 긍정적인 효과를 가져와 조직의 활력소가 될 수 있기 때문에 갈등을 해결하는 것만이 만사가 아니라는 주장이 제기되고 있다.[7]

첫째, 갈등으로 인하여 자신의 취약점을 발견할 수 있다.

둘째, 개인이나 집단이 갈등상태에 놓이게 되면 무사안일을 탈피하여 경쟁에서 승리하고 환경에 잘 적응하려고 하는 충동에너지가 발산하여 환경 적응능력이 향상된다.

셋째, 개인과 집단은 갈등을 통하여 욕구불만을 해소할 수 있기 때문에 그만큼 불만은 감소된다.

넷째, 외부와의 갈등은 집단내부의 응집력을 향상시키고 더 많은 정보소통을 통한 효율적 의사결정을 할 수 있다.

7) A. C. Amason, "Distinguishing the Effects of Functional and Disfunctional Conflict on Strategic Decision Making: Resolving a Paradox for Top Management Team," *Academy of Management Journal,* February 1996, pp. 123-148.

4) 갈등과 집단구성원의 행동변화

집단 속에서의 갈등은 상호불신과 폐쇄적 경향을 조장하고 구성원들의 심리적 성장을 저해함으로써 집단성과에도 나쁜 영향을 미친다. 이와 같은 갈등이 집단 구성원들의 행동변화에 미치는 영향을 정리해 보면 다음과 같다.

(1) 집단내적인 변화

첫째, 독재적 리더십을 조장할 수 있다. 집단 내 갈등이 증가하면 집단의 응집력은 강화되고 혼란과 무기력함이 팽배하여 집단은 생존의 위협을 받게 된다. 따라서 강력한 힘을 가진 자에게 의존하려는 분위기가 확산되면서 갈등해결이나 감소라는 미명 아래 독재적 리더십이 나타나 활성화되게 된다.

둘째, 과업지향적인 리더(leader)를 출현시킨다. 집단의 갈등이 증폭되어 집단의 경쟁력이 약화되거나 생존의 위협이 증가하면 조직 구성원의 인간적인 대우나 만족감보다는 집단성과나 경쟁력 제고의 필요성이 강조되어 과업지향적인 관리형태가 이루어진다.

셋째, 획일성 및 공식화가 강조된다. 외부와의 갈등은 집단 구성원들의 응집력의 제고를 필요로 한다. 따라서 집단은 응집력제고나 경쟁력의 강화를 위해 개인특성이나 개인차를 무시하고 획일적인 집단분위기를 형성하여 충성을 강요하게 된다.

이러한 조직풍토 속에서는 경쟁력제고나 외부의 위협이라는 명문을 앞세워 규정이나 규칙을 보다 엄격하게 적용시키고, 구성원들의 표준행동을 공식화하여 통제를 강화하게 된다.

넷째, 비방과 모함이 난무할 수 있다. 갈등상태에 있는 개인과 조직은 불안을 해소시키기 위해 상대나 경쟁집단을 모함하거나 비방하면서 상대적으로 자신의 입지를 강화하려 한다.

(2) 집단외적인 변화

첫째, 커뮤니케이션이 활성화되지 못한다. 갈등은 조직 내 의사소통을 어렵게 만든다. 개인이나 집단간에 의사소통이 자유롭지 못하면 문제해결이나 성과향상이 어려워지고 규정준수나 제도 및 절차에만 집착하여 목표와 수단의 전치현상(轉置現像)이 나타나기도 한다.

둘째, 오해나 불신풍조가 조장된다. 갈등이 존재하는 상황에서는 상대를 부정하거나 비방하려는 경향이 나타나고, 상대의 역할과 기능을 과소평가하고 자신을 과대평가하는 지각 상의 오류를 발생시켜 대인관계를 어렵게 만든다.

셋째, 경계와 감시활동이 늘어난다. 갈등은 상대방에 대한 적개심이나 경계심을 갖게 하여 상대의 약점이나 결점을 찾기 위한 감시활동을 강화하게 만든다.

6. 갈등관리

오늘날과 같이 기업환경이 격동적이고 불확실한 환경에서는 갈등관리가 무엇보다 중시되어야 한다. 적정수준의 갈등을 유지하는 것이 바람직하다는 현대적인 갈등관리의 관점에서는 파괴적이고 바람직하지 못한 갈등을 해소(resolving) 또는 감소(reducing)시키고, 건전한 경쟁을 유발시키는 건설적인 갈등을 자극(stimulating) 또는 증대(increasing)시키는 관리방법에 관심을 갖는다.

종래에는 갈등관리와 갈등해소가 동일한 의미로 사용되어 왔다. 그러나 현대적인 의미에서의 갈등관리에는 '갈등의 해소'뿐만 아니라 '갈등의 자극'까지도 포함하는 개념으로 이해되고 있다.

그림 7-2 갈등관리의 대체 방안

갈등관리

갈등 해소 조건	갈등 자극 조건
▪ 갈등으로 조직이 분열된다. ▪ 생산적인 활동보다 갈등에 더 많은 노력을 투자한다. ▪ 조직전체의 목적보다 집단의 내적인 목적에 초점을 두고 있다.	▪ 현 상태에 만족하고 정체되어 있다. ▪ 집단간 일치가 너무 쉽게 이루어진다. ▪ 집단이 창의적이지 못하고 도전성이 약하다. ▪ 경쟁력 제고를 위해 변혁이 요구된다.

오늘날 모든 조직에서는 갈등의 해소방법에 많은 관심을 갖는다. 갈등해소를 위한 구체적인 전략을 살펴보기 전에 먼저 갈등상황에 직면한 사람들이 선택할 수 있는 대처방식에는 어떤 것이 있는지를 살펴보면 그 내용은 다음과 같다.

그림 7-3 갈등 대처방식의 유형

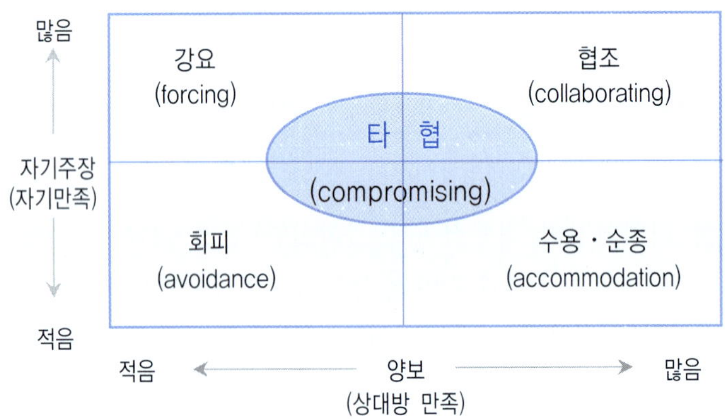

자료: M. A. Rahim, "A Strategy for Managing Conflict in Complex Organizations," Human Relations, January, 1985, p. 84; 임창희, 전게서, p. 461에서 재인용.

위에서 보는 바와 같이 갈등관리는 자기주장과 양보라는 두 가지 차원의 조합에 의해 다음과 같은 다섯 가지 갈등처리 방식을 제시할 수 있겠다.

① 강요(forcing) : 상대방을 압도하여 자기의 주장을 관철시키는 방법이다.

② 순종(accommodation) : 상대방의 주장을 수용하는 방법이다.

③ 타협(compromise) : 상호 양보를 위하여 약간씩만 자기만족을 꾀한다.

④ 협조(collaboration) : 서로의 관심사를 모두 만족시키려고 한다.

⑤ 회피(avoidance) : 갈등현장을 떠남으로써 자신과 상대방의 관심사를 모두 무시해 버린다.

이들 다섯 가지 방법 중 어느 방법을 선택하는 것이 가장 유효한지는 상황에 따라 다르겠지만 크라이트너(R. Kreitner)와 키닉키(A. Kinicki)는 이와 관련하여 다음과 같이 주장했다.

▷ 협조적인 사람은 강요보다 적응으로 해결하려는 경향이 있다. 이는 개인간 성격차이로 간주된다.
▷ 협조적인 사람은 과업효율성을 높여주지만 적응적인 사람은 효율성과 무관하다.
▷ 반대의견은 무조건 부정적으로 인식된다. 그렇기 때문에 표현방법은 갈등의 원인이 된다.
▷ 자신의 주장을 강요하면 할수록 상대방의 반대의지가 강해진다.
▷ 협조적인 갈등관리가 회피적인 갈등관리보다 집단 구성원들의 만족도를 더 높일 수 있다.

1) 개인간 갈등의 해소전략

(1) 패-패(lose-lose)전략

이는 갈등 당사자가 상호 양보하거나 어느 정도의 손실을 감수하는 방법이다. 일반적으로 제3자를 개입시켜 중재하거나 법원의 판결에 의해 해결하려는 접근방법으로써 바람직하지 못한 갈등해소법이다.

(2) 승-패(win-lose)전략

경쟁상태에 있는 어느 한쪽이 승자가 되고 나면 다른 한쪽은 패자가 되어 갈등이 해소되는 방법이다. 이 경우 어느 한쪽이 승리해야만 문제가 해결되기 때문에 경쟁 또는 순응의 기법이 활용된다. 승-패 전략은 경쟁원리가 지배적인 조직풍토에서 주로 사용된다.

(3) 승-승(win-win)전략

갈등 당사자가 통합함으로써 모두 승자가 되어 갈등을 해소하는 가장 바람직한 방법이다.

2) 집단간 갈등의 해소전략

(1) 당사자 대면방법

이는 집단당사자를 직접 대면시켜 서로의 입장을 확인하고 관련 정보를 교환하게 함으로써 해결방안을 찾게 하는 방법이다.

(2) 상위계층이 개입하는 방법

이는 상위계층에서 개입하여 경영 상의 권한을 이용하여 갈등을 해소시키는 방법이다. 따라서 초기에 갈등을 해소시킬 수 있다는 장점이 있으나 근본적인 해결방안이 되지 않는다는 점에서 갈등의 재발 가능성에 대한 한계를 갖는다.

(3) 행동변화를 유도하는 방법

이는 집단 구성원의 가치나 태도의 변화를 유도하여 갈등을 해소시키는 방법이다.

(4) 설득과 협상에 의한 방법

이는 논리적인 입증이나 사실의 확인을 통해 설득하거나 협상력을 발휘하여 갈등을 해소시키는 방법이다.

(5) 중재 및 조정에 의한 방법

이는 협상이나 설득의 방법으로 갈등이 해소되지 않을 경우 총괄관리자에 의한 중재나 조정을 통해 갈등을 해소시키는 방법이다.

(6) 경쟁집단의 구성원을 참여시키는 방법

이는 갈등이나 편견을 없애기 위해 상대편 집단의 구성원을 참여시키는 방법이다.

(7) 재구조화에 의한 방법

이는 조직의 구조를 변화시켜 집단간의 이해나 협조적인 노력을 용이하게 하려는 갈등해소의 방법이다.

(8) 상위목표의 설정방법

이는 갈등상태에 있는 두 당사자의 개별적 목표를 초월하여 서로 협조할 수 있는 공동목표를 설정하여 단합을 조성하는 방법이다.

3) 갈등조장전략

갈등조장전략은 갈등의 긍정적인 측면을 강조하는 현대적인 갈등관리의 관점에서 갈등은 변혁을 일으키는 수단이며, 응집력을 강화시키고, 새로운 수단과 방법을 탐색케 하는 계기가 될 수 있다는 것을 전제로 한 전략이다.

로빈슨(S.P. Robbins)은 집단 내 다음과 같은 징후가 나타나면 갈등의 조장이 필요하다고 하였다.

① 집단 내 이른바 "yes man"이 많은 경우

② 의사결정에 있어 적당한 타협이 강조되거나 많을 때

③ 다른 사람의 감정을 해치는 이를 두려워할 때

④ 실용성을 강조하기보다는 인기에 영합하려 할 때

⑤ 조직변화에 두려움이나 거부감을 나타낼 때

⑥ 새로운 아이디어가 나오지 않을 때 등이다.

그리고 집단갈등을 조장하기 위한 구체적인 방법은 다음과 같다.

① 개인적인 사고를 고무시킨다. 즉 의사결정의 과정에서 다양한 주장이나 반대의견까지도 경청한다.

② 개인간의 경쟁을 강조한다. 매출이나 수익이 줄고 경쟁력이 약화되는 위협적인 정보가 있을 때에는 경쟁적인 분위기가 유도된다.

③ 역할갈등을 창조한다. 건전한 역할갈등은 조직의 활력소가 될 수 있다.

④ 조직구조에 변화를 준다. 조직 구성원들의 침체된 분위기를 바꾸기 위해 직무체계를 재편성하거나 인사이동이나 구조변화를 통해 새로운 분위기를 창조한다.

⑤ 커뮤니케이션을 활용한다. 의사소통 구조를 이용하여 갈등을 조장한다.

⑥ 새로운 구성원을 투입시킨다.

4) 협상전략

(1) 협상전략의 의의

갈등을 해결하기 위한 최선의 전략은 협상이다. 갈등관계가 지속되면 당사자 모두에게 손해가 된다. 갈등의 당사자들은 이를 잘 알고 있기 때문에 서로의 손해를 최소화하기 위하여 타협이나 협상을 하게 된다.

협상(negotiation)이란 당사자가 물질과 서비스를 교환하기 위해 교환율을 약정하는 과정이다. 여기서 교환이란 당사자가 주고 받는(give and take) 것일 수도 있고, 상쇄적인(trade off)것일 수도 있다. 이와 같이 협상은 대화를 통하여 상호간 원하는 무엇인가를 얻어 내는 것을 의미하게 되는데 다음과 같은 상황이 전제되어야 한다.

첫째, 중개자 없이 맞대고 있는 두 주체가 있어야 한다.

둘째, 이해관계가 상충되어야 한다.

셋째, 두 주체가 싸움보다는 타협이 유리함을 인지하고 있어야 한다.

넷째, 타협의 결과로 두 주체의 입장이 변화될 수 있어야 한다.

다섯째, 현실적으로 두 주체는 상호 의존적인 관계에 있어야 한다.

(2) 협상전략의 유형

협상전략의 유형은 배분적 전략(distributive strategy)과 통합적 전략(integrative strategy)으로 구분할 수 있다.

① 배분적인 협상전략

이는 한정된 파이를 나누어 갖는 Zero-sum이나 Win-Lose 협상을 의미한다. 다시 말해 어느 한쪽이 양보함으로써 다른 한쪽에 이득이 되는 상황에서의 협상을 말한다. 협상을 성공적으로 이끌려면 다음과 같은 주제에 대해 자신의 기준을 정해 놓고 상대의 기준을 파악하면서 협상에 임하는 것이다.

㉮ 협상주제

- **목표수준**(target level) : 이는 협상을 마무리 짓고자 하는 수준을 말한다.
- **저항수준**(resistance level) : 이는 협상 상대에게 내어줄 수 있는 최고치 또는 최종적인 양보수준으로서 상대에게 알려져서는 안 되며 이는 최후의 보루 점이기도 하다.
- **요구수준**(asking level) : 이는 상대가 협상에서 요구하는 수준으로서 이를 근거로 상대의 목표수준이나 저항수준을 추측하게 된다.
- **개시수준**(starting level) : 이는 협상이 시작되었을 때 처음으로 상대에게 제시하는 수준을 의미하며 목표수준과 차이가 많으면 협상의 여지나 시간이 많아 유리한 측면이 있으나 처음부터 거절당하여 협상이 실패할 위험도 높게 된다.

㉯ **협상의 핵심요소**

- **정보**(information) : 성공적인 협상을 위해서는 협상대상에 대한 객관적인 정보(가치, 인지도, 장·단점 등)나, 상대의 목표수준이나 최후 보루점 및 상대가 사용할 수 있는 권력의 크기에 관한 정확한 정보를 확보하면 그만큼 협상은 수월하고 유리하게 전개시킬 수 있다.
- **시간**(time) : 상대의 남아 있는 협상시간을 알면, 협상에서 유리한 고지를 선점할 수 있다. 남아 있는 시간이 임박할수록 협상은 불리하기 때문에 이를 노출시키지 않는 것이 매우 중요하다.
- **권한**(authority) : 협상 당사자인 상대방이 차지하고 있는 지위와 권한을 알면 협상우위를 점할 수 있다. 권한이나 재량권이 없는 상대와 협상을 아무리 잘 해도 시간만 낭비하는 경우가 있을 수 있다.
- **대체안** : 협상을 할 때 대체안이 있으면 보다 유리한 위치에서 협상을 할 수 있다. 예컨대 노조와의 협상에서 기본급은 낮추고 휴가일수는 증가시키는 방법 등이다.

② **통합적 협상전략**

이는 협상당사자 모두에게 이익이 되는 상황에서 이루어지는 협상을 의미한다. 즉 자동차 판매수량에 따라 수당을 약정할 때나 홈런횟수에 따라 구단과 연봉을 협상할 때처럼 양쪽 모두에게 이익이 되는 상황에서의 이루어지는 협상을 말한다.

이러한 통합적 협상을 성공적으로 이끌 수 있는 핵심요인은 다음과 같다.

- 경쟁하기 보다는 협력하는 것이 모두에게 유리함을 확신할 수 있어야 한다.
- 능력이 있으면 협상에 자신감을 갖는다.
- 상대를 인정하고 존중하는 태도를 가져야 한다.
- 효과적으로 커뮤니케이션을 할 수 있는 기술이 있어야 한다.
- 상대에 대한 신뢰가 있어야 한다.

(3) 협상의 절차

일반적으로 협상은 다음과 같은 단계를 거쳐 이루어지게 된다.

- **제1단계** : 협상내용과 상황을 파악하기 위해 정보를 수집하고 분석하는 준비단계이다. 이 단계에서는 상대에게 요구할 내용을 정리하고 목표

수준이나 보루점도 잠정적으로 결정해 둔다.

- **제2단계**: 협상 당사자들이 협상방식이나 협상기간 등을 놓고 약정을 하는 단계이다. 이 단계에서는 협상의 기본규칙이 결정된다.
- **제3단계**: 협상 당사자가 자신들의 요구사항을 전달하고 설명하는 단계이다. 이 단계에서 요구하는 사항을 과정하거나 정치적인 행동을 보이기도 한다.
- **제4단계**: 실제 협상이 이루어지는 단계이다. 협상 당사자들이 주장과 양보를 거듭하면서 동의점을 찾아 최종적으로 협상을 마무리 하는 단계이다.
- **제5단계**: 협상한 내용을 실제 행동으로 옮기는 단계이다. 따라서 이 단계에서는 협상을 통해 약정한 내용들이 제대로 실천되고 있는지를 관찰하고 감시할 필요가 있게 된다.

이상에서 살펴본 내용을 종합해 보면, 성공적인 협상을 위해서는 다음과 같은 요소에 대한 이해와 준비가 필요함을 알 수 있다.

첫째, 상대가 진정 원하는 것이 무엇인가?

둘째, 원하는 것을 얻기 위한 구체적인 방안들은 무엇인가?

셋째, 협상이 실패할 경우 취할 수 있는 대안은 무엇인가?

넷째, 협상에서 설득력을 가질 수 있는 기준들에는 어떤 것이 있는가?

다섯째, 효과적으로 커뮤니케이션할 준비는 되어 있는가?

여섯째, 협상을 통해 보다 좋은 관계를 이어갈 수 있겠는가?

일곱째, 어느 정도까지 약속을 받아 내거나 줄 것인가?

8

집단생활과 인간관계

1. 집단의 개념과 특성
2. 집단의 유형
3. 집단에 참가하는 이유
4. 집단발전의 단계
5. 사회화(socialization)
6. 조직문화

제8장 집단생활과 인간관계

집단에 관한 현대적 사고는 1930년대와 1940년대에 이르러 비로소 나타나게 되었는데 집단 내의 개인의 행동은 각 개인 나름대로의 행동을 총집합한 것 이상의 것이라는 인식을 갖게 되었다. 달리 말해 개인이 집단 내에 있을 때의 행동과 자기 혼자 있을 때의 행동이 다르다는 것이다. 그래서 오늘날에 와서는 조직행동의 보다 큰 현상을 설명하는 데 있어서 집단의 이해가 중대한 역할을 한다는 것을 인식하기에 이른 것이다.

집단은 단순히 개인들이 모여 있는 이상의 의미를 가지고 있다. 인간은 태어나면서 사회생활을 시작한다. 이 집단은 인간과 사회가 만나는 사회생활의 출발점이요, 인간관계가 형성되는 장(場)이기도 하다. 따라서 이 인간관계의 장(場)인 집단의 성격이 관료조직 내에서 특정 업무를 수행하기 위해서 형성된 과업지향적인 집단이라면 그 관계는 매우 형식적이며 합리적인 성격을 나타내게 될 것이고, 소속된 집단이 단순히 친한 친구들로 형성되었다면 거기서 이루어지는 인간관계는 매우 정적이며 비형식적인 관계가 형성될 것이다. 그러므로 인간관계를 좀 더 깊이 이해하기 위해서는 집단의 성격을 좀 더 구체적으로 이해할 필요가 있다.

따라서 본 장에서는 먼저 집단의 특성을 규명해 보고, 집단이 형성되는 과정과 집단 내에서 이루어지는 의사결정 및 형성되는 인간관계의 특성과 그 형성된 인간관계를 가시화시키는 방법 등에 대해 살펴본다. 마지막으로 새로운 구성원이 이미 형성된 집단에 새롭게 참여할 때 나타나는 현상들을 알아보고, 집단 내의 바람직한 인간관계를 위한 제언을 통하여 결론에 도달하고자 한다.

1. 집단의 개념과 특성

1) 집단의 개념

다양성과 다변성을 특징으로 하는 21세기의 생활상은 취미와 직업을 같이 하는 동호인 끼리나 가정문제, 알코올 문제 또는 신앙을 같이 하는 사람들 간의 동류집단을 이루는 소위 메타패밀리(meta-family)가 늘어날 것으로 예견된다.

조직과 개인의 접점을 이루면서 조직활동의 중심적인 위치에 있는 집단의 동태성(dynamics)과 그것이 개인과 조직의 기능에 미치는 영향을 이해하기 이해서는 '집단'의 개념에 대한 올바른 이해가 필요하다.

집단의 개념은 논자들이 기반하고 있는 관점에 따라 상이하지만 일반적으로는 "어떤 특정한 목적을 달성하기 위해 함께 모여 상호 의존적이고 상호 작용하는 두 사람 이상의 집합체"라고[1] 정의될 수 있다.

그러나 참다운 의미에서의 집단이란 최소한 다음과 같은 몇 가지의 요건이 충족되어야 한다.

(1) 두 사람 이상의 집합체(collection)

'두 사람 이상'이라고 하더라도 무한히 많은 사람이 아니라 구성원간의 의사소통을 통한 자유로운 상호작용이 가능한 제한된 인원을 의미한다. 또한 이때의 '집합체'는 단순한 개인의 무작위적인 모음(random gathering)과는 구분된다. 극장에서 시간이 되어 같은 문으로 나오는 낯선 사람들이나 도서관에서 공부하는 학생들은 집단을 구성하지 못한다. 그 어느 경우의 사람들도 상호의존적이 아니며 공통된 목표달성을 위해 상호작용을 하지 않고 상호영향도 행사하지 않기 때문이다.

"모든 집단은 개인들의 집합체일 수 있으나 모든 개인들의 집합이 집단은 아니다"(all groups maybe collection of individuals, but all collections of individuals are not groups)라는 표현이 이를 잘 웅변해 주고 있다.

---

1) K. M. Bartol & D. C. Martin, *op. cit.*, 1994, p. 468.

(2) 공유된 공통의 목적(shared common purpose, objective, goal)

집단은 흔히 개인이 혼자서는 달성할 수 없는 어떤 공통된 목적 때문에 형성된다. 예컨대 스포츠 팀은 계속적으로 우승하기 위한 목적이 구성원간에 공유되어 있으므로 '집단'이 된다.

(3) 상호작용(interaction)

같은 부서에서 나란히 근무하는 종업원은 '집단'을 만들 수 있으나 만일 그들이 서로가 상호작용을 하면서 영향을 미치지 않는다면 그들은 하나의 집단이 아니다. 뿐만 아니라 일방적인 영향관계에서도 집단이 형성되지 않는다. 결국 '집단'의 두 가지 필요조건은 관련되는 모든 사람의 상호작용과 상호영향(mutual influence)이다.

이 같은 상호작용은 네트워크(network)를 형성함으로써 집단역학(group dynamics)의 개념이 등장한다. 이때의 'dynamics'라는 어휘는 'force'를 의미하는 희랍어에서 연유됨으로써 'group dynamics'는 집단 내에서 상호작용하는 영향력의 연구, 즉 소집단에서 대면적인 상호작용을 하는 사람들의 사회화 과정에 관한 연구를 의미한다.

(4) 집단 구성원으로의 지각(perception as a group member)

집단은 구성원 각자가 공통된 목적을 달성하기 위한 집단의 구성원으로 인정하는 사람들로 구성되어 있다는 점에서 비구성원과 구분된다. 말하자면 집단 구성원은 서로의 행동이 서로에게 영향을 미치는 집단의 구성원으로 지각한다. 집단의 존재를 인정하는 것과 같은 구성원에 대한 존재의 인정 없이는 '집단'이라고 할 수 없다.

2) 집단의 특성

집단행동의 이해를 위해서는 이들 특성에 관한 연구가 필요하다. 이 때문에 많은 논자들은 '집단특성'(group characteristics)이라는 이름으로 거론하고 있다. 그러나 논자를 달리함에 따라 한 집단이 다른 집단과의 차이를 만드는 것은 집단구조라는 관점에서 '집단구조'라는 이름으로, 그리고 구성원의 행동, 업적 및 효과 등의 과정에 영향을 미친다는 관점에서 '집단에의 영향요인'(influencing factors)이라는 이름으로 거론되기도 한다.

집단은 단순히 사람들이 모여 있는 이상의 의미를 가지고 있다. 열차를 타기 위해 대합실에서 기다리고 있는 사람들의 집합체를 집단이라고 할 수 없으며, 교통사고 현장을 구경하기 위해 모여든 구경꾼들을 집단이라고 말할 수 없다. 일반적으로 우리가 집단이라고 하면

첫째는 2인 이상의 사람들로 구성되어 있으며,

둘째는 그들은 서로 개인적으로 알고 있으며,

셋째는 그들은 공통적인 관심을 가지고 있으며,

넷째로는 그들 스스로 지속적인 상호작용을 한다는 점이다.

이렇게 사람들이 모여서 지속적으로 서로 만나 공동의 목적을 가지고 상호관계를 맺게 되면, 그들은 서로 간에 동료의식을 가지게 되며, 나아가서는 서로 간에 일을 처리하는 일정한 방법들을 축적함으로써 자신들도 모르는 사이에 무언의 약속에 의해 서로의 행동을 제재하게 된다. 여기서 일정한 규범들이 나타나고, 역할 분담을 통하여 조직적이고 지속적인 관계가 이루어진다. 이렇게 하여 성립된 집단은 그 집단을 존재하게 하는 기본적인 목표달성의 기능과 함께, 그 구성원들에게 소속감과 자기확인의 기회를 주는 역할을 한다. 나아가서 집단은 구성원들 사이의 지속적인 관계유지를 가능케 하고 구성원들에게 안정감과 상호 상부상조의 감정을 갖게 하는 다원적이며 혼합적인 기능을 수행하게 된다. 이러한 집단이 가지고 있는 몇 가지 특성을 살펴보면, 조직 내 구성원들의 일정한 지위가 설정되어 있고, 해야 할 역할이 정해져 있으며, 각각의 지위와 역할은 구성원들이 스스로 만들어낸 집단 내의 규범에 의해 묶어지고, 규범으로 묶어진 집단은 점차 응집력을 가진다.

이러한 집단 특성에는 ① 규범, ② 응집력, ③ 지위, ④ 역할 및 ⑤ 규모 등이 중요한 특성으로 거론되고 있다. 이하에서는 이들에 관해 차례로 설명하기로 한다.

(1) 규범

모든 집단에는 규범이란 것이 있다. 즉 집단 구성원들 간에 공유되고 수용될 수 있는 행동의 기준이 있다는 말이다.

퍼스낼리티를 통하여 개인의 특성이 나타나듯이 규범을 통하여 집단의 특

성이 나타난다. 그리하여 규범은 성원들에게 어떤 상황 하에서 해야 할 것과 해서는 안 될 것을 말해 주고 있는 것이다.

개인적 입장에서 보아, 규범은 어떤 상황에서 그에게 기대되고 있는 무엇이라는 것을 말해 주고 있다. 그 규범이 집단에 의해 승인되고 수용될 때 그 규범(norms)은 외부적 통제가 최소인 집단성원의 행동에 영향을 미치는 수단으로 작용한다. 이 같은 규범은 집단마다 다르고 지역이나 사회마다 다르다. 그나마 모든 집단이나 사회는 규범을 가지고 있는 것이다.

공식화된 규범은 조직편람에 기록되기도 한다. 이같이 공식화된 규범은 종업원들이 따라야 할 규칙이나 절차를 의미한다. 그러나 지금까지 우리가 문제시하고 있는 대부분의 규범들은 비공식적인 규범들인 것이다. 비행기에서 휴지를 버리는 것은 수용될 수 없는 행동이고, 뉴욕 본사에서 상사가 왔을 때 음료수대에서 장황한 자유토론을 하는 것은 수용될 수 없는 행동이라는 것은 말할 필요가 없는 것이다.

학생들은 강의실의 규범에 매우 빠르게 동화한다. 교수가 만든 환경(분위기)에 따라, 규범은 교수가 제시한 내용을 솔직하게 수용하는 것을 지원하기도 하고, 극단적인 경우 학생들은 좀 불명료한 점에 대하여 무엇이나 의문을 제기하고 교수에게 도전을 해오기도 한다.

예를 들어 거의 모든 강의실에서의 규범은 큰 소리로 시끄럽게 함으로써 교수의 말을 듣지 못하게 하는 일을 하지 않는 것이며, 교수의 강의 속에 분명히 취약점이 있을지라도 그것을 지나치게 몰아붙임으로써 굴욕을 주지 않는 것이다. 만약 강의실 집단 내의 어떤 사람들이 이 같은 규범을 어기는 경우가 있다면, 그 같은 주변인물에 대한 반대의 압력이 작용하여 그들이 집단기준(집단의 규범)에 동조(순응)하도록 만든다.

거의 모든 집단들은 자체 내에서 구성원들에게 압력을 가하여 집단규범에 순응하도록 하는 분위기를 조성한다. 앞에서 지적한 바와 같이 그 집단이 어떤 규범을 가지고 있느냐는 그 집단의 성질과 그 집단의 목적에 달려 있다. 그러나 대부분의 집단들은 사회적으로 요망되고 있는 행동과 태도를 옹호하는 경향이 있다.

달리 말해서 조직 내의 집단에 의해 설정된 규범은 사회적 수준에서 설정된 보다 큰 기준(규범)에 의해 영향을 받는다. 다시 말해 사회적으로 요망되고 있는 행동이나 태도는 집단규범의 중요한 결정요인이 되는 것이다.

홉킨스(T. K. Hopkins)는 집단의 강도는 구성원들이 행동기준으로서의 규범들에 대해서 어느 정도로 합의하고 있는가와 구성원 자신들이 받아들이는 그리고 다른 성원들이 규정하고 있는 각자의 역할과 지위의 정도 및 구성원 사이의 상호작용의 안정성이 어느 정도인가를 보면 알 수 있다고[2] 했다.

지금까지의 논의를 통해서 분명히 밝혀진 것은, 집단은 규범을 제정하고 구성원들의 행동을 일정한 방향으로 나아가게 함으로써 성원들을 통제한다는 것이다. 이 같은 규범을 바탕으로 하여 집단성원들은 일치된다. 그리고 그들은 어떤 유형의 행동은 인정을 받고 어떤 유형의 행동은 용인되지 않는다는 것을 배우게 된다.

집단은 규범과 일치되는 행동을 강화하고 규범과 일치되지 않는 행동을 제거하기 위해 보상 메커니즘(reward mechanism)을 사용한다.

(2) 응집력

① 응집력의 개념과 특성

집단 구성원들은 집단 내에서 '우리'라는 의식을 바탕으로 뭉치게 되는데 이때 서로가 뭉치는 힘을 응집력(cohesiveness)이라고[3] 한다.

'규범의 일치'는 크게 보아 집단 응집력의 강도에 의해 결정된다는[4] 의미에서 그리고 집단의 응집력은 규범을 강화하는데 결정적인 요인이 된다는[5] 의미에서 응집력은 집단행동에 영향을 미치는 중요한 요소가 된다고 할 수 있겠다.

집단 응집력의 강도는 그 구성원들이 얼마나 집단에 애착을 느끼는가와 얼마만큼 속한 집단의 공통적인 목표성취를 위해 자신의 시간과 정력을 쏟으며 노력하는가에 달려있다.[6]

따라서 응집력이 강한 집단일수록 그 구성원 상호간에는 아주 강한 친밀성을 갖게 되고, 구성원들을 보는 관점, 태도, 선호 및 여러 가지 형태의 유사성을 보여준다. 또한 응집력이 강한 집단일수록 강한 규범을 가지고 있고, 특히 그 집단규범을 어기는 사람에게만 아주 심한 응분의 조치를 취하

2) T. K. Hopkins, *The Exercise of Influence in Small Groups*, Tatwa N. J.: The Bedminister Press, 1966.
3) J. Greenberg & R. A. Baron, *op. cit.*, 1993, p. 289.
4) J. R. Schermerhorn, *op. cit.*, 1993, p. 554.
5) D. H. Holt, *op. cit.*, 1993, p. 335.
6) S. P. Robbins, *op. cit.*, 1994, p. 449.

는 경향이 짙다.

이와 같이 중요한 '집단 응집력'에 대한 개념을 올바르게 이해하기 위하여 보다 구체적인 몇몇 논자들의 정의를 살펴보면 다음과 같다.

- 집단 응집력은 구성원들로 하여금 집단에 남아 있게 하는 모든 힘(force)이다. 이 응집력을 일으키는 힘은 집단에 대한 매력이며 집단을 떠나려는 저항이며 또한 집단의 구성원으로 남아 있게 하는 동기부여이다.[7]
- 집단 응집력이란 집단이 구성원들에게 갖는 매력의 정도를 의미한다.[8]
- 집단 응집력은 구성원들의 집단에 대한 충성심과 몰입의 정도를 의미한다.[9]
- 집단 응집력이란 구성원들로 하여금 집단의 일원으로 남아 있도록 하는 압력(pressures)이다. 말하자면 그것은 집단에 대한 '우리'의 감정, '존재 이유' 및 '소속감'을 의미한다.[10]

이상의 개념을 기반으로 하여 다음과 같은 몇 가지 특징적인 사실을 알 수 있다.

- 집단은 본성적으로 응집력과 분열력을 함께 지닌다. 응집력은 구성원으로 남아 있으려는 성향이며, 분열력(disruptive forces)은 집단으로부터 이탈하려는 경향이다. 이때 구성원으로 하여금 머물러 있게 하는 힘, 즉 응집력이 떠나게 하는 힘, 말하자면 분열력 보다 클 때 집단이 형성되고 유지된다.
- 집단의 응집력이 강할수록 집단 구성원으로 유지되기를 희망하는 경향이 강하다. 다시 말하면 집단의 응집력이 강할수록 구성원들은 그 집단에 소속되기를 강하게 희망한다.
- 집단 구성원 자격이 바람직한 것일수록 구성원들은 집단의 규범에 따라 행동하려는 경향이 있다.
- 응집력이 강한 집단의 구성원들은 그것이 약한 집단의 구성원들보다 더 많은 상호작용을 하고 상호 영향력을 행사한다.
- 응집력이 강한 비공식적 집단은 강력한 도구(instrument)가 되어 공식집단에 커다란 영향을 미친다. 이때의 영향력은 조직목적에 긍정적인 것이 될 수도 있고 부정적인 것이 될 수도 있다. 말하자면 응집력은 긍

---

7) G. Moorhead & R. W. Griffin, *op. cit.*, 1992, p. 207.
8) R. W. Mondy & S. R. Premeaux, *op. cit.*, 1993, p. 509.
9) R. W. Griffin, *op. cit.*, 1993, p. 430
10) J. Greenberg & R. A. Baron, *op. cit.*, 1993, p. 289.

정적 결과와 함께 부정적 결과를 초래하는 양면도(兩面刀, two-edged sword)의 기능을 다한다.

② 집단 응집력에의 영향요인

무엇이 집단으로 하여금 응집력을 갖게 하며 응집력의 정도에 영향을 미치는 요인이 무엇인가는 집단행동의 관리를 위해 매우 중요한 과제이다. 일반적으로 중시되고 있는 영향요인들을 정리해 보면 다음과 같다.

첫째, 응집력의 정도는 그 집단 구성원들이 얼마나 소속된 집단이 추구하는 목표에 동의하는가에 영향을 받는다. 만약 구성원 전원이 그 집단 목표에 전적으로 동의하면 응집력의 정도는 강해지고, 서로 동의하지 않는 부분이 많으면 응집력의 정도는 떨어진다.

둘째, 신체적 또는 정서적 안정에 대한 외부로부터의 압력이나 외적인 위협이 클수록 응집력은 강화된다. 이와 관련하여 경쟁의 초점이 집단간에 있으면 집단의 응집력은 강해지고 그것이 집단 내에 있으면 응집력은 약해진다.

셋째, 구성원들이 함께 보내는 시간이 많을수록 더욱 친밀성은 강해지고 상호간의 이해와 매력의 정도가 강해지면서 응집력도 강해진다. 하지만 너무 많은 미팅(meeting)을 가짐으로써 구성원들이 싫증을 느끼게 되면 응집력의 정도는 약화될 수 있다.

넷째, 그 집단의 가입과정이 힘들면 일단 가입한 구성원들은 그 집단에 강한 애착을 보이게 되고, 이것은 응집력에 긍정적인 영향을 미친다.

다섯째, 집단은 외부의 다른 집단으로부터 영향을 받게 되는데 특히 서로가 적대시하면서 경쟁하는 집단이 있으면 집단 내부 구성원들 간의 결속력은 보다 강해진다.

여섯째, 집단 구성원들의 태도와 가치관에서 유사성(동질성)이 강하면 강할수록 이질성이 강한 집단보다 응집력이 강하다.

일곱째, 집단의 규모가 작을수록 그것이 큰 집단보다 응집력이 강하다. 이는 규모가 클수록 목적과 규범에 대한 의견일치를 얻기가 더욱 어렵기 때문이다.

여덟째, 기타 집단에의 상호 의존적인 목적을 지닐수록, 욕구충족을 많이 할수록, 성취감을 공유할수록, 함께 바친 시간이 많을수록 그리고 직면하고 있는 어려움이 클수록 그렇지 않은 경우 보다 응집력이 강해지는 경향이 있다.

③ 응집력의 결과

이 같은 영향을 받으면서 집단의 응집력이 결정된다. 이같이 결정되는 응집력이 강하면 강할수록 좋은가에 관한 연구는 실로 중대한 의의를 지닌다. 그래서 응집력이 강한 집단과 약한 집단을 대상으로 한 많은 비교·조사연구가 이루어지고 있다. 이 중에서 가장 널리 인정받고 있는 논자는 시쇼어(S. E. Seashore)인데 그는 228개의 방대한 집단을 대상으로 응집력과 생산성과의 관계를 연구하고 다음과 같은 세 가지 결론을 내린 바 있다.

첫째, 가장 높은 수준의 생산성을 지닌 집단은 응집력이 강하고 경영관리자가 설정한 생산성 수준을 수용한다.

둘째, 가장 낮은 수준의 생산성을 지닌 집단은 응집력이 강하나 경영관리자가 설정한 생산성 수준을 거부하고 그들 자신이 경영관리자들이 설정한 것보다 낮은 수준을 설정하고 강행한다.

셋째, 중간 수준의 생산성을 지닌 집단은 응집력이 약하고 경영관리자가 설정한 생산성 수준과는 상관없다.

결국 응집력이 강한 집단의 구성원들은 그것이 약한 집단의 규범에 대한 일치도가 상대적으로 높다는, 말하자면 응집력이 강할수록 바람직하다는 일반적인 주장에도 불구하고 강한 응집력은 반드시 높은 업적(생산성)에 연결되지는 않는다는 결론에 이르고 있다.

[그림 8-1]을 통해서 알 수 있는 바와 같이 응집력이 강하다고 해서 생산

그림 8-1 응집력과 생산성(업적)의 관계

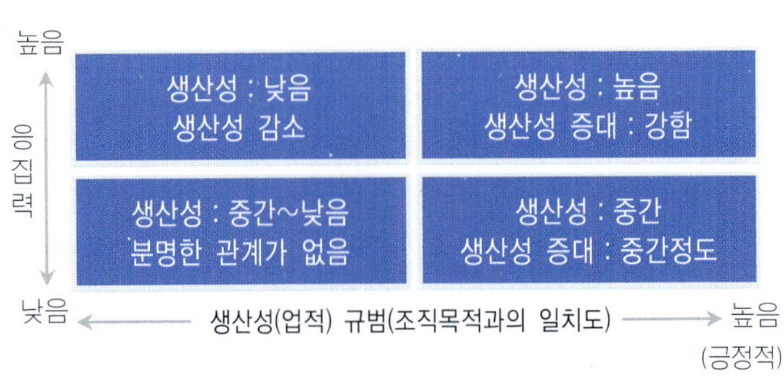

자료: K. M. Bartol & D. C. Martin, *op. cit.*, 1994, p. 482.

성이 반드시 높아지는 것이 아니라 생산성에 대한 규범, 즉 집단 목적과 조직 목적의 일치도가 높은 경우에는 생산성이 증대되나 일치도가 낮은 경우에는 생산성은 오히려 낮아진다.

이와 관련하여 보다 구체적으로 다음과 같은 몇 가지 사실을 지적할 수 있게 된다.[11)]

첫째, 응집력이 강하고 생산성 규범이 높으면 생산성은 높아진다. 집단은 높은 수준의 생산성을 원하고(규범) 그의 구성원들은 그 목적을 향해 함께 일하기(응집력) 때문이다.

둘째, 응집력은 강하나 생산성 규범이 낮으면 생산성은 가장 낮은 경향이 있다.

셋째, 응집력은 약한 경우에는 생산성 규범이 높거나 낮음과 상관없이 생산성은 낮거나 중간 정도이다.

이상의 검토를 통하여 얻을 수 있는 결론은 "집단의 생산성을 높은 수준으로 유지하기 위해서는 응집력과 생산성(업적) 규범이 다 같이 함께 높아야 한다"는 것이다.

응집력과 생산성의 관계는 집단에 의해서 설정된 생산성에 관련된 규범에 달려 있다는 전제에서 전개된 이들 연구는 높은 생산성 규범(예컨대 높은 산출물, 업무의 질 및 집단 밖의 사람들과의 협동 등)은 높은 업적으로, 그리고 낮은 생산성 규범은 낮은 업적으로 연결된다고 결론 짓고 있다.

(3) 역할(role)

역할이란 어떤 사회적 단위에서 특정한 직위를 맡고 있는 사람들에게 기대되고 있는 일련의 행동양식이라고 말할 수 있다. 역할은 집단 내에서 구성원 스스로가 해야만 한다고 생각하는 담당 역할에 대한 지각과 다른 구성원들이 당연히 어떻게 행동해야만 한다고 생각하는 기대의 두 가지 요소가 서로 조정되어 형성된다. 이렇게 해서 형성된 역할은 자신이 받아들이고 주위 사람들도 당연하다고 생각하는, 한 구성원의 역할로 자리 잡게 되어 역할정체성(role identification)이 집단 내에 형성된다.

일단 집단 내에서 자신의 지위가 결정되고 그 지위에 합당한 역할이 어떠

11) R. W. Griffin, *op. cit.*, 1993, p. 241. 및 K. M. Bartol & D. C. Martin, *op. cit.*, 1994, pp. 481-482.

한 것이라는 정체성이 자리 잡게 되면, 그 구성원은 지속적으로 자신이 그 역할을 수행하기 위해서 어떻게 행동해야 하는가를 여러 가지 통로를 통하여 학습하고 이해하게 된다. 선배들이 하는 행동이나 또는 유사한 역할을 담당해서 수행하는 동료들의 행동을 관찰하면서 자신의 역할 수행방법을 습득해 나아가고, 관련 서적이나 TV 및 일반매스컴, 다른 사람들의 조언 등을 통해서 자신의 역할 내용 및 범위를 스스로 습득해 나아간다. 뿐만 아니라 사람들은 그 상황과 그 상황의 요구가 주요한 변화를 필요로 하고 있다는 것을 인식하게 될 때 재빠르게 그 역할을 바꿀 수 있는 능력을 가지고 있다. 예를 들어 노조의 간사가 감독직위에 승진되었을 때 그의 친노조태도(pro-union attitudes)는 승진 후 몇 개월 내에 친관리태도(pro-management attitudes)로 바뀌고 있는 것을 발견하게 된다. 그러다가 훗날 경제적 곤란 때문에 그 같은 승진이 취소되어 원래 상태로 되돌아갔을 때 그 강등된 감독자는 또다시 '친노조 태도'를 취하고 있음을 발견할 수 있다.

그리고 상황이 보다 모호하고 그가 수행해야 할 역할이 분명하지 않을 때에도 사람들은 종전의 옛 역할정체성(old role identity)으로 되돌아가는 경우가 있다.

고등학교 동창생들의 재회(친목회)에 관한 연구에서 이 같은 사실이 입증되었다. 연구대상이 되었던 많은 친목회에서 참석자들이 학교와 친구들과 헤어져 5년, 10년 또는 20년 이상이 경과되었어도, 그들은 옛날의 학창시절의 역할로 되돌아가고 있었다. 여당역할을 했던 사람들은 여당역할을 다시 하고 있었고, 야당역할을 하였던 사람들은 여전히 야당역할을 다시 하고 있었다. 이 같이 역할 요구가 분명치 않아 역할정체성이 모호하게 될 경우 사람들은 종전의 옛 행동양식으로 다시 되돌아가고 있었다.

한편 주위의 구성원들은 그 역할을 담당한 사람이 어떻게 행동해야 하는가에 대한 기대를 갖게 되는데 이를 역할기대라고 한다. 이는 어떤 특정한 상황에서 당신이 어떻게 행동해야 하는가에 대한 다른 사람들의 기대라고 정의할 수 있으며 대부분의 경우, 우리가 어떻게 행동하느냐는 우리가 행동하게 될 상황에서 규정하고 있는 역할에 의해 결정된다.

야구팀 코치의 경우를 예로 들어보면, 구성원들은 코치가 선수 개개인의 특성을 파악하고, 그에 맞는 훈련을 시키며 용기를 북돋워주는 일을 해줄 것으로 생각하고, 그렇게 행동할 것을 기대한다. 만약 그렇지 않고 선수들에게 불필요한 작업이나 시키고 같이 술이나 마시며 놀기만 한다면, 이는 역할기대에 어긋나므로 주위 사람들로부터 인정을 받지 못하고 궁극적으로는 그 역할을 포기해야 한다. 이렇게 역할의 정체성은 주위 사람들의 기대와 자신의 역할에 대한 인식의 융합으로 형성되고, 특정의 역할 담당자는 자신의 행동이 형성된 역할정체성에 부합되도록 노력해야 한다.

그러나 우리는 사회생활을 함에 있어서 단지 한 가지의 역할만이 아니라 여러 가지 역할을 하게 된다. 집에서는 오빠 또는 형의 역할, 학교에서는 학생 또는 선배역할, 친구간에는 친구역할 등 동시에 행해야 할 역할이 다양하다. 이 경우 한 개인이 서로 어긋나는 다양한 역할기대에 직면하게 될 때 그 결과로 생기는 것이 역할갈등이다.

다시 말해 역할갈등이란 어느 한 역할기대에 순응하는 것이 다른 역할기대에 대한 순응을 어렵게 만들 때 생기는 현상이다. 극단적인 경우에는 둘 혹은 그 이상의 역할기대가 서로 간에 정반대되는 상황도 있을 수 있다.

많은 사람들이 역할갈등은 인간의 행동을 설명하려는 시도에서 가장 중요한 개념이라고 생각하고 있다. 예를 들어 대학교 총장은 교수들이나, 학생들, 이사회, 동창회, 그밖에 다른 행정요원들로부터의 다양한 역할기대를 조정하지 않으면 안 된다. 그러나 한 집단에서 기대하고 수용될 수 있는 총장의 행동은 다른 집단의 기대와 완전히 불일치되고 있는 경우가 종종 발생한다.

이 같은 역할갈등은 우리 모두가 직면해 왔으며 앞으로도 계속 직면하게 될 것이다. 인간행동을 연구하는 관점에서 가장 중요한 문제는 집단 내의 다양한 역할기대에 의해 형성된 역할갈등이 다른 측면에 어떤 영향을 미치고 있느냐 하는 문제이다. 확실히 역할갈등은 인간의 내부적인 긴장과 좌절(욕구불만)을 증대시킨다.

사람들이 역할갈등에 빠지게 될 때 나타나는 반응에는 여러 가지가 있다. 예를 들어 어떤 사람은 공식화된 관료주의적 반응을 보일 수도 있을 것이다. 이렇게 되면 갈등의 해결은 조직활동을 통제하는 규칙, 규정, 절차 등에 의존하게 될 것이다. 그리고 역할갈등에서 야기되는 다른 행동반응에는 퇴거(withdrawal), 발뺌(stalling), 타협(negotiation) 등이 포함되며, 앞 장의 인지적 부조화에 대한 논의에서 살펴본 바와 같이 갈등되는 역할을 일치시키기 위해 사실들이나 상황을 재규정하는 행동반응을 보이기도 한다.

(4) 신분(status) · 지위(job position)

현대를 살아가는 우리들에게 신분은 중요한 것이 아니다라고 쉽게들 말하고 있음에도 불구하고, 사실 우리는 신분을 상징하는 것을 얻는 것에 큰 관심을 가지고 있다. 행복하든지 혹은 불행하든지 간에 우리는 계급구조의 사회에서 살고 있다. 우리가 살고 있는 이 세계를 보다 평등한 사회로 만들기 위한 노력에도 불구하고 계급 없는 사회를 향한 진전은 거의 이루어지지 않고 있다. 과학자들이 인간이 집단을 형성한 내력을 추적해 본 바에 의하면, 거기에는 추장과 인디언들이 있었고, 귀족과 평민, 가진 자와 못 가진 자가 있었다. 이 같은 현상은 오늘날에도 계속되고 있으며 가장 작은 소집단에 있어서까지도 역할(role), 의례(rite), 의식적 행사(rituals) 등이 있어서 구성원들 간의 차별이 생겨난다.

신분(status)은 행동을 이해하는 데 있어서 매우 중요한 요인이다. 왜냐하면 그것은 중요한 동기유발 요인이 되기 때문이며 또 자신의 신분에 대한 자신의 지각과 다른 사람들의 지각간에 불일치를 지각하게 될 때 그 결과로 중요한 행동이 초래되기 때문이다.

신분은 위신이나 명성의 등급, 직위 또는 집단 내의 계급 등으로 표현된다. 이 같은 신분은 집단에 의해 공식적으로 부여되기도 한다. 즉 직함(title)이나 예우(amenities) 등을 통해 조직에 의해 공식적으로 부여되기도 한다. 그리고 세계 헤비급 선수권을 획득하였다든지 "가장 좋아하는 인물"로 피선되었을 경우에도 신분이 부여된다. 우리는 조직계층 상의 높은 신분과 관련된 장식(치장) 등을 잘 알고 있다. 두터운 카페트가 깔린 큰 사무실, 샤워시설이 딸린 화장실, 인상적인 직함, 높은 임금이나 부가적 급여, 근무일정의 우선적인 선택권 등이 그것이다. 관리자들이 신분계층을 인정하든지 안하든지 간에, 조직에는 예우제도가 있게 마련이다. 그리고 그 같은 예우는 모든 사람에게 균일하게 제공할 수는 없는 것이다. 그래서 그 같은 예우는 신분가치를 지니게 된다.

신분은 집단에 의해 부여되고 그에 대한 가치지각(value perception)도 마찬가지이다. 그런데 이 같은 신분과 그에 대한 가치지각은 시간과 장소에 따라 달라진다. 그리고 신분은 가톨릭교도나 개신교인이 되는 것을 의미하기도 하고, 백인, 흑인, 젊은 사람, 혹은 늙은 사람, 남성, 여성, 그 지역에 3대째 사는 주민, 그리고 또 어떤 신체적 특성을 가진 사람을 의미하기도 한다.

많은 집단에서 통용되고 있는 어휘가 집단수용(group acceptance)과 신분의 중요한 결정요인이 된다. 어떤 어구를 빈번하게 사용하고 있다는 것은 그 사람이 어떤 신분의 사람이라는 것을 암시하고 있는 것이다.

기본적으로 조직은 다음과 같은 네 가지 방법들 중의 어느 하나의 방법을 통해서 신분(status)을 부여한다. ① 조직과의 제휴(organizational association)－나는 안전기획부에서 근무한다. ② 직업(occupation)－그는 대법관이다. ③ 조직의 계층－그는 전무이사 직위에 있는 사람이다. ④ 급여(salary)－그는 연봉 1억 원을 받는다. 등이 그것이다. 그리고 신분의 원천은 다른 사람들이 가치를 부여하는 개인적 속성－나이, 교육, 성별, 인종, 종교, 외모, 언변, 경험, 유능성 등과 같은 개인적 속성－이 될 수도 있다.

일단 지위(地位)·신분(身分)이 집단 내에서 결정이 되면, 일반적으로 지위가 높은 사람이 낮은 사람에게 해야 할 일들을 명령·지시하여 행하도록 하고, 지위 고하에 따라 일의 순서가 정해진다. 하지만 서로 간에 지위가 받아들여지지 않거나 또는 서로 어떤 일을 할 때 명령을 하고 지시를 함에 있어서 지위가 낮은 사람이 높은 사람에게 하도록 되어 있으면 서로 간에 마찰이 발생하여 갈등을 겪게 된다.

특히 일을 하는 과정에서 이와 같이 명령의 역류현상이 발생할 경우 원활한 일의 처리가 힘들게 된다. 그 좋은 예가 식당에서 일하는 웨이터와 주방장의 관계인데, 웨이터가 손님의 주문을 받아 주방에 전달할 때, 지위 상 높은 주방장에게 낮은 지위에 있는 웨이터가 명령·지시하는 형태가 되어 그들 간에 심각한 불협화음과 갈등이 발생하곤 한다. 이러한 문제의 해결방안으로 웨이터들은 주문을 받아 주방장에게 직접 전달하기 보다는 카운터에 전달하고, 카운터에서는 주문내용을 메모지에 써서 주문메모지걸이에 걸어놓게 함으로써 웨이터와 주방장간의 완충장치를 만들었고, 두 지위간의 갈등요소를 카운터에 앉아 있는 사람을 끌어들여 그 소지를 없애고 있다.

점차 구성원들이 다루는 일의 성격이 변하게 되고, 구성원들의 경험이나 지식의 정도가 변화하면서 집단 내의 지위체계도 점증적으로 변화하게 된다. 그러면서 새로운 지위체계가 형성된다. 이 지위체계는 고정적인 불변의 체계가 아니라 지속적으로 변화하는 가변적인 체계이다.

2. 집단의 유형

집단의 유형에는 여러 가지가 있다. 로빈스(S. P. Robbins)는 집단의 유형을 ① 지휘(command)집단,[12] ② 교차기능(cross-functional), ③ 자기관리 팀 및 ④ 태스크 포스(task force) 등의 네 가지를 제시하고 있는가 하면, 혹자들은[13] 구성원들이 참여하게 되는 집단의 유형으로 ① 지휘 집단, ② 과업 집단 및 ③ 비공식 집단 등의 세 가지를 제시하고 있다. 그러나 많은 논자들은 공식화의 정도(degree of formalization)에 따라 공식집단과 비공식집단으로 대별하고 전자를 지휘집단과 과업집단으로 다시 구분하여 거론하고 있다.

따라서 본 절에서는 집단의 유형을 공식집단과 비공식집단으로 구분하여 살펴보고자 한다. 이를 논하기에 앞서 유의할 몇 가지 사항을 열거해 보면 다음과 같다.

첫째, 모든 조직이 대표하고 있는 공식집단과 비공식집단은 〈표 8-1〉에서 보는 바와 같이 여러 가지 측면에서 다르다.

〈표 8-1〉 공식집단과 비공식집단의 특성

특 성	공식집단	비공식집단
① 목적	과업의 달성	구성원의 만족
② 원천	경영관리자	개인 구성원
③ 구조	공식적(경직적)	비공식적(융통적)
④ 영향력	공식적 권한(인정된 권한)	퍼스낼리티(권한이 거의 없음)
⑤ 지향성	과업(직무) 지향성	관계(인간관계) 지향성
⑥ 리더십	공식적 리더	비공식적 리더
⑦ 지속성	영구적	일시적
⑧ 주된 연구영역	고전이론	신고전이론(초기 인간관계)

자료: 이한검, 『경영학원론』, 형성출판사, 1994, p. 499.

12) S. P. Robbins, *op. cit.*, 1994, p. 441.

13) H. J. Arnold & D. C. Feldman, *Organizational Behavior*, McGraw-Hill, 1986, pp. 181-182.

공식집단은 조직의 어떤 목적을 위해 조직에 의해 공식적으로 만들어진 작업집단이기 때문에 작업과 과업의 배분을 주로 과제로 하며, 비공식집단은 구성원의 이익과 사회적 욕구의 충족을 위해 조직에 의해서라기보다는 구성원에 의해서 만들어진다.[14] 무엇보다도 중요한 차이는 공식집단은 고전이론의, 그리고 비공식집단은 신고전이론의 주된 연구과제이다. 따라서 고전이론은 집단의 구조에 그리고 신고전이론은 집단의 행동에 관심을 두었다는 데 있다.

둘째, 공식화(조직화 또는 구조화)의 정도에 따라 구분되는 이들 '공식집단'과 '비공식집단'의 개념은 연속선 상의 두 극단을 지칭하는 것들일 뿐 실제로 순수한 공식집단과 비공식집단을 찾을 수는 없다. 모든 집단은 이들 양극단 사이의 어느 자리에 위치하고 있기 때문이다. 말하자면 모든 집단은 어느 정도 공식화되기도 하고 비공식화되기도 한다.

셋째, 이와 관련하여 대부분의 조직 구성원은 이들 두 집단에 소속됨으로써 두 집단은 [그림 8-2]에서 보는 바와 같이 어느 만큼은 중첩되어 있으며, 그러기에 상호 보완적인 관계에 있다.

그림 8-2 공식집단과 비공식집단의 구조와 특성

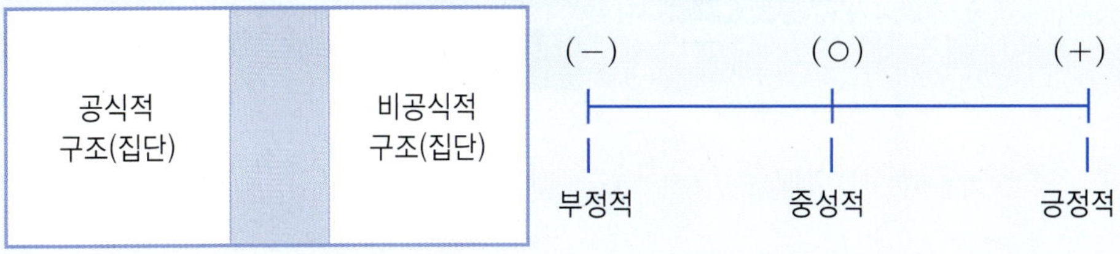

자료: E. M. Rogets & R. A. Rogers, *Communication in Organizations*, Free Press, 1991(3rd), p. 82.

넷째, 이와 관련하여 공식집단과 비공식집단은 조직의 목적에 공헌할 수도(긍정적) 있는가 하면 해로울 수도(부정적) 있는, 그러기에 그 자체로는 중성적인 성질의 것이다. 따라서 이들의 관리가 중요하다.

---

14) S. P. Robbins, *op. cit.*, 1994, p. 441.

1) 공식집단

공식집단은 특정 과업과 목표를 달성하기 위해 조직에 의해 치밀하게 사전에 만들어진 집단이다. 다시 말하면, 조직목적의 달성을 위해 조직이 일정한 구조와 과업과 업무의 흐름을 결정해 놓고 이와 관련하여 구성원들을 집단화한 것이다.

이 집단의 주된 목적은 상호작용을 통해 조직목적의 달성을 추구하는 데 있다. 따라서 이 집단의 행동은 구체화되고 조직목적 지향성을 띠게 된다는 데 특색이 있다.

이처럼 조직목적 지향성을 지닌 공식집단은 ① 지휘집단과 ② 과업집단 등의 두 가지로 구분되어[15] 거론된다.

그림 8-3 작업집단의 구분

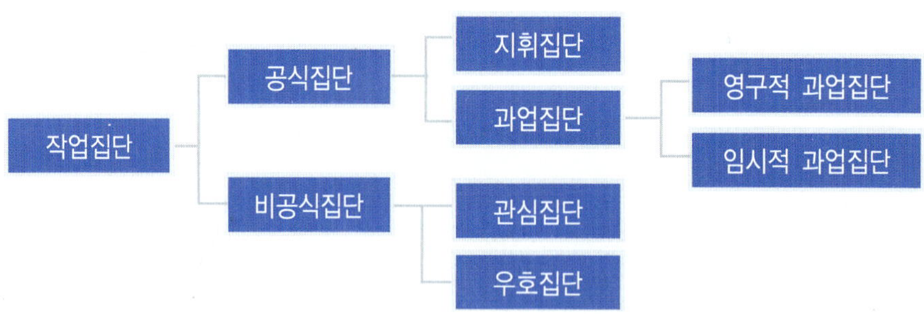

자료: K. M. Bartol & D. C. Martin, *op. cit.*, 1994, p. 469.

(1) 지휘집단

지휘집단은 기능집단(functional group)이라고도 하는데 조직의 목적을 달성하기 위해 조직에 의해 만들어지는 가장 일반적인 집단이라 할 수 있다. 이 집단은 경영관리자와 그에게 직접적으로 보고하는 모든 부하들로 구성된 공식집단이다.

---

15) H. G. Hicks & C. R. Gullet, *op. cit.*, 1987, p. 189; D. W. Organ & T. S. Batman, *op. cit.*, 1991, p. 453; J. R. Schermerhorn, *op. cit.*, 1993, p. 540.

(2) 과업집단

어떤 특정한 과업을 수행하기 위해 만들어지는 이 과업집단은 지휘집단과는 달리 조직계층에서의 직위와는 상관없이 특별한 관심이 있거나 특정 영역의 전문가들인 개인들로 구성될 수 있다.[16] 말하자면 비교적 한정된 목적을 수행하기 위해 통상 지휘집단에 의해서[17] 만들어지는데 조직에서 일반적으로 볼 수 있는 이 집단은 ① 흔히 상설위원회 또는 팀으로 알려진 영구적인 것과 ② 어떤 특정한 문제의 해결을 위해 잠정적으로 만들어지는 임시적인 것 등의 두 가지로 구분된다.

2) 비공식집단

공식집단이 집단구조를 연구대상으로 하는데 비해 비공식집단은 집단행동을 연구대상으로 한다. 비공식집단은 다음과 같은 이유로 인간행동을 이해하기 위한 중요한 연구과제가 되고 있다.

첫째, 조직 구성원들은 공식집단뿐만 아니라 몇 개의 비공식집단에 참여하며 생활한다. 공식집단은 조직에 의해 만들어지므로 조직(경영자)이 언제든지 필요에 따라 없애거나 바꿀 수도 있지만, 비공식집단은 구성원들에 의해 다른 방법으로 충족할 수 없는 욕구의 충족을 위해 자의적으로 그리고 자연발생적으로 형성된 것이므로 경영자가 임의로 없애거나 바꿀 수 없다.

둘째, 공식조직은 조직 빙산의 일각이라 할 수 있다.[18] 비공식집단은 외형상 나타나지 않으므로 파악이 어려운 것은 사실이지만, 그 비중이 크고, 구성원의 행동에 강력한 영향을 미친다. 따라서 이에 관한 이해 없이는 인간의 행동을 완전히 이해할 수 없다.

셋째, 비공식집단은 기능적인 측면과 함께 역기능적인 측면을 지니고 있으므로 그것은 공식집단에 항시 지원적인 것이라고 할 수는 없으나 구성원에게는 물론, 공식집단에도 다음과 같은 많은 이점을 제공하므로 흔히 곡해하듯이 나쁜 것도, 파괴적이며 불필요한 것도 아니다.

---

16) J. Greenberg & R. A. Baron, *op. cit.*, 1993, p. 269.
17) K. M. Bartol & D. C. Martin, *op. cit.*, 1994, p. 470.
18) W. L. French & C. H. Bell, *Organization Development,* Prentice-Hall, 1978, p. 16; R. M. Hodgetts, *op. cit.*, 1990, p. 423.

- 공식집단이 기능을 다하도록 도움을 준다.
- 관리자의 부담을 덜어 준다.
- 종업원의 직무만족을 제공한다.
- 종업원의 정서(단점)에 안정장치(safety value) 구실을 다한다.
- 관리자에게 피드백하여 준다.
- 종업원이 추구하는 사회적 접촉과 안정의 욕구를 충족시킴으로써 사회적 만족을 제공하여 생산성 증대에 기여하게 된다.
- 익숙하지 못한 새로운 직무를 극복하게 함으로써 새로운 종업원의 교육을 도와준다.
- 의사소통의 매체가 된다. 즉 종업원이 속해 있는 여러 개의 비공식집단을 통해서 일어나고 있는 일들과 최신 정보를 교환한다.
- 따라서 조직을 결속하여 조직력을 강화하고 조직을 안정케 한다.

공식집단은 어떤 특정한 활동, 상호작용 및 감정을 요구하면서 형성되는데 이때 공식적인 구조 내에서 형성되는 비공식집단은 실제로 이들 요구를 지원할 수도 있고 오히려 방해하는 활동, 상호작용 및 감정이 등장되므로[19] 활용하기에 따라 얻을 수 있는 유익(장점)과 함께 비용도 지닌다.

먼디(R. W. Mondy) 등은 이들 비공식집단의 장·단점을 다음과 같은 몇 가지로 지적하고 있다.[20]

❑ 비공식집단의 장점

① 작업수행을 지원한다.
② 공식구조의 약점 제거에 도움이 된다.
③ 관리 폭의 효과를 증대한다.
④ 전통적인 공식조직 원칙의 문제점을 보완한다.
⑤ 의사소통의 추가적인 경로를 제공한다.
⑥ 구성원에 대한 정서적 지원을 제공한다.
⑦ 더 좋은 경영활동을 촉진한다.

---

19) K. M. Bartol & D. C. Martin, *op. cit.*, 1994, p. 472.
20) K. Davis & J. W. Newstrom, *op. cit.*, 1989, pp. 366-367; R. M. Hodgetts, *op. cit.*, 1990, pp. 144-147

❑ 비공식집단의 단점

① 공식집단의 목적에 역행할 수 있다.
② 예측가능성과 통제의 정도를 감소시킨다.
③ 실천 가능한 대체안의 수를 감소시킨다.
④ 일을 완성하는데 소요되는 시간을 증대시킨다.

있을 수 있는 단점을 줄이고 얻을 수 있는 장점을 살리기 위해 많은 논자들은 비공식집단의 유형에 관한 연구를 거듭하고 있는데, 일반적으로 구성원들이 비공식집단에 참여하는 이유를 중심으로 하여 다음과 같이 두 가지로 구분하여 설명하고 있다.

(1) 관심집단(interest group)

이는 공통된 목적과 안건, 즉 공통된 관심사항을 추구하고 촉진하기 위해 구성원들에 의해 만들어지는 비공식집단이다. 이 집단은 다음과 같은 몇 가지 특성을 지닌다.

- 일시적인 경향을 지닌다.
- 조직의 목적과 관련될 수도 있고 그렇지 않을 수도 있다.
- 따라서 조직에 유익할 수도 있고 그렇지 않을 수도 있다.

(2) 우호집단(friendship group)

이는 주로 구성원이 지니고 있는 사회적 욕구를 충족시키기 위해 그들에 의해 만들어지는 비공식적 집단이다. 이 집단은 다음과 같은 몇 가지 특성을 지닌다.

- 유사한 작업, 배경 또는 가치관 등과 같은 공통된 특성에 기반하여 상호간의 매력 때문에 형성된다.
- 일을 즐겁게 하는 한편 대인간의 의사소통을 증진시키기 위해 형성된다.
- 상대적으로 말해서 영구성을 지닌다.

3. 집단에 참가하는 이유

인간들이 집단을 만드는 동기는 무엇일까? 사람들이 집단에 참여하는 구체적인 이유를 설명하는 대표적인 이론에는 친근이론(propinquity theory), 상호작용이론(interactions theory), 균형이론(balance theory), 교환이론(exchange theory) 등이 있다.

1) 친근이론(propinquity theory)

호제트(R.M. Hodgett)와 루탄스(F. Luthanc) 등은 사람들이 시간적으로 공간적으로 근접되어 있기 때문에 친교하게 된다는 친근이론을 주장하였다. 강의실에서 가까이 앉는 학생들끼리 쉽게 친숙해 질 수 있는 것처럼, 가까이 근접하여 함께 생활하는 사람들은 멀리 있는 사람들보다 쉽게 집단을 형성할 수 있을 것이다. 따라서 직장이나 사무실에서 가까이에 있어 자주 만나고 대화하면서 감정을 교류하는 사람들은 그렇지 못한 사람들보다 쉽게 집단을 형성하게 된다는 것이다.

그러나 이 이론은 분석적이지 못하고, 집단형성의 복잡성을 설명하지 못한다. 따라서 비판과 함께 새로운 이론의 발전을 요구하게 되었다.

2) 상호작용이론(interactions theory)

Homans는 활동, 상호작용, 감정이라는 세 가지 요소에 기반한 다음과 같은 가설에 입각하여 상호작용이론을 주장하였다. 여기서 활동(activities)이란 개인이나 집단이 하는 바의 그 무엇을 뜻하고, 상호작용(interactions)이란 언어적·비언어적인 의사소통을 의미하며, 감정(sentiments)이란 개인이 갖고 있는 신념, 아이디어, 느낌을 의미한다. Homans가 제시한 기본가설은 다음과 같다.

첫째, 사람들은 함께 활동을 하면 할수록 상호작용이 많아지면서 상호 좋아하고 싫어하는 감정도 점차 강해진다.

둘째, 사람들은 상호작용이 많아질수록 함께 하는 활동이 증가하고 공유하는 감정이 많아진다.

셋째, 사람들은 서로에게 많은 감정을 가질수록 그들과 활동과 상호작용을 더욱 많이 하게 된다.

이 이론은 친근이론에서 주장하고 있는 것처럼 단순히 가까이 있기 때문만이 아니라는 점에서 집단의 형성과 집단의 형성과정을 이해하는데 크게 공헌하였다.

3) 균형이론(balance theory)

뉴컴(T. M. Newomb)은 사람들이 같은 목적과 목표를 지니고 있기 때문에 상호 유인된다는 균형이론을 주장하였다. 즉 사람들은 서로 관련된 목적과 목표에 대한 유사한 태도에 기반하여 서로 유인된다는 것이다.

4) 교환이론(exchange theory)

이는 사람들이 집단에 참여하고 멤버로서 계속 남아 있을 것인가의 의사결정은 상호작용을 통해 획득할 수 있는 보상과 투입되는 비용에 달려 있다고 주장하는 이론으로서 이는 공정성이론과 유사하다. 즉 집단 구성원으로서의 유익이 비용보다 많을 때에는 집단에 남아 있다는 것이다.

공헌(contribution)과 유인(inducement)관계로 설명될 수 있는 이 이론에서 '친근', '상호작용', '공통적인 태도' 등의 개념이 중요한 역할을 하고 있음을 알 수 있다.

그림 8-4 조직과 개인의 심리적 접촉

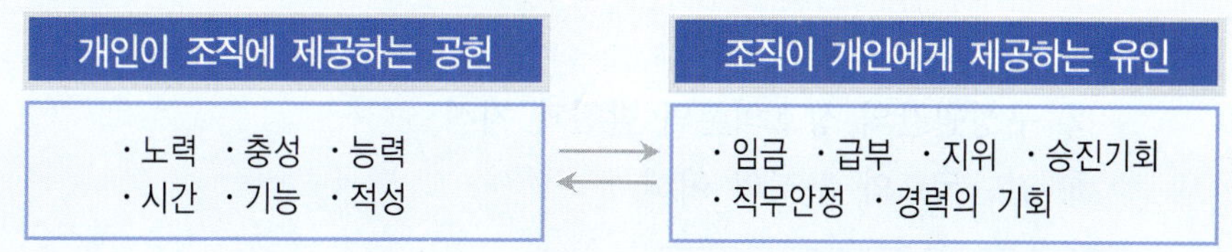

이상에서 살펴본 바와 같이 개인은 다양한 이유를 가지고 집단에 참여하기도 하고 같은 이유를 가지고 상이한 집단에 참여하기도 한다. 그리고 대부분의 사람들은 다양한 집단에 소속되어 생활하고 있으며 상이한 집단은 구성원들에게 상이한 유익을 제공하기도 한다.

4. 집단발전의 단계

집단은 단순한 사람들의 집합체가 아니다. 그렇다면 소집단은 어떠한 과정을 통해서 형성되는가? 그동안의 실증적 연구에 따르면 집단이 형성되는 과정에는 일정한 패턴이 있다는 것이 입증되어 있다.[21] 그 패턴을 요약해 보면, 일단 사람들은 어떤 관심사나 문제를 해결하기 위해 반복적으로 만나게 된다. 이 반복적인 만남을 통해서 점차 일정한 행동패턴과 일을 처리하는 방법이 자리를 잡게 된다. 또한 이 과정에서 서로 모르는 사이에 서로가 받아들이는 또한 받아들일 수 없는 행동양식 및 일을 처리하는 방법에 대해 구분을 짓게 된다. 이렇게 되면 그들만의 특수한 규범이 생기게 되고, 그 구성원들은 '우리'라는 감정을 통해 다른 사람들과 구별하면서 일체감을 갖게 된다. 이들 과정의 특성을 요약하면 다음과 같다.

1) 형성기(forming)

시험(testing)과 의존(dependence) 또는 도입(orientation)을 포함하는 이 첫 단계는 개인이 최초로 참입(entry)하는 과정으로써 집단의 목적과 구조 및 리더십 등에 관한 많은 불확실성으로 특징지어진다. 좀 더 구체적으로 말하면 다음과 같은 몇 개의 행동으로 특징지어진다.

① 의사소통 유형의 시작

② 구성원간의 상호의존의 발전과 지식

③ 집단목표와 구조의 이해

21) B. Tuckman, "Developmental sequence in small groups", *Psychological Bulletin*, 63, 1965, pp. 384-399.

④ 기대의 표현

⑤ 구성원 서로간의 수용

요컨대, 이 단계는 새로운 구성원의 참입을 위한 기본적인 규칙을 설정하는 데 활용되며, 이 단계에 있는 사람들은 어떤 행동이 수용되며 집단의 과업이 무엇인가를 찾는 데 관심이 있고, 이 단계는 구성원들이 스스로가 집단의 일원이라고 생각하기 시작할 때 완성된다.

2) 격동기(Storming)

다음의 발전단계인 격동기는 고도의 감동(emotionality)의 기간이다. 다시 말하면, 구성원간에 긴장이 일어나고 적의가 감돌며 눈에 보이지 않는 난투가 벌어지며 갈등이 일어나는 기간이다. 구성원은 집단에서의 존재를 수용하면서도 자신에게 가해지는 집단구조의 형성과 통제에 항거하고 상급자의 권한에 대해서 항거한다.

이 같은 혼란 속에서 드디어 변화가 일어난다. 구성원 상호간에 서로를 이해하려는 분위가가 형성되고 집단목표를 달성하기 위한 적절한 방법을 찾으려 노력하게 된다. 기대되는 행동의 규범, 표준 및 작업 상의 규칙이 발전되기 시작한다.

이 단계가 성공적으로 진행되면 집단은 효과적인 것으로 되며, 그것이 완성되면 집단 내에 상대적으로 분명한 리더십 계층이 확립되어 다음 단계로 진입할 수 있게 된다.

3) 규범 확립기(norming)

참다운 의미에서의 응집력과 팀워크가 시작되는 이 단계에서는 구성원 상호간의 친밀한 관계가 수립되고 집단은 응집력을 형성하게 된다. 그들은 서로 감정을 나누고 집단에 대한 동일시(identification)가 이루어진다.

앞 단계에서는 구성원간의 차이가 두드러지는 데 비해 이 단계에서는 통합이 처음으로 강조됨으로써 응집력이 강조된다. 집단을 위한 계속적인 구조가 설정되고 집단이 구성원의 올바른 행동이 무엇인가에 관한 공통적인 일련의 기대를 제시할 때 이 단계가 완성된다.

4) 수행기(performing)

이 단계에서는 집단구조가 완전히 기능을 다하고 그래서 수용된다. 집단 에너지는 서로를 알고 이해하려는 노력에서 과업수행의 직무로 역점을 옮기게 된다. 비로소 통합이 완성되어 집단구조는 안정되고 구성원은 집단목표에 의해 동기부여된다. 집단은 구성원간의 양호한 인간관계와 과업수행을 유지할 수 있도록 지향(志向)된다.

5) 중단기(adjourning)

이 단계에서는 목표의 성공적인 달성이 가까워지므로 구성원들은 관계를 끊을 준비를 한다. 말하자면 높은 수준의 과업업적은 더 이상 집단의 높은 우선순위가 되지 못하므로 과업행동은 종결되고 구성원들의 관계성은 해체되기 시작한다.

이상에서 가장 널리 인용・거론되고 있는 터크먼의 구분을 중심으로 집단의 발전단계에 관해 살펴보았다. 이와 관련하여 결론적으로 최소한 다음과 같은 세 가지 사실을 지적할 수 있다.

첫째, 집단의 발전단계를 달리함에 따라 구성원의 행동은 개인, 집단 및 과업 등의 요구에 영향을 받아 중점사항이 상대적으로 달라진다. 좀 더 구체적으로 말하면 집단의 형성기와 격동기에는 개인의 욕구에, 격동기와 규범 확립기에는 집단의 욕구에, 그리고 수행기에는 과업의 요구에 강조점이 있다.

둘째, 집단이 미성숙상태에서 성숙상태로 발전되는 과정에는 단계별로 상이한 도전할 과제가 있으므로(〈표 8-2〉 참조) 이를 잘 처리하면 집단은 점차 높은 성숙단계에 이르게 되고 그렇게 하지 못할 때는 그 단계에 머무르거나 때로는 그 이전단계로 되돌아간다. 결국 각 단계에 적용할 수 있는 환경적 응론적 대응책이 요망된다.[22]

---

22) D. Carew et als., "Group Development and Situational Leadership," *Training and Development Journal*, 1986. 및 R. N. Lussier, *op. cit.*, 1993, p. 363.

〈표 8-2〉 집단의 발전단계와 관련되는 관리자의 도전

시 기	집단의 발전 단계	관리자의 과제
미성숙 집단(초기) ↓ 성숙 집단(후기)	형성 단계 격동 단계 규범확립 단계 수행 단계	개인의 참입촉진 규범의 발전 응집력의 작동 팀 형성(building)

자료: J. R. Schermerborn et als., Management for Productivity, Wiley, 1993, 4th, p. 328.

셋째, 여러 논자들이 단계에 대해 쓰는 용어는 다소 다르나 내용 상으로 보면 전체적으로 매우 유사하다. 몇몇 논자들이 쓰는 용어를 터크맨의 그것들과 비교하면 〈표 8-3〉에서 보는 바와 같다.

〈표 8-3〉 집단 발전단계의 유형 구분

논자 \ 단계	1단계	2단계	3단계	4단계	5단계
Tuckman/Jensen(77)	형성기	격동기	규범확립기	수행기	중단기
Callahan/Fleenor(88)	도입기	차별화기	통합기	성숙기	
Mondy/Premeaux(93)	도입기	재정립기	협조기	공식화기	분리기
J. R. Gordon(93)	도입기	재정립기	협조기	공식화기	종결기

자료: 이한검, 『人間行動論』, 1994, p. 269.

이를 보다 구체적으로 설명하자면 내용 상으로 1단계의 형성기는 도입기와, 2단계의 격동기는 차별화기 또는 재정립기와, 3단계의 규범확립기는 통합기 또는 협조기와, 4단계의 수행기는 성숙기 또는 공식화기와, 그리고 5단계의 중단기는 분리기 또는 종결기와 유사한 개념이다.

넷째, 이들 각 단계에서 중요한 변수는 과업(일)과 사기(몰입)인데 이들은 병행해서 진행되지는 않는다. 고든(J. R. Gordon)은 이를 보다 구체적으로 다음과 같이 설명한다.

① 과업(경쟁)은 네 단계를 거쳐 계속적으로 점차 증대된다.

② 몰입은 첫 단계에서 높이 시작되었다가 두 번째 단계에서 떨어지고 3단계와 4단계에서 계속 높아진다.

5. 사회화(socialization)

사회를 구성하고 있는 것은 바로 인간이다. 그래서 그 사회 속에서 인간이 생활을 영위함으로써 인간행동은 형성되어지는 것이다.

인간은 그 사회에서 요구하는 규범과 그리고 문화, 풍속, 양식 등에 따라서 사회화(socialization)가 이룩되고 그 사회화 과정에서 인간관계가 형성된다. 즉 그가 태어난 가정과 사회의 물리적인 힘에 따라야 하고, 그 사회의 전통적 가치와 법률, 종교, 관습 등의 문화양식에 따르지 않을 수 없고, 또한 그 사회의 지도자나 매스컴에 의해서도 영향을 벗어날 수 없는 것이다.

이와 같이 개체를 둘러싸고 있는 사회구조, 사회적 일 그리고 사회적 과정 등에 의해서 지배되는 것을 하나의 원리로 생각할 수 있다.

특히 모방, 암시, 동일시, 언어 같은 사회규범을 습득하는 과정을 통해서 사회행동이 형성되어짐에 따라 인간관계가 이룩되는 것인데, 이러한 과정을 검토하는 것이 인간관계론의 논의대상이라 할 수 있다.

1) 집단사회화의 개념

집단사회화(group socialization)는 사회화에서 원용한 개념이므로 정확한 집단사회화의 개념을 고찰하기 위해서는 사회화에 대한 일반적 고찰이 반드시 필요하다. 사회화란 용어는 사회학에서는 이미 보편화된 명확한 개념이 되어 있지만 경영학이나 행동과학에서는 꽤나 이해하기가 어려운 개념이다.

파슨즈(T. Parsons)는 사회화(socialization)란 인간이 그의 사회적 역할을 위해 만족스러운 행동을 하는데 필요한 규범을 획득하는 과정[23]이라고 했고, 코헨(D. Cohen)은 개인이 그룹이나 사회에서 좀더 효과적인 성원으로서 필요한 태도, 신념, 행동 등을 형성하는 과정을 지칭하여 사회화라고 했다.[24]

---

23) T. Parsons, *The Social System*, New York: Free Press Paperback, 1951, pp. 24-26.

24) D. Cohen, *Consumer Behavior*, Random House, Inc., 1981, p. 89.

사회화란 사회나 집단의 입장에서는 집단을 유지하고 성원을 통제하기 위해 집단의 규범이나 가치에 맞는 행동양식을 터득하고 역할을 부여하는 것이며, 개인의 경우는 성격형성이나 역할을 습득하고 내면화(internalization)하며, 개인과의 관계를 통해 생활하는 방식을 습득하는 것을 말한다. 그러나 어떤 관점에서든지 공통적인 것은 인간이 사회적인 존재임을 가정하고 있으며, 사회적 학습이 관계된다는 것이다.

이상의 주장들을 요약하면, 사회화란 한 개인이 타인과의 상호작용을 통해서 특정 집단의 사회규범을 습득함으로 그 사회와 문화에 동조하고, 각 개인에게만 있는 자아를 구현시키는 기본적인 사회적 과정이며, 사회의 성숙한 구성원으로 되어가는 과정이라고 정의할 수 있다.

그리고 집단사회화(group socialization)란 새로 들어가는 집단의 가치체계, 규칙 및 요구된 행동양식 등을 배우는 과정을 의미하지만, 그렇다고 거기서 배우는 모든 것이 다 포함되는 개념은 아니고, 집단의 관점에서 새로운 구성원이 배워야 할 필요가 있는 제 가치나 행동양식들 만을 포함한다.

여기에서 말하는 제 가치, 규칙, 행동양식들이란 일반적으로 집단의 기본 목표, 목표달성을 위해 선호하는 수단, 집단이 구성원에게 부여하는 역할범주 내에서의 구성원의 기본적 책임, 부여된 역할을 효과적으로 수행하기 위해 요구되는 여러 가지 활동 및 조직의 주체성이나 안정성의 유지에 관련된 제 규칙이나 원칙 등을 의미한다.

카프로우(T. Caplow)는 집단사회화에 대한 개념을 집단에 들어 온 개인이 새로운 자아상을 확립하고 몰입을 획득하는 과정으로 정의[25]하고 있으며, 메넨(V. Maanen)은 개인이 집단의 구성원으로서 집단에 참여하고 집단 역할을 학습하는데 필수 불가결한 새로운 가치, 능력, 기대되는 행위, 사회적 지식 등을 학습해 가는 과정[26]으로 정의하고 있다. 그러나 이러한 개념 정의에서 주의할 몇 가지 요소가 있다.

첫째는 사회화가 단지 학습 이상의 내재적 과정이라는 점을 중요하게 인식해야 한다는 점이다. 사회화가 잘 된 개인은 그들이 조직에서 무엇을 해야 하는지 잘 알고 있을 뿐만 아니라 그들의 새로운 지식에 따라 행동하도

25) T. Caplow, *Principles of Organization*, New York: Harcourt, Brace & World, 1964, p. 171.

26) V. Maanen & E. Schein, "Toward a theory of organizational socialization," in B. M. Staw(ed), *Research in Organizational Behavior*, Vol. 1, 1979, pp. 209-264.

록 하는 내적 욕구도 가지고 있다는 것이다.

둘째는 내재화되어 진다는 것은 단지 행동규범에 대한 지식에만 제한되는 것이 아니라 태도나 가치관에도 마찬가지라는 것이다. 이것은 사회화가 가시적 수준뿐만 아니라 비가시적 수준에서도 일어남을 나타내고 있다.

셋째는 집단사회화는 개인이 어떤 과업이나 직장을 구하는가에 초점이 있는 것이 아니라 한 조직 내에서 어떤 직위를 차지하기 위해 어떠한 준비를 하는가와 더 깊은 관계가 있다고 할 수 있다.

이상에서 살펴본 여러 학자들의 정의를 요약하면, 집단사회화는 개인이 집단 구성원으로서 집단에 참여하고 집단역할을 수행하는데 대한 사회적 지식, 기대하는 행동, 규범, 가치관, 능력들을 배우고 내재화하는 과정으로 정의될 수 있다. 따라서 집단 구성원에 대한 사회화는 집단의 고유한 풍토, 문화에 잘 적응할 수 있는 구성원으로 발전시켜 나가는 과정이라고 할 수 있다.

2) 집단사회화의 과정

이미 형성된 구조와 규범 속에서 일정한 행동패턴을 유지하고 있는 집단은 계속적으로 필요에 따라 새로운 구성원들을 받아들여야 한다. 하지만 어느 정도 안정을 유지하고 목표를 향해 움직이고 있는 집단에 새로운 구성원이 들어오면, 다시 집단구성의 과정을 밟기 힘들다.

그러므로 이미 안정된 집단은 새로운 구성원들이 들어오면 그 구성원들에게 그 집단이 가지고 있는 특유의 가치체계, 규범 및 행동패턴을 주입시킴으로써 큰 동요 없이 집단의 지속성을 유지시키고자 한다.

집단사회화의 과정을 통해 새로운 집단에 참여하는 구성원에게 역할의 불분명성을 제거해 주고, 그 집단의 규범을 받아들이면서 집단 구성원으로서의 소속감을 가질 수 있도록 해준다.

집단의 입장에서는 구성원들 간의 갈등적인 요소를 제거하고, 행태의 동일성을 확보하며, 서로 협조하고 이해하는 분위기를 조성할 수 있는 발판을 형성하게 된다.

일반적으로 새로운 구성원이 집단에 들어와 거치게 되는 과정은 크게 준비단계, 충돌단계 및 흡수단계의 3단계로 구분할 수 있다.[27)]

---

27) J. L. Bowditch & A. F. Buono, *A Primer on Organizational Behavior*(2nd ed.),

(1) 준비단계

이 단계는 처음 그 집단에 대한 소개를 받고 그 집단의 성원이 되면 해야 할 일, 역할 및 기대되는 행동들을 알려주는 단계이다. 이 단계의 예는 신입생 오리엔테이션의 과정에서 잘 볼 수 있다. 이 과정에서는 일단 집단의 구성원이 되기 위해 갖추어야 할 마음자세라든지, 준비해야 할 사항은 물론, 어떠한 기술이 요구되며, 집단생활에서 지켜야 할 규범 및 기대되는 행동에 관한 정보를 제공해 준다.

이 과정을 통해 새로운 구성원들은 자신이 가지고 있는 가치기준 및 여러 가지 기술과 생활태도가 그 집단에서 요구하는 것들과 어떠한 차이가 있는지 인식하게 된다.

(2) 충돌단계

사람은 누구나 자신의 가치관과 생활태도 및 행동패턴이 있다. 그러므로 한 사람이 집단에 가입한다는 것은 곧, 이러한 모든 무형의 요소들이 동시에 같이 투입됨을 말한다. 하지만 그는 이미 집합적으로 형성된 새로운 규범과 새로운 생활태도 및 행동패턴과 충돌하게 된다. 이미 안정화된 집단 구성원들의 입장에서는 차별화되는 다른 가치와 규범 및 생활패턴을 허용할 수 없다.

그러므로 새로 가입한 구성원이 가지고 있는 가치체계와 생활패턴 및 규범 등을 해체시켜서 집단의 규범과 생활패턴을 받아들일 자리를 만들어야 할 필요성을 느낀다. 따라서 여기에서 갈등과 충돌은 필연적이다. 이 단계를 다른 표현으로 해체단계 또는 해빙단계라고 칭한다. 먼저 이 해체작업을 하기 위해서는 새로운 구성원에게 그동안 자신이 가지고 있던 가치와 규범 및 생활패턴은, 집단의 관점에서 보면 아무런 가치가 없는 무용지물에 불과하다는 것을 인식시킨다.

그러므로 훈련과정을 통해 해체작업을 하게하고, 번호 및 새로운 직함을 부여하여 그동안 자신 속에 형성된 구질서와 결별시킨다. 이는 흔히 군대의 신병훈련소와 신입사원 훈련과정에서 볼 수 있다. 즉 일단 훈련과정에 들어가면 일률적으로 유니폼을 입고 번호가 부여되고 완전히 새로운 패턴의 생

John Wiley and Sons, 1990.

활을 시작한다.

새로운 패턴의 생활이 훈련과정에서 시작되면, 각자 그동안 인식하던 일처리의 방법, 생활패턴, 생각하던 관념을 부수기 위해 여러 가지 일을 시킨다. 어떤 곳에서는 상상도 할 수 없는 어려운 일을 시켜서 새로운 구성원이 능력의 한계를 느껴 스스로 자신은 아무것도 아니다 라는 인식을 심어준다든지, 너무 하찮은 일을 시켜서 집단 내에서는 자신은 아무것도 아닌 것으로 인식하고 있다는 메시지를 전하는 작업을 한다.

예를 들어 대학동아리에 신입생이 일단 가입하게 되면 환영회 장소에서 술을 잘 마시지 못하는 신입생들에게 감당할 수 없을 정도의 술을 마시도록 강요한다든지, 또는 강한 육체적인 훈련을 통해 집단 내에 형성된 가치관을 받아들일 수 있도록 유도한다. 이 단계에서 만약 새로 가입한 구성원이 자신의 사고 및 생활패턴을 해체할 것을 거부하게 되면, 그 사람은 그 집단에서 배제되고 그 집단의 소속원이 되는 것을 포기해야만 한다.

새로운 구성원이 과연 그 집단에 계속 머물 것인가 아닌가 하는 것은 대개 두 가지 요인에 의해 결정된다. 그 하나는 구성원 자신이 얼마나 그 집단에 소속하는 것을 값어치 있는 일이라고 생각하고 집단 구성원으로서의 강한 동기를 가지고 있으면, 그는 그 해체과정을 받아들이고 새로운 규범과 생활패턴을 받아들일 준비를 할 것이다. 다른 한 가지는 외부의 힘이 작용한다는 것이다. 그 한 가지 예가 법이다.

예를 들면 힘든 과정에서도 훈련을 참아내고 군에 머무르게 되는 것은 법적인 강제력 때문이다. 다른 예로서는 참가비를 받아 일단 그곳에서 떠나게 되면 이미 지불한 참가비를 되돌려 받을 수 없도록 하는 조치이다. 또는 많은 시간을 집단활동에 투자하도록 유도함으로써, 그곳을 떠나면 그동안 투자한 시간이 아깝다는 생각을 하게 되어 그 집단에 애착을 갖도록 하는 것이다.

(3) 흡수단계

위에서 제시한 여러 가지 행사와 훈련과정을 통해 그동안 축적된 가치체계가 해체되고 새로운 가치를 받아들일 심리적 공간이 형성되면서, 이제는 서서히 새로운 규범과 태도를 흡수하게 된다. 이것이 흡수단계이다.

해체단계와 흡수단계는 꼭 다른 두 가지 단계로 구분짓기가 그리 쉽지 않고, 하나의 연속단계라고 볼 수 있다. 왜냐하면 여러 가지 행사에 참여하고 새로운 업무와 역할을 부여받으면서 점증적으로 그 구성원은 자신에게 집단이 기대하는 역할이 무엇이며, 지켜야 할 규칙이 무엇이며, 해야 할 업무는 무엇이고, 자신의 위치는 어디인가 하는 것들을 스스로 익혀 가기 때문이다. 일단 이러한 것들을 습득하여 받아들이면서, 그 집단이 요구하는 가치체계와 행동패턴이 몸에 익숙해지게 되고 그 집단의 구성원으로 완전 흡수되어 진다.

이렇게 하여 그 집단에 흡수되어지면, 완전한 집단 구성원만이 다룰 수 있는 특수한 책임과 직책이 주어지게 된다. 점차 다른 구성원들과 집단 내에서 중요한 정보를 서로 교환하게 되고, 집단 구성원들만이 누리게 되는 특권과 책임을 동시에 가지게 된다.

한편, 파스칼(R. T. Pascale)은 [그림 8-5]에서 보는 바와 같이 집단사회화 과정을 좀더 구체적으로 이해하기 위해 7단계로 세분화하여 설명하고 있다.

그림 8-5 집단사회화의 과정

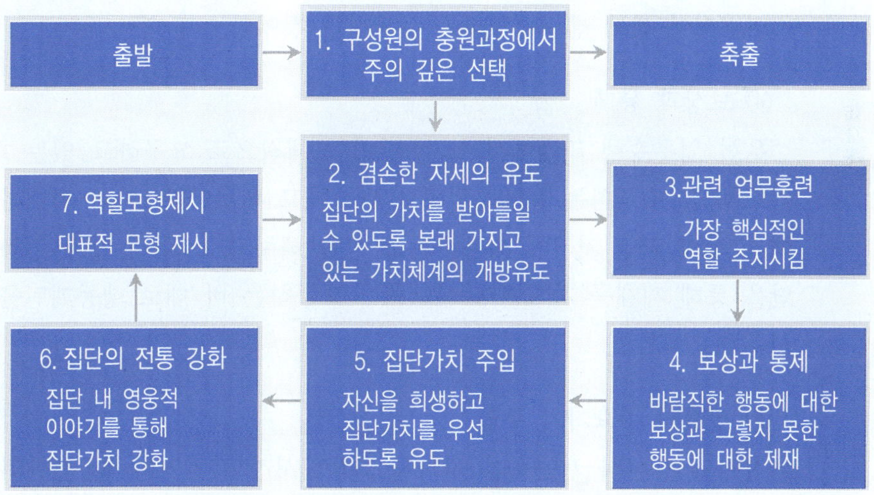

자료: R. T. Pascale, "The paradox of corporate culture: Reconciling ourselves to socialization," *California Management Review*, 27, pp. 26-41.

① 선택

집단에서는 구성원의 선택과정에서 그 집단의 성격에 맞는 구성원들을 구하고자 노력한다. 그 집단이 추구하는 가치와 목표에 적합하지 않은 사람들은 가능한 한 배제시키고, 그 집단 구성원들과 맞는 사람을 충원하고자 노력한다. 그러므로 면접을 본다든지 시험을 본다든지, 또는 일정한 수습기간을 두는 것은 곧 집단의 특성에 맞는 구성원을 선택하는 과정이다.

② 겸손한 자세 유도

일단 선택이 되어 집단에 들어가면 그동안 새로운 구성원이 가지고 있던 가치체계 및 행동패턴 등에 의문을 제기하면서, 과중한 업무나 감당하기 힘든 일을 부과하며 스스로 무기력함을 인식시켜 그동안의 가치체계의 해체를 유도하는 과정이다. 그러므로 겸손한 자세로 새로운 집단의 가치체계나 규범 및 행동패턴을 받아들일 수 있는 심적 준비를 시키는 단계이다.

③ 관련된 업무의 훈련

특수한 업무를 부과하면서 그 집단의 공통된 목표를 달성하기 위해, 필히 익혀야 할 기술과 행동기준을 주지시키는 작업이다. 따라서 그 집단의 일처리방식이 몸에 밸 수 있도록 유도하는 것이다.

④ 보상과 통제

우선 업무수행 과정에서 그 집단이 구체적으로 요구하고 있는 핵심적인 업무를 잘 수행하는지 계속적으로 관찰하고 측정한다. 만일 기대하는 수준에 달하게 되면 거기에 상응하는 보상을 해주고, 그렇지 않을 경우 통제수단을 통해 제재를 가하면서 집단에서 요구하는 바 대로 행동패턴을 정착시킨다.

⑤ 집단의 주요가치 주입

적어도 자신의 개인적인 이익을 희생해서라도 지켜야 할 집단의 가치가 무엇인지를 주입시킨다. 다시 말해 집단이 추구하는 바는 사사로운 이익이 아닌, 좀 더 사회를 위해 또는 구성원 전원의 발전을 위해 필요하다는 것을 인식시켜서 집단의 가치가 자신의 이익에 선행하도록 유도한다. 이러한 과정에서 집단과 그 구성원간의 신뢰가 형성되고 집단성원으로서 자부심을 갖게 된다.

⑥ **집단의 전통 강화**

집단 내에서 그동안 일어났던 일중 많은 사람들 사이에 가장 기억에 남고 또 자랑할 만한 일들이 지속적으로 이야기됨으로써 그 집단에서 중요시되는 것이 무엇이며, 집단을 위해서 해야 될 일이 무엇인지 인식하게 된다. 또한 이는 집단 구성원으로 하여금 그 집단에 속하게 된 것에 대한 자부심을 갖게 하는 동기도 된다.

⑦ **역할 모형 제시**

마지막으로 집단에서 요구하는 사람은 어떤 사람인지, 그 모델이 되는 사람의 특징 및 일하는 자세 등을 제시해서 새로운 구성원들이 그를 닮도록 유도한다.

지금까지 살펴본 집단 구성원의 구체적인 사회화 과정은 우리 일상생활에서 흔히 일어나는 과정이지만 우리가 그렇게 많은 관심을 보여 오지 않은 과정이다. 이 과정의 깊은 이해는 우리 주변에서 집단생활과 더불어 겪고 있는 여러 가지 상황을 이해하는 바탕이 되고, 적극적으로 대처할 수 있는 방향을 모색하는 기초가 될 것이다.

3) 집단사회화의 특성

집단사회화(group socialization)는 집단이 구성원들을 집단의 규범, 가치, 관습에 맞도록 훈련하는 과정이다. 개인은 그들이 집단에 성공적으로 양육되도록 적절한 행동과 태도를 습득함으로써 집단사회화 과정을 촉진시킨다. 많은 학자들은 신입사원을 사회화하기 위한 집단의 노력에 대한 성공 여부가 궁극적으로 조직의 안정성과 효율성을 결정할 수 있다고 주장한다.[28)]

집단 구성원이 집단에 들어오기 전부터 집단에 들어와서 일정 기간 동안 사회화되어 지는 과정을 설명할 수 있는 이론적 접근은 크게 사회학습이론과 태도이론 그리고 역할이론으로 나누어 볼 수 있는데, 대개 역할이론에 바탕을 둔 상호작용적 관점에서 주로 설명되어진다.

---

28) W. Ouchi, "Markets, Bureaucracies and Clans," *Administrative Science Quarterly*, Vol. 25, 1980, pp.129-141.

이런 관점에서 볼 때 집단사회화를 네 가지 특성으로 구분해 볼 수 있다.

첫째, 집단사회화 과정은 연속성이 있다는 점이다. 이것은 집단사회화가 집단 구성원의 전 경력과정에 걸쳐서 이루어진다는 것을 의미하는데, 앞에서 살펴본 바와 같이 집단사회화는 한 개인이 집단으로 진입하기 전에 가족, 학교, 기타 기관이나 동료로부터 조직규범 등에 관한 정보를 획득하면서 시작되어 조직에 진입한 후에도 계속될 뿐만 아니라 직무전환, 승진, 전직 등에서도 계속되어 진다는 것을 알 수 있다. 따라서 집단사회화는 일회적인 것이 아니고 개인의 전 집단생활 과정에서 일어나는 계속적인 것이라 할 수 있다.

둘째, 집단사회화는 반드시 개인의 변화를 수반하고 있다는 점이다. 메넨(V. Maanen)은 사회화 과정을 통해서 과거에 형성된 관계가 새로운 관계로, 과거의 행위유형은 잊어지고 새로운 행위가 학습되며 과거의 책임감 및 가치관에서 새로운 가치관으로 나아간다고[29] 하였다.

집단 구성원은 집단사회화의 과정을 통하여 새로운 자아상을 확립하고 새로운 가치관을 형성하며 새로운 행동양식을 습득하는 등의 변화를 하게 된다. 이러한 변화는 레윈(K. Lewin)의 해빙－동결－재동결 과정을 거쳐 새로운 변화가 이루어지게 된다. 이러한 성공적인 변화의 결과로서 새로운 역할을 획득하게 된다.

셋째는 집단사회화는 개인과 집단의 관계를 적응이라는 관점에서 다루고 있다. 집단사회화는 개인의 목표와 조직의 목표와의 합일을 추구하고자 한다. 따라서 개인과 조직의 상호작용을 통한 끊임없는 협상의 과정이 조직사회화 과정이라고 할 수 있다.

넷째는 자기통제력 증대 수단으로서의 특성이다. 집단사회화 과정을 통하여 집단 구성원들은 업무를 배우고, 성과의 피드백(feedback)을 받고, 자신의 역할에 대한 여러 가지 정보를 얻는 것이 자신들의 책임을 자연스럽게 인식하게 된다. 즉 집단사회화가 성공적으로 수행되어 집단의 가치나 규범을 내면화하면 업무수행이나 기타 조직체 생활에 적합한 행동을 타인의 지시나 통제 없이도 구성원들은 스스로를 자율적으로 통제할 수 있게 된다. 즉 집단사회화는 기본적으로 조직통제의 한 과정이라고 할 수 있다.

---

29) V. Maanen, *Organizational Careers*: Some New Perspectives, London: John Wiely & Sons, 1977, p. 16.

그러므로 이 과정을 통하여 신입사원은 집단의 가치관, 신념, 행동을 따르는 데 있어서 무엇을 해야 할 것인가에 대해 별다른 차이 없이 집단의 이해관계에 따라 행동할 수 있게 된다. 즉 집단사회화 과정은 신입사원에 대해 외형적인 강압이나 통제를 하지 않을지라도, 개인의 행동에 대한 강한 통제력과 예측력을 얻을 수 있다는 특성이다.

4) 집단 내의 인간관계

우리는 인간관계가 일어나고 있는 기초적인 바탕으로서의 집단에 대해 구체적으로 살펴보았다. 집단생활을 함에 있어서 우리는 지속적으로 주어진 역할과 규범 내에서 활동할 것을 강요받게 된다. 앞에서 지적했듯이 우리가 집단 내에서 우리에게 부과되는 규범과 응집력의 심리적 압력을 무비판적으로 수용하게 되면, 우리는 의사결정 과정에서 극단화 현상 내지 집단사고 현상의 희생물이 되기 쉽다.

만약 우리가 집단의 규범 내지 부과되는 역할을 거부하게 되면, 우리는 그 집단 구성원이 되는 것을 포기해야만 한다. 그렇다면 우리는 어떻게 대처해야만 하는가?

우리가 어떻게 대처해야만 하는가를 알기 위해서는 우선 우리가 직면해 있는 문제가 무엇인지부터 알아야 한다. 위에서 제시한 여러 가지 집단형성에서부터 집단 내 사회화 과정을 설명하는 이론들을 우리가 직면한 문제를 분석하고 이해하는 데 도움을 줄 것이다.

다음으로 만약 그 집단에 지속적으로 남아 있기를 원한다면 적어도 그 집단 구성원들의 행동패턴을 묶는 규범이 무엇이며 주변적 규범이 무엇인지 구분해 볼 필요가 있다. 그리고 최소한도의 중핵적인 규범은 준수할 필요가 있다. 다음에는 주변적인 규범들은 어떠한 것이 있으며, 그 중요성의 비중을 감안, 부정적인 효과를 가져 오는 규범은 과감하게 변화를 시도하는 집단 내의 태도가 중요하다. 적어도 창조적인 집단생활을 위해서는 방향과 방법을 제시하고, 그 집단에 몰입된 태도도 아니요, 배타적인 태도도 아닌 그 집단을 항상 변화 가능하도록 발전적으로 유도할 수 있는 역할을 해야 한다. 만약 집단 구성원으로서 순간적인 또는 일시적인 거부감을 피하기 위해 또는 일시적 인기를 위해 행동한다면, 그 집단 구성원들로부터 존경의 대상은 될 수 없을 것이다. 존경은 주체성를 가지고 상황을 바로 보고 창의적으로 집단생활에 임할 때 주어지는 결과이다. 또한 인기는 일시적이나, 존경은 영원할 수 있다는 사실을 잊지 말아야 할 것이다.

6. 조직문화

1) 조직문화의 의의

일반적으로 문화(culture)란 사회를 구성하고 있는 모든 사람들이 공동으로 소유하고 있는 가치관, 신념, 이념, 습관, 지식과 기술을 모두 포함한 거시적이고 종합적인 개념으로서 조직 구성원과 조직전체의 행동에 영향을 주는 기본요소이다. 따라서 조직문화(organizational culture)는 조직 구성원들의 활동의 지침이 되며, 행동규범을 창출하는 공유된 가치관과 신념체계이고, 이는 조직 구성원들이 어떻게 행동해야 할지를 명시해 주는 비공식적인 지침으로서 조직을 통합시켜주는 응집력의 원천이기도 하다.

이와 같은 조직문화(organizational culture)는 인류학이나 사회학에서 연구되어 왔던 문화이론을 조직이론에 접목시킨 것으로서 구미에서는 조직풍토, 조직분위기 등과 같은 개념으로 연구되어 왔고, 일본에서는 사풍이라는 개념으로 연구되어 왔다.

1930년대부터 기업체를 사회문화적인 관점에서 연구하기 시작하면서 태동한 기업문화(corporate culture)에 대한 개념이 경영학에서 사용되기 시작한 것은 1979년 페티그루(A. M. Pettigrew)가 “On Studying Organizational Culture”란 논문을 발표하면서 부터이다.[30] 그에 따르면 조직도 사람과 마찬가지로 경직적이고(rigid), 우호적이며(friendly), 온화하고(warm), 보수적(conservative)이라는 등의 여러 가지 특성을 가질 수 있다.

따라서 개인을 이해하려면 개인의 성격특성을 알아야 하고, 사회를 이해

30) Andrew M. Pettigrew, “On Studying Organizational Culture,” *Administrative Science Quarterly*, vol. 24(December 1979), pp. 570-581.

하려면 그 사회의 전통과 문화를 알아야 하듯이 조직을 이해하려면 그 조직의 문화를 이해하는 것이 중요하다.

최근 많은 기업들이 "기업문화는 필요하다", "기업문화를 바꿔야 한다", "기업문화를 정립해야 한다"는 등의 말을 많이 하고 있다.

우리는 다음과 같은 질문을 통해 어떤 조직문화를 가지고 있는지를 이해할 수 있다.

질문사항

1. 당신은 회사내부의 저항을 극복하는데 당신의 정력과 시간을 몇 %를 쓰고 계십니까?
2. 만일 현재의 회사가 당신의 것이라면 회사를 어떻게 이끌고 나가겠습니까?
3. 종업원들의 말하는 투가 아래의 둘 중 어느 것입니까?
   ① 회사에 이런 문제가 있다. (3인칭)
   ② 우리에게 이런 문제가 있다. (1인칭)

위의 첫 번째 질문에서는 대부분의 대기업 경영자들은 통상 그들의 정력과 시간의 50-80%를 내부의 저항을 극복하는데 쓴다고 한다. 이에 반해 정평 있는 선진 중소기업 경영자는 20-30%정도라고 하다. 경영자의 에너지의 많은 부분을 조직갈등을 관리하는데 쓰인다는 것은 결코 바람직하지 않다. 이 비율이 높다는 것은 구성원들이 각자 다른 방향으로 가고 있다는 증좌라고 해석된다. 공유된 가치와 목표를 갖고 있지 않기 때문이다.

두 번째 질문에 대한 대답은 다양하게 나왔다. 어떤 보험회사 지점장은 현재의 인원을 절반으로 줄이고도 같은 영업실적을 올릴 수 있다고 하였다. 또 어떤 항공회사 부사장은 현재와 같은 인력으로 더 많은 실적을 올리겠다고 했다. 그러나 그러기 위해서는 몇 가지 인기 없는 조치를 취할 수밖에 없다고 덧붙였다.

실제로 보험회사 지점장은 그 지점을 인수했으며, 인수 후에는 절반의 인원으로 갑절의 영업실적을 올렸다. 항공회사의 경우에는 해당 사업부를 매각하였는데 그 후 사업부의 실적은 훨씬 더 좋게 개선되었다. 이 두 사례가 시사하고 있는 점은 다음과 같다.

① 경영자들의 능력을 충분히 활용하지 않고 있다는 것

② 회사와 개인의 가치체계가 다르다는 것

③ 지금의 조직문화가 개선되어야 할 점이 많다는 것 등을 보여 준다.

세 번째 질문은 종업원들이 회사와 자신을 얼마나 동일시하는가를 알아보기 위한 것인데 여기서도 대답은 가지각색이었다.

하지만 대체로 경영자들은 “어떻게 하면 종업원들이 회사에 대해 느끼는 일체감을 높일 수 있을까”에 대해서는 아이디어가 그다지 많지 않은 듯하다.

기업문화란 무엇인가? 이는 다음 질문들에 대한 대답을 포괄하는 개념일 것이다.

① 우리는 무엇을 추구하는 회사인가?

② 우리는 어디로 가고 있는가?

③ 우리의 원칙은 무엇인가?

④ 우리는 회사와 일체감을 느끼는가? 우리는 신나게 일할 마음이 있는가?

⑤ 우리의 고객 · 표적시장은 누구인가?

조직문화(organization's culture)란?

[사례 I] A기업

사무실에 독사가 들어왔다. 사람들은 재빨리“독사퇴치위원회”를 구성한다. 위원회에서 논의된 내용을 최고 결정권자에게 보고한다. 이후 위원회는 사장의 지시에 따라 신속하게 행동한다.

※ 문제가 발생할 때마다 위원회를 구성하는 것이 이 회사만의 독특한 전통이다.

[사례 II] B기업

삼삼오오 팀을 구성하여 독사처리의 묘안을 찾는다. 각 팀은 원인을 분석하고, 몇 가지 대안을 찾는다. 회사는 최적안을 선택한 다음 각자의 역할을 할당한다. 그리고 일사불란하게 독사를 잡는다.

※ 합리적이고 조직 풍토를 가지고 있음.

[사례 III] C기업

독사처리 방법은 너무 간단하다. 즉, 먼저 독사를 본 사람이 그 자리에서 독사를 잡는다.

[사례 IV] D기업

독사가 사무실에 들어와도 아무도 위험성을 느끼지 않는다.“잘 난 사람이 얼마나 잘난나 보자”라며 수군수군 하는 게 전부이다. 동료가 뱀에 물려도 경상이겠거니 하고 모른

체한다. 아니면 헛것을 본 것으로 자기합리화를 시도한다. 사상자가 늘어나고 사태가 심각하게 돌아가면 그때 일제히 일어나 왜 독사를 잡지 않았느냐고 책임소재를 따지기 시작하다.

[사례Ⅴ] E기업
독사가 사무실에 들어 왔다는 사실 자체도 모르고 있다가 일부 구성원들이 이를 알 때쯤이면 다른 기업으로부터 "너희 회사 사무실에 독사가 들어갔는데 다친 사람 없어"라는 전화를 받는다. 대부분의 구성원들은 이러한 사실도 모른 채 지나다가 일정기간이 경과하면 사무실에 들어온 것은 독사가 아니라 카멜레온이라는 엉뚱한 소문과 믿음들이 우세하게 난무한다.
※ 이처럼 조직문화에 따라 사람들의 생각과 행동은 천차만별이다.

2) 조직문화의 개념

조직문화의 대가인 샤인(E. H. Schein)은 조직을 다른 조직과 구별되게 하는 구성원들의 공통된 가치시스템을 문화라고 하였고, 휴지와 안토니(Hodge & Anthony)는 특정 조직과 집단 및 하위집단 등의 구성원들이 함께 가지고 있는 것과 그들이 행동하고 문제해결의 지침으로 사용하는 가치관, 신념, 가설, 의미 및 기대의 혼합물이라고 하였다. 그리고 칼라한(R. W. Callahan)은 조직문화란 조직 구성원들에 의해 공유된 가치관, 태도, 신념, 가설, 상호작용, 규범 및 감정의 지배적인 패턴이라고 하였다.

이와 같이 조직문화의 개념은 이를 연구하는 학자들에 따라 상이하게 정의되고 있으나 크게는 두 가지 유형으로 구분된다. 그 하나는 조직문화를 조직 구성원들이 공유하고 있는 가치, 신념으로서의 문화로 정의하는 유형과 다른 하나는 이야기, 언어, 의식, 예식으로써의 문화로 정의하는 유형이다.

따라서 조직문화는 공식적(가시적)인 측면에서는 목표, 기술, 조직구조, 정책과 절차, 재무상태 등을 통해 표출되며, 비공식적(비가시적) 측면에서는 인식, 태도, 가치, 비공식적인 상호관계, 규범, 믿음 등의 요소를 통해 나타나게 된다.

그림 8-6 조직문화의 공식적 · 비공식적 측면

공식적 측면의 조직문화	비공식적 측면의 조직문화
목표/ 기술 조직구조/ 재무상태 정책과 절차	인식/ 태도/ 가치 비공식적인 상호관계 규범/ 믿음

이상에서 논의된 내용을 종합해 보면, 조직문화란 ① 조직 구성원들이 공통적으로 생각하고 있는 사고방식, ② 공통적으로 느끼는 감정의 방향, ③ 공통적으로 행동하는 양식체계가 내포된 개념이라고 할 수 있겠다. 이처럼 조직문화란 조직체에 의해 공유되는 규범, 가치, 태도, 믿음과 같은 조직의 마음임을 알 수 있다.

조직 구성원은 누구나 조직의 전통이나 규범에 따라 구성원으로서의 역할과 임무를 수행하면서 조직생활을 영위하게 된다. 조직 구성원의 행동을 구속하는 규정이나 제도 및 각종 시스템과 같은 공식적인 구조의 틀은 조직생활의 비공식적인 관행이나 조직분위기(organizational climate)에 직 · 간접적으로 많은 영향을 미친다.

전통적인 경영학에서는 조직의 성과를 제고시키기 위해 전략이나 구조 및 보상체계의 합리성에 많은 관심을 갖고 노력하였으나 현대 경영학에서는 이와 같은 합리성을 이끌어 줄 규범이나 가치, 신념, 행동양식 등과 같은 조직의 문화적인 요소에 많은 관심을 두게 되었다. 그리고 이를 전달하기 위한 수단으로서 영웅이나 상징, 의례, 의식, 전설 등을 창출하고 이를 효과적으로 관리하면서 구성원의 목적과 조직의 목적을 합치시키고 조직몰입을 이끌어 냄으로서 경영성과를 제고시키려는 노력을 강조하고 있다.

오늘날 조직문화는 구성원들이 공유하고 있는 가치관, 신념체계, 행동양식으로서 기업의 장기적인 성장과 발전에 큰 영향력을 행사하기 때문에 중요한 연구과제가 되고 있다. 조직문화는 조직의 궁극적 가치나 수단적 가치를 창출하는 원동력이 되고, 구성원들의 사고나 행동양식을 규정하며, 동시에 그들의 직무만족에 커다란 영향을 미친다. 또한 구성원의 애사심, 일체감, 응집력, 직무만족, 조직몰입, 자발성, 커뮤니케이션 등에 영향을 미쳐 장기적인 조직의 성장발전을 좌우한다.

그림 8-7 조직문화의 가치와 영향

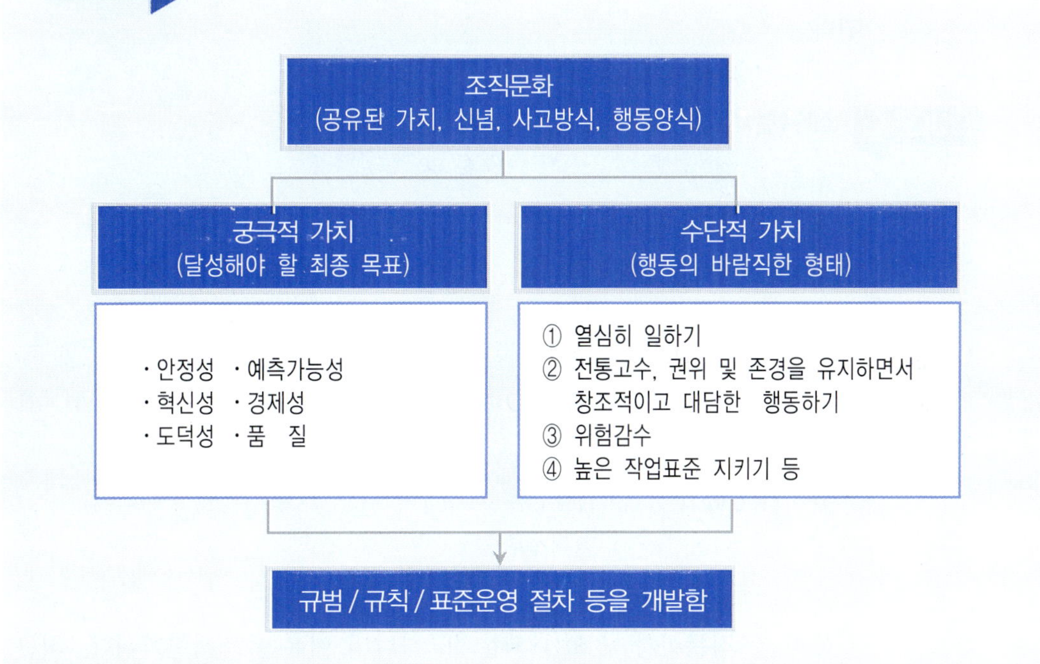

따라서 조직문화의 중요성은 다음과 같은 몇 가지 이유에서 이해될 수 있다.

첫째, 훌륭한 회사와 평범한 회사를 구분짓는 것은 기계나 공장, 조직구조가 아니라 조직의 문화이다.

일본의 스미토모는 독일과 유럽에 있는 던롭의 타이어공장을 인수한 후 커뮤니케이션과 협동에 역점을 두어 종업원에게 "회사에 좋은 것은 종업원들에게도 유익하다"라는 생각을 심어주려고 노력하였다. 이같이 관리에 많은 노력을 기울인 결과 생산성을 100% 이상 향상시킬 수 있었다.

둘째, 생산성을 좌우하는 것은 기술이나 장비가 아니라 조직의 문화이다.

독일에서는 중소기업에 일하는 사람들이 대기업의 종업원보다 더 많은 일을 한다. 그럼에도 불구하고 중소기업체에서의 결근이나 병가는 대기업의 절반수준이다. 뿐만 아니라 회사에 대한 충성심도 훨씬 높다.

사회 전반적으로 소득수준이 낮을 때 사람들은 일자리를 확보하여 기본욕구를 충족시키려는 경향이 있다. 그러다가 생활수준이 점차 향상되면 보다 안정된 직장, 물리적·심리적인 면에서 좋은 직장분위기를 갖춘 회사를 찾게 된다. 그리고 이 단계를 넘어서게 되면 사람들은 직장생활의 목적을 자아실현에 두게 되고 자아실현이 가능한 조직문화를 가진 직장을 선호하게 된다.

그림 8-8 소득수준과 욕구변화

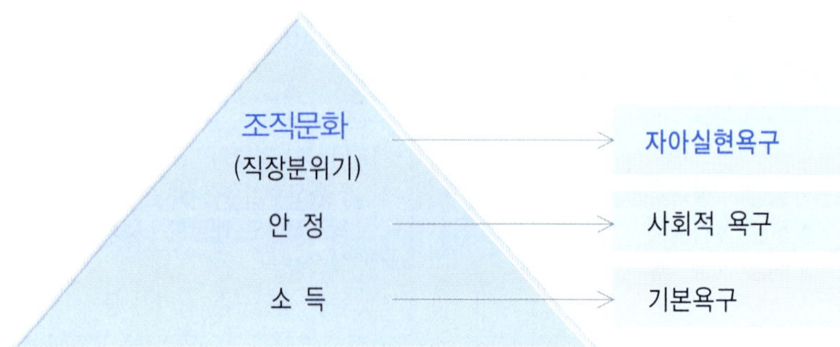

셋째, 조직문화가 중요시 되는 또 하나의 이유는 조직변화이다. 최근 조직은 고층조직에서 평탄조직으로 변화되고 있다. 그런데 조직구조가 수평적이고 편평해질수록 통제의 폭이 늘어나 통제에 의한 관리보다는 신뢰와 기업문화에 의한 관리가 요구된다.

따라서 종업원 스스로가 의사결정을 내릴 수 있도록 하려면 명확하고도 근본적인 가치관, 임무, 목표 등이 주어져야만 가능하다.

3) 조직문화의 기능

조직문화는 구성원들의 행위기준을 제시함으로써 그들의 행동을 결합시키는 접착제 역할을 하며 또한 구성원들의 행위나 태도에 강력한 영향을 미치는 기능을 한다. 조직문화에 대한 지금까지의 연구결과들은 어떠한 조직문화가 조직유효성을 높일 수 있는 바람직한 문화인가 하는 것에 대한 합의된 결과는 찾아보기 어렵지만 지금까지 밝혀진 중요한 연구결과들은 공통적으로 '강한 문화'는 조직의 유효성이나 성과에 긍정적인 작용을 하고 있음을 주장한다.

그러나 조직문화가 구성원들의 욕구와 일치하지 않을 때에는 오히려 부채가 될 수도 있다. 따라서 조직문화는 조직의 자신이기도 하고 부채이기도 하다.

(1) 조직문화의 순기능

조직문화는 조직에 다음과 같은 순기능적인 역할을 수행한다.

첫째, 의사소통을 경제적이고 쉽게 한다. 공유된 신념과 가치관 문제에 대해서 논의 필요가 없다.

둘째, 자구의 뜻보다 실제 정신으로 협동할 수 있게 한다.

셋째, 조직목표와 일치감을 확인하고 감정적인 유착을 경험하면서 동질성 내지 애착심을 느끼게 한다.

넷째, 조직문화는 구성원들에게 명확한 행동지침을 제공한다. 따라서 신입사원들은 조직문화를 통해 어떻게 생각하고 행동하는 것이 바람직한지를 알고 배우면서 바람직한 조직생활을 익히게 만든다.

다섯째, 조직문화는 뜻하지 않은 어려운 문제를 극복하는 과정에서 나침판의 역할을 한다.

시미르시크(L. Smircich)는 조직문화의 기능과 역할을 다음과 같이 설명하였다.

① 조직문화는 구성원들에게 정체의식을 전달해 준다.
② 조직문화는 구성원들의 조직몰입을 촉진시킨다.
③ 조직문화는 체제의 안정성을 증진시킨다.
④ 조직문화는 구성원의 행동을 이끌고 형성시키는 도구적 역할을 한다.

(2) 조직문화의 역기능

부정부패, 무사안일, 나태함, 거짓말, 임기응변, 강성노조, 시기, 질투, 모함 등과 같은 조직문화는 조직에 부정적인 영향을 미친다. 물론 이와 같은 문화는 여기서 말하는 역기능과는 성격이 다른 의미이다.

어떠한 문화이든 그것이 강하게 자리 잡고 있으면 좋은 점도 있지만 나쁜 영향도 있을 수 있다. 이는 역기능의 가능성일 뿐 언제나 그런 것은 아니다.

첫째, 조직문화는 조직변화에 저항이 될 수 있다. 강한 문화가 형성되어 기존문화에 익숙한 만큼 조직 구성원들은 새로운 문화를 수용하고 이에 적응하기가 어렵게 된다.

둘째, 조직문화는 획일성을 지향하는 경향이 있어 신입사원이 조직문화와 다른 특성을 가지고 있을 때에는 적응하기도 어렵고 그가 가진 고유한 장점도 사라질 위험이 있다.[31] 따라서 강력한 문화가 동일하게 형성되어 있는 조직 속에서는 창의적인 아이디어가 나타날 수 없다.

셋째, 강력한 조직문화는 인수나 합병의 걸림돌이 되기도 한다. 최근 조직의 시너지 효과를 창출하기 위해 다른 조직을 인수하기도 하고 합병하기도 하지만 조직문화가 이질적이면 인수나 합병은 실패할 위험성이 커지게 된다.

4) 조직문화는 무엇으로 구성되는가?

조직의 문화는 구성원의 행동과 행동을 지배하는 가치관, 신념, 규범, 습관, 태도 등 여러 가지 요소로 구성되어 있다.

파스케일과 에토스(R. T. Pascale & A. G. Athos) 등은 조직문화의 구성요소로서 7'S의 공유가치를 강조하고 있으며,[32] 피터스와 워터만(T. J. Peters and R. H. Waterman)의 연구는 조직문화의 중요요소와 이들 간의 상호관계를 개념화하여 조직문화 연구에 많은 도움을 주고 있다. 파스케일과 피터스(R. T. Pascale & T.J. Peters)는 조직문화의 구성요소로서 다음과 같은 7가지 요소(7'S)를 들고 있다.

① **공유가치(shared values)** : 7'S 중 가장 중요한 요소로서 이는 조직 구성원들이 가지고 있는 전통가치, 신념, 경영이념, 가치관, 사업목적 등을 포함한다.

② **전략(strategy)** : 경영활동의 기본방향과 성격을 결정하는 것으로서 사

---

31) T. Cox, Jr., Cultural Diversity in Organizations: Theory, Research and Practice, San Francisco: Berrett-Koehler, 1993, pp. 162-170.

32) Richard T. Pascale and Anthony G. Athos, *The Art of Japanese Management*, New York: Penguin Books 1981, pp. 78-84; Thomas J. Peters and Robert H. Waterman, Jr., *In Search of Excellence*, New York: Harpers and Row Publishers, 1982, pp. 8-13.

업목적 달성을 위한 장기계획, 조직체의 자원배분 등을 포함한다.

③ **구조**(structure) : 조직 구성원들의 역할이나 상호관계를 지배하는 것으로서 전략을 수행하는데 필요한 조직구조, 직무설계, 권한관계, 규정이나 방침, 상호작용관계 등을 포함한다.

④ **시스템**(system) : 조직운영과 경영활동의 과정에 관련된 모든 제도와 절차를 의미하는 것으로서 이에는 의사결정, 커뮤니케이션, 경영정보 시스템, 보상제도, 인센티브, 목표설정 등 목적과 전략을 실제로 달성하는데 필요한 모든 제도와 시스템을 포함한다.

⑤ **구성원**(staff) : 조직체의 인력 구성과 능력, 가치관, 전문성, 신념, 욕구와 동기, 행동패턴 등을 포함한다.

그림 8-9 파스케일과 피터스의 조직문화의 구성요소

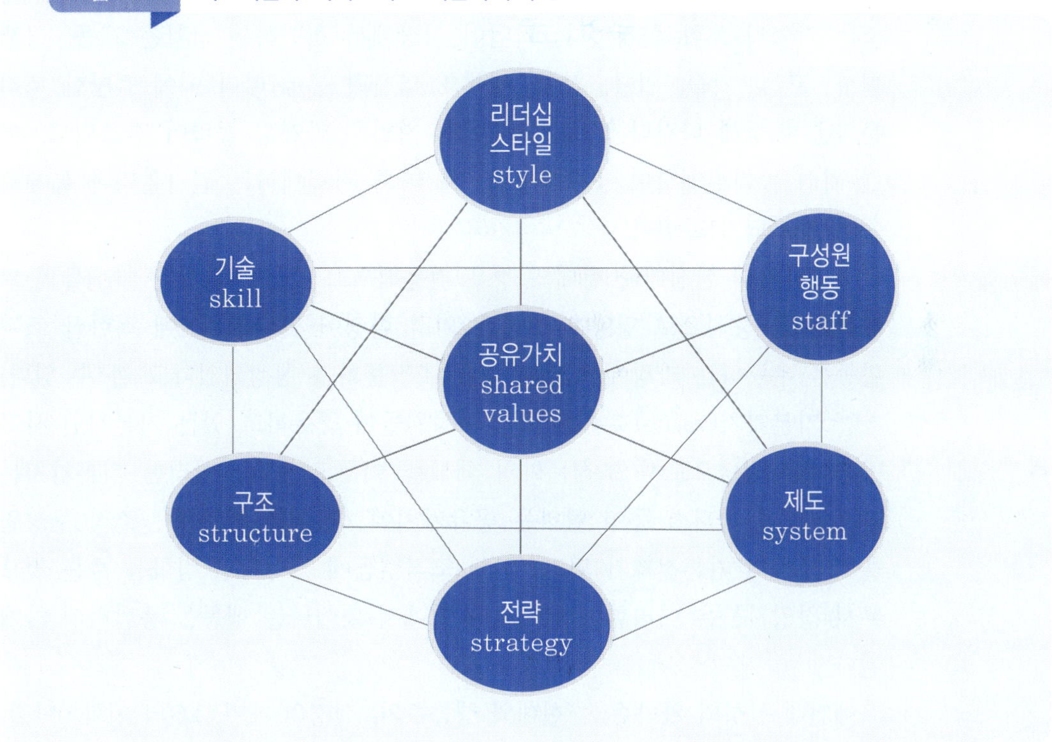

자료: Richard T. Pascale and Anthony G. Athos, *The Art of Japanese Management*, New York: Penguin Books 1981, p. 202; Thomas J. Peters and Robert H. Waterman, Jr., *In Search of Excellence*, New York: Harpers and Row Publishers, 1982, p. 10.

⑥ **기술**(skill) : 조직 구성원들이 실제 지니고 있고, 조직운영에 실제 적용하고 있는 경영관리 상의 능력요소로서 동기부여, 강화, 통제, 통합과 조정, 갈등관리, 변화관리 및 과업수행 상의 구체적인 기술과 방법(각종 기계장치, 컴퓨터 등 각종 Hardware와 Software기술)이 포함된다.

⑦ **리더십 스타일**(style) : 조직 구성원들의 행동경향과 행동패턴을 말하며, 특히 리더십 행동스타일을 포함한다. 구성원의 상호관계, 집단간의 관계, 리더와 부하의 관계에 있어서 기본성격을 지배하는 요소로서 조직 분위기에 직접적인 영향을 미친다.

한편, 딜과 케네디(T. E. Deal and A. A. Kennedy)는 조직문화의 형성요소로서 기업환경, 기본가치, 영웅, 의례와 의식 그리고 문화 네트워크를 들고 있다.

① **기업환경**(environment) : 조직문화에 가장 큰 영향을 미치는 외적 요소는 기업이 처한 환경이다. 기업이 시장에서 직면하는 상황은 제품, 경쟁회사, 고객, 기술, 법률, 정치, 정부의 영향력 등에 따라 이에 적합한 조직문화를 형성해 나간다. 그리하여 어떤 기업은 마케팅 능력이 강조되고, 어떤 기업은 기술개발이 중요해지며, 또 다른 기업에서는 원가관리나 통제활동이 강조되기도 한다.

우리나라의 삼성이나 현대의 경우 전통적으로 이들 그룹들은 자신들의 고유 업종을 중심으로 영향을 받아온 외적 환경이 달랐고, 이에 적합한 조직활동을 추구하는 과정에서 각기 다른 조직문화가 형성되었다고 볼 수 있다.

② **기본가치**(value) : 이는 조직 구성원들이 공유하고 있는 기본적인 사고방식이나 신념으로서 조직문화의 핵심을 이루고 있다. 이러한 기본가치는 파스케일과 피터스 등이 말하는 공유가치에 해당하는 것이며, 조직 구성원들의 행동의 기본전제가 되고, 전체 조직행동에 직접적인 영향을 주는 것으로서 경영자들은 이러한 신념이나 가치에서 벗어나는 행동을 용납하지 않게 된다.

예컨대 삼성의 완벽주의, 현대의 행동주의, 선경의 패기, LG의 인화·단결, 대우의 합리성, 효성의 안전·온정주의, IBM사의 고객서비스, 휴렛패커드(HP)사의 기술개발, 프록트 앤드 갬블사의 품질, 3M사의 창의성, 마쓰시다사의 마쓰시다정신 등은 이들 기업들이 오랫동안 지켜온 기본가치(전통가치)이며 이들 기업들의 문화적인 자산이기도 하다.

마쓰시다 전자회사의 7가지 정신적인 가치

1. 산업부흥을 통한 국가에의 기여
2. 공정성
3. 조화와 협동
4. 개선을 위한 노력과 투쟁
5. 예절과 겸손
6. 조정과 융화
7. 감사와 보은

이러한 가치들은 그것이 사원들의 가슴에 깊이 새겨질 때 커다란 반향을 불러일으키는 정신적 지주 구실을 한다. 그것은 세계의 곳곳에 산재해 있는 마쓰시다의 모든 종업원들에게 일관된 기대를 형성하게 해 주는 것이다. 또한 이러한 가치들은 고도로 복잡하고 분권적인 기업을 만들어 주어, 심지어 구체적인 일부 운영지침들이 적용될 수 없는 상황에서도 회사의 일상적인 경영관리에 커다란 연속성을 부여해 주게 된다. 이 회사의 한 간부는 다음과 같이 이야기 한다."서양인들에게는 좀 어리석게 보일지 모르지만, 매일 아침 8시에 일본 전역에는 우리 회사의 사훈을 암송하고 사가를 합창하는 87,000명의 사람들이 있습니다. 결국 우리는 모두 하나의 공동체인 셈이죠."

③ **영웅**(heroes) : 조직체의 기본가치를 확립하는 데에는 오랜 기간을 통하여 이에 중심적 역할을 해온 인물들이 있다. 이들은 주로 그 기업체의 창업자나 전문경영자들인데, 그들은 조직체를 이끌어 가는 과정에서 조직체의 목표나 이념을 설정하고 기본가치를 형성해간다. 그리고 자신의 행동을 통하여 구성원들에게 표준행동을 나타내 보이면서 이를 모방하도록 하는 중요한 위치를 차지한다. 예컨대 삼성의 이병철, 현대의 정주영, GE사의 영웅으로 발명가 토마스 에디슨(T. Edison), IBM사의 왓슨(T. Watson) 부자, 마쓰시다의 창업주 마쓰시다 고노쓰게(松下幸之助) 등을 들 수 있다.

④ **의례와 의식**(rites and rituals) : 이는 조직 구성원들이 일상적인 업무를 수행하는 과정에서 규칙적으로 지켜나가는 관습이나 행동을 말한다. 즉 의례는 조직생활에서 바람직한 행동을 가이드하는 규칙이고, 조직의 기본가치를 극화한 것으로서 습관과 같이 당연한 것으로 간주되는데 반해, 의식이란 예외적인 것으로서 문화를 전시하고 종업원들이 기억할만한 경험을 제공한다는 점에서 의례와는 차이가 있다.

모든 조직은 문화규범이나 가치를 전달하기 위해 다양하고 특별한 의례와

의식을 개최한다. 예컨대 Southwest항공사는 할로윈 축제를 전후해서는 귀신복장을 하고 근무하게 하며, IBM사에서는 사원이 아침커피 시간을 고객과 함께하면서 업무를 시작한다는 의례를 갖고 있다. 또 어떤 회사에서는 매주 금요일 점심에 집단 구성원들이 동등한 자격으로 대화(야자 타임)를 나누기도 한다. 이와 같은 의례와 의식은 조직의 가치를 행동에 옮기고 이를 강화시키는 요소가 되며 조직 내 상존한다. 이러한 의례의 유형에는 다음과 같은 것들이 있다.

첫째는 통과의례이다. 이는 조직 구성원으로서의 출발을 의미하며 신입생, 동아리 새내기, 신병이나 감방에서의 신고식 등을 생각할 수 있다.

둘째는 결속의례이다. 이는 구성원들의 연대를 강화하고 조직활동의 성공을 다짐하는 엄숙한 행사로서 조직폭력배들의 의형제 결의식과 같은 것이 이에 해당된다.

셋째는 강화의례이다. 이는 저녁만찬을 겸한 보상행위나 승진 등을 통해 공식적으로 보상하는 것을 말한다.

넷째는 파면의례이다. 조직으로부터 제거 당하는 본보기 행사가 이에 해당한다.

⑤ **문화적 네트워크(cultural network)** : 문화적 네트워크는 조직 내 중요한 통신수단으로서 의례나 의식과 같은 공식적인 행동뿐만 아니라 조직이 추구하는 목적이나 영웅이 추구하는 가치 또는 '영웅 신화'를 전달해주는 비공식적인 전달매체를 의미한다.

문화적 네트워크는 영웅의 친근자나 그들을 추종하는 조직 구성원들로 구성되며, 이러한 네트워크를 효과적으로 잘 이용할 때 조직문화의 형성에 유리하게 작용할 것이다.

이상에서 살펴본 바와 같이 조직문화의 구성요소는 이를 연구하는 학자들에 따라 약간의 차이를 보이고 있으나 조직 구성원과 조직체의 행동에 영향을 미치는 기본전제와 기본가치는 모든 학자들이 공통적으로 강조하는 핵심요소이기도 하다.

딜과 케네디(T. E. Deal & A. A. Kennedy)는 조직문화의 핵심적인 요소로서 이념과 영웅, 그리고 의례를 들었다.

◇ **제1의 요소** : 기업의 성격을 결정하는 **이념**으로써 보통 슬로건으로 나타난다. 예컨대 코롱의 경우 “one & only” 지구 상에 하나밖에 없는 독창적인 제품개발을 기업이념으로 하여 기업문화를 만들어 가고 있다.

◇ **제2의 요소** : 기업이념을 재현하고 있는 **영웅**이다. 슬로건에 의해 상징적으로 존재하고 있는 조직문화를 눈에 보이는 것으로 구체화시키는 것을 말한다. 예컨대 영웅은 창업과 기업역사 속에서 구성원들의 활약이나 성공신화를 전설로 남기게 된다.

◇ **제3의 요소** : **의례**이다. 이는 축제나 행사를 통하여 영웅을 가려내기도 하고, 기업이념을 실천하는 팀을 만들기도 한다.

이러한 세 가지 요소에 의해 눈에 보이지 않는 의미공간을 공유해 가게 된다.

5) 조직문화는 어떻게 형성되는가?

왜 조직마다 상이한 문화가 존재하는가? 그리고 조직문화는 누가 어떻게 만들까? 어떤 수단을 통해 전파되며 구성원들의 생활 속에 배어드는가? 이에 대한 해답을 통해 우리는 건전한 조직문화를 만들고 이를 확산시킬 수 있는 구체적인 수단과 방법을 배우게 된다.

따라서 조직문화를 형성하는데 영향을 미치는 요인들과 조직문화의 원천, 즉 조직문화가 어디에서 나오는지에 대해 살펴보기로 하자. 먼저 조직문화 형성에 영향을 미치는 요소들을 살펴보면 그 내용은 다음과 같다.

(1) 창업자 또는 최고경영자의 경영이념이나 경영전략

경영이념이 존재하는 시기는 언제부터일까? 기업이 창업될 때부터 인가? 아니면 어느 정도 성장한 후에 발생하는 것인가에 대해서는 논란이 많다. 그러나 창업자나 최고경영자가 조직문화에 지대한 영향을 미친다는 것은 자명한 사실이다. 실제로 창업자의 경영이념이 그대로 기업이 지향하는 가치로 나타나는 경우가 많고, 그가 기업을 설립하여 역경을 헤쳐 나오는 과정에서 생성된 성공신화나 일화들이 조직문화의 핵심을 이루고 있는 것은 흔히 볼 수 있는 일이다.

또한 조직체가 강조하는 문화적 가치가 성장전략과 얼마나 적합성이 있느냐에 따라 독특한 문화개발의 가능성이 결정되기도 한다.

예컨대 조직체가 고도의 성장전략을 추구할 때에는 자율적인 사업개발과 분권경영을 이념화해야 하고, 도전과 창의성 그리고 개발중심의 문화적 가치를 강조해야 한다. 그리고 최고경영자는 조직의 인사권을 가지고 있어 자기가 뜻하는 문화에 걸 맞는 사람은 영입하고 반대되는 사람은 탈퇴시킴으로써 문화를 형성 내지는 변경할 수가 있다. 또한 최고경영자의 관리스타일도 문화에 크게 영향을 미친다.[33] 즉 최고경영자가 강조하는 원칙을 구성원들은 따를 것이며 최고경영자의 칭찬과 높은 보상을 받는 사람은 다른 사람들의 모델이 될 것이기 때문이다. 따라서 조직문화가 개발 정착되려면 경영이념에 일관성 있는 문화적 가치를 모색하는 것은 물론 이를 실천하고 강화시키려는 관리체계가 설계되어야 할 것이다.

(2) 조직의 역사와 규모

문화라는 개념 자체가 역사성을 내포하고 있는 만큼 조직문화가 형성되려면 어느 정도의 역사와 규모가 전제되어야만 한다. 일본기업의 경우를 보면 오랜 기업의 역사와 종신고용제라는 특성이 독특한 사풍을 발전시키고 있음을 알 수 있다.

그리고 조직문화를 개발하는 데에는 상위 경영층과 전문인력의 투입이 요구된다. 특히 조직문화를 체계적으로 그리고 비교적 단기간에 개발하여 정착시키려면, 집중적인 인력투입과 자원투입이 필요한데 이를 감당하려면 어느 정도의 사업규모와 여유자금은 필수적이라고 보아야 할 것이다.

(3) 대체문화의 존재여부

오랜 역사와 안정적인 멤버십이 유지되고 상당한 규모를 갖춘 조직이라 할지라도 구성원들이 상이한 대체적인 문화에 노출이 되어 있을 경우에는 조직특유의 문화가 형성되기 어렵다. 조직특유의 강한 문화가 형성되려면 조직 구성원들이 다른 조직문화에 접한 경험이 없이 입사하여 조직사회화 과정을 통해 조직특유의 가치를 몸에 익히는 것이 필요하다. 또한 조직으로서도 가능한 한 동질적 부류의 신규인원을 받아들이고, 초기부터 이들에게 조직가치를 주입시키려는 노력을 해야만 할 것이다.

---

33) H. M. Trice and J. M. Beyer, "Cultural Leadership in Organizations," *Organization Science*, May 1991, pp. 149-169.

(4) 조직이 속한 사회문화(societal culture)

기업조직은 사회의 한 부분일 뿐 아니라 업종과 산업의 한 부분이기도 하다. 따라서 사회와 산업은 기업체의 상위 시스템이고, 기업조직의 문화는 상위 시스템으로부터 많은 영향을 받게 된다.

사회문화와 조직문화간의 관계는 비교문화의 관점에서 사회조직 구조체계와 조직문화적 가치를 중심으로 많이 연구되어 왔다. 일본사회의 전통적인 집단주의와 무사도(사무라이)정신이 대표적인 예가 될 수 있다.

옛날 봉건사회의 역사적 배경은 일본기업의 집단주의와 온정 그리고 신뢰와 충성심을 강조하는 문화적 특성을 잘 설명해 준다. 미국사회의 개인주의와 인권존중 그리고 자유경쟁을 중요시하는 전통적 가치관은 미국기업의 능력주의와 성취지향성 그리고 교섭에 의한 보상제도에 직접적으로 반영되고 있다. 또한 한국의 가부장적 가족제도와 忠(충)·孝(효)·親(친)·愛(애)에 바탕을 둔 전통적인 윤리적 가치는 우리나라 기업의 권위적 위계체계와 연공서열 그리고 인화와 연장자, 상급자에 대한 복종심 등 기업의 특성을 설명해 주는 문화적 기반이기도 하다.

(5) 산업문화(industry culture)

산업환경과 산업문화는 기업문화에 많은 영향을 준다. 건설업체, 섬유업체, 반도체업체, 식품업체 등 사업성격에 따라 기업행동과 문화가 매우 다르다. 산업문화는 상품과 고객의 성격, 기술과 기술변화, 산업의 수명주기 등에 의해 문화적 특성이 결정된다.

예컨대 제조업, 서비스업, 금융업, 의료업 등 상품과 서비스 및 고객이 다름에 따라 이들 산업이 추구하는 목적과 행동 등 문화적 특성이 다르게 된다. 그리고 반도체 및 첨단산업의 경우에는 기술변화가 심해서 연구개발, 창의성 등 도전과 모험심을 강조하게 되고, 고정기술에 의존하는 컨테이너(container)나 식품산업의 경우에는 원가절감과 안전위주의 경영을 강조하게 된다.

(6) 제품의 수명주기(product life cycle)

기업문화는 그 기업이 생산하는 제품의 수명주기와도 밀접한 관련이 있다. 기업체가 생산하는 제품이 도입기나 성장단계에 있을 때에는 독창적인 문화개발이 용이하지만, 성숙기나 포화기, 쇠퇴기에 있을수록 오랫동안 습관화·체질화된 조직문화를 변경하는 것은 어렵다.

이상에서 조직문화에 영향을 미치는 대내·외적인 영향요인들을 살펴보았다. 이러한 영향요인들은 상호 독립적으로 존재하기 보다는 상호 복합적으로 작용하여 조직문화에 영향을 미치고 있다고 보아야 할 것이다.

(7) 기업정체성(Corporate Identity)

기업문화는 조직 구성원들이 기업에 대해 갖는 일체감이나 정체성과도 밀접한 관련이 있다. 일반적으로 기업의 정체성(CI; Corporate Identity)이 전개되는 과정을 보면 다음과 같다.

제1단계는 가시적인 정체성(Visual Identity)의 형성단계로서 기업의 심벌마크나 디자인을 만들어 자사의 존재를 명확하게 하는 것을 말한다.

제2단계는 기업부흥의 단계이다. 이 단계는 기업이념이나 경영방침의 재구축을 바탕으로 한다.

제3단계는 기업풍토 개선단계이다. 조직 내의 의식개혁이나 가치관의 다양화를 업종간 경쟁에 적극 활용한다.

제4단계는 기업정체성을 시장에 대한 경영자원으로 생각하고, 신규개발사업, 사업영역 설정 등에 적극 활용한다.

6) 조직문화의 전수

나라마다 풍습이 다르고 사람들의 사고방식에도 큰 차이가 있다. 조직마다 상이한 문화는 어떻게 전수되고 있는가? 다음의 사례를 통하여 조직문화가 어떻게 전수되고 있는지를 살펴보도록 하자.

[사례 1]

터널공사에서 공사기간을 단축시키기 위해 양쪽에서 동시에 굴착공사를 진행하고 있다고 가정하자.

독일 : 처음부터 치밀하게 측량하고 계산해서 한 치의 오차 없이 가운데서 만난다.

중국: 대충 측량하고 계산해서 뚫고 들어가다가 만나지 못하게 되어도 그냥 공사를 진행한다. 나중에는 원래 한 개의 터널을 만들려고 했는데 결과적으로는 두개의 터널을 만들었다고 자화자찬한다.
한국: 어긋나서 만나지 못하면 중간을 잘라 이어버린다. 그렇게 하고는 세계에서 가장 짧은 기간에 터널을 완성했다고 자랑한다.

(1) 통밥(눈치)문화

한국의 문화를 흔히 통밥(눈치)문화라고도 한다. 그동안 한국의 문화는 과학적이고 체계적인 제도나 방식에 따라 전수되지 못했고, 전통적인 방식에 따라 눈치껏, 적당히 알아서 스스로 익히고 배우면서 전수되어 왔다.

고려청자나 조선백자는 세계경매시장에서 가장 고가로 거래되고 있는 귀중한 문화유산이다. 그러나 과학기술이 고도로 발달한 오늘날에도 왜 이를 재현하지 못한다. 왜 그럴까?

이는 "나만의 비법을 다른 사람들이 알았을 때 내 힘이 약해진다."는 사고가 만연되어 있었기 때문일 것이다. 전통가문의 '장 담그는 법', '김치 담그는 법' 등 맛의 원조가 후대에 이어지지 못하고 끊길 판이다. 노하우(know-how)와 비법은 며느리에게도 쉽게 전수하지 않으려고 하는 것이 한국인의 정서다. 장인들이 보유한 기술을 전수하기까지에는 너무나 긴 시간이 소요되었고 핵심기술은 죽음을 목적에 두고 그때야 비로소 전수하겠다는 생각들이 팽배했었다.

물론 이것은 통밥(눈치)문화가 지배적이었던 시대의 이야기다. 중요문화재 제32호로 지정된 조선시대 마지막 상궁이 그의 제자에게 부엌문을 열어 주기까지 30년의 세월이 흘러야 했었다. 당시 상궁들은 궁중요리의 비법을 어떻게 익혔을까? 대충 눈치로 어림잡아 배우면서 익혀왔던 비법들이었기에 그것을 전수하는데도 그만큼의 많은 애로가 있었던 것이다. 아마도 눈썰미 있는 탁월한 재능을 가진 제자를 만나지 못한다면 핵심기술이나 비법의 전수는 불가능하였을 것이다.

(2) 기록문화

이와는 반대로 일본 사람들이 한국의 역사를 기록·정리해 놓은 것을 보면

기가 막힐 정도다. 서양의 TV요리 프로그램을 보면 누구나 그대로 따라만 하면 동일한 맛을 낼 수가 있다. 일례로 외국의 경우 호텔 주방장이 되기까지 소요되는 기간은 약 10년 정도라고 한다. 그런데 우리나라의 경우에는 평균 20년이 걸린다. 이것이 바로 통밥(눈치)문화와 기록문화의 차이가 아닐까 생각된다.

독일 주재 한국대사관의 한 참사관이 업무협조를 위해 독일 경제부 담당자를 찾았다. 명함을 교환하고 보관실을 향했다. 한국관련 파일을 꺼냈을 때 참사관은 놀라지 않을 수 없었다. 그동안 이곳을 다녀갔던 한국인들의 명함이 보기 좋게 정리되어 있었고, 누구 어떤 자료를 받아갔는지 깨끗하게 적혀 있었다. 그는 "당신의 방문사실도 이렇게 파일로 정리될 것입니다."라고 했다.

이와 같은 기록문화는 자율경영시대의 전제조건이 된다. 코페르니쿠스의 기록이 있었기에 뉴턴이 있었고, 뉴턴의 기록이 있었기에 아인슈타인이 나오지 않았겠는가?

7) 비전과 조직문화

(1) 비전과 조직문화의 의의

비전(vision)은 조직이 어디로 가고 있고, 미래에 어디에 있어야 하는가를 알려준다. 따라서 비전은 모든 구성원들이 상호 협조하고 시너지 효과를 창출할 수 있게 하는 밑바탕이 되며 조직문화의 주춧돌이 된다.

[사례 1]

1983년 2월 삼성그룹의 이병철 회장은 반도체사업을 삼성의 주력업종으로 하겠다는 내용의 사업구상을 발표했다. 당시 한국은 이 분야에서 선진국에 비해 10년 이상 뒤떨어진 상태였다. 또한 연구개발과 첨단공장의 건설에 계속해서 엄청난 돈을 쏟아 부어야 하는 위험성이 큰 모험적인 사업이었다. 이병철 회장 주변의 사람들은 모두 삼성이 반도체사업에 뛰어드는 것을 반대했다. 그러나 오늘날 삼성의 반도체사업은 한국경제의 견인차 역할을 하고 있지 않은가?

[사례 2]

Apple컴퓨터사를 설립한 스티븐 잡스가 각 개인마다 컴퓨터를 갖게 하겠다는 자신의 꿈을 실현하려고 애쓰기 시작한 것은 1970년대 중반이었고 모두들 그를 비웃었다.

최초의 PC가 나오고 1년이 지난 1977년에도 Digital Equipment사의 회장인 캔 올센은 "각 개인이 집에 컴퓨터를 가지고 있어야 할 이유는 없다"고 말했다. 그 후 잡스의 꿈은 어떻게 되었는가?

[사례 3]

1980년대 초반 빌 게이츠가 세계적인 소프트웨어 회사를 만들겠다는 자신의 비전을 이야기했을 때 그를 주목하는 사람은 많지 않았다. 그때는 IBM이나 DEC사와 같은 대형 컴퓨터 회사들이 정보기술업계를 지배하고 있었던 시대였다. 그러나 오늘날에는 MS(Micro Soft)사는 세계최고의 시가총액을 자랑하고 있다. 그야말로 원대한 비전의 실현이라 할 수 있다.

[사례 4]

제프 베조스(Jeff Bezos)가 내걸었던 목표도 이에 못지 않게 대담했다. 자신의 인터넷회사 아마존(Amazon.com)을 세계에서 가장 성공한 인터넷 소매상으로 만들겠다고 한 것이다. 오늘날 가장 잘 알려진 인터넷 상표 가운데 하나가 되었으며 매우 빠른 성장을 하고 있다.

조직에는 삼성의 이병철회장이나 애플사의 스티븐 잡스, MS사의 빌게이츠, 아마존의 제프 베조스와 같은 비전이 반드시 필요하다.

모든 조직에는 단순하고 일관성 있는 목표가 있어야 한다. 이 목표는 이해하기 쉽고, 도전해 볼 만한 내용이어야 하며 이것으로 인해 구성원 모두가 공통의 비전을 갖게 되어야 한다.

(2) 비전(vision)이란 무엇인가?

한 마디로 말해 비전은 "**이성의 눈으로 실현가능성을 확인하는 것**"이라고 할 수 있다. 비전은 목표지향성과 방향성을 갖고 있으며, 시간적으로나 질적인 면에서 일상의 업무를 넘어서는 것이어야 하며, 비전이 제시된 다음에는 그것이 널리 전파되어야 하고 행동으로 이어져야 한다. 비전은 환상 속에 존재하는 것이 아니고 5년 후 10년 후의 조직의 모습을 보여주는 것이다.

어떤 성공적인 창업자가 다음과 같이 말했다. "나는 보통 10년 단위로 생각을 합니다. 그래서 근시안적인 경쟁사들이 하는 것과는 다르게 의사결정을 하게 됩니다. 오늘날 우리 회사의 지도적인 위치는 20년 전에 놓은 기초에 바탕을 두고 있으며, 이제 우리는 2025년에 우리가 있어야 할 위치를 향해 걸어가고 있습니다." 회사의 전략적 자원은 회사가 어디로 가고 있는지를 확실히 알 때만이 목표에 맞게 투입될 수 있다. 그럴 때만이 회사는 제대로 의사결정을 내리고 종업원들은 같은 곳을 향해 가며, 하나의 통일된 주제로 자신 있게 움직일 수 있다.

이처럼 비전은 방향감각을 주는 동시에 종업원들의 강한 동기를 유발하고 에너지를 분출시키는 힘도 갖고 있다. 만일 당신이 배를 만들고 싶으면, 사람들을 불러 모아 목재를 가져오게 하고 일을 지시하고 일감을 나눠주는 등의 일을 하지 말고, 당신은 그들에게 **저 넓고 끝없는 바다에 대한 동경심을 키워주라.** 그러면 최상의 배가 탄생할 것이라고 하였다.

비전은 시간적으로나 질적으로 현실과는 어느 정도 거리가 있어야 한다. 너무 빨리 다가오는 비전은 힘이 없고, 까마득 먼 훗날 이야기가 되면 현실 행동에 영향을 주기 어렵다. 질적으로 비전은 오늘의 상황과 상당히 다른 상태를 보여주어야 함과 동시에 그 내용은 보다 구체적이어야 한다. 그렇지 않으면 황당무계하고 우스꽝스러운 것이 되고 있다.

(3) 비전에는 어떤 내용을 담고 있어야 하는가?

비전에는 다음과 같은 구체적인 내용들을 포함할 수 있어야 한다.

첫째, 비전은 미래의 신기술이 중심내용이 되어야 한다. 컴퓨터, 약품, 멀티미디어, 텔레커뮤니케이션 등의 산업에서는 미래의 신기술을 발전의 중심 내용으로 할 수 있다.

둘째, 인터넷회사 설립자들은 기술 그 자체보다는 새로운 시장의 창출과 제품, 지식을 위한 혁신적인 유통경로의 확대에 더 초점을 맞추고 있다.

셋째, 비전의 핵심은 미래의 크고 웅장한 모습이어야 한다. 특히, 기업이 ① 새로운 세분시장에 진출하려고 할 때, ② 시장의 주도권을 장악하려고 할 때, ③ 여러 계열사를 거느린 기업그룹으로 변신하고자 할 때, ④ 광고대

행사가 종합커뮤니케이션 회사로 탈바꿈하고자 할 때, ⑤ 청량음료 회사가 종합식품회사로 변신하고자 할 때, ⑥ 항공회사가 종합운송 그룹으로 변신을 하고자 할 때에는 성장이 바로 비전의 핵심이 되어야 할 것이다.

넷째, 최고의, 가장 훌륭한, 최고급의, 가장 친절한, 가장 빠른 등의 말로 사용하는 목표는 어느 업종에서나 좋은 비전의 바탕이 될 수 있다.

다섯째, 경쟁사를 꺾으려는 싸움만큼 조직 구성원들의 강한 동기를 유발하는 것도 드물다. 예컨대 펩시콜라가 코카콜라를 이기려는 시장쟁탈전이나 BMW가 벤츠를 꺾으려는 강한 투지 등은 모두 이런 관점에서 이해할 수 있다.

여섯째, 종업원의 복지와 능력개발을 뼈대로 하는 비전은 특히 그들로부터 환영을 받고 사기를 북돋워준다. 평생직장을 강조하고 복지와 교육훈련에 과감히 투자하는 회사는 이 범주에 속한다. 휴렛팩커드(HP)사는 이러한 종업원의 비전을 중시하는 회사로 유명하다.

일곱째, 환경보호, 인류의 건강 등의 윤리적 가치를 비전의 내용으로 하는 회사가 점차 늘어가고 있다. 드럭커(P. Drucker)는 이러한 비전이야 말로 종업원들의 마음을 사로잡는데 효과적이라고 했다.

이상에서 살펴본 훌륭한 비전은 미래에 대한 꿈과 현실감이 적절한 균형을 유지하고 있을 때 나온다. 즉 비전은 해볼 만하고 해낼 수 있는 것이어야 한다. 비전은 조직문화의 핵심이며, 조직의 장기적인 성공을 거두는 데 있어서 매우 중요하다. 또한 비전은 방향을 제시해 줄 뿐만 아니라 임직원들의 강한 동기를 유발하고 그들의 에너지를 분출시킨다. 따라서 비전은 성장뿐만 아니라 여러 가지 다른 내용을 담을 수 있으며, 그것은 카리스마가 있는 지도자에 의해 설득력 있게 구성원 모두에게 전달되어야 한다.

8) 조직문화의 변화를 어떻게 관리할 것인가?

과거의 경험은 현재의 생각과 행동에 많은 영향을 미친다. 특히 나이가 들어 갈수록 과거 경험에 의존하는 경향이 강하다. 오랜 역사를 가진 조직일수록, 경험이 풍부한 조직일수록“새로운 방식으로 무엇을 시도해 보려는 노력”은 사라지게 된다.

오늘날과 같이 기업의 환경이 급변하는 시대에서는 과거의 경험이 오히려 기업에게 부담으로 작용할 가능성이 높다. 새로운 기술, 예기치 못한 경쟁사의 출현, 변해가는 소비자 행동 등에 대해 단순히 과거의 방식과 전략으로 대응하는 것은 매우 위험하다.

과거의 성공이 경영자들의 눈을 멀게 하고 변화를 가로막는다. 잘 되고 있는 회사일수록 변화에 더욱 신경을 써야 한다. 특히 오늘날과 같이 변화가 극심한 조직환경 속에서는 현상을 유지하려는 경영자보다는 무엇인가 변화를 지향하고 있는 경영자가 더욱 바라직하다. 그리고 변화지향적인 경영자와 현상유지지향적인 경영자가 갖는 특성을 정리해 보면 다음과 같다.

〈표 8-4〉 변화지향형 경영자의 특성과 현상유지형 경영자의 특성 비교

변화지향형 경영자의 특성	현상유지형 경영자의 특성
· 끊임없이 새로운 방식을 찾는다. · 공격형 사고방식을 갖는다. · 변화 속에서 기회를 본다. · 실험을 좋아한다. · 생각의 틀이 개방적이다. · 직관을 중시한다. · 불확실성을 기꺼이 받아들인다. · 기업문화에 충격을 주는 발탁 인사 등의 과감한 인사정책을 펴는 것을 두려워하지 않는다.	· 과거에 경험했던 방식을 고수한다. · 방어형 사고방식을 갖는다. · 변화를 위협으로 느낀다. · 경험에 의존한다. · 생각의 틀이 고정되어 있다. · 주로 분석에 의존하다. · 안전을 추구한다. · 기업문화에 충격을 주지 않기 위해 가능하면 보수적인 인사정책을 추구한다.

그리고 조직의 변화를 시도했던 많은 조직들이 계획적인 조직변화에 실패하고 있는 근본적인 원인은 무엇일까? 변화를 수용하지 못하는 수많은 이유들 가운데에는 개인적인 이유들도 많지만 그것 보다는 조직의 체질 상의 구조적인 문제로 인해 저항하는 경우가 대부분이다.

(1) 개인적인 저항이유

사람은 누구나 변화를 싫어하고 안주하려는 타성(inertia)을 갖는다. 이와 같은 타성들은 다음과 같은 여러 가지 이유에서 비롯된다.

첫째, 지각 상의 문제이다. 사람들은 자신에게 유리하고 친숙한 사실만을 선택적으로 지각하려는 경향성이 있어 친숙하지 못한 새로운 것은 수용하기가 어렵다.

둘째, 성격 상의 문제이다. 일반적으로 독단적인 성격이나 의존적인 성격의 소유자는 오직 한가지만을 고집하려는 경향성이 있고, 의존적인 사람은 변화에 대한 두려움을 갖기 때문에 변화에 저항하려는 경향성이 높다.

셋째, 불확실성에 대한 공포를 느끼기 때문이다. 변화의 결과는 누구도 예측하기 어렵고 경험한 바가 없기 때문에 변화자체가 공포의 대상이 된다.

넷째, 기득권을 상실할 수 있다는 생각 때문이다. 조직에 변화가 오면 기득권을 가진 구성원들은 변화로 인해 기득권을 포기해야 하거나 상실하게 된다. 따라서 기득권을 많이 가진 구성원들일수록 변화에 저항하는 경향이 많다.

다섯째, 변화는 새로운 지식과 정보, 기술을 요구한다. 따라서 조직 구성원들은 변화가 요구하는 능력과 자질을 갖추어야만 되기 때문에 변화를 두려워하고 싫어하게 된다.

(2) 조직적인 저항이유

실제로 많은 조직들은 다음과 같은 조직자체의 구조적인 문제로 인해 변화에 저항하는 경우가 많다.

첫째, 안정적이고 보수적인 조직문화가 변화의 저항원인이 된다. 일반적으로 조직 구성원들은 조직의 문화 속에서 이미 사회화(socialization)되어 있기 때문에 현실에 안주하려 하며 새로운 변화를 싫어하게 된다.

둘째, 정형화된 조직구조가 저항의 원인이 될 수 있다. 새로운 조직은 구성원들에게 새로운 행동양식을 요구하게 된다. 따라서 기존 행동양식에 익숙한 구성원들은 구조변화에 저항하게 되는 것이다.

셋째, 자원의 한계가 변화의 저항원인이 되기도 한다. 조직을 변화시키려면 많은 시간과 자본 그리고 변화가 요구하는 능력과 자질을 갖춘 숙달된 인력이 필요하다. 이러한 자원이 부족할 경우 조직은 변화의 필요성을 느끼면서도 변화를 추진하기가 어렵게 된다.

넷째, 변화로 인한 이해관계가 대립하는 경우에는 그것이 저항의 원인이 되기도 한다. 예컨대 조직을 변화로 인해 이익이 되는 부서와 손해가 되는 부서, 변화를 수용할 수 있는 여건이 마련되어 있는 부서와 그렇지 못한 부서 간에는 갈등과 불협화음이 변화를 어렵게 만든다.

이상에서 살펴본 바와 같이 조직의 변화는 여러 가지 개인적·조직적인 이유로 인해 저항을 받게 된다. 특히 관료적인 조직구조나 과도한 중앙집권적인 조직, 위험을 회피하려는 집단분위기나 파벌주의, 부서이기주의 등이 팽배한 조직에서는 지속성이 높은 가치와 목표를 건드릴 수 없기 때문에 변화에는 많은 어려움과 저항을 수반하게 된다.

9
리더십의 이해

1. 리더십의 본질과 기능
2. 리더십의 개념
3. 리더십과 기업경영
4. 리더의 자질과 효과적인 리더십
5. 리더십의 분류
6. 리더십이론의 발전과정

제9장 리더십의 이해

1. 리더십의 본질과 기능

1) 리더십의 본질

조직이 파멸의 위기에서 벗어나 기사회생을 하였거나 새로운 조직이 출현하여 성공적인 비즈니스(Business)로 주목을 받게 되었을 때 대부분의 사람들은 그 조직의 리더(leader)는 누구인가? 그 사람은 어떤 경력을 가지고 있었는가? 비전은 무엇이고 도대체 사업을 어떻게 성공적으로 완수하였을까? 등에 많은 관심을 갖는다.

왜 사람들은 이러한 것들을 궁금해 하고 중요하게 생각하는가? 그것은 바로 현재와 미래의 성공을 약속하는 리더십 때문일 것이다.

시대와 환경의 급격한 변화가 강대국의 리더들을 어떻게 좌초시켰는지를 우리는 보아왔다. 소련의 고르바쵸프는 공산혁명 70년 만에 체제를 무너뜨린 위대한 인물로 존경받았음에도 불구하고 다시는 돌아오지 못할 절벽 밑으로 떨어지고 말았다.

1988년 미국의 대통령 선거에서 민주당 후보인 게리 하트(Gary Hart)는 스캔들 때문에 대통령 선거에서 도중하차 했어야 했고, 설사가상으로 정치계를 영원히 떠나야만 했다. 이탈리아의 민영은행으로서는 그 규모가 제일 큰 앰브로시아노의 총재였던 로베르토 캘비(Roberto Calvi)는 리더만이 느낄 수 있는 고독과 불안을 견디지 못해 영국여행 중 런던의 블랙 프라이어스(Black Friars)다리 아래서 목을 매고 인생을 마감했다.

한편, GE사의 잭 웰치나 미국의 부시대통령과 같은 이들은 그들의 실수에도 불구하고 무엇이 그들을 위대한 리더로 만들었는가? 대중의 인기를 한몸에 받았던 히틀러나 모택동과 같은 이들은 그들만의 뛰어난 매력에도 불구하고 무엇이 그들을 역사에 기록된 가장 형편없는 리더로 만들었는가? 우리가 알고 싶어 하는 것은 바로 이런 점들일 것이다.

따라서 본 장에서는 리더는 어떤 사람이고, 리더십이란 무엇인가? 어떻게 하면 효과적인 리더십을 발휘할 수 있는가에 논의의 주안점을 두고 보다 구체적인 리더십에 관한 이론적 체계를 확립해 보기로 하자.

2) 리더십의 기능

리더십의 주요 기능은 이를 논의하는 의도나 목적에 따라 다양하게 설명할 수 있지만 일반적으로 기업경영에서 논의되고 있는 리더십의 주요기능을 살펴보면 다음과 같다.

첫째는 상황판단의 기능이다. 이는 경영조직뿐만 아니라 모든 조직의 리더에게 필요불가결한 기능이며, 자기 자신을 포함한 조직 내·외의 상황에 대한 정확한 정보를 획득하여 일정한 효과를 가져 올 수 있도록 이를 분석하고 정리하는 것을 말한다. 보다 구체적으로 부하직원의 신상에 관한 일이나 의사소통의 경로를 개발하는 일, 급변하는 사회적 여건과 복잡한 심리적 활동을 이해하는 일, 그리고 모든 관계상황에 대해 고려하는 일과 같은 내용들이 포함된다.

둘째는 조직의 통일이나 유지의 기능이다. 리더가 지도적 지위를 확보함과 더불어 경영조직을 개인 및 하위집단의 이해를 조정하여 조직내부에 있을 수 있는 제반논쟁을 사전에 방지하고, 필요에 따라 응분의 조치를 행하고, 조직 구성원으로서의 귀속감과 일체감을 조성함으로써 궁극적으로는 조직의 통일이나 질서를 유지 및 강화시키는 것을 말한다.

셋째는 집단목표 달성의 기능이다. 이는 경영조직의 목표를 설정하고, 목표를 달성하기 위한 구체적인 계획을 수립하고, 보다 생산적인 활동에의 참여를 가능케 하는 조직화의 기능은 물론 더 나아가 종업원의 사기앙양을 시도하는 기능을 말한다.

2. 리더십의 개념

리더(leader)는 어떤 사람이고, 리더십(leadership)이란 무엇인가? 한 마디로 대답하기란 매우 어렵지만, 리더는 글자 그대로 다른 사람들을 앞장서서 이끌어가는 사람을 뜻하고, 리더십은 리더가 갖추어야 할 정신, 자세, 덕목, 자질 등을 포함하여 일컫는 포괄적인 개념적인 말이다.

그러나 이와 같은 리더십(leadership)의 개념은 인류문화와 함께 가장 오래된 어휘이고 조직의 성패를 좌우하는 유일하고 결정적인 요인으로 거론되어 왔다.[1] 그러나 이 개념은 흔히 볼 수 있는 어휘 중의 하나이면서도 가장 이해되지 못한 현상이기도 하다.[2]

이 때문에 많은 논자들이 리더십의 개념을 명확히 정립하기 위해 많은 노력을 하여 왔다. 그 대표적인 논자들의 정의를 소개해 보면 다음과 같다.

테리(G. R. Terry)는 리더십이란 모든 사람들이 집단목표를 위해 자진해서 노력하도록 사람들에게 영향을 주는 활동이라고[3]했고, 베니스(Bennis)는 리더가 부하들을 바람직한 방향으로 행동하도록 이끌어 가는 과정이라고 하였다. 쿤츠(H. Koontz) 등은 리더십이란 사람들로 하여금 집단목표를 위하여 자발적으로 노력하도록 그들에게 영향을 주는 기술 또는 과정이라 하였으며,[4] 베스(Bass, 1985)는 부하를 변화시키고, 성취할 수 있는 목표의 비전을 창조하고, 그 목표들을 성취할 수 있는 방법을 명확히 표명하는 것이라 했으며, 캠벨(Cambell, 1991)은 바람직한 기회를 창조하도록 자원들을 집중시키는 행위라고 하였다.

또한, 허시와 블랜차드(P. Hersey & K. H. Blanchard)는 일정한 상황하에서 목표를 달성하기 위하여 개인이나 집단의 활동에 영향을 미치는 과정이며, 리더십의 과정(L)은 리더(leader : l), 추종자(follower : f) 및 상황

---

1) B. M. Bass, *Bass and Stogdills Handbock of Leadership*, Free Press, 1990, 3rd, p. 8.

2) L. B. Barnes & M. P. Krieger, "The Hidden Side of Organizational Leadership," *Sloan Management Review*, 1986(Fall).

3) G.R. Terry, *Principles of Management*, Homewood, Ⅲ.: Richard D. Irwin, Inc., 1960, p. 493.

4) H. Koontz, C. O'Donnell, and H. Weihrich, *Management*, 7th ed., McGraw-Hill Kogakusha, Ltd., 1980, p. 661.

적 변수(situational variables : *s*)의 함수관계인 $L = f(l, f, s)$로 표시할 수 있다고 하였다. 그리고 이러한 요인들의 상호작용을 통하여 리더십의 최종산물인 성과와 직무만족을 얻게 된다고 하였는데 이들 세 가지 요인을 구체화하면 그 내용은 다음과 같다.

그림 9-1 리더십 과정의 3대요인

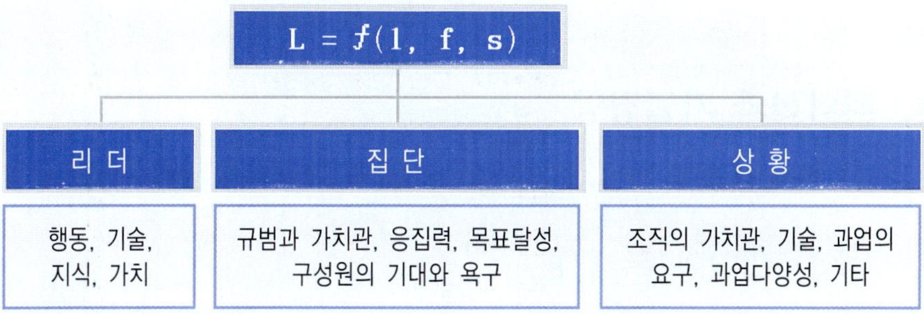

자료: C. R. Milton, Human Behavior in Organizations, Prentice-Hall, 1981, p. 292.

이상에서 살펴본 여러 학자들의 정의를 종합해 보면, 리더십의 개념은 시대흐름과 변화에 상응하여 그 개념을 달리하면서 발전되어 왔는데 리더십의 개념에는 다음과 같은 **공통점**이 포함되어 있음을 알 수 있다.

첫째, 리더십의 개념은 관계의 개념이다. 리더십은 다른 사람과의 관계 속에서만 존재할 수 있다. 즉 부하가 있어야 리더가 있다. 부하가 없으면 리더도 있을 수 없다. 따라서 리더가 되기 위해서는 부하를 이해하고, 그들을 고무시키고, 그들과 끈끈한 유대관계를 갖는 것이 필요하다. 그러나 이 평범한 원칙을 많은 리더들은 의식적·무의식적으로 잊고 있는 것 같다.

둘째, 리더십은 과정이다. 리더십은 조직 구성원들과 계속적으로 상호작용하면서 자연스럽게 형성되어야 한다. 리더십을 발휘하느냐, 발휘하지 못하느냐의 문제는 리더가 비전, 전문성, 열의를 바탕으로 해서 어떤 역할을 보여주는가? 그리고 그런 역할을 조직 구성원들이 인정하는가, 하지 않는가? 그리고 이들의 관계를 긍정적으로 활성화시킬 수 있는 환경조건 등과 관계된다.

셋째, 리더십은 다른 사람들의 행동을 이끄는 것을 의미한다. 리더는 조직 내

권한을 합법화한다거나, 목표를 설정한다거나, 보상과 벌을 주거나, 팀을 만들거나, 비전을 전달하거나 하는 등의 다양한 방법을 활용할 수 있어야 하며 이를 통해 바람직한 행동을 이끌어 내어야만 한다.

그리고 리더는 비전이 설정되고 나면 구성원들에게 비전을 잘 이해시키고, 이를 기반으로 하여 목표를 달성하기 위한 바람직한 행동을 이끌어야 할 의무가 있다.

3. 리더십과 기업경영

1) 리더와 독재자

리더(leader)란 누구인가? 리더는 다른 사람들을 앞장서서 이끌어가는 사람이고, 영향력을 행사하여 자신이 원하는 방향으로 행동하도록 하는 사람이라고 한다면 독재자와 무슨 차이가 있을까?

많은 사람들이 강력한 리더와 독재를 혼동하고 있다. 독재자는 물리적인 억압이나 힘을 이용하여 다수의 지지가 없어도 자신의 목표에 일치하는 행동을 하도록 강요하는 사람을 지칭하는 말이다. 리더와 독재자가 영향력을 행사한다는 점에서는 공통점이 있으나 리더는 물리적인 억압이나 힘을 사용하지는 않는다. 리더는 영향력을 행사하여 공감대를 형성하고 자발적인 협력과 동참을 이끌어내는 사람이다.

일반적으로 독재자가 제시하는 목표와 비전은 근사하게 포장되어 있어 사람들이 현혹된다. 히틀러는 독일국민에서 장미빛 미래에 대한 비전을 제시하는 능력을 활용하여 독일인이 전 세계를 지배하는 환상을 심어 주었고, 레닌은 공산주의적인 유토피아에 대한 비전을 추종자들에게 제시하였으며 이를 기반으로 해서 공산혁명을 성공시켰다. 모택동은 가난과 전쟁에 지친 인민들에게 중국의 자존심을 얼마간이나마 회복시켜주는 듯이 보였다.

그러나 이들 모두는 조직의 이익보다는 자신의 욕망을 위해 리더가 보일 수 있는 속성을 사용했기 때문에 엄청난 비극을 초래했던 것이다.

이러한 역사적 교훈을 통해 진정한 리더는 강제적인 방법과 위협을 사용하지 않고서도 자발적으로 사람들이 원하고 기대하는 행동을 하도록 이끌 수 있는 자질과 능력을 겸비한 사람이라는 것을 알 수 있다.

2) 리더십과 경영관리

리더십(leadership)과 경영관리(management)는 모두 특정한 권한을 가지고 있는 공식적 지위가 바탕이 될 때 이루진다는 공통성이 있지만 행사되는 내용과 시간에 따라 그 성격을 달리한다.

현실적으로 리더십의 행사가 경영관리보다 더 중요한 조직이 있을 수도 있고 그 반대의 경우도 있다. 리더십과 경영관리는 어느 한쪽이 다른 한쪽을 대신할 수는 없고 서로가 서로를 필요로 하고 있는 상호보완적인 관계인 것이다.

경영관리는 조직이 복잡하게 되면서 조직을 효율적으로 운영할 수 있게 하려고 생겨난 개념이다. 즉 복잡해진 조직이 일관성 있게 목표를 달성할 수 있게 해주는 처방과도 같다.

이에 반해 리더십은 변화에 대응하기 위한 것으로 조직의 생존을 위협하는 여러 가지 위험 속에서 누구도 앞날을 낙관할 수 없기 때문에 조직의 나갈 바를 제시하고 이끌어 감으로써 조직의 미래를 개척하는 것이라고 할 수 있다.

하버드대학(Harvard University)의 코털러(John P. Kotter) 교수는 리더십과 경영관리의 차이를 다음과 같이 설명하고 있다.

첫째, 리더십이 미래의 비전을 제시하고 방향을 설정하는 일이라면, 경영관리는 리더가 제시한 비전과 방향에 따라 계획하고 실행하는 일이라고 하였다. 조직 구성원들은 모두 그들 나름대로의 꿈과 이상을 가지고 생활한다. 그러나 그 꿈이 개인 혼자만의 것이 아니라 그가 속한 조직과 많은 사람들이 포함되어 설계된 꿈이고, 그 조직이 나가고자 하는 방향을 표현한 꿈일 때에는 그것이 바로 리더의 비전(vision)이라고 말해질 수 있다.

이처럼 리더의 비전(vision)은 함께 모여 있는 사람들의 이상과 현실을 연결시켜 주는 매개자 역할을 한다. 그리고 이러한 비전과 목표를 달성하기 위해 주어진 기간 동안 계획을 세우고, 계획을 실현하기 위해 자원을 배분하고, 예산을 편성하고, 통제하는 활동을 하는 것을 경영관리(management)라고 말할 수 있다.

여기에서 한 가지 유념해야 할 사실은 비전과 유사하게 사용되어지고 있는 방향설정이나 장기발전계획과 같은 용어와의 개념 상의 차이를 명확하게 하는 일이다. 경영관리적인 측면에서 방향설정은 비전(vision)과 같은 개념으로 이해할 수 있지만 방향설정과 장기계획은 동일한 의미로 이해할 수 없다. 기업경영에서 리더십의 부족으로 방향설정이 잘못되면 경영관리 과정에서 이루어지는 계획수립은 시간과 에너지의 낭비에 불과할 것이다.

조직 구성원들이 조직의 장기발전계획을 조직의 비전으로 잘못 이해하는 경우가 많다. 그래서 조직발전에 대한 장기계획이 있고 그것이 비전을 대신할 것이라고 생각한다. 그러나 그것은 큰 잘못이다. 장기계획이란 상황이 변한다거나 갑자기 예기치 못한 일이 생겼을 때 기업의 목적에 비추어 이를 얼마든지 수정할 수 있지만, 방향설정이나 비전은 그럴 수 있는 성질의 것이 아니다. 즉 변화된 상황이 방향의 변화를 가져오는 것은 아니라는 것이다. 오히려 확고히 설정된 방향에 상황이 대처해 나갈 수 있도록 계획을 변경시켜야 한다. 그러므로 방향설정은 어떤 계획이 중요하고 필요한지를 판단할 수 있게 한다.

둘째, 리더십은 리더의 비전을 구성원들에게 이해시키고, 비전과 목표에 헌신하도록 솔선하는 것이며, 경영관리는 계획을 달성하기 위해서 필요한 사람들을 조직화하고 충원하는 것이다. 조직의 복잡성이 증가하면 경영관리 목표에 따라 조직을 정비하고, 필요한 인적자원을 충원해서 적절한 곳에 배치하고, 과업을 할당하고, 권한과 책임을 위임해서 목표를 달성하도록 하는 일이 요구된다.

조직이 변화를 추구하거나 위기상황에 신속히 대처하려면 경영관리만으로는 충분치 않고, 조직의 비전을 이해하고 그것을 추구할 수 있도록 구성원들을 이해시키고 설득하는 리더십이 필요하다. 즉 조직 구성원들이 비전에 대한 신뢰와 확신을 갖도록 해야 하며, 리더 자신도 비전에 대한 신뢰와 확신을 가져야만 한다.

셋째, 리더십은 구성원들에게 신념을 확신시키고, 동기를 부여하며, 열정을 확산시키는 미래지향적인 노력인데 반해서 경영관리는 통제 및 문제해결을 통해 계획을 달성하려는 노력인 것이다.

다시 말해 경영관리가 계획과 실제 활동을 비교하여 계획에 맞도록 바람직한 방향으로 실제의 작업과 활동이 이루어지도록 각 부분을 조절해 가는 것이라고 한다면, 리더십은 비전을 달성하기 위해서 사람들의 동기를 유발시키는 것을 뜻한다. 즉 성취욕구나 인정받고 싶어 하는 욕구, 조직에 소속되어 있다는 소속감, 다른 사람을 통솔하려는 욕구, 자신을 통제하려는 욕구, 자신의 이상(理想) 대로 살고 싶어 하는 욕구 등을 충족시켜 줌으로써 비전을 실현시키는데 동참하도록 만든다.

3) 리더십은 왜 필요한가?

오늘날 기업경영에서 리더십이 중시되고 있는 이유를 살펴보면 다음과 같다.

첫째, 기술변화, 특히 자동화 기술의 급속한 진전을 들 수 있다. 자동화는 집적회로 반도체소자(IC; Integrated Circuit)의 개발로 이루어진 정보와 커뮤니케이션 기술, 우주탐사, 핵에너지, 로봇공학, CAD(Computer Aided Design), CAM(Computer Aided Manufacturing), CAE(Computer Aided Engineering) 등과 같은 컴퓨터 지원기능, 최근에는 융·복합기술이 4차 산업혁명을 주도하면서 산업과 인체공학부문에서 눈에 띠게 진전되고 있다.

이러한 기술은 인간이 신체를 이용하여 해 왔던 일을 기계로 대체시켜 줄 뿐만 아니라 새로운 대상과 오락에 대한 욕구도 창출시키고 있다. 또한, 육체노동의 비중을 감소시키고, 높은 수준의 교육을 받은 노동력을 필요로 하게 되었다. 따라서 인간은 신속한 적응에 필요한 새로운 능력을 끊임없이 요구받고 있다.

다른 한편에서 이러한 자동화의 진전은 작업상실의 우려, 새로운 기술개발 내용과 그 용도에 대한 무지, 변화에 대한 맹목적인 두려움, 기술로 인한 비인간화의 위협, 인간적 존엄성과 정서를 무시할지도 모른다는 두려움 등에서 저항감을 불러오고 있다.

오늘날 이와 같은 기술의 발전은 경제, 정치, 사회, 문화 등 제반 시스템의 통합을 촉진시키고 있다. 그러나 이러한 기술이 인간생활의 형태를 변화시킨다고 해도 리더십을 보장할 수는 없는 일이다. 리더의 중요한 책임은 인간성에 기초한 리더로서 행동을 보이는 것이지 물리성에 기초한 기계로서 행동하는 것은 아니기 때문에 기업경영에서 리더십의 중요성은 점증하고 있는 것이다.

둘째, 변화의 가속화와 세계화를 들 수 있다. 오늘날에는 통합적인 리더십을 필요로 한다. 즉 오늘날의 리더는 세계시장에서의 경쟁, 시장변동, 조직의 변형, 문화, 인적요소, 가용기술, 국제관계의 다양한 역학관계와 정부, 사업계, 학계, 정보기술계 등에서 표명되는 다양한 견해들을 고려해야만 한다.

셋째, 경제냉전의 심화를 들 수 있다. 경제를 중심으로 세계를 관찰해 보면, 선진국 중심의 WTO협상, 경제블록화의 가속화, 구소련의 해체 및 사회주의 국가들의 시장경제로의 이행과정 등에서 야기되는 불안정성 등이 현실이다.

이처럼 오늘날 세계경제는 다변성과 불연속적인 변화로 무한경쟁을 가속화시키고 있는데 불연속적인 변화의 구체적인 내용을 살펴보면 다음과 같다.

① 새로운 기술이 급속히 발전하고 있으며 그 기술로 인해 새로운 산업과 새로운 기업이 탄생하고, 기존의 주요산업과 기업이 쇠퇴해 가고 있다.

② 국제경제에서 세계경제로의 변화가 일어나고 있다. 지금까지의 국제경제에서는 개별국가 단위로 무역을 통해 서로의 관계를 유지해 왔으나, 세계경제가 출현함에 따라 공통의 정보가 동일한 욕구와 수요를 유발하게 되어 이제 세계는 하나의 시장이 되어가고 있다.

③ 사회생활과 경제생활을 좌우하는 정치환경이 급격하게 변화되고 있다.

④ 현대사회의 가장 큰 변화는 지식혁명에서 찾을 수 있다. 오늘날 지식은 하나의 산업이며, 경제활동의 중심이고, 사회변화의 원동력이다. 미국의 경우 불황과 맛 물려 채권국에서 채무국으로 전락한 자국의 위기 때문에 대통령이 선두에 나서서 지휘하고 있다. 미국의 상품을 팔기 위해 세계시장에서 세일즈맨으로 뛰고 있으며 다자간협상을 가속화시키고 있는 실정이다.

이상에서 살펴본 바와 같이 리더는 조직의 유형이나 규모와는 상관없이 조직의 환경을 통찰력 있게 분석하여 현재의 도전에 잘 대응하여야 하며 앞으로의 방향을 제시해야만 한다. 미래가 과거나 현재와 동일하다면 리더십은 필요 없을 것이다. 닥아오는 미래에는 개인적인 꿈이 담겨있고, 인류의 생존이 달려 있기 때문에 새로운 리더십이 요구되는 것이다.

4. 리더의 자질과 효과적인 리더십

1) 성공한 리더의 자질

기업경영에서 리더십(leadership)이란 조직을 번영, 존속시키기 위해 달성해야 할 목표 및 우선순위와 규칙을 정하고, 전략을 수립하며, 성취하는 행위라고 할 수 있다. 지금까지 기업을 성공적으로 발전시켜온 수많은 리더들이 지니고 있는 공통적인 특성들을 살펴보면, 그들은 추진력과 풍부한 에너지와 야망을 지녔으며, 목적을 성취하는데 강인하고 능동적이었다. 사람을 지배하기 위해서가 아니라 목적을 성취하기 위해 영향력을 행사하며, 정직하고 성실하다. 또한 그들은 다른 사람들로부터 신뢰를 받을 뿐만 아니라 스스로 다른 사람들을 신뢰하기도 한다. 자신감이 높고 무거운 짐을 떠맡을 수 있으며 스트레스가 많은 상황에서 침착성을 유지하며 창조적이고 상황에 맞게 유연하게 대처하며 때로는 카리스마적인 모습을 보이기도 하였다.

이상에서 살펴본 공통적인 특성들을 통해 우리는 효과적인 리더(leader)가 되기 위해서는 반드시 갖추어야 할 중요한 자질이 있음을 알 수 있다.

일반적으로 **부하가 따를 수 있는 리더는 비전과 목적을 명확하게 제시하는 리더, 의사소통을 잘하는 리더, 신뢰감을 주는 리더, 정직하고 성실한 리더, 자신감을 보여 주는 리더, 카리스마적인 리더, 창의적인 리더, 융통성을 발휘할 줄 아는 리더, 혁신적인 리더 등일 것이다.**

2) 효과적인 리더십이란?

성공한 리더의 자질을 중심으로 효과적인 리더십을 발휘할 수 있는 몇 가지 지침을 정리해 보면 다음과 같다.

첫째, 정확한 패러다임(paradigm)을 가지고, 비전(vision)과 목표(target)를 제시하는 리더가 되라.

패러다임(paradigm)의 사전적인 의미는 인식, 가정, 이론, 준거의 틀이다. 다시 말해 패러다임은 사물이나 현상을 바라보는 시각을 의미하는 것이다. 그리고 비전(vision)은 지성의 눈으로 자신의 꿈을 실현할 수 있는 가능성을 확인할 수 있을 때 나타난다. 패러다임은 특정 지역이나 도시를 나타내는 지도와도 같은 성질의 것이기 때문에 부정확한 지도를 가지고 목표지점을 찾는 행위는 어리석은 행위가 된다. 왜냐하면 부정확한 지도가 때로는 화를 자초할 수도 있기 때문이다.

그리고 비전(vision)은 길가는 나그네에 있어서 밤하늘의 북극성과도 같은 것이며, 조직의 비전은 리더가 갖는 패러다임(paradigm)으로부터 나타난다. 따라서 조직의 비전은 구성원 모두가 이해할 수 있고, 수용할 수 있는 구성원 모두의 꿈이 되어야 한다. 이와 같은 비전이 바로 기업의 철학이기도 하다.

오늘날의 모든 조직에서 강조되고 있는 효과적인 리더십은 조직의 발전이나 성패를 좌우하는 원동력이며 정확한 리더의 패러다임을 전제로 발휘될 수 있다. 리더의 패러다임은 그것이 옳든 그러든 조직 구성원들의 태도와 행동의 원천이 되고 궁극적으로는 조직성과나 대인관계의 근본이 되기 때문에 특히 그 중요성이 강조되고 있다.

고대 이집트의 위대한 천문학자인 프톨레마이오스는 "지구가 우주의 중심"이라고 주장했다. 그런데 코페르니쿠스는 태양이 우주의 중심이라고 주장하면서 패러다임의 전환을 가져왔다. 물리학에서의 뉴턴학설은 상당히 정확한 패러다임이었고, 오늘날 공학의 기초가 되고 있다. 그러나 그 후 과학계에서는 자연현상에 대한 정확한 예측과 설명을 가능케 하는 아인슈타인의 상대성이론이 과학계의 혁명을 가져왔다. 또한 헝가리의 제멜바이스와 프랑스의 파스퇴르의 세균이론이 나오기 전에는 산모와 신생아의 사망률이 높았다. 전쟁으로 인해 사망하는 사람보다 질병에 의해 사망하는 사람이 훨씬 많았다. 세균이론이 나온 이후 질병의 원인이 무엇인지를 이해함으로써 의학계의 혁명을 가져왔다.

오늘날 세계를 지배하고 있는 미국의 힘은 어디에서 나왔을까? 수세기 동안 인류는 정부에 대한 전통적 개념은 왕권신수설이었다. 그러나 "국민에 의한, 국민을 위한, 국민의 정부"라는 아브라함 링컨의 패러다임의 변화가 미국을 변화시켰다.

패러다임이 정확하면 그 다음은 성실성과 태도가 중요하다. 리더로서 비전을 제시하고 이를 성실히 수행하려는 노력을 경주하면 효과적인 리더십이 발휘될 수 있을 것이다.

둘째, 의사소통을 잘하는 리더가 되라. 원활한 의사소통은 구성원들에게 비전을 이해시키고, 조직의 역량을 결집시켜 보다 쉽게 비전을 현실화시킨다.

미국 포춘지가 선정한 최고기업의 최고의 CEO(Chief Executive Officer)로 선정된 월마트의 최고경영자 데이비드 글래스는 무엇인가 말하고 싶은 사람은 누구나 그가 어디에 있건 아무 때나 통화할 수 있게 하였다. 이러한 그의 경영철학의 단면을 이해할 수 있는 예가 있다. 예컨대 어느 날 출장 중 밤 11시에 벨이 울렸다. 부당해고에 대한 불만을 가진 종업원이 글래스의 집으로 전화하였고 부인은 남편이 머물고 있는 호텔 전화번호를 알려주었던 것이다. GE사의 젝 웰치도 글래스의 팬이었고, IBM, GE, Southwest항공사, 프록터 앤드 갬블사 등 내 노라 하는 일류기업들의 중역들도 월마트의 경영회의에 보내 그의 경영철학을 배우도록 하고 있는 실정이다.

데이비드 글래스는 “우리가 영리하기만 하면, 우리가 경험했던 그 이전의 어떤 것보다 많은 것에서 기회를 포착할 수 있다”는 믿음을 사람들에게 심어주고 있는 뉴리더(new leader)의 모범을 보인 사람으로 평가받고 있다.

셋째, 상호간 신뢰를 쌓는 리더가 되라. 리더는 조직에 관한 제반 사항을 구성원들과 공유함으로써 부하들의 자발적인 참여를 이끌어 낼 수 있다. 조직이 처한 상황이 특수할수록, 어떤 목표가 꼭 달성되어야만 하는 중요한 것일수록, 위험요소가 많은 환경일수록 상호간의 신뢰는 더욱 중요하다.

일본의 역사에서 전설적인 위치를 차지하고 있는 도꾸가와 이에야스(1542~1616)는 명장이자, 위대한 정치가요, 우수한 경영자로 잘 알려져 있다. 해도(海道) 제일의 무사로서 싸움에서 이기고, 통치에 성공했으며, 많은 재물을 모았던 그가 그렇게 많은 것을 해낼 수 있었던 힘은 부하를 아끼고 그들로 부터의 존경과 신뢰를 중시하는 태도와 부하들에 대한 세심한 교육에 있었다고 한다.

어느 날 도요토미 히데요시가 이에야스에게 자신의 보배를 자랑해 보라고 하자 “나는 이렇다 할 보배는 없지만 나를 위해서라면 물불을 가리지 않고 목숨을 바칠 부하 500여명 정도 거느리고 있다. 나로서는 이것이 최상의 보물이다.”라고 대답하였다.

한 번은 이에야스의 적장인 이시다 미쓰나리의 부하인 오바따 스케로꾸란 사람이 미쓰나리의 행방을 찾아 헤매다가 이에야스에게 잡혔다. 그에게 미쓰나리의 행방을 묻자 “나는 미쓰나리에게 대대로 충성을 다해온 신하로서 설령 행방을 안다 하더라도 결코 말하지 않겠다"고 하자 이에야스는 그의 충성심에 감탄하여 그를 살려 보냈다. 전과를 쌓기 위해 충성을 다하는 적군의 부하를 이용하지 않았고, 오히려 그의 충성에 깊은 이해와 존경심을 보여주었다.

이러한 이에야스의 행동에서 "무사는 군주에게 충성을 다해야 한다."는 것이 얼마나 중요하고 가치 있는 일인가를 자신의 부하들이 스스로 깨우치도록 하려는 이에야스의 리더십 단면을 엿볼 수 있게 한다.

조직의 목표를 성취하기 위해 구성원들의 참여는 매우 중요하다. 리더의 성실성과 정직성에 대해 구성원들이 신뢰하지 않는다면, 리더가 어떤 목표를 추구하든지 그들은 당연하다는 듯이 냉담할 것이다.

남가주 대학의 교수인 베니스(Bennis)는 신뢰를 형성하기 위해 리더가 지녀야 할 요소로서 다음과 같은 네 가지를 설명하였다.

① 리더는 자신이 예기치 않은 일을 당하더라도 자기 집단에는 영향을 끼치지 않도록 주의하며, 시종일관된 태도를 보여야 한다.

② 자신이 말한 대로 행동한다. 진정한 리더는 자신이 신봉하는 이론과 행동 사이에 차이가 없어야 한다.

③ 누군가 도움이 필요로 하는 사람이 있다면 언제나 그 옆에는 자신이 있다는 점을 알리고 중요한 순간에는 지원할 준비를 갖추어 놓는다.

④ 리더는 자신이 공언한 언약이나 약속을 존중한다.

넷째, 정직하고 성실한 리더가 되라. 리더는 조직이 추진하는 일을 분명하게 밝히고, 그것을 구체화시키는데 노력과 수고를 아끼지 말아야 한다. 무엇이 옳고 무엇이 그른 일인지를 정확하게 판단할 수 있는 능력도 필요하다.

베니스와 나너스는 그의 저서 『리더 들』에서 성실이란 "말과 행동의 일치"를 의미하며, 정직이란 "신뢰할 만하고 속임수나 기만행위를 하지 않는 것을 의미한다"고 하였다. 미국의 백만장자이자 한때 대통령 후보였던 로스 페로(Ross Perrot)는 "당신의 삶을 무엇이 합법적이고, 무엇이 불법적인가에 따라 결정하지 말고, 무엇이 옳고 무엇이 그른가에 의해 이끌어 가라"고 하였다.

최고의 위치에서 성공적인 리더십을 발휘했던 리더들은 모두 개방적인 스타일을 가졌고, 부하들과 진실하게 의사소통하고 있었다. 눈앞의 성공을 위해 잠깐이긴 하지만 거짓말 하는 양치기 소년과 같은 역할을 해야만 한다고 생각하는 리더나 험한 환경을 극복하고 조직의 성과를 이루기 위해서는 속임수도 필요하다고 생각하는 리더가 있다면, 그는 모래 위에 집을 짓고 성을 쌓는 일이나 다름없을 것이다.

다섯째, 자신감을 보여 주어라. 자신감이란 자신의 이상과 능력에 대해 확신을 갖는 것을 말하며, 이것은 성공적인 리더십을 행사한 리더들에게서 찾아 볼 수 있는 특징이다.

따라서 리더는 많은 양의 정보를 수집·처리해야 하고, 계속되는 문제들을 해결해야 하며, 합리적으로 의사결정을 해야 한다. 또한, 부하들이 특별한 행동을 추구하도록 그들을 확신시켜야 하며, 보상과 처벌을 적절히 실시해야 하고, 불확실한 상황에서 위험을 감수해야 하며, 실패를 극복해야만 한다.

이러한 상황에서 당황하고 자기 불신의 늪에서 허덕이는 사람들은 그 상황에서 진정으로 필요한 행동을 취할 수 없으며, 다른 사람들의 존경을 받을 수 없다.

헐리우드에서 만든 영화의 주인공들에게서 우리는 큰 매력을 느낀다. 영화가 실제가 아니고 허구인 것을 알면서도 주인공들이 보여주는 멋진 행동에 자신도 모르게 현혹당하게 된다. 인디아나 존스에 나오는 해리슨 포드나 다이하드에 나오는 부르스 윌리스, 서부 영화의 게리 쿠퍼를 상상해 보라. 그들은 위기 상황에서 허둥대는 법이 없다. 관객들이 불안해하고 있을 때 차분하게 한 치의 흐트러짐도 없이 부드럽게 위기를 벗어난다. 관객들이 그런 영화 속에 배역과 평범한 영화배우로서의 한 사람을 혼동한 나머지 열광적인 팬이 되어가는 과정은 흔히 볼 수 있는 풍경이다.

조직 구성원들을 통솔하고 위기상황을 성공적으로 극복하기 위해서는 자신감을 보여주는 것이 무엇보다 중요하다. 훌륭한 리더가 되려면, 자신이 이끌고 있는 부하들을 위해 무엇을 해야 하고, 무엇을 할 수 있는지에 대해 분명하고 정확한 비전을 갖는 것이 리더십의 핵심이라면, 감정적인 안정이나 강한 정신력은 모든 리더가 소유해야 할 자질인 것이다.

강한 정신력과 자신감이 있는 리더는 스트레스를 유발하는 사건을 흥미롭게 생각하고, 그러한 사건들의 결과에 영향을 미칠 수 있으리라 확신하며, 그러한 위기의 상황을 새로운 발전의 기회로 삼는다.

리더가 갖는 자신감은 리더의 긍정적인 정신자세에서 비롯된다. 부정적인 정신자세가 리더의 자신감에 상처를 입힌다면, 긍정적인 정신자세는 자신감을 북돋는데 큰 기여를 한다.

칼 왈렌다(Karl Wallenda)는 역사상 가장 위대한 줄타기 곡예사였다. 그가 1978년 곡예 도중에 추락하여 사망하였다. 줄타기 전에 시설과 줄을 직접 조사했는데 그런 행동은 지금까지 전혀 볼 수 없었던 행동이었다. 그날은 곡예 할 때 떨어지지 않은 것에만 신경을 쓰고 있는 듯 보였다고 그의 아내는 말했다.

리더로서의 자신감을 키우기 위는 구체적인 방법은 다음과 같다.

① 상황을 살펴보고 자신이 할 수 있을 때에만 리더가 되기를 자청하고 칭찬과 비난에 연연해하지 않는 리더가 된다.

② 일단 훌륭한 충고자로써 다른 사람을 돕는 사람이 되면, 다른 사람들이 지도를 요청하면서 주위에 모여들게 된다.

③ 자신만의 전문기술을 개발하는 것이다. 전문기술은 리더십의 원천이다.

④ 긍정적인 정신자세를 견지한다. 그것은 리더십에 대한 자신감을 증진시킬 것이다.

여섯째, 카리스마적인 리더가 되라. 카리스마는 은사를 뜻하는 그리스어에 기원을 두고 있으며 하나님으로부터 무엇인가를 부여받았다는, 즉 천부적으로 타고난 자질을 의미한다.

존 에프 케네디는 “국가가 여러분을 위하여 무엇을 해줄 것인가를 묻지 말고, 여러분이 국가를 위하여 무엇을 할 것인가를 생각해 보라”(Ask not what your country can do for you, ask what you can do for your country)고 하였다. 마틴 루터 킹 목사는 “나에게는 꿈이 있습니다”(I have dreams.)라고 외쳤다.

로버트 하우스(Robert J. House)는 “카리스마적 리더십에 관한 이론”이라는 논문을 통해 카리스마적인 리더가 될 수 있게 하는 중요한 요인들로서 다음과 같은 내용을 제시하였다.

① 부하들이 리더의 확신이 갖는 정당성을 신뢰한다.

② 부하들이 확신하는 바가 리더의 신념과 유사하다.

③ 부하들이 의심 없이 리더를 수용한다.

④ 부하들이 리더에 대해 애정을 갖고 있다.

⑤ 부하들이 자발적으로 리더에게 복종한다.

⑥ 부하들이 조직의 임무에 감정적으로 몰입하고 있다.

⑦ 부하들이 점차 향상된 성과목표를 세운다.

⑧ 부하들이 스스로 집단임무의 성공을 위해 공헌할 수 있다고 확신한다.

따라서 하우스는 카리스마적인 리더의 독특한 행동과 특성으로서 ① 넘치는 자신감, ② 자신의 믿음과 이상에 대한 굳은 의지, ③ 다른 사람들에게 영향을 끼치고자 하는 욕구 등을 지적하였다.

카리스마적인 리더는 부하들로 하여금 리더의 비전이나 가치관에 대하여 신뢰감을 갖게 하고, 리더에 대해 열정적인 감정을 품게 하며, 인기 있는 주제에 참여하여 자극적인 언어를 사용하면서 적절한 비언어적 의사표현 방법도 활용한다.

또한, 카리스마적인 리더는 부하의 수준에 맞게 관계를 형성하지만, 그들을 리더의 수준에 맞게, 그리고 리더의 목표를 향해 움직이도록 변화시킨다. 그리고 독립성을 유지하되 고립되지 않으며, 자신의 신념에 몰입하지만 논쟁적이거나 적대적이지 않으려고 부단히 노력한다.

부하들이 자신의 리더에게 카리스마가 있다고 확신할 때 리더의 영향력은 더욱 증대된다. 역사적으로 히틀러, 모택동은 유례가 없는 전형적인 카리스마적인 리더였다. 자신의 민족에게 끝이 없을 만큼 무한해 보이면서 조금은 무모하기 짝이 없는 비전을 심어주었고, 영광스러운 리더였고, 더할 나위없는 완전한 존재로 포장되었었다.

그러나 그들은 모두 도덕심, 의무감, 성실성이 결여되어 있었다. 히틀러는 치명적인 정신적인 결함(과대망상증)을 만인 앞에서 은폐시켰고, 대학살을 저질렀으며, 모택동은 문화혁명이라는 깃발을 내걸고 수많은 동료들을 수용소로 보냈다.

일곱째, 창의력을 발휘하는 리더가 되라. 창의력이란 리더가 문제를 해결하는 데 있어서 독창적인 해결방법을 찾고, 문제를 통찰력 있게 볼 수 있도록 하는 능력으로 기존에 없었던 것을 제시할 뿐만 아니라, 기존에 존재하는 것도 전혀 새로운 시각에서 볼 수 있게 함으로써 기존의 것을 활용하고 발전시킬 수 있는 능력이기도 하다. 따라서 창의성은 사물을 바라보는 시각을 달리하는 데서부터 나타난다.

특히 오늘날의 기업경영에서는 제도적 장치를 통해 지속적으로 창의력 향상에 자극을 받아야 조직이 생존·발전할 수 있다.

3M에서 직원들이 근무시간의 15%를 자신이 원하는 일에, 특별한 경우에는 50%까지 사용할 수 있도록 제도화하면서 실패의 자유도 보장하였는데 이는 제도적으로 창의성을 고무시키는 좋은 예가 된다.

여덟째, 융통성을 발휘하는 리더가 되라. 오늘날 리더에게는 환경변화에 적응하고, 추진력 있게 변화에 대처해가는 역량, 즉 유연성과 융통성을 필요로 한다.

1991년의 영화 '로빈 후드'(Robin Hood : prince of Thieves)처럼 자신이 다른 감독의 지시를 받는 배우의 입장이 되었을 때는 자신의 목소리를 철저히 낮춤으로써 감독과 다른 배우 및 스텝들과의 조화를 추구하는 것으로 유명하다. 이는 훌륭한 리더가 된다는 것은 언제든지 부하의 역할도 제대로 해야 한다는 것을 보여 준 좋은 예가 된다.

아홉째, 혁신적인 리더가 되라. 드럭커(F. Druker)가 말하는 단절의 시대란 과거에 성공을 가져왔던 황금알을 낳는 거위가 오늘도 얌전히 황금알을 낳아줄 것을 확신할 수 없다는 것을 의미한다.

효과적인 리더가 되려면, 그들이 일하고 있는 현장을 비롯한 수많은 경험에서 얻어진 조직환경과 산업, 그리고 기술에 관한 포괄적인 지식을 갖추고 있어야 한다. 즉 의사소통에 관한 기술, 협력체제 구축 및 갈등관리 기술, 자신과 타인과의 문제해결, 의사결정 기술 등과 같은 리더십이 필요로 하는 다양한 기술을 갖추고 있어야 한다.

따라서 리더는 많은 양의 정보를 처리하고, 통합하고, 거기서 논리적인 결론을 도출할 수 있는 지적인 능력을 갖추고 있어야 한다.

이상에서 효과적인 리더십을 발휘하기 위한 지침에 관한 내용을 살펴보았다. 그러나 리더의 발목을 잡는 함정은 도처에 도사리고 있다. 리더가 빠지기 쉬운 함정은 무엇일까? 일반적으로 나타나는 함정의 대부분은 리더의 자만에서 비롯되지만 함정을 초래하는 핵심요인은 분석해 보면 다음과 같다.

첫째는 리더의 통제욕구이다. 개인적으로는 독립성을 유지하고 싶어 하면서도 조직을 대상으로 할 때에는 계획을 통제하며 정보시스템을 효율적으로 관리하려 한다. 그리고 외부통제나 자신의 의사에 대한 침해에 대해서는 민감하게 반응한다. 특히 규모가 커지면서 통제의 부작용은 심각하게 나타난다. 지나친 간섭은 정보의 흐름을 방해하고, 합리적인 의사결정을 좌절시키며, 유능한 관리자를 떠나게 만든다.

둘째는 불신감이다. 이는 통제욕구와 밀접하게 관련이 된다. 신뢰성은 리더의 일관성과 성실을 기초로 이루어진다. 리더십의 존속은 리더 자신과 자신의 능력, 동료, 미래에 관한 굳건한 상호 신뢰감이 바탕이 되어야 할 것이다.

5. 리더십의 분류

리더십의 유형은 다음과 같은 여러 가지 기준에 따라 다양한 형태로 분류될 수 있다.

1) 제대를 기준으로 한 분류

제대 영역의 차이를 기준으로 리더십의 유형을 구분해 보면, ① 소대장 이하의 지휘·통솔, ② 중대장과 령관급 지휘관의 지휘통솔, ③ 장군의 지휘통솔로 구분할 수 있다. 이와 같은 구분에서 상위영역은 하위영역을 모두 포괄하며, 하위영역을 제대로 체득·통달한 뒤에 도달하게 된다는 것을 의미한다. 이와 같은 구분은 기업경영조직에도 적용할 수 있는데, ① 계장·대리급의 리더십, ② 과·부장급의 리더십, ③ 임원급 또는 사장의 리더십으로 분류할 수 있다.

2) 권한양식에 의한 분류

이는 권한의 배분양식, 즉 위양과 집중을 기준으로 하여 리더십의 유형을 분류하는 방법으로서 그 내용은 다음과 같다.

(1) 전제형 리더십과 민주형 리더십

리더십의 유형은 기본적으로 의사결정권의 소재가 어디에 있느냐에 따라 구분된다. 종래에는 대부분 리더십의 유형을 전제형 리더십(authocratic leadership style)과 민주형 리더십(democratic leadership style)으로 구분하였다. 이들 두 유형의 개념을 대비시켜 보면 다음과 같다.

〈표 9-1〉 전제형 리더십과 민주형 리더십의 대비개념

전제형	권위주의적	독재적	리더 중심적	생산 중심적	구조화	X이론
민주형	평등주의적	협조적	집단 중심적	종업원 중심적	배려	Y이론

첫째, 전제형 리더십은 주어진 과업을 성취시키는 국면에 역점을 두고 구성원들에게 지시 또는 명령하는 리더십으로 리더가 모든 구성원에 군림하게 되어 지배적인 위치에 서게 되며, 부하의 관리는 공포와 처벌로써 일관한다. 그리하여 전제형 리더들은 과업수행에 필요한 모든 정보를 독점하며 조직 내 의사결정권은 상사 중심적이 된다.

둘째, 전제형 리더십은 리더 중심의 조직운영이므로 부하들의 일에 대한 자발적·능동적인 동기유발이나 사기앙양은 기대할 수 없을 뿐만 아니라 조직 운영에 있어서 부하들의 적극적인 참여와 협동의 길이 차단됨으로써 생산성은 향상되지 못하며 설사 일시적으로 향상된다고 하더라도 지속되지는 못한다.

셋째, 민주형 리더십은 구성원들에게 만족을 주는 국면에 역점을 두고, 구성원의 참여와 자율성을 존중하는 리더십 유형으로 참여제도를 바탕으로 구성원의 자발적이고 목표지향적인 행동을 유인하고 또한 충족시켜줌으로써 팀워크(team work)의 효과를 증대시키는 것이다. 따라서 커뮤니케이션은 하향적 뿐만 아니라 상향적, 수평적으로도 이루어진다.

이상에서 살펴본 바와 같이 민주형 리더십이 전제형 리더십보다 언제나 바람직한 것이라고 전제하고 있는 고전적이며 전통적인 이 이론은 다음과 같은 문제점과 한계를 지니고 있어 다음과 같은 비판을 받고 있다.

첫째, 이 이론은 너무나 다의적이고 지나치게 포괄적이다.

둘째, 이 이론은 '이것' 아니면 '저것'이라는 양자택일식의 것이며, 단일차원에 있어서 좌 ·우 대칭적으로 양극화하는 2분법적 발상에 근거하고 있는 경우가 많은데 현실적으로는 절대적인 전제형도 민주형도 존재하지 않는다.

셋째, 이와 같은 개념은 선험적으로 사회적 가치를 민주적이면 선(善)이고 전제적이면 악(惡)이라는 등의 가치개념을 내포하고 있는데 이는 올바른 규범의식일 수 없다. 종래의 유형개념에는 역사개념과 기능개념이 혼합되어 있다. '봉건적인 리더'라고 말하는 경우가 있음은 바로 이를 말해 준다.

넷째, 이 이론은 전제형보다 민주형이 언제나 바람직하다는 가설에 입각하고 있으나 많은 조사연구는 이 같은 가설을 지지해 주지 못하고 있다. 말하자면 여러 조사연구는 대체로 민주형이 종업원의 만족도는 높으나 생산성을 낮추는가 하면 전제형은 생산성은 높이고 만족도를 낮추는 상반된 경향을 지닌다는 것이다.

이와 같은 문제점 때문에 최근에는 흑백논리에 의한 관점에서 연속선 상의 개념으로의 전환이 거론되고 있다.

텐넌바움(R. Tannenbaum)은 [그림 9-2]에서와 같이 전제형 리더십에서 민주형 리더십에 이르는 연속선상에서 광범위한 리더십 유형을 제시하고 있다. 그는 전제적인 행동과 민주적인 행동을 부하들에게 허용하는 자유영역의 범위로써 리더십 유형을 구분하고 있다.[5]

그림 9-2 리더십의 전제형과 민주형의 연속체

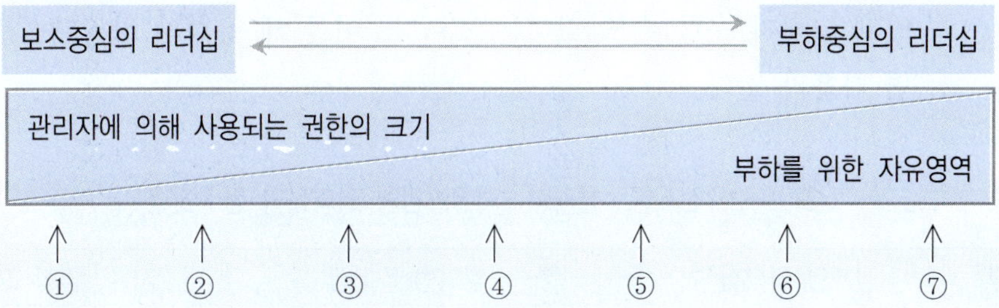

① 관리자가 의사결정을 하고 통보함.
② 관리자가 결정사항을 부하에게 납득시킴.
③ 관리자가 아이디어를 제시하고 질문을 함.
④ 관리자가 변화에 관한 잠정적 결정사항을 제시함.
⑤ 관리자는 문제를 제시하여 제의를 받아서 의사를 결정함.
⑥ 관리자는 한계사항을 분명히 하고 집단의 결정을 요구함.
⑦ 관리자는 상급자에 의해 한정된 범위 내에서 기능을 다하도록 용납함.

자료: R. Tannenbaum & W. H. Schmidt, "How to Chose a Leadership Pattern," *Harvard Business Review 36*, March-April 1958, p. 96.

---

5) R. Tannenbaum & W. H. Schmidt, "How to Choose a Leadership Pattern," *Harvard Business Review 36*, March-April 1958, pp. 95-101.

(2) 전제형 · 참가형 · 자유방임형 리더십

윌리엄스(J. C. Williams)는 리더십의 유형을 다음과 같이 구분하였다.[6]

첫째, 전제형(authoritarian pattern) **리더십**은 공식적 지위와 권력에 크게 의존한 것으로써 주어진 과업의 수행에 높은 가치를 두는 반면 부하의 욕구는 무시하는 유형이다.

둘째, 참가형(participative pattern) **리더십**은 집단 내의 의사결정과정에 부하들을 참가시키는 유형으로 조직의 목표달성 보다는 구성원의 욕구에 더 많은 관심을 두고 있다.

셋째, 자유방임형(laissez-faire pattern) **리더십**은 리더의 역할을 포기하고 부하들 스스로가 자신들을 이끌어 가도록 용납하는 유형을 말한다.

한편 던칸(W. J. Duncan)은 리더십을 집단 구성원의 영향력의 관계로 보고 리더십 유형을 전제형, 민주형, 자유방임형의 세 가지를 제시하면서 이들을 하나의 연속선상에 위치한 것으로 설명하였다.[7]

이러한 세 유형의 리더십은 상황에 따라 제각기 바람직한 것이 될 수도 있고 그렇지 못할 수도 있다는 것이다. 이들 세 유형의 장 · 단점을 요약하면 다음과 같다.

〈표 9-2〉 전제형 · 참가형 · 자유방임형 리더십의 장 · 단점

구분	전제형 리더십	참가형 리더십	자유방임형 리더십
장점	① 단기적으로 목표 달성함 ② 작업자의 생산성 제고 ③ 일치된 의사결정 증진 ④ 강력한 리더라는 인식 ⑤ 긴급상황에서 일처리를 잘함 ⑥ 이윤과 원가의식이 있음	① 구성원의 사기를 진작시킴 ② 부하를 개발함 ③ 개방적인 커뮤니케이션 촉진 ④ 부하 교육 · 훈련 기회제공 ⑤ 부하의 창의성을 증진시킴 ⑥ 집단 응집력을 촉진시킴	① 부하의 창의성을 촉진 ② 부하의 자발성을 개발 ③ 부하의 동기유발 촉진
단점	① 장기적으로 종업원 좌절초래 ② 개인 성장 · 발전 기회제공 못함 ③ 비공식집단을 형성케 함 ④ 공포, 압박, 긴장, 불안 조성 ⑤ 부하의 창의력을 질식시킴 ⑥ 불평, 불만, 이직률 높아짐	① 부하에게 일반적 지침만 제공 ② 커뮤니케이션의 장애 초래 ③ 혼돈과 통제결여 초래 ④ 제국건설(empire building) ⑤ 책임의식의 결여를 초래	① 경영의 회피로 보임 ② 부적절한 방향으로 감 ③ 혼란을 야기함 ④ 불일치한 의사결정 초래 ⑤ 책임의식의 결여 초래

6) J. C. Williams, *Human Behavior in Organizations*, South-Western, 1978, p. 217.
7) W. J. Duncan, *Organizational Behavior*, Houghton, 1982, pp. 221-224.

(3) 전제형, 온정주의형, 민주형·참가형 및 자유방임형의 리더십

호제트(R. M. Hodgetts)는 리더십의 유형을 ① 전제형 리더십, ② 온정주의형(paternalistic) 리더십, ③ 참가형·민주형 리더십 및 ④ 자유방임형 리더십 등으로 구분하여 이들을 연속선의 개념으로 설명하였으며, 먼디(R. W. Mondy) 등은 리더십의 유형을 ① 전제형 리더십, ② 참가형 리더십, ③ 민주형 리더십 그리고 ④ 자유방임형 리더십 등을 제시하면서 이들 각 유형에 알맞은 종업원의 유형과 대비시켜 설명하였다.

〈표 9-3〉 리더십 유형과 종업원 유형과의 관계

전제형 리더십	참가형 리더십	민주형 리더십	자유방임형 리더십
리더가 종업원에게 무엇을 할 것인가?	리더가 종업원의 참가를 용납하고 기대한다.	리더는 종업원의 다수결의 원칙을 탐색한다.	리더는 집단구성원들이 모든 결정을 하도록 한다.
X이론적 종업원	Y이론적 종업원		전문가로서 종업원

자료: R. W. Mondy et als., *op. cit.*, 1990, p. 554.

이를 구체적으로 살펴보면, 인간관에 따라 X이론적인 종업원에게는 전제형 리더십을, Y이론적인 종업원에게는 참가형 또는 민주형 리더십을, 그리고 전문직 종업원에게는 자유방임형 리더십을 발휘하는 것이 효율적이라고 하였는데 이들 이론은 결국 오늘날의 상황적합적인 리더십 이론에 이르게 된다.

3) 기타 분류방식

캘라한(R. W. Challahan) 등은 작업지향적인 행동과 종업원지향적인 행동을, 그리고 쉬네이크(M. E. Schnake)는 과업지향적인 행동과 관계지향적인 행동을 각각 축으로 한 매트릭스를 통해 리더십의 유형을 제시하였다.

그림 9-3 주요 리더십 유형

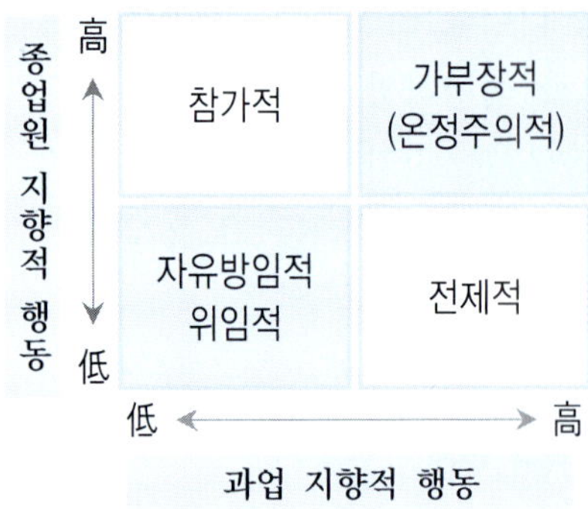

자료: R. W. Callahan & C. P. Fleenor, *Managing Human Relations,* 1998, p. 105

그림 9-4 리더십 유형과 행동간의 관계

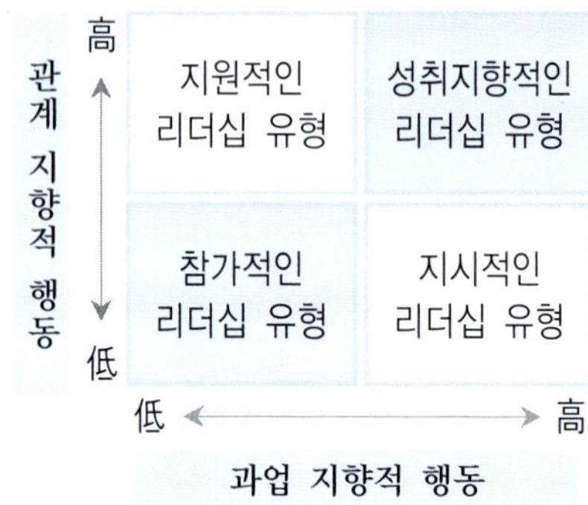

자료: M. E. Schnake, *Human Relations,* Merrill Publ., 1990, p. 345.

매트릭스를 통해 제시한 이들 각 유형들은 제각기 효과적일 수 있는 조건과 상황이 있으므로 오늘날의 환경적합적인 리더십 이론과 맥을 같이 한다.

한편, 머치크(J. P. Muczyk)는 리더가 의사결정 과정에서 부하의 참여를 허용하는 정도에 따라 전제적-민주적 차원과 리더가 부하에게 행동방향을 지시하고 직무를 수행하는 방법을 알려 주는 정도에 따라 용납적-지시적 차원을 중심으로 한 다음과 같은 네 가지 유형의 리더십을 제시하였다.[8)]

첫째, 지시적-전제형 리더십(directive-autocrat leadership) : 모든 의사결정을 단독적으로 하고 부하의 행동을 일일이 감독하는 유형이다.

둘째, 용납적-전제형(permissive-autocrat) : 모든 의사결정을 단독적으로 처리하기는 하지만 과업수행 과정에서 부하의 상당한 재량권을 허용한다.

셋째, 지시적-민주형(directive-democrat) : 의사결정 과정에 부하의 참여가 허용되나 부하의 행동을 일일이 감독한다.

넷째, 용납적-민주형(permissive-democrat) : 의사결정 과정에 부하를 참여시키면서 그에게 주어진 과업을 수행하는 과정에서도 상당한 재량권을 허용한다.

8) J. P. Muczyk & B. C. Reimann, "The Case for Directive Leadership," *Academy of Management Review,* 1987, Vol. 12.

이들 네 가지 리더십 유형은 제각기 장·단점을 지니고 있으며 어느 것도 유일최선의 것은 되지 못하며 많은 경영자들은 이들 가운데서 자신에게 잘 맞는 유형을 선택하게 된다. 그러고 이 이론도 결국은 오늘날의 환경적합적인 리더십 이론에 이르게 된다.

아지리스(C. Argyris)는 리더십의 유형을 ① 강압적·권위주의적인 리더십, ② 참가적·종업원중심적인 리더십, ③ 현실 중심적인 리더십으로 구분하였고, 유리스(A. Uris)는 리더가 통솔하는 부하직원의 성격, 상황, 집단의 성격에 따라 ① 전문가형 리더십, ② 조정관형 리더십, ③ 문제해결형 리더십, ④ 인간주의형 리더십, ⑤ 목표추구형 리더십 등으로 구분하였다.

에닝스(H. H. Jennings)는 리더십의 유형을 설득형, 지배형, 회장형으로 구분하였고, 테리(G. Terry)는 리더십의 유형을 ① 개인적 리더십, ② 비개인적 리더십, ③ 전문적 리더십, ④ 민주적 리더십, ⑤ 온정적 리더십, ⑥ 자유적 리더십으로 구분하였다.

특히 최근에 이르러 리더의 능력을 중심으로 새롭게 많은 이론들이 제시되면서 다양한 형태의 리더십 유형이 제시되고 있는데 이에는 변혁적 리더십(Bass, 1985), 카리스마적인 리더십(Conger & Kanngo, 1989), 비전적 리더십(Sashikin, 1988), 문화적 리더십(Trice & Beyer, 1991), 자기희생적·봉사적 리더십(R. Greenleaf, 1970), 윤리적 리더십(D. Seiman, 2004), 코칭리더십(coaching leadership), 셀프리더십(self-leadership), 슈퍼리더십(super leadership) 등이 거론되고 있다.

6. 리더십이론의 발전과정

리더십의 문제는 매우 중요한 관심사이며 경영학 연구영역의 중요한 부분으로 간주되어 왔다. 제각기 연구하는 입장과 취하는 관점의 차이에 따라 상당히 다양하게 이해되어 왔으며, 리더십에 대한 개념을 달리함에 따라 접근방법 또한 매우 다양하다.

리더십이론에 관한 주장과 비판에 대한 논쟁점은 아직도 많지만, 고전이론으로서 리더중심의 이론, 이에 대한 반발로 대두한 상황중심이론에 주안점을 두면서 리더십 이론에 대한 논의를 전개하고자 한다.

1) 특성이론 : 리더의 특성과 자질을 중시

(1) 위인이론(Great Man Theory)

1879년 갈톤(F. Galton)의 위인(great man)연구가 시작된 이래 니체(F. Nitzsche), 썸너(Sumner) 등에 의해 주장된 초창기의 리더십 이론이다. 위인이론에서는 역사의 진로를 위인 또는 영웅의 행적으로 설명하고 있으며, 리더의 공통적인 특징을 발견하고자 노력하였다.

천부적인 특성을 타고난 리더의 선천적인 자질의 위대성을 인정하여 위인이야 말로 집단생활을 수행하는 과정에서 완벽한 성공을 거둘 수 있다는 주장을 제시함으로써 당시 우생학적 입장을 고수했던 생물학자들의 견해와 부합하였기 때문에 한동안 리더십 성립이론으로 지배해 왔다. 그 후 유전 만능적인 사고의 모순과 생물학 연구의 모순이 들어나면서 그 영향력이 점차 감소하게 되었다.

리더십 연구의 대표적 논자라 할 수 있는 스토그딜(R. Stogdill)은 리더의 특성으로서 ① 지성, ② 지배력, ③ 자신감, ④ 추진력, ⑤ 실력이 중요하지만, 이러한 특성을 가진 사람 중에서 리더가 안 된 사람도 많다는 것을 발견하였다.[9)]

한편, 스토그딜(R. Stogdill)은 리더의 신체적인 특성을 연구하면서 키가 크고 힘이 센 사람이 지배자적인 체질인 것 같다고 하였으나, 나폴레옹, 히틀러, 간디, 박정희 등은 모두 키가 작은 사람들이었다. 또한 나이도 좀 들고 야망이 있어야 훌륭한 리더가 된다고 하였으나 케네디는 아직까지도 미국의 최연소 대통령이며, 간디는 조국독립의 야망은 있었는지 모르지만 개인적인 야망은 하나도 없는 사람이었다. 귀셀리(E. E. Guiselli)는 박력이 있고 두터운 신임을 얻은 사람이 훌륭한 리더가 된다고[10)] 하였으나 보통사람 중에 신임을 더 얻고 추진력이 더 강한 사람이 있는데도 리더는 엉뚱한

---

9) R. M. Stogdill, Handbook of Leadership, New York; Free Press, 1974.
10) E. E. Guiselli and D. A. Johnson, “Need Satisfaction Managerial Success, and Organizational Structure,” *Personal Psychology*, No. 23, 1976, pp. 569-579.

사람이 되는 것을 흔히 본다고 했다.

(2) 통일적 자질론

리더십을 결정하는 요인이 무엇이며, 누가 지도자이고 누가 지도자가 될 수 있는가에 관한 이론과 가정은 아직도 많은 논쟁의 대상이 되고 있지만, 1940년대에 등장한 자질론(trait theory)은 리더의 개인적 자질과 특성이 리더십의 지위와 기능에 영향을 준다고 간주하고, 그 특성을 해명하고자 하였다. 즉 선천적으로 탁월한 자질을 부여받은 인간이 위대한 인간(great man)이고, 역대의 리더였다는 의미에서 현실적인 자질을 갖추는 것이 리더십의 요건이라고 보는 것이다.

그러나 행동과학적인 관점에서 보면 인간은 학습과 경험에 의하여 후천적인 자질이 형성될 수 있고, 오직 총명(intelligence)만은 오늘날에도 리더십의 요건으로서 보고 있을 뿐이다. 다시 말해 선천설을 지지하고 있는 특성이론에서는 훌륭한 리더는 선천적으로 피지도자들로부터 존경과 신뢰를 받을 수 있는 우수한 자질을 유전적으로 갖고 태어났다고 보는 데 있으며, 이를 찾으려는 데 노력을 집중하였던 것이다.

그러나 리더가 선천적으로 태어난 것인가? 아니면 후천적으로 만들어지는 것인가? 하는 문제는 쉽사리 결론을 내릴 수 있는 성질의 것은 아니다. 위인론을 논의했던 철학자들이 “위인이 역사를 만드는가? 아니면 역사가 위인을 만드는가?” 하는 논쟁을 끊임없이 해왔던 이유도 바로 여기에 있다. 결론적으로 “훌륭한 리더십은 선천적인 특성과 후천적인 환경의 조합(combination)”에 의해서 결정되는 것이 아니겠는가?

바나드(C. I. Barnard)는 인격적 자질과 능력의 측면에서 다음과 같은 것들을 리더십의 특성적 요소로 들고 있다.[11]

① **박력과 지구력**(vitality and endurance) : 이는 심신에 넘치는 팽배한 의욕과 정열이며, 어떠한 난관에서라도 목표를 관철시키고야 말겠다는 강한 의지력을 뜻한다.

② **결단력**(decisiveness) : 조직의 어려운 문제가 발생하였을 때 우유부단하지 않고 사려 깊게 행동하는 태도를 말한다.

---

11) C. I. Barnard, *The Functions of the Executive*, Cambridge, Mass.: Harvard Univ. Press, 1938, p. 260.

③ **설득력**(persuasiveness) : 조직 내에는 다양한 사고와 행동과 주장이 천차만별로 나타나기 마련인데 이러한 현상을 극복하기 위하여 도리와 성의를 가지고 꾸준히 납득시켜서 합의를 구할 수 있는 능력을 말한다.

④ **책임감**(responsibility) : 자신의 판단 하에 명령과 지시를 내리고 그 결과에 대해서도 전체적인 책임을 지는 용기와 덕을 가져야 한다는 것을 의미한다.

⑤ **지적 · 기술적 능력**(intelligence and technical capacity) : 올바른 사리판단을 할 수 있는 다방면의 지혜(지식)와 분별력을 뜻한다.

이상에서 살펴본 바와 같이 리더십의 특성론적 연구에서는 첫째, 리더는 선천적으로 리더로서의 자질을 타고난 인물이라는 전제 하에서 효과적인 리더십의 발휘를 위한 리더의 일반적인 개인적 특성이 무엇인가에 초점을 두었다.

둘째, 리더십의 특성론적 연구는 다음과 같은 몇 가지 측면에서 이루어져 왔다.

① 신체적 특성(신장, 체중, 연령, 외관, 정열 등)

② 능력(정보, 지성, 유창한 언변, 학력, 지식 등)

③ 성격(Personality : 보수주의와 공격성, 내재론과 외재론, 지배력, 적응력, 정서적 안정, 자신감 등)

④ 기타(학력 등과 같은 사회적 배경, 매력과 재치 및 협동성과 같은 사회적 특성, 탁월해지려는 충동, 책임의 수락 및 결과 지향성과 같은 과업관련 특성)

셋째, 초기 연구에서는 리더로부터 부각된 사람의 특성과 그렇지 못한 사람의 특성을 비교하려 했으며, 또 효과적인 리더와 비효과적인 리더의 특성을 비교하려고 했다.

넷째, 리더십의 특성론적 연구는 아직도 많은 논자들의 관심의 대상이 되고 있는데 다만 강조점이 성격의 특성에서부터 직무에 관련된 기능으로, 그리고 리더십의 효과로 옮겨가고 있다.

카츠(R. Katz)는 효과적인 경영자에게 요구되는 세 가지의 기능(기술적, 인간관계적 및 개념적)을 제시했으며, 유클도 창의성, 조직설득, 사교적이고 재치 있음, 과업에 관한 지식 및 언어 구사력 등의 기능을 포함시키고 있는데 이들 기능은 중요한 리더를 선발하고 훈련 · 개발하는 데 있어서 함께 사용될 수 있다.

한편, 리더십에 관한 특성론적 연구는 다음과 같은 점에서 비판을 받고 있다.

① 이는 선천설에 근거하고 있어 선천설이 갖는 문제점을 앉고 있다.

② 리더의 특성으로 제시된 요인들은 리더뿐만 아니라 모든 사람들도 가지고 있는 것으로써 리더 고유의 것으로 볼 수 없으며, 결과적으로 특성론적 연구자들은 리더만이 갖고 있는 특성은 밝히지 못하였다.

③ 특성이론에서 제시하고 있는 우수한 특성과 자질을 모두 갖추기란 불가능하다.

④ 특성의 상대적 중요성에 관한 명확한 검토가 없다는 비판도 있다. 즉 어느 하나의 특성은 어떤 상황에서는 매우 효율적이나 다른 상황에서는 불필요한 것이 될 수도 있다.

⑤ 리더십은 집단과의 관계를 떠나서 이해될 수 없음에도 불구하고 상황요소의 영향력에 대한 설명이 부족하다.

⑥ 리더의 여러 가지 특성 중에서 어느 것이 리더가 되기 전에 필요한 것이고, 어느 것이 어떤 지위의 리더십을 발휘하는 데 필요한 것이며, 어느 것이 특정 지위를 유지해 나가는 데 필요한 것인지의 구분이 없이 열거되고 있다.

⑦ 특정 상황의 특정 지위에 있는 리더에게 필요한 특성을 어떻게 개발할 것인가에 관해서는 무관심하다.

⑧ 어떤 상황에서 리더십에 관련된 특성이 다른 상황에서의 리더십을 예견하지 못한다.

이와 같은 많은 한계 및 모순과 문제점에도 불구하고 특성이론은 개인의 특성과 효과적인 리더십간의 연결은 상황적 요인으로 크게 공헌할 수 있기 때문에 최근 연구의 중요성이 크게 부각되고 있다.

(3) 성좌적 자질론

앞에서 살펴본 바와 같이 통일적 자질론에서 주장하는 주요 내용은 리더십을 결정하는 요인은 어떤 상황에서나 똑같은 선천적인 자질이라는 것이며, 리더십 기능의 초점을 리더 개인에게 두었고, 리더로서의 기능수행과 지위확보에 관련되는 Personality특성을 분석 · 정리하였는데 이들이 밝힌 공통적인 자질로서는 건강, 성실, 판단력, 인내, 열의, 통찰력, 자제력 등이었다.

그러나 성좌적 자질론을 주장하는 학자들은 이러한 리더십의 통일적 자질이란 존재하지 않는다고 주장한다. 모든 리더들에게는 그에 고유한 능력을 구성하고 있는 자질의 성격이 있다고 주장한다. 즉 리더십을 결정하는 요인은 자질에 의해 결정되나, 언제나 일정하게 정해진 자질이 요구되는 것은 아니며 주어진 상황에 따라 요구되는 자질은 다르다는 것이다.

2) 행동이론 : 리더의 행동을 중시

특성이론을 주장하는 학자들이 리더의 특성과 성격에 주된 관심을 두고 있는 데 비해 행동이론을 주장하는 학자들은 리더십 효과를 좌우하는 것은 리더 개인의 특성이 아니라 부하에 대한 리더의 행동이라는 관점에서 리더십의 효과에 주된 관심을 두고 있다. 즉 행동론적 리더십 연구는 리더의 행동뿐만 아니라 부하의 반응에도 관심을 가지면서 양자의 상호작용에 관한 연구에 주력한다. 이들 두 연구방법의 차이에 관해서는 다음과 같은 두 가지 측면에서 논의되고 있다.

첫째, 특성론적 리더십 연구는 리더 개인의 특성과 자질에 초점을 두고 있고, 행동론적 리더십 연구는 실제적인 리더의 행동에 초점을 둔다.

둘째, 대부분의 특성론적 연구가 리더와 비리더를 구분하려는 데 초점을 두었으나, 행동론적 연구는 부하와 리더의 여러 가지 특정 행동이 부하들의 업적과 만족에 어떠한 영향을 미치는가에 연구의 초점을 둔다.

이처럼 효과적인 리더와 비효과적인 리더의 행동의 차이를 식별하려는 행동론적 리더십 연구의 특징을 요약하면 다음과 같다.

① 행동론적 리더십 연구는 리더가 처한 특수한 상황을 고려하지 않고 보편타당성을 지닌 효과적인 리더의 행동을 찾으려 한다.

② 모든 상황에 적용될 수 있는 유일최선의 리더십 유형을 찾으려 한다.

③ 행동론적 리더십 연구에서는 리더의 훈련 · 개발이 주된 연구과제의 하나가 된다. 특히, 행동론적 연구는 후천설에 근거하고 있어 바람직한 리더의 행동을 기준으로 하여 리더십을 가르치고 배우며 개발할 수 있다. 이에 관한 대표적인 연구는 다음과 같다.

(1) 오하이오 주립대학의 연구

경영기능을 중심으로 한 리더십에 대한 일련의 연구가 1945년 오하이오 주립대학의 경영연구실에서 시작되었다. 인접 전공분야인 심리학, 사회학 그리고 경제학자들이 모여서 리더 행동기술 설문지(Leader Behavior Description Questionnaire : LBDQ)를 개발하고 다양한 집단과 다양한 상황 속에서의 리더의 행동을 연구하였다.[12]

이 연구의 전반적인 목적은 리더 행동의 결정요인을 조사하고 리더십 유형이 작업집단의 성과와 만족에 미치는 효과를 알아보려는 데 있었다.[13]

이들은 공군의 지휘관, 폭격편대의 승무원, 장교, 하사관 그리고 해군성의 민간행정관, 제조업 분야의 감독자, 지방 협동조합의 간부, 대학의 행정가, 교사, 교장 그리고 다양한 민간단체를 대상으로 리더에 대한 연구를 진행하였다.

이들은 LBDQ(리더행동기술설문지)를 사용하여 다양한 상황 하에서 리더가 어떻게 반응하는가를 조사하여 인자분석기법으로 연구하였는데 놀랍게도 다양한 상황에서도 리더행동에 대한 연구가 일관성을 갖고 있었다.

그림 9-5 오하이오 주립대학의 리더십 유형

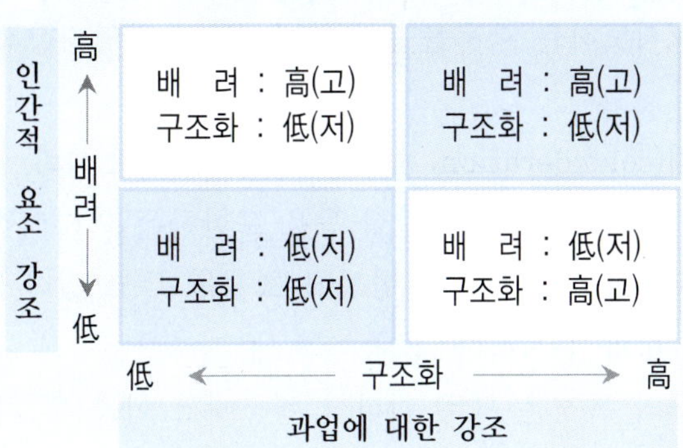

12) Stogdill, *Manual for Leader Behavior Description Questionnaire*, Ohio State University, Bureau of Business Research, Columbus, Ohio(1963).

13) A. D. Szilagyi & M. J. Wallace, *op. cit.*, 1990, p. 392.

초기 연구에서 핼핀과 위너(Halpin and Winer)는 52명의 폭격기 승무원을 조사하였는데 지휘자의 리더행동이 300가지나 기술되었다. 그런데 우애성, 신뢰성, 존경성, 우호적 관계 등과 같은 배려(consideration)인자가 리더행동의 49.6%를 유의성 있게 설명하는 것으로 나타났다. 이와 같은 배려인자 다음으로 중요한 것은 솔선구조(initiating structure)였는데, 이 인자는 리더행동의 공통인자 변량을 33.6%를 유의성 있게 설명하는 것으로 나타났다.

여기에서 솔선구조란 리더가 자신과 부하와의 관계를 어떻게 조직하고 정리하느냐 하는 것을 말하는 것으로 리더가 각 구성원에게 기대되는 역할을 한정해 주고 또한 조직유형의 관계를 설명해 주며 의사결정의 채널을 형성하여 그 직무가 수행되도록 하게끔 하는 것을 뜻한다.

이들 두 개의 배려인자와 솔선구조인자가 합쳐서 리더행동의 총 공통인자 변량의 83.2%를 유의성 있게 설명하는 것으로 나타났는데 이들 두 개의 인자로써 리더에 관한 많은 연구를 다양한 상황 속에서 진행하였다.

그리고 부하들에 의해 기술된 1,000여 가지 이상의 차원 중에서 기본적으로 가장 중요한 리더의 행동으로 나타난 구조화와 배려라는 두 가지 차원의 독립변수가 의미하는 바는 다음과 같다.

① **구조화**(initiating structure) : 구조화란 목표달성을 위해 리더가 자신과 부하들과의 역할을 정하고 구조화하기 원하는 정도를 의미하는 개념으로써 작업과 작업에 관련된 여러 관계 및 목표의 계획화, 조직화, 통제화 및 협조화를 시도하는 행동을 포함한다. 이는 과업지향적인 리더십 유형과 유사하다.

② **배려**(consideration) : 배려란 리더가 상호신뢰, 상호존경, 우애, 지원 및 종업원의 복지에 대한 관심 등을 포함하는 리더의 행동을 의미하는 개념으로써 바람직한 인간관계 형성에 초점을 두고 있다. 이는 종업원중심적인 리더십 유형과 유사하다.

이 연구의 특징은 모든 리더십 행동에서 이들 두 차원을 각각 축으로 하여 조합으로 나타난 네 개의 범주에 포함시키고 있는데 두 행동차원의 특성은 다음과 같다.

〈표 9-4〉 배려와 구조화의 행동차원 특성

구 분	특 성
배 려	• 부하가 일을 잘하면 칭찬을 아끼지 않는다. • 부하에게 달성할 수 있는 이상을 요구하지 않는다. • 부하의 개인적인 문제를 도와준다. • 친근감과 동료의식을 가진다. • 부하가 일을 잘하면 보상한다.
구조화	• 부하에게 구체적인 과업을 배당한다. • 직무업적의 표준을 설정한다. • 부하에게 직무요구에 대한 정보를 준다. • 팀으로 일하도록 작업일정 계획을 세운다. • 일정한 절차에 따라 일하도록 한다.

자료: D. Hellriegel & J. W. Slocum, *op. cit.*, 1992, p. 478.

연구결과 훌륭한 리더는 두 가지 행동 중의 어느 하나의 행동만을 하는 것이 아니라 이들 두 가지 행동을 평균 이상으로 동원한다는 사실이 확인되었다. 그러나 모형이 너무 단순하고 모든 리더십 상황에서 보편타당하게 적용될 수 없기 때문에 상황요인을 고려하는 것이 필요하다. 이상과 같은 오하이오 주립대학의 연구결과를 도식화하면 다음과 같다.

그림 9-6 오하이오 주립대학의 연구결과

		구조화	
		高(고)	低(저)
배려	高(고)	업적 : 고 만족 : 고	업적 : 저 만족 : 저
	低(저)	업적 : 고 만족 : 저	업적 : 저 만족 : 저

자료: R. N. Lussier, *op. cit.*, 1993, p. 332.

(2) 미시간 주립대학의 연구

오하이오 주립대학에서 연구를 시작한 때와 거의 같은 시기에 미시간 주립대학에서 리커트(R. Likert)를 중심으로 구성한 연구팀이 미국 해군성 연구국의 지원을 받아 리더십에 관한 연구를 시작하였다. 그들의 연구목적은 오하이오 대학의 연구목적과도 유사하게 높은 업적을 수행하는 집단과 그렇지 못한 집단과 관련된 리더십 유형에 관한 조사에 있었고, 작업집단의 업적과 만족의 증대를 낳는 리더의 행동유형을 찾는 데 있었다. 1947년부터 시작된 이 연구는 과학적이고 계량적인 연구의 뒷받침이 없다는 비판을 받고 있던 호손연구의 방법론적인 문제를 해결하고자 시도되었다.

이 연구에서는 생산성이 사기(morale)에 영향을 줄 수 있는 심리학적인 변인들인 업무유형, 작업조건과 방법에 대한 통제가 이루어졌고, 생산성이 높은 집단과 생산성이 낮은 집단 12개를 짝지어 직무유형이나 방법 등을 각각 고찰하였다.

연구결과 서로 다른 두 가지 유형의 리더십을 발견하였는데 이들은 오하이오 대학의 연구결과와 어느 정도는 유사했고 어느 정도는 상이하였다. 대표적인 유사점으로서는 미시간 주립대학의 연구결과 나타난 '직무중심적인 행동'과 '종업원 중심적인 행동'은 오하이오 주립대학의 연구결과 제시된 '구조화 행동'과 '배려 행동'에 각각 유사한 개념이다. 또한 대표적인 상이점은 전자가 두 가지 행동유형을 하나의 연속선 상의 양극에 위치시키고 있는 데 비해 후자는 두 가지 행동유형을 서로 다른 차원의 것으로 보고 매트릭스를 만들어 설명하고 있다.

그림 9-7 두 대학의 리더행동에 대한 관점 비교

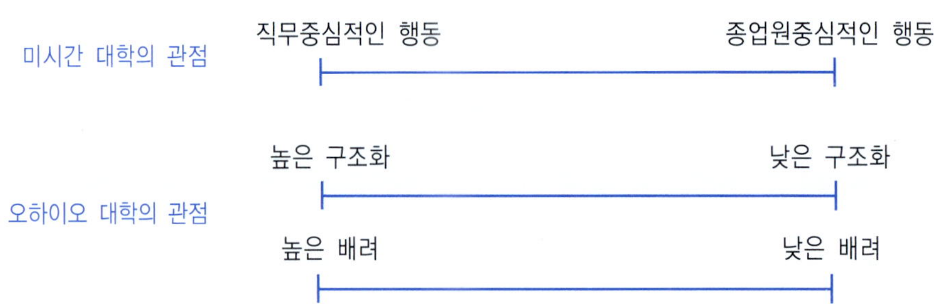

자료: R. W. Griffin, *op. cit.*, 1984, pp. 422-423.

① **직무중심적인 리더십**(job-centered leadership) : 생산지향적인 행동이라고도 하는 이 유형은 오하이오 대학의 한 차원인 구조화와 유사한 데 이 유형의 리더는 직무의 기술적・과업적 측면을 강조하는 경향이 있으며 주된 관심은 집단의 과업을 수행하는 데 있고 집단 구성원은 이 같은 목적을 위한 수단에 불과한 것이었다.

② **종업원 중심의 리더십**(employee-centered leadership) : 인간지향적인 행동을 하는 유형으로써 오하이오 대학의 배려와 유사한데 권한과 책임의 위양, 종업원의 복지, 욕구, 발전 및 개인적인 성장 등에 대한 관심을 강조하며 부하의 욕구에 개인적인 관심을 갖고 구성원간의 개인차를 받아들임으로써 대인관계를 강조한다.

미시간 주립대학의 연구는 리더십 유형과 효과간의 상관관계를 조사하기 위해 다양한 산업을 대상으로 실시되었으나 일치된 상관성을 발견하는 데는 실패하였다. 그러나 종업원 중심적인 리더가 가장 효과적이고 바람직하다는 결론을 얻을 수 있었다. 다시 말해 높은 생산성을 올리는 집단의 리더는 보다 인간적이고, 생산지향적인(직무 중심적) 리더가 낮은 생산성과 낮은 직무만족에 관련된 반면 종업원 지향적인 리더는 높은 생산성(성과)과 높은 직무만족에 관련된다는 것이다.

한편, 미시간 대학의 연구도 오하이오 대학의 연구와 유사한 다음과 같은 비판을 받는다.

첫째, 종업원 중심적인 리더십이 때로는 낮은 업적을 낳고, 직무 중심적인 리더십도 때로는 높은 업적을 낳는다.[14)]

둘째, 종업원 중심적인 리더십은 민주적인 것을, 직무 중심적인 리더십은 전제적인 것을 의미하므로 민주적인 리더십과 전제적인 리더십이 지니는 문제점을 안고 있는데 이는 민주적인 리더십이 언제나 전제적인 리더십보다 좋은 결과를 가져온다고 볼 수는 없다.

셋째, 종업원에 대한 높은 관심과 직무(생산성)에 대한 높은 관심은 상호모순되지 않으며 오히려 현명한 리더는 어느 한쪽으로 편중되기 보다는 이들 두 가지 지향성을 모두 병행한다.

넷째, 결론적으로 그 어느 유형도 유일최선의 것이 될 수 없으며 너무 단

14) R. Likert, "From Production and Employee-Centeredness to System 1-4," *Journal of Management*, 1979(Vol. 5).

순하여 모든 리더십 상황에 보편타당하게 적용될 수 없다.

이와 같은 비판에도 불구하고 미시간 주립대학 연구팀의 소장이었던 리커트(R. Likert)는 후속적인 연구를 계속하여 그 결과를 1961년 『경영의 새로운 패턴』(*New Patterns of Management*)이라는 그의 저서에 종합하여 발표하였다. 리커트가 주장하는 시스템4 형의 리더십이론이[15] 바로 이 책에서 소개되고 있다.

오하이오 주립대학이 리더의 차원에서 공식조직의 상황을 고려하여 연구를 진행한 데 비해 미시간 대학은 소집단형에서 시작했고, 또한 만족도와 생산성에 대한 연구에 일관해서 구성원 차원으로 연구를 진행한 데 그 특징이 있다. 이들은 리더의 감독기능과 리더기능으로 구분하여 접근했다. 즉 조직은 총체로써 광범위한 작업을 통합과 개개 구성원들의 행동을 통하여 집단이나 조직의 목적이 달성된다고 보았던 것이다.

그가 이 같은 착상을 하게 된 것은 여러 개의 조직을 행동과학적으로 연구한 결과였다는 사실은 매우 흥미 있는 일인데 그가 본 여러 산업조직은 그들의 조직을 X이론에서 Y이론으로, 미성숙한 행동의 조장에서 성숙한 행동의 개발로, 위생요인만의 중시에서 동기유발요인의 충족으로 이행할 수 있도록 지원하는 것이 의도되고 있음을 알고, 현재 일반적으로 행해지고 있는 관리 형태를 직무중심의 '시스템Ⅰ'에서 종업원중심의 '시스템Ⅳ'에 이르는 하나의 연속선 상에 그려내게 되었다.

그림 9-8 참가와 관련된 네 가지 시스템

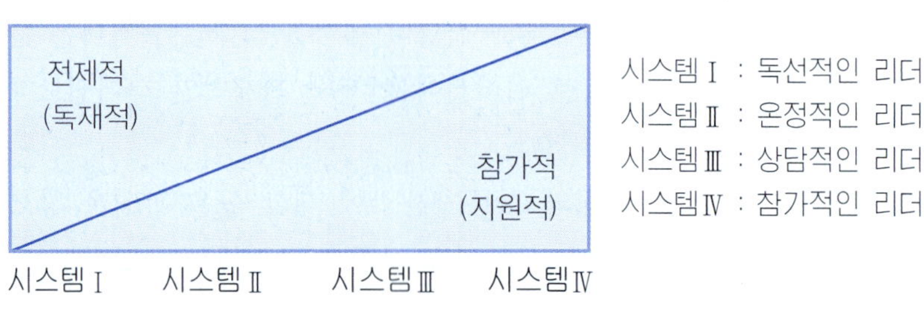

자료: R. Likert, *op. cit.*, 1967, pp. 4-10. R. M. Hodgetts, *op. cit.*, 1986, p. 521.

15) Rensis Likert, *The New Patterns of Management*, McGraw-Hill, New York, 1961, p. 113.

위에서 보는 바와 같이 '시스템Ⅰ'은 과업지향적·직무중심적인 감독형태로서 매우 구조화된 권위주의적 관리방식인데 비해 '시스템Ⅳ'는 팀워크, 상호신뢰, 상호작용에 의거한 관계지향적인·종업원 중심적인 관리방식이며, '시스템Ⅱ, Ⅲ'은 X이론·Y이론의 각각에 거의 대응한 양극의 중간적 단계라 하고, 조직의 관리방식이 '시스템Ⅳ'에 접근할수록 생산성이 높고 '시스템Ⅰ'에 접근할수록 생산성이 낮음을 발견하였다.[16]

결과적으로 '시스템Ⅳ'의 리더십 유형이 가장 건전하고 성공적이어서 이상적인 것이라고 제시하고 있는 데 무엇보다도 인간조직을 과학적으로 관리하는 방식으로 네 개의 시스템을 등장시키고 변수의 개념을 도입하여 생산성, 상호 영향작용 등의 다각적인 측면에서 실증적 연구를 거듭하여 종래의 전제주의적인 관리제도 대신에 **참가적·지원적인 관리시스템**을 주장하고 있음은 특기할 사실임에 틀림이 없다.

(3) 블레이크와 무턴의 연구

텍사스 대학의 블레이크와 무턴(R. R. Blake & J. S. Mouton)은 직무중심과 종업원중심의 양극적인 리더십 유형을 융통성 있게 조화시키려는 리더십의 유효성 모델로서 관리격자(managerial grid)의 개념을 정립하였다.

그는 두 개의 극(極)을 핵으로 하는 극단론에 빠지지 않고 업무중심의 리더십 유형과 인간중심의 리더십 유형으로 구분한 다음, 이들 두 개의 축을 지향하는 정도에 따라 혼합구성의 가능성이 있음을 주장하였다.

이들 두 개의 축(軸)을 보다 구체적으로 설명하자면 생산에 대한 관심은 매출액이나 생산량에 대한 배려를 의미하며, 그 수량뿐만 아니라 방침결정의 질이나 신제품개발이라는 독창적 아이디어에 관한 것도 포함된다. 인간에 대한 관심은 주어진 업무수행을 위하여 각자가 얼마나 열중하고 있는가의 정도에 대한 관심이나, 부하의 복종이 아닌 신뢰에 의하여 주어진 책임감이 어떠한가에 대한 관심, 업무의 보장에 관한 심정에 대한 관심 등이 포함된다. 그리고 관심이란 경영자 자신의 기본적 태도로써 그러한 관심의 유무를 말하는 것이다.

생산과 인간에 대한 관심의 쌍방이 최대가 되는 경영자의 태도가 이상형

16) J. B. Barney & R. W. Griffin, *The Management of Organizational Behavior*, Houghton-Mifflin, 1992, p. 592.

이지만 현실적으로 경영자는 여러 가지 유형의 것들이 있게 된다.

블레이크와 무턴은 생산을 중심으로 한 축과 인간을 중심으로 한 축을 연속선상에서 각각 9단계로 나누고 있을 수 있는 81개 유형 가운데서 논의의 편의상 다음과 같은 다섯 가지 기본적인 모형을 제시하였다.

그림 9-9 Managerial Grid의 리더십 행동유형

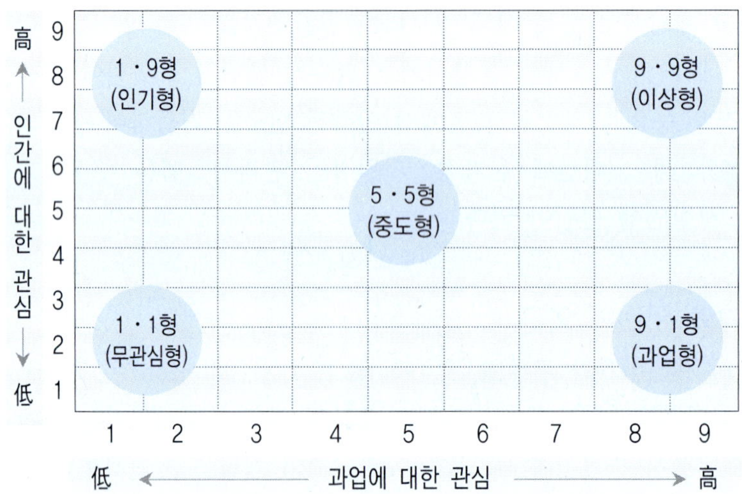

자료: R. R. Blake & J. S. Mouton, *op. cit*, 1991, p. 29.

① **(1 · 1)형** : 무관심형(impoverished management)으로 인간에 대한 관심(만족, 사기)과 생산(업적)에 대한 관심이 모두 낮은 이 유형의 리더는 주어진 과업을 수행하기 위한 최소한의 노력으로 조직 구성원의 신분을 지탱하려는 사람에게 적절하다. 이 유형은 리더가 리더십 역할을 포기하고 생존이 주된 것이므로 때로는 자유방임적인 관리(laissezfaire management)라고도 한다.

② **(1 · 9)형** : 인기형(country club management)으로 생산에 대한 관심도는 낮은 반면 인간에 대한 관심도는 높은 상태이다. 이 유형은 관계성의 만족에 관심을 두고 유쾌하고 다정한 분위기를 조성하는 등으로 과업에 대한 관심의 수행을 위해 부하들을 지원하는 일에 초점을 둔다.

③ **(9 · 1)형** : 과업형(task management)으로 생산에만 관심을 갖고 인간에 대해서는 관심도가 낮은 상태에서 리더십을 발휘하는 관리자상으로 해석할 수 있다. 이 유형은 권한복종형(authority-obedience type) 또는 권한순종형(authority-compliance type)이라고도 불리고 있으리만큼 부하의 개발이나 사기에는 관심이 없고 과업을 능률적으로 수행하는 데 모든 관심을 집중한다.

④ **(5 · 5)형** : 중도형(middle of the road management)으로 인간에 대한 관심과 과업에 대한 관심이 모두 중간 정도인 이 유형은 중간관리자가 상 · 하 계층의 교량역할을 수행하는 데 효과적인 형태로 볼 수 있으며 과업과 종업원의 만족간에 균형을 유지하는데 관심을 둔다.

⑤ **(9 · 9)형** : 이상형(team management)이라 할 수 있는 이 유형은 생산과 인간에 대한 관심이 모두 높은 형태로서 일과 종업원들의 관계성을 조정하고 통합함으로써 과업능률과 사기진작에 관심을 둔다.

블레이크와 무턴은 (9 · 9)형을 가장 이상적인 리더십의 모델이라고 생각하여 유능한 관리자의 육성을 위하여 (9 · 9)형이 타당하고 동시에 관리자 육성의 효과를 증대시키기 위해서 폭넓은 훈련계획을 거친 조직에서는 보다 협동적인 작업관계를 가질 수 있게끔 종업원의 행동이 변화하고 생산성이 증가한다는 것이다.

그러나 이 이론도 다음과 같은 문제와 한계를 지니고 있다.

첫째, 모든 인간은 이 이론이 제시하고 있는 다섯 가지 기본유형의 성격을 골고루 지니고 있고, 다만 사람에 따라 그 구성비율이 상이할 뿐이다. 비중이 큰 유형이 지배적으로 표출될지라도 나머지 유형은 지원적인 유형으로 되는데 리더십의 효과는 리더가 어떤 리더십 유형을 지배적인 것으로 쓰고 있는가 하는 리더 개인의 특성에만 달려 있는 것이 아니라 조직상황, 가치관, 개성 및 기회와 같은 여러 가지 조건이 조화됨으로써 결정되는 데 이를 고려하지 못하고 있다.

둘째, '9 · 9형'이 모든 상황에서 최선의 것임을 지지할 수 있는 증거가 불충분하다.

셋째, 다른 행동이론에서와 마찬가지로 보편타당성을 지닌 효과적인 리더의 행동을 모색하고 있으나 실패하고 있다.

3) 상황이론 : 리더가 처한 상황을 중시

리더중심이론이 리더 자신의 자질이나 특성에 의해 효과적인 리더십이 결정된다고 주장하는데 반해, 상황중심이론은 리더십을 결정하는 것은 리더 개인의 자질, 특성이라기보다는 리더를 포함한 상황의 함수로서 결정된다고 보고 있다.

특성이론의 관점에서 보면 실패하는 리더에게는 공통점이 있다. 즉 그들에게는 리더가 갖추어야 할 바람직한 특성들이 결여되어 있기 때문이라고 추론할 수 있다. 그러나 어떤 특성들이 리더십의 실패여부와 관련이 있는가에 관해서는 특성이론의 애매모호한 연구결과를 볼 때 확실하게 결론지을 수 없지만, 대체적으로 창의력과 성취동기의 결여, 사회성과 인지적 역량의 부족, 커뮤니케이션 능력과 인간에 대한 배려 취약, 스트레스 저항력 부족, 자신감 결여 등으로 요약될 수 있다.

이들 변수들은 지금까지의 연구에서 리더십 효과와 매우 높은 상관관계를 갖는 것으로 나타났고, 따라서 이를 갖추지 못한 리더는 실패의 가능성이 보다 높다고 볼 수 있겠다.

그리고 행동이론의 핵심은 성공적인 리더십을 발휘하기 위해서는 리더가 구조주도와 배려의 행동을 동시에 보여줄 수 있어야 한다는 것이다. 행동이론에 따르면 실패하는 리더란 항상 과업만을 중시하거나, 또는 항상 인간관계만을 중시하거나, 또는 둘 중 어떠한 성향도 보이지 않는 부류의 리더라고 할 수 있다.

그러나 환경적응적인 관점에서 보면 성공하는 리더와 실패하는 리더가 따로 존재하는 것이 아니라 주어진 환경 속에서 자기에게 맞는 리더십의 유형을 선택하지 못하면 실패하는 리더가 된다는 것이다. 즉 리더와 상황이 잘 맞아 떨어지면 성공하는 리더가 될 수 있다는 입장이다. 따라서 이상적인 리더십의 유형이 따로 존재하는 것이 아니라 그것이 상황에 알맞은 것이라면 독재적 리더십도, 방임적 리더십도, 과업중심적인 리더십도, 종업원중심적인 리더십도 높은 성과를 올릴 수 있다는 것이다.

(1) 피들러(F. E. Fiedler)의 상황적 리더십

리더십 상황이론의 대표적인 학자인 피들러(F. E. Fiedler)는 리더와 상황적인 조화를 강조한다. 그의 연구에 따르면 상황에 따라 과업중심적인 리더가 효과적일 수도 있고, 인간중심적인 리더가 더 효과적일 수도 있다고 하였다. 상황이 리더에게 아주 유리하거나 불리할 때에는 과업중심적인 행동이 효과적이지만, 중간정도의 상황일 때에는 인간중심적인 행동이 더 효과적이라는 사실을 발견하였다.

그리고 주어진 상황이 유리한지 불리한지는 과업의 특성이나 리더와 부하간의 신뢰성의 정도 그리고 리더지위의 권력 정도를 통해 판단할 수 있다. 일반적으로 이들 세 가지 요소가 모두 강하면 리더에게 유리한 상황이고, 모두 약하면 불리한 상황이 된다.

피들러의 상황이론은 핵심내용을 요약해 보면, 첫째는 리더십의 유형에 관한 것이고, 둘째는 상황에 대한 정의이며, 셋째는 리더십유형과 상황과의 적합관계이다.

① **리더십의 유형**

피들러는 LPC척도를 통해 리더십의 유형을 구분하였다. LPC척도란 리더가 가장 일하기 싫어하는 동료작업자(leader preferred co-worker; LPC)를 선정하고, 그에 대해 어떻게 생각하는지를 물어 보는 설문으로 구성되어 있다. LPC점수는 20개 문항을 8점 척도로 측정하여 이를 통계적으로 분석하여 산출했다. 구체적인 설문내용을 보면, 가장 일하기 싫어하는 사람이

그림 9-10 LPC측정의 설문 예

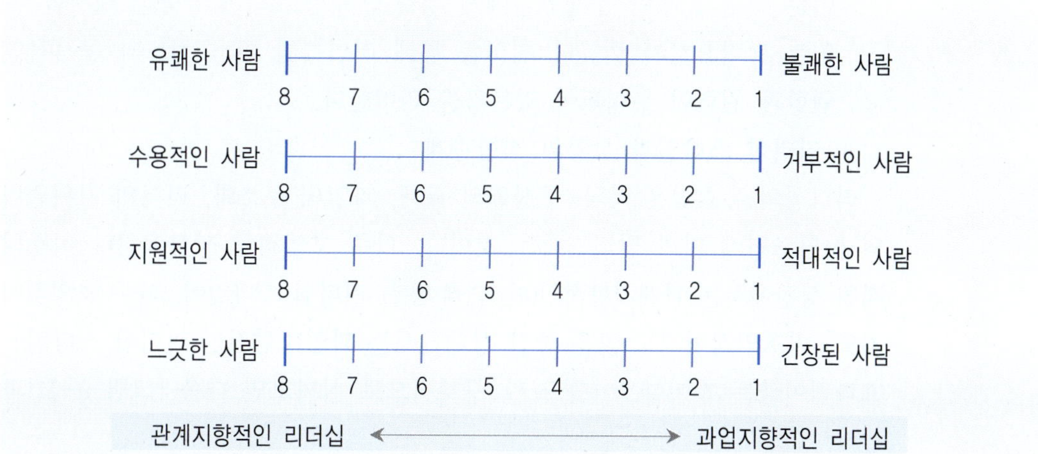

쾌활한지, 친절한지, 수용적인지, 여유 있는지, 다정한지, 지원적인지, 흥미를 잘 느끼는지, 남들과 조화하는지, 성실한지 등으로 평가하여 리더십의 유형을 구분하였다.

측정결과 LPC점수가 높으면 관계지향적인 리더로 낮으면 과업지향적인 리더로 구분하였다.

② **리더십의 상황**

리더십의 상황은 리더-구성원관계, 과업의 구조화, 리더의 지위권력에 따라 설명할 수 있다.

▸ **리더-구성원관계**(leader-member relation)

이는 집단의 분위기를 의미하는 요소로써 상사를 신뢰하고 존경하며 친밀한 분위기가 조성되어 있는지 없는지를 의미한다.

▸ **과업의 구조화**(task- structure)

이는 과업의 일상성이나 복잡성을 의미하는 것으로써 집단의 과업이 반복적인지 아닌지, 정형화된 일인지 비정형화된 일인지, 단순한지 복잡한지, 과업목표가 구체적인지 추상적인지, 의사결정체계가 잘 정비되어 있는지 아닌지를 의미한다.

과업이 구조화되어 있을수록 상황은 리더에게 유리하다. 왜냐하면 리더가 무엇을 해야 하고, 누구를 통해, 무엇 때문에 해야 하는지를 쉽게 결정할 수 있기 때문이다.

▸ **리더의 지위권력**(position power)

이는 리더가 집단 구성원들에게 명령을 수용토록 영향력을 행사할 수 있는 능력으로써 법규나 제도를 통해 리더에게 어느 정도의 공식적인 권한과 권력이 부여되어 있는가를 의미한다.

③ **리더십 스타일과 상황의 적합관계**

리더십의 유효성은 리더-구성원의 관계, 과업의 구조화, 리더의 지위권력의 상황조건에 따라 달라진다는 것이다. 아주 호의적인 상황에서나 비호의적인 상황에서는 관계지향적인(인간관계 행동) 리더십 스타일이, 아주 호의적이지도, 비호의적이지도 않은 중간 상태에서는 과업지향적인 리더십 스타일이 효과적이라는 것이다. 이를 보다 구체적으로 살펴보면 다음 [그림 9-11]과 같다.

그림 9-11 피들러의 리더십과 상황의 관계

	I	II	III	IV	V	VI	VII	VIII	
관대하고 배려적인 집단 높은 LPC점수 (인간관계 행동)						인간중심형			적합한 리더십 행동
통제적이고 구조적인 집단 낮은 LPC점수 (과업주도 행동)	과업주도형					과업주도형			
리더-구성원의 관계	양호	양호	양호	양호	나쁨	나쁨	나쁨	나쁨	상황 요인
과업의 구조화 정도	구조적		비구조적		구조적		비구조적		
리더의 지위권력 정도	강함	약함	강함	약함	강함	약함	강함	약함	

↑ 리더에게 매우 유리한 상황 (I) ↑ 리더에게 매우 불리한 상황 (VIII)

위에서 보는 바와 같이 리더-구성원의 관계가 좋고, 과업의 구조화 정도가 높고, 리더의 지위권력이 강할 때에는 리더에게 유리한 상황이, 그렇지 못할 때에는 불리한 상황이 주어지게 된다. 이와 같이 리더-부하의 관계가 호의적인가 비호의적인가, 과업구조화의 정도가 높은가 낮은가, 리더의 지위권한이 강한지 약한지에 따라 나타낼 수 있는 상황은 모두 다를 것이다.

그런데 만약 리더십 스타일과 상황이 적합하지 않을 때에는 어떻게 해야 하는가? 피들러는 리더의 욕구구조는 일정기간 지속적이므로 리더 행동유형은 단기적으로 변화하지 않을 가능성이 많다고 하였다. 따라서 리더십의 스타일을 변화시키기 보다는 상황을 변화시키는 것이 바람직할 것이다.

이상에서 살펴본 피들러의 리더십 상황이론을 요약하면 다음과 같다.

그림 9-12 피들러의 리더십 상황이론

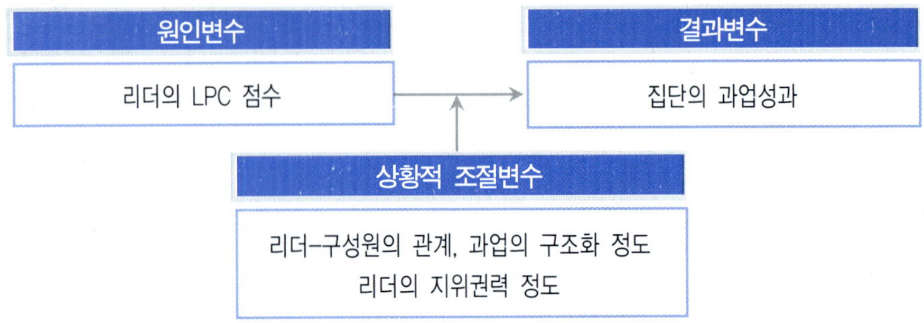

(2) 허시와 블랜차드(P. Hersey & K. H. Blanchard)의 모형

허시와 블랜차드(P. Hersey & K. H. Blanchard)는 리더십 차원을 관계행동(relationship behavior)과 과업행동(task behavior)으로 구분하고, 상황변수를 고려한 다음과 같은 리더십 모형을 제시하였다.[17)]

그림 9-13 허시와 블랜차드의 상황적 리더십 모형

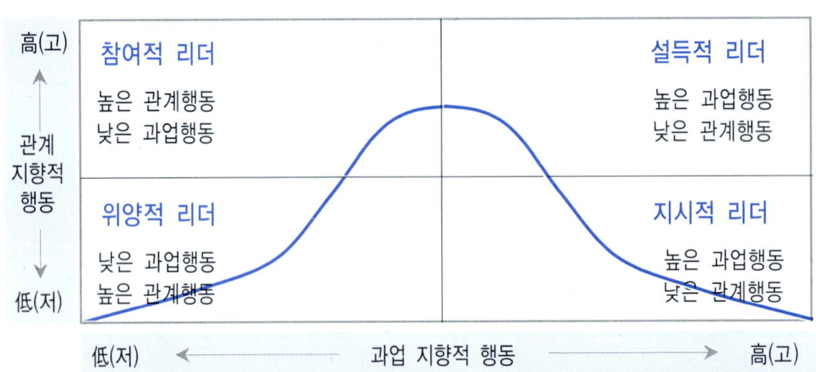

부하의 성숙수준	성숙수준 (Ⅳ)	성숙수준 (Ⅲ)	성숙수준 (Ⅱ)	성숙수준 (Ⅰ)
부하의 특성	능력 있음 동기 강함	능력 있음 동기 강함	능력 없음 동기 약함	능력 없음 동기 약함

17) Paul Hersey & Kenneth H. Blanchard, "Life cycle theory of leadership," *Training & Development Journal*, Vol. 23, 1969, pp. 26–34; P. Hersey and K. H. Blanchard, *Management of Organizational Behavior*, 4th ed., Englewood Cliffs, NJ: Prentice-Hall, 1982.

이들은 리더와 부하간의 상호 조화관계를 중시하면서 부하의 성숙도에 따라 이에 적합한 리더십 유형을 제시하였는데 이 이론의 특색은 다음과 같다.

첫째, 리더십의 유형이 부하의 성숙도 수준에 의해 결정된다는 것이다.

둘째, 리더십의 두 가지 차원, 즉 관계차원(인간중심)과 과업차원(과업중심)은 연속선 상에 있는 것이 아니라 상호 별개의 것으로 상호 영향을 주지 않고 두 가지 요소가 공존할 수 있다는 것이다.

셋째, 관계행동(relationship behavior)과 과업행동(task behavior)에 이어 세 번째 차원인 부하들의 성숙수준(maturity or readiness)은 그들이 얼마만큼 자질과 사기가 있으며 책임의식, 자신감 등을 가지고 있는지의 문제로써 달성 가능한 목표의 설정능력이나 책임의식, 의사소통능력, 교육과 경험 등을 말한다.

부하의 성숙수준은 리더십 유형을 결정하는 유일한 독립변수이기 때문에 리더는 부하의 태도나 행동을 보고 성숙수준을 감지하여 적절한 리더십을 선택하여 발휘하면 되는 것이다.

따라서 이들은 부하의 성숙수준에 따라 다음과 같은 네 가지 유효한 리더십유형을 제시하였다.

첫 번째는 지시적인 리더(Telling)이다. 이들은 과업지향성은 높지만 관계지향성은 낮은 리더로써 일방적인 커뮤니케이션을 하고 매사에 리더중심으로 의사결정을 하는 주도적인 리더를 말한다.

두 번째는 설득적인 리더(Selling)이다. 이들은 높은 과업지향성과 높은 관계지향성을 지닌 리더로써 부하와 쌍방적인 커뮤니케이션을 하고 공동의사결정을 강조하는 후원적인 리더를 말한다.

세 번째는 참여적인 리더(Participating)이다. 이들은 관계지향성은 높지만 과업지향성은 낮은 리더로써 부하들과의 원만한 인간관계를 유지하고 의사결정시에는 부하의 의사를 존중하여 많이 반영시키는 리더를 말한다.

네 번째는 위양적인 리더(Delegating)이다. 과업지향성과 관계지향성이 모두 낮은 리더로써 이들은 부하의 자율적 행동과 자기통제에 의존하는 리더를 말한다.

(3) 하우스의 경로-목표(Path-Goal)모형

하우스(R. House)의 경로-목표(path-goal) 모형은 과업주도형 · 배려형 리더십유형에 동기이론의 기대이론(expectancy theory)을 접목시켜 리더의 노력→성과, 성과→보상에 대한 기대와 유의성의 관계를 중심으로 리더십의 과정을 설명하였다.[18)]

즉 리더의 역할이란 부하가 목적지(goal)에 도달할 수 있는 길(path)과 방향을 가르쳐 주고 따라가면서 어디가 지름길이고 위험이 도사라고 있는지를 알려주고 도와주는 것이라고 하면서 부하의 능력수준이 증가함에 따라 다음 네 가지 리더십 행동이 순차적으로 필요함을 강조하였다.[19)]

① **지시적 리더**(directive leader) : 부하가 해야 할 일이 무엇인지를 가르쳐 주고 지도해 주는 구조주도형과 같은 유형의 리더를 말한다. 즉 부하의 과업을 계획하고 구체화하여 지시하고, 지원하며 조정해 나간다.

② **지원적 리더**(supportive leader) : 친절하게 부하의 심중을 읽고 필요한 것을 마련해 주는 배려형의 리더이다.

③ **참여적 리더**(participative leader) : 부하들의 의견을 경청하고 그들의 제안을 반영하여 의사결정을 하는 리더이다.

④ **성취지향적인 리더**(achievement oriented leader) : 도전적인 목표를 제시하고 높은 수준의 목표를 달성할 수 있도록 하는 리더이다.

하우스는 피들러의 주장과는 달리 효과적인 리더십을 발휘하기 위해서는 위의 네 가지 리더십의 유형을 상황에 따라 바꾸어가며 행사하여야 한다고 주장했다. 다시 말해 부하의 수준과 능력, 그리고 집단의 과업과 분위기와 같은 상황에 적합한 것일 때 효과적인 리더십이 발휘될 수 있는 것이지 처음부터 훌륭한 리더십이 존재하는 것은 아니라는 것이다. 따라서 목표가 달성될 때까지 상황은 계속변화하기 때문에 유효한 리더십도 수시로 변화해 가야 한다는 것이다.

---

18) Robert J. House, "A Path-Goal Theory of Leader Effectiveness," *Administrative Science Quarterly*, Sept. 1971, Vol. 16, pp. 321-338.

19) *Ibid.*,; R. J. House and T. R. Mitchell, "Path-Goal Theory of Leadership," *Journal of Contemporary Business*, Autumn 1974, p. 86.

그림 9-14 경로-목표 모형

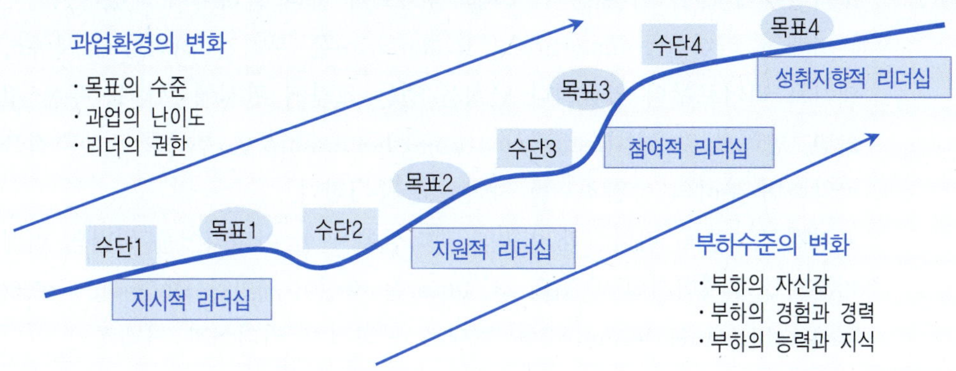

4) 최근의 리더십 모형

1980년대 미국 대기업의 종업원과 CEO의 임금격차는 약 20배 정도였으나 2000년대에는 그 격차가 수백배로 증가하였다. 이에는 여러 가지 이유들이 있겠으나 리더(leader)의 중요성이 상대적으로 크게 인식되고 있음을 반영한 결과로 해석될 수 있다. 새로운 세기가 시작되면서 격동하는 환경에 직면한 많은 기업들이 생존을 위해 이제까지의 리더십과는 크게 다른 새로운 유형의 리더십으로의 변화의 필요성을 강조하게 되었다. 새롭게 거론되고 있는 리더십의 모형을 살펴보면 다음과 같다.

(1) 거래적 리더십과 변혁적 리더십

오늘날과 같은 급변하는 기업환경은 세계 모든 기업들에게 생존의 위험을 가중시키고 있다. 이러한 위기상황을 타개하고 변화와 혁신을 성공적으로 주도해 나갈 수 있는 기업이 되기 위해서는 조직 구성원들의 조직에 대한 일체감이나 충성심, 적극적인 참여와 동기유발을 통해 무한한 잠재능력을 발휘할 수 있게 하는 새로운 리더십이 요구된다.

거래적 · 변혁적 리더십이론은 1978년 번즈(J. M. Burns)에 의해 제시되었으며 그는 정치적 리더십을 거래적 리더십(transactional leadership)과 변혁적인 리더십(transformational leadership)의 두 형태로 나누고 변혁적 리더십의 중요성을 강조했다. 그 후 1985년 바스(B. M. Bass)는 기업의 조직상황에 맞춰 이 이론을 구체화함으로써 널리 알려지게 되었다.

거래적 리더십(transactional leadership)은 부하가 리더에게 복종하는 대가로 리더로부터 임금이나 인정을 얻는 교환적 관계에 토대를 두는 것인 반면, 변혁적 리더십(transformational leadership)은 부하를 전인격적으로 파악하며 부하의 상위욕구를 자극하고 중시한다.

거래적(교환적) 리더십과 변혁적 리더십에 관한 아이디어를 하나의 리더십 이론으로 구체화시킨 바스(B. M. Bass)는 자신이 개발한 MLQ(multi-factor leadership questionnaire)를 토대로 변혁적인 리더십과 거래적인 리더십의 하위요인들을 찾아내어 이들 요인들과 효과성 변수들과의 관계를 구명하였으며 보다 구체적인 차이는 다음과 같다.

거래적(교환적) 리더는 부하가 자신과 조직목적의 달성을 위해 해야 할 일이 무엇인지를 정해 주고, 이들 요건을 분류해 주며 부하에게 필요한 노력을 다하면 목표를 달성할 수 있다는 확신을 얻도록 도와주는 데 반해, 변혁적(혁신적) 리더는 과업의 중요성과 가치의 증대를 통해 팀과 조직을 위해 자신의 이익을 초월하게 함으로써 그리고 욕구를 자아실현의 욕구와 같은 고차원의 수준으로 높임으로써 최초에 기대했던 것 이상의 성과를 나타낼 수 있도록 동기를 부여한다.

이러한 거래적 리더십(transactional leadership)의 특징을 요약해 보면 그 내용은 다음과 같다.

첫째, 거래적 리더는 자신과 부하간의 교환관계로 리더십을 다루고 있다. 즉 부하의 이익을 자극함으로써 동기부여를 한다. 실제로 대부분의 학자들은 리더십을 보상 또는 인센티브와 같은 어떤 행동을 통해 리더가 부하로부터 바라는 바의 행동을 일으키는 과정으로 보아 왔는데 이는 개인과 조직의 목적을 함께 만족시키는 교환관계를 의미하는 것이다.[20]

둘째, 거래적 리더십은 각종 편익(benefits)과 비용(cost)의 교환에 의해 리더와 부하의 관계를 설명한다. 이는 종래의 행동론적인 리더십이나 환경적합적인 리더십 이론과 관련이 되며 또한 유사하다.

셋째, 거래적 리더십은 경로-목표이론과 깊이 관련되며 이들 관점을 응

20) J. R. Schermerhorn, *Management for Productivity*, Wiley, 1993, 4th, p. 425.

용한다.

넷째, 현재의 업적유지 및 잘 구조화된 문제의 처리에 강조점을 두고 있기 때문에 흔히 일상적인 경영활동과 동의어로 생각된다.

한편, 변혁적 리더십(transformational leadership)의 특징은 다음과 같다.

첫째, 변혁적 리더십은 특성이론에 크게 의존하고 있는데 이는 효과적인 리더란 부하에게 영향력을 행사할 수 있는 독특한 몇 가지 특성을 지니고 있다는 신념에 근거한다.

둘째, 이는 부하의 신념, 가치관 및 목적에 영향을 미치며 부하로 하여금 거래적(교환적) 리더십에서 기대한 것 이상의 비상한 업적을 달성하도록 하는 영감적인 리더십(inspirational leadership)이다.

셋째, 변혁적 리더십은 주로 최고경영자에게 요구되며 기업을 혁신시키고 부흥시키는 열쇠이다. 변혁의 수장이 변혁적 리더(leader)이고, 그만이 현대 조직에 필요한 새롭고 중요한 방향전환을 효과적으로 할 수 있기 때문이다.

이상에서 거래적 리더십과 변혁적 리더십의 차이에 관해 살펴보았는데 이들의 차이는 어느 것이 좋고 어느 것이 나쁜 것을 의미하는 것은 아니다. 따라서 조직 구성원을 강화하고 높은 업적을 달성하기 위한 바람직한 리더십의 발휘를 위해서는 이들 두 가지가 모두 요구된다.

오늘날 격변하는 환경 하에서는 무엇보다도 변혁적 리더가 기업의 성공에 결정적으로 중요한 요인이 되고 있는 데 종래 수단창조의 개념인 거래적 리더십에서 가치창조의 개념인 변혁적 리더십으로의 전환이 절실하게 요청되고 있음은 주지의 사실이다.

변혁적 리더십은 '카리스마적(charismatic) 리더십', '영감적(inspirational) 리더십' 또는 '상징적(symbolic) 리더십' 등의 다양한 이름으로도 불린다.

변혁적 리더가 지녀야 할 특성으로써 루시어(R. N. Lussier)는 ① 자신을 변혁의 주체자로 본다. ② 위험을 감수하려는 용기 있는 사람이다. ③ 다른 사람을 믿고 그를 동기부여한다. ④ 가치 지향성을 갖는다. ⑤ 평생학습자이다. ⑥ 복잡하고 애매하며 불확실한 상황이나 문제를 처리하는 능력 및 ⑦ 비전을 지닌 사람 등을[21] 들었다.

그리고 셔머혼(J. R. Schermerhorn)은 여러 논자들의 관점을[22] 정리하

---

21) R. N. Lussier, *Human Relations in Organizations*, Irwin, 1993, 2nd, p. 220.

22) J. M. Kouzes & B. Z. Posner, *The Leadership Challenge: How to Get Extraordinary*

여 다음과 같은 여러 가지를 변혁적 리더십의 특성으로[23] 들었다.

① **비전**(vision)

② **카리스마**(charisma)

③ **상징성**(symbolism) : 영웅(hero)을 식별하고 특수한 보상을 하며 탁월성과 높은 업적을 기념하기 위해 자발적이고 계획적인 행사를 한다.

④ **자격부여**(empowerment) : 타인에 대한 발전지향성을 유지하고 업적향상에의 장애요인을 제거해 주며 책임을 함께 지고 참으로 도전적인 업무를 위양한다.

⑤ **지적 자극**(intellectual stimulation) : 문제의식을 일으키고 높은 수준의 해결방안의 탐색을 자극함으로써 타인들의 정신적인 몰입을 촉구한다.

⑥ **언행일치**(integrity) : 정직하고 믿음직스러우며 신뢰를 받을 수 있으며 말한 바를 반드시 실천한다.

바스 등은 변혁적 리더십이 전개되는 과정을 설명하면서 변혁은 다음과 같은 네 가지 방법 중 어느 하나 또는 몇 가지를 통해 일어난다고[24] 하였다.

첫째, 정해진 보상의 중요성과 가치 그리고 목적을 달성하는 방법에 관한 부하의 의욕수준을 높인다.

둘째, 부하로 하여금 보다 큰 집단 또는 조직을 위하여 직접적이고 단기적인 자신의 이익을 초월(transcend)하도록 한다.

셋째, 부하의 초점을 사소한 만족에서부터 자기충족(self-fulfillment)으로 높인다.

넷째, 부하의 욕구수준(또는 범위)을 성취욕구와 자기실현욕구까지 높이고 확장한다.

(2) 카리스마 리더십

앞에서 살펴본 바와 같이 전통적인 거래적 리더십(transactional leadership)은 두 가지 기본 전제를 깔고 있는데 하나는 리더가 부하의 동기부여를 위

Things Done in Organization, Jessey-Bass, 1987; J. W. Gradner, "The Context and Attributes of Leadership," *New Management*(1988, Vol. 5.)

23) J. R. Schermerhorn, *Management for Productivity*, Wiley, 1993, 4th, pp. 425-426.

24) B. M. Bass et als., "Transformational Leadership and the Falling Dominois Effect," *Group and Organizational Studies*, 1987(March).

해 응분의 보상을 해야 한다는 것이고, 또 다른 하나는 부하가 목표달성에 실패하는 경우 리더가 고쳐주어야 한다는 것이다. 그러나 카리스마 리더십은 부하로 하여금 대가 없이, 또는 리더의 구체적인 간섭 없이 자발적으로 조직에 헌신토록 하는 리더십을 말한다.[25)]

링컨 대통령, 루즈벨트 대통령, 고르바초프 대통령, 박정희 대통령, 이광요 수상, 킹 목사, 빌리그레함 목사, 맥아더 장군, 아이아코카 사장 등 이루 헤아릴 수 없는 많은 사람들이 각 분야에서 변혁의 주체로서 말과 행동을 통해 세계, 국가 또는 기업의 역사를 변혁해 가면서 크게 공헌한 바 있다.

오늘날 우리는 이 같은 업적을 수행한 개인의 리더십을 '변혁적' 또는 '카리스마적' 리더십이라고 부르고 있으나 여러 가지 이유 때문에 80년대까지는 이들 리더십에 관한 연구는 거의 없었다.

그러나 특정한 리더는 조직의 목적을 달성하기 위해 부하를 동기부여할 수 있는 예외적인 천부적 자질을 갖고 있다는 착상에서 시작한 '카리스마'(charisma)라는 어휘는 지금으로부터 약 60여 년 전에 막스 베버가 처음으로 사용하였던 개념이다.

그는 법적인 권한의 기반을 다음과 같은 세 가지로 구분하여[26)] 카리스마적 리더십의 근거를 찾고 있다.

① 합리성에 기반을 둔 권한(authority based on rational ground)

② 전통(관습)에 기반을 둔 권한(authority based on traditional ground)

③ 카리스마에 기반을 둔 권한(authority based on charismatic ground)

카리스마적 리더십에 관한 연구는 80년대까지는 주로 종교, 정치운동 및 일반조직에서의 관심사였고 사회학 연구와 심리분석 등에서의 관심의 대상이었을 뿐 기업의 관심사는 되지 못하였다. 그러나 최근 리더십의 연구로부터 경영학에서 새롭고 중요한 관심의 주제가 되고 있다.

지난날 '카리스마'에 대한 학문적 연구가 활발하지 못했던 이유는 첫째, '카리스마'는 신비적인 것을 내포한 것 같은 착각을 일으키게 하는 개념(illusive concept)이고, 둘째, 연구를 계속하기 위한 시스템적인 개념적 또는 이론적인 기틀(framework)이 없었으며, 셋째는 카리스마적 리더에 접근

25) A. T. Christopher, "Max Weber's Charisma," Journal of Classical Sociology, vol. 5(2), 2005, pp. 189-204.

26) L. L. Steinmetz & H. R. Todd, *Supervision*, Irwin, 1992, 5th, pp. 185-186.

하기 어려웠기 때문이었다.

이러한 이유들로 인하여 '카리스마적 리더십'은 잘못 정의되고 연구되어 왔으며 곡해되거나 나쁜 선입관을 지니게 되었고, 때로는 지나치게 강조되어 악용되기도 했는데 이와 같은 문제점을 해소하기 위해, 그리고 오늘날의 급변하는 환경 하에서 조직이 카리스마적 리더를 찾고 있으므로 이에 대한 보다 철저하고 광범한 연구가 요망되고 있다.

경로-목표이론의 주창자인 하우스(R. J. House)는 다양한 사회과학의 조사결과에 기반하여 카리스마적 리더십이론을 제안하였는데 그는 일반적인 리더와 구분되는 카리스마적 리더의 특성과 행동을 다음과 같이 제시하였다.

먼저 카리스마적 리더의 특성으로는 첫째, 높은 자신감(self-confidence), 둘째, 자신의 신념과 이념이 도덕적으로 옳다는 강력한 확신을 들었고, 카리스마적 리더의 행동으로서는 다음과 같은 내용을 제시하였다.

첫째, 역할의 모형화를 통해 부하가 수락, 찬성하기를 바라는 가치와 신념을 표명한다.

둘째, 자신이 유능하고 성공적이라는 인상을 심어주기 위해 부단히 노력할 것이며, 모든 행동은 이러한 인상관리에 초점을 맞추게 되고 그러다 보면 과장되거나 거짓된 행동을 삽입하는 경우도 많다.

셋째, 부하에 대한 높은 기대를 알리고 그에게 설정한 높은 목표를 달성할 능력이 있다는 믿음을 나타내 결과적으로 부하가 리더의 목표를 더욱 잘 수락하고 기대에 어긋나지 않도록 노력하게 한다.

넷째, 비카리스마적인 리더와는 달리 사명의 수행에 관련되는 동인을 자극하려 한다. 이 같은 동인(motives)에는 경쟁자를 이기고 자신의 일에서 탁월하려는 성취욕구가 포함된다.

80년대 이전의 하우스의 이 같은 연구업적에 이어 최근에는 콩거(J. A. Conger)[27] 등에 의해 포괄적인 연구가 이루어지고 있다. 이들의 연구를 종합적으로 정리해 보면 **카리스마 리더십의 특성은** 다음과 같다.[28]

---

27) J. A. Conger & R. N. Kanungo, "Toward a Behavioral Theory of Charismatic Leadership in Organizational Settings," *The Academy of Management Review*, 1987, Vol. 12.

28) J. A. Conger & R. N. Kanungo, "Toward a Behavioral Theory of Charismatic Leadership in Organizational Settings," *The Academy of Meangement Review*,

첫째는 자신감이다. 카리스마적 리더는 자신의 판단력과 능력에 완전한 자신을 갖는다.

둘째는 비전(vision)이다. 카리스마적 리더는 미래가 현상보다 좋은 이상적인 목표를 지니고 있다.

셋째, 비전을 분명히 할 수 있는 능력이다. 카리스마적 리더는 다른 사람들이 이해할 수 있는 용어로 비전을 명확히 표현할 수 있다.

넷째, 비전에 대한 강력한 확신이다. 카리스마적 리더는 비전을 이루기 위해 강하게 몰입되고 높은 위험을 어떤 희생을 치르고라도 기꺼이 감수하려 하고 자기희생을 각오하는 사람으로 지각된다.

다섯째, 평범하지 않은 행동이다. 카리스마적 리더는 고상하고 비관례적이며 종래의 규범에 반대된다고 지각되는 행동을 한다.

여섯째, 변혁의 주체다. 카리스마적 리더는 현상을 조심스럽게 유지하려 하는 사람이라기보다는 근본적인 변혁에 주체자(change agent)로 지각된다.

일곱째, 환경의 감수성이다. 카리스마적 리더는 변혁에 필요한 환경 상의 제약사항과 여러 자원의 평가를 한다.

여덟째, 의사소통의 주인공(masterful communicator)이다. 카리스마적 리더는 믿음직한 꿈을 설계하고 미래의 비전을 심어준다.

아홉째, 정력과 행동지향성이다. 카리스마적 리더는 정해진 시간 내에 비전을 잘 완수할 정력을 갖고 행동한다.

이와 같은 특성을 내용으로 하는 그들의 이론은 카리스마 리더십이 높은 업적과 부하의 만족에 긍정적인 상관관계를 지니고 있다는 관점에서 강력히 지지되기도 하고,[29] 사회과학조사의 종합으로서의 그것은 검증이 가능한 일련의 가설로 설명된다는 관점에서 크게 공헌하고 있다고 볼 수 있다.

(3) 윤리적 리더십(Ethical Leadership)

21세기는 윤리경영의 시대이다. 오늘날의 경제환경은 급속한 개방화·세계화로 인해 세계 모든 기업이 동일한 평가기준을 통해 평가되어지는 '부패라운드'의 등장으로 기업윤리문제가 중요한 이슈로 등장하게 되었다. 그래서 많은 우수기업들이 윤리헌장이나 윤리강령, 구성원의 행동지침 등을 제

1987, Vol. 12.

29) A. D. Szilagyi & M. J. Wallace, *op. cit.*, 1990, p. 416.

정하고, 이를 적극적으로 실천에 옮기고 있다.

세계화 시대에 필요한 경쟁력의 원천은 기업의 윤리성이며 이것이 국제경쟁력을 높이기 위한 첩경임을 인식하고 무엇보다 기업의 투명성을 제고시켜 나가야만 한다. 미국에서 사상최대 회계부정사건을 일으켜 수만 명의 투자자들을 울린 월드컴의 회장겸 최고경영자인 버나드 에버스(Barnard Ebbers)는 1990년대 성공신화로 불리며 미국 대형 장거리 통신회사로 급부상했지만, 110억 달러(약 11조원) 규모의 분식회계 사건으로 2002년 파산했으며, 버나드 에버스 자신도 63세의 고령에 25년의 실형을 선고받았다. 우리나라의 대우그룹, 한보철강 등도 회계부정사건으로 도산했으며, 일본 최대의 우유회사 유키지루시 식품도 식품의 원산지와 유효기간을 허위로 표시한 것이 화근이 되어 사건발생 2개월 만에 파산하고 말았다.

이와는 반대로 윤리적인 경영으로 지속적인 성장과 발전을 하고 있는 기업들도 많다. 예컨대 존슨 앤 존슨(Johnson & Johnson), 에보트, HP, 보디샵, US steel사, 신세계, 삼성의료원 등은 윤리경영으로 정평 있는 기업들이다.

이와 같은 경영환경의 변화로 최근에는 리더십에 윤리성을 추가해야 한다는 주장이 제기되고 있다.[30] 이러한 추세는 기업윤리나 환경윤리 혹은 기업의 사회적 책임이 점차 중시되고 있기 때문이기도 하다.

윤리적 리더십을 주장하는 근거는 리더가 정직하고 매사에 떳떳해야 부하들이 리더를 신뢰할 수 있으며, 부하가 리더를 신뢰한다면 리더십의 효과는 클 수밖에 없기 때문이다. 리더가 부하로부터 신뢰를 확보할 수 있는 가장 좋은 방법은 리더는 항상 부하들에게 정정당당하고 자신 있고 털어도 먼지 하나 없는 처신을 하는 것이다. 따라서 리더는 효과적인 리더십을 발휘하기 위해 조직이 필요로 하는 정보를 공유하고, 언제나 부하들이 접근가능토록 기회를 부여하며, 부하들의 말에 귀를 기울이고 역지사지(易地思之)의 심정으로 매사에 공정해야만 한다.

---

30) D. Seidman, “The Case for Ethical Leadership,” *Academy of Management Executive*, May 2004, pp. 134-138; P. Hoffman, “Define Your Position: Values, Ethics and Leadership,” Ezine Articles 21 October 2006, 28 December 2007; M. Segon and C. Booth, “The Concept of Ethical Leadership in Organizations International,” *Review of Business Research Papers*, vol. 3(5), November, 2007, pp. 363-381.

부하로부터의 신뢰는 앞에서 살펴본 카리스마적 리더십이나 변혁적 리더십의 경우에도 강조되고 있으며, 비전을 제시하거나 열린 경영으로써도 부하는 리더를 믿고 따르게 된다. 효과적인 리더십의 발휘는 부하로부터 진정한 신뢰를 확보하는 데서부터 이루어질 수 있을 것이다.

(4) 서번트 리더십(Servant Leadership)

최근 주목을 받고 있는 서번트 리더십(servant leadership)이란 부하들의 자발적인 헌신과 참여를 이끌어 내고, 주인의식과 책임감을 고취시키면서 섬김과 봉사의 정신을 기반으로 하여 발휘되는 자기희생적이고 봉사적인 리더십을 말한다.

이는 1970년대 초에 그린프리(R. Greenleaf)가 헤세(H. Hesse)가 쓴 『동방 순례』에 나오는 하인 레오(Leo)의 이야기를 통해 서번트 리더십의 개념을 처음으로 소개하였다. 레오는 순례자들의 허드레 일이나 식사준비를 돕고, 때로는 지친 순례자들을 위해 밤에 악기를 연주했다. 레오는 순례자들 사이를 돌며 필요한 것들이 무엇인지를 살폈고, 순례자들이 정신적으로나 육체적으로 지치지 않도록 배려했다. 그러던 어느 날 레오가 사라졌다. 사람들은 당황스러워 했고, 피곤에 지친 순례자들 사이에 분쟁이 잦았다. 그때 비로소 레오의 소중함을 깨닫고 그가 순례자들의 진정한 리더이었음을 알게 되었다.

서번트 리더십(servant leadership)이란 레오처럼 다른 구성원들이 공동의 목표를 이루어 나가는데 있어 정신적·육체적으로 지치지 않도록 환경을 조성해주고 도와주는 리더십이다. 인간 존중을 바탕으로 다른 구성원들이 잠재력을 발휘할 수 있도록 도와주고 이끌어 주는 것을 의미한다. 이와 같은 진정한 의미에서의 서번트 리더십은 기독교 정신에서도 찾을 수 있겠다.

자기희생적인 리더십은 부하들로 하여금 리더를 카리스마적이라 지각하게 하여 리더에게 정통성을 부여하고 리더의 행위를 본받아 조직의 목표달성을 위해 자신들도 희생하고자 하는 호혜적 행동의지를 가지게 하며 동시에 부하의 모티베이션을 높여서 조직성과에 기여한다.[31] 그러나 리더의 행

31) E. deVries Reinout, R. A. Roe and T.C.B.Taillieu, "Need for Leadership as a Moderator of the Relationships between Leadership and Individual Outcomes," *Leadership Quarterly*, April 2002, pp. 121-138; 임창희, 전게서, 2004, p. 394.

위가 오로지 자기희생적인 행위로만 구성되어 있는 것은 아니며 자기희생적인 리더는 과업주도, 관계지향, 변화주도 등의 행위와 매일의 일상적인 관리행위를 수행하면서 자기희생적인 행위들을 포함한 리더십을 발휘하는 리더를 지칭하는 것이다. 그리고 자기희생적인 구체적은 행위의 내용은 다음과 같다.

첫째, 업무분장에서의 희생이다. 조직 내 다른 업무에 비해 상대적으로 위험하다거나 힘이 든다거나 다른 구성원들에 의해 기피되고 있는 업무나 역할, 순번 등을 자기 스스로 자청하고 자신을 희생하는 것이다.

둘째, 보상배분 상에서의 희생이다. 자기에게 정당하게 배분되어야 할 금전적·비금전적 보상, 예컨대 급여, 상여, 승진, 포상, 휴가, 공로에 대한 인정 등을 포기하거나 미룰 때 발생된다.

셋째, 권한행사에서의 희생이다. 자신이 임의로 사용할 수 있는 자원과 권한 등을 사용하지 않거나 포기할 때 발생하는 희생이다.

따라서 서번트 리더(servant leader)는 다음과 같은 세 가지 역할에 초점을 두고 구성원들을 이끌어 나가는 특성을 갖는다.

그림 9-15 서번트 리더의 역할

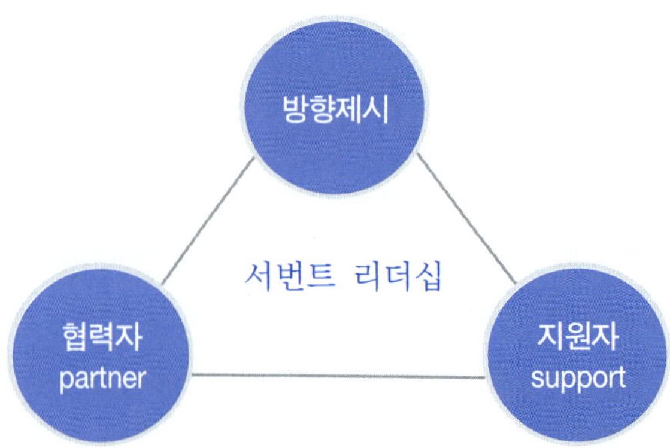

첫째, 방향제시자의 역할이다. 이는 조직의 비전을 제시해주는 역할을 의미한다. 서번트 리더가 섬김과 봉사하는 지원자이면서도 '리더'인 이유는 다른 구성원들이 보지 못하는 미래를 바라보고 비전을 제시할 수 있는 능력이 있기 때문이다.

둘째, 협력자(partner)로서 합의를 이끌어 내기 위해 의견을 조율한다.

셋째, 구성원들이 원활하게 업무를 수행할 수 있도록 지원하고 돕는 역할을 한다. 따라서 서번트 리더는 구성원들이 개인적인 삶에 있어서도 '일과 삶의 균형'(work and life balance)을 이룰 수 있도록 배려한다.

(5) 셀프리더십(Self-leadership)

셀프리더십(self-leadership)이란 부하들 각자가 모두 리더가 될 수 있게 만드는 방법으로서 훌륭한 리더는 부하들이 스스로 리더가 되어 각자 맡은 바 직무에 책임성을 갖고 자신을 통제해 가면서 스스로 자신을 이끌 수 있도록 여건을 조성하고 지원해 주는 리더이다.

이처럼 부하들을 셀프리더로 만들기 위해서는 리더는 부하들 각자의 목표를 구체적으로 수립할 수 있게 하고 상벌로 바람직한 행동모델을 강조하면서 모범적인 모델을 만들어 몸소 모범을 보여 주어야 한다.

규정이나 강압적인 수단에 의해서가 아니라 자발적이고 능동적인 자세로써 자신을 스스로 통제해 가면서 도전정신이나 책임감을 발휘하고 성취의 보람을 느끼게 함으로서 셀프리더가 되게 하는 것을 말한다.

오늘날 기업경영에서는 팀제가 확산되면서 관리자 한 사람이 모든 팀 구성원들을 관리하기도 어렵고 직무도 전문화되어 지식근로자가 일반화되면서 셀프리더십의 중요성은 더욱 점증하고 있다.

(6) 슈퍼리더십(super leadership)

슈퍼리더(super leader)란 부하들에게 최대한의 자율권을 부여하고 리더 자신은 지배자나 감독자가 아닌 코치와 상담자로서의 역할만을 수행하는 것을 말한다. 오늘날 팀(team)제도가 확산되면서 슈퍼리더십에 대한 관심과 요구가 증대하고 있는데 팀제도의 궁극적인 목표는 자율경영 팀(self managed team)을 만드는 것이다.

기업경영에서 이러한 자율경영 팀이 활성화되면 리더는 일상적인 관리행위로부터 자유로워지면서 관리자가 아닌 충고자나 조언자로 남게 될 것이다.

슈퍼리더십은 조직 구성원들에게 어떻게 생산적이고 효율적인 활동을 할 수 있는지를 깨우치고 용기를 북돋우어 줌으로써 내적 동기수준을 높인다.

이러한 슈퍼리더십은 인간의 권력욕구 때문에 실제 기업경영에서 활성화되지 못하고 있는 것도 사실이지만 조직 구성원들의 참여욕구가 날로 증대하면서 이제는 피할 수 없는 상황에 이르게 되었다고 본다.

(7) 팔로워십(followership)

최근 기업경영에서는 팔로워십에 대한 관심이 집중되고 있다. 효과적인 리더십의 발휘는 부하의 조건과 자질이 결정한다고 보는 견해가 있다. "위대한 리더 밑에는 훌륭한 부하들이 있었다."라는 말이 있지만 최근에는 훌륭한 리더십에 필요한 부하의 조건이 무엇인지에 관심을 가지기 시작했다. 성공하는 조직 속에는 훌륭한 리더가 있어야 하지만 따라 줄 만한 부하가 있어야 함은 더욱 중요하다.[32)]

따라서 켈리(R. E. Kelley)는 훌륭한 부하가 되기 위한 다음과 같은 조건을 제시한 바 있다.

첫째, 리더가 통제하지 않아도 자기관리를 잘하면서 스스로 계획하고 실천해 나갈 줄 아는 부하

둘째, 자신의 이익이나 자신의 일만 위해 행동하는 것이 아니라 동료나 다른 부서 사람들을 위해서도 일을 하면서 협조를 잘하는 부하

셋째, 조직이 필요로 하는 지식, 기술, 능력을 겸비하려고 부단히 노력하는 부하

넷째, 정직하고 신뢰하며 실수를 두려워하지 않고 도전적이며 남에게 의존하지 않고 책임감이 강한 부하

함께 일하고 싶은 부하 베스트 10

① 상사의 단점까지도 커버해 주는 부하
② 불평·불만을 속 시원하게 털어 놓은 부하
③ 말보도 행동을 우선하는 부하
④ 실수를 인정하고 상사에게 조언을 구하는 부하

32) R. E. Kelley, "In Prise of Followers," *Harvard Business Review*, November December 1988, pp. 142-148; E. P. Hollander, "Leadership, Followership, Self and Others," *Leadership Quarterly*, Spring 1992, pp. 43-54; 임창희, 전게서, 2004, p. 397.

⑤ 상사의 말에 장단을 맞추어줄 줄 아는 부하
⑥ 일을 스스로 찾아서 하는 적극적인 부하
⑦ 정시에 출근하는 부하
⑧ 여유와 유머가 있는 부하
⑨ 책임을 회피하지 않는 부하
⑩ 자기 분수를 지키는 부하

좋은 상사되기 7원칙

'못된' 상사 때문에 회사를 그만두고 새로 창업한 회사를 빌 게이츠와 경쟁하는 회사로 발전시킨 실리콘 벨리의 두 기업가를 소개한다.

스탠퍼드 대학(Stanford University)에서 만난 두 젊은이, 졸업 후 취업해서 회사원이 되려고 했지만 하도 '못된' 직장 상사를 만나는 바람에 회사를 그만 두고 새로 창업한 회사가 바로 썬마이크로스시템즈(Sun Microsystems, Inc., 1982)이고, 이 회사의 두 창업자가 회장 스코트 맥닐리와 비노드 크슬라다.

컬럼비아대학 혼스타인 교수의 연구조사에 따르면 미국 회사에는 6명에 1명꼴로 '못된'상사가 있다. 또 이 문제가 경영학, 특히 인본주의 경영의 리더십 연구에서 주요한 주제 가운데 하나로 대두되어 있다.

과학적 · 합리적 경영의 발상지인 미국에서 새 시대의 우수기업 만들기는 인본주의 경영이 바탕이 되어야 한다는 주장이 대두되면서, 리엔지니어링 경영의 기본 개념으로 인본주의 경영이 정착하게 되었다. 늦은 감이 많지만 과학적 경영의 한계성을 인정하게 된 것이다.

합리적인 경영관리자 보다 열정적인 리더들을 상관자리에 채워야 한다는 것이다. 그리고 한 발 더 나아가 모든 조직의 상사들이 좋은 상사가 되면 우수기업의 기본조건이 달성되었다고 보는 이론이 '리더십 엔진'이론이다.

리엔지니어링 개혁의 핵심은 사람의 창의성과 자발적 참여가 바탕이다. 그리고 그 바탕 위에 '슈퍼리더십'이 요구된다. 기업마다 좋은 상사를 우대하고 못된 상사를 다루는 일이 중요한 과제가 될 수밖에 없다는 의미다.

여기에서 리더십 학자들이 제시하는 '좋은 상관되기' 7가지 원칙을 제시해 보면 그 내용은 다음과 같다.

(1) 부하를 인간으로 사랑하라. 기계같이 다루지 말라. 인본주의 경영의 바탕이 되는 원칙이다. 사원 제일주의 또는 부하의 능률은 상사의 책임이라는 이론이기도 하며 머슴 만들기를 할 것인가, 또는 유능한 인간을 만들 것인가는 전적으로 상사의 몫이다.

(2) 부하와 대화하라. 명령하는 것은 협동의 걸림돌이다. 대화는 듣는 것부터 먼저 해라. 대화의 비결은 먼저 부하의 의견을 듣는 것이다. 명령은 머슴에게나 하는 리더십이다. 말없는 부하의 속마음까지 헤아리는 대화가 감동을 일으키게 하고 설득을 낳아 자발적 참여를 이끌 수 있다.

(3) 부하에게 믿음을 심어줘라. 상관이 할 일은 부하에게 일을 시키는 것이 아니라 부하에게 우선적으로 믿음을 심어 주는 것이다. 믿음의 첫째는 회사가 성공한다는 것이고 둘째는 회사가 잘 돼야 내가 잘 된다는 믿음이며, 셋째는 회사가 보람있는 일을 하고 있다는 믿음이다.

(4) 일이 재미있도록 만들어 줘라. 자신이 무슨일을 할 것인가. 그리고 어떻게 언제가지 해낼 것인가를 스스로 결정하게 하라.

(5) 부하의 선배지도자가 되라. 선후배 관계는 상호 교감성과 상호 상승성의 핵심적 요소이다. 이는 변혁적 리더십의 기본요소이기도 하다.

(6) 자신부터 성숙한 어른이 되라. 부하의 발전을 도와주고 모범을 보여라.

(7) 돈으로 부하를 사려고 하지 말라. 부하에게 보상하는 방법은 돈 말고도 다른 수단이 무궁무진하다는 사실을 명심하라. 공평성과 생활임금 수준은 최소한 지켜야 할 기본 과제이다.

10

정보사회와 인간관계

1. 급변하는 사회 · 경제 환경
2. 현대 생활과 정보사회의 특성
3. 정보화 사회에서의 '時테크'
4. 시간관에 따른 인간유형
5. 타임베이스 전략
6. 정보화 사회에서의 인간관계

제10장 정보사회와 인간관계

1. 급변하는 사회 · 경제 환경

오늘날의 환경변화는 과거 어느 때보다 심각하고 절실하게 다가오고 있다. 생활양식, 직업의식, 의식구조, 가치관, 태도, 소비자의 욕구, 기술변화, 정부의 정책, 기업의 경영전략, 경쟁여건 등등 우리 주위를 둘러싸고 있는 이 모든 것들이 급변하고 있다.

인간은 누구나 변화하는 환경 속에서 삶을 살아가고 있기 때문에 변화하는 환경을 올바르게 인식하고 적응해 나가지 않으면 아니 된다. 환경변화를 모르고 살아간다는 것은 마치 산위에서 바위덩어리가 자신을 향해 굴러오고 있는데 이를 모르고 있는 것과 같다. 또한 환경변화에 적응하지 않고 맞서거나 환경을 역행하려는 것은 계란으로 바위를 부수려는 행위와도 같다.

인류역사는 새로운 문명의 탄생역사라 할 수 있을 만큼 새로운 문명은 지속적으로 출현해 왔으며 앞으로도 계속 출현할 것이고 우리 인간은 나타나는 새로운 문명에 적응하면서 삶을 이어갈 수밖에 없다. 그런데 이러한 새로운 문명의 출현들이 인류의 운명을 전환시키는 도화선이 되곤 하였다.

우리는 역사를 통해 문명과 문화를 바꾸면서 적응하지 못한 민족과 나라는 멸망하거나 역사의 뒷전으로 사라져 버린 사실을 잘 기억한다. 자신의 문화와 문명을 지키지 못하고 역사 속으로 사라져버린 국가와 민족이 얼마나 많았던가? 예컨대 마야문명, 중남미의 인디오, 중국의 소수민족, 동남아의 소수민족, 아프리카의 미개민족, 북극의 에스키모족 등등 미래학자 엘빈 토플러(A. Toffler)는 오늘날 급격한 사회변화가 진행되고 있는데 이는 산업주의의 종언과 새로운 문명의 출현을 뜻한다고 예견하고 있다. 새로운 문명은 새로운 사고, 공식, 도그마(dogma), 이데올로기 등의 현실적 적응력과 사회적 타당성을 상실하게 한 혁명적인 것으로써 새로운 가치관이나 기술, 새로운 생활양식이나 커뮤니케이션 등의 부침 속에서 그 모습을 분명히 해가고 있다. 이 새로운 문명의 출현은 농업의 시작에 따라 일어난 '제1의 물결'과 산업혁명에 의한 '제2의 물결'에 이어 정보산업의 발전에 따른 이른바 '제3의 물결'과 융·복합기술을 기반으로 하는 제4차 산업혁명에 의한 '제4의 물결'이 시작되었음을 의미한다.

'제1의 물결'에 의한 농업혁명은 수천 년에 걸쳐 서서히 전개되었고, 산업혁명에 의한 '제2의 물결'의 변혁은 300년 밖에 안 걸렸으며, 정보(지식)혁명에 의한 '제3의 물결'은 겨우 30년 정도의 시간이 소요되었다. 그리고 융·복합기술을 기반으로 하는 4차 산업혁명에 의한 '제4의 물결'은 향후 10~20년 내에 완결될 것으로 예견되고 있다.

그림 10-1 인류문명의 변천

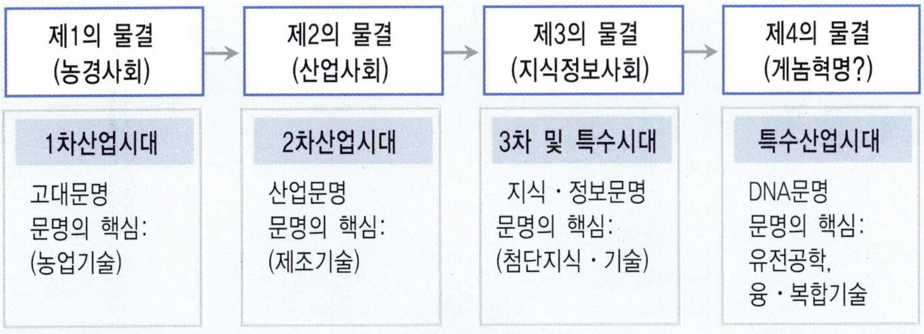

자료: Alvin Toffler, *The Third Wave*, 1980.

[그림 10-1]에서 보는 바와 같이 인류는 수 만년 이상 수렵, 어로, 채취에 의존하여 유랑생활을 하여왔다. 그러나 농업기술이 발달함에 따라 정착생활을 할 수 있는 농경사회라는 문화를 형성하게 되었는데 이때 농업기술의 충격을 적극 수용하고 발전시켰던 국가와 민족은 융성한 반면 그렇지 못한 국가와 민족은 역사의 뒷전으로 사라져 버렸다.

그리고 산업혁명에 의한 공업기술을 바탕으로 한 '제2의 물결'이 밀려 왔을 때에도 변화의 충격을 잘 수용하고 발전시킨 국가와 민족은 융성했고, 그렇지 못한 국가와 민족은 역사의 뒷전으로 전락할 수밖에 없었다. 이후 2~3백년이 지나 '제3의 물결'이 밀어 닥쳤다. 이는 첨단의 고도기술과 지식 그리고 정보의 힘이 지배하는 '지식기반사회', '정보화 사회'의 도래를 의미하는데 이러한 충격을 잘 수용하고 발전시키는 국가와 민족은 크게 번영하고 있는 반면 그렇지 못한 국가와 민족은 쇠퇴와 몰락을 길을 걸을 수밖에 없다.

엘빈 토플러는 '제4의 물결'은 이후 20~30년 후면 나타날 것이라고 예언한 바 있다. 그러나 이미 우리에게는 현실이 되어 가고 있다. 생명공학, DNA에 의한 게놈(GENORM)[1]혁명, 융·복합기술을 기반으로 하는 4차 산업혁명이 바로 그것들이다.

지난날 농경사회에서는 근면·성실이, 산업사회에서는 합리적인 사고와 기술력이, 그리고 지식정보사회에서는 부가가치를 창출할 수 있는 지식과 정보가 경쟁력의 원천이 되었다. 그러나 게놈 혁명이 예견되는 21세기 특수산업의 시대에는 유전공학과 더불어 융·복합기술이 개인이나 기업, 국가 모두에게 강력한 경쟁력의 원천으로 작용될 것이다.

21세기 급변하고 있는 사회·경제 환경의 내용을 요약해보면 그 내용은 [그림 10-2]와 같다.

그림 10-2 사회·경제 환경의 변화

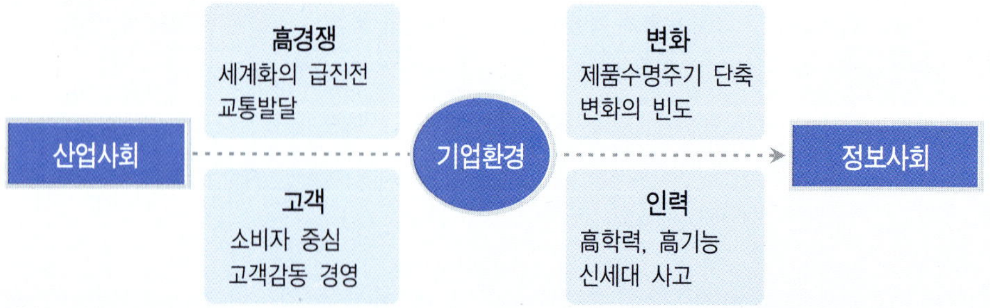

1) '게놈'(genome)이란 '유전자'(gene)와 '염색체'(chromosome)의 합성어로서, 생물의 염색체 속에 담긴 유전정보 전체를 의미. 유전자 지도 '게놈'의 모든 것을 담고 있음.

그리고 이러한 사회 · 경제 환경변화의 특성을 요약해 보면 그 내용은 [그림 10-3]과 같다.

그림 10-3 사회 · 경제 환경변화의 특성

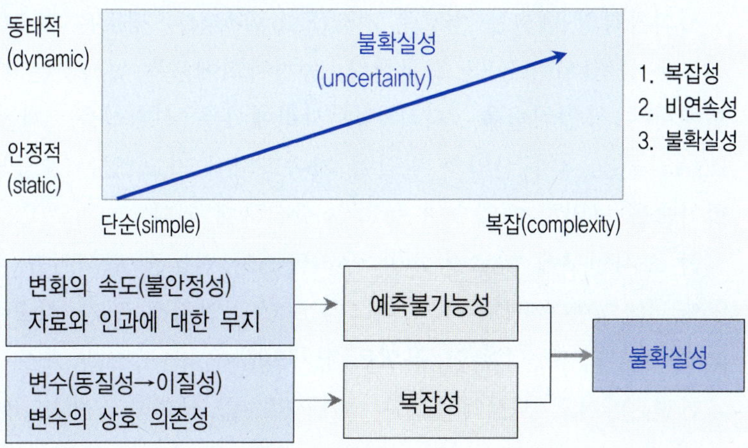

- 질적 변화 : 환경변화의 방향을 예측하기 어렵다는 것을 의미 (국제화, 정보화, 성숙화, 기술혁신, 다양화, 다변화, 복잡성 등)
- 양적 변화 : 환경변화가 미치는 영향의 정도를 파악하기 어렵다는 것을 의미
- 시간적 변화 : 제품수명주기의 단축, 컴퓨터 및 통신기술의 급진적인 혁신 등으로 시간적인 변화는 점점 가속화되고 있다.

고든 시어(Gordon Sir)는 깜깜한 방에서 거꾸로 고정된 병 안에 여러 마리의 꿀벌과 파리를 집어넣은 후 위에서 밝은 불빛을 비출 때 꿀벌과 파리 중 어느 것이 먼저 병에서 탈출하는지를 실험해 보았다. 실험 결과 꿀벌은 출구는 밝은 곳에 있다는 논리적 사고에 집착하여 죽을 때까지 위로만 날았고, 파리는 빛의 논리를 무시하고 이러 저리 날아다니다가 2분도 못되어 모두 탈출에 성공하였다.

이 실험을 통해 사람들의 사고와 행동의 단면을 발견할 수 있다. 우리의 삶 속에서 수단이 목적에 묶이고, 행동이 통제되고, 앞선 행동, 과거의 경험이 뒤의 행동, 현재의 행동을 제약하고 논리가 탐색을 지배하는 일들이 얼마나 많은가? 21세기는 신지식이 요구되는 사회이다. 신지식이란 부가가치를 창출할 수 있는 지식을 의미한다. 부가가치를 창출할 수 없는 지식은 아무리 좋은 지식이라도 죽은 지식이다.

사회환경의 변화는 새로운 지식(Knowledge), 새로운 기술(Technology), 새로운 능력(Ability)을 요구한다. 농경사회에서는 농사짓는 기술을, 산업사회에서는 공업기술을, 지식 정보사회에서는 신지식을, 게놈혁명시대에는 DNA기술을, 4차 산업의 발달이 가속화되어 가고 있는 오늘날에는 융·복합기술을 구비하지 않으면 능력을 상실하게 된다.

한 조사연구에 따르면 현재 우리나라의 신물질 탐색기술 수준은 미국의 25%, R&D(연구개발)투자는 미국의 0.8%, 안정성 평가 기술수준은 미국의 30%, 일본의 5% 수준인 것으로 평가되었다.

한편, 바이오 시장의 규모는 매년 32%를 상회하고 있는 추세다. 1990년 44억$, 1995년 238억$, 2000년 540억$, 2010년 2,100억$ 수준인 것으로 나타나고 있다. 여기에서 바이오 산업의 부가가치 규모를 살펴보면, 고민혈치료제(EPO)의 경우 1g=67만$, 항암보조제 1g=54만$ 정도이다. 우리나라 256KD램 반도체 1g=360$임을 감안하면 바이오산업의 고부가가치는 참으로 대단하다고 할 수 있을 것이다.

2. 현대 생활과 정보사회의 특성

1) 정보사회란?

정보사회란 컴퓨터와 통신기술이 결합하여 정보의 축적, 처리, 전달 능력이 획기적으로 증대하면서 정보의 가치가 산업사회에서의 물질이나 에너지 못지않게 중요해지는 사회 또는 정보화 지식이 중요한 재화로 인식되고 정보기술이 가사, 기업활동, 행정 등 인간의 갖가지 활동에 도입되어 인간의 제반 사회·경제·생활양식에 혁신적인 변화가 발생하는 사회라고 정의할 수 있다.

오브라이언(R. O'Brien)은 "경제활동의 영역이 상품의 제조에서 정보와 지식을 제조하는 영역으로 이동하고, 전문화된 정보와 새로운 테크놀로지의 효율적 이용에 관한 분야가 각광을 받는 사회"가 정보사회라고[2] 하였다.

따라서 정보사회는 산업주의 시대보다는 그 산업기술을 바탕으로 한 사회이며, 특히 정보기술의 발달로써 수집, 가공, 처리, 보관, 제공하는 과정을 거치면서 보다 가치 있는 지식을 소유하는 사회라고 볼 수 있다.

또한 조직 구성원들 사이에서는 정보의 생산과 교환에 연관된 활동이 활발해지는 사회인 동시에 지적 기술창조를 동반한 사회서비스의 질적 삶을 추구하는 사회라고 할 수 있다.

따라서 정보사회는 기존의 정보매체의 확대와 더불어 컴퓨터를 중심으로 한 정보처리 기술 및 통신기술의 비약적인 발전에 따라 자료의 이용가치가 높아지고, 사회에 유통되는 자료가 거대한 분량에 이르게 됨에 따라 일련의 사회구조의 변혁이 일어나는 상황 또는 그에 관한 정보의 공개 등을 통하여 국민의 알 권리가 충족되는 사회이며, 정보사회는 컴퓨터와 전기통신의 기술적 발전으로 새로운 정보기술과 정보기기가 사회에 파급됨으로써 과거의 산업사회와는 질적으로 다른 정보환경을 이룬 사회이다.

정보사회는 원격 통신기술의 혁명에 의해서 초래된 새로운 생활양식의 사회이기도 하다. 즉 정보란 특정 목적을 위해서 조직된 자료의 집합이고, 정보화란 이러한 정보를 생성, 관리, 전달, 활용하는 정보활동 일체를 지칭하는 개념인 데, 이러한 정보화가 전체적으로 큰 비중을 차지하는 사회를 의미한다.

2) 생활 속의 컴퓨터

(1) 쾌적한 자동차

현대인은 편리한 운전, 효율적인 연료 소비, 안락한 승차감, 오락시설 등과 같은 자동차의 성능을 향상시키기 위한 노력을 계속하고 있다. 마이크로프로세서는 연료 절약을 위해 수년 동안 엔진기능을 통제하는 일에 사용되어

---

2) Rita Cruise O'Brien, *The Political Economy of Information*, New York: Longman, 1986, pp. 9-30.

왔다. 예를 들어 1985년에 생산된 올즈모빌 자동차에는 엔진 부하 분압기, 교류 발전기, 엔진 냉각 감지기, 절대 압력 감지기, 변속 기어 등으로부터 정보를 받아 들여 통제하는 시스템이 부착되어 있다. 통제시스템은 엔진 과열을 방지하고 배기가스 재순환, 클러치 등을 자동적으로 조절한다. 주행시스템에는 통신위성 수신기가 부착된 컴퓨터 스크린을 포함하고 있다. 컴퓨터는 현재 상황에 가장 적합한 지도를 화면에 보여 주며, 자동차의 위치는 자동적으로 변경되고 필요에 따라 새로운 도로 지도가 선택될 수 있다.

(2) 전자도서관

도서관의 관리가 앉고 있는 가장 심각한 고민은 공간이다. 수많은 책, 잡지, 신문, 보고서 등을 보관할 공간과 도서관 이용자들에게 제공하는 서비스 문제이다. 이 두 가지 문제점은 컴퓨터의 이용으로 가능하다. 컴퓨터는 방대한 양의 내용을 저장하고 있어서 수작업에 의한 목록표 찾기보다 속도가 빠르고 비용도 적게 든다.

데이터 베이스 관리시스템(Data Base Management System)은 대량의 자료를 저장하고 검색하기 위해서 개발되었으며, 정보검색 기술의 발달로 인해 데이터베이스에 저장되어 있는 대량의 자료에서 특정한 정보를 쉽게 검색하는 방법이 개발되었다.

사용자가 단말기를 통하여 원하는 정보를 알고자 하면 단말기 화면이나 또는 보다 완전한 본문 검색이 가능하도록 되어 있다. 대량의 정보를 저장할 수 있는 디스크는 약 12억 5천 개의 글자를 저장할 수 있어서 12인치 디스크 한쪽 면에 1,500권에 해당되는 분량의 도서를 기억할 수 있다. 정보는 레이저 광선을 이용하여 디스크에 영구적으로 저장된다. 디스크의 또 다른 응용은 각 면에 30분간 방영할 수 있는 5,400개의 텔레비전 화면을 기록하는 데 있다. 현재 광학 영상 디스크 시스템은 교육, 기술훈련, 판매 및 시장 정보 분야에 활용되고 있으나 머지 않아 이 기술이 도서관과 가정에서도 널리 응용될 것이다.

(3) 일기 예측

관측자료는 세계 수천 곳의 관측소와 인공위성을 통하여 수집된다. 국제 원격통신 시스템에서 기상 센터로 보내지는 이 자료는 일기상태를 예측하는

데 사용되고 있다. 배열 컴퓨터의 병렬처리 기능을 이용하면 현재의 24시간 일기예보와 같이 정확한 36시간 예보가 가능할 것이다. 장기예보는 일반적으로 사람들에 의해 행해지고 있으며, 이 부분의 자동화를 위하여 슈퍼컴퓨터 연구가 활성화되고 있다. 대기 온실효과를 예견하기 위한 모의실험에는 이 슈퍼컴퓨터가 활용되고 있다.

(4) 비디오 게임

비디오 게임의 미래를 예측해 보면 아주 선명한 화면 위에 3차원의 그래픽 효과, 보다 다양한 색상, 의사소통을 위한 언어인식의 사용, 대량의 기억장치를 제공하는 영상 디스크의 사용 등에 의해 더욱 인기를 얻고 있다.

마이크로세서의 품질향상과 정교한 소프트웨어가 이러한 인기를 창출하고 있는 것이다. 비디오게임은 초기의 컴퓨터마인드 확산에는 큰 공헌을 했다. 학생들은 교육프로그램을 이용하여 학습을 하게 되었고 프로그래밍 분야에도 흥미를 갖게 되었다고 한다.

3) 자동화 사회

정보사회의 총아 컴퓨터와 통신기술(C&C)의 발달로 가정과 사무실, 공장과 점포, 빌딩과 교육현장 등 사회 각 분야에서 자동화 시대를 맞고 있다. 각종 기기에 컴퓨터를 통한 제어기능이 추가되고 여기에 다시 데이터를 전송하는 정보통신 기술이 결합되면서 자동화의 영역은 갈수록 확대되어 가고 있는 것이다.

예를 들면 가정에서는 자동 세탁기로 빨래를 하되 외출을 해서도 마음대로 작동시킬 수 있는 원격제어와 집안의 각종 계량기를 외부에서 읽어내는 원격검침 시대를 맞게 되었다. 또 사무실과 공장에서는 컴퓨터화된 기기를 개별적으로 사용하는 단계를 지나 회사 또는 공장 차원의 통합된 자동화 시스템을 갖추고 나아가 인공지능(AI; Artificial Intelligence)에 의한 전문가 시스템(export system)과 지능 로봇이 출현하게 되었다.

그런가 하면 점포에서는 금전 등록기 대신 판매 관리시스템(POS; Point of Sale)이 등장하여 유통혁명을 일으키고 있으며, 역시 단순한 자동화의 단계를 벗어나 다기능 정보처리가 가능한 지능형 빌딩으로 발전해 가고 있다. 집안에서 은행거래나 쇼핑과 같은 일을 하고, 무인공장, 현금 없는 사회, 종이 없는 사무실 등으로 나아가기 위한 자동화가 이루어지고 있다.

(1) 가정 자동화(Home Automation)

1980년대 초 일본에서 개발 보급되기 시작한 가정 자동화 시스템은 주로 전화로 집안의 가전제품을 끄고(turn off) 켤 수 있는(turn on) 원격제어 기능과 화재, 도난, 가스 누출 등의 사고방지를 위한 방재, 방범기능 및 비디오 폰 기능으로 구성되어 있다. 원격 제어기능은 집안 내부나 외부에서 전화로 기기의 작동 여부를 확인, 조종하고 작동시간을 지정할 수 있는 기능뿐만 아니라 집안의 동태나 이상 유무를 알아 볼 수 있는 원격감시 기능까지 포함된다. 방범, 방재 기능은 집안의 취약지점에 적외선 감지기를 설치하여 이상이 발생된 즉시 경비실이나 경찰서 등 지정된 장소로 사고내용과 주소를 미리 녹음된 음성으로 통보하는 것으로 정전 시에도 가능하다. 비디오 폰은 영상화면을 통해 내방객의 모습을 확인하고 대화를 할 수 있으며 대화를 원치 않을 경우에는 모습만 확인할 수도 있다. 원격제어는 무선전화나 차량전화로도 가능하지만 앞으로는 선진국에서처럼 휴대용 전화기를 이용하면서 실내 온도나 욕조의 수위를 조절하는 단계까지 도달할 것이다.

(2) 사무 자동화(Office Automation)

사무 자동화는 사무, 사람, 기기의 유기적 결합체이므로 사무적인 측면과 인간적 측면 그리고 기계적 측면을 동시에 고려하여야 하는 데 기업 내 사무실 근무환경의 쾌적화와 근무의욕을 고취시키고 업무처리의 신속과 정확성을 기함으로써 사무실 생산성 향상과 경영합리화를 목적으로 추진된다.

사무 자동화는 문서작성이나 자료처리 등을 위한 사무기기의 개별적 활용단계에서 이를 중앙 범용 컴퓨터와 연결하여 통합시키는 방향으로 발전되고 있다. 사무 자동화 기기는 보통 컴퓨터 단말기, 프린터, 그래픽 처리기기, 팩시밀리, 비디오 텔레텍스, 전자 사서함 등과 같은 자료 송신기기, 전자파일, 광 디스크, 데이터베이스 등과 같은 자료저장 기기로 구성된다. 이러한 기기들은 사무실이나 빌딩, 공장 등 제한된 구역 내에서 서로 문자나 음성 또는 영상으로 정보를 주고받을 수 있도록 근거리 통신망(LAN; Local Area Network)으로 연결되고 나아가 공장, 창고, 판매장, 관계회사 등과 부가가치

통신망(VAN; Value Added Network)으로 이어지기도 한다. 앞으로 인공지능을 갖춘 컴퓨터가 전문가의 판단을 대행하는 전문가 시스템 내지 의사결정 지원 시스템(DSS; Decision Support System)으로 고도화될 전망인데 이미 의료진단이나 법률적 판단 등에는 이와 같은 시스템이 실용단계에 들어갔다.

국내 사무 자동화는 1983년부터 추진업체가 급격히 증가하기 시작하였으며 업체의 대부분이 수식자료 처리를 위해 컴퓨터 시스템을 도입한 전산화 업체가 대부분이었다. 사무 자동화를 통한 사무업무의 구체적 개선목표라는 개개인의 업무처리 과정의 소멸, 간소화가 사무 자동화를 개인적인 사무영역으로 확대하였고, 개인업무의 신속한 처리와 업무능력 제고에 노력하고 있다. 국내 일반 기업의 사무 자동화의 추진동기를 보면 신속한 사무 업무 처리를 위해서 경영자, 관리자에게 신속한 의사결정을 지원하는 등의 관리 수준 향상을 위해서, 단순 반복 사무를 자동화기기를 이용하여 다량의 단순 업무를 신속히 처리하는 경영효율화, 생산성 제고에 크게 기여하겠다는 의지이며, 인건비 및 사무경비 절감을 위한 사무 자동화 동기는 점차 그 비중이 감퇴하는 추세를 보이고 있다.

오늘날 기업들은 최신의 컴퓨터와 통신기술 등을 활용, 문서의 작성과 보관, 각종 정보의 처리와 전달 등 업무의 생산성을 높이기 위한 사무 자동화를 꾸준히 추진해 가고 있다.

(3) 공장 자동화(Factory Automation)

공장 자동화의 발전단계를 크게 나누어 보면 단위 기계의 부분적인 자동화, 단위 기계의 완전자동화, 생산라인의 자동화, 모든 공정의 자동화 등 4단계로 구분된다. 공장 자동화 시스템은 보통 자동창고, 산업로봇, 수치제어공작기계, 컨베이어, 무인운송차, 검사장치 등과 같이 이를 감시 제어하는 프로그램제어장치 등의 제어시스템으로 구성되며, 컴퓨터를 이용한 설계(CAD; Computer Aided Design) 등에도 활용되고 있다. 수치제어는 컴퓨터에 의해 수치의 형태로 주로 명령에 따라 기계를 제어하는 것을 말하며 프로그래밍 제어 장치는 내용을 수시로 변경, 수정할 수 있는 제어장치이다.

(4) 점포 자동화(Sale Automation)

점포 자동화의 핵심기술인 판매관리 시스템은 상품에 부착된 바코드를 컴퓨터로 처리하여 전달하는 소매업의 종합경영 시스템을 말한다. 판매관리 시스템은 기본적으로 터미널과 저장 제어기로 구성되는데 바코드(Bar Code)로 표시된 상품정보를 터미널의 자동판독장치(스캐너)가 읽어 저장제어기에 해당하는 소형컴퓨터로 보내면 소형컴퓨터가 이를 처리해 필요한 정보를 발송, 영수증을 자동 발행하게 된다.

(5) 빌딩 자동화(Building Automation)

빌딩 자동화 시스템이란 고층건물의 운영을 보다 효율적으로 관리하기 위해 건물 내의 각종 설비(기계, 전기, 공조기, 냉난방, 조명, 방범, 방재 등)를 원격제어 감시하는 시스템을 말한다. 1960년대 빌딩의 방범, 방재 관리로부터 시작된 국내의 빌딩 자동화 시스템 산업은 100여년의 역사를 가진 미국 등 선진국에 비해서는 아직 초보단계에 불과하지만 최근 급속한 발전을 거듭하여 현재 시스템의 국산화율이 상당히 높아지고 있는 실정이다.

4) 사회적 변화

(1) 개인 중심의 사회

정보사회에 있어서 가장 현저한 변화는 일하는 장소가 공장이나 사무실에서 가정으로 이전된다는 점이다. 비용이 적게 드는 통신수단이 비용이 많이 드는 교통수단을 대신하게 되고, 전문직이나 기술직은 재택근무가 가능하게 된다.

미래의 중심은 가정이다. 생산소비자의 출현, 전자주택의 일반화, 기업에 있어서 새로운 조직의 구축, 생산의 자동화와 탈획일화의 실현 등은 모두 가정이 내일의 사회의 중심적 존재로 부상하고 있음을 암시한다. 가정은 그 기능을 상실하기 보다는 경제적인 면이나 의료, 교육, 사회 등의 면에서도 활발한 기능을 수행하게 될 것이다.

(2) 재택근무

경제적으로 보아 교통과 원거리 통신 중에서 어느 쪽을 선택해야 하는가는 이미 결론이 명백하다. 과학기술이 발달된 국가에서는 현재 교통이 위기에 직면해 있다. 도로는 홍수를 이루고 있으며, 주차장 시설이 부족하고 환경오염 문제도 심각하다. 근로자의 파업이나 임금투쟁은 계속되고 있고, 대중 교통수단은 한계점에 도달해 있다. 앙등하는 교통비 상승은 고용주에게 부담을 준다. 잭닐스(Jack Nilles)는 미국국립과학재단의 후원으로 정신근로자의 사무를 도시 중심에서 가정이 가까운 지역 업무센터로 옮길 경우 경비와 에너지가 얼마나 절약되는가를 조사하였다. 연구결과는 놀랄 만한 것이었다. 지역 업무센터로 옮길 경우 300명의 종업원을 더 고용할 수 있거나 그에 상당한 이익을 추가할 수 있다는 것이었다.

따라서 이 문제를 해결하는 관건은 원격통신시설 설비비와 운영경비가 통근에 소요되는 경비보다 적게 드는 시기가 언제쯤일까 하는 점이다. 가솔린 요금과 수송비는 어디서나 급등하고 있는 반면에 통신설비비는 기하급수적으로 떨어지고 있다. 언젠가 이 두 곡선이 교차하는 시기가 올 것임에 틀림없다. 앞으로 수십 년에 걸쳐 가솔린 에너지 경비는 계속 올라갈 것이다.

그에 반해서 고성능 타자기, 팩시밀리, 음성영상전달기, 가정용 컴퓨터 등의 운영비용과 에너지 소비요금은 급격히 떨어지고 있다. 가솔린의 부족, 가솔린 주유소 앞의 긴 차량 행렬, 통근의 혼란과 지연, 이런 현상들 때문에 원격통신으로 통근을 대신할 필요성을 절박하게 느낄 때가 올 것이다.

직장이 가정 근처로 옮겨지면 환경공해도 완화되고, 환경오염 정화에 필요한 비용도 경감된다. 기업이 공해의 근원에 대해 책임을 져야 한다는 환경보호론자들의 주장이 대중의 지지를 받으면 오염도가 낮은 운영을 위해서 대규모로 집중화된 직장에서 보다 소형화된 분산 업무센터를 만들고, 더욱 바람직한 방법은 가내업무를 장려해야 한다. 환경보호론자가 전자통신 이용 방법과 수송기관 이용 방법 중 생태학적으로 보아 가정으로 일터를 옮기는 것이 실질적인 선택이라고 판단되면, 그들은 현재 진행되고 있는 중앙으로부터 분산이동이라는 중요한 변화를 추진하는 데 힘이 될 것이다.

사회적 요인으로 보아도 전자주택으로의 이전이 필요하다. 통근시간이 길어지면 근무시간이 단축된다. 미래에는 통근에 따르는 시간, 비용, 불평 등을 고려하여 임금이 다소 적더라도 전자주택에서 일하고 싶어 하는 근로자가 늘어날 것이다.

마지막으로 사람들의 가치관에도 중요한 변화가 일어나고 있다. 개인적 자유를 누리고자 하는 욕구가 높아지고 소도시나 시골에서의 생활에 매력을 느낀다. 또한 가족에 대한 사고방식에 근본적으로 변화가 일어나고 있다. 핵가족은 산업사회 전반에 걸쳐서 사회적으로 받아들여진 표준적인 가족형태이지만 지금은 위기에 직면해 있다. 미국과 유럽에서는 핵가족을 탈피하여 가족의 결합을 강화하는 욕구가 높아지고 있다. 전통적으로 가족의 결속은 가족들이 함께 일을 함으로써 얻어진다는 사실을 상기할 필요가 있다.

(3) 생활방식의 변화

정보사회에 가장 빨리 진입한 미국에서는 전형적인 핵가족이 아닌 가정에서 생활하고 있는 사람이 많아졌다. 남편이 직장에 나가고 아내가 집을 지키며 2명의 자녀를 둔 가정을 핵가족으로 규정하고 미국인의 몇 %가 이러한 가정에서 생활하고 있는가를 조사해 보면 그 결과는 놀랄만하다. 미국인구의 7%에 불과하다. 나머지 93%의 사람들은 산업사회에서 이상으로 하는 가족형태에서 벗어나 있다. 핵가족이 줄어들고 그 이외의 다양한 가족형태가 늘어난다는 사실이다.

현재 선진 공업국에서는 놀랄 정도의 각양각색의 가족형태가 공존하고 있다. 동성애에 의한 결혼, 생활공동체, 노인만의 공동생활, 몇 몇의 소수 인종끼리의 민족집단 내의 결혼 등 종래에 볼 수 없었던 형태가 그것이다. 계약결혼도 있고, 연쇄결혼도 있으며 가족연합도 있다. 남편과 아내가 각각 다른 도시에 살며 직업을 갖고 있는 가정도 있다. 이와 같이 복잡 다양화한 가정생활을 특징으로 하는 새로운 사회가 도래했다는 사실을 수긍하게 되었다.

사회학자인 제시 버나드(Jessie Bernard)는 미래의 결혼의 특징은 사람들의 기호에 따라서 다양한 결혼형태를 스스로 선택할 수 있다는 것이다. 결혼생활에 있어서 인간관계도 획일적인 것이 아니고 다양화되어 간다고 주장하고 있다. 그렇다고 핵가족이 완전히 그 모습이 사라진다고 볼 수는 없다. 앞으로는 핵가족도 사회적으로 인정되는 각 가지 가족형태의 일종에 지나지 않을 것이다.

3. 정보화 사회에서의 '時테크'

1) 時테크[3)]

하루 24시간은 누구에게나 공평하다. 그러나 이 24시간은 사용자의 사용 기술에 따라 그 가치가 달라진다. 승용차, 철도, 비행기 중 어떤 교통수단을 이용하느냐에 따라 시간가치가 달라질 수 있다. 또한, 업무의 목표를 명확하게 세우고 사전계획을 수립해서 실천하는 무작정 일에 매달리는 사람과는 시간가치가 다르게 된다.

비즈니스의 세계에서 80년대 말까지는 '財테크'가 맹위를 떨쳤다. 자본과 정보가 결합된 이른바 '정보 자본주의'의 구조 하에서 탄생한 財테크는 비즈니스 세계를 들끓게 하더니 급기야는 가정주부까지도 財테크라는 말을 자연스럽게 꺼낼 정도로 확산되었으나 돈이 없는 사람에게는 해당되는 말이 아니었다. 그러나 시간은 누구에든지 공평하게 주어지는 자원이다.

'時테크'란 시간압축의 기술, 시간당 생산성 향상의 기술, 시간의 전략적 활용 기술 등을 합친 개념이다. 같은 성과를 보다 짧은 시간에 달성할 수 있다면 비용의 절감, 기동성의 확보, 여유시간의 확대, 기회손실의 회피 등 여러 가지 이점을 얻을 수 있다. '時테크'는 시간창조의 기술 그리고 시간의 전략적 활용기술이다. 시간가치가 화폐가치를 능가하는 정보화 사회에서 '時테크'야말로 성공의 필수조건이 아닐 수 없다.

또한 '時테크'는 작업시간을 연장하거나 근무강도를 높이는 기술이 아니라 시간을 압축함으로써 여유시간을 창조하려는 기술이다. 향후 정보화 사회가 급진전함에 따라 시간의 가치가 경쟁력을 좌우한다고 볼 때 시간가치를 창조하는 기술인 '時테크'라는 말은 비즈니스의 세계뿐만 아니라 공무원, 학자, 기술자, 그리고 가정주부들에게까지 중요한 개념으로 확산될 것이다.

---

3) 尹恩基 著, 「時테크-時間創造의 技術」(United Consulting Group, 1992.)에서 拔萃 整理한 內容임.

2) 정보화 사회에서의 시간전략

“촌음을 아껴 써라”라는 동양의 金言이나 “일찍 일어나는 새가 벌레를 잡는다”라는 서양의 격언은 농경사회와 산업사회의 패러다임(Paradigm)으로 볼 때 금과옥조(金科玉條)이다. 역사상 크게 성공한 사람의 공통점은 늦게 자고 일찍 일어나는 것이라고 말한다. 시간은 주어진 것이고 정해진 것이기 때문에 낭비하지 않고 열심히 일해서 이를 잘 소비해야 한다는 것은 재래식 시간관리의 개념이다. 스케쥴을 만들고 메모를 하고 시간약속을 잘 지키는 것도 시간관리의 일종이다. 그러나 이러한 시간관리로 얻을 수 있는 성과는 제한적이며 상한선이 정해져 있다.

이제는 시간을 창조할 수 있는 사람이 성공할 수 있는 사회가 되었다. 시간창조란 앞서 언급한 바와 같이 ‘時테크’를 통해서 시간의 가치를 높이는 것을 의미한다.

정보화 사회는 시간을 창조하고 이를 전략적으로 활용할 줄 아는 사람이 시간을 단순하게 효율적으로 관리하는 사람보다 큰 성과를 얻을 수 있다. 시간의 전략적 활용이란 자기 자신의 시간뿐만 아니라 상대방의 시간까지 고려해서 성과를 높이는 것을 의미한다.

예를 들어, 오늘날 ‘고객만족’이 중요한 경영과제로 떠오른 만큼 고객을 지루하게 하거나 공급시간을 지연시키거나 대기시간을 단축시키지 못하는 기업은 고객확보가 불가능하다. 시간전략이란 시간의 효율적인 관리가 목적이 아니고 시간의 효과성을 높이려는 것이다.

시간의 사용기술에 따라 인간을 분류해 보면 ① 시간창조형 인간, ② 시간소비형 인간, ③ 시간파괴형 인간으로 나눌 수 있다.

첫째, 시간창조형 인간이란 ‘時테크’를 이용하여 시간의 가치를 높이고 시간을 전략적으로 활용하여 업무성과를 높이는 사람을 말한다. 이런 유형의 사람이 바로 시간의 주인(Time master)인 것이다.

둘째, 시간소비형 인간은 자기에게 주어진 시간을 시간관리를 통하여 낭비없이 잘 사용하는 사람이다. 주로 사전계획을 수립하거나 시간일정표 등을 세워서 활용하고 있다. 이런 사람은 시간의 관리자(Time manager)이다.

셋째, 시간파괴형 인간은 주어진 시간과 기회를 낭비하는 사람이다. 이런 사람의 특징은 매사에 무계획적이고 미래에 대한 안목이 부족하다. 이런 사람은 시간의 파괴자(Time destroyer)이다.

정보화 사회에서는 시간창조형 인간이 성공하게 된다. 시간관리형 인간은 산업사회까지는 성공이 가능하지만 이제는 경쟁력을 상실할 수밖에 없다. 시간파괴형 인간은 어느 시대에나 실패할 수밖에 없다.

〈표 10-1〉 시간관리와 시간전략의 차이점

구 분	시간관리	시간전략
사회적 통념	촌음을 아껴라	시차는 금이다.
중심시간	기업의 시간	고객의 시간
적용범위	내 부	외 부
기대효과	효율성	효과성
목 표	· 비용절감 · 근로시간 확대 · 생산성 증대	· 경쟁우위 · 고객만족 · 부가가치 창출
방 법	· 시간 낭비 제거 · 공기 단축 · 노동 강도 향상	· 시간창조 · Network · 하이테크 활용

3) '時테크'의 인프라스트럭처

산업사회에서는 도로, 항만, 철도, 전화, 우편 등이 주요한 인프라스트럭처(infrastructure; 하부구조, 경제기반)로 인식되었다. 그러나 정보화 사회에서는 새로운 인프라스트럭처가 필요하다. 다음에 예를 든 것들은 정보화 사회에서는 새로운 인프라스트럭처이며 동시에 '時테크'의 인프라스트럭처에 해당하는 것 중 가장 기본이 되는 것이다. 그 중에서 C&C 기술과 데이터베이스(Data Base)는 주로 정보 및 지식의 생산과 이동에 관련된 것이고 초고속 교통 및 운송기술은 사람 및 물자의 이동에 관련된 것이다. 그리고 자동화와 로보틱스는 생산시간, 작업시간, 사용할 시간 등을 단축해 주는 데 필수적이다.

(1) C&C(Computer and Communication) 기술

정보화 사회의 진전은 C&C의 혁신에 의해 더욱 빨라지고 있다. 과학적인 통신기술의 시초는 모리스에 의한 전신기술이다. 그 후 통신기술도 놀라우리만큼 발달되었다. 그동안 컴퓨터는 많은 양의 정보를 신속하게 처리해 준다는 장점이 있으나 장소의 제약을 받아 왔으며, 통신기술은 정보의 신속한 이동을 가능하게 해주었지만 많은 양의 정보를 동시에 보내는 것은 한계가 있었다.

그러나 이제는 컴퓨터와 정보통신기술이 결합된 C&C기술의 출현으로 다량의 정보를 신속하게 어느 곳이든지 전파시킬 수 있게 되었다. C&C란 "Computer and Communication"을 줄인 표현이지만 이 세 가지 단어 중에서 가장 의미 있는 단어는 'and'라고 할 수 있다. 즉 컴퓨터와 정보통신의 '융합기술'이 핵심인 것이다.

C&C의 발전은 사회의 수평화, 네트워크화를 촉진시키며 그리고 지역간, 계층간 정보의 격차를 해소시킨다. 인류가 오랫동안 꿈꾸어 왔던 시간과 공간의 제약을 벗어나고자 하는 욕구가 C&C 기술에 의해서 실현되고 있는 것이다.

오늘날 전세계에서 벌어지고 있는 온갖 사건과 사고가 동시(real time)에 수많은 사람들에게 알려지고 있다. 그리고 Real Time 정보나 뉴스, 무선전화기나 노트북 컴퓨터는 모두 C&C 기술의 산물이다. 공중전화 대신 비디오텍스(Videotex)가 깔리면 정보의 전파와 획득에 필요한 시간은 크게 단축되고, 그만큼 의사결정 시간은 빨라진다. C&C 기술을 활용하는 것은 정보기술의 본질적 과제이며 '時테크'의 핵심적 기반이 된다.

(2) 데이터베이스(D/B) 기술

원래 데이터베이스의 개념은 1950년대 미국에서 탄생하였다. 당시 미국정부는 전 세계에 파견되어 있는 군인과 그들이 보유하고 있는 무기 등에 관한 정보를 집중적으로 관리하기 위해서 컴퓨터를 이용, 자료를 정리하고 이를 데이터(Data)의 기지(base)라는 뜻으로 데이터베이스라는 용어를 사용하였다. 그 후 데이터베이스는 컴퓨터의 발전에 힘입어 60년대 후반부터 미국에서 본격적으로 개발되고 70년대 중반 이후 광범위하게 사용되게 되었다.

오늘날 데이터베이스란 "다수의 정보를 체계적으로 수집, 처리하여 컴퓨터

등 전자계산조직에 의하여 축적 및 검색할 수 있도록 한 정보의 집합체"로 정의하고 있다. 정보화 사회에서는 정보가 힘의 원천이라는 관점에서 볼 때 데이터베이스는 사회발전에 있어서 없어서는 안 될 필수자원으로 기능하고 있다. 현재 정보산업의 거의 모든 분야에서 미국을 능가하고 있다고 큰소리 치고 있는 일본에서도 이제 마지막으로 미국에 도전하여야 할 분야가 데이터베이스라는 데 인식을 같이 하고 있다.

일본은 "정보화의 핵심은 데이터베이스"라고 주장하면서 민간·관청·언론·학계가 총력 협조체제를 구축하여 데이터베이스 발전에 주력하고 있는데 이처럼 데이터베이스가 중시되고 있는 이유를 살펴보면 다음과 같다.

첫째, 데이터베이스는 C&C 응용과제의 꽃이다. 컴퓨터와 정보통신망이 결합된 C&C가 창출해낸 정보네트워크는 정보의 통로이며 이 통로를 지나가는 핵심적 내용물은 어디까지나 데이터베이스인 것이다.

둘째, 데이터베이스는 국가의 지적자산이다. 산업사회에서의 국가의 부(wealth of nations)는 재화, 에너지, 용역의 창출과 축적 등이었지만 정보화 사회에서는 정보, 노하우, 첨단기술이 핵심적 자산이다. 따라서 정보가 부의 원천이라고 볼 때 데이터베이스는 국가자산의 척도가 된다.

셋째, 데이터베이스는 경제 사회발전의 원동력이다. 데이터베이스 산업의 발전은 모든 산업의 정보화를 촉진시킨다. 더 나아가서 첨단과학의 발전, 교육 진흥, 의료혁신, 생활의 질을 향상시키는 데 이르기까지 모든 사회적 현상과 진보에 기여한다.

넷째, 데이터베이스는 정보주권의 확보에 기여한다. 지금 세계 각국은 21세기 정보 패권경쟁을 하고 있다. '정보식민주의', '정보제국주의'라는 섬뜩한 용어들까지 등장하고 있다.

선진국의 정보독점주의나 정보예속정책으로부터 벗어나 정보주권을 확보하기 위해서는 자국의 데이터베이스 산업을 발전시켜야 한다. "언제, 어디서나 필요한 정보"를 입수하고 활용하려는 인간의 욕구는 데이터베이스가 없이는 달성될 수 없다는 점에서 데이터베이스는 정보화 사회의 인프라스트럭처이며 동시에 '時테크'의 핵심적 요소이다.

(3) 초고속 교통 및 운송기술

오늘날 교통 운송기술의 발전은 전국을 일일생활권으로 묶어 놓았다. 이

제 인류는 1986년 2월 24일 레이건 미국 대통령은 New Orient Express Plan을 발표하였다. 이는 약 300~500명의 승객을 태우고 대륙간 미사일인 ICBM과 거의 같은 속도인 마하 25로 비행할 수 있는 극초음속기를 개발하겠다는 계획이다. 이 비행기를 이용하면 서울과 뉴욕은 비행시간 30분, 그리고 활주시간과 상승 및 하강 시간 등을 포함하여도 약 2시간 정도밖에 소요되지 않는다.

마하, 즉 음속이란 소리를 공기 중에서 전달하는 속도인 데 기온에 따라 달라지지만, 섭씨 15도의 해면상에서는 초속 340미터, 시속 1,225Km이며 영하 56.5도의 성층권에서는 초속 259m, 시속 1,060Km가 된다. 인류가 비행기로 음속을 돌파한 것은 1946년 9월 27일 영국의 테스트 파일럿인 하빌랜드(Geoffery. R. De Havilland)가 D.H. 108형 제트 실험기를 조종한 것이다.

그러나 그는 음속에 도달한 순간 안타깝게도 공중 분해되어 추락사하고 말았다. 하지만 2년 후인 1948년 9월 존 델리가 결국 음속의 벽을 깨는 데 성공하였다. 그 후 1958년에는 록히드의 F104와 콘베어 F106이 마하 2를 돌파하였다. 민간분야에서의 초음속기로는 소련의 TU-144가 1975년 12월 그리고 영국과 프랑스의 합작인 콩코드가 1976년에 정기노선에 취항하였다.

라이트 형제가 하늘을 날기 시작한 이래 인류는 이제 극초음속기의 개발을 눈앞에 두고 있으며, 이 비행기가 취항하게 되면 지구에서 아무리 먼 거리라고 해도 2시간 정도면 도달할 수 있게 된다. 이러한 교통혁신은 사람의 이동과 물자의 이동에 혁명을 가져오게 되고 결국 인간의 생활패턴 자체를 바꾸게 될 것이다.

교통혁명은 하늘에서만 이루어지고 있는 것이 아니다. 노르웨이는 91년부터 쌍둥이형 선체에 수중 날개를 달아 날개의 양력으로 달리는 50노트급 '水中翼 카타마란'을 건조하였고, 일본은 미쓰이조선 등 대형 7개 조선소가 1,000톤급 차세대 고속화물선 '테크노 슈퍼라이노'를 성공적으로 개발하였다. 프랑스도 'DCN 프로젝트'를 추진하여 2004년 50노트급 대형 여객선을 개발하였다. 이러한 차세대 선박들은 첨단기술과 전자장비를 이용하여 4~5m의 파도에도 안락한 운행이 가능하다. 세계적인 수준으로 발전하고 있는 우리나라 조선업체들도 이러한 차세대 선박의 개발을 위한 본격적인 연구에 이미 착수하였다.

인류의 교통운송 혁신 노력은 지상에서도 예외는 아니다. 일본의 신칸센의 순간 최고속도는 시속 603km, 프랑스의 TGV는 575km, 중국 속철 501km, 한국의 KTX 421km는 현재 일부 항공기의 비행속도를 앞지르고 있는 실정이다.

이러한 고속전철을 '탄환열차'라고 부르고 있는 데 증기기관차시대와 비교할 때 놀라운 발전이 아닐 수 없다.

교통 운송혁명은 지하에서도 진행되고 있다. 현재 일본에서 진행 중인 '21세기 지하 고속항공기(GEO-Airplane)연구 프로젝트'는 지하 50m에 지름 50m의 원형 터널을 뚫고 아래와 위쪽을 반원형으로 막아 상·하행선 항로를 만든 뒤 운행하는 것을 목표로 하고 있다. 이 시설이 완성되면 인간은 태풍이나 폭설 등 기상상태에 관계없이 항공기를 운행할 수 있게 된다. 이 항공기는 400인승으로 시속 600Km 이상의 고속을 낼 수 있으며 컴퓨터로 무인조정을 할 수 있다.

이러한 교통 운송혁명은 시간의 가치를 근본적으로 변혁시킬 것이다. 도보나 마차를 이용하던 원시적인 시대에서 초고속, 극초고속으로 달리는 운송혁명은 인간의 시간욕망을 반영한 것이다.

이와 같은 교통·운송기술과 장비는 '時테크'의 인프라스트럭처이며 시간 경쟁의 승패를 좌우하는 전략적 요소이기도 하다. 향후 첨단 교통·운송기술은 국가와 기업의 경쟁력에 중대한 영향을 끼치게 될 것이다.

(4) 자동화 및 로보틱스

정보화 사회는 경제발전과 의학기술의 발달로 고령화 사회현상이 나타나게 된다. 고령화 사회현상은 그 만큼 사회에서 젊은 사람의 비율이 줄어든다는 것을 의미한다. 더구나 요즈음 젊은이들은 소위 '3D 현상'이 나타나서 더럽고, 힘들고, 위험한 일을 기피하려는 경향이 매우 강하다. 오늘날 '더럽고, 힘들고, 위험한' 일들 중에는 인간의 노동력만으로는 처리하기에 여러 가지 한계가 있는 것들도 있다.

인류역사를 돌이켜보면 아주 위험하고 힘든 작업은 노예들에게 대행시켰음을 알 수 있다. 봉건시대에는 위험하고 힘든 일들은 주로 하인들에게 시켜왔다. 2차 세계대전 중에도 여러 가지 위험한 공사들은 포로들에게 맡겨졌다. 유명한 「콰이강의 다리」에는 일본군들의 감독 하에 연합군 포로들이 위험한 교량 건설공사를 하고 있는 것이 묘사되어 있다. 또한 전쟁 중에 끌려간 한국인 징용자들은 최전선에서 그리고 일본 내의 군수시설 공사장에서 가장 힘들고 위험한 일들을 담당했다.

그러나 지금은 인권이 고도로 발달된 민주화의 시대다. 강압적으로 3D와 관련된 일을 시킬 수도 없을 뿐만 아니라 보수를 많이 주어도 이를 기피하기 때문에 이 분야의 업무에 인력을 투입하기에는 여러 가지 어려움이 따르게 된다. 3D 현상은 앞으로도 가속화될 것이다. 방사성 물질이 있는 작업장, 유독 화학 물질이 있는 작업장, 무거운 짐의 운반, 똑같이 반복되는 단순 육체노동, 아주 섬세한 작업, 심야작업 등을 기꺼이 할 사람은 줄어들 수밖에 없기 때문이다.

산업분야에서 자동화와 로보틱스가 급속히 발전하고 있는 것은 이러한 난관들을 극복하기 위한 목적이 있기 때문이다. 일본에서는 고도성장기에 인력부족에 대응하기 위해서 로봇을 적극 도입하였다. 그리고 오일쇼크로 감량경영의 필요성이 야기되자 이번에는 생산성 향상을 위해서도 또다시 로봇을 대폭 도입하였다.

로봇을 이용하면 인건비 절약뿐만 아니라 품질관리에 있어 혁신적 개선이 가능하다. 또한 로봇을 이용하면 수요에 탄력적으로 대응할 수 있다는 장점도 있다. 수요가 늘면 로봇을 늘리거나 풀가동시키고, 수요가 줄면 로봇의 스위치만 끄면 된다.

최근 미국에서는 로봇 하인이 나타나서 충실하게 주인에게 봉사하고 있다. 캘리포니아에 있는 매스터 보이스社가 판매하고 있는 '알랙산더'라는 이름의 로봇은 음성인식시스템을 갖추고 영어 명령 256가지를 알아듣는다. 따라서 커피도 끓이고 심부름도 한다. 그리고 주인이 들어오면 인사를 하지만 만약 외부 침입자가 있을 경우에는 '성문(聲紋)' 분석을 통하여 곧 바로 경찰에 신고한다. 돌아다니며 집안 청소도 하고 잘 때는 전등도 끄고, 목욕탕 물도 데워 놓는다. 이 로봇은 간단한 요리까지 할 수 있다.

현재 알랙산더 한 대(명)의 가격은 7만5천 달러(약 8천만 원)나 하기 때문에 어지간한 사람은 구입이 쉽지 않다. 그러나 향후 로보텍스 기술의 발전과 가격의 저렴화로 누구든지 로봇의 서비스를 받게 될 수 있을 것이다.

로보틱스의 발전과 함께 사무자동화, 공장자동화, 상점자동화, 가정자동화 등이 보급된다면 인간은 높은 생산성을 유지하면서도 여유시간을 갖게 될 것이다. 그리고 인권 탄압이나 혹사 등의 불합리한 문제를 해결할 수 있을 것이다.

현재 전 세계 로봇의 약 70%가 일본에서 일하고 있다고 한다. 일본이 세계 경제의 주도권을 확보한 것은 그들의 우수한 경영전략과 근면성이 주요한 원인이겠지만 자동화를 위해 묵묵히 일하고 있는 충실한 로봇 군단도 일조를 하고 있다.

향후 자동화와 로보틱스는 정보화 사회에서 가장 중요한 인프라스트럭처로 자리 잡게 될 것이다. 우리 주변에는 로봇은 사람의 일자리를 빼앗아 갈 뿐만 아니라 인정미가 없고 심지어는 '로봇 살인 사건' 같은 문제점을 일으킨다고 생각하면서 거부반응을 일으키는 사람도 있다.

그러나 정보화 사회에서는 로봇과도 친하게 지낼 수 있는 사람이 정말 사교성이 좋은 사람이다. 로봇이 스스로 반란을 일으킨다는 것은 어디까지나 'SF 소설'이야기이며 실제로는 인간의 의지와 지식에 순종하는 존재이기 때문이다.

4) 시간 창조기술

시간 창조기술은 시간의 효율적인 관리를 통해 시간가치를 높이는 기술을 일컫는다. 정보화 사회에서 시간 창조기술에 대한 중요성이 증대되는 이유는 다음과 같다.

첫째, 사회의 변화속도가 가속화되고 있다. 앨빈 토플러는 『미래의 충격』(*future shock*)에서 이러한 현상에 대하여 기술하고 있다. 누구든 어느 정도까지는 변화를 흡수하고 동화하는 능력을 가지고 있으나 변화의 속도가 그 사람의 처리능력을 초월하는 경우에 문제가 발생한다. 그 문제는 대개 시간의 문제인 것이다. 변화의 속도에 대응하지 못하는 모든 생명체는 결국 쇠퇴하거나 도태될 수밖에 없다. 따라서 시간에 관한 첫 번째 문제는 '생존경쟁'과 관련된 것이다.

둘째, 첨단 과학기술의 발달로 인한 첨단통신망의 구축, 첨단운송장비의 등장 등은 시간의 가치를 새롭게 혁신시켜 준다. PC노트, 노트북, 랩탑, 이동통신기기, 전자수첩 등의 도구는 개인차원에서 시간가치의 중요성을 증대시켜 주고 이러한 것을 이용함으로써 시간투입을 줄일 수 있게 되었다.

셋째, 개인의 여유시간 욕구가 증대하고 있다. 산업사회에서는 회사나 정부가 커져서 영향력을 확대함에 따라 개인의 자율성은 양적으로 감소하였다. 그러나 정보화 사회에서 개인은 자기의 인생을 좀 더 자기 스스로 통제하기를 희망한다. 이른바 '신인류'는 이러한 경향을 잘 나타내 준다. 새로운 복지정책은 경제적, 물질적 풍요뿐만 아니라 시간의 여유가 반영되어야 한다.

이와 같은 사실들은 시간 창조기술에 대한 필요성과 중요성을 더욱 증폭시킨다.

(1) 시간 목표관리

경영학이론 중에 목표관리(MBO; Management By Objective)가 있다. 목표 관리란 관리자와 종업원이 서로 토의하여 도달할 목표를 정한 다음 이의 달성을 위해 자발적으로 노력하는 것을 의미한다.

시간관리에 있어서도 시간목표의 설정은 중요하다. 시간목표를 설정하지 않고 행동하면 잡을 수 있는 시간이 그냥 흘러가버린다. 조금만 더 효율적으로 행동하였다면 창조할 수 있는 시간이 사장되어 버린다. 시간을 창조하기 위해서는 우선 시간관리에 대한 종합적인 시간목표가 정립되어야 한다. 즉 모든 행동의 기준이 시간이 되어야 한다.

종합적인 시간계획을 수립하기 위해서는 시간계획에 대한 사전 기획력이 필요하다. 사전 기획력이란 시간사용에 대한 계획을 말한다. 즉 시간시용에 대한 목표는 무엇인가? 시작과 마감시간은 정해져 있는가? 어떤 일에는 얼마만큼의 시간과 장비가 필요한가? 보다 효율적으로 처리할 수 있는 방법은 무엇인가? 창조한 시간은 어디에 사용할 것인가?

예를 들어 생애설계(life planning)는 인생에 대한 종합적인 시간계획을 의미한다. 생애설계가 없는 사람은 하루하루를 열심히 살아가더라도 인생의 목표를 달성하기 어려울 뿐 아니라 인생 전체를 놓고 보면 반드시 시간낭비 요소가 발생하게 된다. 대부분의 사람들은 돈이나 물건에 대해서는 미리 예산계획을 세우거나 재고를 파악한다. 그러나 인생에 있어 가장 소중한 자원인 시간에 대해서는 재고도 파악하지 않고 예산계획도 수립하지 않고 있다.

생애설계와 관련하여 시간의 재고(인생에서 남아 있는 자신의 시간)를 한 번 생각해 보자. 우리가 평균 80년을 산다고 가정하여 본 시간의 재고는 다음 〈표 10-2〉와 같다.

〈표 10-2〉 시간의 재고

연령	사용한 시간	시간의 재고(가용 시간)
20	175,200(25%)	▤▤▤▤▤▤▤▤▤▤▤▤▤
30	262,800(37.5%)	▤▤▤▤▤▤▤▤▤▤▤
40	350,400(50%)	▤▤▤▤▤▤▤▤▤
50	438,000(62.5%)	▤▤▤▤▤▤▤
60	525,600(75%)	▤▤▤▤▤
70	613,200(87.5%)	▤▤▤

* 인생의 총시간 : 80년 × 24시간 = 700,800시간

(2) 시간계획의 작성

"시간을 기록할 것, 시간을 관리할 것, 시간을 일체화할 것, 이 세 가지 과정은 경영자가 시간을 관리하는 기초다"라고 드러커(Peter Drucker)는 말했다.

시간계획의 작성은 자기의 시간이 어떻게 사용되는가를 알기 위해 도움이 된다. 시간일지(time sheet)를 적는 것은 시간계획을 작성하고 그 결과를 분석하는 데 필수적인 방법이다. 많은 사람들은 시간일지를 적어 나가자는 제안을 강하게 반발한다. 그렇지 않아도 일이 과중한 데 그 이상의 노력이나 시간이 걸려서야 어떻게 견디겠는가 하는 것이다. 그뿐 아니라 무엇에 시간을 사용하는 것을 자기 자신이 잘 알고 있기 때문에 시간일지 같은 것은 무용지물이라 생각하고 있다.

그러나 시간의 기록을 위해 소요되는 시간과 노력은 시간기록이 가져다주는 유용성을 생각하면 아주 적은 투자에 불과하다. 자기가 행한 하나하나의 일에 대해서 그것을 행한 시간과 필요로 한 시간을 기입한다. 기록은 아침부터 시작한다. 일지의 첫머리에 자기의 이름, 날짜, 요일을 적는다. 이것을 철에 끼워 하루 종일 가지고 다닌다. 눈에 띄는 곳에 놓아두면 잊어버려서 적지 못하는 일은 없을 것이다.

기록은 30분 단위로 한다. 때로는 그 30분간에 한 가지 일밖에 하지 않는 경우도 있고 때로는 몇 가지나 하는 경우가 있다. 30분간에 전화를 네 번 받고 서류를 읽고 부하에게 지시를 내린다는 식이다. 하나도 빠뜨리지 않겠다고 노력할 필요는 없다. 가장 중요한 일, 가장 오랜 시간이 걸린 일만으로

충분하다. 그것만으로도 상당히 정확한 윤곽을 얻을 수가 있을 것이다.

시간일지의 기록은 효과적인 습관개혁을 위한 테크닉이다. 일상적으로 시간일지를 적는 것이 바람직하다. 그러나 업무상 중대한 변화가 일어났을 때에는 별도로 새로운 작업 시간일지를 적는 것이 좋다.

시간일지는 효과적인 개혁을 행하기 위해서 필요한 정보를 입수할 수 있는 테크닉이다. 업무에 대한 정보가 더 필요하다고 생각될 때 시간일지를 적어보는 것이 시간활용을 유용하게 하는 방법이다. 하루의 시간일지를 다 기록하면 그 기록을 분석한다. 다음의 질문은 시간일지 분석에 참고가 될 것이다.

시간일지 분석의 포인트

1. 오늘은 무엇이 잘되었고 무엇이 잘못 되었을까?, 그것이 무엇 때문일까?
2. 최우선 과제는 언제 착수했는가, 그것은 무슨 이유에서인가?
3. 어느 시간대에 가장 생산적이고 비생산적이었나, 그것은 무엇 때문일까?
4. 오늘 시간 낭비의 최대 요인 3가지는 무엇인가?
5. 가치 있는 활동에는 몇 시간이 소요되었는가?
6. 가치가 낮은 활동에는 몇 시간이 소요되었는가?
7. 오늘의 활동 중 배제해도 좋았을 일은 무엇인가?
8. 남에게 위임해도 좋았던 활동은 무엇인가?
9. 시간일지에서 어떠한 습관이나 유형을 파악할 수가 있는가, 자기에게는 어떤 경향이 있는가?
10. 내일은 오늘보다 시간을 효율적으로 이용하기 위해 무슨 일을 해야 할까?

(3) 우선순위의 결정

현대는 정보의 홍수시대이다. 그리고 여러 가지 업무가 '동시다발적'으로 몰려온다. 우선순위가 잘못 설정되면 개인이나 기업의 시간적, 물질적 손해를 볼 수밖에 없다. 우선순위란 먼저 해야 할 일을 최우선 과제로 삼고 중요도에 따라 일을 처리해 나가는 것이다. 우선순위에 의해 일을 처리하면 일의 생산성을 높이고 여유시간을 창조할 수 있다.

그런데 우선순위를 정하는 문제는 그렇게 쉽지 않다.

첫째, 우리가 과거에 가지고 있는 정신적인 습관과 깊이 관련되어 있어 어려움을 더해 주고 있다. 대부분의 경우 업무처리는 우리가 과거에 지니고 있던 경험, 지식, 가치체계에 의존한다. 그런데 우리가 해결해야 하는 업무는 정형적인 것만은 아니다. 오히려 비정형적이고 새로운 것이 더 많다. 더구나 정보화 사회의 급격한 변화와 다양성은 과거의 경험, 지식, 가치체계만으로는 대응할 수 없다.

둘째, 긴급한 것과 중요한 것 사이에서 갈등하기 때문이다. 중요한 사항이란 추진하고자 하는 목표에 기여하는 바가 큰 사항이며 높은 가치를 가지고 있다. 긴급사항은 지금 당장 해결하지 않으면 안 되는 사항이다.

우리는 긴급한 사항과 중요한 사항 사이에서 끊임없는 긴장상태에 빠지게 된다. 우선순위를 정할 때 주의해야 할 점은 중요한 사항을 빠뜨리지 않는 것이다. 긴급한 사항이 정말 긴급한 것인지 아니면 그렇게 보이는 것인지를 검토하여 중요한 사항을 우선 시킬 수 있는 노력이 필요하다. 경영자가 전략수행을 위해 우선순위를 결정하는 데는 '아이젠하워 그리드'(Eisenhower Grid)를 활용하는 것이 유용하다.

그림 10-4 아이젠하워 그리드에 의한 우선순위 결정

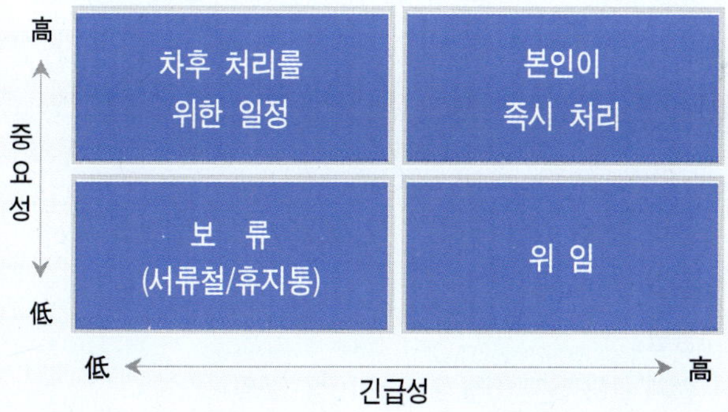

첫째, 중요하고 긴급한 과제는 최고경영자인 본인이 즉시 처리한다.

둘째, 매우 긴급하지만 중요도가 조금 떨어지는 것은 적합한 부서의 관리자 또는 다른 집단에 위임한다.

셋째, 매우 중요하지만 중간 이하의 긴급한 과제는 차후로 미룬다.

넷째, 중요성과 긴급성이 모두 떨어지는 것은 보류한다.

이러한 분류법으로 한 개인의 우선순위를 정할 수도 있다. 즉 자신을 경영자의 입장에 놓고 '아이젠하워 그리드'를 이용하는 것이다.

(4) 시간낭비 요소의 제거

아마도 인류 역사상 시간의 중요성을 가장 깊이 인식하고 동시에 시간을 가장 효율적으로 사용한 사람은 소련의 곤충학자 '류비세프'일 것이다. 그는 자신이 고안한 '시간통계법'을 통하여 평생 동안 시간의 효율을 극대화시키면서 살았고 엄청난 양의 학문적 업적을 남겼다. 그는 생물학, 곤충학, 과학사에 정통하였고 철학, 문학, 역사에서도 전문가를 능가하는 경지에 도달했으며 70여권의 전문서적과 그밖의 방대한 저술을 남겼다. 그의 생애는 소련의 과학 소설가 다니일 알렉산드로비치 그라닌에 의해서 1974년 「시간을 지배하는 사나이」라는 이름으로 소개되어 화제를 일으켰다. 류비세프는 평생 동안 일기를 썼는데 그의 일기는 수많은 부호와 시간이 표시되어 있었다.

그는 '시간통계법'을 사용하기로 마음먹은 이래 죽을 때까지 56년 동안을 자기가 사용한 시간을 적고 이를 분석하였다. 작업은 하루도 중단된 적이 없다. 이러한 작업은 보통의 끈기로는 불가능하다. 그가 쓴 모든 논문들에는 특이한 원가가 계산되어 있다. 그의 논문 「생물학에서의 수학 운용의 전망」이라는 원고에는 마지막 페이지에 이 논문의 가격이 다음과 같이 기록되어 있다.

- 준비 (논문 집필 구상, 기타 원고와 참고 문헌의 독서) : 14시간 30분
- 집필 : 29시간 15분
- 종합 : 43시간 45분
- 합계 (1921년 10월 21일~10월 28일)

그는 평생 동안 시간을 낭비하지 않고 학문에 전력하였다. 학문 이외에 그가 남달리 사용한 시간이 있다면 그것은 바로 그가 '시간통계법'을 이용하여 시간의 예산을 세우고 그것을 평가하는 데 소비한 시간뿐이다. 그는 그 시간을 전체 시간 예산의 1~2%밖에 되지 않는다고 기록하고 있다.

오늘날 이 위대하고 집념이 강한 과학자처럼 시간을 기록하고 분석하고 계획을 세워서 생활할 수 있는 사람은 거의 없을 것이다. 그리고 오늘날은

첨단 과학기술에 의해서 류비세프처럼 노력을 하지 않고도 시간의 기록과 분석이 가능하다. 그러나 흘러가는 시간에 일생을 맡기는 것이 아니라 진정으로 시간을 지배하고 싶은 사람은 시간을 기록하고 계산하지 않으면 안 된다. 자기 자신의 시간 낭비요인을 찾아내서 이를 제거하는 것은 시간창조의 기초적인 필수 작업이다.

대체로 우리 주변에서 발생되는 시간 낭비요인들은 정리해 보면 다음과 같다.

첫째, 계획성 없는 생활이 시간낭비를 초래한다. 인간은 미래를 예측하고 사전계획을 수립함으로써 시행착오를 줄일 수 있다. 사전계획과 뚜렷한 목표 설정이 시간낭비를 줄여 주는 첫 걸음이다. 사전계획의 소홀로 인하여 일이 잘못 되었을 경우에는 이를 바로 잡기 위해서 또다시 시간낭비를 할 수밖에 없다.

둘째, 사전준비의 소홀로 시간낭비가 발생한다. 장거리 여행이나 낚시를 갈 때 사전준비가 소홀하면 여러 가지 애로를 겪게 된다. 또한 각종 행사의 운영에서도 사전준비가 부족하면 결과적으로 더 많은 시간비용이 발생되기 쉽다.

셋째, 잘못된 생활태도를 지니고 있는 사람은 시간낭비가 발생된다. 또한, 평균치를 뛰어넘는 과도한 수면도 일종의 잘못된 수면태도라고 할 수 있다. 잦은 음주나 잡기에 탐닉하는 것도 일상적인 시간을 잠식하게 된다. 시간에 민감한 사람은 일단 결심을 하고 나면 즉시 행동에 옮기지만 느림보(slow starter)들은 뜸 들이는 데 많은 시간을 소비한다.

넷째, 정보부족 또는 잘못된 정보 커뮤니케이션 때문에 시간낭비가 된다. 약속시간을 명확하게 하고 당일에는 이를 재확인하는 것이 좋다. 정보는 미래의 불확실성을 줄여줄 뿐 아니라 시간의 불확실성을 줄여 준다. 확인-재확인과 명확한 커뮤니케이션은 시간낭비를 줄여 주는 첩경이다.

다섯째, 각종 과학 장비나 기기의 사용 미숙으로 시간낭비가 발생한다. 컴퓨터나 첨단정보기기를 사용하면 시간낭비를 줄일 수 있다. 또한 가급적이면 보다 빠른 교통 및 운송수단을 이용하는 각종 자동화 기기를 활용하는 것은 시간 낭비 제거의 중요한 방법이다.

여섯째, 잘못된 공간배치가 시간낭비를 초래한다. 효과적인 공간활용과 레이아웃은 시간의 낭비를 줄여 준다. 작업공간, 물건의 배치는 관리의 효율성과 시간낭비의 제거를 고려하여 마련되어야 한다.

일곱째, 복잡한 절차와 비표준화가 시간낭비를 초래한다. 같은 작업내용이 주기적으로 반복될 경우에는 pattern화하거나 표준화함으로써 시간낭비를 줄일 수 있다. 또한 절차의 간소화도 시간낭비 제거에 중요하다.

여덟째, 근무지와 주거지가 너무 멀면 시간낭비가 발생한다. 러시아워에 서울의 외곽지역에서 시내 오피스 타운으로 가려면 교통체증 때문에 2~3시간이 걸린다. 출근하는 데 다른 사람보다 30분씩 더 걸린다면 하루에 1시간, 주 6시간, 한 달에는 24시간이 소요되며 연간으로는 공휴일과 휴가기간을 제외하더라도 약 200시간 정도가 더 소요된다. 이것은 결코 적지 않은 시간이다. 따라서 직장인들이 원거리에 거주할 수밖에 없을 경우에도 지하철 등의 대중교통 수단을 활용할 수 있는지를 고려하여야 한다.

(5) 첨단정보기술의 활용

농경사회에서는 노동투입시간과 노동의 강도가 생산성을 결정하였다. 따라서 '근면'이야말로 성공의 핵심적 요소로 인식되어 왔다. 그러나 하이테크 과학이 고도화된 오늘날에는 투입시간이나 노동의 강도 보다는 기술과 첨단기기가 생산성을 좌우하고 있다. 그리고 이러한 현상은 기업뿐만 아니라 개인생활에까지 파급되어 있다.

산업사회에서는 각종 과학기기 및 기술이 전문가의 고유한 영역에 속해 있었다. 그러나 오늘날 기술영역은 전문가 영역과 사용자 영역으로 분화되어 있다. 이러한 현상은 정보화 사회의 큰 특징이기도 하다. 예를 들어 새로운 컴퓨터를 개발하고 프로그램을 설계하는 일 등은 전문가의 영역이다. 여기에 비해 단말기 사용기술은 사용자의 영역이다. 컴퓨터가 나타난 초기에는 엄격하게 통제된 장소에서 고도의 전문가들만이 이 기계를 다룰 수 있었다. 그러나 오늘날은 사무실의 각 책상마다 그리고 가정마다 컴퓨터가 보급되어 있다. 누구나 간단한 사용자 지식을 갖추게 되면 보다 적은 시간으로 높은 성과를 낼 수 있고 그만큼 시간의 창조가 가능하다.

아마도 머지않은 장래에는 '가정정보시스템'(HIS; Home Information System)을 갖춘 사람들이 시간경쟁의 시대, 정보경쟁의 시대에서 승자가 될 것이다.

(6) 시간문화의 조성과 유지

세계의 여러 민족들은 서로 다른 시간문화를 가지고 있는 데, 이것을 파악하는 것이 비즈니스에서는 매우 중요한 것이었다. 독일 사람들은 시간관념이 매우 정확하다. 약속시간을 정확하게 지키지 않으면 다음번에는 비즈니스를 지속할 수 없다. 사우디아라비아 등 아랍 국가는 종교적 시간이 가장 중요한 기준이다. 약속시간에 한 시간 이상 늦게 나타나서도 '인 샬라(神의 뜻대로)'하면 그만이다. 중국 사람은 시간약속과 신용을 중시하지만 충분한 여유시간을 가지고 접근하지 않으면 실패한다. 그들의 '만만디(漫慢的)' 문화 때문에 신속한 서비스나 신속한 업무처리는 기대하기 어렵다. 이태리 사람들은 낭만적인 시간관을 가지고 있다. 일단 기분이 통하면 약속시간이 흘러가도 계속 대화를 즐긴다. 일본 사람들은 시간약속이 명쾌할 뿐만 아니라 상대방의 시간에 손상이 가지 않도록 세심하게 배려하고 있다. 만약 조금이라도 자기 자신이 약속시간에 늦거나 상대방을 가다리게 할 경우에는 머리가 땅에 닿도록 몇 번씩이나 굽실거리면서 사과를 계속한다.

오늘날 우리나라 사람들은 시간을 재촉하는 것은 세계 최고수준이 아닌가 싶다. 여기저기서 '빨리 빨리'를 외쳐대는가 하면 앞차가 조금만 늦게 움직여도 뒤차가 조급하게 경적을 울려댄다. 그러나 막상 본인이 서비스를 해야 될 때는 완만하게 움직인다. 또한 긴급한 비즈니스로 급한 회답을 기다라는 데도 '함흥차사'처럼 통신 두절이 되기도 한다. 또한, 여러 사람이 모이는 행사장에 가보면 정시에 시작되는 경우가 드물다. 대부분은 몇 사람들이 늦게 도착하기 때문인 데 신기하게도 그 행사에서 가장 중요한 역할을 맡은 사람이나 고위층 인사들이 늦게 나타난다. 이렇게 되면 정시에 나오는 사람들만 피해를 보게 된다. 이런 악순환이 반복되면 사회적으로 시간약속의 질서가 무너지기 쉽다. 결국 이처럼 잘못된 시간문화들이 가정이나 개인생활에까지 퍼지게 되고 여기저기서 시간낭비가 발생하게 된다.

옛날 해군들의 전쟁은 함포사격으로 승부가 결정되었다. 여기에서 이기려면 우선 상대방을 먼저 발견해야 한다. 그러나 먼저 발견하더라도 발사준비가 되어 있지 않으면 공격을 당할 수 있다. "먼저 발견, 먼저 발사"가 전쟁의 승패를 결정하는 것이다. 언젠가 영국의 웰링턴 장군은 부하 장교가 약속시간에 5분 늦게 나타나서 변명을 하자 "5분이면 대영제국의 운명이 바뀔 수 있는 시간이다"라고 호통을 쳤다고 한다.

우리가 일상생활을 하면서 '며칠 후'나 '조만간'이라는 말 대신에 '몇 월 몇 일에'라고 표현하는 것이 중요하다. 또한 '오후에'라는 말보다는 '오후 5시 50분'에 라고 표현하는 것이 좋다. 평소시간을 중시하는 생활태도와 앞선 시간문화를 유지해 가는 사람이 시간의 낭비를 줄이고 여유 있는 시간을 창조해 갈 수 있다. 하루하루는 적은 시간이지만 이것이 누적되면 인생의 상당 부분을 차지하기 때문이다.

(7) 창조한 시간의 활동계획

오늘날만큼 다채롭고 재미있는 인생을 보낼 수 있는 시대는 없었다. 시간의 경제적 여유만 있다면 못할 것이라고는 아무 것도 없다. 여행, 파티, 독서, 정원 가꾸기, 연구, 음악감상, 세계일주 여행 등등 이런 것들은 누구나 실제로 할 수 있는 일이다. 우리들은 누구든지 새로운 일을 하고 새로운 친구를 만나며 취미를 넓히고 교양을 높이기 위한 시간이 필요하다. 이것은 우리들 인생에 있어서 가장 중요한 일 중의 하나가 아닌가 싶다. 작가 데드 말로의 말이다.

실제로 오늘날의 세상은 봉건시대의 왕들조차 누려보지 못했던 다양한 형태의 재미있는 활동영역들이 우리 앞에 펼쳐져 있다. 문제는 오히려 이런 일들을 체험할 수 있는 시간이 부족한 데 있는 것이다.

왜 우리가 시간을 잘 활용해야 하는가? 여유시간을 창조하려는 진정한 이유는 무엇인가? 그것은 우리가 풍요롭고 재미있고 보다 인간답게 살자고 하기 때문이다.

즉 시간창조의 궁극적인 목표는 행복의 추구에 있는 것이다. 열심히 일하고 생산성을 높이고 보다 높은 보수를 바라는 것도 궁극적으로는 행복하게 살고자 하는 욕구가 있기 때문이다.

4. 시간관에 따른 인간유형

1) 저속형 인간과 고속형 인간

저속형 인간이란 일을 느리게 하는 유형의 인간이다. 일처리 자체를 중요시 하며 일의 속도에는 관심이 없다. 또한 일에 착수하기 전에 심리적인 지체시간이 긴 느린 출발자가 이 유형에 속한다. 차분하고 끈기 있는 일처리를 하기도 하지만 자칫 나태함과 무사안일주의에 빠져 무기력함을 나타내는 경우가 많다. 이는 목표에 대한 의식이 불분명하거나 자신감이 없을 때 또는 일처리 방식을 제대로 터득하지 못했을 때 나타나기도 한다. 스피드를 중시하는 현대 사회에서 경쟁에 뒤질 우려가 많다.

고속형 인간은 일을 처리할 때 일단 목표가 정해지면 빠르게 실행하는 유형의 인간이다. 일을 빠르게 처리하고 또 다른 일로 재빨리 자신의 발걸음을 옮기는 과업중심의 인간이다. 추진력, 박력, 호쾌함 등이 돋보이지만 일을 졸속으로 처리하여 하자나 오류가 발생되는 경우도 있다. 60년대 경험했던 국가 총력 경제개발의 사고관이나 '바쁘다 바빠'라는 드라마, '빨리 빨리' 문화가 이에 해당한다.

2) 시간소비형 인간과 시간창조형 인간

시간소비형 인간이란 하루의 일을 계획하지 않고 시간에 끌려서 살아가는 유형의 인간이다. 이런 사람은 하루에 24시간 이상의 가치창조는 불가능하다. 시간창조형 인간이란 '時테크'를 통하여 시간가치를 평균치 이상으로 높이는 유형의 인간이다. 시간창조형 인간이 되기 위해서는 시간자원에 대한 사전 계획 능력과 '時테크'의 여러 기법들에 정통해야 한다. 시간창조형 인간은 높은 생산성을 유지할 수 있을 뿐만 아니라 인생을 여유 있게 살아갈 수 있다.

3) 시간관리형 인간과 시간전략형 인간

시간관리형 인간은 자신의 현재 활동과 목표를 뚜렷이 제시하여 하루 24시간의 시간을 스케쥴화하여 낭비되는 시간을 없애고 업무효율을 높이는 유형의 인간이다. '촌음을 아껴쓰라'는 말은 시간관리에 관련된 명언이다.

시간전략형 인간은 시간관리뿐만 아니라 시간의 부가가치 창출을 위해 노력하는 유형의 인간이다. 시간을 전략적 자원으로 활용하고자 노력하는 사람이며 자기 자신의 시간뿐만 아니라 상대방의 시간에 대해서도 통찰력을 지니고 있다. 이 유형의 인간은 시간을 통하여 '경쟁력'을 확보할 수 있다. 어떤 사람은 인생의 목표가 일 자체에서 나온다고 주장한다. 그러나 이 경우에도 일의 노예가 되거나 일에 미친 업무 광(workholic)이 되어서는 인생의 가치가 상실된다. 어디까지나 일은 자기 자신이 통제하고 즐길 수 있어야 일과 인생이 일치하게 된다.

오늘날은 첨단과학의 눈부신 발전과 지식의 고도화에 의해서 높은 성과를 보다 적은 시간으로 올릴 수 있다. 가정주부는 각종 전자제품과 가정자동화에 의해서 보다 많은 여유시간을 갖게 되었다. 직장인들은 인간작업시간 대신 기계작업시간이 늘어나면서 여유시간을 갖게 되었다. 그러나 여유시간의 창조 자체가 인간의 최종목적은 결코 아니다. '時테크'는 창조한 시간을 어떻게 활용하는가를 명쾌하게 인식하고 이를 실행함으로써 지속적으로 발전된다.

고대 로마는 왜 멸망하였는가? 그들은 전쟁으로 획득한 부를 지니고 있었으며 전쟁포로들을 노예로 부려먹으면서 여유시간을 갖게 되었다. 그러나 그들의 경제적 여유와 시간적 여유는 사치와 방탕 그리고 패륜으로 흘러서 결국 멸망의 길에 도달한 것이다. 이와 마찬가지로 오늘날 우리가 쌓아올린 부와 새로운 여유시간은 우리를 행복의 길로 이끌어갈 수도 있고 파멸의 길로 이끌어갈 수도 있다. 따라서 '時테크'는 지식과 기술의 산물이지만 그것은 철학적 인식과 만나야만 한다. 무지한 자에게 부와 시간은 그 자신을 망치게 하는 원천이다. 그리고 사악한 자에게 주어진 부와 시간은 그 자신뿐만 아니라 사회를 망치게 하는 원천이 된다.

창조한 시간, 그것은 인생을 풍요롭게 그리고 사회를 풍요롭게 하는 용도로 활용되어야 한다. 우리는 창조한 시간을 보다 행복한 가정, 여유 있고 윤택한 사회를 만드는 데 활용하여야 하며, 인류의 미래를 위해 보다 나은 창조활동에 활용하여야 한다. 창조한 시간을 어떻게 활용할 것인가를 미리 생각하고 활용계획을 세워가는 것이 시간 창조기술의 마지막 단계이다.

4) 과거지향형 인간과 미래지향형 인간

과거지향형 인간이란 과거의 지식과 경험에 바탕을 두고 일을 처리하는 유형의 인간을 말한다. 이미 완결된 과거의 사실에 기초를 두고 불안정한 현재나 불확실한 미래를 외면하는 것이다. 변화를 두려워하며 '과거에 이렇게 했는데'라는 생각을 염두에 두고 생활하는 유형이다. 흔히 보수주의자로 불리며 새로운 사고방식을 도입하기를 거부한다.

현재지향형 인간이란 '지금, 현재'만을 신봉하는 사람이다. 그들에게는 과거는 문자 그대로 지나가버린 것이며 미래는 통제할 수 있는 것은 '지금, 현재'뿐이기에 맹렬한 활동을 보이는 속전속결의 형태를 지닌다.

미래지향형 인간이란 미래의 자기를 살리는 데에 중점을 둔다. 자신이야말로 새로운 아이디어를 지닌 진정한 진보파라고 믿고 있다. 그러나 그들의 아이디어 대부분은 현실에 뿌리박고 있지 않다. 때로는 허황된 것도 있다. 미래 지향형 인간이 성과를 낼 수 있느냐 없느냐 하는 것은 사전 기획력과 치밀한 준비의 여부에 달려 있다.

위의 몇 가지 유형을 통해 시간에 대한 가치관을 대비시켜 보았다. 대개의 경우 나는 어느 정도는 시간창조형이고, 어느 정도는 시간관리형이라고 할 수 있을 것이다. 자신의 경향성을 파악하여 시간가치를 창조해 보면 좋을 것이다.

또한, 시간관에 따른 인간유형의 파악에서 각각의 유형의 좋고 나쁨에 대한 정확한 판단은 가능하지도 바람직하지도 않다. 단지 시간가치창조의 방향으로 나아가기 위해서는 각 유형의 장단점을 잘 파악하여 자신의 상황에 잘 적용하려는 것이다.

시간가치창조는 시간의 부가가치를 창조하는 것이지 절대적인 시간의 연장이 아니다. 따라서 우리는 위의 여러 가지 유형을 통해 통합적 사고를 해야할 필요성이 있다. 통합적 사고란 $1+2=2+\alpha$ 의 상승효과(synergy effect)를 나타내는 창조적 결합을 의미한다. 시간의 상승효과를 얻기 위해서는 무엇보다도 전반적인 상황인식이 선행되어야 한다.

5. 타임베이스 전략

타임베이스 전략(TBS; Time Based Strategy)이란 시간을 전략적 경영자원으로 활용하여 경영의 성과를 높이는 것이다. 지금까지 비즈니스의 세계에서는 시간을 아껴 써야 하는 자원 정도로만 인식해 왔으며 주로 기업 내부의 생산활동과 관련하여 관리해왔다. 그러나 보다 다양하고 복잡해진 고객욕구에 신속하게 대응하고 급변하는 경영환경에 적응하기 위해서는 기업 내부의 시간을 중시하지 않을 수 없게 되었다.

1) 타임베이스 전략 구축방법

타임베이스 전략(time based strategy)은 어떻게 구축하는가? 시간중심의 전략을 구축하기 위해서는 기업의 모든 활동에 걸쳐 다양한 방법들을 검토해야 한다. R&D, 원자재 구매, 생산, 판매, 서비스, 관리의 모든 영역에는 부문별 시간관리 혁신요소가 존재한다. 이를 혁신시키기 위한 방법으로는 컴퓨터시스템, 정보통신망, 운송기기 및 OA기기, 조직 및 제도개선 등이 필요하다. 타임베이스 전략의 구축과 추진을 위해서는 특히 통합정보시스템의 활용이 필수적인데 이는 각 부문간에 발생하기 쉬운 정보의 재고를 줄임으로써 시간자체를 극소화할 수 있기 때문이다.

[그림 10-5]는 타임베이스 전략 구축을 위한 방법의 틀을 제시한 것이다. 이러한 분석작업은 업종별, 회사별 특성을 감안하여 각 부문별 검토를 거쳐 각 부문간의 연결요소(linkage)가 고려되어야 하며 궁극적으로 전사적인 입장에서 종합 평가되어야 한다. 한 기업이 타임베이스 전략을 수행함에 있어서 다음 사항들을 점검하고 만족시키도록 노력해야 한다.

그림 10-5 테임베이스 전략(TBS)의 평가를 위한 체크 리스트

(1) 내부혁신 차원

- 경영혁신을 이룩할 수 있는가?
- 종업원의 여유시간을 창출할 수 있는가?
- 신상품, 신기술을 만들 수 있는가?
- 저원가를 실현할 수 있는가?
- 인력절감 효과를 얻고 있는가?
- 유동적인 조직구조의 구성이 가능한가?
- 기업문화를 향상시킬 수 있는가?

(2) 고객만족 차원

- 고객의 타이밍 욕구를 만족시킬 수 있는가?
- 보다 다양한 제품을 공급할 수 있는가?
- 고객의 여유시간을 창출할 수 있는가?
- 제품의 공급가격을 낮출 수 있는가?
- 제품혁신의 사이클을 단축시킬 수 있는가?

(3) 경쟁전략 차원

- 경쟁자의 방어장벽을 깨칠 수 있는가?
- 진입장벽을 구축할 수 있는가?
- 대체재에 대항할 수 있는가?
- 거래선의 교체비용을 높일 수 있는가?

① **시간압축지향** : 시간압축이란 가치창출을 위해 투입하는 시간을 단축하는 것을 의미한다. 따라서 업무처리 전반에 걸쳐 신속성과 시간절감이 핵심적 과제이다. 이를 위해서는 다음의 [그림 10-6]과 같은 과정이 필요하다.

그림 10-6 시간압축 과정

활동/흐름 분석	시간낭비요소 분석	시간 창조기술	시간압축
의사결정과정 분석 생산공정 분석 사무관리 분석 유통과정 분석	시급성/필수과정 분석 물류/이동거리 분석 주요영역 분석 지체요소 분석	정보의 D/B화 정보의 공유 (LAN, VAN) 전산시스템의 구축	간소화/권한위양 표준화/자동화/ 무인화/간소화 대행서비스이용 구조개선

② **Cycle time지향** : 어떤 일이 시작되어 끝날 때까지의 시간을 사이클 타임(cycle time)이라고 하고 각 부서에서의 순수 작업시간들의 총합계를 프로세싱 타임(processing time)이라고 한다. 한 작업시간이 끝나고 다음 작업시간으로 이행하는 단계마다 시간지체가 발생되면 프로세싱 타임에 비해서 사이클 타임은 크게 늘어날 수밖에 없다. 앞 단계의 작업이 끝나서 다음 단계로 넘어올 동안 대기하는 시간이 늘어나면 시간낭비로 이어지고 시간코스트는 증대하게 된다.

따라서, 자기 자신에게 주어진 업무만을 신속하게 처리해서는 타임베이스 전략의 추진은 불가능하다. 하나의 프로젝트에 참여하는 모든 인원이 전체 업무의 흐름을 파악하고 단계별 이전 시에 발생하는 자체시간을 줄여가는 것이 중요한 것이다. 이를 위해서는 전체프로젝트의 작업흐름을 동시에 파악할 수 있는 '동시정보시스템'이 필수적이다. 이를 통하여 작업자는 주문에서 생산 및 판매에까지 이어지는 과정을 하나의 프로세스로 보고 부서간의 연계부문에서 발생되는 시간낭비를 줄일 수 있기 때문이다.

일본의 소니사는 'STREAM'이라는 물류정보시스템을 구축하여 주문, 생산, 납품의 과정을 일체화시켰다. 어느 부서에 근무하는 사람이든지 현재의 주문 상황, 생산 작업현황, 재고현황을 단말기를 통하여 한눈에 볼 수 있게 한 것이다. 이 시스템의 도입으로 소니사는 납기를 1/3로 단축시켰고 재고를 50% 감축시키는 큰 성과를 거두었다.

③ **고객시간지향** : 시간은 누구에게나 소중한 자원이다. 타임베이스 전략에서 중시하는 것은 기업의 시간(내부지향)과 동등하게 고객의 시간(외부지향)을 중요하게 여기게 된다. 이러한 두 가지 시간의 관계는 기업이 시간을 아끼고 통제하여 궁극적으로 고객의 시간을 보다 많이 확보해 주기 위한 목표를 지향하고 있다.

기업은 내부통제에 의해 얻어진 여유시간을 생산활동에 투입한다기보다는 고객에게 돌려주는 것이 중요하다. 왜냐하면 이를 통해서 고객만족을 높이고 경쟁우위를 확보할 수 있기 때문이다. 타임베이스 전략이란 고객의 시간을 확보해 주기 위한 노력을 전제로 한 것이며 이를 위하여 시스템, 조직, 행동을 유기적으로 통합한 전략이다.

그림 10-7 고객 족을 위한 체크 포인트

- 고객의 대기 시간 : 대기 시간 단축
- 고객의 이동 시간 : 배달
- 고객의 제품 사용시간 : 이지(easy) 제품, 설명서
- 고객에 대한 반응시간 : 전화 응답 서비스(ARS)
- 고객의 종결 처리시간 : 조기 종결

「시간이 정지한 순간」, 소설에 보면 긴박한 상황을 이렇게 표현하고 있다. 시간은 지속적으로 흘러가고 있지만 어떤 충격에 의해서 심리적으로 시간의 정지를 느끼게 되기 때문이다.

기다리는 시간은 길게 느껴진다. 군에서 훈련을 받고 있는 병사, 병원에서 대기하는 환자, 교도소에서 출감 일을 기다리는 사람들에게는 한 시간 한 시간이 지루하게 느껴질 수밖에 없다. 즐거운 시간은 빨리 지나간다. 데이트하는 청춘남여, 재미있는 영화 감상, 포커를 즐기는 사람– 이런 사람들은 시간이 짧게 느껴진다.

이러한 점들을 고려해 보면 시간을 물리적으로만 계산해서는 '감정의 만족'을 충족시킬 수 없다. 즉 심리적 시간(psychological time)을 고려하지 않으면 상대방의 만족도를 높일 수 없다. 냉정하게 사무적인 자세를 유지하고 있는 공무원과 민원처리를 초조하게 기다리고 있는 주민간에는 '심리적 시간'의 격차가 존재하기 때문에 불만이 나타나게 되는 것이다.

타임베이스 전략은 시간을 전략적으로 활용하여 가치를 창조하는 것이다. 특히 '고객만족'이 중요한 이슈로 대두된 오늘날의 비즈니스 세계에서 5분, 10분, 1시간이라는 물리적 시간만을 가지고 서비스에 임하게 되면 심리적 시간 차 때문에 발생되는 불만이 늘어나게 된다.

오늘날 고객들이 일정시간 기다려야 하는 사업장(병원, 은행, 기업, 공항, 관공서 등)에서는 이러한 심리적인 불만을 완화시키기 위한 노력이 늘어나고 있다. 여기에서 가장 중요한 것은 '정보의 제공'이다. 자기가 기다려야 하는 시간을 정확하게 알게 되면 그 대기시간을 스스로 가치 있게 활용할 수 있는

여건을 제공하는 것이다. TV, 책, 놀이기구 등을 준비해 놓으면 대기시간이 비교적 수월하게 지나간다.

그리고 더욱 중요한 요소의 하나는 상대방의 시간가치를 인정해 주고 사과하는 것이다. 5분이나 10분을 기다린 고객에게 "너무 많이 기다리게 해서 정말 죄송합니다", "시간이 소중하신 분인데 정말 죄송합니다"라고 사과한다면 심리적 시간에서 오는 불만은 쉽게 사라질 수 있기 때문이다.

④ **미래시간지향** : 시간에 관한 전통적 관점은 과거→현재→미래의 순차적인 흐름이다. 즉 과거에서 현재로 그리고 현재에서 미래로 진행한다는 것이다. 그러나 타임베이스 전략의 실현을 위해서는 시간의 흐름이 미래→현재→과거의 순으로 바뀌지 않으면 안 된다. 즉 미래가 와서 현재가 되며 현재가 쌓이면 과거가 된다는 관점이 중요하다. 우리들 개인의 행동, 기업의 활동은 미래지향적인 목표와 비전에 단단히 뿌리를 박고 있어야 한다. 그리고 비전에서 요구하는 수행수준과 현 수준을 진단, 평가하여야 한다. 이 진단과 평가는 단시한적인 것이 아니라 축적된 정보를 지속적으로 검토하고 분석해야 한다. 이를 단순히 말하면 '미래→현재→과거'여야 한다는 것이다. 즉 "경영은 미래의 시간을 관리하는 것이다"라고 정의하는 것이 중요한 시각이다.

미래지향적 사고를 위해서는 시간의 기준점을 미래에 두는 것이 중요하다. 1990년도 전 세계 제조업체 중에서 매출 2위, 순이익률과 자기자본비율에서 각각 1위인 쉘(Shell)은 세계 정치·경제 상황의 20년을 내다보고 이에 근거하여 '예측시나리오'를 작성하고 대응전략을 구상하고 있다. 이 회사는 경영층뿐만 아니라 전 회사가 시간관의 변화를 꾀하고 있다. 그 내용을 자세히 살펴보면 다양한 환경요소 중에서 지정학, 국제경제학, 자연환경을 시나리오의 축으로 인식하고 미래 국제정치·경제상황의 전개를 두 방향으로 예상하고 있다. 하나는 지속적인 세계로서 경쟁을 극복하고 상호 협력적인 지구환경을 형성하려는 것이고 다른 하나는 범세계적인 상업주의로 경쟁의 심화, 냉전종식에 따라 국제질서가 문란하고 지역문제가 심화된다는 것이다. 셸은 이러한 예측 시나리오에 근거하여 기업의 대응전략을 마련하고 있다.

⑤ **경쟁선수(先手)지향** : 바둑을 둘 때 승패에 큰 영향을 미치는 것이 선수(先手)를 활용하는 것이다. 경쟁 상대방 보다 유리한 위치, 유리한 상황을

먼저 확보하는 것은 전체 게임에 중요한 역할을 하기 때문이다. 그러나 너무 빠르기 때문에 오히려 실패를 하는 경우도 있고 또한 먼저 움직인다는 것은 그만큼 위험부담도 크다고 할 수 있다. 따라서 경쟁선수의 개념은 주변상황에 관한 정보와 경쟁자에 관한 정보가 충분히 반영되어야 한다.

경쟁의 주요 포인트

- 먼저 발견하고
- 먼저 개발하고
- 먼저 생산하고
- 먼저 이동하고
- 먼저 판매하고
- 먼저 서비스하고
- 먼저 철수한다.

⑥ **포지티브(positive)시간지향** : 투입시간의 단축, 신속한 서비스, 여유시간의 창조 등이 중요한 것처럼 최적시점을 찾아내는 것도 타임베이스 전략의 중요한 과제가 된다. 시간은 긍정적 시간과 부정적 시간으로 나눌 수 있다.

긍정적 시간(positive time)이란 사용자에게 유리하게 작용하는 시간을 말한다. 은행에 예금을 하고 있는 사람은 하루 밤을 자고 나면 이자소득이 발생한다. 반면에 차입금을 받아 살고 있는 사람은 지급이자가 늘어나게 된다. 따라서 부정적 시간(negative time)에서 긍정적 시간으로 전환하려는 노력이 필요하게 된다. '시운(時運)을 살린다'는 말은 긍정적 시간을 활용한다는 뜻이다. 부정적 시간을 긍정적 시간으로 전환시키기 위해서는 현재의 시간이 어떠한 상황에 놓여 있는지를 판단한 후 환경요인을 개선하려는 노력을 해야 한다. 만약 환경요인이 통제 불가능한 경우에는 지연, 우회, 축소 등의 대안을 강구할 수 있다.

2) TTC(Total Time Control)

TTC(Total Time Control)란 무엇인가? 이를 이해하기 위해서는 TQC의 개념을 살펴볼 필요가 있다. TQC(Total Quality Control)란 "고객에게 만족을 줄 수 있는 제품의 품질을 경제적으로 만들어 내는 종합 운동"을 의미하며 최초에는 생산부문에서 품질관리(QC, Quality Control)를 위해서 탄생한 것이다. 그러나 오늘날에는 사무QC, 서비스QC라는 종합적 개념으로

까지 발전하게 되었다. TQC가 생산을 중심으로 한 산업사회에서 기업의 성과를 높이는 데 크게 기여하였다면 이제 부터는 TTC가 새로운 경영기법으로 발전하게 될 것이다.

TTC란 “시간자원을 전략적으로 활용할 수 있도록 기여하는 종합활동”으로 정의할 수 있다. 이를 위해서 다음과 같은 과정을 거치게 된다.

① 타임베이스 전략(TBS)의 목표설정
② 단계별 작업분석
③ 단계별 시간소요분석(time span analysis)
④ 총소요시간(total time)의 계산
⑤ 마감시간(deadline)의 계산
⑥ 시간차(마감시간－총소요시간) 분석 및 단축방안 강구
⑦ 종합일정표의 작성
⑧ 타임베이스 전략(TBS)의 성과측정 및 평가

TTC를 시행하기 위해서는 다음과 같은 기본단계가 요구된다.

(1) 직무분석(job analysis)을 통해 가능한 이동범위를 축소시킨다.
- 동작반경 분석
- 이동요소 분석

(2) 시간사용을 분석한다.
- 시간가치(time value)의 분석
- 시간비용(time cost)의 분석
- 시간지연 요소의 분석 및 해결방안의 작성

(3) 일의 표준화를 꾀한다.
- 과업의 우선순위와 빈도의 분석
- 유기적 조화를 위한 전체 작업반경(total area)의 총체적 분석

(4) 목표 및 계획 설정에 주기적 평가를 위한 시간분할을 실현해야 한다.

Harvard대학의 마이클 포터(Michael Poter) 교수는 기업이 가치를 창조하는 과정을 가치사슬의 구조로 설명하고 있다. 가치사슬에서 나누어진 부분에서는 작업활동이 진행되는 데, 이 과정에서는 ‘시간압축’이 중요한 요소이다. 그리고 각 부분들은 연계되면서 시간지체가 발생되기 쉽다. 이 연계부분의 시간 지체를 줄여야 한다. 작업활동에서의 시간압축을 위해서는 자동화와 로보틱스 등이 효과적이며 연계부문의 시간지체를 해결하기 위해서

는 주로 통합 컴퓨터 시스템을 활용할 수 있다.

TTC란 기업의 가치사슬을 총체적으로 고려하여 시간낭비요소를 줄이고 시간가치를 높이는 것이다. 그리고 궁극적으로는 이러한 노력이 경쟁우위를 확보하는 전략으로 이어져야 한다. 시간전략의 목표는 경쟁선수, 저원가 전략, 신규 비즈니스로의 전환 등 여러 가지로 나타날 수 있다.

TTC는 관련 부서의 인원들이 공동의 목표를 인식하고 있어야 하며 정보의 공유와 피드백이 있을 때 성과를 낼 수 있다. 따라서 각 사업부별로 'TTC 사무국' 또는 'TTC 위원회' 등을 구성하여 종합적인 판단과 지원책을 강구하는 것이 필요하다.

3) 타임베이스 전략을 위한 정보기술

오늘날 고도로 발달된 컴퓨터 및 정보통신기술은 다음과 같은 질문에 긍정적인 응답을 하고 있다.

- 정보기술을 통하여 신속한 고객서비스를 할 수 있는가?
- 정보기술을 통하여 제작시간을 단축할 수 있는가?
- 정보기술을 통하여 의사결정시간을 단축할 수 있는가?
- 정보기술을 통하여 업무시간을 단축할 수 있는가?

타임베이스 전략(TBS)을 추진함에 있어 가장 핵심적인 무기는 정보기술이다. 특히 최근 들어 빠르게 보급되고 있는 전략적 정보시스템(SIS; Strategic Information System)은 타인베이스 전략의 핵심적 도구로 떠오르고 있다.

전략적 정보시스템(SIS)이란 각종 정보기술을 전략적으로 활용하여 경쟁우위를 확보하는 데 기여하는 시스템의 총칭이다. 전략적 정보시스템은 비즈니스의 여러 분야에서 다양한 형태로 발전하고 있다. 예를 들어 유통분야의 판매시점정보처리시스템(POS), 제조분야의 컴퓨터에 의한 통합시스템(CIM), 서비스분야의 컴퓨터자동예약시스템(CRS)이나 자동응답시스템(ARS) 등 여러 가지 형태의 시스템들이 나타나고 있다. 전략적 정보시스템의 특징은 거래 선에 단말기를 통한 네트워크를 연결하여 각종 정보를 신속하게 교류함으로써 정보의 지체를 줄이고 이를 통하여 비용절감과 고객만족을 높이는 데 있다.

일본의 안경 렌즈전문점인 '호야'는 일본전역에 있는 8천여 개의 소매점 가운데 4천개 이상의 매장에 단말기를 설치하였다. 각 매장에서는 이 단말기를 이용하여 주문하고 동시에 납기가 표시되며 거기에 맞추어 제조공정이 움직인다. 지금까지 특별 주문품은 수주에서 출하까지 3-7일이 걸렸으나 컴퓨터 수주, 발주시스템을 가동시킨 후부터는 24시간 내에 출하가 가능해졌다. 안경 렌즈도수주, 초점거리, 좌우 눈의 간격 등 개인에 따라 다르기 때문에 특별주문체계가 필요한 데, 호야는 정보기술을 이용하여 시간을 압축하고 있는 것이다. 이러한 정보기술을 통하여 이 회사는 과잉제고를 막고 인력 및 비용절감과 무엇보다도 고객만족을 높이는 성과를 얻고 있다.

이처럼 타임베이스 전략에 기여하는 정보기술은 앞서 언급한 시스템 이외에도 은행 등에서 활용하고 있는 홈뱅킹(HB)이나 펌뱅킹(FB), 국제간 무역거래에서 활용되고 있는 전자자료 교환거래(EDI), R&D 분야에서의 컴퓨터 디자인(CAD), 정보커뮤니케이션을 위한 LAN(Local Area Network)이나 VAN(Value Added Network) 등이 있다. 또한 인텔리젼트 빌딩도 타임베이스 전략에 기여할 수 있다. 이제 정보기술은 지금까지의 MIS(Management Information System)나 OA(Office Automation) 차원을 뛰어넘어 보다 많은 업무를 신속하게 처리해줄 뿐만 아니라 기업의 외부에 까지 그 영역이 확장되고 있다.

타임베이스 전략을 위해 정보기술을 활용하고자 할 경우에는 다음과 같은 원칙들을 고려하는 것이 바람직하다.

첫째, 리얼타임(real time)이 유지되어야 한다.

둘째, 정보공유가 이루어져야 한다.

셋째, 데이터베이스(Data Base)가 구축되어야 한다.

넷째, 전체 업무의 흐름을 하나의 시스템으로 파악할 수 있어야 한다.

다섯째, 사용자 중심의 시스템이어야 한다.

여섯째, 고객만족을 지향하여야 한다.

4) 타임베이스 전략을 위한 기업문화

'시간을 중심으로 한 기업문화'를 형성하기 위해서는 TBS(Time Based Culture)에 관한 교육, TBS 관련 인센티브 제도의 도입, TBS 기기 및 시스템의 도입, 조직구조의 개선 등이 필요하다.

〈표 10-3〉 TBS의 실행을 위한 기업의 변화요소

	전통적 기업	시간 중시 기업
업무관점	· 기능향상 · 부서별 작업 · 비용절감 · 작업중심 · 업무지향	· 전체 시스템과 흐름을 중시 · 작업의 계속적 흐름 · 시간절감 · 연결중심(linkage) · 고객지향
정보관리	· 전문가 중심 · 중앙통제형 · 피드백 느림 · 내부 정보처리 중심(MIS)	· 팀 구성원간 정보공유 · 분산형 · 피드백 빠름 · 내부, 외부 연결 중시(SIS)
결과측정	· 비용이 척도 · 재무결과 중시 · 개인별, 부서별 · 기업이 평가	· 시간이 척도 · 물리적 결과 중시 · 팀별(SBU, CU) · 고객이 평가
조직구조	· 피라미드형 구조 · 권한의 집중 · 견고성 · 통합형 중시	· 네트워크형 · 권한의 분산 · 유연성 · 분산화 중시

〈표 10-3〉은 전통적인 기업과 시간을 중시하는 기업의 풍토가 어떠한 차이를 가지고 있는가에 대해서 요소별로 비교해 본 것이다.

시간을 중시하는 기업은 작업활동보다도 각 활동간의 연결을 중시한다. 작업단위를 분리된 개념으로 보지 않고 전체시스템과 흐름을 중시한다. 또한 시간을 중시하는 기업은 팀 구성원간 정보공유가 원활하게 이루어지며 정보에 대한 피드백이 빠르다.

TBS를 위한 기업문화에서 가장 중요한 것은 시간이 성과의 척도가 된다는 것이다. 이는 전통적 기업이 지닌 물자의 효용성(Cost) 중심의 관점이 고객위주의 관점으로 변한 것이다. 정보화 사회에서의 치열한 경쟁에서 살아남기 위해서는 조직의 '시간문화' 형성이 중요한 요소이다. 다른 기업들보다 '더 빨리', '최적 타이밍'으로 고객에게 다가가기 위해서는 기업풍토에 '시간을 존중하는 공유가치'를 불어 넣어야 한다.

5) 타임베이스 전략을 위한 조직의 재구축

미국의 경영 컨설팅 회사인 AT키니어社는 1992년 세계적인 우량기업의 비결을 조사 발표하였다. 이 회사의 조사에 의하면 초우량기업의 비결은 첫째, 본업을 중시하여 제품에 혼을 불어넣는 것이다. 다른 한 가지의 비결은 조직 구조를 단순화시키고 신속한 의사결정 체계를 유지하는 것으로 나타났다.

산업사회에서 전통적인 조직구조는 수직적 위계를 중시하는 피라미드 형태였다. 즉 위에 최고경영층이 존재하고 중간에는 관리계층이 그리고 아래는 사원들이 근무하는 형태였다. 이러한 조직구조에서는 정보의 흐름이 상하로 움직이고 수평적 조직간에는 보이지 않는 벽이 생기게 된다. 이러한 현상을 극복하기 위해 여러 가지 형태의 조직재구성이 시도되었다.

1960~1970년대에 유행하였던 사업부처 조직은 수직적으로 구분된 여러 갈래의 조직을 유사한 부서끼리 통합시킴으로써 전통적 조직구조의 경직성을 탈피하려 하였다. 하지만 사업부제 조직도 수직적 위계를 탈피하지 못하여 부분적인 통합의 효과밖에 얻지 못했다. 즉 사업부제 조직은 수직적 조직이 진보된 마지막 과정이었던 셈이다.

이처럼 수직적이고 경직된 조직을 가지고서는 정보화 사회의 다양한 변화에 효과적으로 대응하기가 어렵다. 따라서 기업의 조직구조도 이제까지의 수직적 형태에서 수평적 형태로 재구축(restructuring)되지 않을 수 없다. 이러한 과정에서 여러 가지 형태의 조직구조가 시행착오를 거치면서 새롭게 탄생하였다.

첫째, 분사(分社) 제도를 들 수 있다.

이는 마치 선인장이 새끼를 치듯이 작지만 모기업과 비슷한 성격의 조직이 여러 개로 갈라지면서 번성하는 것이다. 분사된 조직은 비록 작은 규모이지만 독자적인 생명력과 개성을 지닌다는 점에서 사업부제와는 차이가 있다.

둘째, '기업 내 기업'이 있다.

회사 내에서 새로운 회사가 창업되는 것이다. 물론 임직원들도 회사 내에서 지원하는 사람들로 구성된다.

셋째, 아메바형 조직이다.

이는 일정한 질서가 없이 환경변화에 탄력적으로 대응하면서 새로운 환경에 적응하지 못하는 부서는 도태시키고 필수적인 조직은 팽창시키는 기법에서 나온 것이다. 즉 아메바처럼 유연하게 번식(성장)이 가능한 쪽으로 움직이면서 새로운 조직구조로 변형되는 방식이다. 이러한 수평적 형태를 지닌 조직에서 공통적으로 필요한 것은 네트워크(Network)다.

네트워크는 조직의 실핏줄처럼 생명을 이어주고 있다. 비록 지구의 반대편에 있는 조직일지라도 같은 피(정보)를 공급받게 된다. 또한 여러 가지 자양분(정보)을 흡수해서 모체로 보내주기도 한다. 자양분의 공급과 혈액순환이 좋은 조직은 성장할 수 있지만 이러한 현상이 둔화되면 조직은 경직되고 결국 생명을 잃게 된다.

타임베이스 전략을 추진하기 위해서는 조직간에 이러한 교류가 원활해야만 한다. 즉 정보의 재고가 쌓이지 않도록 원활한 커뮤니케이션 경로가 필요한 것이다. 이를 위해서는 몇 가지 필수적 조건이 있다.

첫째, 조직구조가 단순해야 한다.

둘째, 조직규모가 작아야 한다.

셋째, 조직이 수평적으로 전개되어야 한다.

넷째, 글로벌한 차원에서 최적의 장소에 단위조직이 전개되어야 한다.

다섯째, 조직이 유연성을 지녀야 한다.

여섯째, 신속한 의사결정체계를 지녀야 한다.

현재 세계적인 초우량기업들은 이러한 원리에 입각한 조직구조를 지니고 있다. 외견 상으로는 거대한 규모의 다국적기업들도 전략적 사업단위는 아주 작고 가족적인 분위기를 유지하고 있다. IBM이나 GM 등이 대표적인 사례이다. 복잡한 구조를 지닌 거대한 조직, 권위주의적이고 경직된 조직, 여러 단체의 의사결정체계를 지닌 조직에서는 타임베이스 전략이 뿌리를 내리기 어렵다.

6) 타임베이스 전략과 변형 근무제도

정보화 사회의 환경변화는 산업사회의 획일적 근무제도를 변형시켜 근무시간, 근무방식 등을 탄력 있게 운영하는 기업들이 최근 급속히 늘고 있다. 변형 근무제도의 도입은 연월차 수당(경비)을 줄이거나 특정 산업의 침체국면에 대응하기 위한 이유도 있으나 주된 이유는 여유시간을 찾으려는 종업원들의 욕구를 반영하기 위하여 나타난 것이다.

변형 근무제도는 종업원의 여유시간을 창출하고 동기부여에 기여한다. 이미 강조하였듯이 참여자(종업원) 만족이 없이는 고객만족을 이룩할 수 없다. 즉 종업원들의 자발적인 참여로 기업 내부시간의 단축으로 남은 여유시간을 참여자(종업원)의 몫으로 돌려주어야 타임베이스 전략을 위한 선순환이 이루어진다.

종업원은 내부고객이며 1차적 고객이다. 그러므로 고객만족은 종업원 만족이 선행되어야만 달성된다. 자기회사에 만족하지 못하는 종업원이 고객만족을 위한 최선의 노력을 기울일 까닭이 없다. 항상 불만, 불평, 균열은 내부로부터 시작되는 것이다. 강압적인 교육훈련을 시킨다고 서비스의 질이나 영업실적이 높아지는 것은 아니다. 이 경우 단기적인 영업성과가 있다고 해서 그 회사가 경쟁력을 지속적으로 유지할 수는 없다. 강압적, 획일적 자극은 내성이 생겨 더 강한 자극을 주기 전에는 동일한 효과가 나타나지 않는다. 그런데 인간은 그 자극을 무한대로 감당할 수가 없다. 따라서 산업사회의 강압적, 획일적, 근시안적 방법들은 한계가 있는 것이다.

변형 근무제도는 정보화 사회의 산물이다. 이 제도를 잘 활용하면 보다 빠르게 업무의 성과를 낼 수도 있고 종업원들에게는 여유시간을 창조해 주며 비용절감의 효과까지 얻을 수 있다.

변형 근무제도는 여러 가지 형태로 나타나고 있는 데, 최근 기업에서 적극 도입하고 있는 것들은 다음과 같다.

첫째, 플렉시블 타임제(flexible time)

한국 IBM은 오전 8시~오후 5시, 오전 9시~오후 6시, 오전 10시~오후 7시 등으로 근무시간이 나뉘어져 있다. 이 중에서 본인이 원하는 시간에 근무할 수 있으므로 자녀가 있는 여직원의 경우에는 오전 10시 출근시간을 택하면 자녀들의 등교를 챙겨주고도 여유가 생긴다. 이밖에도 토요 격주 휴무제, 주 5일 선택근무제 등 변형된 제도들이 많이 있다.

둘째, 프리 타임제(free time)

프리 타임제란 회사에서 주어진 업무를 달성하는 것에 초점을 두고 있는 것으로 근무시간을 종업원이 자유롭게 정할 수 있다. 근무평가는 어디까지나 실적에 의한다. 주로 부서간의 업무연관성이 적은 연구기관이나 외국업체에서 부분적으로 도입하고 있다.

셋째, 재택근무제

이것은 사무실에 출근하지 않고 집에서 근무하는 제도이다. 재택근무를 위해서는 회사와 연결된 단말기나 팩시밀리 등 최소한의 정보시스템을 갖추는 것이 필요하다.

7) 시간지체와 보상제도

도미노피자는 고객주문 시 30분 내에 배달하는 것을 영업방침으로 하고 있다. 만약 30분이 지나서 배달되면, 2,000원을 할인해 준다. 그리고 45분 이상 지체되면 피자를 무료로 제공한다. 이러한 영업방침은 사내에 뿐만 아니라 광고를 통하여 고객들에게도 충분히 알리고 있다. 미국의 파고은행(fargo bank)은 고객이 5분 이상 대기하면 5달러씩 지체보상금을 지불하고 있다.

이러한 시간지체에 따른 보상제도는 고객에게 신속히 서비스한다는 것을 확실하게 알려줄 뿐 아니라 종업원들이 타임베이스 전략의 중요성을 깨닫게 하는 데 기여하고 있다. 종업원들은 내가 시간을 지체하게 되면 이것이 곧바로 회사의 손실로 이어진다는 것을 깨닫고 있기 때문에 우물쭈물할 수가 없다.

시간지체에 따른 새로운 보상제도를 도입하기 이전에도 기업에 패널티를 적용하기 위해서 여러 가지 제도가 사용되어 왔다. 예를 들어 건설업계에서는 발주자와 계약 시에 '시간지체보상'에 관한 규정을 넣고 있다. 또한 무역업체에서도 납기를 지키지 못하면 이에 따른 클레임(claim)이 걸리고 일정액을 변상하여야 한다. 그러나 이 경우에는 시간지체에 대한 기회손실이 종업원에게 직접적인 형태(지체 보상금, 감봉 등)로 불이익을 주지는 않는다. 따라서 시간 지체에 따른 기업의 불이익에 대해서 종업원 개개인의 인식은 미약할 수밖에 없다.

시간가치의 중요성이 증대되고 있는 최근 환경을 감안할 때 시간지체 보상제도는 전 산업에 걸쳐 확산되어야 한다. 그리고 이것은 고객이나 거래선의 요구에 의한 피동적인 제도에서 기업 스스로가 고객만족을 위해서 능동적으로 적용해 가는 것이 바람직하다.

지금까지는 주로 대형건설공사나 대규모의 무역거래 그리고 중요한 제품의 공급분야에서 시간지체에 따른 보상제도가 있었지만 이제는 소규모의 거래나 일상적인 영업활동에도 시간지체 보상 제도를 도입할 필요가 있다. 앞서 예를 든 도미노피자나 파고은행의 사례는 좋은 본보기가 된다.

현대사회는 정보화 사회이며, 네트워크 사회이다. 네트워크 사회는 한 부문의 손실이 다른 부문의 손실로 이어져 커다란 파장을 일으킬 수 있다. 즉 시간지체는 기업부문의 손실로 끝나는 것이 아니다. 사회적 물의를 빚은 바 있는 팔당대교, 창선대교, 신행주대교, 지하철 공사장의 붕괴사고, 삼풍백화점의 붕괴 사고 등은 공기연장에 따라 해당 기업에게 막대한 타격을 줄 뿐 아니라 그로 인한 시간지체가 사회적 손실로 이어진 경우이다.

타임베이스 전략의 지속적인 추진과 정착을 위해서는 타임베이스 전략에 기여한 종업원에게는 금전적으로 또는 여유시간의 제공 등의 인센티브로써 격려하고 타임베이스 전략에 손상을 입힌 종업원에게는 적절한 부담을 안겨주는 것이 중요한 요소의 하나임을 인식하여야 한다.

8) 타임베이스 전략을 통한 뉴비즈니스

정보화 사회는 시간가치가 증대함에 따라 새로운 분야의 산업을 탄생시킨다. 여기서는 이를 시간창조형 비즈니스, 공간창조형 비즈니스, 시공창조형 비즈니스로 나누어 살펴보겠다.

첫째, 시간창조형 비즈니스(business)

현대인은 누구나 보다 많은 여유시간을 가지고 싶어 한다. 또한 귀찮은 일은 가급적 빨리 종결처리하고 싶어 한다. 이러한 욕구에 부응함으로써 수요를 창출하거나 부가가치를 높일 수 있는 산업이 시간창조형 비즈니스라고 할 수 있다. 시간창조형 비즈니스란 소비자의 편리성과 시간절약을 목표로 상품을 통해 궁극적으로는 소비자의 시간욕구를 충족하는 포괄적인 비즈니스이다.

오늘날 급성장하고 있는 패스트푸드(fast food) 산업은 바쁜 현대인이 간편하게 식사할 수 있도록 해주기 때문에 성장하고 있다. 결코 맛 때문에 성공한 것은 아니다. 또한 새마을 열차를 타거나 비행기를 이용하면 경제적 부담이 늘지만 시간적으로 촉박한 일을 완수할 수 있거나 여유시간을 창출할 수 있기 때문에 고객이 몰려든다. 자기부상열차나 헬리버스(helibus) 등

차세대 교통 산업은 시간단축이 비즈니스의 핵심적 요소이기 때문에 각광을 받고 있다.

또한, 택배 같은 특송산업도 시간창조형 비즈니스의 일종이다. 빨리 배달해 주고 돈을 받는 사업이니까 결국은 시간이 상품인 셈이다. 즉석요리, 속성사진, 즉석인쇄, 특급세탁업 등도 고객의 시간창출을 목표로 탄생한 비즈니스들이다. 요즈음 인기를 끌고 있는 '즉석복권'은 기존의 복권개념에 즉석확인이라는 시간가치를 첨가한 제품이다. 심지어는 스포츠드링크나 식이섬유음료도 그 핵심은 시간창조에 있다. 체내에 빨리 흡수된다는 것이 성공의 포인트인 것이다.

시간창조형 비즈니스의 또 다른 유형은 사용이나 조작의 간편성을 통해 시간을 절약해 주는 제품들이다. 오늘날 가전제품을 중심으로 새롭게 유행하고 있는 이지(easy) 제품들이 그것이다. 샴푸와 린스가 합쳐진 '샴프린스' 제품도 일종의 시간절약형 이지제품인데, 시간에 쫓기는 맞벌이 부부를 모델로 시간창조 상품임을 강조하고 있다.

최근 체신부에서는 송금서비스의 일종인 경조환을 상품으로 개발하였다. 이것은 각종 관혼상제 등의 행사에 참석하는 시간을 줄여 준다는 점에서 편리하게 이용되고 있다.

이외에도 은행에서 고객의 시간을 단축시켜주기 위해 운영하고 있는 현금자동입출금기(ATM : Automated Teller Machine)나 자동응답서비스(ARS: Audio Response Service), 그리고 항공회사에서 운영하고 있는 컴퓨터예약시스템(CRS : Computer Reservation System) 등은 시간창조형 서비스인 셈이다.

이러한 비즈니스와 서비스들은 소비자의 시간욕구가 대두되고 동시에 첨단 기술의 발전과 생활시간대의 영역이 24시간으로 확대되고 있기 때문에 더욱 급속하게 확산될 전망이다. 21세기로 들어서면서 산업 전분야에 걸쳐서 소비자시간 창출 또는 시간축소지향의 제품과 서비스가 주력상품으로 자리 잡게 될 것이다.

둘째, 공간창조형 비즈니스(business)

인간에게는 공간욕구가 있다. 공간욕구란 ① 여유 있는 공간을 확보하고 싶어 하는 욕구, ② 덜 움직이고 싶은 욕구, 즉 이동공간의 단축욕구, ③ 쾌적한 공간의 욕구를 의미한다. 이러한 소비자의 욕구를 만족시키기 위해서 나타난 것이 바로 '공간창조형 비즈니스'이다.

우선 '경박단소'의 제품들이 대표적인 공간창조형 비즈니스에 속한다. 오늘날 미니 컴포넌트오디오는 몇 권의 책을 쌓아 놓은 정도의 공간밖에 차지하지 않으면서도 고품질의 소리를 들려준다. 또한 스피커 분리형을 채택하고 있다. 따라서 고객은 자신의 공간을 보다 많이 확보할 수 있다. 조립식가구나 이동식가구 등은 자기 자신의 집에 맞추어 설치가 가능하기 때문에 공간의 낭비를 줄여 주는 동시에 변화욕구를 충족시켜 준다. 이처럼 소형이나 변형이 가능한 제품들은 고객의 공간욕구를 만족시키기 때문에 성장하고 있다. 또 한 가지 유형의 공간창조형 비즈니스는 고객들이 필요할 때만 제품을 사용할 수 있도록 함으로써 저장 등의 불편을 제거시킨 경우에 발생한다. 주문제(order made), 렌트산업, 리스산업, 회원제비즈니스 등이 여기에 속하는 산업이다.

공간창조형 비즈니스의 또 다른 유형은 고객이 멀리 움직이지 않고도 필요한 구매가 가능하도록 하는 것이다. 오늘날 백화점 업계의 다점포화, 분점화 등은 이러한 요구에 대응하여 나타난 것이다. 백화점은 소비자 근접 비즈니스인 슈퍼마켓에 대응하기 위해서 다점포전략을 쓰지 않을 수 없게 되었다. 은행에서도 미니 출장소를 아파트 밀집지역에 개설하여 고객들의 이동거리를 단축시켜 주고 있다.

이밖에 쾌적한 공간의 욕구를 충족시키기 위한 비즈니스의 유형으로는 아늑한 공간을 제공하는 가전제품판매장, 자동차판매장 등이 눈에 띈다. 또한 새로 나타나는 음식점이나 다방 등도 상품보다는 공간욕구의 충족을 비즈니스 성공의 포인트로 잡고 있다. 신설은행들도 공간배치 면에서 기존은행들을 앞서고 있다. 이러한 유형의 모든 상품과 용역 등의 공간창조형 비즈니스라고 할 수 있다.

셋째, 시공창조형 비즈니스(business)

최근 시간창조형과 공간창조형이 이상적으로 결합된 시공창조형 비즈니스가 급속히 늘어나고 있다.

전자사전수첩을 예로 들어 보자. 이것은 경박단소(輕薄短小)하여 언제 어디서든지 사용할 수 있는 것으로 시간창조형 뿐만 아니라 공간창조를 겸한 상품이다. 전자사전의 경우 정보의 기록량도 상당히 많아서 소형이지만 통상적인 사전의 수준을 능가하고 있다. 전자수첩의 경우도 시간과 장소에 구애받지 않고 사용이 가능하다. 특히, 정보와 아이디어로 경쟁하고 있는 현대에서는 메모지보다는 전자수첩이 유용할 수밖에 없다.

기존의 통조림 깡통은 휴대하기는 간편하지만 뚜껑을 따는 데 불편함과 시간이 소요된다. 그래서 나온 것이 원터치 캔이다. 이것은 언제 어디서든지 '딱-'하는 소리 한 번이면 족하다.

기존의 가정용 전화의 한계를 뛰어넘어서 나타난 것이 카폰(car phone)이라면, 최근 급속하게 확산되고 있는 휴대폰(hand phone)은 시간과 공간의 제약을 극복해 준다는 면에서 큰 인기를 얻고 있다. PC도 휴대화되고 있다. 무선형 랩탑이나 노트북의 휴대형 PC사업은 시공창출을 중시하는 정보화 시대에서 뉴비즈니스의 총아가 될 수 있다.

시공창출의 상품은 언제, 어디서나 사용할 수 있도록 소형화, 경량화, 무선화를 기본으로 하고 있다. 기존의 전통적인 상품들은 한 곳에 고정시키고 이용하는 것을 탈피하지 못했지만 최근의 아이디어 상품들은 이러한 시간적, 공간적 절약을 없애서 소비자의 시간과 공간욕구를 동시에 충족시키고 있다.

또한, 편의점(CVS : ConVenience Store)도 고객의 집 근처에까지 파고들어와 언제든지 집근처에서 필요한 상품을 살 수 있다. 또한 기업이 판매시점정보시스템(POS : Point of Sales System)을 통하여 신속하게 고객대응을 한다는 점에서 시공창조형 비즈니스이다. 자판기응용사업도 시공창조형의 사업이다. 자판기의 특성상 어느 곳에든지 언제나 이용할 수 있으며 단추만 누르면 신속하게 구매가 가능하기 때문에 여기서도 시공간 창출요소를 살펴볼 수 있다.

제품판매에서 배달업무를 추가하는 것이나 각종 서비스의 범위를 확대하는 것뿐만 아니라 '집에서 전화로도 구매할 수 있다', '나 대신 해줄 수 있다', '언제든지 휴대가 가능하다' 등의 요소들은 시간과 공간욕구에 대한 충족을 기초로 하고 있다.

향후 경쟁력이 치열해 질수록, 그리고 고객의 주도권이 강화될수록 시공창조형 비즈니스는 더욱 발전될 것으로 예상된다.

〈표 10-4〉 시공창조형 비즈니스의 영역(예)

시간창조형 비즈니스	시공창조형 비즈니스	재래식 비즈니스	공간창조형 비즈니스
· 자동화 산업 · 익스프레스산업 · 특송(特送)산업 · 이지(easy)산업 · 즉석 사진업 · 즉석 복권	· 이동 통신 산업 · 노트북형 컴퓨터 · 편의점(CVS) · 원터지 캔 상품 · 자판기 응용 산업 · 카드 응용 사업	· 재래상품 · 재래시장 · 재래산업	· 조립형 상품 · 분점, 다점포 · 택배(宅配)산업 · 경박단소(輕薄短小)형 상품 · 휴대형 상품

低 ← 공간만족 → 高

〈표 10-4〉는 시공창조형 비즈니스와 관련하여 변화의 방향을 도식화한 것이다. 타임베이스 전략은 이러한 시공창조형 제품의 개발에 기여하고 나아가 뉴비즈니스로 진출하는 기회를 넓혀 준다.

9) 타임베이스 전략이 극복해야 할 과제들

만년필의 세계적인 명품인 '몽블랑'은 펜촉 하나를 만드는 데만 무려 152가지의 수작업 공정을 거치고 있다. 오직 명품을 만들어 내겠다는 투철한 장인 정신으로 만들어낸 몽블랑만년필은 오늘날 수많은 종류의 필기구 위에 우뚝 서서 높은 부가가치를 창출하고 있다. 이러한 회사에서는 공정단축이나 작업의 스피드화는 그다지 중요한 요소가 아닌 것이다.

기업이 타임베이스 전략을 도입할 경우 여러 가지 고정관념과 곡해를 극복하지 않으면 안 된다. '경영에는 왕도가 없다'는 말처럼 타임베이스 전략이 만병통치약도 아니고 모든 전략기법들을 능가하는 것도 아니다. 전략은 어디까지나 적용하여야 할 상황과 주체 및 상대적 개념들을 고려하여야 한다. 따라서 타임베이스 전략을 단편적으로 모방한다든가 무리하게 추진하는 것은 결코 바람직하지 않다. 그러나 타임베이스 전략이라는 새로운 시대의 뉴패러다임(new paradigm)에 적응하지 못하는 기업은 정보화 사회에서 강자로 살아남기 어렵다는 것은 부인할 수 없는 사실이다. 산업특성이나 기업특성에 따라서는 시간의 단축보다는 정밀도를 높이는 것이 경쟁우위의 원천이 되기도 한다.

독일의 벤츠사는 브레멘공장에서 자동차 1대를 조립하는 데 평균 96시간을 소요하고 있다. 이는 일본의 고급차가 평균 17시간 걸리는 것에 비하면 무려 5.64배나 많다. 그런데도 세계시장에서 경쟁력이 있는 것은 고품질로 고가품을 생산하기 때문이다. 독일은 자동차나 기계류 제품을 일본제품에 비해 2배 내지 4배 정도 비싸게 팔고 있다. 독일이 이처럼 고부가가치 경영을 할 수 있는 것은 그들이 '초전문성'을 확보하고 있기 때문이다. 이러한 초전문성은 그들의 문화, 국민성, 정신력에서 나온 것이기에 이것만큼은 일본도 쉽게 모방하지 못하고 있다. 초전문성의 뿌리는 그들의 독특한 '마스터 제도'에 있다.

독일 학생의 70~80%는 15~16세에 자신이 평생 종사할 전문분야를 결정한다. 그들은 직업훈련을 마치고 일정한 연령에 도달하여 국가시험을 통과하면 '마스터라 말할 수 있는 권리', '자신의 작업방을 가질 권리', '후진을 교육할 권리' 등 3가지가 법률로 인정된다. 이렇게 배출된 마스터들이 독일의 고부가가치제품을 만들어 내는 것이다.

우리 사회 주변에서 흔히 발생되는 '하자 보수'나 '클레임' 등은 졸속이 빚어낸 병폐이다. 예를 들어 건설업의 경우 공기단축은 기업의 경쟁력 확보에 크게 기여한다. 날로 발달하는 과학기술에 의한 신공법의 개발도 주로 공기단축에 초점이 맞추어져 있다. 그러나 이것도 하자가 없는 경우에 타당성을 지닌다. 만약 하자와 졸속이라는 후유증이 생긴다면 공기단축은 기업의 전략적 성과에 기여할 수 없다. 또 한 가지 중요한 점은, 너무 빠르기 때문에 전략적인 타이밍을 맞추지 못한다면 이 또한 전략적 오류라고 말할 수 있다.

타임베이스 전략(TBS)의 최종목적은 업무중심적인 사고가 아니라 인간위주의 경영을 위한 것이다. 또한 정보화 사회에서 여유시간을 찾으려는 개개인(경영자, 종업원 고객)의 욕구를 만족시켜주는 전략인 것이다. 이미 우리 사회도 근로시간대의 변경과 재택근무제 등이 일부 도입되고 있다. 그리고 우리의 근로시간 또한 매년 지속적으로 줄고 있다. 일벌레라는 일본도 최근에는 정보화 사회의 조류에 부응하여 주 5일 근무제가 계속 확산되어 기업의 78%가 이에 동참하는 등 경제대국으로부터 '생활대국'으로 지향하고 있다.

타임베이스 전략(TBS)은 노동강도의 증가, 노동착취의 도구나 수단이 아니다. 오히려 TBS는 기존(전통적)의 시간관리 관점을 새롭게 바꾸어서 인간에게 높은 생산성과 함께 여유 있는 시간을 제공하려는 데 궁극적인 목적이 있다.

우리나라 기업의 시간 활용능력은 아직 낙후되어 있다. 이는 낙후된 시간문화와 함께 경제발전을 위해 규모위주의 성장을 하였기에 신속성과 유연성이 뒤떨어지기 때문이다. 또한 조직풍토가 엄격하고 계층적이다. 이러한 것들은 타임베이스 전략의 추진을 가로막는 원인이기도 하다.

'시간'은 이제 세계 초우량기업들의 새로운 전략적 자원으로 활용하고 있다. 시간활용의 기술이 고도화되면 지속적으로 성장하지만 시간 기술경쟁에 뒤지면 생존자체도 어려워진다. 우리나라의 중요한 여러 산업들은 이미 세계적인 경쟁자들과 '시간을 중심으로 한 경쟁'(time based competition)을 하고 있다.

따라서 21세기에 살아남을 수 있는 열쇠는 우리 모두가 '시간을 중심으로 하는 새로운 사고'로 재무장하느냐 못하느냐에 달려 있는 것이다. 타임베이스 전략은 정보화 사회의 뉴패러다임(new paradigm)이라는 것을 잊지 말아야 한다.

6. 정보화 사회에서의 인간관계

정보화 사회는 탈산업사회를 주장하고 있지만 실제적으로는 산업사회에서 발달되었던 기술과 정보를 기반으로 하고 있다. 따라서 정보화 사회는 개인의 가치와 가치 있는 지식을 추구하면서 산업사회의 연속선 상에서 발전되고 있는 것이다.

현실적으로 정보화 사회의 경제력은 두뇌에서 나온다고 볼 수 있는 데 고도의 컴퓨터에 의한 정보분석과 사회분석은 새로운 경쟁력의 적합성 여부를 판단해 주고, 다양한 기술의 통합, 시장의 탈대량화 분석요인까지도 가능케 하여 준다.

정보화 사회는 인간과 기계의 연계에 의한 연합사회라고 볼 수 있다. 따라서 인간과 인간의 관계를 변화시키고 사회조직의 변화를 파생시키는 정보화 사회에서의 예견되는 몇 가지 현상들을 살펴보고자 한다.

1) 인간관계의 변화

(1) 정신노동 가치의 중시

정보화 사회에서는 육체적 노동보다 정신적 노동의 비중이 높아지고 지식산업 또는 정보산업의 비중이 증대된다. 실제적으로 선진국에서는 기술이전료가 수출액의 많은 비중을 차지하고 있으며 두뇌기술을 개발하는 데 많은 투자를 하고 있다.

(2) 고도의 지적 창의성 요구

조직 내의 각 개인은 지식의 창출을 요구하고 있으며 생산성과 경제력에서도 소프트노믹스(softnomics)를 강조하게 되어 인간의 지식이 최대로 창출되기를 바라고 있다.

(3) 정보 이데올로기의 탄생

정보화 사회는 새로운 이데올로기를 창출시켰다. 2차 세계대전 전에는 민주주의와 공산주의의 이데올로기가 대표적인 것으로 지적될 수 있지만 정보화 사회에서는 컴퓨터와 새로운 기술·이념을 도입, 적용할 수 없다면 그것은 바로 생존경쟁에서 뒤처지는 것을 의미한다.

따라서 이러한 사회변화 현상에 의해 개인의 사고패턴이나 인간관계 역시 컴퓨터기술에 의한 간접적 접촉을 시도하고 있다. 이러한 이데올로기에 따라 컴퓨토피아(computopia)의 현상을 낳게 되며 컴퓨터를 매개로 한 인간관계마저 형성되고 있는 추세임을 알 수가 있다.

(4) 커뮤니케이션의 인간관계

정보화 사회는 인공위성과 컴퓨터와의 대화를 적극적으로 시도하고 있고 무선과 레이저 매체를 통해 의사전달과 정보교환을 추진하고 있다.

즉 실제로 팩시밀리를 통한 국제적 의사교환과 컴퓨터 채널을 통한 문학작품 및 편지의 교환이라든가 학술자료의 국제적 교환 등은 새로운 인간관계를 형성하고 있다. 따라서 직접적인 음성, 선물의 교환보다는 컴퓨터를 통한 의사교환 및 회담 등을 추진하고 있는 커뮤니케이션을 실시하고 있다.

따라서 이제는 컴퓨터작동기술을 모르는 사람들을 컴맹이라 칭하는 조어까지 나오게 되었다.

(5) 조직의 리더가 없는 인간관계

조직은 조직의 장이 있어야 통제가 되고 업무가 추진된다는 것이 관료제 하의 조직과 기계적 조직 사회의 대표적인 말이다.

그러나 정보화 사회는 조직의 리더가 없는 가운데도 업무추진이 가능해진다. 즉 무선과 문자영상을 통한 업무지침과 업무보고 때문이라 할 수 있다. 지시사항을 얼굴과 이념과 성격을 통해 파악하지 않더라도 컴퓨터에 의해 전달받기 때문에 조직의 장에 의한 인간관계의 직접적인 교감과 통제와 관리 전략은 수정되고 있다.

(6) 개인 인격체의 존중

정보화 사회는 개인의 성격과 권리가 강하게 된다. 이것은 개인이 차지하는 비중이 크다는 것이다. 그러나 정보화 사회에서의 개인은 고도의 창의성과 충분한 지식의 충만을 요구하고 있다. 또한 정보화 사회는 열려진 사회이기 때문에 개인의 정보요구권과 조직에 대한 정보공개권이 추진되고 있는 실정이다. 개인은 국가와 조직의 정보를 수집하여 그것을 가공하여 활용하는 성질이 있기 때문에 정보공개를 요구하는 만큼 개인의 알 권리를 요구하게 된다. 또한 열려진 사회만큼 개인의 정보보호를 요구하기 때문에 프라이버시 보호가 강화되고 있다. 따라서 인간관계에 있어서도 개인의 비밀사항이나 비능률적·명예적 사항에 대해서는 공개를 하지 않으려는 추세에 있다.

(7) 개인시간과 여가활용의 증대

정보화 사회는 시간을 매우 중시한다. 고도의 산업기술에 의한 신속성과 정확성은 개인에게 많은 시간을 활용하게 해 준다. 따라서 일의 처리가 종전보다 빨라지기 때문에 여가활용 비중이 높아가고 있다. 또한 기계에 의존함으로써 정서와 감정적인 면이 소외되기 때문에 고상한 취미 그룹들이 많이 증대되고 있다.

이런 변화 때문에 인간관계는 제2의 조직들에 의해서 맺어지고 있다. 즉 조직 내에서 상사와의 관계, 동료, 부하와의 관계에서 인간과 정서적인 면을 동시에 추구하는 것보다는 컴퓨터와의 관계조직 속에서 개인주의화가 팽창되는 만큼 자체적으로 해결하지 못하는 것들을 조직외의 조직을 통하여 추구하려는 경향이 강해지고 있다.

(8) 가정 자동화와 정보 개인주의 탄생

정보화 사회는 가정에까지 컴퓨터기술이 보급됨으로써 가정에서 모든 업무를 처리하게 된다. 즉 병원과 연결된 단말기를 통해 병의 증상을 의사에게 입력시켜주면 의사는 자기진찰실 컴퓨터로 산출되는 환자의 증세를 보고 처방을 하여 처방전을 환자에게 보내주면 환자는 그 처방전에 의해 약을 복용하기도 한다. 또한 집에서 시장을 볼 수도 있고, 해당회사로 전자주문을 할 수도 있다. 대금지불방법은 은행온라인망을 통해 대체결재를 이용하여 지불되는 수단을 강구하게 된다. 따라서 정보화 사회는 가정자동화와 사회자동화를 동시에 추구하므로 개인생활에 지장이 없어지게 된다.

토플러는 『미래의 충격』에서 독신자들의 생활방식과 이들의 증대, 또한 핵가족화의 증대, 짝 사랑, 복제인간의 출현, 2가구의 가족통합 등이 점차 확대된다고 예견한 바 있다.

결국 정보화 사회는 인간관계의 소외현상이 나타나고 독신자생활에 불편이 없어지므로 더욱 개인주의화를 초래하는 동시에 개인생활을 정보에 의존하게 되는 정보개인주의화가 나타나게 된다.

(9) 정보민주주의 인간관계

정보화 사회는 개인의 비전과 합리성을 추구한다. 또한 상대방과의 투쟁과 격돌보다는 선의의 지식경쟁과 타인에 의한 선호성을 경쟁하기 때문에 타협과 형평에 입각한 인간관계를 추구한다. 정보민주주의는 모든 사람들에게 형평성을 강조하고 동호인들의 이해와 관심을 받도록 행동하고 참여를 한다. 따라서 새로운 정보민주주의를 낳게 한다고 할 수 있다.

2) 사회 및 조직의 변화

(1) 정보 관료주의 체제의 형성

정보화 사회에서는 앨빈 토플러가 고품질의 권력은 지식, 즉 정보에서 나온다고 주장했듯이 정보의 가치를 존중하는 조직과 정보의 중요성을 인식하는 조직의 새로운 구축이 불가피할 것으로 본다. 이러한 관점에서 정보화 사회의 지도자는 많은 정보를 소유하면서 정보처리 능력이 뛰어난 기능관료 체제를 형성할 것으로 판단된다.

정보화 사회에서의 관료주의는 첫째, 개방적이고 둘째는 분권화된 조직이며 셋째는 수평적 조직이고, 넷째는 비계층적인 조직구조를 갖는다. 즉 조직이 외부로 노출되는 사례가 많고 수직적 인간관계보다는 수평적이고 공동협조적인 조직을 갖는다. 조직의 장(長)에 의한 지시·통제보다는 정보를 많이 갖고 있는 구성원과 그 정보를 최대로 활용하는 구성원이 높은 평가를 받게 되는 것이다.

따라서 정보에 의존하는 비중이 높아지고 정보를 분석, 평가, 투자하는 새로운 조직이 각광을 받게 되는 정보 관료주의가 탄생하게 된다. 또한 기계적 사회조직에서 세계를 결집시켰던 권력구조들이 붕괴됨으로써 권력이 국민에 이양된다거나 하부 지향적인 구조를 갖게 되며, 지식의 재분배에 의한 권력구조 조직이 탄생하게 되었다. 따라서 집권주의 국가들은 권력이양 과정에서 많은 마찰을 빚게 되고 개발도상국들은 전통적인 권력구조와 경제 전략을 폐기시켜야 하는 새로운 생존권력을 강요당하고 있는 실정이다.

(2) 애드호크라시(adhocracy) 조직의 강화

앨빈 토플러는 막스 베버의 관료주의는 준산업사회의 일면으로는 타당할지 몰라도 급변하는 정보화 사회에서는 그 적응성이 떨어진다고 하여 이에 적응할 새로운 체제로서 애드호크라시(adhocracy) 조직을 강조하였는데, 그는 앞으로 닥아올 정보화 사회에서는 정규적인 조직보다는 특수 업무와 능력을 가진 임시위원회가 더욱 활성화되고 이러한 조직에 의해 사회는 유지 발전될 것으로 전망하였다.[4)]

---

4) A. Toffler, *Future shock*, New York: Random House Inc., 1970, pp. 47-67.

따라서 정보화 사회에서는 예기치 않은 상황이 돌출하고, 비정형적 의사결정을 요하는 상황이 수시로 발생할 것이기 때문에 이에 적응하려는 임시조직이나 임시위원회의 구성이 불가피할 것으로 본다.

(3) 신거미줄 네트워크(New Web Network) 사회

정보화 사회는 정보망으로 구축되는 사회이다. 지금도 유선으로 된 조직구조와 무선으로 된 기구들이 수없이 활동하고 있으며 그것들의 사용폭주가 일어나 때로는 과부하 상태가 초래되기도 한다.

특히 중앙과 지방자치단체에서 구축되고 있는 각종 행정전산망과 금융기관에서 수행되는 전국온라인망, 그리고 국방에서 사용되는 일정지역 또는 국제적인 감시망, 정부기관과의 협조통신망 등은 네트워크를 이루어 놓은 실질적인 예라고 볼 수 있다.

또한 각 개인간의 의사소통과 조직과 개인간의 의사소통 망 등에서 볼 수 있듯이 정보화 사회는 망으로 구축되는 사회임에 틀림이 없다.

이러한 네트워크 사회는 상호간의 협조를 추구하는 사회인 동시에 제1차 가공사회를 거치기 때문에 단순 물리적 통용과 교환이 줄어드는 사회라 볼 수 있다. 그러나 네트워크사회는 중앙통제사회를 의미하기도 한다. 즉 거미줄 이론은 한 중앙에서 거미가 자기가 쳐 놓은 그물망의 어느 쯤에 먹이가 걸려들었다는 것을 감지하듯이 정보화 사회에서도 거미줄과 같은 통신망이나 정보교환체제를 갖추게 됨으로써 고도의 전자감식사회를 형성한다고 볼 수 있을 것이다.

(4) 점조직 통제사회

정보화 사회는 물량적 조직사회가 아니라 개인적 가치정보를 중요시하는 사회이다. 또한 정보화 사회는 조직을 핵 분열시키는 동시에 개인별로 업무추진이 가능하도록 하고 있으며 사회가 독신으로 살 수 있는 여건과 기능체제를 갖추고 있기 때문에 기계적 사회에서의 공동체 조직과는 성격이 매우 다르다고 볼 수 있을 것이다.

정보화 사회에서 점조직 통제는 조직의 리더가 없이도 사회는 정상적으로 돌아가는 법이다. 실제로 우리는 시장정보나 금융정보, 학술정보를 받을 때 누가 점선을 해 놓았는지 누가 활용가치를 높여 놓았는지를 모른다. 다만 우리는 요구정보를 받고 개인적인 지식을 축적하고 독자적 판단에 의하여 사회생활을 하고 있으며 또한 컴퓨터 바이러스를 누가 넣었는지, 내 정보를 누가 빼어 가는지를 모를 지경인 것이다.

이렇게 볼 때 사회는 점조직화되어 가고 있으며 인간관계 역시 정감 있는 교감이 없어지게 되었다.

(5) 정보보호주의의 강화

정보화 사회는 개방된 사회이기 때문에 정보가 유출되는 비율이 매우 크다. 컴퓨터의 기술은 매우 비슷하기 때문에 한쪽에서 상대방의 보호장치를 허물 수 있는 기술만 개발한다면 국가기밀 정보도 쉽게 입수할 수 있다.

따라서 정보보호가 매우 중요한 상태이고 보호막 장치가 필요하다. 또한 각 정부간의 지식산업의 유출을 막기 위하여 지식보호법이라든가 지적소유권 및 국제통신협회를 통하여 자국의 이익과 정보제공자의 권익을 보호하는 방안들이 생겨나고 있어서 정보보호주의가 강화되고 있다.

(6) 무인결재 서류의 이동

정보화 사회에 있어서는 컴퓨터에 의한 결재서류가 오고 간다. 보통 결재라 하면 기안자나 입안자가 정한 루트를 통하여 최고의 조직결정권자까지 결재를 받아 시행을 하게 된다. 이때 수많은 시간이 소요되고 문서주의와 인장주의가 범람함으로써 관료주의의 병폐현상을 낳게 된다. 그러나 정보화 사회에서는 이런 형태가 사라지게 된다. 즉 디스켓에 의한 보고와 결재하고자 하는 의사결정자의 사무실에 결재서류가 출력되게 만들어 놓고 전화로 결재를 요구하게 된다. 이때 중간결재자가 없어지게 되고 결재자마다 정책의 실시목적과 내용을 설명할 필요가 없어지게 되므로 시간과 인장을 절약하게 된다. 결재 승인이 나면 그 입안자나 집행자에게 구내 전산망을 통하여 결재서류가 다시 출력되게 한다.

이와 같이 무인결재 서류가 오고 가는 과정에서 인간적인 갈등과 마찰을 줄일 수 있고 또 다른 지식창출을 위해 노력할 수 있다고 본다.

11

이성간의 인간관계

1. 이성간의 데이트
2. 성(性)에 대한 가치관과 태도
3. 성의 역할
4. 남 · 여의 차이
5. 직장생활에서의 이성관계

제11장 이성간의 인간관계

성(sex)이란 자신을 남성 또는 여성으로 확인하는 그 이상의 것이다. 다시 말해 성이란 남자 또는 여자로서의 의식과 관련되는 태도, 감정, 성격, 행동 등을 총칭하는 말이다. 성적정체성(sexual identity)을 확립하는 것은 젊은이들에게 무엇보다 중요한 문제가 될 수 있다.

오늘날과 같이 다양성과 다변성을 특징으로 하는 사회환경 속에서 이루어지는 수많은 인간관계는 자신의 성을 수용하는 데 영향을 준다. 인간의 적응방식과 변화하는 상황은 인간으로의 다양한 역할을 필요로 한다. 아마도 자신이 직면하는 대부분의 불안한 순간이나 만족스런 순간은 성에 대한 수용과 이것이 타인과의 관계에 주는 영향에 의해 결정될 것이다. 인간은 모두가 다 성적인 감정을 갖고 성적인 행동을 한다. 이러한 것들을 현실적인 것으로 보고, 이에 대처하되 파괴적인 것이 되지 않도록 노력해야 한다. 인간이 갖는 파괴적이고 부정적이며 반인간적 행동은 성에 대한 욕구좌절과 감정을 부정한 결과로 나타난다. 성을 직접적으로 표현할 필요는 없지만, 우리는 자기 자신의 성을 바로 보고 이에 관심을 둘 필요는 있다. 한 가지 흥미로운 사실은 인간이 성을 폐쇄적으로 대하기보다는 개방적으로 대할 때 성(性)을 더 잘 다룰 수 있다는 사실이다.

우리가 생활하면서 접하게 되는 많은 즐거움들은 자신이 남자 또는 여자라는 사실에서, 인간의 모든 감정들을 느끼고 가질 수 있으며 또한 이성적으로 잘 다룰 수 있다는 사실에서 온다는 점을 인식할 필요가 있다.

본 장에서는 사회화된 관습, 사회에 대해 변화하는 태도 등을 고찰하고, 성역할 계발의 영향과 양성(androgyny)의 개념[1]에 대해 논의해 보고자 한다.

---

1) A. Ellenson, *Human Relations*, Englewood Cliffs, New Jersey: Prentice-Hall, Inc., 1982, 2nd; 朱三煥・明濟昌 譯, 敎養人間關係論, 法文社, 1987, pp. 283-301.

1. 이성간의 데이트

일반적으로 사람들은 데이트를 통해서 이성과의 편안한 감정을 느끼며 자기 자신의 성(性)을 더욱 분명히 인식하게 된다. 사회적 관습으로서의 남·여간의 데이트는 결혼을 위한 주요한 목적도 일차적인 목적도 아니다. 대부분의 젊은이들은 데이트를 결혼과 연계하여 생각하지도 않고, 오히려 친구 내지 동료로서 즐기며 자기 자신에 대한 수용을 강화시킬 수 있도록 젊은이들에게 제공되는 사회화(socialization)의 한 과정으로 인식하고 있다.

일반적으로 남·여간의 데이트 상황은 집단적 활동을 통해 형성된다. 여러 명의 젊은 여성과 남성들이 함께 춤을 추고, 경기를 하고, 집단적 활동을 통한 상호작용 과정에서 이성에 대한 일반적인 흥미와 관심을 갖게 된다. 데이트는 시행착오의 과정을 반복하면서 이성과 친밀한 감정을 갖게 되고 점차 편안한 감정도 느끼게 된다. 데이트를 하는 당사자들은 대부분 "자신의 순수한 모습" 보다는 "좋은 이미지를 상대방에게 심어 주려는 데" 더 큰 관심을 가지고 있기 때문에 여러 면에서 비현실적인 상황으로 비춰질 수도 있다. 그래서 "과장(誇張) 내지는 위장(僞裝)된 매너(party manner)"가 사용되기도 하며 상대방의 좋은 측면만을 보게 된다. 다시 말해 상대방을 너무 "이상화시키는" 경향성 때문에 그 사람의 진실된 참모습이나 결점을 인지하지 못하게 된다.

부모에 의존적인 젊은이들이 데이트를 하면서 점차적으로 독자성(liberating)을 갖게 되고 이러한 이성과의 친밀한 관계를 통하여 젊은이들은 본질적인 자기 자신의 모습을 인지할 수 있게 된다. 그래서 이들은 점차적으로 부모와 접촉하기 보다는 데이트 파트너(dating parter)와 상대하기를 더 좋아하게 된다.

데이트 과정에서 긍정적인 관계를 형성할 수 있게 되면 당사자는 강한 자신감을 갖게 되지만 만약 만족스럽지 못한 부정적인 데이트 관계가 형성된 경우에는 좌절과 불안 그리고 자신감을 상실하게 된다. 그래서 자신에게 "내가 무엇을 잘못했나?" "내가 데이트를 왜 했지?" "왜 나는 데이트를 하면서 다른 친구들처럼 자연스런 감정을 느낄 수 없을까?" 하는 등의 자문을 하게 된다.

젊은이들에게 더 많은 자유를 허용하려는 경향성, 변화하는 기준의 적극적인 수용, 점증하는 물질적인 풍요, 자가 운전하는 10대 청소년들의 증가, 기타의 다른 많은 요인들 때문에 오늘날 젊은이들의 데이트 습관은 변화되고, 여러 가지 혼란을 경험하게 된다. 오늘날은 이러한 여러 가지 사회적 요인들로 인하여 데이트를 시작하는 첫 단계에서부터 1 : 1의 지속적인 데이트를 하기도 한다. 이로 인해 젊은이들은 그들의 '자기 정체성'(self identity)과 대조되는 '성적인 정체성'(sexual identity)의 위기를 체험하게 된다. 인기와 데이트에 대한 사회적인 관심의 집중은 종종 성역할의 혼란을 야기하고 개인의 성적인 행동규약에 많은 의문을 제기하고 있는 것이 오늘의 현실이 아닐는지?

2. 성(性)에 대한 가치관과 태도

일반적으로 성적인 행동과 관련된 여러 가지 갈등은 일상적인 생활에서나 우연한 데이트의 경우에는 거의 발생되지 않지만, 계속적인 데이트 관계를 유지하거나 결혼을 약속하는 단계에 이르면 종종 더 많은 갈등요인이 될 수 있다. 데이트를 통하여 상호간의 친밀감과 이성적인 매력이 점증하면 상대방을 독점하려는 욕구가 강해지고 또 상대방에게 독점되기를 바라게 된다. 이러한 경우, 냉철한 자신의 행동기준이 재정립되지 않으면 안 될 것이다.

"성적혁명이 계속 진전되고 있는가?" "오늘을 사는 젊은이들에게 피임약은 어떤 효과를 갖는가?" "많은 사람들이 생각하고 있는 것처럼 성적인 혼란은 만연되어 있는가?" 이러한 질문에 대한 많은 논의와 출판물이 홍수를 이루고 있다. 이와 관련하여 우려와 염려어린 시선이 많은 것도 현실이다. 성에 관련된 이야기만큼 흥미를 자극하는 일도 없을 것이다. 여러분은 이러한 질문들에 어떻게 답하겠는가? 상상으로 가능한 거의 모든 형태의 성적인 행동을 적나라하게 적은 소설을 읽고, 장시간 동안의 성적인 난행에서부터 그 어느 누구와도 잠자리를 같이하는 것을 '정상적인 행동'으로 묘사하는 영화를 본 경험이 있을 것이다. 여러분은 자신의 성적인 행동에 관해 개인적으로 어떤 태도를 갖고 있는가?

결혼 전의 성적인 습관에 관한 많은 연구가 있었는데 대부분의 연구결과는 일반적으로 자기 자신의 성적인 행동을 규제하는 가장 강력한 요인은 외부에서 부여된 가치가 아니라 자기 자신의 내적인 가치라는 사실이 밝혀졌다.

이는 다른 사람들이 옳다고 하거나 나쁘다고 하는 가치관에 따르기 보다는 자기 자신이 옳다고 느끼는 가치관에 더 동조한다는 것을 의미한다.

라이스(Reiss)는 사람들이 결혼을 하기 전에 성에 대하여 갖는 태도를 다음과 같은 네 가지 유형의 범주로 구분[2]하였다.

(1) **금욕(abstinence)적인 태도** : 어떠한 상황이라도 결혼 전의 성교는 남녀 모두에게 잘못된 것이라고 생각한다.

(2) **애정이 있다면 가능하다는 사고**(permissible with affection) : 남녀간에 약혼, 사랑, 강한 애정이 변함없이 지속될 수 있다면 결혼 전의 성교는 남녀 모두에게 정당한 것이라고 생각한다.

(3) **애정이 없이도 가능하다는 사고**(permissible without affection) : 서로에게 육체적인 만족을 줄 수 있다면, 결혼 전의 성교는 애정이나 지속성 여부와 관계없이 남녀 모두에게 정당하다고 생각한다.

(4) **이중기준(double standard)** : 결혼 전의 성교는 남자에게는 있을 수 있지만, 여자에게는 있을 수도 없고 잘못된 것이라고 생각한다.

오늘날 일반적인 성에 대한 가치기준으로서 이중기준과 금욕적 태도는 여전히 많은 사람들에게 통용되고 있는 가치관처럼 여겨진다. 그렇지만 최근 몇 년에 걸쳐 수행된 연구결과들은 젊은이들 사이에서 애정이 있으면 가능하다는 쪽으로 태도의 변화가 일고 있다. 그렇다고 이러한 태도가 성 혼란의 만연을 의미하는 것은 물론 아닐 것이다.

헌트(M. Hunt)의 조사연구는[3] 결혼 전의 성적인 교제를 한 대부분의 여성들은 자신이 결혼하게 될 상대만을 대상으로 교제했다는 사실을 밝혀냈다. 그리고 이 조사에서 대부분의 미국 남성들은 약 여섯 명의 혼전 여성들

2) Ira L. Reiss, *Premarital Sexual Standards in America*, New York: Doubleday & Co., Inc., 1972, pp. 83-84.

3) Morton Hunt, *Sexual Behavior in the 1970s*, Chicago: Playbody Press, 1974.

을 상대로 한 것으로 나타났다. 초기의 조사에서는 대부분의 사람들의 혼전의 성적인 교제를 인정하지 않았으나, 1972년의 조사에서는 대부분의 응답자들이 두 남녀 사이에 강한 애정이 있고 특히 약혼한 관계라 한다면 결혼 전의 성적인 교제는 인정될 수 있다고 답하였다.

성적정체성의 발달과 관련된 이러한 측면은 많은 사람들로 하여금 과거의 영향력, 기준, 가치, 시대적 압력(current pressures)문제, 달라지는 태도들 사이에서 갈등을 경험하게 한다. 대부분의 젊은 남녀들에게 성적태도에 관한 특정한 경향성이 있는 것은 물론 아니다. 그들의 종교적인 신념, 가족의 태도, 과거의 경험, 공포, 사회적 분위기 등의 모든 요인들이 성적태도와 관련된 의사결정 과정에 많은 영향을 주게 된다. 이러한 의사결정은 합리적이고 신중하게 이루어질 수도 있지만, 경우에 따라서는 갑작스럽게 '허용'이 정당한 것으로 보일 경우 감정에 휘말린 결정을 내릴 수도 있다.

일반적으로 사람들은 성적인 교제의 허용이 자신들의 관계에 어떠한 영향을 줄 것인가에 대해 의문시한다. 그래서 성적인 교제가 서로를 더욱 더 깊은 관계로 맺어 줄까? 교제 후에 상대방이 나에 대해 어떤 감정을 갖게 될까? 교제 후에 나는 나 자신에 대해 어떤 감정을 갖게 될까? 교제한 사실을 부모에게 말해야 하는가? 결국 나 자신만 마음의 상처를 입는 것은 아닌가? 등을 고민하게 된다.

성적인 교제 후에 두 사람이 정서적으로나 성적으로 계속 친밀한 관계를 유지하고, 자유를 만끽하며, 타인을 마음 내키는 대로 만나고, 교제하고 있는 상대방과의 지속적인 관계를 유지한다는 것은 쉬운 일이 아니다. 이러한 문제는 '새로운 도덕성'(new morality)에 의해 제기되는 심각한 딜레마(dilemma)에 빠지게 한다.

남녀간에 준수해야 할 안전수칙은 세월이 흐를수록 점차 줄어들고 있는 것 같다. 결혼 전에 성적인 교제를 해서는 안 된다는 과거의 논리적인 논지는 논쟁 이외의 것이 될 수도 있으며 그리하여 자유의 기회는 더욱 허용되고 있다. 기숙사 생활을 하는 학생들에게 기숙사 수칙이 없다는 것은 학생들이 누리는 새로운 자유, 즉 결혼 전에 성적인 교제를 하는 자유의 좋은 예이다. 결정은 자신이 하는 것이고, 이는 아주 무서운 것이 될 수도 있다. 우리에게 타당한 것으로 보이는 한 가지 견해는 **자신이 성적인 교제를 할 근거를 찾지 못한다면 하지 말아야 한다는 사실이다.**

대학 1년생은 성적인 가치와 관련하여 갈등과 혼란을 경험할 수 있다. 자기의 생각에서 가족은 멀어지고, 가족이 갖는 견해는 자신이 대학캠퍼스에서 보고 듣고 경험하는 것과 대립하게 된다. 이러한 대립은 자신이 다른 사람들에 의해 멋있고 지적인 사람으로 인식되고, 다른 사람들이 자신과의 결혼 전의 성적인 교제를 허용할 것이라고 믿게 되면서부터 경험하게 될 것이다. 또한 피임이 자신에게 아주 쓸모 있다는 것도 알게 될 것이다. 거기에는 성적인 교제를 고무하는 여러 가지 압력, 즉 교제를 지체하지 않고 성에 대해 민감성을 입증하는 압력, 애인을 사귀도록 하는 압력, 친구와 함께 이야기를 나눌 어떤 관심사를 갖도록 하는 압력 등이 있다.

우리 사회는 '본능'을 억압하는 것은 '나쁘다'라는 견해를 지지한다. 그래서 성경험을 갖지 않았다고 죄책감을 느끼고 비정상적인 것으로 생각한다. 어떤 여학생들은 자신의 처녀성을 거추장스런 것으로 간주하기도 한다. 또한 자신의 처녀성을 없애는 성적인 교제를 한 여학생들은 그러한 교제를 별로 재미없는 또는 만족스런 경험 정도로 여긴다.

성적인 교제에 관한 속담, 격언, 기쁨, 결과 등에 대한 아주 많은 이야기가 있으며, 성적인 수단은 성적교제 그 이상으로 많이 있다는 것을 망각하는 경향이 있다. 두 남여는 신체적인 삽입 없이도 성적인 관계를 나눌 수 있다.

많은 사람들은 키스(kiss)를 다른 행동과 마찬가지로 깊은 성적인 관계로 생각한다. 포옹, 애무, 상호간에 쾌감(orgasm)을 주는 행동이 성적으로 깊게 만족스런 경험을 제공해 준다는 것은 분명하다. 즉 이러한 경험은 사람에 따라 차이가 있다. 어떤 사람들은 애무를 성적인 교제보다 덜 '자연스런' 것이라고 느낀다. 그렇지만, 다른 사람들은 이러한 문제들이 독특한 도덕적 차이에서 기인한다고 느낀다. 때문에 이는 개인적인 문제로써, 각자가 옳다고 느끼는 바에 따라 결정해야 할 것이다.[4)]

많은 사람들은 자신의 집을 떠나 혼자 생활하는 경우, 절제와 전통적 기준들이 갑자기 도전받고 이상하게 느껴진다는 것을 경험하게 된다. 부모로부터 독립하여 생활하는 것은 한편으로는 자신이 편안함을 느낄 수도 있지만, 다른 한편으로는 책임감을 수반하는 도덕적이고 개인적인 규약의 확립을 필요로 한다. 많은 사람들에게 있어서 이러한 규약은 자신의 부모가 갖

---

4) Philip Sarrel, *Student Guide to Sex on Campus*, New York: New American Library, 1971, pp. 40-42.

고 있는 태도와 크게 다르지 않을 것이다. 다시 말해 어떤 사람들은 관점이 아주 변하여 자기 부모의 규범에서 크게 이탈하는 현상을 보여 주는 반면 어떤 사람들은 자신의 관점을 거의 변화시키지 않을 것이다.

자신이 성적인 친교(intimacy)를 포함한 성적인 행동을 하기로 결정하였다면, 이러한 결정에 있어서 출산통제(birth-control) 측면에 대해 책임을 져야 할 것이다. 피임정보가 널리 알려져 있어 어떤 사람들은 이러한 것이 문제가 안 된다고 생각할는지 모른다. 그런데도 미국에서 10대 미혼모의 출현 비율은 최근 몇 년에 걸쳐 극적으로 증가하고 있다. 따라서 출산통제 정보의 필요성에 대한 강조는 아주 중요하다. 만일 자신이 성에 관해 적극적인 행동을 원하지만 예상치 못한 임신을 원하지 않는다면, 효과적이고 안전하며 쉽게 사용할 수 있고 서로에게 불편을 주지 않는 피임방법을 선택하는 것은 아주 중요하다.

3. 성의 역할

성의 역할이란 대부분의 사람들이 남자나 여자는 어떠해야 하고 어떻게 행동해야만 한다는 사고방식으로 사회적으로나 문화적으로 규정된 일련의 기대라 할 수 있다.

성에 대한 우리 사회의 보편적인 가치관은 남자는 남자다워야 하고 여자는 여자다워야 한다는 것인데 여성은 수동적이고, 비공격적이며, 감성적이고, 비논리적이며, 연약하고 의존적인 반면에 남성은 적극적이고, 공격적이며, 비감성적이고, 논리적이며, 강하고 독립적인 존재로 묘사되어 왔다.

이론적으로 사람은 온순한 반면에 거칠고, 불안정한 반면에 자신감도 있고, 직관적인 반면에 논리적인 면도 갖고 있다. 그러나 성역할에 대한 고정관념(sex role stereotyping)이 지배적인 우리 사회에서는 이로 인한 많은 혼란도 경험하게 된다.

대부분의 성역할들은 생물학적인 차이보다는 문화적인 고정관념에 기초를 두고 있다. 여기서 말하는 고정관념이란 학습된 것이며, 성의 차이란 선천적인 것이다. 이에 대한 구체적은 내용을 정리하면 다음과 같다.

1) 고정관념(stereotyping)

대부분의 사람들은 세 살쯤이 되면 자신이 남자인지 아니면 여자인지를 알게 되고, 자신이 어떻게 행동하기를 다른 사람이 바라고 있는가를 인지할 수 있다. 인간은 자신의 성과 자신이 속해 있는 문화에 어떤 행동이 적절한가를 학습하는 사회화 과정에서 성역할의 형태를 갖추게 된다. 부모에 대한 동일시나 동일한 성을 가진 사람들에 대한 역할 모델은 어린 시절에 특히 중요하다. 다양한 출처로부터 오는 메시지들은 또 다른 차원의 성역할에 대한 고정관념을 강화시키는 요인이 되고 있는 데 TV, 라디오, 광고, 노래, 서적, 신문, 잡지 등의 매체들도 중요한 사회화의 힘을 가지고 있어 고정관념화된 성역할에 영향을 미친다.

귀여운 여자아이가 넘어져 무릎에 찰과상을 입었을 때 흔히 사람들은 "저런–내가 일으켜 주마!"라고 말을 하기 쉽다. 그러나 귀여운 사내아이가 똑같은 경험을 하게 되었을 경우에는 "자! 어서 일어나거라.– 용감하고 착한 사람이 되어야지, 나중에 크게 될 어린이는 울지 않아!"라고 말할 것이다. 비록 사내아이가 정말로 강인한 것을 느끼지 않는다 할지라도, 이러한 문화권에서 자라나는 사내아이들에게는 강인한 사람이 되라는 형언하기 어렵지만 분명한 압력이 가해지게 되는 것이다. 즉 사내아이에게는 일을 좋아하고 즐기는 것 못지않게 경쟁, 승리, 타인보다 잘되는 것이 더 중요하다. 그리고 점잖음, 조심성, 양육(nurturing) 등과 같은 전통적인 '여성적' 특성들은 종종 '나약한' 것으로 여겨지며, '참된' 사내가 되기를 사내아이가 원한다면 멀리해야 할 것들이다. 아들에게는 '독립성'이 보상적인 요인이지만, 딸에게는 동조성, 의존적 행동, 아양, 수동성 등의 특성을 갖춘 '아리따운 소녀'가 더 보상을 받게 된다.[5)]

현재 우리나라 전체 여성 중 노동력에 종사하고 있는 수가 절반이 넘고 있지만, 아직도 여성들은 자신의 본분이 되는 역할을 아내, 어머니, 주부 등의 전통적인 것으로 생각하고 있다. TV, 광고, 심지어 교육과정자료까지도 여성의 일차적인 역할은 아내와 어머니로 제시하고 있다. 뿐만 아니라 여성

5) Florence L. Denmark, "Growing Up Male," in *Women and Men: Roles, attitudes, and Power Relationships*, ed. E. L. Zuckerman, New York: The Radcliffe Club of New York, Inc., 1975.

들 자신도 가정에서 이러한 부분의 역할을 계속해야 한다고 생각하고 있다. 그러나 가정을 벗어난 여성들의 계속적인 사회진출로 인해 점점 더 많은 여성들이 이러한 역할을 소홀히 하고 있는 것도 사실이다.

성역할에 대한 기대는 시대가 바뀌면서 많은 변화를 가져올 것이다. 우리 사회의 대다수의 사람들이 성역할과 기대에 대한 전통적인 통념을 여전히 갖고 있을지라도 과거 몇 십 년에 걸친 태도변화는 실로 엄청난 것이었다. 여성의 사회참여가 가속화되면서 여권이 신장되고 정보화의 급진전과 다양한 생활문화의 형성으로 성역할과 기대에 새롭고 다양한 많은 변화가 일어나고 있다.

2) 성의 차이

남성과 여성 사이에는 신체적은 차이 이외에도 분명한 몇 가지 차이점이 있다. 즉 신체적으로는 대체로 남자는 여자보다 키가 크고 몸무게가 더 나가며 힘이 강하다. 반면에 여자도 몇 가지 다른 종류의 강점을 가지고 있다. 대체로 여자는 남자보다 수명이 길고 생존력이 강하며 높은 수준의 긴장상태를 더 잘 견딘다. 통계적 결과에 따르면 심장병, 위궤양, 고혈압으로 인한 사망자는 남자가 훨씬 더 많다. 긴장과 관련된 질병이나 사망은 유전적이라고 하기보다는 환경적인 것이라 할 수 있는데 여성들은 계속적으로 "인습적이 아닌" 새로운 직업에 종사하고 있는 것이 통계적인 수치로 나타나고 있으며, 이러한 직업들은 대개 증가된 긴장과 압력에 관련된 것들이다. 이런 점으로 보아 여자들은 남자보다 더 강한 점이 많다고 하겠다.

맥코비(E. E. Maccoby)와 잭크린(C. N. Jacklin)은 3년 동안 성과 성의 차이에 관계있는 2,000여 편의 책과 논문을 수집하여 연구한 결과 다음과 같은 결론을 내렸는데, 이러한 결론들은 과거의 연구들을 아주 철저하게 분석·고찰한 끝에 나온 것이다.[6)]

연구결과 소녀는 소년보다 더 많은 언어적 능력이 있는 반면, 시간적·공간적 그리고 수리적 영역에서는 소년들의 능력이 더 우수했으며, 소녀들보다는 소년들이 더 공격적이었다. 여기에서 시간적·공간적이란 어떤 대상이

---

6) Eleanor Emmons Maccoby & Carol Jacklin, *The Psychology of Sex Differences*, Stanford: University Press, 1974.

나 모양 그리고 이들 간의 관계에 대한 지식을 뜻한다. 그렇지만 이러한 차이가 생물학적인 것에 의한 것인지 아니면 환경적인 것에 의한 것인지를 단정하기는 아주 어렵다. 예를 들어 남성과 여성간에 공격성 측면에서 큰 차이가 있다고 해도 그러한 공격성이 성 호르몬과 같은 생물학적인 요인에 의한 것인지, 아니면 사회화(socialization)와 같은 환경적인 것에 의한 것인지를 기계적으로 추론할 수는 없다. 왜냐하면 성의 차이는 생물학적인 요인과 환경적인 요인 또는 이들 모두에 의해 나타날 수 있기 때문이다.[7)]

어떤 유형의 성의 차이가 존재하든지 간에, 우리는 먼저 집단간 보다는 집단 내에 더 많은 변화가 있다는 사실을 알아야 한다. 현실적으로 어떤 소년들이 수학적 능력에 있어 소녀들보다 더 우월하고, 어떤 소년들이 언어적 능력에 있어 소녀들보다도 더 많은 능력을 갖는다고 할 수 있다. 그리고 개인들을 독립적인 개체로 생각하게 되면 성의 확인은 덜 중요하게 된다.

종래 대부분의 성역할 연구는 소년·소녀들이 어떻게 '여성다움'이나 '남성다움'을 학습하는가에 연구의 초점이 맞추어 졌고, 또한 연구자들은 "그러한 학습이 갖는 효과는 무엇인가?"를 반문하였던 것이다. 전통적인 '남성다움'과 '여성다움'이 소년·소녀 또는 남성·여성에 대해서 긍정적인 효과를 갖는가 아니면 부정적 효과를 갖는가? 많은 사람들은 두 성이 극단적인 형태로 성역할을 고정관념화시킴으로써 단기간에 변화가 가능하다고 믿었다.

소년들이 감정을 표현하는 것이 남자답지 못한 것이라고 가르침을 받는 경우, 이들은 후일 타인과의 감정적인 관계에서 방해를 받게 될 것이다. 마찬가지로 소녀들이 성취지향적이고 경쟁지향적인 것이 여성답지 못한 것이라고 가르침을 받게 되어, 이들이 매력적인 것과 위협적인 것 모두에서 성취감을 갖게 되면 후일 양면적인 가치(ambivalence)로 인해 방해를 받게 될 것이다.

3) 양성(androgyny)

양성(androgyny)이란 그리스어의 남자를 의미하는 앤드로(andro)와 여자를 의미하는 진(gyn)의 합성어로서 남성이든 여성이든 간에 독단적인 동시

7) Janet Shibley Hyde, *Understanding Human Sexuality*, New York: McGraw-Hill Book Company, 1979, p. 290.

에 점잖으며, 강력한 동시에 양육적이고, 때에 따라서 수동적인 동시에 공격적으로 될 필요가 있다는 관념을 구체화하는 개념이다. 양성이라 함은 각 개인 속에 내재된 남성다움과 여성다움의 특성들 중에서 '최상의 것'을 통합한 개념으로써, 오늘날과 같이 복잡한 세상에 필요한 융통성을 갖게 해준다. 이는 단성(unisex)이나 동성(same sex)을 의미하지 않으며, 자기에게 있는 모든 특성들을 활용하고 전인적인 인간이 될 수 있도록 하는 모든 잠재력의 개발을 의미한다.

양성을 옹호하는 사람들은 모든 여성들이 딱딱한 철모를 쓰고 광산에서 일하도록 요청하거나, 모든 남성들이 앞치마를 두르거나 무용교습을 받으라고 강요하지는 않는다. 양성은 역할을 한정시키거나 고정관념화하는 등의 역할전환이 아니다. 오히려 이것을 각 개인의 '남성적인' 잠재력 또는 '여성적인' 잠재력의 계발을 의미하기보다는 자신이 갖고 있는 모든 잠재력의 계발을 의미한다.

양성으로 인한 영향은 무엇인가? 인간은 자신이 속해 있는 기관이나 사회에서 계속적으로 변화를 경험한다. 우리들은 새로운 역할에 보다 성공적으로 적응할 수 있고, 또한 긴장감을 덜 갖고, 변화하는 여러 역할들을 수행할 수 있는 양성적인 인간이 될 수 있다. 사람이 남성적인 면이나 여성적인 면의 극한에 치우치게 되면, 남성적이거나 여성적인 성역할은 개인의 대처기술 범위가 제한되고 융통성을 잃게 된다. **양성은 자신에게 있는 남성다운 기질과 여성다운 기질 모두를 최고로 활용하는 것이다.** 이러한 양성이 인간에게 주는 이점을 몇 가지 열거하면 다음과 같다.

모든 사람들이 자신이 원하고 좋아하는 진로나 직업, 또는 자신이 어떤 가르침을 받았기 때문에 당연히 종사해야만 하는 선택대안보다는 자신에게 적당한 진로나 직업을 고려하도록 함으로써 진로선택의 기회가 더 많아질 것이다. 오래 지속된 태도는 변화속도가 느리기 때문에, 대부분의 사람들은 계속해서 '전통적인' 형태의 진로에 종사할 것이다. 그러나 선택과 대안은 앞으로 더 다양해질 것으로 사료된다.

이중적인 가족의 역할(dual family roles)이 계속 확대되게 될 것이다. 점차적으로 더 많은 여성들이 직업을 갖게 되면서, 모든 가족 구성원들의 새로운 적응이 요구된다. 그리고 이러한 경향성이 계속되어 1980년대에 대다수의 어머니들은 가족에 대한 책임 외에 다른 일을 맡게 될 것이다. 이에 따라 양성적인 가족 구성원들은 더 높은 수준의 융통성을 갖고 가정생활에 적응해야 될 것이다.

남자와 여자 모두는 더 긴 삶(longer life)을 살고 있다. 은퇴는 보다 융통적인 역할을 지향하는 사람들에게는 더 많은 것을 채울 수 있는 기회가 된다. 예를 들어, 은퇴한 사람들은 재직 당시의 경쟁적이고 바쁜 업무로 보내던 생활을 보다 느슨한 생활로 바꾸는 것이 어렵다는 것을 발견하기도 한다. 또한 다양한 관심사에 보다 개방적이고 수용적인 그런 양성적인 여성들은 은퇴 후가 더 즐길 만하다고 생각하기도 한다.

배우자의 죽음은 대부분의 사람들이 '계획한' 그런 것이 아니며, 현실적인 것으로, 특히 많은 여성들에게 있어서 그렇다. 그러나 이러한 불가항력적인 경험도 결혼생활에서 더 많은 양성적인 역할을 경험한 사람들에게는 덜 엄청난 경험으로 받아들여질 수 있다.

오늘날 편모와 편부의 가족이 계속 증가하고 있다. 이러한 상황에서 양성적인 가장은 상당한 수준의 융통성을 갖고 곤란, 문제점, 변화 등에 대처할 수 있을 것이다.

이미 앞에서 성역할의 고정관념화에 학교 교육과정의 여러 영역이 갖는 영향을 살펴본 바가 있다. 체육, 가정학, 기계조작이나 공작, 기타 다른 영역에서 성(性)의 자동적인 역할구분은 옛날에나 있었던 일이다. 남자 중학교에서 가정을 정규교육과목으로 개설하여 교육하고 있는 것도 이러한 시대의 흐름을 반영한 교육행정의 단면일 것이다. 오늘을 사는 젊은이들이 더 많은 양성적인 수업경험을 하게 되면서, 이들의 시야는 더 넓어지고 선택의 여지도 더 많아지게 되었다.

변화는 쉽게 오지 않는다. 학습이나 처신의 형태가 안락한 것으로 '느껴진다고'해도, 이것이 항상 자신에게 건전한 것이라고 하기는 어렵다. 새로운 것이 옛 것을 대신하게 되면서 안락한 정도도 물론 증대된다. 양성적인 모형은 계속적으로 발생하는 사회적 변화를 반영하고, 사람들에게 미래에 대한 새로운 전망을 갖게 한다. 미래가 자기 자신에게 걸고 있는 기대는 무엇인가?

이상에서 살펴본 바와 같이 양성은 각 개인 속에 내재된 남성다움과 여성다움의 특성들 중에서 '최상의 것'을 통합한 개념으로써, 단성이나 동성을 의미하지 않으며 사람들에게 융통성을 부여해 준다. 그래서 양성적인 사람들은 모든 진로선택의 기회를 활용할 수 있을 뿐만 아니라, 가족의 역할에서도 더욱 융통성을 발휘할 수 있고, 많은 사람들에게 긍정적인 선택안들을 제공할 수 있다.

4. 남 · 여의 차이

1) 생리적 차이

남자는 X염색체와 Y염색체를 각각 하나씩 가지고 있지만 여자는 두 개의 X염색체를 가지고 있다. 여성의 혈액에는 남성의 혈액보다 수분이 더 많고 적혈구는 20%가 더 적다. 여성은 생리주기에 따라 마음의 상태가 다르다.

월경주기를 28일로 볼 때 전반기 14일 동안은 여성호르몬이 많이 분비되어 적극적으로 사랑하고 싶어 하지만 배란기가 되면 프로제스테론이라는 호르몬이 왕성하게 분비되어 소극적이 되며 사랑을 받으려는 심리로 변한다. 여성은 고온과 고통을 잘 견디지만 남성은 질병과 신체적 장애에 약하다.

2) 두뇌발달과 사용의 차이

인간의 두뇌는 좌반구와 우반구로 형성되어 있다. 우반구는 직관력 · 즉흥적 · 감정적 · 비언어적 · 시각적 · 예술적 · 유희적 · 전체적인 기능을 담당하고, 좌반구는 분석적 · 직선적 · 합리적 · 언어적 · 목표 지향적 기능을 담당하고 있다.

일반적으로 남자는 여자에 비해 좌반구가 더 발달되어 있고, 여자는 남자에 비해 우반구가 더 발달되어 있다. 그리고 여자는 남자보다 뇌의 좌우반구 사이에 더 큰 연결고리를 가지고 있어 문제를 해결할 때 여자는 양쪽 뇌를 동시에 사용하지만 남자는 교대로 사용한다. 따라서 남자는 한 가지 일에 집중하면 다른 일은 잊기가 쉬운데 반해 여자는 동시에 다섯 가지 일을 할 수 있다.[8)]

3) 자극반응의 차이

일반적으로 여자는 남자에 비해 촉각과 청각에 민감하고, 남자는 여자에 비해 시각과 후각에 민감하다. 그래서 남자는 육체적인 것에 근거하여 행동하고 시각적으로 반응하는 경향이 높다. 하지만 여자는 감정적인 것에 근거하여 행동을 하고 촉각과 청각에 반응하는 경향이 높다.

4) 능력의 차이

남자와 여자는 능력 면에서도 차이를 보인다. 일반적으로 언어능력 면에서는 여자가 남자보다 우월하고, 시각, 공간능력, 수리력 면에서는 남자가 여자보다 우월하다. 그래서 여자는 남자보다 언어기술을 일찍 습득하는 경향이 있다. 그리고 신체적으로나 언어적으로 남자는 여자보다 더 공격적인 경향이 있다.[9]

5) 성적 반응의 차이

일반적으로 보아 남녀관계에서 남자는 성적 및 육체적 욕구를 충족시키는 것에 초점을 맞추고, 여자는 정서적 하나 됨, 곧 애정과 친화감과 친밀감과 사랑을 추구하는 경향이 크다. 그래서 남자는 성적인 관계를 갖고 나면 그녀를 소유했다고 생각하는데 반해 여자는 인간관계를 중시하며 육체적인 관계는 부차적으로 생각하는 경향이 있다.

따라서 남녀관계에서는 남자가 여자보다 더 빨리 사랑에 빠지고, 헤어질 때 느끼는 심리적 충격 또한 더 크게 받기 때문에, 사랑하던 남녀관계가 단절이 되었을 때 남자가 자살할 가능성은 여자보다 3배 이상이나 크다고 심리학자들은 말하고 있다.

---

8) 정동섭, "남자와 여자, 어떻게 다른가," 두란노 목회자료 큰백과 20권(목회상담편), 두란노, 1997, pp. 936-959.

9) 김명자 외, 가족과 환경, 교문사, 1991.

6) 심리적 차이

심리적인 측면에서 보면 남자는 자율성, 자기신뢰, 적극성, 활동성, 추진력, 야심, 용기, 주장, 지도력, 독립성, 공격성과 같은 추구적 차원이 발달되어 있고, 여자는 양육성, 부드러움, 의존성, 민감성, 변덕스러움, 애교심, 질투심, 말과 제스처로 애정을 나타내는 표출적 차원이 발달되어 있다. 따라서 남자는 성취지향적인 성향이 강한 반면 여자는 관계지향적인 성향이 강하다.

7) 정서적 반응의 차이

여자는 남자보다 감정과 관련이 있는 두뇌부위가 더 크게 발달되어 있다. 따라서 여자는 감정의 표현에 익숙하고, 감정에 따라 행동하지만, 남자는 자신의 생각을 통해 감정에 접근하고 대부분의 감정표현도 억제되는 경향이 많다.

8) 대화방식의 차이

일반적으로 남자는 사실과 정보와 의견을 나누고 문제를 해결하기 위해 대화를 하지만 여자는 감정을 나누고 공감을 얻기 위해 대화를 나눈다. 따라서 여자의 대화는 공감을 얻기 위한 수단으로 사용되지만, 남자는 보고하기 위한 수단으로서 대화를 한다.

9) 관심의 차이

갈등과 선택적인 상황에서 대체로 남자는 공정성을 도덕성으로 파악하고 개인과 분리를 강조하는 반면, 여자는 배려와 책임을 도덕성으로 파악하고 관계와 연결을 강조한다. 따라서 남자는 객관적인 관계를 편하게 느끼지만 여자는 사람에 대한 감각이 발달되어 있어 감성적이고 인격적인 관계를 편하게 생각한다.

10) 인식의 차이

남성의 인식은 구심력적이고 여성의 인식은 원심력적이다. 따라서 여성은 자신으로부터 시작해서 다른 사람과 관계를 맺지만, 남자는 오히려 관계 속에서는 수축하고 오그라드는 성향이 있다.

남자는 아이디어를 되씹기 위해 혼자 있는 시간이 필요하고 깊은 생각을 통해 판단에 이르는데 반해 여성은 대화를 확대해감으로써 보다 명료한 생각에 도달하게 된다.

11) 거리적 차이

남자는 좋아하는 사람 앞에 앉기를 선호하고 여자는 좋아하는 사람 옆에 앉기를 선하는 경향이 있다.[10] 따라서 남자는 침입자가 앞에 앉는 것을 싫어하고, 여자는 옆에 앉는 것을 싫어한다.

12) 문제 또는 스트레스 해결방식의 차이

문제해결방식 면에서 남자는 문제를 세분화시켜 단계별 순서에 따라 직선적·논리적으로 접근하여 문제를 해결하려고 하는 반면 여자는 양쪽 뇌를 모두 사용하기 때문에 전체를 조망하고 단계별 순서에 관계없이 결론에 도달한다.

스트레스를 심하게 받으면 남자는 '동굴'에 들어가 그것을 해결하려고 하는 반면 여자는 자신의 감정을 표현하고 타인으로부터 이해받음으로써 위안을 얻고자 한다.

13) 시선의 차이

일반적으로 대화시 서로를 쳐다보는 비율은 여성끼리가 가장 많고 남성끼

10) D. Fisher & D. Byme, "Too Close for Comfort: Sex Differences in Response to Invasions of Personal Space," *Journal of Personality and Social Psychology*, Vol. 32, 1975, pp. 15-20.

리가 가장 적다. 이성간에도 남자는 좋아하는 여자에게 시선을 자주 주는 반면 여자는 상대방 남성에게 시선을 잘 주려 하지 않는다. 여자가 남자에게 시선을 준다는 것은 자기의 내면을 보여 줄 가능성이 높기 때문이다.

일반적으로 남성은 의도적이고 의식적인 작용에 비중을 두는 반면, 여성은 감정적이고 무의식적인 작용에 비중을 두고 시선을 준다. 따라서 여성은 상대방의 사소한 몸짓이나 시선에 민감하게 반응하는데 반해 남성은 감정을 전달하는 표현기술이 서툴러서 여성이 보기에는 매우 둔하게 느껴진다.

5. 직장생활에서의 이성관계

사회가 발전함에 따라 여성들의 사회참여는 더욱 활성화될 것이다. 직업전선에 뛰어들고 있는 여성들의 수가 급증함에 따라 우리 주변의 공동체나 단체에는 커다란 충격이 가해지고 있다. 이제 직장생활에서 남성들은 여성을 경쟁자 또는 상관으로서 재평가하게 되었으며 여성비서만 있었던 종래와는 달리 전문비서 및 남성비서의 수가 점차 늘어가고 있다.

콜롬비아 대학의 긴즈버그(E. Ginzberg) 교수는 남성과 여성의 역할교체는 미국에만 국한되지 않고 전 세계적으로 보편화되어 가고 있는 현상이라고 하였다. 따라서 직장에서의 이성관계가 재조정 및 재평가되지 않으면 안 된다.

과거에는 가정에서 뿐만 아니라 직장생활에서도 여성은 늘 예속적이었다. 그러나 오늘날에는 직장 내 여직원의 수도 크게 증대되었고, 직장 내에서 여성 직원들이 동료로서 상당히 존중받고 있다.

그러나 서울리서치가 12대그룹 175명을 대상으로 “만약 여자사원이 당신을 대하는 태도가 좋지 않다고 느꼈을 때 어떻게 대응하는가?”라고 물었을 때 “무시한다.”는 보수적이고 권위주의적인 태도가 43%나 되었다. 이것은 아직도 우리 사회에서는 남성의 보수적인 경향이 높다는 것을 의미한다. 그러나 친해지려고 노력한다는 대답도 28%로 나타났고, 잘잘못을 따진다는 대답도 15.4%였다. 따라서 여성 직원들을 이해하고 가까워지려는 경향도 점차 증대되고 있음을 알 수 있다.

또한 같은 조사에서 직장인들이 싫어하는 여성 직원은 성실하지 못한 여자가 19.7%로 으뜸을 차지했고, 이기적인 여자, 예절이 없는 여자, 능력이 없는 여자 등이 10% 이상을 차지하고 있는 것으로 나타났다. 그 다음으로는 사치하는 여자, 단정치 못한 여자, 자기관리를 하지 않는 여자, 센스가 없는 여자, 일밖에 모르는 여자 등의 순이었다.

1) 직장생활에서 여성이 본 꼴불견 남자[11)]

직장생활에서 여성들이 본 꼴불견 남자사원의 행동특징은 다음과 같다.

첫째, 눈치와 아부에 능숙한 남자로서 예컨대 "과장님의 넥타이 색상과 양복 색상은 환상적으로 매칭(matching)이 잘 됩니다. 역시 과장님의 미적 감각은 인정해야 한다니까요" 매사에 일은 뒷전이고 상사의 비위 맞추기에만 급급한 남자, 상사가 기침만 좀 해도 "과로하셨나 봅니다. 일도 좋지만 건강을 생각하셔야지요."하며 호들갑을 떨어대는 남자, 아랫사람에게는 냉정하고 윗사람에게만 눈을 돌리는 상사, 위세만 부리는 상사 등이 꼴불견의 첫 번째 모습들이다.

둘째, 입만 열면 야한 농담을 일삼거나 노골적으로 야한 질문을 던지면서 여직원 들어 라는 식으로 큰소리로 떠들며, 음담패설을 좋아하고 어쩌다 묻는 말에 대꾸라도 하면 찬스다 싶어 끊임없이 물고 늘어지는 유형의 남자가 두 번째 꼴불견의 모습이다.

셋째, 여사원의 몸매, 옷, 성격 등을 입에 올리며 흉보기에 정신이 없는 남자, 그리고 자신의 센스는 낙제점이면서 여직원의 복장에 까다롭게 구는 상사 등이 세 번째의 꼴불견 형태들이다.

넷째, 자신을 국제신사로 자처하고 있는 남자도 꼴불견 중의 하나다. 예컨대 어쩌다 외국출장 한 번 다녀 온 것을 가지고 "어느 지역에 가보니 이렇고 저렇고····· 또 어느 나라 국민들은 국민성이 이렇고 저렇고·····" 등으로 지나치게 과대 포장하여 떠들면서 열심히 일하고 있는 사람들을 모두 발 아래로 보고 있는 남자도 꼴불견 중의 하나다.

다섯째, 출근해서도 술 냄새를 팍팍 풍기는 남자는 참으로 꼴불견이다.

---

11) 김태선, "여사원이 본 꼴불견 남자," 포철신문, 1996. 6. 20, "남직원이 본 꼴불견 여사원," 포철신문, 1996. 6. 27; 이문수, "이런 상사는 정말 싫어," 인문출판사, 1986.

어제 밤 몇 차까지 술을 마셨다느니. 필름이 끊겼다는 등 어떤 무용담이라도 털어놓듯 간밤에 술 마신 얘기를 즐겨 늘어놓는 남자는 참으로 꼴불견임에 틀림없다.

여섯째, 부하직원이나 후배들에게는 선배나 상사라는 이름으로 하나님 행세를 하려하고, 여직원은 가정부취급, 후배는 쥐 잡듯이 하는 남자는 꼴불견이다. 여직원은 차 시중을 드는 것이 당연하다고 생각하는 상사, 여직원의 프라이버시에까지 일일이 간섭하는 상사, 퇴근시간이 가까워져서 갑자기 일을 주는 상사도 마찬가지로 꼴불견이다.

일곱째, 주위 사람들은 의식하지 않은 채 아무데서나 코를 풀고 가래침을 뱉는 남자는 꼴불견이다. 공중도덕이 뭔지를 모르는 사람들, 일에 열중하고 있는 동료들 앞에서 이처럼 지저분한 행동을 서슴지 않는 사람들은 문제가 아닐 수 없다.

여덟째, 특정 여직원만을 편애하는 남자, 지난날의 실수를 언제나 기억하고 기회만 있으면 그것을 들먹이는 상사, 완고하고 융통성이 없는 상사는 문제가 많다.

2) 직장생활에서 남성이 본 꼴불견 여자

직장생활에서 남성들이 본 꼴불견 여성사원의 행동특징은 다음과 같다.

첫째, 요란한 아이섀도(eye shadow)에 새빨간 립스틱으로 범벅을 한 여자, 손톱은 몇 달째 깍지 않고 그 위에 형형색색의 매니큐어를 바른 여자, 사흘이 멀다 하고 헤어스타일을 바꾸고, 하루도 빠지지 않고 화려한 옷차림으로 출근을 하는 여자, 회사가 무슨 파티장이나 되는 듯 야하게 치장을 해 동료 여직원들의 기를 팍팍 죽이는 여자가 첫 번째 꼴불견 여직원의 행동 특징들이다.

둘째, 출근할 때면 미리 편의점에 들러 군것질용 과자나 오징어 같은 것을 사들고 들어와 틈틈이 그것들을 꺼내 먹는 여자, 회사가 무슨 휴게실이나 음악 감상실이라도 되는 양 하루 종일 이어폰을 끼고 카세트를 듣고 있는 여자, 그러면서도 퇴근시간이 되면 그야말로 칼같이 회사를 빠져나가는 여자가 두 번째의 꼴불견 모습이다.

셋째, 사사건건 따지고 덤비는 스타일의 여성으로 예컨대 “부장님, 담배 좀 나가서 피울 수 없으세요? 미스터 김, 입사한 지 몇 개월인데 아직 이것도 몰라요? S대학 출신 맞아요? 혹시 들여갈 때 미달이었던 것은 아니에요?" 나이나 지위고하를 막론하고 사사건건 따지고 덤비는 여자에게는 정말 이지 대책이 없을 것이다.

넷째, "나도 수십 대 일의 치열한 경쟁을 뚫고 당당히 공채시험에 합격하여 입사했다구요. 그 일은 나보다 후배인 미스터 최가 해야 되는 것 아니에요? 남녀평등시대라 구요. 무슨 일이든 맡겨보세요. 여자라고 못할 건 아무것도 없으니까요." 평소에는 말끝마다 남여 평등을 주장하다가도 야근이나 힘든 일이 생기면 예외 없이 "저는 약한 여자잖아요. 저는 좀 빼주세요. 대신 내일 아침 일찍 나올 깨요. 그럼 수고들 하세요. 저 먼저 퇴근합니다."는 행태의 여성사원이 또한 꼴불견이다.

다섯째, 사람을 만나도 인사할 줄 모르고 소 닭 보듯 지나쳐 버리는 여자, 인사할 줄도 모르고 받는데도 인색한 여직원은 꼴불견이다.

여섯째, 분위기 파악을 못하고 수다만 떠는 여자도 꼴불견이다.

일곱째, 입만 열면 자기 남자친구 자랑에 시간가는 줄 모르는 여자, 틈만 나면 서랍에서 남자친구 사진을 꺼내보고, 컴퓨터 앞에서 뭔가 열심히 하고 있다 싶으면 그이에게 편지를 쓰고 있는 여자, 말끝마다 우리 그이를 털 먹이는 여직원도 빼놓을 수 없는 꼴불견의 모습이다.

12

가족간의 인간관계

1. 체제로서의 가족
2. 가족간의 의사소통과 이해
3. 부부간의 순기능적 갈등과 역기능적 갈등
4. 성공적인 결혼생활

제12장 가족간의 인간관계

사람들은 가족생활을 통해서 사랑, 성냄, 공포, 분노, 안도감, 실망, 기쁨, 후회 등의 전반적인 정서를 순간적으로 또 개별적으로 경험하게 된다. 자기 자신의 가족생활을 돌이켜 보면서 사람들은 자신의 감정과 관련된 여러 가지 '보고' '듣는' 경험을 했었던 경우를 기억할 것이다. 또한 그들은 자신의 감정이 표출되지 못했던 경우를 기억할 것이며, 그때마다 문제점이나 어려움이 곪고 더 커짐을 알게 될 것이다.

본장에서는 체제로서의 가족간의 인간관계를 논의해 보고, 가족생활에서 겪게 되는 제 갈등요인들에 대한 효과적인 관리방안과 성공적인 결혼에 대하여[1] 고찰해 보고자 한다.

1. 체제로서의 가족

가족체제로서의 구성원은 제각기 가족체제 내에서의 지위와 역할을 가지게 되는 데 여기에서 지위란 '아버지', '어머니', '아내', '남편', '장녀', '장남' 등과 같은 혈족관계나 그 명칭이며, 역할은 '생활비 조달자', '요리자', '생활비 지출자', '훈계자', '양육자" 등과 같은 관련된 제반활동을 말한다.

대개 하나의 지위에는 여러 가지의 역할들이 포함되는 데 예를 들면, 전통적인 관점에서 아버지라는 지위에는 생활비 조달자라는 역할이, 어머니라는 지위에는 양육자라는 역할이 주된 것으로 생각되었다. 그러나 양성적인

1) A. Ellenson, *op. cit.*, pp. 348-370.

체제 내에서는 이러한 지위에 대해서 보다 비전통적인 역할이 강조되기도 한다. 즉 편모, 편부의 가족에서는 책임을 분담할 사람이 없을 경우 '과중한' 역할을 경험하기도 한다.

가족체제 속에서의 인간관계에 '체제이론'을 적용시켰던 사티르(Virginia Satir)는 가족체제 속의 구성원으로서의 가족들은 상호 밀접한 영향관계를 형성하고 있는 데 이들 간의 영향관계를 하나의 연결하는 끈에 비유하고 있다. 이러한 '연결 끈(고리)'은 상호간의 "사랑－보살핌－위안－임무 등의 관계"를 의미하는 데, 가족 구성원의 한 사람이 다른 사람들의 욕구, 행동, 감정 등에 연쇄적인 상호 영향관계를 형성하고 있다는 것은 주지의 사실이다. 가족이라는 공동체에서 어느 한 사람이 가족 내의 다른 사람들을 어떻게 분열시키고, 긴장감을 갖게 하고, 또 어떤 방식으로 영향을 주는지를 이해하기는 그리 어려운 일이 아니다. 가정을 지원적이고 적극적인 체제로 만들고 보다 협동적인 가정으로 운영할 수 있는 대안들을 탐색하는 방법에는 여러 가지가 있을 수 있다. 각자의 상황에서 자신이 느낀 것을 단도직입적이고, 명료하게, 직접적인 의사소통을 통해서 상대방에게 전달하면, 사람들은 상호 '자유롭게' 협력할 기회를 가질 수 있다.

사람들이 어떻게 자신을 개방하고 또 타인을 개방하느냐 하는 문제는 매우 중요하다. 사람들은 대체로 아동기와 청년기 동안에 가족체제에 메여있던 끈들을 서서히 풀기 시작하여 점차 자유로운 행동을 시도하게 된다. 그러나 집을 떠나서 학교나 직장에 다니거나 또는 처음으로 "독립적인 자유로운 몸"이 되었을 경우, 가족공동체의 끈은 어떻게 풀어지는가? 그 끈이 완전히 단절되지는 않았는가? 이에 대해 각자 생각해보고, 자기 자신이 어떤 방식으로 끈을 푸는지에 관해 이야기해 보라.

가족 구성원 중 어떤 한 사람이 결혼을 해서 새로운 가족단위를 형성하기 위해 가정을 '떠나는' 경우 어떤 일이 일어나는가? 가족 구성원들에게 어떠한 영향관계가 형성되는가를 생각해보라.

이 경우 비록 물리적인 상호작용 관계는 다소 느슨하게 될는지 몰라도 어느 정도의 심리적인 상호작용관계는 여전히 남아 있을 것이다. 이러한 상호작용관계는 건전한 것인가? 아니면 건전하지 못한 것인가? 또 자신의 부모님들에게 질병, 사망, 이혼, 기타, 다른 '위기'가 발생하여 부모님들과의 상호작용 관계에 중대한 변화가 발생하여 자신의 종전 태도에 어떤 변화가 발생하였던 경험은 있는가?

자기 자신과 가족 내의 다른 사람들을 연결하는 끈은 탄력을 가질 것이다. 그런데 이 끈의 탄력성은 무엇에 의해 좌우되는가를 생각해보라. 자신의 가족 내의 다른 사람들과 가까워질 수 없고 "일정한 먼 거리를 유지하면서 연결된" 경우에 나타날 수 있는 효과는 무엇이겠는가?

2. 가족간의 의사소통과 이해

건전한 가정을 이끌어가기 위해서는 의사소통과 이해의 요소가 일차적인 것이 될 것이다. 흔히 사람들은 결혼생활을 "50 : 50의 비율"이라고 말을 하는 데 이는 부부가 서로 동등하게 주고 받는다는 의미일 것이다. 생의 동반자로서의 결혼생활을 영위함에 있어 무엇보다 중요한 것은 자신에 대한 이해를 구하기에 앞서 먼저 타인을 이해할 수 있어야 한다는 사실이다.

"결혼생활이 50 : 50의 비율"이라는 말은 경우에 따라서는 맞는 말일 수도 있지만, 가장 성공적 결혼생활의 경우에 있어서는 "100 : 100의 비율"이 더 적합할 것이다. 왜냐하면 부부는 동등한 공평보다는 최선의 결혼관계를 추구해야하기 때문이다. 그리고 이는 때에 따라 한 사람이 100퍼센트를 모두 주고, 또 때에 따라 100퍼센트를 모두 받게 된다는 의미이다. 즉 비율은 고정된 것이 아니며, "부부간의 공평"을 가늠할 수 있는 척도는 없다. 또한 개인의 권리와 욕구에 관한 결정이 종종 부부의 욕구에 근거하여 정해져야 된다는 뜻은 특정한 시기에 따라 더 많아진다는 것을 뜻한다.

사람들이 자신의 욕구와 관련시켜 타인의 욕구를 고려하는 형태로 이해하는 경우는 아주 드문데, 이는 많은 부부들이 서로의 욕구충족에 대한 공통 관심사에 접근하지 못했기 때문이다. 그리고 이러한 형태의 이해는 "서로 관계있는 공통의 것"이 되어야 한다. 이는 부부 중 어느 한 사람이 장기간에 걸쳐 주기만 한다고 할지라도 자발성과 사랑에 기초하고 있기 때문에 일방적인 것이 아니다. 이러한 생활을 하고 있는 부부는 균형 잡힌 일상적인 생활보다는 부부가 서로 장기간에 걸쳐 지원해 주는 관계를 형성하는 데 더 관심이 있을 것이다.

우리가 사랑하는 결혼관계와 건전한 가족을 "존중하고 육성하는" 데는 서로간의 욕구에 대한 이해, 이에 대한 의사소통, 그리고 이에 필요한 사랑, 지원, 격려 등의 감정이 표현되어야만 한다.

피오르(A. Fiore)와 스웬손(C. Swenson)은 기능적인(functional) 부부는 역기능적(dysfuntional)인[2] 부부보다 서로에게 더 많은 애정을 말로 표현하고, 자기 자신에 관한 사적인 사실들을 더 많이 알려 주며, 더 많은 심리적 격려를 할 뿐만 아니라 서로에게 더 많은 도덕적인 지원을 한다는 사실을 발견했다. 역기능적인 부부는 기능적인 부부와 마찬가지로 애정을 느낀다. 그렇지만 그들은 애정을 말로 표현하지도 않으며, 많은 사적인 사실들을 드러내지도 않고 격려와 지원을 하지도 않는다.

이들의 연구는 결혼상태에서 사랑의 표현에 대한 대비되는 두 부부 사이에 기대정도의 차이는 없지만, 사랑의 표현정도에는 의미 있는 차이가 있다는 것을 발견하였다.[3] 그리고 많은 결혼관계의 부부들은 자신들의 의사소통 통로를 운영하는 나름대로의 여과기를 갖고 있는 데, 이를 통하여 부부가 함께 갖는 분노, 성냄, 기쁨, 관심, 금전으로 인한 것을 포함한 예기치 않은 소식 등을 효과적으로 여과하고 있다.

3. 부부간의 순기능적 갈등과 역기능적 갈등

섹스피어는 햄릿을 통해 "살아야 할 것인가? 죽어야 할 것인가?"(to be or not to be, that is a question)하고 삶의 고민과 갈등을 토로한 바 있다. 소설이나 영화 또는 TV 등에서 볼 수 있는 모든 사연들은 갈등의 모습이다. "인간의 역사는 갈등의 역사"라 하리만큼 갈등이 없는 사람은 없다.

---

2) 여기서 機能的, 逆機能的이라 함은 滿足스럽게 對處하고, 適應하여, 業務遂行하는 能力이나, 無能力을 意味한다.

3) Anthony Fiore and Clifford Swenson, "Analysis of Lovek Relationships in Functional and Dysfunctional Marriages," *Psychological Reports*(June 1977), pp. 707-714.

우리의 삶속에는 크게는 이념간의 갈등에서부터 시작하여 계층간의 갈등, 지역간의 갈등, 가진 자와 못 가진 자간의 갈등, 경영자와 종업원간의 갈등, 부모와 자식간의 갈등, 부부간의 갈등 등 수없이 많은 종류의 갈등이 이곳 저곳에서 나타나고 있다.

이처럼 갈등은 생애의 한 부분이어서[4] 인간은 태어나서 무덤에 이르는 생애를 크고 작은, 이런 저런 형태의 갈등 속에서 삶을 영위하고 있음을 알 수 있다.

결혼관계에서 긴장과 갈등은 불가피하다. 결혼은 필경에는 '하나'가 되는 두 사람을 포함하지만, 개개인은 자기 자신의 욕구충족을 위해 분투하며, 결혼관계를 희생시키면서까지 자신의 욕구를 채우려 한다. 그래서 결혼한 당사자들은 종종 "자기에게 최선인 것"을 "부부 모두에게 최선인 것" 보다 더 우선 시키고자 한다. 결혼한 당사자들은 다른 세상과 동떨어져 고립된 상태로 살지는 못한다. 오히려 그들은 일상생활, 직업, 지역사회, 그리고 배우자와 자녀들에 의한 압력과 요구의 영향을 받으며 살아간다. 모든 결혼과 가족단위는 사람과 사람의 관계를 규정하는 그 나름대로의 '규칙'을 갖는다. 그리고 그 규칙은 언어적인 것일 수도 있고 비언어적인 것일 수도 있다.

잠시 시간을 갖고 자기 가족에서 통용되는 의사소통의 규칙들을 언어적인 것과 비언어적인 것으로 구분하여 보라.

가족간의 인간관계에서 겪게 되는 갈등의 문제를 구체적으로 논의하기에 앞서 갈등에 관한 일반적인 개념과 내용을 간단히 정리해 보면 다음과 같다.

갈등이란 개인, 집단 또는 조직의 사이(between)나 내부(within)에서 불일치하거나 불양립적인 잠재적인 영향관계의 결과라 할 수 있는데[5] 이것은 언제나 나쁜 것이라거나 역기능적인 것은 물론 아니다.

갈등은 때로는 순기능적(건설적)일 수도 있고, 때로는 역기능적(파괴적)일 수도 있다. 적절한 수준의 갈등을 의미하는 기능적인(functional) 갈등과 지나치게 많거나 적은 수준의 갈등을 의미하는 역기능적(dysfunctional)인 갈등은[6] 각각 대립적으로 건설적인 갈등과 파괴적인 갈등 또는 긍정적 갈등과 부정적인 갈등으로 거론되고 있을 정도로 순기능적인 것은 건설적이고 긍정

4) B. J. Hodge & W. P. Anthony, *Organization Theory*, Allyn & Bacon, 1991, 4th, p. 555.

5) J. R. Gordon, *Organizational Behavior*, Allyn & Bacon, 1993, 4th, p. 448.

6) J. R. Schermerhorn, *Management for Productivity*, Wiley, 1993, 4th, p. 513.

적인 성격을, 그리고 역기능적인 것은 파괴적이고 부정적인 성격을 각각 지니고 있다. 갈등은 이처럼 두 얼굴을 지니고 있는데 구체적인 내용을 정리해 보면 그 내용은 〈표 12-1〉과 같다.

〈표 12-1〉 갈등의 순기능 및 역기능적 결과

논 자	순기능적(건설적) 결과	역기능적(파괴적) 결과
Michell & Larson(88)	① 구성원에게 자극을 일으키고 행동하도록 에너지를 공급하며 결과적으로 바라는 바의 조직목표를 달성하도록 하고 ② 창의적인 문제해결에 이르게 한다.	① '우리'와 '그들' 그리고 승리와 패배로 구분되어 갈등 당사자와 모두의 요구를 가장 잘 처리하는 문제를 찾으려 하기 보다는 자신의 승리를 강조하는 지향성을 지녀 지각의 왜곡을 일으키고 상호간의 의사소통과 상호작용을 감소시킨다.
Inancevich & Matteson(93)	① 문제를 인식하게 되고, ② 문제해결을 탐색하고, ③ 변혁이 일어나고 적응이 가능하게 된다.	조직 내에서는 ① 응집력이 증대되고, ② 전체적 리더십이 등장되고, ③ 행동에 초점을 두게 하고 충성심을 강조하며, 집단간에는 ① 지각이 왜곡되고, ② 부정적인 고정관념이 지배적이고, ③ 의사소통이 감소한다.
L. J. Mullins (93)	① 좋은 아이디어가 생성됨, ② 새로운 접근방법을 탐색함, ③ 오랜 문제가 표면화되어 해소됨, ④ 개인의 관점이 명확히 됨, ⑤ 관심과 창의성이 자극됨, ⑥ 사람들에게 자식의 잠재력을 시험할 기회가 주어짐	① 혹자들은 좌절과 정신착란을 느낌, ② 사람들 간의 거리감이 증대됨, ③ 불신과 의심의 분위기가 증대됨, ④ 개인과 집단이 자신의 좁은 이익에 집중함, ⑤ 팀워크보다는 저항이 증대됨, ⑥ 종업원의 이직률이 높아짐

요컨대 갈등관리의 결과로 야기되는 순기능적 갈등은 현상에 도전하여 조직의 혁신과 창의성 그리고 적응을 고무하며[7] 결과적으로 조직의 목적 또는 업적을 증대시키고 촉진시키는 유익한 갈등을 의미하고, 역기능적 갈등은 이와는 상반된 성질을 지닌, 말하자면 생산성 감소, 사기저하 및 불만과 스

7) J. R. Gordon, *A Diagonistic Approach to Organizational Behavior*, Allyn & Bacon, 1993, 4th, p. 447.

트레스를 증대시키며[8] 결과적으로 조직의 목적 또는 업적의 달성을 방해하는 해로운 갈등을 의미함으로써 최소한 다음과 같은 세 가지 결론에 이르게 된다.

첫째, 지나치게 많거나 적은 갈등(역기능적 갈등)은 사람과 조직에 다양한 부정적인 결과를 초래하여 목적의 달성을 방해한다.

둘째, 적정수준의 갈등, 즉 균형적인 갈등(순기능적 갈등)은 쓸모 있는 집단을 만들고 조직의 업적을 증대시킨다.

셋째, 결과적으로 순기능적인 갈등과 역기능적인 갈등의 차이를 만드는 것은 업적이므로 이의 증대를 위해서는 많은 역기능적 갈등을 줄이고 적은 역기능적 갈등을 자극시켜 적정수준의 기능적 갈등을 유지하는 갈등관리가 필수적 요건이며 이상적이다.

1) 대립적인 갈등해소(win-lose conflict)

대립적인 갈등해소는 미성숙하고 안정되지 못한 부부들에게 악순환을 야기 할 수 있다. 이들은 상대방의 관점을 고려하지 않으며, 그래서 모든 갈등은 한쪽의 완전한 승리와 상대방의 완전한 패배로 종결된다.

이러한 형태의 상황에서 사람들은 제각기 '나는 옳고 당신은 그러다'는 결정을 한다. 그리고 타인의 관점에 대해 타협이나 조절을 시도하지 않는다.

대부분의 파괴적인 논쟁에서는 상대방의 '사적인 영역'을 침범하고, 자신의 문제를 해결하기 보다는 상대방을 공격하고 상대의 기분을 상하게 하는데 더 관심을 두게 된다.

이러한 파괴적인 논쟁은 결혼관계의 부부에게서 흔히 있는 일이고, 이러한 논쟁을 하는 부부들은 아주 행복하지 못한 결혼생활이 예상되는 "혼자 잘난 생활태도"를 갖고 생활하게 된다. 그래서 이들은 어느 정도의 개인적인 '승리감'을 만끽할 수 있을는지는 몰라도 문제를 해결하지는 못한다.

바크(G. Bach) 박사는 두 가지 형태의 갈등해소 방안을 제시하고 있는 데, 그 하나는 깨끗한(clean) 싸움이고, 다른 하나는 치졸한(dirty) 싸움이다. 사람들은 어떤 사람이나 팀(team)이 승리하기 위해 '치졸한' 전술을 사용하는 운동경기를 보았을 경우, 대부분 '승리한' 사람이나 팀은 존경심의 상실,

8) J. R. Gordon, *op. cit.*, 1993, 4th, p. 449.

상한 감정, 그리고 죄책감으로 인한 갈등 등의 아주 많은 대가를 치러야 되며, 다음 시합이 있을 때까지 그 감정이 누적되는 것을 기억할 것이다. 결혼이나 가족의 상황에서도 치졸한 싸움은 있을 수 있다.

2) 치졸한 갈등해소 방법(dealing with the conflict)

다음의 몇 가지 방식들은 갈등을 해결하기 위해 치졸한 싸움을 하는 사람들의 예이다.

① 감정의 푸대자루 소지자(gunnysacker)나 정서적 경품권 수집가(stamp collector)는 '자루'가 꽉 찰 때까지 감정을 수집하고, 분노나 성냄을 처리하기 보다는 감정을 축적하는 사람이다. 그리고 문제가 터지면 "그렇게 될 줄 알았지!" 또는 "일이 꼬이는 것은 당연하지!"라고 계속적인 비난을 하는 사람이다. 그래서 자신의 상한 감정과 적개심을 상대방에게 해소하게 된다.

② 연쇄 반응자(chain reactor)는 현재 제기된 문제와 관계가 없는 것을 들추어내는 사람이다. 즉 전에 있었거나 해결되지 않은 채 남겨 두었던 다른 사람의 일을 들먹거림으로써 문제를 회피하거나 공격을 차츰 늘려 가는 사람이다.

③ 빈정꾼(comedian)은 심각하게 싸우려고 하지 않으며, "당신이 미친개처럼 날뛰는 것이 아주 귀여웠어!"라고 말한다든지 해서 갈등을 회피하고, 상대방을 조롱하며, 놀려댄다.

④ 순교자(martyr)는 상대방이 자신의 '고통'에 책임을 느끼기를 바라면서, 그 사람이 자기 잘못을 저절로 깨달아 행동을 변화하려고 시도하는 사람이다. 그래서 순교자는 종종 "내가 없이 당신 혼자 계속 그런 식으로 해봐, 일이 잘 될 거야. 나는 그냥 보고만 있을 테니까!"라고 말하면서 한숨을 짓는다.

⑤ 사이비 정신과의사(armchair psychiatrist)는 다른 사람의 마음을 읽고서, 그 사람이 하고 있는 일을 왜 하는지를 짐작해서 말하고, 또 "당신이 정말로 의미하는 것은 ····· 이지?"라고 그 사람에게 묻는다.

⑥ 분노 촉진자(irritator)는 다른 사람을 은근히 귀찮게 하는 일을 해서 분노를 노출한다. 예를 들어, 식탁 위에 지지분한 접시를 그대로 두거나 설거지통에 처박아 놓는다든지, 침대 위에서 과자를 먹는다든지, 딱딱 소리를

내며 껌을 씹는다든지, 또는 상대방을 성가시게 하는 행동을 하는 것은 이의 좋은 예가 된다.

⑦ 배반자(traitor)는 이방인의 공격을 받도록 방관하며, 다른 사람들에 의해 자신의 동반자가 무시되고 침해를 받아도 방어해 주지 않는다.

⑧ 거부자(withholder)는 다른 사람이 원하는 애정, 동료의식, 인정, 성적인 교제, 또는 다른 사람을 기쁘게 해줄 수 있는 모든 것들을 부정한다.

⑨ 기피자(evader)는 싸우기를 거절하여 대결을 피한다. 대신에 일이나 잠에 '푹 빠져' 버리거나, 자리를 옮기거나 떠나는 방법들을 사용한다.

⑩ 자존심 침해자(humiliator)는 다른 사람의 신상과 관련된 지식을 '반칙적으로' 사용한다. 민감한 반응을 야기하거나 '금지된 영역'의 권리를 침해함으로써, 그 사람은 이를 통해 다른 사람을 제압하게 된다.

3) 깨끗한 갈등해소 방법(clean the air conflict)

가족생활에서 모든 부부들이 침착하게 그리고 상대방을 헐뜯거나, 욕하거나, 오해하지 않고 합리적으로 문제를 논의한다면, 세상은 틀림없이 살기 좋은 곳이 될 것이다. 그러나 때때로 실질적인 문제는 과거의 고통이나 불만 등이 재개되면서 초점이 흐려지기도 한다. 그래서 "그때의 일을 기억하시오" 또는 "그리고 또 이런 일도 있지 않았소."하는 말이 지나간 일을 새로이 문제 삼기 위해 사용되기도 한다.

지성적이고 객관적이며 서로를 사랑하는 부부는 서로의 관점을 이해하고, 자신들의 문제를 합리적으로 논의할 수 있을 것이다. 그러나 이들도 인간이고 자신들의 정서와 관련되기 때문에, 때에 따라서는 합리성과 객관성을 잃고서 자신의 정서를 표현하기도 한다.

자신의 감정과 갈등은 상대방에게 전달될 필요가 있다. 예를 들어, 분노는 어떤 일이 잘못되었다는 '단서'가 된다. 이러한 경우 당사자가 피상적인 '단서'에만 관심을 집중하면, 그는 다른 문제나 문제의 근원을 알 수 없게 된다. 그러나 분노는 종종 이차적인 정서로서 고통, 거절, 공포, 불신 등의 몇 가지 보다 '중요한' 감정을 위장한 것이라는 사실을 기억해야 한다. 왜냐하면 감정이 잘못 전달되면 그 감정은 앞에서 언급한 '치졸한 싸움'과 같은 어떤 다른 방식으로 표현되기 때문이다.

부부간의 갈등을 깨끗하게 해결할 수 있는 방안에는 어떤 것이 있는가? 당사자들은 다음과 같은 몇 가지 기본적인 규칙을 설정할 필요가 있다.

(1) 공정(公正)하고 상호 동의할만한 규칙을 만들어라.

갈등이 불가피하다고 생각되면, 자기 자신에게 "우리 모두는 공정하게 싸우길 원하는가?" 하고 자문해 보라. 만일 그렇지 않을 경우, 그 사람은 자신이 세력다툼에 몰두해 있는 것이다. 그러나 당사자가 공정한 규칙을 진정으로 원한다면, 그는 그 규칙에 서로 동의할 것이다. 그리고 공정한 규칙을 원한다면, 각자에게 '공정한'것과 '불공정한' 것이 무엇이고, 과거의 실수나 인척, 또는 상대방의 감정을 건드릴지도 모르는 '제한 영역'에는 어떤 것이 있으며, 서로가 '치졸한 싸움'을 피하기로 동의하고 있는지 등에 관해 이야기를 나누어 보라.

(2) 시기, 외부인, 신체적 조건 등의 상식을 활용하라.

충분한 시간적 여유가 없이 급히 일을 서두르게 되면, 사람들은 대개 욕구좌절만 경험하고 아무것도 달성할 수 없게 된다. 야구에서의 '치고 달리기'와 같이 일을 하게 되면, 거기에는 고달픈 감정만이 있게 될 뿐이다. 만일 자신이 자기도 모르는 사이에 이러한 상황에 처해 있다는 것을 알게 되었다면, 특정한 이후의 시간까지 의식적으로 당면한 문제를 미루고 나서, 시간이 경과한 다음에 다시 문제해결을 시도하여 문제를 해결하도록 하라.

만일 자신이 주변의 다른 사람들과 불일치의 와중에 처한 경험이 있는 사람은 그 당시 자신은 '외부인'이 된 것처럼 느껴졌을 것이다. 자기 자신의 싸움에 이웃, 자녀, 친구, 기타, 다른 죄 없는 외부 사람들을 관여시키는 것은 불편할 뿐만 아니라 비생산적이다. "자신이 피곤하거나 배고 풀 때는 싸우지 말라"는 옛 속담은 아주 적절한 말이다. 이러한 상황에서 싸우는 사람은 욕먹을 가능성이 더 크다는 것을 명심하도록 하여라. 즉 사람은 자신의 신체적 조건을 고려해야 한다. 왜냐하면, 아프거나 마음이 편치 못한 사람은 사소한 일에 대해서도 필요 이상으로 민감한 반응을 보이기 때문이다.

(3) 사람의 인성이 아닌 행동에 못 박아라.

별칭을 부르거나, 비꼬는 말을 하거나, 어떤 판단적 진술을 하기 보다는 자신을 괴롭히는 것이 무엇인지를 기술하도록 하라. 예를 들어, "당신은 분별없는 멍청이임에 틀림없어!"라는 말보다는 "당신이 늦을 것이라고 왜 미리 연락하지 않았어요? 나는 매우 걱정이 되었어요."라는 말을 하도록 하라. '나'라는 메시지를 활용하는 것은 대부분의 경우에 있어서 매우 효과적이다. 그리고 상대방의 어떤 행동이 자신을 곤란하게 만드는지에 대하여 생각해 보고 나서, 그 행동을 상대방에게 전달하도록 하라.

(4) 효과적인 의사소통을 위해 쌍방적 커뮤니케이션을 하라.

자신의 관점을 충분히 표현하도록 서로에게 허용하여야 한다. 그리고 판단이 아니라 감정을 진술하도록 해야 한다. 특히 두 명의 당사자가 상대방이 한 말을 미리 판단하지 말고 그의 말을 개방적인 태도로 경청하는 것은 아주 중요하다.

만일 자신이 판단적인 태도를 갖고 양자가 접하고 있는 갈등에 접근하게 되면, 그는 상대편 사람이 자신을 변명하려 한다는 생각을 갖게 되어 결국에는 옳지 않은 판단이나 가정을 하게 된다. 그리고 "때때로 나는 소외되었다고 느껴져"라고 하는 말은 "당신은 나에게 아주 관심이 없단 말야"라는 말보다 더 좋은 감정표현이 된다.

(5) 자신이 이해한 대로 상대방의 관점을 다시 진술해 주어라.

자신이 사용하는 말의 의미를 두 사람 모두가 분명히 이해하도록 하라. 그리고 자신이 한 말과 자신이 의미하는 것이 종종 다를 수 있다는 것을 명심하라. 또한 자신이 말한 것에 대한 상대방의 반응에 신중히 대처하라. 왜냐하면, 그러한 반응은 서로 오가는 의미를 반영하기 때문이다. 이러한 태도는 당사자로 하여금 문제를 규정하고 상대방의 관점이나 느낌을 이해하는데 도움이 될 것이다.

(6) 문제를 명확하게 규정하라.

실질적인 문제에 들어가기 전에 몇 가지 예비적인 측면의 문제를 해결하도록 하라. 처음의 관점은 연막과 같은 것이며, 실질적인 문제는 "내가 당신을 옳게 이해했나? 당신은 내가 낚시를 가기보다는 주말에 내가 당신과 함께 도심지를 빠져 나가 시골에 가고 싶다는 말이지?"라고 상대방의 관점을 다시 진술함으로써 표현으로 부각될 수 있다. 이와 같이 두 명의 당사자의 실질적인 문제를 설정하기 위하여 정직과 사랑과 이해를 갖는 태도는 매우 중요하다.

(7) 문제에 충실 하라.

때때로 사람들은 "당신은 내 생일을 잊고 있었지, 그렇지?" 하고 결코 완전히 치료될 수 없는 몇 가지 '지나가 버린' 상처 입은 감정을 문제 삼는 경향이 있다. 그리고 이러한 측면적인 문제는 대개 실질적인 문제의 초점을 흐리게 하며, 당면한 문제가 해결되기 바로 전까지 그 힘을 발휘한다. 이러한 경우 측면적인 문제를 해결하기 위한 최선의 방법은 "내가 당신의 생일을 잊고 있었던 점을 정말로 미안하게 생각해요, 그러나 그 문제는 이 문제와 무관하다고 생각해. 그 문제에 대해서는 나중에 이야기 하도록 합시다." 라고 말하는 것이다.

(8) 상대방의 약점을 공격하지 말라.

다른 사람과 치밀한 관계를 유지하며 생활하다 보면, 사람들은 곧 그 사람의 비난받기 쉬운 약점을 많이 알 수 있게 된다. 자신이 상대방으로 인해 감정이 몹시 상하게 되었을 때, 그 사람은 상대방의 약점을 잘 알고 있기 때문에 역으로 그 상대방의 감정을 건드리거나 공격적인 행동을 할 가능성이 많다. 그러나 이러한 유혹을 참아야 한다. 앙심을 품고 상대방의 감정을 상하게 하는 사람은 나중에 반드시 후회를 하게 된다. 왜냐하면, 일단 자신의 입으로 한 말은 다시 거두어들일 수 없기 때문이다. "내가 그렇게 말한 것을 미안하게 생각합니다."라고 아무리 여러 번 반복할 지라도, 만일 그 사람이 상대방의 약점을 찔렀을 경우 그 상처받은 감정은 쉽게 잊혀 지지 않기 때문이다. 인간의 말은 파괴하는 힘을 갖고 있으며, 불가능한 일은 아니라 할지라도 그 파괴된 관계를 원상회복하기란 매우 어렵다. 아니 불가능 할런지도 모른다.

(9) 타협에 인색하지 말라.

어떤 사람은 타협을 대단히 강조하지만, 실제로는 자기 나름대로 보복의 기회를 노린다. 타협은 다른 사람에게 양보하려면 자발성을 토대로 하며, "희생의 대가로 나오는 휴전"이 아니다. 만일 두 명의 당사자가 '타협'을 하면서도 '내가 옳다'는 감정을 계속 갖게 된다면, 그 결과는 일시적인 휴전, 아니면 훗날 새로운 탄약이 마련되었을 때 또 다른 전투가 시작될 것이다. 그리고 이들이 자발적인 태도를 갖고 타협을 하려고 한다면, 상호 수용과 점증하는 상호존경이 최선의 해결책이 될 것이다.

(10) 좀 더 참겠다는 각오를 하여라.

인간관계에서 좀 더 참아야 하는 경우는 대단히 많다. 그리고 성공적인 결혼생활을 영위하기 위해서는 참아야 될 일들이 아주 많을 것이다. 참아야 될 사람이 남편일 수도 있고 때로는 아내가 될 수도 있다. 부부가 서로 참아야겠다는 각오를 했을 때, 거기에는 자신들의 결혼관계를 최고의 행복한 수준으로 높여 주는 공동의 삶이 있게 된다.[9] 만일 사람들이 가족 내의 갈등에 대해 누가 잘못했고 또 가장 잘못했는지에 비중을 두기보다는 "어떻게 하면 우리가 이 문제를 해결할 수 있는가?" 하는 관점에서 접근한다면, 그 갈등은 보다 건설적으로 해결될 수 있을 것이다.

새로운 행동유형이 '가치 있는 것'이 되기 위해서는 그 행동유형이 과거보다 더 보상적이 될 필요가 있다. 인내를 갖고 새로운 행동유형을 좋은 것으로 느끼도록 서로를 강화해 주라. 그리고 만일 자신의 옛날의 행동유형으로 빠져든다고 느껴지면, "나를 도와주시오 - 내가 자꾸만 옛날의 낡은 행동을 하려 합니다. 우리 다시 시작하도록 합시다."라고 상대방에게 의사표현을 하라. 그러고 나서 자기 자신에게 "나는 전보다 상태가 좋아지고 있어요 - 내가 이번에 얼마나 빨리 나 자신을 조절하는지 보세요."라고 말하라. 이렇게 하면 여러분은 다음번엔 보다 빨리 자신을 조절할 수 있게 될 것이다.

가장 이상적인 결혼관계가 반드시 부부간에 갈등이 없는 것을 말하는 것은 아니다. 결혼생활에서의 갈등은 아주 생기 있고, 생명력이 있으며, 재미있는 부부간의 생활과 자신들의 문제해결 과정에서 생기는 자연적인 현상일 경우도 많다. 그리고 어떤 부부들은 논쟁을 통해서 서로 만족스럽게 문제를 해결할 수 있고, 그 후 더욱 친밀한 감정을 느끼기도 한다. 또한 갈등의 해소는 부부를 더 가깝게 맺어주고 그들의 결합을 견고하게 해주는 긍정적인 역할의 측면이 없는 것은 아니다.

---

9) P. H. Landis, *Making the Most of Marriage*, 4th ed., Englewood Cliffs, N. J.: Prentice-Hall, Inc., 1970, p. 420.

4. 성공적인 결혼생활

"성공적인 결혼생활"이란 결혼에 대해 가지는 각 개인의 기대수준에 따라 결정될 수 있는 문제일 것이다. 어떤 사람들은 "성공적인 결혼생활"을 주어진 여생에서 부부가 함께 살 수 있는 것이라고 하지만, 대부분의 사람들은 이와 같은 편협된 정의에 동의하지 않을 것이다. 사람들은 제각기 나름대로의 "성공적인 결혼생활"이라고 정의할 수 있을 만한 여러 가지 범주를 제시하겠지만, 아주 기본적인 것으로 생각되는 몇 가지 기준을 제시해 보면 다음과 같다.

(1) 결혼한 부부들은 서로가 계속해서 성장하고 '완성된' 부부가 될 수 있도록 도와주고, 그래서 부부 모두가 가능한 한 최선의 모습을 갖추게 된다. 즉 '자아실현적인' 결혼생활에 있어, 부부 모두는 서로가 필요로 하는 도움을 얻기 위하여 상호 의존관계에 있다는 사실을 잘 안다.

(2) 대개 결혼을 한 부부는 자신의 욕구는 물론 상대방의 욕구에도 민감한 반응을 보인다. 그래서 이들은 온정과 협동과 사랑을 통해서 이러한 욕구들을 충족시키려고 노력한다.

(3) 각자가 상대방의 성(性)에 대한 성실한 이해를 바탕으로 해서, 결혼한 부부들은 건전한 성관계를 형성한다. 그리고 이러한 성관계가 부부 모두에게 중요한 것이지만, 그렇다고 해서 성관계가 지속적인 사랑과 성장을 위한 유일한 기초가 되는 것은 아니다.

(4) 대체로 결혼한 부부들은 건전한 '싸움'의 관계를 개발한다. 그래서 이들은 자신들에게 갈등문제가 발생하면 이를 이기주의나 자존심 손상에 의해서가 아니라 서로 수용할 만한 해결방안으로 갈등을 해소시키는 순리적인 방법을 통해 해결한다. 부부는 자신이 상대방에 대한 상대적인 힘, 즉 말이나 행동으로 상대방을 제압하는 힘이 있는 것을 알고 있지만, 해로운 방식으로 그러한 힘을 사용하지는 않는다.

(5) 결혼한 부부들은 일종의 생활방식이 된 자신들의 결혼생활에 서로 큰 비중을 둔다. 이들은 서로 공통관심사를 갖고 있지만, 상대방이 혼자만의 시간을 통해 자신의 사적인 생활을 할 수 있는 공간이나 시간이 필요하다는 것도 인식한다.

이상의 기준들이 상당히 높은 수준의 것으로 보이기 쉽다. 그래서 주변 사람들을 보아도 이러한 기준들을 모두 만족스럽게 충족시키는 결혼생활은 그리 많지 않다. 처음 결혼생활을 시작하는 대부분의 젊은 부부들은 자신들의 결혼을 이상적이고, 서로가 결혼생활에 큰 비중을 두며, 두터운 사랑의 관계에 있다고 생각할 것이다.

자신의 결혼생활이 정말 이상적이라고 확언할 수 있는가? 대부분 그렇지 못할 것이다. 세상에 그 누구도 자신들의 결혼생활이 성공적이라고 확언할 수는 없을 것이다. 그렇지만 부부가 정직하고, 또 사상이 담긴 의사소통체제를 갖고 있고 결혼생활에 대한 기대와 가능한 갈등의 원천과 예상되는 적응 등에 대하여 적절한 지식을 갖는다면, 이들의 결혼생활은 보통 사람들보다 성공적일 가능성이 훨씬 더 높아질 것이다.

결혼생활은 우연히 성공하는 것도 아니고 우연히 실패하는 것도 물론 아니다. 결혼생활의 성패는 본인들이 만드는 것이다. 사람들은 변화하는 환경과 시간과 성격, 그리고 모든 인간관계와 상호작용, 이에 영향을 주는 모든 다른 요인들을 고려하여 자신의 생활을 영위하고 또 조절해 나간다.

결혼생활이라고 하는 것은 부부가 함께 가질 수 있는 감각적으로 가장 만족스러운 경험이 될 수 있는 반면에 가장 파괴적인 경험이 될 수도 있을 것이다. 이상의 내용을 요약하면 다음과 같다.

이상에서 논의한 가족간의 인간관계 문제를 정리해 보면, 우리는 가족생활을 통해서 감정을 경험하게 된다. 가족은 혈연, 합법적인 결혼, 또는 양자결연 등에 기초를 둔 관계성이다. 가족은 또한 지위, 역할, 혈족관계, 명칭 그리고 관련된 행동 등으로 구성된 체제이다. 모든 가족체제의 구성요소들 사이에는 상호연결성이 있다. 체제 내에서 구성요소들의 이동, 행동, 행위 등은 체제 내의 다른 부분들에 상호 영향을 준다. 의사소통과 이해는 가족 단위의 건전한 기능에 있어 일차적인 요소이다. 때때로 사람들은 의사소통 체제가 단절되는 경우 "거실의 코끼리" 상황에 빠져 들고 만다.

그리고 인간의 삶 속에서 갈등은 불가피하며, 가족 구성원들은 갈등을 파괴적으로 다루기보다는 건설적으로 다루는 방법을 배워야 한다. 치졸한 싸움에는 정서적 경품권 수집가, 연쇄 반응자, 빈정꾼, 순교자, 사이비 정신과 의사, 분노 촉진자, 배반자, 거부자, 기피자, 그리고 자존심 침해자 등이 하는 싸움이 포함된다. 한편, 깨끗한 갈등해소를 위한 방안에는 ① 공정하고 서로 동의할 만한 규칙을 가져라. ② 시기, 외부인, 신체적 조건 등의 상식을 활용하라. ③ 사람의 인성이 아닌 행동에 못 박아라. ④ 효과적인 의사소통을 위해 쌍방적 커뮤니케이션을 하라. ⑤ 자신이 이해한 대로 상대방의 관점을 다시 진술하라. ⑥ 문제를 규정하라. ⑦ 문제에 충실하라. ⑧ 약점을 공격하지 말라. ⑨ 타협에 인색하지 말라. ⑩ 좀 더 참겠다는 각오를 하라는 등이 있다.

13

직장생활과 인간관계

1. 경영관리자의 기대
2. 사업계 지도자가 보내는 충고와 조언
3. 바람직한 직장생활의 자세
4. 바람직한 삶의 자세
5. 직장인의 행동예절
6. 선물하는 요령
7. 현대인의 상장례(喪葬禮)
8. 칭호
9. 국제화 시대의 대인관계 유의사항
10. 성공하는 삶

제13장 직장생활과 인간관계

아래 글은 『현대 심리학 조사연구지』(*Psychology Today Survey*)의 "인간은 자신의 직업에서 무엇을 원하는가?" (What You Really Want From Your Job?)란 논제의 글에서 일부를 발췌한 내용이다.[1)]

▸ 나는 사업에 전념하고 있다......판매업은 증권시장의 거래나 도박과 같다. 여러 가지 품목을 사들이고 약간의 이윤을 붙여 파는 모험을 한다...... 나는 음식 전문점을 경영하고 있는 데 현재 하고 있는 일이 참 좋다. 다시 대기업에 들어가 일하기는 힘들 것 같다.

▸ 한 직장에 얽매여 느끼는 감정에 관한 당신의 질문은 실로 나의 급소를 찌르는 말이다. 전혀 들어갈 마음이 없던 직장에 근무하여 연간 4천만 원을 받은 것 같다...... 이제 나는 굳게 마음먹고 하고 싶었던 일을 할 수 있는 분야로 진출하려고 한다. 그러나 앞으로 만나게 될 고용주들은 나를 이상한 사람으로 생각하거나 아니면 나의 경험을 살려서 전과 똑같은 분야에서 근무하길 원할 것이다. 하지만 나는 이상한 사람이 되고 싶지도 않고 전과 똑같은 분야에서 일하고 싶지도 않다.

▸ 비서생활 8년에 나는 나 자신의 태도에서 상당한 변화를 체험했다....... 상사들 중에는 비서에게 아주 적은 것을 기대하거나 너무 많은 것을 기대하는 두 가지 부류가 있다는 것을 발견했다. 어떤 상사는 나에게 커피는 블랙으로 준비해 주고, 잔심부름을 해주고, 독자적인 생각의 금지, 직장에서의 사생활 금지, 정시출근, 늦게 퇴근, 점심시간 엄수 등등의 요구사항이 너무 많았다. 자리를 비우는 것은 당치도 않은 일이며, 상사 자신의 보고서를 1천부나 찍고 있는 데도 내가 어디에 있는지 모르겠다고 그는

1) Edward E. Lawler, Patricia A. Renwick, and the *Psychology Today* staff, "What You Really Want From Your Job, *Psychology Today*, Vol. Ⅱ No. 12(May 1978): 62, 58, 55.

말한다......이제 나는 나를 밀어 주는 상사를 만났다. 그리고 인조인간 같은 타자수이기보다는 하나의 인간이 되길 나는 원한다. 경험은 없지만 책임감을 갖고서 떠맡은 일을 훌륭하게 해냈다.....위에 나를 밀어 주는 상사가 있다고 생각했기 때문이다.

▶ 나는 도덕적인 판단을 하기 위해 이 회사에 온 것이 아니고 먹고 살기 위한 돈을 벌어야 하기 때문에 온 것이다. 때문에 회사에서 아무리 모욕적인 일을 당한다고 할지라도 돈만 많이 준다면 견디어 낼 것 같다. 이제서 새로운 직장을 찾는다는 것은 거의 불가능한 일이다. 그리고 나는 직원들이 아무리 보기 싫고 인사과 직원들이 차별적인 대우를 한다 할지라도 직장을 그만둘 만한 여유가 없다.

위에 제시한 내용에는 욕구좌절, 열성, 체념, 거절, 안심, 강화 중 어떤 감정이 반영되어 있다고 생각하는가? 이러한 감정 모두는 작업의 현실과 성공적인 진로선택에 있어 한 부분이 되는 것들이다. 사람들은 '이상적인' 직업에 관해 환상적인 생각을 하지만 현실적으로 대부분의 사람들은 함께 일하면서 '보통의' 직업을 특별한 기회, 단순한 생존, 아니면 처참한 함정으로 바꾸도록 도움을 주고받는다.

사람들은 취직해서 새로운 일을 시작할 경우에도 여전히 염려의 마음을 갖게 된다. 그래서 자기 자신에게 "자신의 직장에 근무하는 것을 함정에 빠진 것으로 느끼는 똑똑하고 교양 있는 다른 사람들을 목격하게 되면, 나 자신에게는 이와 같은 경우가 발생하지 않는다고 장담할 수 있을까? "이 일은 정말로 나에게 맞는 직종인가?", "나는 정말로 일하고 싶고 성공하길 원하는 데 아직도 나는 이 직종이 나에게 행복을 가져다 줄 것인가에 대해서는 확신이 서지 않아!" 등과 같이 자문을 하게 된다.

이상의 물음에 대한 확실한 보장이나 쉬운 해답, 또는 성공에 이르는 확실한 지름길이나 왕도(王道)는 있을 수 없다. 분명한 것은 자신의 성공잠재력이 어떤 것인가를 알아내는 유일한 방법으로는 자신의 진로선택에서 시행착오의 과정을 거치면서 열심히 일하는 것 이외의 별다른 방도가 없다는 것이다.

따라서 본장에서는 사람과 일을 적재적소에 조화시킴으로써 상호이익을 증대시키는 데 기여하는 요인들 중의 몇 가지를 고찰해 보고자 한다.

1. 경영관리자의 기대

우리가 어떠한 직장을 선택할 때는 선택한 직장과 자신의 직무에 대해 나름대로의 기대를 갖게 된다. 이에 못지 않게 경영관리자 또한 신입사원에게 나름대로의 기대를 갖고 채용이라는 결정을 하게 된다.

여기서 쌍방 모두가 자신의 입장을 상호이익의 기회로 생각하지 않거나 상대방의 임무와 기대를 이해하지 못하게 된다면 이들 사이에서는 아마도 바람직한 인간관계의 형성이 어려울 것이다.

경영관리자(고용주)－종업원 사이의 상황과 관련되는 상호이익을 생각하여 보라. 경영관리자인 고용주들은 소비자들이 원하고 필요로 하는 재화와 용역을 생산하고 사업을 지속시키기 위해 이익을 남기며, 그 이익으로 자신의 사업을 번창시키고 자본을 가진 새로운 투자자들을 끌어들이며 능력 있는 사람들을 채용하게 된다.

반면에 종업원들은 자기 자신과 가족을 부양하는 데 필요한 소득을 제공하는 일자리를 필요로 하게 된다. 이들은 또한 자신에게 의미 있고 흥미 있는 일자리를 찾고자 하며 결국에는 일에 대한 자신의 기여가 가치있다는 느낌을 갖게 된다. 만일 사업을 하거나 기업을 운영하는 데 능력 있는 직원들이 없다면, 그 사업이나 기업은 계속해서 생존하지 못할 것이다. 그렇지만 능력 있는 직원들은 사업이나 기업이 무제한의 자원을 갖지 않는다는 사실, 즉 회사가 이익을 내지 못하게 되면 자신들이 일자리를 잃게 된다는 사실을 현실적으로 인정할 필요가 있다. 고용시장의 동요나 대기업의 재정적 파산이 직원들에게 어떻게 영향을 주었는가는 최근에 일어나는 사태로 충분히 인식할 수 있을 것이다. 경쟁력의 강화를 위해 생력화의 일환으로 사원을 감축하고 조기 정년퇴직을 권장하는 등의 일련의 사태들은 이를 잘 설명해 주는 예라 하겠다. 이익, 손실, 소득 그리고 지출 등은 경영자와 종업원들 사이에 있게 되는 상호이익의 전체적인 순환 요소이다.

셔인 윌리암스(Sherwin Williams)회사의 법인 이사이며 인사담당자인 스태들러(E. B. Stadler) 씨는 고용에 있어서의 상호이익의 측면을 아주 간결하게 다음과 같이 요약하고 있다.[2)]

> 나는 일을 하고자 하는 직원들이 개선(improvements)에 기여할 수 있다고 믿는다. 이것은 개인과 분배된 책임 모두에 있어서 그렇다. 우리 회사의 경우에 우리 모두는 각자가 이러한 개선을 조장하도록 조직구조를 가동할 의무를 갖고 있다고 느낀다. 이는 이익을 얻고자 하는 자본주의 사회의 욕구와 그 맥을 같이 한다. 나는 사업세계에서 직원, 미래의 직원들, 경영자 모두의 열망에 기여하는 수단이나 이익이 없을 경우에 이들의 열망이 충족될 수 있다고는 전혀 생각지 않는다.

기업의 본질적인 목적은 유능한 사람을 얻고, 이들을 잘 훈련시켜, 적재적소에 배치하고, 그들에게 기업이 바라는 기대가 무엇인지를 이해시키며, 이들이 성공하도록 돕고, 자신의 업무를 책임지도록 하며, 직무수행을 통한 공헌에 대한 보상을 해주는 것이다. 이러한 원리들은 말하기는 쉽지만 실제 적용하기는 훨씬 더 어렵다. 그리고 이러한 요소들 중에서 가장 핵심적인 것은 유능한 사람을 얻는 것이다. 왜냐하면, 유능한 직원들을 발굴하지 못하면 나머지의 것들은 쓸모없는 것이 되어 버리기 때문이다.

"유능한 사람"이란 무엇을 의미하는가? 기업은 사람들의 어떤 측면을 보고서 직원을 채용하고자 하는가? 대부분의 기업들은 어떤 결과를 산출해 낼 수 있는 지적이고 다재다능한 사람들을 원할 것이다. 기업은 아마 대학에서 교수가 학생들에게 기대하는 것과 똑같은 어떤 특성들을 직원들로부터 발견하고자 원할 것이다.

대체로 기업은 자기 자신을 원만하고 적응력이 있다고 생각하는 직원을 원한다는 것을 강조해 두지 않을 수 없다. 학업성적은 학생들이 자신의 직업에서 성공할 가능성을 평가하는 데 사용되는 전체적인 인물 판단에서 중요한 부분이 되나, "인간을 대하는 기술"은 기계를 다루는 기술이나 학생의 학업성적 이상으로 중요한 부분이다. 그렇지만 대부분의 경우 대학생활에서 성공적이었던 학생은 "인간을 대하는 기술"에서도 성공적인 경우가 많다.

그러면 새로운 직원을 채용하는 데 있어서 경영자가 갖는 몇 가지 기본적인 기대에는 어떤 것이 있는지를 살펴보자.

---

2) 朱三煥·明濟昌 譯, 人間關係論, 法文社, 1987, p. 263. (E. B. Stadler가 보낸 편지를 재인용함)

1) 능력(competence)과 기술(skill)

직원채용과 관련된 1차적인 필수요건은 직무수행에 필요한 능력과 기술이다. 학교에서 배운 지식과 현장에서 실제로 적용하는 지식 사이에는 상당한 차(gap)가 있을 수 있다. 그렇다 하더라도 경영자들은 피고용인들에게서 자신이 부여받은 직무를 수행하는 데 필요한 기본적인 기술을 구비하기를 기대한다. 물론 직종에 따라서는 요구되는 필수요건이 다를 것이기 때문에 기본적인 기술을 한정하기는 어렵다. 예를 들어, 법률 서기에게 요구되는 기술은 상업 미술가에게 요구되는 기술과는 다르다. 가령 법률 서기가 법률전문용어, 사업법규 등은 물론 일반적인 서기의 기술을 지녀야 한다면, 상업미술가는 사진술, 설계기술에 관한 전문지식은 물론 일반적인 예술과 도안에 관한 지식을 지녀야 한다. 그리고 두 직종 모두에 걸쳐 나름대로의 계속적인 정교한 다듬질과 전문화가 있어야 될 것이다.

고용시장 내의 경쟁에서 일차적으로 채용되는 사람은 마땅히 갖추어야 할 기본적인 기술 이상의 것을 갖추도록 나름대로 준비를 해 온 사람들이다. 최상의 기술을 소지한 학생들은 자신의 직무를 이해할 수 있고, 또한 새로운 직무에 임해서도 자신감을 갖고 이를 수행할 수 있다.

기업이 요구하는 것은 직무수행에 필요한 기본적인 기술(raw skills)과 주어진 시간 내에 적절한 수준까지 직무를 숙달하는 능력이다. 기업은 직무에 적합한 기술수준을 요구한다. 그래서 완전히 계발된 기술을 필요로 하는 상황이 아니라면, 배운 것을 학습하고 이해하는 능력을 갖고 과오를 되풀이하지 않는 사람을 요구한다.

기술은 특정 지위에 따라 다르고 직무를 완수하는 문제와 직접적으로 관련된다. 즉 조직 내의 모든 지위에는 그 업무와 직접 관련된 특정한 기술수준이 요구된다. 직무에 요구되는 필요한 기술수준을 구비하는 것과 능력의 정도는 자신의 자격증에 반영되고, 앞으로의 자신의 직무성공에 있어 디딤돌이 된다.

2) 주도성(initiative)

주도성이란 자기 스스로 강한 동기를 갖고 타인의 계속적인 감독을 필요로 하지 않으며 기대 이상으로 직무를 수행하는 사람, 즉 "솔선수범하는 사람"(self-starter)에 의해 연출되는 자질(quality)을 의미한다. 사업을 하거나 기업을 운영하는 사람들은 점차적으로 직장의 문제에 직면해서 도전적이고 창조적인 안목을 발휘하는 사람들을 찾고자 한다.

사업계의 지도자들과 대화를 하게 되면, 주도성에 대한 이들의 공통적인 반응은 "더 많은 피고용인들이 주도성을 발휘해 준다면 우리 모두는 더 행복하게 될 것이요" 등과 같은 것이다.

기업은 도전적이고 기대 이상으로 직무를 수행하는, 즉 정상적인 직무수행 수준을 능가하는 사람을 찾고 있다.

주도성은 회사 내에서 개인의 장기적인 승진의 가능성을 높여 주는 가장 중요한 요인 중의 하나이다. 만일 사람들이 자기 개선을 위해 주도성을 보여 주고, 직무와 관련된 훈련이나 계속적인 교육을 받게 되면, 그 사람이 갖는 진로의 잠재가능성은 자연히 증대될 것이다. 또한 주도적으로 자신의 일을 만족스럽게 완성하게 되면, 그는 계속해서 성장하게 되거나 자기 분야의 일에 대한 이해를 증대시킬 수 있을 것이다.

훌륭한 종업원은 직무를 잘 처리하고 있는 힘을 다해서 필요한 정보를 찾아내어 직무를 빨리 처리할 뿐만 아니라, 해결방안이 나올 때까지 문제와 끝까지 씨름하며 적절한 시기에 자신이 갖고 있는 견해를 표현한다.

승진의 기회가 왔을 때 누군가가 자신을 지목할 것이라고 기대하면서 홀로 옆줄에 앉아 있기만 하든지, 아니면 주도성을 발휘할 기회를 찾든지 하는 결정에서 어느 쪽을 선택하느냐 하는 문제는 자기 자신의 자유의사이다.

여기에서 명심해야 할 것은 주도성의 발휘가 다른 직원들을 마구 짓밟으며 입신출세하라는 말은 결코 아니며, 이 보다는 오히려 자신이 일에 전념하고 나름대로의 특별한 다른 활동을 하면서 회사를 도울 수 있고 전 직원의 일반적인 작업조건을 개선할 방안을 찾으라는 말이다. 채용을 통해서 사업조직에 관여한다 함은 협동적 팀(team)의 일원이 된다는 것을 뜻한다.

그리고 협동, 동기화, 그리고 상호의존성은 이러한 노력에 있어 중요한 측면이다. 한 개인으로서 인간은 자신의 특정한 직무를 수행하고 체제와 조직의 전반적인 목적에 기여하게 된다. 자신의 맡은 일을 하겠다는 의욕을 갖고 타인과 효과적으로 일하며 자신에게 부여된 과업에 대하여 책임을 질 수 있게 되었다는 것은 모두가 이러한 협동, 동기화, 그리고 상호의존성이 최종적인 결과로 생성된 것이다. 자신의 직분을 이해하고 세밀한 감독을 하지 않아도 일관되게 일하며 작업장에서 융통성을 발휘하는 것은 자신의 직무수행 기록의 일부가 된다.

직장생활에서 종업원의 주도적이고 혁신적인 생각과 활동이 종업원 자신의 진로의 성공에 지대한 영향을 주게 된다는 사실은 아무리 강조해도 지나침이 없을 것이다.

3) 회사에 대한 충성심

경영자들은 회사에 대한 종업원의 충성심(company loyalty)을 기대한다. 이러한 충성심은 회사의 제복을 착용함으로써 표현되기도 한다. 농구경기를 하는 경우에 자신이 입은 통일된 운동복의 색깔을 통해서 특정한 팀의 한 구성원으로서 자신을 인식하게 된다. 직원들이 반드시 제복을 입을 필요는 없지만, 이런 제복을 입은 상태에서의 그들의 행위, 말, 행동 등은 자기 회사에 대한 충성심을 돋보이게 해준다.

충성심은 말로만 하는 것이 아니라 자기 회사에 대하여 긍지를 느끼지 못하고 회사와 그 회사의 생산품을 하찮은 것으로 생각한다면, 이는 자신이 인식하든 인식하지 못하든 간에 충성심이 없다는 표현에 해당된다. 이렇게 되면 자기 자신이 그 회사에 계속 머물러 있을 것인가 하고 의문을 제기하는 것은 당연한 것이다.

어떤 경우에는 충성심이 회사의 안전문제와도 직접 관련된다. 회사가 기밀을 요하는 자료를 취급하거나 연구를 수행하게 되면, 회사의 안전과 관련된 기본정책이 있게 된다. 그러나 충격적이지도, 또는 내용상 '중요한' 것으로 보이지도 않는 대화, 부서간에 오가는 메모, 또는 무심코 듣게 되는 논평 등과 같은 일상적인 사업상의 '비밀'과 직원의 충성심은 어떠한 관련성을 갖고 있는가? 불행하게도 어떤 직원들은 회사의 정보를 '누설하는' 경향이 있다. 자신의 부주의로 정보를 누설했든 아니면 자신이 중요한 요직에 있다는 것을 타인에게 과시하기 위해 누설했든 간에, 이러한 정보의 누설은 아주 나쁘게 오도되거나 회사에 손해를 입힐 수 있다.

회사 내의 모든 정보를 알고 있는 것처럼 행세하거나 이러한 것을 근거로 해서 타인에게 자기를 중요한 사람으로 보이게 하려는 정신병적인 경향성은 회사에 대한 충성심의 결여를 단적으로 나타내는 것이다. 회사의 정보가 밖으로 누설되어서는 안 된다. 수위로부터 사장에 이르기까지 정말로 충성스럽고 '중요한' 직원은 회사의 정보를 타인에게 누설함으로써 자신이 중요한 요직에 있다는 것을 과시하지 않는다. 그리고 가격인하, 다른 회사와의 통합, 자동화, 기타, 다른 정책결정 등과 같은 정보를 누설하는 것이 갖는 의미는 회사정보에 대한 충성심의 윤리적인 문제라 할 수 있다.

한편, 기업의 성과는 기본적으로 구성원의 능력과 마음에 의해서 결정되는 문제라 할 수 있는 데 아무리 탁월한 능력을 소유한 종업원이라 해도 그의 마음이 부정적이고 비협조적이라면 조직이 그 사람으로부터 기대할 수 있는 성과란 거의 없을 것이다. 우리가 조직 구성원의 한 사람으로서 타인과 함께 일을 할 때에는 반드시 협동적이고 자발적인 노력을 하여야 한다. 조직에 대한 구성원의 충성심은 그의 자발적이고 협동적인 노력에 의해서 표출되며, 이러한 충성심의 강도에 따라 개인과 조직의 발전은 좌우되고 있는 것이다.

4) 적절한 용모(appropriate appearance)

사람의 인격은 용모에서부터 나타난다는 말이 있다. 대부분의 경영자는 조직 구성원들이 그 직장의 분위기와 이미지에 걸 맞는 외관을 갖추어 주기를 희망하고 있다.

현대와 같이 "마음이 내키는 대로 생활하는" 개성이 강한 사회에서는 아주 낡고 시대에 뒤떨어진 것으로 생각될지 모른다. 그리고 어떤 사람들은 사람이 일을 하는데 어떻게 보이는가 하는 것은 중요한 문제가 아니라고 주장한다. 그렇지만, 현실적으로 '용모'는 사업을 하거나 기업을 운영하는 데 있어 단골손님이나 고객 모두에게 영향을 주는 아주 중요한 요인이 된다. 용모의 적절성이 일의 세계에서 생활양식의 중요한 부분이 되는 것과 마찬가지로, 복장과 용모의 개성화는 모든 사람들의 생활양식에 있어서 중요한 부분이 된다.

사업체에서는 적당한 복장이 있어야 한다는 태도가 완화되었지만, 경영자들은 아직도 직원들의 복장과 용모에 대한 일반적인 기준이 있어야 한다고 주장하고 있다.

경영자들은 근무하고 있는 직원들이 "회사의 이미지"를 반영한다고 느끼기 때문에, 직원들이 현명한 판단을 하여 깔끔하고 단정한 용모를 하고 직무에 임해 주기를 기대한다. 대부분의 인사정책편람을 보면 엄격한 복장규정을 설정하지 않고 있지만, 대신에 "간편한 복장", "점잖은 복장", "청결과 단정", "취향에 맞는 복장", "요란한 복장은 삼가" 등과 같이 일반적인 지침을 정해 놓고 있다.

어떤 경우에는 사람이 하고 있는 일의 형태에 따라 입어야 되는 복장의 형태가 결정되기도 한다. 공장에서 입는 복장이나 안전을 요하는 데서 입는 복장은 일부의 사람들만이 입는 것이고, 어떤 지역에서는 안전사고 예방을 위해 장발머리를 권장하며, 반면에 안전문제 때문에 보석을 몸에 휴대하는 것을 금지하기도 한다.

특정한 "최신의 유행" 형태의 복장은 어떤 형태의 직장에서는 허용되나 다른 직장에서는 전혀 허용되지 않는 경우가 있다. 그리고 자신이 거주하고 있는 지역의 위치나 도시의 상황에 따라 복장의 형태는 상당한 영향을 받게 된다. 좋은 취향을 가진 개인으로서 사람들은 또한 자기 자신과 자신이 다니고 있는 회사에 어떤 복장이 적합한가에 관해 자신의 판단력을 동원해야만 한다.

성공적인 대인관계나 직장생활을 위해 몇 가지 **효과적인 복장지침**을 제시하면 다음과 같다.

첫째, 복장은 책임질 수 있는 수준의 좋은 취향과 자신이 일하고 있는 환경과 부합되는 적절성을 충족시킬 수 있어야 한다. 대부분의 회사에서는 주로 직원들의 훌륭한 판단에 따라 복장을 입게 하고 있다. 그러나 이는 회사가 위치한 입지에 따라 다를 수 있으며 개인의 세심한 관찰과 노력이 필요하다.

둘째, 복장과 행동은 작업환경에 부합되어야 한다. 지나칠 정도로 평상복이나 보수적인 복장을 입는 것은 자신의 전문직업에도 도움이 되지 못하고 타인들에게도 긍정적인 영향을 주지 못한다.

셋째, 직장생활에 요구되는 복장은 작업장소와 하는 일에 적합하되 예절과 위생을 고려한 것이어야 한다. 이런 점 때문에 합리적인 업무판단이 먼저 표현되기를 기대하게 된다.

넷째, 적절한 근무복장이어야 한다. 그리고 용모는 타인에게 거부감이나 혐오감을 줘서는 안 된다. 다시 말해 용모는 수행될 작업의 성격에 적합해야 하며 항상 단정하고 청결하며 고상한 풍취가 풍겨야 한다.

5) 태도(attitude)

태도란 "평상시에 자신의 행위나 행동에 영향을 주는 관념(ideas)의 군(群)이나 학습된 성향"이라 할 수 있는데 이는 다른 모든 특성에 중복되어 나타나고 영향을 주고 있는 다른 어떤 특성보다도 빈번히 거론되는 특성이라 할 수 있다. 업무와 관련하여 인간이 갖는 정신적인 마음의 자세, 경향성, 그리고 태도 등은 인간관계 및 직무수행에 결정적인 영향요인임을 우리는 이미 학습한 바 있다.

모든 조직은 부가적인 책임을 지려는 바램을 강하게 가지고 있는 사람과 회사 내에서 직무수행의 효과성에 영향을 주는 개인적인 편견을 갖지 않는 사람을 원한다.

조직이 원하는 사람은 ① 수용적인 태도를 갖고 배우며 자신의 직무를 수행하는 사람, ② 자발적으로 직장의 규칙을 준수하는 사람, ③ 동료직원에 대한 관심을 갖고서 그들과 동고동락하려는 사람 등일 것이다.

조직 구성원은 책임감과 전문적인 자질을 갖고 자신의 업무에 임해야 한다. 이러한 태도는 직무수행과 승진에 크게 기여한다. 또한 근면과 변화를 수용하려는 자세도 아주 중요하다. 타인과 협동하고 타인을 존중하는 태도, 업무와 관련된 높은 수준의 성실성과 윤리의식, 공동이익에 기여하는 과업수행에 있어서의 온당한 융통성 등을 발휘할 수 있는 사람이어야 한다.

인간이 갖는 태도는 자신이 수행하는 업무의 모든 영역에 영향을 미친다. 그래서 자신이 하고 있는 업무를 중요하지 않은 것으로 생각하는 태도는 자신의 업무수행, 주도성, 용모, 타인과의 관계 등 모든 영역에 반영될 것이다.

바람직한 태도 형성을 위한 지침을 소개하면 다음과 같다.

(1) 평소 과업수행을 함에 있어 본인은 어떠한 태도를 가지고 있었는지를 상세히 기록해 보라.

(2) 자신의 역할을 자기 자신의 과업수행을 감독하는 것으로 생각하고, 자신의 태도, 용모, 주도성, 협동성, 의존성, 기술 등에 비추어 자신의 과업수행에 대한 평가서를 작성해 보라. 되도록이면 세부적으로 기록하고 필요하

다면 구체적인 실례를 들어가면서 작성할 것.

(3) 이러한 절차를 통하여 자신이 배운 것을 요약해 보라.

(4) 자기 자신이 손님이나 고객이 된 것으로 생각하고, 자신이 대하고 있는 직원이 업무를 중요하지 않은 것으로 여긴다고 여러분이 지각한 상황을 기술해 보라.

① 무엇이 여러분에게 그러한 인상을 주었는가?

② 어떻게 해서 여러분은 그러한 느낌을 갖게 되었는가?

③ 자신의 경험을 다른 사람에게 이야기하고 그 사람들의 경험을 들어 보도록 하라.

④ 유사점과 차이점은 무엇인가?

⑤ 이러한 것이 업무수행에서 태도의 중요성과 관련하여 무엇을 말해 주고 있는가를 자문해 보라.

2. 사업계의 지도자가 보내는 충고와 조언

1) 사업계의 지도자가 보내는 충고

사업계의 지도자들 역시 모든 인간들이 갖는 성냄(pet peeves)이나 신경질적인 요소를 갖고 있다. 사업계 지도자들은 직원들의 잘못이나 자신들을 신경질 나게 하는 요소들로써 다음과 같은 내용을 지적하고 있다.

(1) 직원들이 만들어 낸 생산품의 질에 대한 관심의 결여

(2) 소극적인 정신적 태도

(3) 게으름

(4) 형편없는 몸치장과 개인적인 위생상태

(5) 퇴근 시간까지 시계만 쳐다보는 모습

그리고 일반적으로 직원들이 범할 수 있는 가장 나쁜 모습은 ① 내가 맡은 일이니까 할 수 없이 한다. ② 시키니까 어쩔 수 없이 한다. ③ 나의 관심분야가 아니라서 하고 싶지 않다는 ····· 등과 같은 인상을 풍기는 모습

이다.

그리고 관리자들의 신경질을 돋구어주는 행동의 구체적인 예로는 ① 잡담을 해서 남을 괴롭히는 것, ② 다른 사람을 멸시하는 것, ③ 남을 헐뜯는 것, ④ 승진과 관계된 헛소문을 유포하는 것, ⑤ 구질구질한 일이나 일터 등을 지적할 수 있다.

대부분의 조직 구성원, 공무원, 회사원들은 자신의 지위가 무엇이든 간에, 거의 모든 사람들은 너무나도 안이한 수단을 선택하고 있으며, 회사는 이렇게 저렇게 잘못하고 있고 행정기관은 자신들을 기만하고 있으며, 조직은 마땅히 이행해야 하는 책무를 수행하지 못한다고 말한다. 즉 사람들은 이 모든 기관들을 구성하고 있는 각각의 사람들이 자기 자신이라는 사실을 너무나 자주 망각하고 있다. 따라서 우리 모두는 개선될 수 있는 그러한 영역을 변화시키도록 서로의 책임을 분담하고 있다는 사실을 항상 명심해야 될 것이다.

위의 "사람들은 이 모든 기관들을 구성하고 있는 각각의 사람들이 자기 자신이라는 사실을 너무나 자주 망각하고 있다. 따라서 우리 모두는 개선될 수 있는 그러한 영역을 변화시키도록 서로의 책임을 분담하고 있다는 사실을 항상 명심해야 될 것이다"라는 마지막 두 문장을 다시 한 번 읽어 보라.

이 말은 실로 우리들 모두가 각자 관계하는 기관에 대해 책임감이 있다는 것을 말해 준다. 그 어느 누구도 자기 자신이 갖고 있는 습관, 결점, 합리화, 투사 등을 변화시켜 줄 수 없다. 따라서 무엇보다도 먼저 인간은 자기 자신이 갖고 있는 이러한 측면을 인식하고 그러한 것들을 변화시키도록 하여야 할 것이다. 인간은 다른 사람들과 관계를 맺고 일하지만 책임감은 각자가 드러내는 행동을 통해 시작되고 또 종결된다.

새로운 직원들이 지녀야 할 가장 중요한 특성에 관해서 몇 명의 지도자들은 다음과 같이 말하고 있다.

> 나는 직원들이 갖고 있는 지식과 기술을 그 사람이 어떻게 활용하느냐가 중요하다고 본다. 그리고 직원들의 능력과 지적인 수준이 어느 정도이든 간에, 이러한 능력과 수준에 비추어 최소달성자보다는 최초달성자를 나의 참모로 삼고 싶다.
>
> 나로 하여금 보편적으로 중요한 특성을 선택하라고 한다면, 나는 자발적으로 책임감을 수용하고 부과된 업무를 완성하는 자발성을 선택할 것이다.
>
> 사람이 성공하는 데 필요한 유일한 특성은 없다. 이보다는 오히려 지능, 기술, 협동심, 의사소통의 능력을 주도성, 성실성, 일을 잘 수행하게 하는 올바른 판단능력에 잘 조화시키는 능력이 있어야 될 것으로 생각한다.

책임감을 갖고 일을 잘 수행해 나가고자 하는 자발성이 문제로 될 때 여러분은 그것을 어떻게 평가하겠는가? 자신의 성취수준은 어느 정도인가? 자신이 갖고 있는 능력을 활용하고 또 이를 신장시키고 있는가? 아니면 그럭저럭 자신이 성취한 것으로 만족하고 있는가? 우리는 성공의 토대 위에서 또 다른 성공이 있게 된다는 것을 알고 있다. 따라서 우리는 자신이 성취하고 이루어 온 것을 토대로 새로운 성공의 경험을 쌓아 나가야 할 것이다.

2) 취업을 희망하는 학생들에게 보내는 조언

'신나게' 산다는 것은 생산적이고, 인간을 초월하는 어떤 목적을 위해서가 아니라 바로 자신을 위하여 힘을 사용하고, 존재의미를 갖고, 인간적이란 의미이다.

사업계 지도자들이 취직을 준비하고 있는 학생들에게 주는 여러 가지 많은 조언을 요약·제시해 보면 그 내용은 다음과 간다.

(1) 자신이 처음에 갖고 있던 진로의 목표를 확인하라.

(2) 계속적이고 지속적인 변화에 대비하고, 자신의 직업분야에서 다른 사람과 어깨를 나란히 하거나 이들보다 앞서기 위해서는 부가적인 교육과 훈련이 필요하다는 사실을 인식하라.

(3) 자신이 현재 하고 있는 일에서 탁월성(excellence)을 발휘하도록 하라. 즉 자신이 하고 있는 일에 최선을 다하고 긍지와 즐거움을 갖고 임하라.

(4) 자신의 능력을 알도록 하라.

(5) 자신의 배경에 비추어 볼 때 적절한 것으로 생각되는 분야에 취직할 수 있도록 노력하라.

(6) 면접 시에는 정신을 차리고 자신감을 갖고 임하도록 하며 자신감을 잃지 않도록 하라. 이와 관련된 지침은 다음과 같다.

첫째, 선택을 하고, 신중하게 조사를 하고, 그러고 나서 가능하다면 학문적으로나 태도에 있어서나 경험적으로나 자신이 선택한 진로에 대해서 가능한 범위 내에서 철저하게 준비하라.

둘째, 자신의 진로나 선택이 변화될 수 있는 만큼 어느 정도의 융통성을 유지하도록 하라. 그리고 방심하지 말고 기회를 포착하라.

셋째, 무엇보다도 먼저 자기 자신, 자신의 진로, 그리고 자신의 생활에 대한 긍정적인 정신자세를 갖도록 하라.

확실히 최우선적으로 고려할 것은 학생이 갖고 있는 개인적인 기대일 것이다. 그러므로 학생들은 먼저 자신이 느끼고, 하고 있고, 잘 할 수 있는 것이 무엇인지 결정해야만 한다. 학생들은 "나는 비행기 조정사, 간호원 등이 되고 싶다"는 등의 말보다는 자신이 갖고 있는 특수한 재능, 기술, 지식을 토대로 결정해야 할 것이다. 이것은 몇 가지 점에 관해 대략적으로 열거한 것에 불과하다. 이제부터는 사업계의 여러 가지 직업을 고찰해 보고, 그 직업의 업무기능을 특정인이 갖고 있는 능력과 기대에 밀접하게 조화시키는 것이 논리적인 순서이다. 이렇게 하는 것은 사실상 직무명칭에 근거해 일하고, 매력 있는 분야로 이끌리고, 업무의 구성요소가 결코 인간의 강력한 소질에 의존하지 않는다는 것을 발견하기보다도 더 투사적인 것이 될 것이다.

대부분의 경영관리자들은 지원자들의 소질이 특정한 업무에 있어서의 성공에 도움이 될 것인지에 관하여 철저하게 알아보기를 원한다. 따라서 온전하게 사람과 일을 조화시키는 것은 고용주와 지원자 모두의 상호관심사가 된다.

이상 사업지도자들이 구직을 희망하고 있는 학생들에게 말하고자 하는 핵심은 무엇인가? 여러분은 이들의 조언을 자신에게 어떻게 적용시킬 것인가? 여러분 자신의 업무에 적용할 기술에는 어떤 것이 있는가? 이러한 기술은 여러분이 원하는 일과 잘하는 일에 어떻게 관련되는가? 여러분은 자신이 하고 있는 일에 대해 긍지를 갖고 있는가?

3. 바람직한 직장생활의 자세

1) 직장생활의 윤리덕목

현대사회에서 이상적인 직장을 만들기 위해 요구되는 윤리덕목은 다음과 같다.

첫째, 직분의식을 가져야 한다. 직분의식이란 타인과의 관계 속에서 내가 상대방에 대하여 하여야 할 일을 자각하고 그것을 자기의 소명으로 받아들이는 의식과 태도를 의미한다. 인간의 삶은 타인과의 관계 속에서 끊임없이 목표를 추구해 가는 활동의 연속이라 할 수 있다. 가장 기본적인 생존의 욕구에서부터 고차원의 자아실현의 욕구까지 모든 욕구충족은 타인과의 끊임없는 관계 속에서 이루어진다.

인간관계의 출발은 타인과의 만남에서부터 출발하고, 타인에 대해 형성된 이미지 결과에 따라 인간관계의 방향이 결정된다. 그리고 상호기대감에 대한 충족의 빈도수와 신뢰감의 정도에 따라 바람직한 관계가 지속·발전할 수도 있고 아니면 단절될 수도 있다. 따라서 모든 사람은 인간관계 속에서 상호기대를 충족시켜 주는 역할을 해야만 한다는 의식을 가지게 된다.

직분의식을 뚜렷이 가지고 직장생활을 하는 사람과 그렇지 못한 사람과의 생활태도에는 현격한 차이가 있다. 직분의식이 강한 사람은 직장생활 속에서 내가 타인을 위해 무엇을 해야 하는가를 먼저 생각한다는 점에서 봉사와 희생정신의 기초가 된다.

오늘날 많은 사람들이 자신의 이익만을 위해 수단과 방법을 가리지 않고 행동하는 비인간화되어 가는 사회생활 속에서 이러한 직분의식이야 말로 믿음과 신뢰 풍토를 조성할 수 있는 기본적인 토대가 될 수 있을 것이다.

둘째, 강한 책임의식이 필요하다. 책임의식이란 1차적으로는 조직으로부터 부여받은 자신의 직무를 수행함에 있어 해당 직무가 요구하는 기대성과나 결과를 기필코 창출하겠다는 강한 의지와 자발적인 행동을 의미한다. 이를 위해서는 직무수행의 정확한 실태나 진척상황, 예견되는 성과나 결과 및 문제점 등에 대한 정확한 보고와 더불어 원활한 의사소통이 전제되어야 할 것이다.

또한, 현대사회에서는 개인에게 많은 선택의 자유를 보장하고 있지만, 그 자유는 사회규범과 질서의 태두리 안에서 가능하다. 자본주의사회에서 사유재산을 개인이 자유롭게 사용·수익·처분할 수 있는 권리가 법률적으로 보장되어 있다고 하더라도 그것은 어디까지나 사회공공의 복리나 질서를 해치지 않는 범주 내에서만 가능하다. 예컨대 많은 재산을 가진 재력가라 할지라도 매점매석을 하는 행위나 정당성의 훼손이나 사회규범과 질서를 저해하는 경제행위는 제한과 규제를 받을 수밖에 없다. 따라서 높은 수익성이 기술적으로 가능하다고 해서 부정한 방법으로 경제활동을 한다든지, 사회에 유해한 제품과 서비스를 제공할 수는 없는 것이다.

이와 마찬가지로 직장인은 직장의 규칙과 사회의 규범, 인간의 윤리 등의 범주 내에서 자신의 직무수행을 완수해야 할 책임이 있다. 이러한 책임의식이 결여되어 있을 때 직장과 사회에 무질서와 손실을 초래할 수밖에 없다는 사실을 깊이 인식해야 한다.

1990년대 말 유동성 부족으로 인해 수많은 기업들이 일시에 도산하고, 국가경제가 파탄지경에 이르렀을 때, 그 원인과 책임에 대한 많은 논란이 있었다. 필자가 생각건대 우리나라 경제가 IMF관리체제 하에 놓이게 된 근본적인 원인은 특정인 한 두 사람의 실책이나 잘못에서 비롯되었다기보다는 책임행정과 책임경영체제가 확립되지 못했던 사회제도적인 모순과 지난 세월 누적된 총체적인 비도덕성과 비합리성 때문이었을 것이라 판단된다. 다시 말해 경제정책을 담당했던 관료들이나 경제발전의 주역을 담당했던 기업인들 뿐만 아니라, 합리적이고 정당한 방법보다는 정치적으로 결탁하고 비합리적이고 부도덕한 손쉬운 방법으로 모든 문제를 해결하려고 했던 우리 사회에 만연된 부도덕성과 책임의식의 결여, 이기적인 삶의 자세 등이 보다 근본적인 원인이었던 것이다.

셋째, 장인정신이 필요하다. 오늘날 현대사회에서는 대량생산체제가 확립되면서 모든 제품이 표준화·기계화되었고, 도제제도나 장인도 점차 사라지고 있는 추세이지만, 지난날 장인들이 가지고 있었던 직업정신만은 소중히 여기지 않을 수 없다. 자신이 하고 있는 일을 예술과 도의 경지로까지 승화시킬 수 있는 직업정신을 가지고 직업생활을 영위하는 사람과 자신이 맡은 직무에 정성을 다하는 사람들이 많으면 많을수록 그 사회는 경제적·문화적으로 크게 발전하지 않을 수 없을 것이다. 자신이 하는 일을 통해 스스로의 인간됨을 완성시켜 나가려 했던 장인들의 생활자세야 말로 우리가 배우고 계승·발전시켜 나가야 할 소중한 직업정신이라 할 수 있겠다.

넷째, 명예심이 필요하다. 명예란 도덕적 존엄에 대한 자각으로써 이것이 다른 사람에게 승인되고 존경과 상찬되는 일을 말한다. 현대인들은 이러한 명예에는 관심을 접어두고 실리만 있으면 수단과 방법을 가리지 않는 비윤리적이고 파렴치한 행동을 선택하는 경우가 많다.

오늘날 현대사회의 물질만능의 풍조는 강자만이 생존할 수 있는 동물의 본질적 속성인 기성(氣性)이 인간의 마음을 지배하는 사회가 되고 말았다.

범법행위를 하고, 부도덕한 행위를 하고, 직업상의 책임을 이행하지 않고, 약속을 어기고도 부끄러워할 줄 모르는 인간들 때문에 오늘날 사회질서나 규범은 파괴되고, 상호불신은 깊어만 간다.

민주사회에서는 불명예를 수치로 생각하는 사회문화의 조성이 사회발전의 선결과제가 된다. 직업에 대한 명예심은 그 일을 하기 위해서 내가 존재한다는 확신이다. 직업에 대한 사명감이나 소명의식이 직업을 더욱 명예롭게 만들며, 자신이 하는 일에 정성을 기울이고 최선을 다하게 한다.

우리는 직장생활 속에서 상호 명예를 존중하고 귀중하게 여기는 풍토를 조성해 나가야 할 것이다.

다섯째, 직업에 대한 귀천의식이 없어야 한다. 직업에 대한 편견과 차별의식이 존재하는 사회에서는 이상적인 직장생활이 영위될 수 없다. 아직도 우리 사회에는 관존민비(官尊民卑)의 사상이나 사(士)・농(農)・공(工)・상(商)의 차별의식과 같은 불합리한 편견이 남아 있음은 부인할 수 없다. 직업은 사회구성원의 한 사람으로써 역할을 분담하는 것이라는 자각을 갖고 있는 사람은 흔치 않다.

자신의 능력과 적성을 고려하여 직업을 선택하고 투철한 장인정신으로 각자의 역할과 임무를 성실히 완수하고자 할 때, 우리의 삶의 질은 보다 향상될 수 있을 것이고, 직장생활에서의 바람직한 대인관계도 유지될 수 있을 것이다.

여섯째, 금욕정신이 필요하다. 오늘날과 같이 서구사회를 발전시킨 자본주의정신을 한마디로 표현하기란 어렵겠지만, 일찍이 브렌타노(L. Brentano)는 영리추구에 대한 욕망을, 좀바르트(W. Sombart)는 기업가정신・시민정신・합리주의를, 그리고 베버(M. Weber)는 금욕적 근면을 자본주의정신의 원동력으로 보았다. 이러한 자본주의정신이야말로 우리에게 건전하고 합리적인 직업윤리관을 갖게 하는 토대가 될 수 있을 것이다.

2) 조직과 조직 구성원의 '선(善)의지'

일찍이 조직론의 대가로 잘 알려진 바나드(C. I. Barnard)는 조직의 성장・발전의 전제로써 조직의 조직 구성원에 대한 유인(inducement)과 조직 구성원의 조직에 대한 공헌의 균형관계를 주창한 바 있다.

여기서 조직 구성원에 대한 조직의 유인이란 조직 구성원들이 달성한 성과에 대해 조직이 제공하는 보상들로서 조직은 최대한 보다 많은 것을 제공하려는 의지를 가져야 하는데 이를 조직의 선의지라 한다.

이러한 유인책에는 임금과 같은 경제적 보상뿐만 아니라 조직 구성원들이 수행한 일에 대한 대가로써 얻을 수 있는 모든 것을 총칭한다. 즉 상사의 칭찬, 특별보너스, 복리후생, 가족에 대한 배려, 경력개발과 승진의 기회, 훈련과 개발의 기회제공 등이 있을 수 있다.

일반적으로 이러한 유인은 조직 구성원의 업무성과에 기초하여 주어지는데 그것은 유인의 한계성 때문이다. 그러나 적어도 조직은 공정한 보상의 의무를 져야한다. 더구나 업무성과에 대한 공정한 보상은 조직 구성원들이 조직생활을 통해 경제적 이익을 획득함은 물론 왜 자신이 조직에서 일하고 있는지를 명확하게 깨닫도록 할 수 있다.

한편, 조직에 대한 조직 구성원의 공헌(contribution)은 조직 구성원들이 자신이 조직으로부터 받은 보상에 상응하는 업무성과를 창출하려는 의욕을 의미한다. 물론 공헌의무가 업무성과만을 대상으로 하는 것은 아니다. 조직이 자신에게 배려한 유인에 대해 조금이라도 보답하고자 하는 일련의 선의지(goodwill)를 포함한다. 예컨대 업무성과 향상을 위해 노력한 결과들로 적극적인 교육훈련에 참여하는 것이나 조직풍토에 적응하려고 하는 의지와 행동 그리고 자신의 지위에 상응하는 업무성과를 창출하려는 의지 등이 포함된 개념이다.

조직 구성원의 공헌의지와 행동은 생산성과 직접적으로 관련되기 때문에 조직 구성원의 조직에 대한 공헌의지가 높을수록 생산성은 증가한다.

따라서 이러한 공헌과 유인은 상호 노력과 선의지를 통해 균형을 이루게 되며, 이러한 상호간의 선의지가 존재할 때 조직은 지속적인 발전이 가능하게 되는 된다. 조직의 조직 구성원에 대한 유인과 조직 구성원의 조직에 대한 공헌의지가 적어도 균형을 이루거나 서로가 그 이상을 제공하려는 선의지가 필요하다. 만약 조직 구성원의 공헌의지가 높지만, 조직의 유인이 낮을 경우 또는 조직의 유인은 높지만, 조직 구성원의 공헌의지가 낮을 경우 서로는 불공정성을 느끼게 될 것이고 더 이상의 선의지가 나타나지 않게 될 것이다.

직장생활 속에서의 구성원의 불만과 갈등, 노사분규 등은 조직으로부터 받는 보상에 대해 조직 구성원들이 불공정성을 느낄 때 발생하게 된다.

3) 바람직한 직장생활의 자세

진로의 개발은 한 사람의 일생 동안 계속적으로 이루어지는 과정이다. 다시 말해 자신의 부모가 바꾸었던 것보다 더 많이 자신의 직업을 바꾸게 될지도 모른다. 그래서 요즈음에는 일생 동안 6~7번 또는 그 이상으로 자신의 진로를 바꾸는 것이 별로 이상할 것이 없는 시대가 되었다.

> "오늘날 대부분의 사람들은 힘든 일과 직장에서 자기발전을 도모하는 것을 가치 있는 것으로 믿는 것처럼 보인다. 반면에 이들은 직원으로 근무하는 것에 대해서는 만족하지 않고 그러한 상태에 계속 머무르고자 하지도 않는다. 이들은 또한 많은 것을 요구하며, 이러한 요구를 채울 수 없다고 생각되면 다른 곳에서 이를 찾으려 한다."[3)]

이것은 『현대심리학 조사연구지』가 작업태도에 관해 내린 결론의 내용이다.

만약 어떤 이유에서든 자신이 직업을 전환시키고자 한다면, 자신이 현재 다니고 있는 직장의 인사담당부장을 찾아가서 그와 면담을 해보라. 그래서 외부에서 다른 직장을 찾으려 하기 전에 먼저 자신이 현재 근무하고 있는 직장에서 자리를 바꾸어 볼 기회를 갖도록 하라. 대부분의 신규채용 업무를 맡고 있는 부서들은 자기네 회사의 지속적인 성공이 직원 개개인의 성공과 이들의 만족감에 의해 결정된다는 것을 잘 알고 있다.

많은 경영자들은 처음 배정받은 부서에서 참아가며 일을 잘 해보려고 노력도 하지 않고 다른 부서로 옮겨 가려고만 하는 종업원들을 아주 꺼려한다. 그리고 처음 배정받은 부서에서 일을 훌륭히 해내지 못하는 사람이 근무하는 부서를 바꾼다고 해서 그 곳에 가서 일을 잘 하리라는 보장도 없다. 그러므로 회사에 취직하고자 하는 사람은 어느 직장이나 다소 자신의 취향에 맞지 않는 부분이 있다는 것을 일찍 터득할 필요가 있다.

그러면 직장생활의 시작부터 취향에 맞지 않는 직업을 갖게 되면 자신은

---

3) Edward E. Lawler, Patricia A. Renwick, and the *Psychology Today* staff, *op. cit.*, p. 65.

어떠한 위치에 있게 되는가? 이미 앞에서 우리는 자신의 가치, 흥미, 태도, 기술과 능력을 평가해 보았고, 이와 관련된 세심한 준비를 해 왔고, 융통성 있게 활용할 수 있는 자격증을 개발하였으며, 이러한 것들을 자신의 업무에 쓸모 있게 적용시키는 방법을 배웠기 때문에, 이제는 성공적인 직업생활에 들어서는 단계에 놓여 있다.

자신의 업무를 수행하다 보면 거기에는 같이 일하고 싶지 않은 동료직원과의 문제, 욕구좌절과 불만족의 경험 등과 같이 자신이 좋아하지 않는 몇 가지 측면이 있을 것이다. 반면에 일을 잘 해낸 데서 오는 만족감, 자신의 업무와 관련된 주체성 의식, 전문적으로나 개인적으로 다 같이 성장할 수 있는 기회 등도 있을 것이다.

직장생활에 임하는 바람직한 생활자세에 관한 몇 가지 지침을 소개하면 그것은 다음과 같다.

(1) 동료직원과 더 좋은 관계를 촉진시키고, 자신의 업무로 인해 더 많은 보상을 얻을 수 있도록 자신이 변화시킬 수 있는 그러한 측면을 변화시키기 위해 인간관계에 관해 지금까지 이해한 것들을 이용하도록 하라. 자신이 맡은 첫 번째 업무나 그 이후의 업무가 자기 자신에게 충만감을 주게 될지는 알 수 없다.

(2) 성공할 기회를 자신의 업무뿐만 아니라 자기 자신한테서 찾도록 하라.

(3) 즉각적인 만족감은 기대하지 말라. 업무에서 성공하려면 자신이 일을 잘 배워야 하고, 어느 정도의 긍정적인 경험을 해야 되는 데 여기에는 상당한 시간이 걸린다. 물론 이러한 모든 것에 예외가 있다면, 그것은 황당무계하거나 엉성한 계획에 의한 결과를 너무 성급히 받아들인 직업의 경우일 것이다.

(4) 어떤 형태의 '체제'가 자신에게 최고의 행복을 안겨다 주고, 어떤 체제 안에서 일을 가장 훌륭하게 수행할 수 있는지를 인식하라.

(5) 업무에서의 성공을 결정하는데 있어 가장 결정적인 요인이 되는 것은 자신의 상사나 감독자라는 것을 명심하고, 가능한 범위 내에서 '최적'의 여건을 만들도록 하라. 세상에는 완전한 직업도 완전한 인간도 없다. 그러나 자신의 업무태도는 업무를 매력적이고 바람직하게 만드는 주요한 요인이 될 것이다.

(6) 도전할 만한 일을 찾고, 자신의 능력을 발휘하고, 자신의 업무에 대해

서 최선의 노력을 경주하도록 하라. 자신이 받는 보상은 인간이 자신의 업무에 쏟는 노력의 직접적인 근거가 된다는 것을 알게 될 것이다.

(7) 자신이 할 수 있고 하기를 원하는 일이 무엇인가를 알아보고, 최선의 노력을 경주하여 열심히 일할 수 있는 조직이나 체제가 무엇인지를 찾아라. 그러면 기회는 온다.

결론적으로 직무에서 성공하는 길은 주로 사람을 어떻게 일에 맞추어 적재적소에 배치하느냐에 의해 좌우된다. 그리고 경영자가 갖는 기대는 상호이익의 개념에 기초한 것인 데 여기에는 여러 가지가 있다.

새로운 직원을 선발하는 데 있어 경영자가 갖는 일반적인 기대는 ① 능력과 기술, ② 주도성, ③ 협동성, ④ 동기화, ⑤ 상호의존성, ⑥ 회사에 대한 충성심, ⑦ 적절한 용모, ⑧ 긍정적인 태도 등이다.

사람들이 이러한 경영자의 기대를 어떻게 평가하느냐는 자신의 직업적 성공에 영향을 주는 일차적인 요인이 될 것이다.

4. 바람직한 삶의 자세

인간은 자기가 원하든 원치 않던 생의 모든 단계에서 타인과 더불어 산다. – 어렸을 때는 부모와 함께, 청소년이었을 때는 친구들과 함께, 성인이 되어서는 배우자와 함께, 장년이 되어서는 관련 직장에 소속되어, 퇴직 후에는 퇴직자 모임에 소속되어 산다. – 죽을 때까지.

인간은 타인을 필요로 한다. 사랑하기 위해서 필요로 하고 사랑받기 위해서 필요로 한다. 타인이 없다면, 인간은 홀로 버려진 갓난아이와 같이 성장도 못하고, 발전도 못하고, 정신이 돌아 결국에는 죽음의 길을 택하게 될 것이다.

인간관계는 타인과의 상호작용의 과정이다. 이는 자신과 타인에 대하여 더 많은 것을 알고, 상호간의 수용과 성장을 촉진함으로써 발전된다. 긍정적인 인간관계의 기술은 인간으로 하여금 타인과 의사소통하도록 돕는다.

인간관계 연구에서 자신의 자아에 대하여 더 많은 관심을 갖는 것은 타인과 더 좋은 관계를 맺는 데 있어 가장 먼저 필요한 것이다. 만일 인간관계 연구를 '나'만을 강조하는 것으로 본다면, '타인'만을 연구하는 것과 마찬가지로 일방적인 것이라 할 수 있다. 질적으로 긍정적인 자기존재와 타인과의 상호작용 모두를 강조하는 상호의존성은 건전하고 자신감에 넘치는 긍정적인 자아개념으로부터 출발한다. 그러나 여기서 끝나지는 않는다.

인간은 타인을 필요로 하고 타인과의 관계를 필요로 한다. 타인과 관련해서 자기 자신의 존재를 알려고 하는 것은 인간관계를 이해하는 데 있어 첫 단계이다. 변화는 불가피하게 일어나고 있으며, 그럼으로써 우리는 변화의 관점에서 자신을 알 필요가 있다. 로저스(Carl Rogers)는 "훌륭한 생활은 존재의 상태가 아니라 만드는 과정(process)이며, 운명이 아니라 헤쳐 나가는 것이다"라고 말했다.

해리스(T. A. Harris)에 따르면 인간은 성장해 가면서 자신과 타인에 대해 어떤 가치를 부여하면서 살아가게 된다. 이 가치가 특정 자세로 형성되면 인생관이나 삶의 태도가 달라지는데 이를 삶의 자세(life position)라고 한다.

삶의 자세는 인간에 대한 기본적인 관점과 태도를 형성하고, 성격의 일부로 남아 있기도 한다.

삶의 자세는 크게 긍정적인 태도와 부정적인 태도로 대별될 수 있는데 해리스는 ① 사랑을 받고 있다. ② 뛰어나다. ③ 좋은 사람이다. ④ 살아갈 가치가 있다. ⑤ 하면 잘 해낸다. ⑥자아실현을 하고 있다 등 좋다고 생각하는 것을 긍정적인 태도로 보고, 이를 'OK'로 표시하였다. 그리고 ① 멍청하다. ② 추하다. ③ 사랑받을 가치가 없다. ④ 나쁜 사람이다. ⑤ 무엇을 해도 안 된다. ⑥ 뒤진다. ⑦ 망할 징조이다 등 나쁘다고 생각되는 것을 부정적인 태도로 보고, 이를 Not OK로 표시했다.

삶의 자세는 다른 사람들이 자기를 어떻게 보고 있고, 자기가 다른 사람들을 어떻게 보고 있는가에 따라 다음과 같은 네 가지 기본입장과 관점을 정리할 수 있겠다.

① 자기 부정-타인 긍정 (I'm Not OK-You're OK)
② 자기 부정-타인 부정 (I'm Not OK-You're Not OK)
③ 자기 긍정-타인 부정 (I'm OK-You're Not OK)
④ 자기 긍정-타인 긍정 (I'm OK-You're OK)

인간들이 이들 네 가지 입장 중에서 어느 입장을 갖고 있느냐는 그 사람이 과거에 받은 '단서적 자극'의 양과 형태에 의해서 주로 결정된다.

1) 자기 부정-타인 긍정(I'm Not OK-You're OK)

"자기 부정-타인 긍정"의 삶에 자세는 초기 아동기에 나타나는 보편적인 입장으로써, 영아기나 유아기에 가장 많이 발견된다. 유아기의 어린이는 5살이 될 때까지 타인에 의해 보살핌을 받고, 물건을 쥐어 줘야 하고, 음식을 먹여 줘야 하며, 옷을 입혀 주어야 생활할 수 있다. 즉 유아기에는 '단서적 자극'을 받는다. 자기 부정-타인 긍정의 생활태도를 갖는 사람들은 타인에게 의존적이며, 타인에게서 인정과 승인을 필요로 한다. "이 단계의 사람들에게 있어서 가장 훌륭한 사람들은 타인의 인정을 많이 얻는 사람들이다. 즉 이들은 타인의 인정을 얻는 것에 몰두하지만, 타인의 인정을 얻고 나면 또 다른 인정받아야 할 문제에 직면하게 된다."

자기 부정의 사람은 자신의 노력이 충분하지 않았다고 느끼는 경향이 있으며, 자신이 하는 모든 일들을 모호하고 귀찮은 것으로 생각함으로써 여전히 자기 부정의 태도가 지속된다. 어쨌든, 이들은 타인들이 자기보다 항상 훌륭하다고 생각하는 태도, 즉 타인을 긍정하지만 자신을 부정하는 태도가 지속된다.

기본적으로 이 입장의 사람들은 우울하고, 축 늘어지고, 소외되고, 능력이 없다고 느끼는 사람들로서, 자기비하(自己卑下)로 인해 타인과의 관계형성을 위해 시간을 보내려고 하지 않는다.

이러한 입장의 사람들은 긍정적인 단서적 자극이 없게 되면, '자기 부정-타인 부정'의 태도로 바뀌게 된다.

❑ 자기부정-타인긍정형의 행동특성

1. 대인관계를 싫어한다.
2. 열등감에 사로 잡혀 자신감이 없다.
3. 실패에 대한 공포로 책임을 맡지 않으려 한다.
4. 무엇을 원하는지 자신도 모르고, 자기의 것도 차지하지 못한다.
5. 타인을 비난하고 자기를 합리화한다.
6. 문제나 책임으로부터 도피하고자 하며 코치해주기를 바란다.
7. 다른 사람에게 의존하려 한다.

2) 자기 부정-타인 부정(I'm Not OK-You're Not OK)

보통의 어린이들에게 있어, 부정적인 태도는 5살 이후에 나타나게 된다. 대부분의 어린이들은 걸어 다니고, 기어오르며, 어떤 일에 몰두하기 시작하며, 이제는 보살펴 주거나 물건을 집어서 줄 필요가 없게 된다. 만일 부모가 냉정하고 쌀쌀맞게 대하면, 이는 어린이에게 굉장한 충격이 된다.

"타인의 도움을 받지 못하여 포기와 곤란의 상태가 지속되면, 어린이는 자기 부정-타인 부정의 상태" 에 들어가게 된다. 이 단계에서 어린이는 포기하게 되고 생활에 대한 희망은 없게 된다. 그는 재미없이 그럭저럭 생활하게 되며, 결국에는 정신적으로 극도의 자포자기 상태에 빠지게 된다. 이 상태에서 사람들은 생활을 무의미한 것으로 생각하며, 의미 없이 시간을 보내게 된다.

전체적으로 부정적인 이러한 삶의 자세는 가장 나쁜 유형으로 심하면 정신분열에 이르고 집단으로부터 배제당할 가능성이 높다.

❑ 자기부정-타인부정형의 행동특성

1. 타인에 대한 신뢰감이 없다.
2. 매사에 공격적이다.
3. 체제나 세상에 대해 분노를 품고 있으며 반항적이고 적대적이다.
4. 버림받는다는 두려움이 있다.
5. 될 대로 되라는 생각을 가지고 있으며 책임도 맡지 않으려 한다.
6. 책임을 맡으면 투덜대고 실수를 반복한다.
7. 삶의 목표가 없고 낙담하며 소외를 느낀다.

3) 자기 긍정-타인 부정(I'm OK-You're Not OK)

이 단계는 어린이가 부모들의 차가운 태도로 인해서 호전적으로 바뀌는 상황이다. 해리스는 이 단계를 '범죄적' 단계라 규정하였다. 여기서 자신에 대한 긍정적 인식은 타인에 의한 단서적 자극이 아니라 자기 자신에 의한 단서적 자극의 결과이다. 해리스는 "이러한 단서적 자극은 어린이가 고통스런 상처로 인해 고생하는 동안에 생긴다."고 하였다.

어린이는 상처가 아물게 되는 동안 "누워 있으면서 자신의 상처를 만지

작 거린다."그리고 혼자 안도감을 경험한다. 그리고 알았다는 듯이, "혼자 내버려 두려면 두라지. 나는 참아낼 수 있어"그러면서 어린이는 호전성을 경험하게 되고, 생존을 경험하게 된다. 이러한 어린이들에 있어 자기 긍정-타인 부정의 생각은 살아남기 위한 결정이다. 그가 자신이나 사회를 위해서도 비극적인 것은 내적(inward)으로 세상을 보기를 계속 싫어하게 된다는 것이다. 그는 자신의 주변에서 일어나는 일들에 대하여 객관적으로 보는 눈을 잃어버려 항상 "타인의 잘못된 점"만을 보며, 이러한 결점을 "그들의 전부"라 생각한다.

이러한 사람들은 타인과 거리를 두고, 타인을 불신하고, 의심하며, 타인과의 관계를 끊어버리는 데 시간을 보낸다.

❑ 자기긍정-타인부정형의 행동특성

1. 배타적이고 지배적이다.
2. 타인의 진의를 바르게 수용하지 않는다.
3. 다른 사람을 지배하는 힘을 잃지 않을까 두려워한다.
4. 자기 방어적이고 공격적이다.
5. 극단의 논리를 편다.
6. 상대를 몰아붙인다.
7. 우월감이 강하다.

4) 자기 긍정-타인 긍정(I'm OK-You're OK)

"자기 긍정-타인 긍정"은 가장 소망스런 생활태도로서 이를 OK랜드라 부른다. 이러한 관점의 사람들은 타인과의 "자유로운 관계 형식"(game-free)에 시간을 바치고자 하고, 문제를 건설적으로 해결하는 능력을 가지며, 생활을 건전하고 행복하게 영위한다. 대부분의 사람들은 인간이 많은 자기 시간을 잠재적으로 건전한 "자기 긍정-타인 긍정"의 입장을 취하면서 생활한다고 생각하고자 할 것이다. 그러나 우리는 때에 따라서 다른 입장에 빠져서 생활한다는 것을 인정한다. 자신의 행동에 대하여 더 많이 알고 더 많은 개인적인 책임감을 가짐으로써, 우리는 의식적으로 자신의 생활을 긍정적이고 만족스러운 방향으로 이끌 수 있다. 그러나 이렇게 하기 위해서는 더 많은 노력과 이해와 의욕을 필요로 한다.

❑ 자기긍정-타인긍정형의 행동특성

1. 누구와도 사이좋게 모든 일을 잘 해낸다.
2. 자신뿐만 아니라 타인을 존중하고 소중하게 생각한다.
3. 분노를 표시할 때는 자유롭게 표출한다.
4. 개방적이고 언제나 수용할 태도를 가지고 있다.
5. 불일치가 있을 경우 그 원인을 찾아보고 서로 해결방법을 모색한다.
6. 자신감을 가지고 다른 사람과 대화하고 협력한다.
7. 필요한 행동만 한다.

처음의 세 관점과 네 번째의 관점 사이에는 질적인 차이가 있다. 처음 세 관점은 초기에 있을 수 있는 무의식적인 것이다. 자기 부정-타인 긍정은 처음 단계의 관점으로서 대부분의 사람들의 전 생애 동안 계속 지속된다. 처음 세 관점은 감정에 기초하고, 네 번째 관점은 생각과 신념과 자신감 있는 행동에 기초한다. 처음 세 관점은 어째서 그런가(why?)라는 질문과 관련되고, 네 번째 관점은 왜 안 되는가(why not?)라는 질문과 관련된다. 인간은 새로운 관점으로 빨려 들어가지 않는다. 인간이 스스로 하는 결정에 의해서 새로운 관점으로 옮겨간다. 그러므로 자신의 가치와 타인의 가치를 알게 되는 상황에 반복해서 접함으로써, 초기에 긍정적인 생활을 하도록 도움을 받는 어린이는 행복한 어린이라 할 수 있다.

궁극적으로 자기 긍정-타인 긍정이 감정이 아니라 관점이라는 것을 이해하는 것은 아주 중요하다. 어린이 시절의 부정적(Not OK) 경험의 기록들은 현재의 결정에 의해 지워지지 않는다. 손쉬운 해결책은 긍정적(OK) 산출을 연출한 기록들을 수집하는 방법에 관한 것이다. 자기 긍정-타인 긍정이 효력 있는 이유는 즉각적인 즐거움이나 평온이 기대되지 않기(Not) 때문이다. 개인적이고 사회적인 파란(storms)은 우리가 새로운 입장을 취하려 할 때 즉각적으로 해소되지 않을 것이다. 어린이들은 즉석커피, 30초에 만들어지는 케이크, 위산과다의 즉각적인 해결 등과 같은 즉각적인 결과를 원하다. 그러나 성인들은 인내와 신념이 필요하다는 것을 이해할 수 있다. 우리는 자기 긍정 -타인 긍정의 입장을 취한다고 해서 즉각적인 긍정(OK)의 느낌을 보장할 수 없다.

우리는 옛날의 기록에 민감해야 되지만, 우리가 새로운 방식으로 살려고 하는 신념을 결정하는 방식으로 다시 연출하려 할 때 옛날 경험 기록을 재현할 수 있다. 그리고 이러한 재현은 시간이 지나서 일상생활에서 새로운 결과와 새로운 행복을 가져올 수 있을 것이다.

여러분은 어떠한 인생 삶에 대한 자세, 즉 인생관을 가지고 있는가? 여러분은 자기 부정-타인 긍정의 입장을 갖고 있는"다수의 사람들"중의 한 사람에 속하는가? 아니면 현명하게 과거의 기록을 경청하고, 부정적 경험의 기록을 수정함으로써, 자신과 타인을 모두 다 진실하게 받아들이는 상태에 있는가? 자아와 타인에 대한 상호간의 수용은 완전을 의미하지 않으며, 완전은 거의 모든 사람이 부담감을 갖고 있고 성취하기 어렵다고 생각하는 것이다.

상호수용에 대한 인간관계는 건전한 자기 신뢰감을 수반하게 된다. 여기에는 여러분 자신을 평범한 사람으로 알고, 자신의 능력을 파악하고, 타인과의 관계를 수용하려고 하는 태도가 필요하다. 그러나 이것만으로는 충분하지 못하다. 여러분은 또한 타인도 역시 긍정적인 태도를 갖고 있다는 것을 느낄 필요가 있다. 왜냐하면, 여러분은 혼자 사는 것이 아니기 때문이다. 건전한 방식으로 타인을 신뢰해 주고, 그 사람의 독특한 가치를 인정해 주는 것은 타인과 행복하고 의미 있는 관계를 형성하는 또 다른 방식이 될 것이다.

인간관계는 타인들과 상호작용하는 과정이다. 그리고 긍정적인 인간관계 기술은 사람들로 하여금 그들이 생산적으로 협동하면서 일하고 효과적으로 학습할 수 있는 분위기에서 타인과의 의사소통을 가능하게 해준다. 자신과 타인에 대한 상호간의 수용은 건전한 인간관계 형성의 토대가 되며, 상호의존성이야말로 긍정적인 인간관계 발전에 있어서 중요한 요인이 되는 것이다.

5. 직장인의 행동예절

1) 직장인의 마음가짐, 몸가짐

(1) 고전(古典)의 구사(九思) 계

구사(九思)란 아홉 가지 생각하는 법으로서 논어에 나오는 글이며, 예절을 가르치는 소학(小學)이란 책에 인용되었고, 율곡 선생의 격몽요결(擊蒙要訣)에도 소개되었다.

① 시사명(視思明) : 눈으로 볼 때는 밝고 바르게 옳게 보아야겠다고 생각한다.

② 청사총(廳思聰) : 귀로 들을 때는 소리의 참뜻을 밝게 들어야겠다고 생각한다.

③ 색사온(色思溫) : 표정을 지을 때는 온화하게 하야겠다고 생각한다.

④ 모사경(貌思敬) : 몸가짐이나 옷차림에는 공손해야겠다고 생각한다.

⑤ 언사충(言思忠) : 말을 할 때는 참되고 정직하게 하야겠다고 생각한다.

⑥ 사사경(事思敬) : 어른을 섬길 때는 공경스럽게 할 것을 생각한다.

⑦ 의사문(疑思問) : 의심나고 모르는 것이 있으면 아는 이에게 물어서 배우겠다고 생각한다.

⑧ 분사난(忿思難) : 분하고 화나는 일이 있으면 어려운 지경에 이르지 않게 할 것을 생각한다.

⑨ 견득사의(見得思義) : 자기에게 이로운 것을 보면 그것이 정당한 것인가를 생각한다.

(2) 古典의 구용(九容)

우리 조상들이 몸가짐의 기준으로 삼은 것은 예절을 가르치는 소학과 율곡선생의 격몽요결에 나오는 글을 보면 아홉 가지 모습이란 뜻의 구용(九容)이 있다.

① 족용중(足容重) : 발을 옮겨 걸을 때는 무겁게 한다. 그러나 어른의 앞을 지날 때와 어른의 명령으로 일을 할 때는 민첩하게 한다.

② 수용공(手容恭) : 손을 필요 없이 움직이지 않으며 일이 없을 때는 두 손을 모아 공손하게 공수(拱手)한다.

③ 목용단(目容端) : 눈은 단정하고 곱게 떠서 지긋이 정면을 본다. 치뜨거나 곁눈질을 않는다.

④ 구용지(口容止) : 입은 조용히 다물어야 한다. 말하지 않을 때 입을 헤벌리거나 어른 앞에서 껌을 씹으면 안 된다.

⑤ 성용정(聲容靜) : 말소리는 나직하고 조용하게 해야 하며 시끄럽거나 수선스럽게 하지 않는다.

⑥ 두용직(頭容直) : 머리를 곧고 바르게 가져 의젓한 자세를 지킨다.

⑦ 기용숙(氣容肅) : 호흡을 조용히 고르게 하고 안색을 평온히 해서 기상

을 엄숙하게 갖는다.

⑧ 입용덕(立容德) : 서있는 모습은 그윽하고 덕성이 있어야 한다. 기대거나 비뚤어진 자세는 천박하게 보인다.

⑨ 색용장(色容莊) : 얼굴표정은 항상 명랑하고 씩씩하게 갖는다.

2) 직장인의 생활예절

(1) 공손한 자세(拱手法; 공수법)

우리가 어른을 모시거나 의식행사에 참석하면 공손한 자세를 취해야 하는데 그 방법은 두 손을 앞으로 모아 잡고 다소곳하게 서둘지 않는 것이고, 두 손을 모아 잡는 것을 공수(拱手)라 한다.

(가) 공수의 방법

① 남자의 평상 시 공수는 왼손이 위로 가게 두 손을 포개 잡아야 한다.

② 남자의 흉사 시(凶事時) 공수는 오른손이 위로 가게 두 손을 포개 잡아야 한다.

③ 여자의 평상 시 공수는 오른손이 위로 가게 두 손을 포개 잡아야 한다.

④ 여자의 흉사 시 공수는 왼손이 위로 가게 두 손을 포개 잡아야 한다.

⑤ 공수할 때의 손의 모습은 위로 가는 손바닥으로 아래 손의 등을 덮어서 포개 잡는데 두 엄지손가락은 깍지 기듯이 교차시킨다. 그 이유는 넓고 긴 예복의 소매가 흘러내려 맨살이 드러나지 않도록 맞은편의 소매 끝을 누르고, 큰 의식 때 쥐는 홀(笏)을 쥐기 위해서이다.

⑥ 소매가 넓은 예복을 입었을 때는 공수한 팔이 수평이 되게 올린다.

⑦ 소매가 좁은 평상복을 입었을 때는 공수한 손의 엄지가 배꼽부위에 닿도록 자연스럽게 앞으로 내린다.

⑧ 공수하고 앉을 때의 공수한 손의 위치는 남자는 두 다리의 중앙에 얹고, 여자는 오른쪽 다리위에 얹으며, 남여 모두 한쪽 무릎을 세우고 앉을 때는 세운 무릎위에 얹는다.

(나) 남좌 여우(男左 女右)의 이유

태양광선은 생명의 원천이기 때문에 생명이 있는 것은 태양광선을 가장 잘 받는 남쪽을 향하는 것이 정칙이다.

남쪽을 향하면 왼편이 동쪽이고 오른편이 서쪽이다.

동쪽은 해가 뜨니까 양(+)이고, 서쪽은 해가 지니까 음(-)이다.

남자는 양(陽)이니까 남자의 방위는 동쪽인데, 그 동쪽이 왼편에 있으니까 남자는 좌(男左)이고, 여자는 음(陰)이니까 여자의 방위는 서쪽인데 그 서쪽이 오른편에 있으니까 여자는 우(右)이다. 남좌(**男左**) 여우(**女右**)란 남자는 동쪽, 여자는 서쪽이란 말이다.

(다) 흉사시란 언제인가?

흉사(凶事)는 사람이 죽을 때를 말한다. 따라서 자기가 상주노릇을 하거나 남의 상가에 인사할 때나 영결식에 참석하는 것이 흉사이다.

제의례(祭儀禮)는 흉사가 아니다. 조상의 제사는 자손이 있어서 조상을 받들게 되니까 길(吉)한 일이다. 따라서 제사에서는 흉사시의 공수를 하면 안 된다.

그러므로 엄격하게 말하면 흉사의 공수는 사람이 죽어서 약 백일 만에 지내는 졸곡제(卒哭祭) 직전까지의 행사에 참석할 때만 하는 것이다.

(2) 고객의 마음을 움직이는 인사

◇ 내가 먼저
◇ 상대의 눈을 보며
◇ 인사말을 크게
◇ 상대에게 알맞도록

▣ 인사(경례)의 기본

❑ 경례의 종류

◇ 배례(의식행사) : 90도

◇ 경례

- 큰경례(정중한 인사) : 45도
- 평경례(보통인사) : 30도
- 반경례(가벼운 인사) : 15도

6. 선물하는 요령

1) 선물의 매너

- 선물은 간단하면서도 반가운 것을 하는 것이 좋다.
- 바겐세일 등에서 싸게 산 것을 포장만 잘해서 선물하는 것은 실례이다.
- 자기가 선물로 받은 것을 다시 남에게 선물해서는 안 된다.
- 선물을 할 때는 반드시 포장을 하는 것이 좋다. 또한 리본도 곁들여 사용하면 더욱 좋다.
- 포장을 할 경우 카드를 첨부시키면 좋다.
- 선물은 집에 들어서면서 인사를 한 후 먼저 전하는 것이 좋다.
- 서양에서는 선물을 받으면 그 자리에서 펴보는 것이 에티켓이다.

2) 선물해서는 안 되는 것들

- 출산한 집이나 신경이 과민 상태인 병자를 위문할 때는 물건을 네 개로 가져가지 않는다. (4자는 死자와 통하기 때문에 피하는 것이 좋다.)
- 호흡기 질환을 가진 환자에게는 꽃을 가져가지 않으며 다른 환자에게도 흰 꽃만을 가져가서는 안 된다.
- 결혼하는 사람에게 흑색 옷감을 주는 것은 미망인을 연상케 하므로 피하는 것이 좋다.
- 이성간에 내의나 잠옷을 선물하는 것은 오해를 부른다.
- 일본사람에게는 칼을 선물하지 않는다.
- 중국 사람에게는 탁상시계를 선물하지 않는다.
- 독일 사람에게는 꽃을 선물할 때는 홀수로 한다. (빨간 장미는 선물하지 않음)
- 불란서 사람에게는 카네이션을 선물하지 않는다.
- 서양에서는 가정에 케이크를 선물로 가져가지 않는다.

7. 현대인의 상장례(喪葬禮)

1) 상장례의 기본정신

상장례는 사람의 죽음을 맞고 그 주검을 갈무리해 장사지내며 근친들이 일정기간 슬픔을 다해 죽은 자를 기리는 의식절차이다. 그러므로 아무리 생활여건이 달라졌다하더라도 정신적으로는 옛날과 현대가 다를 것이 없다.

- 엄숙하고 경건하게 죽음을 맞는다.
- 죽은 이에 대한 마지막 모심이기 때문에 극진히 하며 힘을 다해 장례를 치른다.
- 특히 죽은 자의 자손은 자기존재에 대한 은혜를 마음에 새겨 근본에 보답하는 자세로 근신하며 기린다.
- 모든 절차는 경제적 여건과 생업의 사정에 따라 사람마다 한결같을 수는 없다.

2) 조상(弔喪) · 문상(問喪)

① 고례에는 주상 주부 이하 복인들이 정해진 상복을 입고, 서로 조문하는 성복례(成服禮)를 치르기 전에는 외부손님의 조상이나 문상을 받지 않았으나 근래에는 죽음을 알면 즉시 조상과 문상을 한다.

② 고례의 조상과 문상방법은 다음과 같다.

- 조상(弔喪) : 죽음을 슬퍼한다는 뜻이다. 죽은 이가 남자이면 손님이 영좌 앞에서 죽은 이에게 슬픔을 나타내기 때문에 남자가 죽은 상에 인사하는 것을 조상이라 한다. (弔客錄에 기록한다.)
- 문상(問喪) : 근친의 죽음에 대한 슬픔을 묻는다는 뜻이다. 죽은 이가 여자이면 손님이 죽은 이에게는 인사하지 않고 주상 주부 이하 복인에게만 죽음을 위문하기 때문에 여자가 죽은 상에 인사하는 것을 문상이라 한다.(弔慰錄에 기록한다.)
- 성복례를 하기 전에는 주상 주부 이하 복인들이 슬픔으로 경황이 없

을 것이므로 조상·문상을 하지 않고 호상소에만 인사한다.

③ 그러나 현대는 그렇게 구분하지 않고 죽음을 알면 즉시 조상도 하고 문상도 한다. 조상과 문상을 합해서 슬픔을 나타내고 위문도 한다는 뜻으로 **조문(弔問)**이라 한다.

④ 조문방법

- 손님이 상가에 도착하면 먼저 호상소로 가서 조객록이나 조위록에 자기의 주소 성명을 기록한다.
- 호상소에서는 정중히 인사하고 영좌 앞으로 안내한다.
- 주상·주부 이하 복인들이 일어나서 흉사시의 공수를 하고 슬픔을 나타낸다.
- 손님은 향안 앞으로 가서 향을 1번이나 3번 살르고, 흉사 시의 공수를 하고 서서 잠시 죽은 이를 추무하며 슬픔을 나타낸다.
- 영좌가 입식으로 설치되었으면 허리를 90도로 굽혀 한 번 경례하고, 좌식으로 되어 있으면 전통배례로 두 번 절한다. 죽은 이가 평소에도 절을 하지 않을 정도로 아랫사람이면 절은 하지 않는다.
- 약간 뒤로 물러나서 상제가 있는 쪽을 향해 선다.
- 상제가 먼저 경례 또는 절을 하면 손님이 맞절 또는 답배를 한다. 이때도 평소에 절을 하지 않을 정도로 높은 쪽에서는 절하지 않고 아랫사람 쪽에서만 절한다.
- 좌식장소면 꿇어앉고 입식장소면 공손한 자세로 서서 손님이 먼저 인사한다.
- 고례에는 죽은 이와 복인과의 관계에 따라 인사말이 달랐으나 내용은 모두 '슬픔을 위문'하는 말이었다. 그러므로 현대에는 누가 죽었든 어렵지 않게 "얼마나 슬프십니까?"라고 인사하면 된다.
- 복인이 대답하는 말도 고례에는 경우에 따라 달랐으나 내용은 한결같이 '슬프다'는 것이었다. 그러므로 현대에는 "오직 슬플 따름입니다."라고 대답하면 된다.
- 조문할 다른 손님이 기다리고 있으면 공손한 자세로 물러나고, 만일 한가하면 잠시 다른 위문의 인사를 할 수도 있다. 그러나 복인이 피곤하지 않게 주의해야 한다.

⑤ 다시 호상소에 가서 준비된 부조금품을 내놓고, 호상소에서는 그 내용

을 부의록에 기록한다.

⑥ 손님은 호상에게 수고한다는 인사를 하고 “제가 해야 할 일이 없습니까?”라고 협조할 일을 묻는다.

⑦ 대접하는 다과가 있으면 간단히 들고 일어난다.

⑧ 상가의 화제는 죽은 이를 추모하거나 자손들의 효성을 칭송하거나 장례절차에 관한 것이어야 한다. 절대로 잡담이나 큰소리, 노래, 춤 등으로 무례를 범하지 않아야 한다.

❑ 부의(賻儀)

① 사람의 죽음은 예측할 수 없는 일이다. 그러므로 졸지에 상을 당한 상가를 돕기 위해 상장절차에 소용되는 물품이나 돈을 자기의 형편에 맞게 부조 하는 것이 우리의 미풍양속이고, 그것을 부의라고 한다.

② 부의는 많고 적음보다 정성이 앞서야 하므로 깍듯한 예를 차려야 한다.

③ 물건이나 돈을 불쑥 내놓기보다 일정한 격식을 차리는데 그것이 물목기(物目記)이다.

※ 직장동료간의 길흉사는 대인관계를 개선시키는데 참으로 좋은 기회가 될 수도 있지만, 이에 대한 처신이 잘못될 경우 회복할 수 없는 깊은 상처를 남길 수도 있음을 유념해야 한다.

◇ 부의 물목 서식

爲
金吉洙大人喪次

謹弔
慰賻
儀金壹萬원整
年月日
李吉東哭拜

앞면

爲
金吉洙大人喪次
賻儀
李吉東哭拜

뒤면

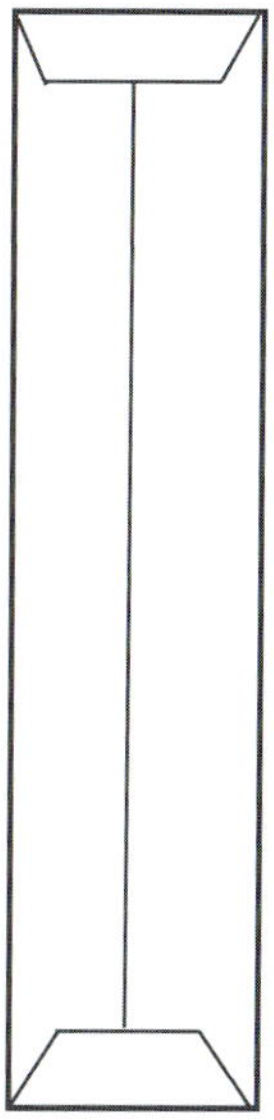

8. 칭호

1) 친척에 대한 칭호

① **자기에 대한 칭호**

- 저 · 제 : 웃어른이나 여러 사람에게 말할 때
- 나 : 같은 또래나 아랫사람에게 말할 때(근친 어른에게 쓰기도 한다.)
- 우리 · 저희 : 자기 쪽을 남에게 말할 때
- 상대가 부르는 칭호 : 자기를 아랫사람에게 말할 때는 상대가 나를 부르는 호칭으로 말한다. (손자에게 할애비 · 할미, 자녀에게 애비 · 애미, 제자에게 선생님)

② **부모에 대한 칭호**

- 아버지 · 어머니 : 자기의 부모를 직접 부르고 지칭하거나 남에게 말할 때
- 아버님 · 어머님 : 남편의 부모를 직접 부르고 지칭하거나 남에게 말할 때와 남에게 그 부모를 말할 때
- 아빠 · 엄마 : 말 배우는 아이가 자기의 부모를 부르거나 말할 때
- 가친 · 자친(家親 · 慈親) : 자기의 부모를 남에게 말할 때의 한문식 지칭
- 춘부장 · 자당님(椿府丈 · 慈堂) : 남에게 그의 부모를 한문식으로 말할 때
- 부친 · 모친(父親 · 母親) : 남에게 다른 사람의 부모를 말할 때
- 현고 · 현비(顯考 · 顯妣) : 축문이나 지방에 죽은 부모를 쓸 때
- 선친 · 선고 · 선비(先親 · 先考 · 先妣) : 남에게 자기의 죽은 부모를 말할 때
- 선고장 · 대부인(先考丈 · 大夫人) : 남에게 죽은 그의 부모를 한문식으로 말할 때

③ **아들에 대한 칭호**

- 애 · 너 · 이름 : 직접 부를 때와 지칭할 때
- 아들 · 자식 : 남에게 자기의 아들을 말할 때
- 애비 : 자녀를 둔 아들을 그 아내나 자녀에게 말할 때

- 아드님 · 자제 · 영식(令息) : 남에게 그 아들을 말할 때
- 망자(亡子) : 지방이나 축문에 자기의 죽은 아들을 쓸 때
- 네 남편 : 며느리에게 그 남편인 아들을 말할 때

④ **딸에 대한 칭호**

- 얘 · 너 · 이름 : 시집가지 않은 딸을 직접 부르거나 지칭할 때
- ○실 · ○집 : 시집간 딸은 남편의 성을 붙여서 부르거나 말한다.
- 딸 · 여식 : 자기의 딸을 남에게 말할 때
- 따님 · 영애(令愛) : 남에게 그 딸을 말할 때
- 에미 : 자녀를 둔 딸을 그 남편이나 자녀에게 말할 때

⑤ **며느리에 대한 칭호**

- 얘 · 며느리 · 너 : 며느리를 직접 부르거나 지칭할 때
- 네 댁 · 네 아내 : 아들에게 그 아내인 며느리를 말할 때
- 에미 : 자녀를 둔 며느리를 직접 부르거나 그 자녀에게 말할 때
- 며느님 · 자부님 : 남에게 그 며느리를 말할 때

⑥ **사위에 대한 칭호**

- ○서방 · 너 · 이름 : 장인이 사위를 직접 부르거나 지칭할 때
- ○서방 · 자네 : 장모가 사위를 직접 부르거나 지칭할 때
- 네 남편 · ○서방 : 딸에게 그 남편인 사위를 말할 때
- 사위님 · 서랑(壻郎) : 남에게 그 사위를 말할 때

⑦ **부부간의 칭호**

- 여보 · 당신 : 부부가 서로 부르거나 지칭할 때
- 사랑(客室) : 시댁의 어른이 동서에게 자기의 남편을 말할 때
- 제 댁(宅) : 자기 집이나 처가의 윗대 어른에게 자기의 아내를 말할 때
- ○사방 : 친정의 어른에게 자기의 남편을 말할 때
- 안(內室) : 자기 집이나 처가의 같은 세대 어른 또는 제수 · 처남댁에게 자기의 아내를 말할 때
- 안사람 · 집사람 · 아내 : 남에게 자기의 아내를 말할 때
- 주인 · 바깥양반 · 남편 : 남에게 자기의 남편을 말할 때
- 주인어린 · 바깥어른 · 부군(夫君) : 남에게 그 남편을 말할 때
- 안어른 · 부인 · 영부인(令夫人) : 남에게 그 아내를 말할 때

⑧ **시댁가족에 대한 칭호**

- 아버님 · 어머님 : 남편의 부모를 부르거나 말할 때
- 아주버님 : 남편의 형을 부르거나 가족간에 말할 때
- 시숙(媤叔) : 남편의 형을 남에게 말할 때
- 형님 : 남편의 형수나 누님을 부를 때
- 도련님 : 남편의 장가 안간 동생을 부를 때
- 서방님 : 장가간 시동생을 부를 때
- 시동생 : 남에게 자기남편의 동생을 말할 때
- 동서 · 자네 : 시동생의 아내를 부를 때
- 작은 아씨 : 시집가지 않은 손아래 시누이를 부를 때와 가족간에 말할 때
- ○서방댁 : 시집간 손아래 시누이를 부를 때와 가족간에 말할 때
- 시누이 : 남편의 자매를 남에게 말할 때
- ○서방님 : 시누이의 남편을 부를 때

⑨ **처가가족에 대한 칭호**

- 장인어른 · 장모님 : 아내의 부모를 부를 때
- 빙장 · 빙모 : 아내의 부모를 남에게 말할 때
- 처남댁 · ○○어머님 : 처남댁을 부를 때
- 처형 · ○○어머님 : 처형을 부를 때
- 처제 · ○○어머님 : 처제를 부를 때
- 처남 · 자네 : 손아래 처남을 부를 때

※ 기타 처가가족의 호칭은 사회적인 호칭으로 한다. 아내의 직계존속과 부인들을 제외한 남자는 사회적 사귐이기 때문이다.

⑩ **형제간의 호칭**

- 언니 : 미혼의 동생이 형을 부를 때
- 형님 : 기혼의 동생이 형을 부를 때
- 형 : 집안의 어른에게 형을 말할 때
- 백씨 · 중씨 · 사형(伯氏 · 仲氏 · 舍兄) : 자기의 형을 남에게 말할 때
- 백씨장 · 중씨장 · 존형장 · 자네의 형님 : 남에게 그 형을 말할 때
- 애 · 이름 · 너 : 미혼이나 10년 이상 연하인 동생을 부를 때
- 동생 · 자네 · 이름 : 기혼이나 10년 이내 연하인 동생을 부를 때
- 아우 : 동생의 배우자나 남에게 자기의 동생을 말할 때

• 아우님・제씨 : 남에게 그 동생을 말할 때

⑪ **자매간의 상호**

• 언니 : 여동생이 여형을 부를 때
• 얘・너・이름 : 언니가 여동생을 부를 때
• ○실・○집 : 시집간 여동생을 부를 때(남편의 성을 위에 붙인다.)
• 형 : 집안의 어른에게 여형을 말할 때
• ○○에미 : 집안의 어른에게 자녀를 둔 여동생을 말할 때

⑫ **남매간의 칭호**

• 오빠 : 미혼여동생이 남자 형을 부를 때
• 오라버님 : 기혼여동생이 남자 형을 부를 때
• 오라비 : 여동생이 집안 어른에게 남자 형을 부를 때
• 누나 : 미혼남동생이 손위 누이를 부를 때
• 누님 : 기혼남동생이 손위 누이를 부를 때
• 얘・너・이름 : 손위 누이가 미혼인 남동생을 부를 때와 오라비가 미혼인 누이동생을 부를 때

⑬ **형제자매의 배우자 칭호**

• 아주머니・형수님 : 시동생이 형의 아내를 부를 때
• 아주미・아지미・형수 : 집안 어른에게 형수를 말할 때
• 형수씨 : 남에게 자기의 형수를 말할 때
• 제수씨・수씨 : 동생의 아내를 직접 부를 때
• 제수 : 집안 어른에게 동생의 아내를 말할 때
• 제수씨 : 남에게 자기의 제수를 말할 때
• 언니 : 시누이가 오라비의 아내를 부를 때
• 올케・새댁・자네 : 시누이가 남동생의 아내를 부를 때
• 매부(妹夫) : 누님의 남편을 부를 때와 자매의 남편을 남에게 말할 때
• 자형・매형(姊兄・妹兄) : 누님의 남편을 부를 때와 남에게 말할 때
• ○서방・자네 : 누이동생의 남편을 부를 때
• 매제 : 누이동생의 남편을 남에게 말할 때
• 형부 : 여동생이 여형의 남편을 부를 때와 말할 때
• ○서방 : 여형이 여동생의 남편을 부를 때

⑭ 기타 친적간의 칭호

- 할아버지 · 할머니 : 조부모를 직접 부르거나 남에게 말할 때
- 할아버님 · 할머님 : 남에게 그 조부모를 말할 때와 남편의 조부모를 부를 때
- 대부 · 대모 : 자기의 직계존속과 8촌이 넘는 할아버지와 할머니를 부를 때
- 큰아버지 · 큰어머니, 몇째 아버지 · 어머니, 작은 아버지 · 어머니 : 아버지의 형제와 그 배우자를 부르거나 말할 때, 맏이는 큰, 막내는 작은, 기타 중간은 몇째를 붙인다. 이것은 형제자매나 차례가 있는 친족의 칭호에 공통으로 쓰인다.
- 아저씨 · 아주머니 : 아버지와 4촌 이상인 아버지 세대의 어른과 그 배우자를 부를 때
- 고모–아주머니 · 고모부–아저씨 : 아버지의 자매와 그 배우자를 부를 때
- 외숙–아저씨 · 외숙모–아주머니 : 어머니의 형제와그 배우자를 부를 때
- 이모–아주머니 · 이모부–아저씨 : 어머니의 자매와 그 배우자를 부를 때

2) 사돈에 대한 호칭

① **사돈의 의미**

사돈이란 여자가 시집갔을 때 여자의 친정가족과 시댁가족간의 관계를 말하는 것이다. 사돈간에도 사행(査行)이라 해서 세대의 상하를 엄격히 가려야 하고 따라서 칭호도 매우 엄정해야 한다.

② **사돈간의 칭호**

- 사장(査丈)어른 : 웃세대 사돈남여에 대한 칭호이다. 웃세대 사돈이란 며느리의 친정조부모, 딸의 시조부모, 형수나 제수의 친정부모, 자매의 시부모 등과 같이 자기보다 웃세대인 사돈을 말한다.
- 사돈(査頓) : 같은 세대의 동성끼리의 사돈으로서 연령이 10년 이내 연상까지를 말한다. 어떤 여자의 친정과 시댁의 아버지끼리, 어머니끼리 서로 말할 때
- 사돈어른 : 같은 세대의 이성간의 사돈이나 동성이라도 자기보다 10년 이상 연상일 때 말한다. 어떤 여자의 친정어머니가 시아버지를, 친정

아버지가 시어머니를, 시아버지가 친정어머니를, 시어머니가 친정아버지를 말할 때

- 사돈양반 : 아랫세대의 기혼여성인 사돈을 말할 때, 시어머니가 며느리의 오라비, 시아버지가 며느리의 올케나 형, 친정아버지가 딸의 시누이나 동서, 친정어머니가 딸의 시숙이나 시동생을 말할 때
- 사돈도령 · 사돈총각 : 미혼남자인 사돈을 말할 때
- 사돈처녀 · 사돈아가씨 : 미혼여성인 사돈을 말할 때
- 사돈아기 : 어린 사돈에 대한 칭호

3) 조직사회(직장)에서의 칭호

① 상급자에 대한 칭호

- 부장님 · 과장님 : 자기의 소속된 부서의 상급자는 직급 명에 '님'을 붙인다.
- 서무부장님 · 총무과장님 : 다른 부서의 상급자는 부서명을 위에 붙인다.
- ○부장님 · ○○○과장님 : 같은 직급에 여러 사람의 상급자가 있을 때는 성이나 성명을 위에 붙인다.
- 부장 · 과장 : 상급자에게 그 하급자이면서 자기에게는 상급자를 말할 때는 '님'을 붙이지 않고 직책과 직급명만을 말한다.

② 하급자에 대한 칭호

- 과장 · 계장 · 대리 : 직책이 있는 하급자는 직책 · 직급 명으로 말한다.
- ○과장 · ○○○대리 : 같은 직급에 여러 사람의 하급자가 있으면 성이나 성명을 위에 붙인다.
- ○○○씨 · ○○○여사 : 직책이나 직급명이 없는 하급자는 성명이 '씨'나 '여사'를 붙인다.(여사는 기혼여성이다.)
- ○○○선생 · ○○○형 · ○○○여사님 : 하급자라도 자기보다 연상자이면 높여서 말한다.
- ○○○군 · ○○○양 : 하급자가 미성년이나 10년 이상 연하인 미혼자이면 성이나 성명에 '군' '양'을 붙인다.

③ 동급자 · 동료간의 칭호

- ○○○과장님 : 동급자라도 연상자에게는 '님'을 붙인다.

- 부장 · ○○○과장 : 직급이 있으며 동년배인 동급자간에는 직급명만을 부른다.
- 선생님 · ○○○선생님 : 동료라도 10년 이상 연상이면 '선생님'을 붙인다.
- 선배님 : 자기보다 5년 이상 입사선배거나 연상자이면 남여 모두 '선배님'이라고 부른다.
- ○○○씨 · ○○○여사님 : 동료간이지만 친숙하지 못한 동년배는 '씨' '여사님'을 붙인다.
- ○형 · ○○○형 · ○○○여사 : 동년배로서 친숙한 사이에는 성이나 성명에 '형' '여사'를 붙인다.
- ○군 · ○양 : 10년 이상 연하자로서 친숙한 미혼이나 미성년은 '군' '양'을 붙여서 부른다.

4) 사회생활에서의 칭호

① 잘 아는 사람에 대한 칭호

- 어르신 · 어르신네 : 부모의 친구, 친구의 부모, 또는 부모같은 나이가 많은 남여어른(자기보다 16년 이상 연상자)
- 선생님 : 자기가 존경하는 웃어른이나 직업이 선생님인 남여어른
- 노형 : 자기와 11년 내지 15년 사이에 드는 연상 연하 자와의 상호 칭호
- 형님 · 형 : 자기와 6년 내지 10년 사이에 드는 연상 연하 자와의 상호 칭호
- 선배님 · 선배 : 학교선배나 같은 일을 하는 연상자
- 이름 · 자네 : 상하 10년 이내의 연령차로서 친숙한 사이
- 부인 : 기혼여자로서 어르신네 선생님이라 부를 수 없는 여자
- ○○님 : 상대가 위치한 직책명에 '님'을 붙인다.
- ○○아버님 · ○○누님 : 친구나 잘 아는 사람과의 관계로 부르기도 한다.
- 너 · 이름 · 얘 : 미성년자나 아이들, 또는 어린 사람들이 친구끼리 말할 때

② 잘 모르는 사람에 대한 칭호

- 노인어른 · 노인장 : 60세 이상의 남여노인

- 어르신 · 어르신네 : 자기의 부모같이 나이가 많은 남여어른
- 선생님 : 자기가 존경할 만큼 점잖거나 나이가 많은 남여
- 선생 · 노형 : 어떻게 부르기가 거북한 남자
- 형씨 : 자기와 동년배인 남자끼리
- 댁 : 형씨라 부를 동성간이나 이성간
- 젊은이 · 청년 : 자기보다 16년 이상 연하자로서 청장년인 남자
- 총각 · 아가씨 : 미성년이거나 미혼인 남자와 여자
- 학생 : 학생신분인 남여
- 소년 · 애 : 미성년인 어린아이들

9. 국제화 시대 대인관계 유의사항

1) 미국인(Americans from the United States)

- 눈을 똑바로 쳐다보고 굳은 악수를 한다.
- 남자와 인사할 때 포옹이나 키스를 피한다.
- 일반적으로 시간을 엄수하고 또 중요시한다.
- 이름을 곧바로 부른다.
- 사업에 대하여는 시간을 절약한다. '시간은 돈이다'라는 관념 하에 곧 상담에 들어간다.
- 점심은 가볍게 그리고 저녁은 주된 식사로 한다.
- 아침식사를 겸한 회의도 기획한다.
- 타국어는 잘 사용치 않으며 미국식 은어(전문용어)를 대부분 사용한다.
- 선물교환은 보통 상징적인 것으로 한다.
- 자주 상업적 손님을 집에 초청하여 접대하는 것을 즐긴다.
- 좋은 화제는 스포츠, 가정 및 사업
- 나쁜 화제는 미국의 권력지배

2) 유럽인(Euorpe)

- 꽃을 선물할 때 국화꽃은 죽음과 관계가 있으므로 피한다.
- 빨간 장미꽃은 사랑과 애정을 나타내므로 피한다.
- 꽃을 선물할 때 종이로 포장하지 않는다.
- 짝수의 꽃송이는 금물이다. 불행을 상징하기 때문이다. 13송이도 금물이다.
- 꽃을 들고 다닐 때 유럽인은 꽃을 위로 향하지만 미국인은 아래로 향한다.
- 대부분의 유럽인은 2층(미국용어)이 1층이다. 왜냐하면 그들의 빌딩의 1층은 지상 층이기 때문이다.

3) 호주인(Austrians)

- 호주인을 독일인이라 부르지 않는다.
- 시간을 엄수한다.
- 타인을 방문 시에는 쵸코렛이나 꽃을 가지고 온다.
- Toilet을 "W.C"(Water Closet)라 한다.
- 굳은 악수를 한다(남, 녀 모두)
- 식사 시 손을 무릎에 얹는 것은 불손으로 간주한다.
- 친숙해 지기 까지는 이름 부르는 것을 불편하게 여긴다.
- 좋은 화제는 역사, 예술, 음악, 스포츠, 포두주
- 나쁜 화제는 돈, 종교, 정치

4) 베르기인(Belgians)

- 사생활을 중시한다.
- 만나고 헤어질 때 인사로 악수를 자주한다.
- 친한 친구에게만 이름을 부른다.
- 베르기인이나 또는 가까운 외국친구와 포옹한다.
- 베르기인이나 가까운 외국친구와 볼에 키스한다.(볼을 바꾸어 가며 3번)
- 시간 지키기를 좋아한다.
- 네덜란드에 대하여 농담을 한다. 반대의 경우도 마찬가지다.

- 대단한 미식가이며 좋은 음식을 공경한다.
- 불란서 사람으로 오인되는 것을 싫어한다.
- 나라의 반은 네덜란드와 비슷한 방언을 쓴다.
- 불손을 나타낼 때에는 손가락을 물거나 손을 주머니에 넣는다.
- 좋은 화제는 축구, 바이킹, 역사
- 나쁜 화제는 프라밍어와의 대립관계

5) 불가리아인(Bulgarians)

- 자주 악수를 한다.
- 대다수는 영어를 사용치 않으며 독일어와 소련어를 자주 사용한다.
- 사전에 약속을 완전히 하며 대단히 시간을 잘 지킨다.
- 식사 시 고기국물이나 쏘스를 빵으로 닦아 낸다.
- 방문할 때는 꽃이나 과자 또는 포도주를 가지고 온다.
- 머리를 끄덕이는 것은 "No"이며, 머리를 옆으로 흔드는 것은 "Yes"이다.
- 좋은 화제는 가정, 가정생활, 직업
- 나쁜 화제는 정치와 불가리아의 사회조건

6) 체코스로바키아인(Cxechoslovakians)

- 대단히 시간을 잘 지킨다.
- 두 개의 공화국이다.(체크와 스로박)
- 두 개의 다른 언어가 사용되며 둘 다 잘 이해된다.
- 도착, 출발, 사업, 사교에 악수가 보통이다.
- 약속은 사전에 잘 한다.
- 방문 시에는 꽃, 포도주 또는 꼬냑을 선물로 가져온다.
- 특별한 경우에 축배하는 것이 보통이다.
- 팔굽을 책상에 얹는 것은 불손이다.
- 좋은 화제는 스포츠이고, 개인적인 질문에 개의치 않는다.
- 나쁜 화제는 정치, 사회주의 그리고 소련 연방

7) 덴마크인(Danish)

- 시간엄수를 대단히 중하게 여긴다.
- 남자, 여자 심지어는 아이들 간에도 굳은 악수가 보통이다.
- 축배시 "스콜"이라고 하는 것이 보통이다.
- 주빈은 주인의 좌편에 앉는다.
- 주빈이 축배를 하기 바란다.
- 식사를 길고 느리게 하며 많은 대화를 좋아한다.
- 택시운전사나 웨이터에게 팁 주는 것이 익숙하지 못하다.
- 춤추는 도중에 "가로막음"은 대단한 실례이다.
- 의상에 대한 칭찬은 개인적이고 이상한 것으로 간주된다.
- 노르웨이인이나 스웨덴인으로 혼동되는 것을 싫어한다.
- 국교는 루터란인데 많이 참가치 않는다.
- 보통 감정을 나타내지 않는다.
- 뒤에서 손뼉 치거나 건드리지 않는다.
- 스타일 보다는 실제를 중히 여긴다.
- 좋은 화제는 음식, 덴마크 문화, 현재의 사건
- 나쁜 화제는 종교나 수입과 같은 개인문제

8) 네덜란드인(Dutch)

- 공식적으로는 네덜란드왕국이다.
- Holland라고 부르나 실은 하나의 주이다.
- 시간엄수를 기대한다.
- 참석한 사람에게는 어린이에게 까지도 모두 악수하는 것이 보통이다.
- 항상 자신을 소개한다. 그렇지 않으면 결례라 생각한다.
- 사업제의에 과장이나 실수는 하지 않아야 한다.
- 값 깎기는 피한다.
- 사업상 선물은 포장한다.
- 쉽게 건드리지 않으며 육체적 과시는 않는다.
- 영토개간, 예술, 역사, 가구에 대한 긍지를 갖는다.

- 좋은 화제는 정치, 여행, 스포츠
- 세계적으로 건실하고 정직한 무역인으로 존경받는다.
- 일반적으로 영어에 능통하며, 기타 유럽언어에도 능통하다.

9) 영국인, 스코트인, 웨일스인(English, Scots, Welsh)

- 각주 모두 개인적인 친숙을 좋아한다.
- 영국인은 다른 두 나라 사람보다 격식을 차린다.
- 의장, 사회, 사업에 대하여 보수적이다.
- 타이틀이나 명예를 대단히 중하게 여긴다.
- 가정의 애완동물을 무척 좋아한다.
- 약속은 사전에 잘하는 것이 원칙이다.
- 시간엄수를 중히 여긴다.
- 사생활을 존중한다. 개인적인 질문은 피한다.
- 이름 부르기와 가벼운 점심 갖은 것은 미국습관을 따른다.
- 음식을 먹을 때 '수초'간 사양하는 것을 예의로 생각한다.
- 미국인 보다는 서늘한 실내온도에 익숙하다.
- 줄무늬 넥타이는 군이나 학교관계인을 나타낸다.
- 남자, 여자 모두 악수는 보통이다.
- 영국인은 "당신을 환영한다"라는 말은 안하며 스코트인은 한다.
- 정식으로 소개 받기까지는 새침을 떤다.
- 스코트인을 Scotsman이라 부르며, Scotchman 또는 Scottish라고 부르지 않는다.
- 담배 피우는 사람은 누구에게나 담배를 권한다.
- 좋은 화제는 역사, 건축, 정원가꾸기
- 나쁜 화제는 종교, 북아일랜드, 돈, 가격

10) 핀란드인(Finnish)

- 지리적으로 스칸디나비아 그룹인 "노르딕"으로 간주된다.
- 언어 및 종족이 스칸디나비아와는 다르다.

- 풍습이나 생활양식은 스칸디나비아를 반영한다.
- 굳은 악수를 하는 것이 풍습이다.
- 포옹이나 키스는 풍습이 아니다.
- 조용하고 다혈질적이 아니다.
- 시간을 잘 지키고 사전 약속을 한다.
- 격식을 안 차리며, 식사 시 건배를 한다.
- 좋은 화제는 취미, 스포츠, 여행, 정치
- 나쁜 화제는 직업에 대한 개인적 질문, 종교, 정치

11) 불란서인(French)

- 사업의전에는 격식을 차리고 보수적이다.
- 개인 이름은 자주 사용치 않으며 동료간에는 잘 사용치 않는다.
- 불란서의 역사, 언어, 예술에 대하여 자부심을 갖고 있다.
- 자주 악수를 하지만 짧고 힘을 덜 들이는 악수를 한다.
- 좋은 음식과 좋은 포도주를 중요시한다.
- 하루 중 주요 식사는 점심으로 한다.
- 대화 시 개인질문, 정치 및 돈에 대한 화제는 피한다.
- 불란서 교육제도에 대하여 대단한 자부심을 갖고 있다.
- 국가와 언어에 대한 열광적 애국자다.
- 결정은 심사숙고한 후 한다.
- 포도주 마실 때 미네랄워터를 가끔 몇 모금 마신다.
- 저녁식사 시 대화는 중요하며 가끔 아주 긴 대화를 한다.
- 좋은 화제는 음식, 스포츠, 문화
- 나쁜 화제는 돈, 가격, 대단히 개인적인 질문

12) 희랍인(Greeks)

- 어른을 존경한다.
- 악수, 포옹 및 키스까지도 만날 때 한다.
- 시간엄수는 필수적이 아니다.

- 사전 약속이 필요치는 않으나 고맙게 생각한다.
- 대단히 따뜻하고 친절하며 과시적이다.
- 어떤 물건을 동경하면 그 물건을 선사한다.
- 점심이 주요 식사이다.
- 행복할 때 웃으며 대단히 화났을 때도 웃는다.
- "No"할 때는 턱을 치켜들고 눈을 부릅뜬다.
- 좋은 화제는 스포츠, 음악, 정치, 희랍문화
- 나쁜 화제는 사이프라스, 터키, 미국의 정치적 강요

13) 헝가리인(Hungarians)

- 풍습적으로 인사는 악수로 한다.
- 사회국가로서 사회주의 신념을 갖고 있다.
- 칭찬을 하면 겸손해 한다.
- 포도주를 마실 때 건배는 "당신의 건강을 위하여"라고 한다.
- 식사 전 "훌륭한 식욕"이란 말을 보통 한다.
- 좋은 화제는 음식, 포도주, 역사
- 나쁜 화제는 전당회원권이나 또는 종교

14) 아이스랜드인(Icelanders)

- 자기들끼리는 이름을 사용한다.
- 외국인은 성을 부르기 기대한다.
- 언어는 아이스랜드어(유럽에서 가장 오래된 언어)
- 시간 엄수는 필요치 않다.
- 방문 시 주인에게 보통 작은 선물을 가져 온다.
- 봉사료는 청구 시에 포함되어 있고 별도로 팁은 주지 않는다.
- 정치적으로 덴마크와 연합되어 있다.
- 어업이 주요 산업이다.
- 좋은 화제는 범죄추방, 역사, 문화
- 나쁜 화제는 일기, 사회적 문제

15) 아일랜드인(Irish)

- 시간관념과 시간엄수에 예민치 않다.
- 사업적 선물을 하는 것은 일반적이 아니다.
- 영어를 자유롭게 사용하며 아일랜드어는 드물게 사용한다.
- 정치 및 종교에 대한 의논은 피한다.
- 분리된 나라이다.
- 감정적으로 미국의 강력한 동맹국이다.
- 마시기를 거절하거나 잔을 되받지 않는 것은 결례이다.
- 친영이나 불친절 등은 거부감을 일으킨다.
- 좋은 화제는 자국의 아름다움, 문화, 스포츠, 일기

16) 이스라엘인(Israelis)

- 만나고 헤어질 때 악수한다.
- 만나고 헤어질 때 "Shalom"이라고 인사한다.
- 미국보다 타이틀을 중시하지 않는다.
- 전통적인 유태인에게는 토요일이 안식일이다.
- 안식일은 사실상 금요일 석양에 시작된다.
- 시간엄수를 감사히 여긴다.
- 꽃과 책을 선물로 감사히 여긴다.
- 미국과 강하게 밀착되어 있다.
- 예민한 화제는 미국의 원조, 웨스트 뱅크의 사정, 경제침체
- 좋은 화제는 문화, 역사, 종교

17) 이태리인(Itanlians)

- 미국 표준으로는 과시적이고 감정적이다.
- 자주 강한 손짓과 몸짓을 한다.
- 팔굽을 붙잡고 악수한다.
- 남자끼리 친할 경우 포옹 및 가볍게 쓰다듬는다.

- 대학 졸업자는 타이틀을 염두에 둔다.
- 친하여 지기까지는 이름을 부르지 않는다.
- 사회적 행사에서 시간엄수는 미덕으로 여기지 않는다.
- 볻콩 점심에 대식을 한다.
- 빵 접시는 사용 않는다.
- 사업적 선물은 사업인들 간에 유행한다.
- 사회적인 행사에서 사업이야기는 하지 않는다.
- 좋은 화제는 세계적인 행사, 축구, 가정
- 나쁜 하제는 마피아, 정치, 종교, 세금

18) 폴란드인(Polish)

- 이름은 친한 친구간에만 사용한다.
- 만나고 헤어질 때 남자는 여자의 손에 키스한다.
- 방문 시 주인에게 일반적으로 꽃을 가져간다.
- 껌을 씹는 것은 결례이다.
- 원하기 전 까지는 이름을 부르지 않는다.
- 공식이나 비공식 만찬에서 건배를 한다.
- 꼬냑이 인기 있는 음료이다.
- 역사와 문화에 자부심을 갖는다.
- 친척들 때문에 미국에 대하여 잘 알고 있다.
- 가톨릭이 널리 보급되어 있다.
- 좋은 화제는 역사, 문화, 연합운동
- 나쁜 화제는 소련연방 및 독일과의 지난날 연합

19) 러시아인(Russians)

- 적합한 이름은 소비에트 사회주의 연방공화국이나 소비에트 연방국이며 러시아는 일개국의 이름이다.
- 모든 러시아인에게는 그라스노스트(신개방)의 마음이 있다.
- 경제개혁을 뜻하는 페레스트로이카도 마찬가지다.

- 미국인이 진정으로 무엇을 생각하는지 알고 싶어 한다.
- 인사로 악수를 하며 이름을 밝힌다.
- 좋은 선물은 청바지, 만년필, 음악앨범, 도서
- 친구간에 "몸의 포옹"과 볼에 키스한다.
- 많은 사람이 약간의 영어를 한다.
- 제일의 화제는 평화

20) 스웨덴인(Swedes)

- 악수는 보통이나 등을 두드리는 것은 보통이 아니다.
- 덴마크인이나 노르웨이인과 식별되기를 좋아한다.
- 시간엄수를 필수로 여기지만 상담은 서두르지 않는다.
- 처음에는 딱딱하고 지나치게 심각한 것 같다.
- 칭찬을 반기지 않는다. 자화자찬은 금물이다.
- 식사 시 건배는 보통이다. 눈을 처다 보고 스콜(Skoal)이라 한다.
- 사회적 발전, 역사 및 문하에 대하여 자부심을 가지고 있다.
- 선천적으로 대단히 낙천적이다.
- 바이킹의 전통에 자부심을 갖고 있다.
- 좋은 화제는 스웨덴의 높은 생활수준, 스포츠
- 나쁜 화제는 높은 세금, 2차 세계대전 중 중립

21) 중동인(The Middle East)

- 열성적인 회교도는 알콜이 절대 금물이며, 금식법칙을 대단히 중시한다.
- 왼손은 생리에 사용되기 때문에 불결하다고 생각하므로 음식을 바른손으로 먹는다.(상업 명함이나 선물할 때 바른손을 사용하는 것이 최선이다.)
- 여성은 2류급으로 취급한다. 남자 회교도는 여자가 몸을 보이거나 다리 꼬는 것을 싫어한다.
- 중동인은 미국인에 비하여 육체적으로 가까이하는 문화권으로 쓰다듬기를 좋아하며 팔을 끼기도 하고 잠깐 손을 잡기도 한다.
- 그들은 관대하며 상당한 선물을 당신에게 할지도 모른다.

- 중동인은 가톨릭의 로사리와는 다른 염주를 만지작거린다. 이른 무료함을 달래는 것일 뿐 그 이상은 아니다.
- 중동국가에서는 상업업무는 목요일에 끝내고 금요일은 휴식일이고 토요일에 업무를 다시 시작한다.
- 열정적 회교도는 하루에 일출 시 한번 낮에 세 번 일몰 시 한번 모두 5번 기도한다. 그들은 기도 시 메카 쪽을 향하며, 여행 시에는 생략하기도 하지만 자유롭게 기도할 것을 선택토록 요청하는 것도 무방하다. 만약 기도하고 싶다면 조용한 방을 마련하여 주고 정중히 동쪽 방향을 가리켜 주는 것이 좋다.
- 많은 중동인은 자주 아랍말로 "인샬라(신의 뜻)"라고 하며 이는 영어의 관용구로는 "그렇게 희망한다."와 유사하다.
- 구두바닥이 보이게 앉는 것은 실례이다.

22) 이란인(Iran)

- 악수와 머리를 약간 숙이는 인사가 관습이다.
- 반서방과 친서방으로 양분되어 있다.
- 미국을 방문하는 이란인은 모두 친서방측이다.
- 이란어(Farsi)가 공식 언어이다.
- 거의가 열성적 극우 회교도이다.
- 서구지향적 사업인은 협상에 능하다.
- 좋은 화제는 고대역사, 문화
- 나쁜 화제는 현재 불안정, 미국에 대한 혐오

23) 이라크인(Iraq)

- 인사는 다른 중동국가와 유사하다.
- 시간엄수는 유동적이다.
- 접대 시 알콜은 보편적이다.
- 좋은 화제는 고대역사, 이라크 문화

24) 중국인 : Chinese(People's Republic of China)

- 만날 때 고개를 끄덕이고 절을 하는 인사를 많이 한다. 그러나 악수를 청할 때도 있다.
- 접대 시 주인은 손위사람과 계급을 중시한다.
- 2개 국어로 된 명함이 바람직하다.
- 이름은 3자이며 첫 자가 성이다.
- 대단한 사적 질문도 허용된다. 수입, 주택가격 등 물어도 된다.
- "No"란 말을 하는데 어려움을 겪는다.
- 포옹이나 등을 두드리는 것 같은 건드림은 보통이 아니다.
- 건배는 보통이며 작은 일에도 박수를 친다.
- 사업인간에는 개인적 우정이 매우 중요하다.
- 선물은 적당한 것으로 하고 하나의 선물을 그룹에게 하기도 한다.
- 대만에 대한 이야기는 피한다.
- 좋은 화제는 역사, 문화, 중국인의 발전
- 나쁜 화제는 문화혁명, Sex, 부, 정치

25) 일본인(Japanese)

- 신속하게 서구풍속을 받아들이고 있다.
- 접대 시 주인이 일본 의전 절차를 보여주면 기뻐한다.
- 명함은 인사로 절을 하거나 악수를 하기 전에 교환한다.
- 절을 하는 것이 전통적인 인사며 낮게 굽힐수록 좋다.
- 악수가 보통이나 비교적 약하게 잡는다.
- 길게 쳐다보거나 자주 쳐다보는 것은 결례이다.
- 이름은 잘 사용치 않는다.
- 개인적인 측면이 사업에 대단히 중요하다.
- 형식은 실제 만큼 중요하다.
- 인내, 예절, 겸손은 대단한 미덕이다.
- 선물하는 것이 문화에 깊이 배어 있다. 준비해야 한다.
- 의문을 잘 표현해야 한다. 그러면 "Yes"한다.
- 화합을 중시하므로 "No"는 피한다.

- 좋은 화제는 역사, 문화예술
- 나쁜 화제는 2차 세계대전 논의, 난처하게 하는 일

26) 싱가폴인(Singaporeans)

- 서구식 악수가 보편적이다.
- 명함은 공손하게 두 손으로 건넨다.
- 이름을 발음하는데 특별한 주의를 한다.
- 시간을 엄수한다.
- 모두 영어를 구사하며 중국계 주민도 영어를 한다.
- 사실적이고 직설적이며 요점을 두는데 자부심을 갖는다.
- 일본과는 달리 사업 상 선물은 보편적이 아니다.
- 사업 상 오찬은 길고 격식을 차리지 않는다.
- 대체적으로 금연 사회이다.
- 미국식 협상방법을 뻔뻔스럽다고 생각한다.
- 다른 아시아국과는 달리 아침에 대식을 한다.
- 사업 상 여자도 동등하게 취급한다.
- 좋은 화제는 경제적으로 건강한 나라라는 것
- 나쁜 화제는 나라가 작다고 존경치 않는 것

27) 파키스탄인(Pakistanis)

- 악수가 보편적이고 친한 사이에는 포옹한다.
- 여자에게는 악수나 건드리지 않는다.
- 원하기 전에는 이름을 부르지 않는다.
- 회교가 널리 보급되어 있다.
- 영어가 보편적이나 우루두가 주 언어이다.
- 이름은 복잡하다. 따라서 조심스럽게 연구하거나 간단히 물어본다.
- 쳐다보는 것은 보편화되어 있다.
- 신발 바닥을 보이는 것은 결례이다.
- 좋은 화제는 문화, 역사, 파키스탄 공예
- 나쁜 화제는 회교비난, 인도나 이스라엘에 대한 논의

10. 성공하는 삶 -잘못 입력된 마음속 프로그램을 바꿔라-[4]

우리에게 일어나는 모든 것, 되고 싶어 하는 모든 것, 성취하고 싶어 하는 모든 것은 생각하는 방식에 의해 결정이 된다. 마음을 바꾸기 시작한다는 것은 인생을 바꾸기 시작한다는 것을 의미한다. 현재의 우리는 어떻게 만들어진 것일까? 어떤 힘들이 모여서 지금의 나라는 사람을 만들어 낸 것일까? 왜 우리는 지금처럼 생각하고 느끼는 것일까? 현재의 상황에 나를 불러들인 것은 어떤 요소들일까?

아주 어릴 때부터 우리를 움직이게 한 자동조종장치를 알아야 변경시키는 법도 알게 된다. 대부분의 사람들은 비슷한 정도의 재능과 능력을 갖고 태어난다. 그렇다면 인간의 잠재능력이라는 문을 열 수 있는 열쇄를 찾아야 한다. 그래야 변화가 가능하다. 인간의 잠재능력 사용에 대한 스탠퍼드 대학의 연구결과를 보면, 일반인들은 2%~10%정도의 잠재능력을 사용하고 아인슈타인 같은 특수한 인물도 잠재능력의 15%정도 밖에 사용하지 못한다고 한다.

1) 인생의 성공 공식

인생의 성공은 (IA+AA)×A= IHP 라는 공식으로 나타낼 수가 있다. 여기서 IA는 선천적 특성(Inborn Attributes)을 의미한다. 이것은 부모로부터 물려받은 것으로 천부적인 경향과 성격, 타고난 정신능력이라고 할 수 있다.

두 번째 항의 AA는 후천적 특성(Acquired Attributes)이다. 이것은 우리가 성장하는 과정에서 습득하고 계발한 지식, 기술, 재능, 경험, 능력들이다. 그 다음 A는 태도(Attitude)이다. 마지막 IHP(Individual Human Performance)는 개인적인 성과를 뜻한다.

이 공식에서 유일한 와일드카드는 태도(Attitude)다. 태도의 질은 거의 무제한 향상 될 수 있기 때문에 보통수준의 선천적 특성과 후천적 특성을

---

4) 브라이언 트레이스(Brain Tracy), Maximum Achievement 홍성화 역 씨앗을 뿌리는 사람. 제3장 축약한 것임.

가진 사람이라 할지라도 긍정적인 태도를 갖기만 하면 높은 성과를 달성할 수 있다. 우리는 의지를 조절함으로써 언제든 태도를 결정할 수 있다.

긍정적 태도란 하루하루 살아가면서 부딪히는 문제와 사람, 사건들을 낙관적이고 밝게 대하는 것이다. 삶에 대한 긍정적인 태도를 계발하는 것은 잠재력을 모두 발휘하기 위한 첫 번째 단계이다.

그러면 태도를 결정하는 것은 무엇일까? 태도는 기대가 결정한다. 우리 자신과 삶에 대한 우리의 기대는 대단히 큰 힘을 가지고 있다. 그것은 성격에도 엄청난 영향을 미친다.

긍정적인 기대는 좋은 성격의 밑바탕이다. 긍정적인 기대는 우리 내부에 행복과 자신감을 불러 오는 긍정적인 태도를 만들어내고 이것은 정신적 유연성과 안정되고 여유 있는 낙관성을 갖게 함으로써 매일 직면하는 도전에 건설적으로 반응하게 해준다.

기대를 결정하는 것은 자신과 세계에 대한 믿음이다. 사람과 일, 그리고 삶의 모든 영역에 대한 기대는 그 영역에서 진실이 무엇이라고 생각하는가에 의해 형성된다. 자기 제약적이거나 그릇된 믿음을 갖고 있는 경우 이런 부정적인 믿음도 기대와 태도, 궁극적으로 우리들이 만들어내는 결과를 통해 드러난다.

신념의 법칙에 의하면 긍정적인 세계관을 갖고 있으면, 즉 세상은 좋은 곳이고, 자신도 좋은 사람이라는 믿음을 갖고 있으면 자신과 다른 사람, 그리고 부딪히는 모든 상황에서 좋은 것을 기대할 것이다. 긍정적인 기대는 긍정적으로 표현되고 상응의 법칙에 따라 그들에 대한 우리의 태도에 반응한다. 준대로 받는 것이다. 믿음은 성격의 질을 결정한다. 그러면 마지막으로 믿음은 어디에서 비롯되는가?

2) 잠재의식을 움직이는 마스터 프로그램

자아개념(Self-Concept)은 자신과 삶의 모든 영역과 세계에 관한 믿음의 덩어리라 할 수 있다. 다시 말해 자아는 잠재의식이라는 컴퓨터를 움직이는 마스터 프로그램이다. 우리는 항상 믿음체계에 의해 형성되는 선입견이라는 스크린을 통해 세상을 바라본다. 따라서 우리의 세계를 결정하는 것은 믿음이라고 할 수 있다. 자아개념과 믿음체계는 모든 영역에서 우리의 성과와 행동에 선행하며 결과를 예측할 수 있게 해준다. 우리는 자아개념과 유아기 때부터 습득해 온 다른 믿음에 따라 행동한다. 지금 우리의 모습과 행동은 스스로에 대한 믿음의 산물이다. 만일 삶의 특정 영역에서 믿음을 바꾸면 그 영역은 즉시 바뀌기 시작한다. 기대와 태도, 결과 등 모든 것이 변하게 된다. 자아개념을 바꾸려면 자기를 억제하는 아이디어와 믿음을 자기를 해방시켜주는 생각으로 대체하면 된다.

우리의 자아개념과 일의 성과는 직접적인 관계가 있다. 우리는 믿는 만큼의 성과를 낸다. 어떤 일을 하든 믿는 만큼만 성공한다. 내면에서 믿는 것보다 더 좋은 것을 이뤄낸 경우는 없다. 업무, 인간관계, 운동 등 특정 영역에서 스스로에 대해 긍정적인 느낌을 갖고 있다면 이것은 그 영역에 긍정적인 자아개념이 있다는 것을 나타낸다. 좋지 못한 결과를 내거나 열등감을 느끼거나 서투르거나 혹은 그릇되게 행동한다면 그것은 그 영역에 대한 부정적인 믿음이 그대로 밖으로 표출된 것이다. 결국 안에 있는 대로 밖으로 나타난다.

우리가 긍정적으로 변화할 수 있다고 말할 수 있는 이유는 자아개념이 객관적인 것이 아니라 주관적인 것이기 때문이다. 자신에 대한 신념, 자신을 제약하는 믿음과 의심은 다분히 주관적이다. 자신과 자신의 능력에 대한 부정적인 생각은 사실이라고 받아들인 잘못된 정보와 느낌에서 비롯된다.

이러한 자아개념은 세 가지 요소로 이루어져 있다. 첫 번째 요소는 자아이상(self-ideal)이다. 이것은 모든 면에서 이상적인 자신의 모습이며 우리 행동과 자신에 대한 생각에 큰 영향을 미친다.

자아이상은 다른 사람이 지니고 있는 가장 닮고 싶은 자질과 특성의 조합이다. 즉 자신이 원하는 모습이고, 우리가 생각하는 완벽한 사람에 대한 비전(vision)이다. 위대한 사람들이 지닌 진실성과 목적의식, 용기와 행동지향적인 성향을 존경하게 되면 우리는 그것을 가치관에 반영시킨다. 그 가치관을 자신의 모든 일에 적용하면 성품이 향상된다.

두 번째 요소는 자아 이미지(self-image)다. 자아 이미지는 하루하루 살아가면서 자신을 관찰하고 자신에 대해 생각하는 방식이다. 이것은 특정상황에서 우리가 해야 할 바를 결정하기 위해 들여다보는 내면의 거울이다. 우리는 내면에 있는 자아이미지와 일치되는 행동을 한다.

자아개념의 세 번째 요소는 자부심(self-esteem)이다. 자부심은 자기 자신에 대한 평가다. 자부심은 성격의 정서적인 부분으로 높은 성과를 내기 위한 기본 자질이다. 이것은 행복과 개인적인 효율성을 키우는 열쇠이다. 또한 우리의 성품에 힘을 불어넣어 주고 높은 성과를 내게 해 주는 에너지, 열정, 활력과 낙관성의 원천이 된다.

그리고 자부심의 수준은 두 가지 요소에 의해 결정이 되는데 첫 번째는 자신이 얼마나 가치 있는 존재이며 얼마나 좋은 사람이라고 느끼는가 하는 것이다. 이것은 자부심의 성격적 측면으로 자신의 실제 삶이 어떠하든지 관계없이 이루어지는 자기 자신에 대한 평가이다. 이 요인은 외부 환경과 무관하다. 자부심이 높은 사람은 어려움과 실패를 겪더라도 항상 자신에 대해 높고 긍정적인 평가를 한다.

두 번째 요소는 자아 유능감(self-efficacy)이다. 자아 유능감이란 어떤 일을 해 낼 수 있다는 느낌이다. 이것은 자부심의 성과적 측면이다. 유능감은 지질학적 표현을 빌리자면 참된 자신감과 자부심이 세워지는 암반에 해당된다.

그리고 자부심에는 두 가지 규칙이 있다. 첫째는 스스로를 사랑하지 않으면 다른 사람을 사랑할 수 없다. 자신이 갖지 않을 것을 남에게 줄 수 없다.

둘째, 스스로 좋아하지도 사랑하지도 존경하지도 않는데 다른 사람이 나를 좋아하거나 사랑해 줄 수는 없다. 자신에 대한 호감과 수용의 수준은 인간관계의 질을 결정하는 역할을 한다.

3) 자아개념은 어떻게 형성되는가?

자아개념은 타고난 것이 아니다. 현재 자신에 대해 알고 있고, 믿고 있는 모든 것은 어린 시절부터 쌓아온 것으로 학습된 것이다. 모든 인간은 특수한 기질과 함께 자아개념을 전혀 지니지 않은 순수한 잠재능력을 타고난다. 현재 우리의 태도와 행동, 가치, 의견, 신념, 두려움은 모두 학습된 것이다. 그러므로 목표를 달성하는데 도움이 되지 않는 자아개념이 있다면 그것을 제거할 수 있다. 자아개념이 어떻게 형성되는지 이해하게 되면 자기가 되고 싶어 하는 사람으로의 변화를 만들어 갈 수 있다.

충분한 사랑과 격려를 받으며 자란 아이에게는 긍정적이고도 안정적인 성격이 형성된다. 반대로 비난받고 벌을 받으며 자란 아이는 두려움과 의심이 많고 성격 상 문제를 일으킬 소지를 갖게 되는데 이는 나중에 여러 가지 부정적인 형태로 표출된다. 낮은 자부심과 부정적인 태도를 가진 어른들을 살펴보면 예외 없이 성격 형성기에 충분한 사랑과 안정감을 느끼지 못했다는 것을 알 수 있다.

(1) 영아시절에는 두려움이나 금기가 없다.

영아들에게는 두 가지 특성이 있다. 하나는 거의 두려움을 모른다는 것이다. 영아들은 세상에 태어날 때 오직 두 종류의 두려움만 갖고 태어나는데 그것은 큰소리와 어머니로부터 떨어지는 것이다. 그 밖의 두려움은 자라면서 반복적으로 교육받고 강화됨으로서 학습된 결과물들이다.

(2) 영아들은 두려움을 학습한다.

영아들은 주로 두 가지 방법을 배운다.

첫째 부모 중의 하나 또는 둘 모두를 모방함으로써 배운다. 아이들의 습관과 가치관, 태도, 신념, 행동은 부모로부터 직접 영향을 받거나 부모의 이야기를 들으며 형성된 것이다. “그 아버지에 그 아들”이라든가 “그 어미에 그 딸”이라는 말이 있다. 종종 영아들은 부모 중 어느 한쪽의 영향을 더 크게 받기도 한다.

둘째, 영아들은 불편한 쪽에서 편안한 쪽으로, 고통에서 즐거운 쪽으로 이동하면서 배운다. 프로이드는 이것을 쾌락의 법칙이라고 했다. 프로이드와 대부분의 심리학자들의 결론은 쾌락과 행복을 추구하는 것이 모든 인간행동에 있어 가장 기본적인 동인이라는 것이다.

(3) 파괴적인 비판은 자기부정을 낳는다.

파괴적인 비판은 가장 해로운 행위이다. 그것은 자부심을 떨어뜨리고 좋지 않은 자아 이미지를 만들며 모든 활동의 성과를 떨어뜨린다. 파괴적인 비판은 자신감을 뒤흔들어 열등감을 느끼게 하고 과거의 비판을 받는 적이 있는 일을 하고자 할때마다 긴장하게 하고 실수를 저지르게 한다. 시도하려는 노력을 포기하게 만들고 아예 노력이 필요한 일은 회피하게 한다.

다음은 건설적인 비판을 하기 위한 7가지 방법이다.

첫째, 어떤 일이 있어도 상대방의 자부심을 지켜준다. 비판을 하기 전에 상대방의 자부심은 풍선이라고 생각하고 자신의 말은 바늘이라고 생각한다. 부드럽게 해야 한다.

둘째, 과거가 아닌 미래에 초점을 맞춘다. 돌이킬 수도 없는 과거를 가지고 왈가왈부를 해서는 안 된다. 앞으로 어떻게 해야 할 것인가에 대해 이야기 한다.

셋째, 사람이 아닌 행동이나 성과에 초점을 맞춘다. '너'나 '당신'이라는 말을 문제의 정확한 묘사로 대치한다. "당신은 판매를 잘하지 못해"하고 말하는 대신 "판매액이 목표에 미달했는데 이것을 보완하기 위한 방법에는 어떤 것이 있을까?"라고 말한다.

넷째, 감정은 내 책임이라는 관점을 가지고 나를 중심으로 한 표현을 사용한다. "너 때문에 화가 난다."고 말하는 대신 "나는 네가 그 행동을 할 때 화가 난다." 또는 "나는 현재의 상황이 만족스럽지 않다. 어떻게 하면 개선할 수 있는지 말해보자."라고 말한다.

다섯째, 무엇을, 언제, 얼마나 바꿀 것인지 명확하게 합의한다. 구체적이고 미래 지향적이며 해결 지향적이어야 한다.

여섯째, 도움을 주고 싶다고 말한다. "이 상황에서 내가 어떤 도움을 줄 수 있을까?"라고 말한다.

일곱째, 일을 잘 하기를 바란다고 가정한다. 또 만일 상대방이 잘못된 일이나 실수를 했더라도 의도적으로 그런 것은 아니라고 가정한다. 문제는 의도가 아니라 부족한 기술이나 불완전한 정보, 오해에 있다.

화를 내기보다 차분해야 하고, 인내심을 가져야 하며, 지지해 주어야 하고, 세심하고 명확하고 건설적이야 한다. 상대방을 깎아내리기보다 세워주어야 한다. 상대방의 자기 존중감과 자기 유능감을 가장 빨리 키워주는 방법은 파괴적인 비판을 하지 않는 것이다. 그렇게 하면 모든 인간관계에서 곧 변화가 생기기 시작할 것이다.

(4) 억압과 강박의 이중주

모든 사람은 어린 시절에 두 가지 부정적인 습관을 배운다. 하나는 억압적인 것이고 다른 하나는 강박적인 것이다. 이 습성들은 우리가 생각하고 느끼고 행동하는 모든 것에 영향을 미친다. 대부분의 경우 부정적인 습성이 인생을 제어하고 결정해 버리지만 우리는 거의 의식조차 하지 못한다. 성공과 행복을 성취하려면 이것이 인생에 미치는 충격을 이해하고 우리의 행동에 미치는 영향에 대처하는 방법을 배워야 한다.

억압된 부정적 습성은 어렸을 때 어른들로부터 지나친 금지, 지시, 명령에 의한다. 그러면 '나는 못해'라는 느낌을 갖게 될 시간이 지나면서 '실패에 대한 두려움'으로 굳어져 버린다.

부정적인 습성은 몸에서도 그대로 나타난다. 부정적 습성에 사로잡히는 순간 우리 몸은 실제로 그 위험을 그대로 겪고 있는 것처럼 느끼고 반응한다.

부정적인 습성은 또 걱정과 불안한 감정을 촉발시켜 예민함, 조바심, 갑작스러운 화 같은 감정적 반응을 일으킨다. 실패와 억압의 두려움은 세 가지 방식으로 학습된다.

① 특정 사건이 파괴적 비판이나 신체적 처벌과 반복적으로 결합되는 형태로 학습된다.

② 포착하기 어려운 미세한 부정적 영향들에 의해 학습된다. 어떤 사람은 자신에 대한 비판을 아무 의심 없이 곧장 사실로 받아들인다. 점이나 운세에 나온 부정적인 결론을 굴뚝같이 믿는 사람들도 있다. 또 어떤 사람은 일의 결과가 좋지 않으면 자신이 그 분야에 소질이 없다고 쉽게 단정 지어버리기도 한다.

③ 한 가지 충격적인 사건의 결과에 의해 부정적인 습성이 학습된다. 어릴 때 물에 빠져 죽을 뻔 했다든지 높은데서 떨어졌다든지 하는 한 번의 무서운 경험이 평생 동안 물이나 높은 곳에 대한 비합리적인 두려움을 줄 수 있다. 그 생각만 해도 온몸이 마비되는 것이다.

아이가 학습하는 두 번째 주된 부정적 습성은 강박적인 것이다. 강박적인 부정적 습성은 이렇게 해라. 그렇지 않으면 이라는 말을 반복해서 들을 때 학습된다. 많은 부모들이 이것을 하지 않으면 큰일 날 줄 알아! 하고 말한다. 이때 아이는 큰일이라는 것을 부모가 더 이상 사랑해 주지 않을 것이라는 경고로 받아들인다. 부모가 아이의 성과나 행동에 대해 조건적인 사랑을 하면 아이는 곧 "나는 사랑받지 못하고 있다. 따라서 아빠와 엄마를 기쁘게 하지 않으면 나는 안전하지 못하다. 부모님이 행복해 하는 일을 해야 한다. 부모님이 원하는 일을 해야 한다. 나는 해야 한다. 나는 해야 한다"라는 메시지를 내부에 깊이 각인하게 된다.

사실 이것이 우리를 함정에 빠뜨린다. 프랜시스 베이컨(Francis Bacon)이 말한 것과 같이 이 부정적 습성은 스스로에게 절대 충성할 수 없는 사람을 만든다.

4) 잘못된 마음속 프로그램을 바꾸는 7가지 방법

자아개념은 자주 생각하는 대상과 같아지도록 하는 힘이 있다. 인간의 생각과 바람은 현실이 된다. 생각하는 대상과 그것을 생각하는 방식은 건강여부, 행복여부를 결정한다. 원하는 것에만 마음을 집중하고 그렇지 않은 일에는 마음을 쓰지 않도록 자신의 마음을 단련하는 데 얼마나 적극적인가를 보면 그 일을 얼마나 원하는지 알 수 있다.

오늘의 삶은 과거 우리들의 생각에 의해 결정된 것이다. 현재 우리를 만든 것은 우리 자신이다. 언제든지 자신의 이익을 제어함으로써 미래를 변화시킬 수 있다. 자유와 기쁨, 건강, 행복, 풍요로움이 넘치는 삶을 살 수 있다. 원하는 삶의 모습을 결정하고 그것에 불필요한 일체의 생각을 거부하기만 하면 된다. 결정은 우리의 몫이다.

(1) 변화에 필요한 세 가지

새로운 자아개념을 만들어 내기 위해서는 다음의 세 가지 조건을 충족시켜야 한다. 이것들이 삶의 방향을 바꿀 수 있는 열쇠들이다.

첫째, 변화를 진실로 원해야 한다. 더 나은 사람이 되고 싶다는 강렬하게 불타는 욕구가 있어야 한다. 더 나은 사람이 되는 출발점은 그 변화가 바람직하거나 필요하거나 양쪽 모두인 경우이다. 변화의 구체적인 지향점, 목표, 새로운 성격은 우리의 가치관과 이상, 되고 싶어 하는 사람의 모습과 일치해야 한다.

둘째, 변하려는 자세를 가져야 한다. 많은 사람들이 변화를 원한다고 말하면서도 현재 생활을 벗어나고 싶어 하지 않는다. 새로운 사람이 되기 위해서는 현재의 자신을 버려야 한다. 새로운 자신과 어울리는 일을 시작하기 위해서는 필요하다면 원치 않더라도 기꺼이 친구와의 만남을 포기할 줄 알아야 한다. 변화를 가로막는 항상성(homeostasis)과 정신경화증(psycho sclerosis), 즉 안전지대와 경직된 사고를 극복해야 한다.

셋째, 필요한 노력을 하겠다는 자세를 가져야 한다. 눈에 보이는 진전이 없더라도 오랜 시간에 걸쳐 끈기 있게 노력해야 한다. 지금의 우리가 되는 데 오랜 세월이 걸렸듯이 지금과 다른 사람이 되려면 마찬가지로 오랫동안 꾸준히 노력해야 한다.

(2) 변화를 위한 노력

① 항상성 본능을 이해하라. 항상성은 그 자체로는 좋은 것도 나쁜 것도 아니다. 그것은 신체의 수많은 부위가 자동적으로 기능을 발휘할 수 있도록 해주는 인간의 생리적 메커니즘이다. 36.5도로 체온이 항상 일정하게 유지되는 것도 이 때문이다. 항상성은 몸 안에 있는 수십억 개의 세포 사이에 화학적 균형을 유지해 주고 자율신경체계를 지배하는 등, 정상적인 신체작용에 필수적이다. 동시에 항상성 본능은 늘 하던 방식에서 어긋날 때마다 불편을 느끼게 하고 불안하게 만듦으로서 우리를 안전지대로 잡아당긴다. 인간은 불편한데서 편안한 쪽으로 움직이고 새롭고 도전적인 불편한 곳을 피하려는 경향을 보인다. 이 항상성은 우리를 일정하게 유지시키려는 자연법칙이다. 하지만 모든 성장과 발전은 안전지대에서 벗어나 더 크고 좋은 곳으로 움직일 때만 가능한 것이다.

② 경직된 사고를 버려라. 경직된 태도는 자연스러운 것으로 자신의 아이디어에 몰입하여 새로운 모든 것에 대해 자신의 아이디어만을 열렬하게 옹호하는 것이다. 경직된 태도와 반대인 것은 유연성, 즉 자신이 틀릴 수도 있다는 가능성을 열어두고 다른 의견과 아이디어를 검토하는 것이다.

③ 사랑하는 이와의 관계를 강화하라. 인간행동의 대부분은 사랑을 받거나 부족한 사랑을 보충하기 위해 시작된다. 모든 선택과 결정에 가장 큰 영향을 주는 것은 사랑이다. 나다니엘 브랜든(Nathaniel Branden) 박사는 자부심을 자신에 대한 평가라고 정의하고 그것은 자신의 생각 속에 자기가 얼마나 사랑스럽고 가치 있게 나타나는가에 의해 결정된다고 했다. 사실 우리들은 사랑받기를 원하고 사랑받고 싶은 사람에게 끌리면 그들의 의견에 기꺼이 귀 기울인다.

④ 암시의 힘을 제어하라. 생각하고 느끼는 방식을 결정하는 두 번째 힘은 암시의 힘이다. 내부, 외부의 모든 것은 다차원적인 인간의 마인드에 영향을 준다. 주변 환경은 갖가지 암시를 보냄으로써 우리가 어떤 사람이 될

지, 우리에게 어떤 일이 일어날지에 대한 상당한 영향을 미친다. 신체적인 여건과 정서적인 상황, 감정적인 환경의 모든 변화는 그때그때 우리가 생각하고 느끼고 행동하는 방식을 변화시키고 궁극적으로 결과를 변화시킨다.

마음을 올바르게 리프로그래밍(re-programing)하기 위한 열쇠는 암시의 힘을 지닌 주변 환경을 체계적이고 목적에 맞도록 제어해서 긍정적인 것들이 가득한 정신세계를 만드는 것이다.

5) 습관의 법칙

말하는 방식과 일하고, 운전하고, 생각하고, 다른 사람들과 교류하고 돈을 사용하고 우리 삶에서 중요한 사람들을 대하는 방식은 모두 습관적이다. 우리의 행동은 유아기 때부터 시작된 모든 경험의 축적에 기초하고 있다. 우리 행동과 반응(물리적 습관)의 95퍼센트는 자신에게 도움이 될 때, 즉 지속적으로 삶은 윤택하게 하고 향상시키는 효과가 있을 때에만 가치가 있다. 만일 습관이 장애물이 된다면 그것을 교정하거나 완전히 변화시켜야 한다.

셰스피어는 "세상에는 좋은 것도 없고 나쁜 것도 없다. 우리의 생각이 그렇게 만들 뿐이다."라고 말했다.

6) 연습의 법칙을 활용하라

다행인 것은 모든 습관은 학습된 것이기 때문에 없앨 수 있다는 것이다. 인간은 조건화의 결과물이다. 지금의 우리는 훈련되었거나 스스로를 훈련한 결과물이다. 그 훈련은 우리가 세상을 알고 이해할 수 있을 만한 나이가 되기 전부터 시작되었다. 연습의 법칙은 어떤 생각이나 행동도 충분히 반복하기만 하면 습관으로 굳어질 수 있다는 것이다. 따라서 우리는 어떤 습관이든 필요하다고 생각되면 계발할 수 있다. 충분한 시간을 갖고 높은 이상과 일치되는 새로운 습관을 들이기 위해 스스로를 잘 단련하면 우리는 원하는 사람이 될 수 있다. 이것이 지금보다 더 나은 새로운 사람이 되는 방법이다.

7) 감정의 법칙

감정은 생각에 활력을 준다. 감정이 강할수록 생각이나 상황에 미치는 영향은 커진다. 감정은 전기나 불과 같아서 건설적인 것이 될 수도 있고 파괴적인 것이 될 수도 있다. 감정의 법칙은 모든 결정과 그에 따른 행동은 100퍼센트 감정에 기초하고 있다는 것이다. 자신이 꽤 합리적이라든지, 90퍼센트는 감정적이고 10퍼센트는 이성적이라는 말은 사실이 아니다. 인간은 100% 감정적이다. 우리가 하는 모든 일은 감정에서 비롯된다.

14

인간관계 훈련의 실제

1. 커뮤니케이션의 기초적인 기법훈련
2. 커뮤니케이션에 관한 커뮤니케이션 훈련
3. 있는 그대로의 행동훈련

제14장 인간관계 훈련의 실제

본 장에서는 앞에서 살펴본 이론적 배경을 토대로 효과적인 인간관계를 발달시키기 위하여 실제로 무엇을 어떻게 할 것인가에 대하여 논의하고자 한다.

효과적인 인간관계를 발달시키기 위하여 제시하는 제 기법들은 개별적인 훈련에서도 활용될 수 있지만 그 보다는 주로 여러 사람을 상대로 하는 집단장면에서 실시하는 것이 더욱 효과적일 것이다. 훈련은 강의, 시범, 역할놀이를 통한 연습, 집단토의를 통한 피드백과 의사교환, 그리고 요약의 과정을 밟아서 이루어지게 된다.

실제 훈련에 들어가기 전에 한 두 시간은 인간관, 인간관계의 성질 및 인간관계의 근본목적 등에 대한 이론적 강의를 실시함으로써 피훈련자들로 하여금 건전한 태도와 올바른 목적의식을 갖게 도와주고, 더 나아가서는 분위기 조성이나 상호간 신뢰감을 형성하는데 도움이 되는 게임이나 활동을 통하여 참여자들로 하여금 안정감을 가지고 훈련에 임할 수 있도록 하는 것이 필요하다.

1. 커뮤니케이션의 기초적인 기법훈련

일반적으로 사람들은 타인과의 관계를 맺을 때 여러 가지 다양한 커뮤니케이션 기법을 활용하게 된다. 따라서 효과적인 커뮤니케이션 기법을 터득하는 것은 인간관계 개선을 위해서는 필수적이다. 인간관계의 발달에 도움이 되는 커뮤니케이션의 기법에는 여러 가지가 있으나 커뮤니케이션의 명료화와 대인간의 이해를 증진시키는데 도움이 되는 몇 가지 기법을 소개해 보면 다음과 같다.

1) 적극적인 관심표출 행동

상대방에게 관심을 기울여 주는 것은 좋은 인간관계를 형성하고 발달시키는데 있어서 매우 중요하다. 우리가 다른 사람과 대화를 할 때 신체적으로는 가까이 있으면서도 상대가 말하고자 하는 내용에는 진정 관심을 보여주지 않는다면 그 사람과는 사적으로 의미 있는 대화를 더 이상 나누고 싶지 않을 것이다. 이런 경우 대부분의 사람들은 자신이 존엄성을 가진 한 인격체로서 보다는 한낱 물건으로 취급당하는 느낌을 받게 된다.

상대방과 대화를 할 때나 기타 상호작용을 할 때 시계를 자주 보거나, 주변 사물에 시선을 집중시키거나 다른 생각을 하는 것과 같은 여러 가지 행동들은 상대방에게 관심을 기울이지 않을 때 나타나는 행동의 단면들이다.

인간은 다른 동물과는 달리 주변 상황에 민감한 존재여서 이와 같은 여러 가지 대수롭지 않은 것 같이 보이는 언동까지도 쉽게 감지하게 된다. 그 결과 그는 자신이 상대방에게 받아들여지지 못하고 있다거나 인정을 받지 못하고 있는 것처럼 느끼게 된다. 이런 경우 그 사람과의 좋은 인간관계를 형성한다는 것은 매우 어렵게 된다.

반면에 관심을 기울이는 행동은 상대방으로 하여금 가치 있는 존재로 인식하게 만들며, 존경받고 있으며 이해되고 있다는 느낌을 갖게 한다. 신체적으로나 심리적으로 상대방에게 주의를 집중하므로 우리는 그에게 관심을 갖고 있다는 사실을 전달하게 되는 것이다.

효과적인 관심기울이기 행동을 통하여 우리는 상대방으로 하여금 보다 안전하고 편안한 느낌을 가지고 대화할 수 있도록 도움을 줄 수 있으며, 그와 더불어 쉽게 친숙한 관계를 형성할 수 있게 된다.

관심기울이기 행동의 구체적인 내용은 다음과 같다.

① 좋은 자세

몸의 위치, 제스처, 표정 등은 관심도를 전달하기 때문에 대인관계에서는 신체적으로 이완되고 편안하고 자연스러운 자세를 취하는 것이 매우 중요하다.

② **온화한 시선의 접촉**

상대방에게 부드러운 시선의 접촉을 유지함으로써 자신의 관심을 정확하게 전달할 수 있다. 그렇다고 시종 상대방을 뚫어지게 응시하는 것은 오히려 상대로 하여금 기분을 상하게 하는 결과를 초래할 수 있고 경우에 따라서는 강한 거부반응이나 위협을 느끼게 할 수도 있다.

따라서 효과적인 커뮤니케이션이나 대인관계의 발전을 위해서는 언제나 온화한 시선을 줌으로써 상대의 언행에 주의를 기울이고 있으며, 상대가 전달하고자 하는 커뮤니케이션의 내용을 경청하고 있다는 사실을 인식시킬 필요가 있는 것이다.

③ **상냥한 얼굴표정과 음색**

유쾌한 얼굴표정, 격려어린 미소, 그리고 수용적이고 친절한 음조는 상대방에 대한 자신의 진정한 관심과 흥미를 전달하게 한다.

④ **즉각적인 반응**

효과적인 커뮤니케이션을 위해서는 언어적이든 비언어적이든 상대방이 전달하고자 하는 의사를 이해하려고 노력하고 있음을 나타내는 반응을 즉각적으로 보여 주어야 한다.

(1) 관심표출 행동훈련

관심 보이기 행동훈련에 들어가기에 앞서 먼저 선택된 훈련받은 시범자들로 하여금 관심 기울이기 행동과 관심을 기울이지 않는 행동에 대한 시범을 보이고 참가자들로 하여금 어느 행동이 관심 기울이기 행동이고 어느 것이 관심을 기울이지 않는 행동인지를 식별해 보도록 한다.

이때 참가자들은 시범자들의 어떤 행동이 관심 기울이기에 적합한 행동으로 판정되었다면 이에 대한 이유를 구체적인 행동용어로 설명할 수 있어야 한다. 특히 자세, 시각적인 접촉, 음조, 그리고 즉각적인 반응 등에 유의하여 관찰하여야 한다.

시범자들은 다음과 같은 시범을 보인다.

첫째, 말을 하는 사람은 관심을 기울이지 않고 말을 듣는 사람은 관심을 기울이는 행동을 한다.

둘째, 말을 하는 사람은 관심을 기울이고 말을 듣는 사람은 관심을 기울이지 않는 행동을 한다.

셋째, 말하는 사람, 말을 듣는 사람 모두 관심을 기울이는 행동을 한다. 이때 시범자들은 관심을 기울이는 행동과 관심을 기울이지 않는 행동을 지나칠 정도로 과장된 행동을 해 보임으로써 참가자들로 하여금 쉽게 관심 기울이는 행동과 관심을 기울이지 않는 행동을 식별할 수 있게 하여 훈련의 효과를 높인다.

(2) 역할 놀이를 통한 훈련

훈련에 참가한 사람들을 먼저 두 사람씩 짝을 지어 말을 하는 사람과 듣는 사람의 역할을 분담한 다음, 말하는 사람은 관심을 기울이고 말을 듣는 사람은 관심을 기울이지 않는 행동을 하게 한다. 그리고 그 다음에는 서로간의 역할을 바꾸어 역할 놀이를 하게 한다. 그런 다음 역할 놀이를 통하여 어떤 내용을 경험했으며, 일상생활과는 어떻게 다르며 앞으로의 행동에 어떤 교훈을 주는가에 대하여 서로 토의를 하게 한다. 토의가 어느 정도 진행된 다음에는 말하는 사람이나 듣는 사람 모두 관심을 기울이는 역할 놀이 연습을 하게 한다. 이때에도 처음에는 한 사람은 말을 하고 다른 사람은 말을 듣는 역할을 하게 한 다음, 서로간의 역할을 바꾼다.

역할 놀이 실습이 끝나면 실습경험을 통하여 느낀 점, 깨달은 점, 앞으로 하고 싶은 행동 등에 대하여 잠시 의견을 교환하게 한 다음 훈련 참가자 전원을 집합시켜 관심 기울이기 행동이 효과적인 인간관계의 형성과 발달에 어떤 의미를 갖고 있는가에 대하여 논의하는 시간도 갖는다. 어느 정도 논의가 진행된 다음 훈련자들은 관심 기울이기 행동기법에 대한 요약을 하고 다음 기법훈련으로 넘어 간다.

이상에서 살펴본 바와 같이 관심 기울이기 행동은 효과적인 대인간의 상호작용을 강화해 줄 뿐만 아니라 인간관계의 형성을 촉진하는데 필수적인 요건이다. 관심 기울이기 행동은 이완된 자세, 적절한 시각적 접촉, 관심가진 얼굴표정, 수용적이고 친절한 음조, 즉각적인 반응 등으로 이루어지며 이와 같은 관심 기울이기 행동을 통하여 자신의 흥미와 존경을 상대방에게 보다 효과적으로 전달할 수가 있는 것이다.

2) 의사확인

의사확인이란 상대방이 전달하고자 하는 생각, 정보 또는 의견을 그가 의도 한 바 그대로 내가 정확하게 이해하고 있는가에 대하여 확인해 보는 하나의 기법이다.

대부분의 사람들은 상대방과 대화를 할 때 종종 상대방이 전달하려고 하는 메시지를 끝까지 정확하게 알아들으려고 하기 보다는 상대방의 말이 끝나기도 전에 때로는 끝나기가 바쁘게 자신의 생각을 주장하기 위한 준비에 신경을 쓰게 된다. 그 결과 상대방이 전달하고자 하는 의사의 앞 부분만 듣고 그것을 토대로 자신의 생각을 주장하거나 상대가 전달하고자 하는 진정한 의사를 정확히 이해하지 못한 채 자신의 주관적인 판단과 가치관에 입각하여 동문서답식의 반응을 보일 때가 많다.

의사확인은 주로 상대방의 메시지의 내용에 관계하게 된다. 정의적, 가치판단적, 또는 비언어적인 면에 대해서는 다음의 지각확인에서 다루게 될 것이다.

우리는 타인의 메시지의 내용을 정확하게 이해하지 못하거나 잘못 이해했기 때문에 의사소통에 있어서 큰 문제가 야기되는 경우를 흔히 경험해 본다.

의사확인은 이와 같은 오해들을 밝혀 줌으로써 의사소통 및 인간관계 증진의 기회를 제공해 준다.

효과적인 의사확인은 상대방의 메시지에서 그가 전달하고자 하는 진정한 의미를 정확히 알아들으려고 하는 진지한 태도와 열망에서 이루어진다.

의사확인의 목적은 상대방의 메시지 내용을 정확하게 이해하는 것뿐만 아니라 그렇게 하기 위하여 자신이 최선의 노력을 다하고 있다는 사실까지도 상대에게 전달하려는데 있다.

이와 같이 의사확인은 커뮤니케이션의 정확도를 증가시킬 뿐 아니라 타인의 견해를 이해하려는 자신의 열망을 전달해 줌으로써 대인간의 간격을 좁히고 인간관계를 발달시키는 데 필요불가결한 하나의 기법인 것이다.

효과적인 의사확인은 보다 구체적이어야 한다. 그리고 그것은 타인의 생각을 우리 자신의 생각으로 고쳐서 진술하는 형식으로 이루어져야 한다.

예컨대 김수돌 씨가 "이돌석 씨는 경리부장으로서는 적합하지 않아요"라고 말했을 경우 의사확인의 예를 들어 보자.

의사확인 방법 1

"당신의 말씀은 이돌석 씨가 경리부장 자격이 없는 사람이라는 뜻입니까?"

이 같은 의사확인은 지나치게 일반적이고 막연한 의사확인으로서 구체성이 결여된 것이다. 가령 김수돌 씨가 이 확인적 물음에 동의를 한다고 하더라도 확인자는 "적합하지 않다"라는 말이 실제로 무엇을 뜻하는지 정확하게 이해할 수가 없다. 이런 경우, 아직도 의사확인자는 자기의 주관에 입각하여 "적합하지 않다"라는 말을 해석하여 오해할 가능성이 많은 것이다.

의사확인 방법 2

"당신의 말씀은 이돌석 씨가 부정직하다는 것을 뜻하십니까?"

이것은 구체적인 의사확인이다. 만약 이 확인이 김돌석 씨의 의사에 반한다 하더라도, 김돌석 씨는 "아니오, 이돌석 씨는 정직합니다. 그러나 그는 계획성이 없고 또 해야 할 일들을 잘 잊어버립니다."라고 수정하여 답을 해 줄 것이기 때문에, 이런 식의 의사확인은 "적합하지 않다"라는 김돌석 씨의 의사를 명료하게 밝혀 주는 결과로 이끌게 되는 것이다.

흔히 대부분의 사람들은 상대방이 한 말이나 문장을 바꾸어 물어 보는 것이 의사확인인양 잘 못 생각하고 있다. 그러나 이와 같은 경우도 앞의 예에서 살펴본 바와 같이 구체성이 결여될 가능성이 많기 때문에 의사확인으로써는 바람직하지 못하다.

또 다른 의사확인의 예를 살펴보기로 하자.

김선생 : "박선생은 애당초 교사가 되지 말아야 했을 것을!"
이선생 : "당신 생각에는 가르치는 것이 박선생에게 적합한 직업이 아니란 말입니까?"
김선생 : 예 맞습니다. 가르치는 일은 박선생에게는 적합치 않습니다.

이와 같은 의사확인에서 이선생의 말에 김선생이 전적으로 동의했음에도 불구하고 이선생은 김선생의 한 말이나 문장을 바꾸어서 물어 본 것에 지나지 않기 때문에 구체적인 내용의 확인에는 아무런 도움이 없는 것이다.

차라리 "김선생의 진술에 대하여 말만 바꾸려고 하는 대신에 이선생 스스로가 김선생의 진술이 나에게는 무엇을 의미하는가?"라고 자문해 보면 도움이 될 것이다. 이런 경우 대체로 다음과 같은 대화가 이루어질 수 있을 것이다.

김선생 : "박선생은 애당초 교사가 되지 말아야 했을 것을!"
이선생 : "김선생 말씀은 박선생이 학생들을 지나치게 가혹하게 다루고 있다는 뜻입니까? 아마도 때로는 잔인하기 까지 하다는 말입니까?
김선생 : "아니오. 그런 뜻은 절대로 아닙니다. 내 말은 박선생이 너무 고급생활을 하려고 하고 있기 때문에 교사의 봉급으로써는 도저히 그러한 생활을 유지해 나갈 수 없다는 뜻입니다."
이선생 : "아! 알겠습니다. 김선생 생각에는 박선생이 자기의 고급생활을 보장해 줄 수 있는 그런 분야의 직업을 택했어야 했다는 것이군요."
김선생 : "바로 그 말입니다. 그런 뜻에서 가르치는 일은 박선생에게는 적합지 않습니다."

이와 같이 효과적인 의사확인은 언어적 속임수나 장난이 아니라 타인의 진의를 진정으로 이해하려는 태도와 바램에서 이루어진다. 이 같은 바램을 충족시키기 위하여 상대방의 진술이 자신에게 어떤 의미로 이해되고 있다는 사실을 솔직히 그에게 밝혀 줌으로써 그로 하여금 그가 의도한 바와 우리가 이해하게 된 바를 비교, 검토할 수 있도록 기회를 주어야만 하는 것이다. 그럼에도 불구하고 우리는 일상생활에서 상대방의 생각이나 의사를 정확히 이해하였는지 아닌지에 대하여 확인해 보려는 노력 없이 즉각적으로 동의 또는 반대 표시를 해버리는 경우가 허다하다.

효과적인 의사확인은 이러한 의사소통의 장애를 제거해 줄 뿐만 아니라 나아가서는 인간관계 자체를 촉진시키는 데 이바지 하게 되는 것이다.

의사확인 행동 훈련

시범자들이 다음과 같은 세 가지 형식의 의사확인을 무작위로 선택하여 시범을 보이고 참석자들은 이를 변별해 보도록 한다.

첫째, 상대방의 말이나 문장을 바꾸어서 물어 보기.

둘째, 너무 일반적이고 막연한 의사확인.

셋째, 구체적이고 효과적인 의사확인.

시범을 보인 후에는 참석자들에게 직업이나 가정생활에 관계되는 것으로 타인에게 의사전달하기에 어려움을 느끼는 문제를 하나 생각해 보도록 한다. 그 다음 각자의 역할에 따라 연습토록 한다.

① 의사전달자 : 생각을 표현하려고 노력한다.

② 의사수취자 : 조력자(위의 세 가지 의사확인 형식을 활용하여 의사확인을 한다.)

③ 관찰자 : 조력자 (어느 의사확인이 가장 효과적이며 그 이유는 무엇인가에 대하여 기록한다.)

매회의 역할 놀이가 끝나면 세 사람이 상호간의 의견을 교환함으로써 도움을 주고받을 수 있게 한다. 훈련은 첫째, 말이나 문장 바꾸기, 둘째, 일반적인 의사확인, 셋째, 효과적인 의사확인의 순서로 이루어져야 한다.

역할 놀이를 통한 연습이 어느 정도 이루어졌다고 판단되면, 훈련자는 피훈련자들을 전체적으로 집합시킨 다음 의사확인의 의미나 효과에 대한 질의응답이나 실습을 하는 동안 느낀 것이나 경험한 것에 대하여 의견을 교환하게 한다.

끝으로 이러한 의사소통의 기법이 인간관계의 형성과 발달에 어떻게 작용될 것인가에 대하여도 토의케 한다. 이러한 여러 가지 측면의 토의가 어느 정도 이루어진 다음 훈련자는 효과적인 의사확인에 대하여 간단히 요약해서 설명한 후 다음 기법의 훈련으로 넘어 간다.

3) 지각확인

지각확인이란 상대방의 느낌과 경험을 그것들이 일어나는 그 순간에 정확히 이해하고 있는가를 확인해 보는 하나의 기법이다. 이 기법은 메시지의 정의적 측면에 초점을 두어 앞에서 소개한 의사확인에 보충적 역할을 해주는 것이다. 지각은 일반적으로 왜곡되기기 쉽기 때문에 상대방의 느낌과 경험에 대한 자신의 지각이 정확한지 잘되었는지에 관하여 확인해 볼 필요가 있는 것이다. 타인의 느낌과 경험을 정확하게 이해한다는 것은 그리 쉬운 일이 아니다. 정서적 상태나 경험은 언어와 함께 신체적인 동작과 생리적인 변화와 같은 비언어적 행동에 의하여 표현된다.

간혹 비언어적 행동이 타인의 느낌이나 경험을 이해하는 데 정확한 정보의 유일한 원천이 된다. 따라서 상대방과 효과적인 의사소통을 하기 위해서는, 그의 언어적 의사내용을 정확히 이해하는 것도 중요하겠으나, 그의 신체적인 동작과 생리적인 변화를 주의 깊게 관찰함으로써 그가 현재 경험하고 있는 정의적 상태를 정확히 이해하는 것이 매우 중요하다.

상대방의 느낌과 경험에 대한 우리들의 지각은 보통으로 그 상대방의 말, 음조, 몸짓, 또는 얼굴표정 등에서 보다는 우리들 자신의 주관적인 느낌, 두려움, 혹은 소망 등에 의하여 좌우된다.

만약 우리들이 죄책감을 느끼고 있을 경우 우리는 상대방이 우리에게 분노하고 있거나 우리를 비난하고 있는 것처럼 지각하기 쉬운 것이다. 그리고 또 열등의식을 가지고 있다면 타인들의 웃음을 우리에 대한 비웃음으로 지각하기 쉬운 것이다. 이와 같이 타인의 느낌이나 경험에 대한 우리들의 추측은 때때로 매우 불확실하다. 따라서 우리는 상대방이 비언어적 행동에 의하여 막연하게 추측해서 반응하는 대신에 그가 현재 경험하고 있는 정의적 상태에 대한 우리의 가정을 확인해 보아야 하는 것이다.

효과적인 지각확인은 "저는 당신의 현재의 느낌과 경험을 정확하게 이해하기를 원하고 있습니다. 이것이(그 사람의 느낌과 경험에 대한 우리의 지각을 진술하면서) 바로 당신의 현재의 느낌이나 경험입니까?"라는 메시지를 전하는 것이다.[1)]

"당신은 저에게 화를 내고 있는 것 같은 인상을 받고 있습니다. 그것이 사실입니까?"("당신은 왜 저에게 화를 내고 있습니까?"와는 전혀 다르다. 이것은 지각확인이 아니고, 가치판단에 근거한 비난이다.)

"아무도 당신의 제안에 대하여 반응을 보여주지 않아서 실망하고 계시는 것 같이 보입니다. 저의 지각이 틀리지 않습니까?"

"김씨가 방금 한 말에 의하여 당신은 열외로 밀려 난 기분을 느끼시는 것 같이 보입니다. 저의 지각이 맞습니까?"

이와 같이 효과적인 지각은 인정이나 부인 또는 느낌과 경험의 원인에 대한 해석이나 설명을 하지 않고 다만 상대방의 느낌과 경험을 있는 그대로 우리가 이해하고 있는지에 대해서만 임시적으로 확인해 보려고 하는 선의의 노력인 것이다. 이러한 노력이 ① 우리가 상대방을 한 인간으로 있는 그대로 이해하기를 원하고 있다는 사실을 그에게 전달하게 하며, ② 상대방의 느낌과 경험에 대한 그릇된 가정에 의하여 행동함으로써 후에 후회하게 될 우리의 언동을 미연에 방지해 주는 데 크게 도움을 주게 될 것이다. 그러므로 상대방의 느낌과 경험을 그것들이 일어나는 그 순간순간에 비판의 태도 없이 정확하게 확인할 수 있는 능력을 기르는 것은 효과적인 의사소통을 위해서는 물론, 생산적인 인간관계 발달을 위해서도 극히 필요한 것이다.

---

1) J. L. Wallen, Basic skills for discussing interpersonal relations. *Paper*. Portland, Ore.: Northwest Regional Laboratery, 1966.

● 지각확인 행동 훈련

시범자로 하여금 몇 가지 지각확인 행동을 하게 한 다음 훈련참가자들로 하여금 어느 것이 효과적인 지각확인 행동이고 어느 것이 지각확인 행동이 아니었든가에 대하여 주의 깊게 관찰하게 한 다음 지적하도록 한다.

시범자 A : 언어적 및 비언어적으로 태도와 느낌을 전달하는 말과 행동을 한다.

시범자 B : 시범자 A의 느낌과 경험에 대한 지각을 확인하게 한다. 다음에는 역할을 서로 바꾸어서 다시 한 번 시범을 보이게 한다.

시범이 끝나면 훈련참가자들을 5명씩 소집단으로 구성하여 그 중 한 사람이 비언어적 방법으로 그의 느낌을 표현하게 하고 다른 사람들은 이를 확인하게 한다. 이러한 방법으로 5명이 차례차례 역할을 하게 한 다음, 옆에 있는 두 사람이 짝이 되게 한다. 그러고 나서 그 중의 한 사람이 지적으로나 정서적으로 자신에게 의미 있다고 생각되는 어떤 문제에 관하여 이야기하게 하고 다른 한 사람은 상대방의 느낌과 경험에 대한 그의 지각을 확인하려고 노력하도록 한다. 다음에는 역할을 바꾸어 다시 연습하게 한다. 연습이 끝나면 그들의 경험을 느낌 차원에서 분석 토의하게 하며 또한 이와 같은 지각확인 행동이 의사소통의 명료화에 어떤 의의를 갖는가에 대하여 검토케 한다.

2인조 연습과 토의가 끝난 다음 훈련자는 피훈련자들을 전체적으로 집합시킨 다음 지각확인에 관한 강의, 시범, 실습 등의 전 과정을 통하여 느낀 점, 학습한 것, 그리고 앞으로의 의사소통 및 인간관계의 실제에 어떻게 어느 정도로 도움이 되겠는가에 관하여 얼마동안 토의하게 한다. 토의가 어느 정도 이루어졌다고 판단되면 훈련자는 지각확인에 대한 내용을 간단히 마무리 짓고 다음 단계의 훈련 기법으로 넘어간다.

4) 자신의 느낌 보고

우리 인간은 감정적인 존재이다. 인간에게 있어서 느낌을 갖는다는 것은 자연스러운 일이다. 그러나 우리의 문화 속에서는 느낌을 생산적으로 처리하기 보다는 부인하고 무시하기가 더 쉽다. 느낌을 말로 보고한다는 것은 우리의 정서적 상태에 대한 정확한 정보를 과격한 행동이나, 판단이나, 강요함이 없이 상대방에게 있는 그대로 솔직하게 구두로 진술하는 것을 말한다. 우리의 느낌이나 타인의 느낌을 건설적으로 처리하는 방법을 학습하는 것은 효과적인 인간관계 발달에 매우 중요한 것이다.

우리 자신의 느낌을 처리하는 데는 다음과 같은 세 가지 방법이 있다.[2)]

첫째, 느낌을 말로 보고하는 것.

둘째, 얼굴을 붉히는 것과 같은 간접적 표현 또는 "자네는 말이 많아"와 같이 판단하기.

셋째, 기물을 파괴하거나 사람을 해치는 과격한 행동하기.

위의 세 가지 방법 중에서 첫 번째의 것, 즉 느낌을 말로 보고하는 것이 건전한 인간관계 발달에 가장 효과적이다. 그러나 느낌을 말로 보고한다는 것과 느낌을 표현한다는 것을 혼동해서는 안 된다. 느낌을 말로 보고한다는 것은 우리들의 정서적 상태에 대한 정확한 정보를 상대방에게 제공해 주기 위하여 과격한 행동이나, 판단이나 강요함이 없이 느낌이 일어난 그 순간에 그에게 직접적으로 말로 진술하는 것을 의미한다.

그러나 자신의 느낌을 정확하게 전달하거나 상대방의 느낌을 이해한다는 것은 그리 쉬운 일이 아니다. 왜냐하면 첫째로 정서의 표현은 여러 가지 다른 형태를 취할 수 있기 때문이다. 느낌이란 신체적인 변화, 행동, 그리고 언어 등 다양한 모양으로 표현되는 것이다.

둘째로 어떤 특정한 느낌의 표현이 여러 가지 다른 느낌들에서 연유될 수도 있기 때문이다. 예를 들면, 얼굴을 붉히는 것은 그 사람의 기쁜 감정을 나타내는 것도 될 수 있지만 불안하거나 부끄러움을 나타내는 것도 될 수 있다. 뿐만 아니라 특정한 한 가지 느낌도 경우에 따라서는 다른 방법으로 표현되게 마련이다. 때문에 우리는 보다 나은 이해를 돕고 오해를 미연에 방지하기 위하여 상호간에 자신의 느낌의 상태를 그때그때 구두로 보고하는 기법을 터득할 필요가 있는 것이다.

느낌을 말로 보고하는 한 가지 방법은 "나는 화가 났습니다." "나는 기쁩니다." 등과 같이 특정 느낌을 확인한 후 그것을 말로 이야기하는 것이다. 그러나 우리는 다양한 인간의 느낌들을 모두 포괄해서 활용할 이름들을 가지고 있지 못하다. 그래서 우리는 우리의 느낌을 진술하는 다른 또 하나의

2) J. L. Wallen, The constructive use of feelings. *Paper*, 4020 South Lee Street, Portland, Oregon, 1967.

방법을 가지고 있다. 그것은 "나는 큰 연못 속에 있는 한낱 작은 개구리에 지나지 않는 것처럼 느낍니다." 등과 같은 비유법을 쓰는 것이다. "나는 오른팔을 잃어버린 기분입니다." 등과 같은 비유법을 쓰는 것이다.

우리들의 느낌을 진술하는 세 번째 방법은 "나는 당신을 업어주고 싶은 느낌입니다." "나는 너를 꼭 깨물어 주고 싶은 심정이야" 등과 같이 특정 느낌이 우리로 하여금 어떤 행동을 하고 싶어 하도록 만드는 그 사실을 말로 보고하는 것이다.

자신의 느낌을 구두로 보고하는 목적은 타인과의 관계를 개선하는 대화를 증진하려 함에 있다. 무엇보다도 상대방이 우리의 느낌을 고려하여 행동하도록 하려면 그에게 우리가 현재 어떤 느낌을 가지고 있는 가에 대하여 명확히 알려 주어야 한다.

부정적인 느낌은 타인과의 관계에 있어서 무엇이 잘못되고 있다는 신호의 역할을 해 준다. 부정적인 느낌을 무시하는 것은 마치 우리의 신체가 과로하여 병이 나려고 하는 여러 가지 징후를 무시하는 것과 같다. 부정적인 느낌은 관계하는 두 사람이 상호간에 오해하거나 그릇된 커뮤니케이션을 하고 있지 않는가를 점검해 보라는 하나의 신호인 것이다.

자신의 느낌을 보고할 때 다음과 같은 사항에 유의할 필요가 있다. 즉 우리가 그렇게 느끼게 된 책임을 상대방에게 전가시키는 태도를 취해서는 안 된다. 그리고 우리가 그렇게 느끼지 않기 위하여 상대방으로 하여금 그의 행동을 변화하도록 강요해서도 안 된다. 차라리 우리의 그 때의 내적 상태를 상호간의 보다 나은 이해와 관계개선에 도움을 얻기 위한 다른 하나의 정보로서 있는 그대로 말로 보고하는 것이어야 한다.

예컨대 택시기사가 너무 빨리 달릴 때 우리는 불안을 느낀다. 이때 "기사양반! 그렇게 차를 몰면 돼요?" 라든지, "좀 천천히 몰아요."하는 것은 나의 불안을 덜기 위하여 기사의 행동을 변화시키려는 강요로 볼 수 있다. 이런 경우, 우리 자신의 느낌을 말로 보고한다는 것은 "기사양반! 저라는 인간은 그렇게 생긴 인간이기 때문에 이 정도의 속력으로 차가 달리면 매우 불안합니다. 내가 불안을 느끼는 것은 기사양반 당신 때문이 아니라 내가 그런 사람 됨됨이여서 그렇습니다. 그 책임은 내게 더 많습니다. 사실 이 세상의 사람들 중에는 이 정도의 속력으로 불안은커녕 쾌감을 느끼는 사람도 많을 것이기 때문입니다. 이 정도의 속력으로 달리는데 불안을 느끼는 것은 저의 사람됨이 그래서 그렇습니다. 그렇지만 지금 저는 매우 불안합니다. 저의 이 불안을 고려해 주실 수 있으면 고맙겠습니다."

이와 같은 뜻으로 "기사양반! 저는 지금 몹시 불안합니다."라고 하는 것이 자신의 느낌을 말로 보고하는 것이다.

자신의 느낌 표현 훈련

훈련자들은 시범자들의 말과 언행을 잘 관찰한다. 시범자 A가 시범자 B에게 느낌을 일으키기 위하여 어떤 말과 행동을 하고 그 다음 시범자 B는 시범자 A에게 자신의 느낌을 말로 보고한다. 그리고는 서로 역할을 바꾸어서 되풀이 한다.

이때 참석자들은 언어 및 비언어적 행동에 유의하여 잘 관찰한 다음 그것들이 ① 구두보고 인지, ② 간접표현이나 판단인지, 아니면 ③ 직접적인 과격 언동인지를 판별해 본다.

그 다음 훈련 참석자들은 두 사람씩 짝을 짓고 두 사람 중 한 사람이 자기 삶에 있어서 강한 느낌이나 확신을 갖게 된 의미 있는 개인적 경험에 대하여 이야기를 한다. 이때 이야기를 들은 사람은 그 이야기를 들으면서 자기 속에 일어나는 정서적 반응에 주의하므로 어떤 느낌을 경험하게 되는가에 대하여 지각하도록 한다. 그리고는 그 느낌의 상태를 이야기하는 사람에게 말로 보고하도록 한다. 그러고 나서 역할을 바꾸어서 비슷한 상호작용을 다시 하도록 한다. 이러한 역할 놀이가 끝나면 두 사람은 각자의 경험에 대하여 상호간의 의견을 교환하고 이와 같은 경험과 일상의 인간관계 경험과를 비교하여 토의하도록 한다.

마지막으로 훈련자 전원을 집합시킨 다음 10여분 동안 이제까지의 강의, 시범, 실습을 통하여 느낀 점, 깨달은 점 등에 대하여 의견을 교환하게 하고 이와 같은 학습이 커뮤니케이션의 명료화와 인간관계 개선에 어떤 도움을 줄 것인가에 대해서도 토의케 한 후, 훈련자가 요약하고 마친다.

5) 피드백(feedback) 주고받기

피드백이란 상대방에게 그의 행동의 결과가 어떠한 지에 대하여 정보를 제공해주는 것을 말한다. 즉 그의 행동이 나의 행동에 어떤 영향을 미치고 있는 가에 대하여 상대방에게 솔직하게 말로 알려주는 하나의 보고행위이다. 피드백 활동을 통하여 사람들은 그들의 행동이 타인에게 미치고 있는 영향에 대하여 학습할 수 있게 되는 것이다. 예컨대 피드백은 우리의 행동에 대하여 거울의 역할을 해 준다. 거울을 통하여 우리의 모습을 알게 되듯이 우리는 피드백을 통하지 않고서는 우리의 행동이 어떠한 모습을 띠고 있는지 알 길이 없다. 따라서 그의 행동이 나 자신에게 어떤 반응을 불러일으키고 있는가에 대하여 상대방에게 직접적으로 이야기 해 줌으로써 그로 하여금 그 자신의 행동이 어떤 결과를 초래하고 있는지에 대하여 알 수 있게 할 뿐 아니라 그가 원하는 경우 대인관계에 있어서 그의 행동을 개선할 수 있는 기회를 제공해 주는 것이다. 그러므로 상호간에 피드백을 주고 받음으로 타인들과 관계를 맺고 있는 나의 모습을 확인할 수 있는 동시에 나의 행동이 타인들에게 미치고 있는 영향에 관하여도 객관적으로 알 수 있게 되는 것이다.

그럼에도 불구하고 우리는 보통 피드백의 활용을 꺼려하고 있다. 그 주된 이유는 나의 피드백이 상대방에게 제대로 받아들여질 것인가에 대한 불확실성 내지는 염려 때문인 것이다. 만약 모처럼의 힘든 피드백이 본의 아니게 상대방으로 하여금 마음을 상하게 하거나 화를 내게 한다면 오히려 그와의 관계가 소원해 질 가능성도 없지 않기 때문이다. 사실은 피드백도 관계개선을 위한 선의에 입각하지 않고 다만 상대방을 해치거나, 징벌하거나, 적개심을 표현하기 위하여 주어질 때, 파괴적인 결과를 초래하게 된다. 뿐만 아니라 부정적이고 비판적인 피드백만을 계속적으로 주는 경우에도 그 결과는 파괴적이 된다. 그러므로 우리는 피드백을 줄 때 상대방의 긍정적인 면과 부정적인 면을 균형 있게 취급하도록 유의하여야 할 것이다.

우리는 타인으로부터 주어지는 부정적인 피드백을 통하여 우리의 비효과적인 행동을 개선할 수 있는 동시에 긍정적인 피드백을 통하여 특정 행동을 계속 발달시킬 수 있기 때문이다. 그러므로 우리는 인간관계 개선에 도움을 받기 위하여 효과적으로 피드백을 주고받을 수 있는 능력을 길러야 하는 것이다.

효과적으로 피드백을 주는데 포함되는 몇 가지 기본적 요소들이 학자들에 의해 확인되었다.[3] 다음은 효과적인 피드백의 몇 가지 지침들이다.

---

3) W. R. Mead, *"Feedback: A how to primer for T-group participants,"* In R. T.

첫째, 피드백은 강요적이어서는 안 된다. 피드백은 상대방의 행동을 변화시키기 위하여 강요하거나 충고하는 것보다 단순히 생각이나 정보를 제공해 주는데서 그치는 식으로 이루어져야 한다. 피드백은 상대방의 행동에 대한 가치판단을 보류한 채, 주는 사람의 주관적인 지각적 정보로써 주어질 때 더욱 효과적으로 받아들여진다.

둘째, 피드백은 받은 편이 능히 그것을 받아서 소화시킬 수 있는 준비가 되어 있을 때 주어야 한다. 피드백은 신뢰할 수 있고 위협적이 아닌 상태에서 즉 상호간에 신뢰적인 관계가 이루어져서 받는 사람이 위협을 느끼지 않을 때 비로소 효과를 발휘하게 된다. 그러므로 피드백을 주기 전에 관여하는 양편이 특정한 피드백을 생산적으로 처리할 수 있도록 준비가 되어 있는지에 대하여 주의 깊게 고려할 필요가 있다.

셋째, 피드백은 나타난 사실을 서술하는 형식으로 이루어져야 한다. 피드백은 특정 행동 뒤에 숨어 있는 동기나 이유에 대하여 이야기하는 것 보다 나타난 사실에 대한 명백한 구두보고로서 이루어져야 한다. 서술적이 되기 위하여 피드백은 동기에 보다는 행동에, 추리보다는 관찰에, 그리고 일반적인 것보다는 구체적인 것에 초점을 두고 이루어질 때 보다 효과적이 된다.

넷째, 피드백은 시간적으로 행동이 일어난 직후에 주어져야 한다. 피드백은 시간을 두고 여러 가지 사실을 모은 다음 나중에 한꺼번에 하는 것 보다는 가능한 한 특정 행동에 대하여 그것이 일어난 직후에 해줄 때 효과적이다.

다섯째, 피드백은 변화개선이 가능한 것에 한하여 주어져야 한다. 아무리 구체적이고 분명한 피드백이라고 하여도 인간의 힘으로 변화시킬 수 없는 것에 대하여는 속수무책일 수밖에 없다. 따라서 피드백은 받는 사람이 노력할 때 변화시킬 수 없다. 따라서 피드백은 받는 사람이 노력할 때 변화시킬 수 있는 행동에 한하여야 할 뿐 아니라 대안적 행동까지 제시해 줄 때 가장 효과적이다.

효과적으로 피드백을 주는 것도 중요하지만 피드백을 잘 받아들이는 것도 매우 중요하다. 피드백을 받을 때는 무시하고 화를 내고 공격하는 방어적 태도를 취하거나, 이미 그런 것쯤은 나도 알고 있어 또 고치려고 해보았다는

Golembioski, A Blumberg, Sensitivity training and the laboratory approach, Itaska, Ill.: F. E. Peacock Publishers, Inc. 1973; G. E. Myers & M. R. Myers, *The dynamics of Human comunication; A laboratory approach*. New York: McGraw-Hill, 1976.

식으로 합리화할 것이 아니라 상대방의 피드백을 일단 받아들이고 그것을 건설적인 방법으로 스스로의 행동변화를 위하여 활용하려고 노력하여야 한다. 뿐만 아니라 피드백을 준 사람에게 힘 드는 조언을 준데 대하여 감사를 표하고 계속적으로 좋은 피드백을 주도록 요청하는 반응을 해주어야 한다.

피드백 주고받기 훈련

시범자 B는 효과적인 피드백 주기의 원칙에 따라 피드백을 하고, 시범자 A는 B의 피드백을 감사한 태도로 받아들이고 또한 계속적으로 그와 같은 피드백을 주도록 요청하는 효과적인 피드백 받기 행동의 시범을 보인다.

그 다음 역할을 바꾸어 시범을 보이게 한다. 그러나 이번에는 시범자 A가 시범자 B에게 비효과적인, 즉 시범자 B의 행동을 비난하거나 변화를 강요하는 방법으로 피드백을 준다. 그러면 시범자 B도 자기 방어적이거나 합리화하는 태도, 즉 상대방의 피드백을 무시하거나 받아들이지 않는 반응을 보인다.

다음으로 시범자 B가 시범자 A에게 효과적이고 생산적인 방법으로 피드백을 준다. 그러나 시범자 A는 비효과적인 방법으로 그 피드백에 반응을 보인다.

마지막으로 시범자 A가 시범자 B에게 효과적이고 생산적인 방법으로 피드백을 주면 시범자 B는 감사하고 적극적인 태도로 그것을 받아들일 뿐 아니라 계속 그와 같이 도움이 되는 피드백을 주도록 시범자 A에게 청하는 반응을 보이므로 시범을 마친다.

이러한 시범이 끝나면 훈련 참석자들을 3인 1조가 되게 하고 각각 다음과 같은 역할을 맡아 차례로 경험을 하게 한다.

① 피드백 받는 사람 : 어떤 자극적인 행동을 보인 후 상대방에게 피드백을 받는다.

② 피드백 주는 사람 : 자극적인 행동을 한 상대방에게 피드백을 준다.

③ 관찰자-조력자 : 두 사람이 피드백을 주고받을 때 잘 관찰한 다음 어떤 것이 효과적이고 어떤 것이 비효과적이었든가에 대하여 언급해주고 조력해준다.

이러한 상호간의 역할을 서로 교대해 가면서 역할 놀이 연습을 한 다음, 훈련 참가자 전원을 집합시킨다. 그리고 그들의 경험에 관하여 토의하게 하고 또 이와 같은 피드백 주고받기에 관한 기법이 인간관계의 형성과 발달에 어떻게 활용될 것인가에 대하여도 의견을 교환하게 한다. 그리고 훈련자는 피드백 주고받기에 대하여 간단하게 요약·정리를 해주고 훈련을 마친다.

2. 커뮤니케이션에 관한 커뮤니케이션 훈련

커뮤니케이션에 관한 커뮤니케이션(communication about communication)의 능력이란 커뮤니케이션의 관계적인 측면을 효과적으로 다루는 능력을 말하는데 이를 한층 높은 차원의 커뮤니케이션(meta-communication)이라고 부르기도 한다. 왜냐하면 커뮤니케이션의 관계적인 측면을 취급하려고 할 때 우리는 커뮤니케이션에 관한 커뮤니케이션을 하지 않으면 안 되기 때문이다.

성공적인 인간관계는 커뮤니케이션의 관계적인 측면, 즉 커뮤니케이션에 관한 커뮤니케이션을 효과적으로 할 수 있는 능력 여하에 달려 있다. 다시 말해서 사람들이 커뮤니케이션 상의 문제를 효과적으로 극복하기 위해서는 그들이 지금까지 하고 있는 커뮤니케이션의 방식이나 형태에 관하여 커뮤니케이션을 할 필요가 있다.

그러나 커뮤니케이션에 관한 커뮤니케이션을 효과적으로 하기란 쉬운 일이 아니기 때문에 이에 필요한 기술, 또는 능력을 터득하지 않으면 안 된다.

1) 한층 높은 차원의 지각확인

대인관계의 지각을 연구하기 위한 하나의 방법은 사람들이 친근한 관계를 맺게 될 때 그들의 상호 복합작용의 대부분은 그들 상호간에 갖게 되는 대인간의 지각에 의하여 좌우된다고 가정을 한다.[4] 이와 같은 가정 하에서 다음과 같은 세 가지 서로 다른 위계적인 견지에서 대인간의 지각을 확인해 보기로 하자.

4) R. D. Laing, H. Phillipson & A. R. Lee, *Interpersonal Perception: A theory and a method of research*, New York: Springer, 1966.

① 직접적인 견지 ·····A는 B를 어떻게 지각하고 있느냐
② 이차원적 견지 ····· A는 B가 A를 어떻게 지각하고 있다고 지각하느냐
③ 삼차원적 견지 ····· A는 B가 A자신이 B를 어떻게 지각하고 있을 것이라고 지각하리라고 지각하느냐

사실 인간관계는 내가 상대방을 어떻게 보느냐 혹은 상대방이 나를 어떤 사람으로 지각하느냐에 크게 영향을 받고 있지만, 이에 못지 않게 상대방이 나를 어떻게 보고 있으리라는 나 자신의 생각이나 내가 그를 어떻게 지각하고 있으리라는 상대방의 주관적인 지각에 따라서도 크게 영향을 받는다.

그러므로 대인간의 상호 복합작용을 이해하기 위해서는 한층 높은 차원의 견지에서 대인간의 지각을 확인해 볼 필요가 있는 것이다.

우리들은 관계를 맺고 있는 두 사람의 생각 혹은 지각을 상호간에 대비시켜 봄으로써 상호간의 의견의 일치나 불일치, 상호간의 이해나 오해, 그리고 그 이해나 오해에 대한 인식여부에 관하여 확인해 볼 수가 있다.

Laing과 그의 동료들에 의하면[5)] (1) 동일한 문제에 관한 한 사람의 직접적인 견지와 타인의 직접적인 견지간의 비교는 의견의 일치 혹은 불일치에 대하여 알게 해 준다.

(2) 동일한 문제에 관한 한 사람의 이차원적인 견지와 다른 사람의 직접적인 견지간의 비교는 상호간의 이해나 오해에 대하여 알게 해준다.

(3) 한 개인의 삼차원적 견지와 그 개인 자신의 직접적인 견지간의 비교는 그 개인이 타인에게 이해되고 있다는 느낌 혹은 오해받고 있다는 느낌에 대하여 알게 해준다.

이러한 생각들을 마음에 두고서, 우리는 상호간에 한층 높은 차원의 생각을 확인해 보기 위하여 X가 임의의 문제(예를 들면, 인상, 성격, 목소리, 거동 ···· 등등 무엇이든)를 지칭할 때 다음과 같이 상호간의 지각에 대한 견해를 교환해 볼 수 있을 것이다.

(1) 나의 X에 대한 나의 견해
- 나는 당신이 나의 X를 이렇게 본다. ·····직접적 견지
- 나는 당신이 나의 X를 이렇게 보리라고 본다. ·····2차원적 견지

5) *Ibid.*, pp. 71-80.

- 나는 당신이 내가 나의 X를 이렇게 보리라고 보고 있으리라고 본다. ······3차원적 견지

(2) 당신의 X에 대한 나의 견해

- 나는 당신의 X를 이렇게 지각하고 있다. ······ 직접적 견지
- 나는 당신이 당신의 X를 이렇게 지각하고 있으리라고 지각하고 있다. ······2차원적 견지
- 나는 당신이 내가 당신의 X를 이렇게 지각하고 있으리라고 지각한다고 지각하고 있다. ······3차원적 견지

한층 높은 자원의 지각확인 훈련

먼저 시범자들은 그들의 첫 인상에 대하여 교대로 다음과 같이 대인간의 지각확인 시범을 보인다.

(1) 시범자 A가

- 나는 나의 첫 인상을 얌전한 사람으로 본다.
- 나는 당신이 나의 첫 인상을 왈가닥으로 보고 있으리라고 본다.
- 나는 당신이 내가 나의 첫 인상을 얌전한 사람으로 보고 있으리라고 보리라고 본다.

그러고는

- 나는 당신의 첫 인상을 맹꽁이 같다고 본다.
- 나는 당신이 당신 자신의 첫 인상을 지게꾼 같이 보고 있으리라고 본다.
- 나는 당신이 내가 당신의 첫 인상을 맹꽁이 같이 보고 있으리라고 보리라고 본다.
- 이번에는 시범자 B가 위와 같은 확인행동을 반복한다.

(2) 다음으로 두 사람은 일치와 불일치, 이해와 오해, 그리고 이해되고 있다는 느낌과 오해받고 있다는 느낌 등에 관한 의사교환을 해 보인다.

이러한 시범이 끝나면 세 사람씩 짝을 이루게 하여 그 중 두 사람은 어떤 문제를 택하여 상호간에 대인간의 지각확인을 하게 하되, 직접적인 견지, 2차원적인 견지, 그리고 3차원적인 견지를 차례로 해 보게 한다. 이때 세 번째 사람은 이들의 커뮤니케이션의 내용이나 행동을 관찰, 기록하게 한다.

한 차례의 대인간 지각확인이 끝나면 세 번째 사람, 즉 관찰-기록자의 도움을 받아 상호간의 의견의 일치와 불일치, 이해와 오해, 그리고 이해되고

있다는 느낌과 오해받고 있다는 느낌 등에 관한 토의를 하게 한다.

그러고 나서 차례로 역할을 교대해 가면서 같은 방법으로 다시 연습을 반복한다. 연습이 끝나면 세 사람이 함께 그들의 연습경험 중에서 느낀 점, 깨달은 점에 대해서, 그리고 실제 인간관계 장면에로의 적용 가능성 등에 대하여 얼마동안 토의하게 한다.

마지막으로 훈련자 전원을 집합시킨 다음 이와 같은 한층 높은 차원에서 대인간의 지각확인이 실제적인 인간관계의 형성과 발달에 어떤 중요성을 지니고 있겠는가에 관하여 집중적으로 의견을 교환케 한다. 그러고 난 다음에는 한층 높은 차원의 대인간의 지각확인의 내용과 방법에 대하여 간략하게 요약・정리하고 훈련을 마친다.

2) 상호 복합작용의 형태

두 사람이 최초로 만나 관계를 형성하기 시작할 때 그들은 각기 여러 가지 대인간의 기법을 상호교환함으로써 그들의 상호 복합작용의 형태를 규정짓게 된다. 그리고 그 관계가 진전됨에 따라 그들 간에 이루어지는 여러 가지 복합작용의 결과로 몇 가지 기본적인 인간관계의 유형, 즉 ① 대칭적(symmetrical), ② 상보적(complementary), 그리고 ③ 대등적(parallel)이라고 하는 상호 복합작용 형태 혹은 인간관계의 유형이 나타나게 된다.

여기에서 대등적 관계는 대칭적인 관계와 상보적인 관계의 종합에서 이루어진 것이기 때문에, 대칭적인 관계와 상보적인 관계가 보다 중핵적인 것이 된다. 대칭적인 상호 복합작용은 관계하는 두 사람 사이에 경쟁성을 유지하는 것으로 특징지워지는 반면, 상보적인 상호 복합작용은 두 사람 중의 한 사람이 상대방을 통제하거나 지배하는 불평등한 관계의 유지를 특징으로 한다.

비록 이들 대칭적 및 상보적 의사소통 관계들은 그들 자체로서는 좋지도 나쁘지도 않지만, 두 사람이 그들의 관계를 규정하는데 있어서 의견의 일치를 볼 수 없게 될 때에는 심각한 문제를 야기시킬 소지를 다분히 내포하고 있다.

대칭적인 관계에 있어서는 두 사람 중에서 누가 주도권 혹은 지배권을 잡느냐, 보다 정확히 말해서 어떻게 하면 이미 차지하고 있는 지배력의 양을 잃지 않고 계속 유지할 수 있느냐를 결정하는 것이 중요한 문제이기 때문에 항시 경쟁적인 상태에 놓일 위험이 따른다. 따라서 대칭적인 관계가 일단 그 안정성을 잃어버리게 되면 개인간에는 격화일로의 다툼과 싸움을 초래하게 된다.

이런 경우, 관계하는 두 사람은 각기 위험이나 비난으로써 상대방을 조종하거나 지배하려고 한다. 예를 들어 상호간에 의견의 차이를 나타낼 때 각각은 상대방의 의견을 경청하기보다 자신의 의견을 그에게 설득시키려고 노력하게 되는데 이때 커뮤니케이션의 형태는 과열된 논란과 대화의 잦은 중단으로 이어진다.

각각은 주로 상대방의 행동에 대해서 지적하는데 열중하고 자기 자신의 행동에 관해서는 언급을 회피한다. 관계의 개선을 시도함에 있어서도 자기 자신의 행동을 변화시키려고 하지 않고 상대방의 변화만 주장하게 된다. 그리고 문제가 발생했을 때 쌍방은 그 책임을 상대방에게 전가시키려고 한다.

상보적인 관계에서의 전형적인 문제는 한 사람이 상대방을 희생시키므로 자기가 승리를 거두려고 할 때 일어난다. 지배를 하는 위치, 즉 상위에 있는 사람이 그들의 관계의 성질을 규정하면 지배를 당하는 위치, 즉 하위에 있는 사람은 갈등 혹은 마찰을 피하기 위해 내심으로는 싫어하면서도 그것에 동의하거나 따라 하는 체하게 된다.

이와 같은 관계에서 일어나는 커뮤니케이션은 상위에 있는 사람이 주로 말을 하고, 하위에 있는 사람은 무엇이든 상대방이 말하는 것에 동의하는 것처럼 보인다.

그리고 보통으로 그들 사이에서 일어나고 있는 사건들에 대하여 토의할 때 주로 하위에 있는 사람의 행동에 관해서만 이야기가 되어 진다. 하위에 있는 사람은 이것이 못마땅하지만 자기주장을 하지는 않는다. 양자의 합의를 필요로 하는 의사결정에 있어서도 일반적으로 지배적 위치에 있는 사람의 의견이 많이 채택된다.

따라서 상위에 있는 사람이 대부분의 결정을 임의로 하는 것 같고, 하위에 있는 사람은 비록 마음속으로는 동의하지 않더라도 이에 동의하는 체 한다.

이와 같은 형태의 관계가 지속되면 하위에 있는 사람은 은근히 비협조적이 되므로 결국에 가서는 쌍방 모두가 집중적인 욕구불만과 절망감에 빠지게 된다. 이렇게 되면 상위에 있는 사람이 하위에 있는 상대방에 대하여 책임감과 적극적인 태도가 결여되어 있다고 비난을 하게 되므로 문제화된 상보적 관계의 악순환이 지속되게 된다.

대등적 관계에서는 두 사람이 그들의 관계의 성질을 결정하기 위하여 상호간에 동등한 기회를 허용하게 된다. 그러므로 관계의 규정에 있어서 두 사람은 합의에 의하든가 아니면 각자의 전문성에 따라 어느 한 사람이 두 사람을 위한 결정을 하도록 서로 양보하는 형식으로 이루어지기 때문에 두 사람 사이의 지배권은 공유된다고 볼 수 있다.

이와 같은 관계는 상황의 변화와 더불어 대칭적인 형과 상보적인 형을 융통성 있게 적절히 상호교환함으로서 이루어질 수 있는데 이것은 상호 양보하는 공평한 관계로서 가장 지속적이고 생산적인 형태가 된다.

이러한 관계상황에서 어떤 변화를 시도할 때는 보통으로 각자는 자기 자신의 행동부터 수정하려고 노력하게 되며 각자는 상대방의 변화를 도와주는 일에도 선의의 노력을 하게 된다. 그리고 그들 간의 커뮤니케이션은 고도로 양질적인 정보의 교환으로 특징지워진다. 이 관계에서는 양자는 모두가 자신의 의견을 충분히 제시할 뿐 아니라 상대방의 의견을 정확히 이해하기 위하여 주의 깊게 경청함으로 상호간에 보다 나은 이해를 발달시킨다.

이와 같은 관계에서는 상호간의 견해의 차이는 긍정적으로 수용되므로 비록 그들 사이의 의견의 불일치가 일어나더라도 그것이 그들의 관계발달을 위협하거나 방해하지는 않는다.

인간관계의 유형에 대한 변별 훈련

(1) 대칭적인 상호 복합작용 : 시범자는 상호간에 갈등으로 유도되는 점증적인 논쟁과 경쟁을 나타내는 상호 복합작용을 시범한다. 즉 야유회를 가는 문제에 있어서 설악산으로 가자는 편과 제주도로 가자는 대칭적인 갈등관계를 시범해 보인다.

(2) 상보적인 상호 복합작용 : 한 사람에 의한 불건전하고 비생산적인 지배와 다른 편의 마음 내키지 않는 복종의 관계를 시범한다. 예를 들면 완고한 부모와 이에 불만을 느끼고 있으면서도 표면적으로는 순응하는 체 하는 자녀와의 관계, 전제적인 상사와 속으로는 반항하면서도 마지못해서 순응하는 체 하는 부하의 관계 등의 상호 복합작용을 시범해 보인다.

(3) 대등적 상호 복합작용 : 대칭적 관계와 상보적 관계를 적절히 상황에 따라 융통성 있게 활용하는 건전하고 생산적인 관계에 대하여 시범을 보인

다. 이때 두 사람이 합의를 한다든가 결정해야 할 일의 성격상 어느 한 편이 그 일에 전문적인 지식을 가지고 있다면 그 사람에게 결정하도록 상대방이 자진해서 양보하는 아량을 보인다. 그리고 상호간에 자기주장을 하기보다 상대방에게 관심을 기울이고 그의 말을 경청하며 의견의 차이를 당연한 것으로 받아 상호간에 배움의 기회로 삼는다.

이러한 시범이 끝나면 세 사람씩 짝을 짓고 그 중에서 두 사람은 차례로 위의 세 가지 관계의 형에 대한 역할 놀이를 하게 한 다음 나머지 한 사람은 관찰-변별자로서 그들의 역할 놀이를 잘 관찰한 후에 그것이 어떤 형태의 관계인지 지적을 하게 한다.

한 차례의 역할 놀이가 끝나면 역할을 서로 바꾸어서 연습을 하게 한 다음 세 사람이 각자 경험한 바를 토의케 한다. 즉 그들의 느낌이나 실제 인간관계 발달을 위한 적용 가능성 등에 대하여 의견을 교환케 한다.

이러한 역할 놀이가 모두 끝나면 전체적 집합을 통하여 인간관계의 유형에 대한 각자의 관찰 결과나 자신의 삶에서 체험한 유사한 경험을 발표하게 한다. 그리고 인간관계의 세 가지 유형을 변별할 수 있는 능력이 실제로 효과적인 인간관계의 형성과 발달에 어떤 영향을 미칠 것인가에 대하여도 논의를 하게 한다.

3) 창도적(創導的) 반응

두 사람의 인간관계가 비생산적인 상호 복합작용의 악순환적인 함정에 빠져들었을 때, 그와 같은 관계의 회복과 아울러 더 한층의 발달을 도모하기 위해서는 비생산적인 상호 복합작용의 형태를 먼저 파괴함으로써 그들이 휘말려든 악순환적인 상호 복합작용에서 헤어나지 않으면 안 된다.

비생산적인 상호 복합작용에서는 관계하는 두 사람이 모두 자신은 타당한 행동을 하고 있는데 반하여 부적절한 행동을 하는 편은 상대방이라는 점과 자신은 단순히 상대방의 부적절한 행동에 대하여 최선의 반응을 하는 것에 불과하다는 점을 강조하게 된다. 그러나 양자가 그와 같은 생각과 태도를 견지하고 있는 한, 그들은 비생산적인 상호 복합작용의 악순환에서 벗어날 수 없다.

사실상 그들 각자의 주장처럼 그들이 하고 있는 특정 언행이 원인이 되는지, 아니면 상대방의 행동에 반응하는 것인지를 결정할 수 없기 때문에 그들의 논쟁은 닭이 먼저냐 계란이 먼저냐 하는 식의 말다툼처럼 계속될 수밖에 없다.

물론 자신의 언행은 상대방의 언행에 의하여 자극된 것처럼 자기중심적인 입장에서 주관적으로 해석하게 될 것이다. 그렇지만 제3자의 입장에서 전체적으로 볼 때는 두 사람 중의 어느 한 사람의 말과 행동이 상대방의 반응을 불러일으킬 수 있는 자극으로 작용할 수 있으며 또한 바로 이 반응 자체는 다음에 나타나는 상대방의 반응의 원인이 되는 자극의 역할을 하게 되는 것이다.

Watzlawick 등에 의하면, 변화에는 일차원적 변화(first-order change)와 이차원적 변화(second-order change)의 두 가지 다른 형태가 있다.[6)]

일차원적 변화는 하나의 변화이기는 하나, 어떤 특정한 체제 내에서의 개체의 변화에 머물러 버리기 때문에 체제 자체의 변화에는 하등의 영향을 미치지 못한다. 따라서 결국에는 그 개체의 변화마저도 지속성이 없이 원상태로 되돌아가게 되는 불완전한 변화에 해당한다.

그러나 이차원적 변화는 그 체제 자체를 변화시키는 변화를 의미하는 것으로서 일차원적 변화 보다는 한층 높은 수준의 변화를 말하는 것이다. 일차원적 변화는 어떤 행동방식의 체제적 틀 속에서 한 가지 행동으로부터 다른 한 가지 행동으로의 변화를 말한다.

이러한 개념을 대인간의 상호 복합작용에 적용할 때, 일차원적 변화는 관계하는 두 사람 중 한 사람의 개별적인 행동을 변화시키려고 의도하는 것이지만 이차원적 변화는 그 두 사람이 상호 복합작용을 하고 있는 그 관계적 측면, 즉 그 형태 자체를 변화시키려고 하는 것이다.

창도적 반응(proactive response)이란 바로 이와 같은 이차원적 변화를 일으킬 수 있는 반응, 즉 비효과적인 관계에로 이끄는 바람직하지 못한 상호 복합작용의 악순환적인 형태를 변화시키는데 도움이 되는 반응을 말한다. 창도적 반응이란 반동적 반응(reactive response)과는 엄격히 구별되어야 한다. 반동적 반응이란 상대방의 자극에 대하여 반동적으로 일어나는 비생산적인 반응을 지칭하나, 창도적 반응이란 상대방의 자극에 대하여 그것을

6) P. Watzlawick, J. Weakland & R. Fisch, *Change: Principles of problem formation and problem resolution*, New York: W, W, Norton, 1974.

일단 수용하고 잘 음미한 후에 자신이 주도권을 잡고, 보다 생산적이고 창조적으로 그 관계를 발달시키는데 도움을 주는 방향으로 이끌 수 있는 반응을 의미한다. 우리들이 훈련하고 있는 인간관계적 입장에서 볼 때, 창도적 반응은 관계하는 두 사람 중의 어느 한 사람이 그들이 현재 하고 있는 상호 복합작용의 형태를 잘 분석 검토한 후에 그것이 비생산적인 관계의 형태라고 판단되었을 경우 이와 같은 비효과적인 관계의 유형을 파괴하므로 보다 생산적인 방향으로 그들의 관계를 개선하는데 도움이 되는 반응을 자진해서 할 수 있을 때 이루어지는 것이다.

본서에서는 비생산적인 대칭적 관계나 고차원화된 보상적 관계의 악순환을 파괴하는데 한층 높은 차원의 상보적 관계(meta-complementary relationship)로 이끌 수 있는 반응이 도움이 될 것이라는 가정아래 한층 높은 차원의 상보적 반응을 창도적 반응의 하나로 활용하려는 것이다.

한층 높은 차원의 상보적 반응이란 관계하는 두 사람 중의 어느 한 사람이 상대방으로 하여금 특정 방식으로 그들의 관계를 규정하도록 자발적으로 허용하는 양식으로 그에게 반응하는 것을 말한다. 상대방으로 하여금 관계의 형을 특정 방식으로 규정하도록 양보함으로 실제상으로는 자신이 한층 높은 수준에서 그 관계를 상보적인 것이라고 규정하는 위치에 서게 되는 것이다. 사람이 이와 같이 선의에 입각하여 상대방으로 하여금 그와의 관계에서 주도권 또는 지배권을 잡도록 양보할 때 그로 인하여 그와의 관계는 생산적인 방향으로 발달해 나가게 될 것이다. 보다 효과적인 인간관계를 촉진시키기 위한 선의에서 상대방으로 하여금 그가 원하는 방향으로 그 관계를 규정하도록 허용할 때 그와 같은 행동을 하고 있는 그 사람은 상대방의 자극적인 행동에 반동적으로 반응하는 것이 아니라 오히려 창도적으로 반응하는 것이다.

창도적 반응 훈련

훈련된 시범자들이 창도적인 반응을 실연해 보이고 피훈련자들은 주의 깊게 관찰하게 한다.

(1) 시범자들은 X(무엇을 사는데 대한 것이나 어떤 곳에 가는데 대한 의사결정 등)에 대하여 비생산적인 대칭적 상호 복합작용을 얼마동안 한다. 이때 두 사람은 의도적으로 과장해서 닭이 먼저냐 계란이 먼저냐는 식으로 자기주장

을 관철하고 상대방을 꺾기 위하여 과격한 논쟁을 한다. 그러다가 갑자기 둘 중의 한 사람이 한층 높은 차원에서의 상보적 반응, 즉 창도적 반응을 말한다. 예를 들면 "그래요", 당신 말이 맞는 것 같습니다. 당신의 말대로 닭이 먼저인 것 같습니다. …… 이렇게 상대방의 주장에 대하여 자발적으로 양보하는 것이다. 그리고는 두 사람이 역할을 바꾸어서 다시 한 번 시범을 보인다.

(2) 두 사람이 비생산적인 상보적 상호 복합작용을 잠시 동안 해 보인다. 이때도 상위에 있는 사람은 하위에 있는 사람을 지나치게 통제하는 언행을 취하고 하위에 있는 사람은 마음속으로는 동의하지 않으면서도 겉으로 마지못해서 동의하는 체 해야 한다.

어느 정도 이 같은 상호 복합작용이 이루어져서 고착화되었으면, 갑자기 상위에 있는 사람이 창도적 반응을 보인다. 예를 들면, "내가 너무 독단적으로 내 주장만 내세운 듯 하니 이번에는 자네가 한번 자네 의견대로 결정을 하시게. 내가 무조건 따르겠네."와 비슷한 반응을 보인다. 다음으로 역할을 바꾸어서 다시 한 번 시범을 보인다.

이와 같은 시범이 끝나면 세 사람을 한 조로 편성한 다음 그들 중 두 사람이 차례로 비생산적인 대칭적 상호 복합작용–창도적 반응 그리고는 비생산적인 대칭적 상호 복합작용–창도적 반응 그리고는 비생산적인 상보적 상호 복합작용–창도적 반응에 대한 역할 놀이를 하게하고 세 번째 사람은 관찰–조력자로서의 역할을 하게 한다. 세 사람 모두가 차례로 역할을 바꾸어 본다.

끝으로 역할 놀이를 통하여 느낀 점 및 실제 인간관계 상황에서의 적용 가능성 등에 대하여 토의하게 한다. 역할 놀이가 모두 끝나면 전체적으로 집합시킨 다음 한층 높은 차원의 상보적 반응이 비생산적인 상호 복합작용을 중지시키는데 어떤 의미를 갖고 있는가에 대하여 논의하는 시간을 갖는다.

3. 있는 그대로의 행동훈련

사람들이 무엇을 성취하려고 의식적으로 노력하거나 갈구할 경우에 역설적으로 그것 때문에 오히려 지장을 받게 되는 경우도 많다. 있는 그대로의 행동이란 자의식에 의하여 방해받지 않고 자발적으로 자체의 기능을 발휘하도록 스스로의 마음을 허용하는 하나의 과정을 말한다. “있는 그대로 행동한다”는 것은 선하다-악하다, 인정을 받는다-배척당한다, 혹은 효과적이다-비효과적이다 …… 등과 같은 여러 가지 형태의 이원적인 생각 또는 양극적인 사고의 굴레에서 자유롭게 되는 것을 의미한다.

다시 말해 “있는 그대로의 행동”이란 아무런 의식적 노력 없이 자연스럽게 행동하면서 동시에 자신의 밖에서 객관적으로 스스로의 행동을 관찰하고 점검하는 것으로 이해될 수 있다. 이것은 곧 어떤 행동을 할 때 이렇게 할까 저렇게 할까 또는 어떻게 하면 더 좋은 행동을 할까에 대하여 숙고함으로 그 행동이 중단되거나 방해됨이 없이 그러면서도 마음 자체가 스스로 작동하도록 신뢰함으로 그대로 허용하는 그런 상태에서 행동해 나가는 것을 말한다.

인간은 누구나 그 속에 진실되고 창조적인 능력을 가지고 있으며, 이 능력은 그 자체로서 작동하도록 허용될 때 자발적이고 자연스럽게 기능을 발휘하게 되나 반대로 형식적인 방법과 기술로서 통제하려고 노력하게 될 때는 역설적으로 그것은 방해를 받게 된다.

인간의 마음은 스스로 작동하도록 허용하기만 하면 그 자체의 본성에 따라 기능을 원만히 발휘하리라는 신념에서 우리는 보다 자연스럽고 자발적으로 행동하는 것이 바로 다른 사람들과 자연스럽고 생산적인 대인관계를 형성하고 발달시키는데 있어서 가장 효과적인 방법이라고 확신하게 되는 것이다.

따라서 우리는 다른 사람들과 대인관계를 맺을 때 자신의 행동을 보다 효과적으로 해야겠다는 자의식이나 의도함이 없이 그리고 자신의 행동을 분석하거나, 통제하거나, 평가하는 일도 없이, 있는 그대로 자발적이고 직관적으로 행동하도록 우리의 존재 전체를 허용할 수 있어야만 된다.

1) 심신의 이완 훈련

대인관계에서 보다 자연스럽고 자발적인 행동하기를 원한다면, 먼저 심신 양면의 긴장상태를 이완시킬 필요가 있다. 인간이란 심신의 통합체적 존재이기 때문에 우리의 신체적 긴장이나 이완은 바로 우리의 정서 및 심리적인 긴장과 이완상태에 직접적인 영향을 미치게 된다. 다시 말해서 인간의 신체와 마음은 단일한 생화학적 통합체의 불가분적 부분들이기 때문에 인간의 기능을 정신적인 면과 신체적인 면으로 양분하는 것은 인위적인 구분에 불과하다. 따라서 모든 심리적 긴장은 반드시 어떤 형태의 신체적 또는 생리적 긴장을 수반하게 된다. 그리고 심리적 긴장이 해소되면 그로 말미암아 야기된 신체적 긴장도 따라서 소멸된다. 마찬가지로 모든 신체적인 긴장에도 심리적 긴장이 따르게 마련이며 신체적 긴장이 사라지면 이로 인하여 심리적인 긴장도 없어진다.

이처럼 인간의 신체적 상태는 심리적 상태와 불가분의 관계를 가지는 것이다. 그러므로 만약 우리의 신체를 긴장에서 이완시키므로 보다 자연스럽고 자발적이 되도록 허용할 수만 있다면 우리는 우리의 전 존재(全 存在) 자체를 이완적이고 자발적이 되도록 허용하는 데도 크게 도움을 받게 될 것이다.

심신을 이완시키는 방법에는 Jacobson(1938)의 근육이완 훈련, Schutz와 Luthe(1959)의 자생적 이완훈련, Paul(1969) 그리고 Berstein과 Borkovec(1973)의 점진적 이완훈련, Datey(1969) 요가식 이완훈련, Barber와 Hahn(1963)의 최면식 이완훈련, 그리고 변창진(1982)의 간이 이완훈련 등 여러 가지 다양한 방법들이 있겠으나 대표적인 방법 하나만을 소개하기로 한다.

꽉 죄었다가 늘어뜨리기

땅바닥에 앉아서 두 무릎을 굽히고 양 팔로 두 무릎을 감싼 후에 두 발꿈치로 양 엉덩이를 꽉 누른다. 얼굴을 양 허벅지 사이에 파묻는다. 그리고는 죄인다. 두 주먹과 두 앞 팔과 양 이두박근을 꽉 죄인다. 양어깨를 앞으로 바싹 내밀고 복부를 수축시킨다. 얼굴을 으스러지리만큼 죄어서 가능한 한도까지 작게 일그러뜨린다. 발가락, 발, 장딴지, 허벅지, 엉덩이, 눈들을 가능한 한도까지 꽉 죄어 부친다. 몸 전체가 가능한 한 작은 공간을 차지하도록 오무려 뜨린다. 이러한 자세로 더 이상 도저히 견딜 수 없을 때 까지 최소한 1분 이상을 견지하도록 한다.

이제는 이완을 시키되 즉각적으로 정반대의 자세를 취한다. 즉 이번에는 전신을 늘어뜨린다. 가능한 한 많은 공간을 차지하도록 정말로 늘어뜨린다. 등을 뒤로 젖힌다. 발가락과 손가락들을 쫙 벌려 펼친다. 두 손목, 두 팔꿈치, 양 어깨, 양 발꿈치, 두 무릎, 그리고 골반의 관절들을 한껏 따로 따로 떼어 늘어뜨린다. 얼굴도 펼 수 있는 데로 넓게 편다. 그리고는 이런 자세를

1분 내지 2분 동안을 유지한다. 긴장을 확 푼다. 천천히 심호흡을 한다. 아주 편안하고 이완된 느낌이 전신을 감싸게 될 것이다.[7)]

2) 직접적 직관적 행동하기

인간관계의 현상을 여러 갈래로 분리하여 취급하게 되면 힘들여 훈련의 과정을 모두 마친 후에도 그것을 전체적으로 포괄해서 취급하지 못했기 때문에 무엇인가 남겨진 부분이 있게 마련이다. 사실 어떤 사물이나 사건이란 분석되고 범주화되면 될 수록 그것은 더욱 실체와는 유리되어 버린 다른 무엇이 되고 마는 것이다. 때문에 우리는 이때까지의 훈련과정에서 주로 활용해 온 합리적-분석적 접근방법은 인간관계의 현실을 전체성에 입각하여 직접적이고 즉각적으로 이해하고 경험하려는 직관적-종합적 접근방법에 의하여 보충되어야 한다.

인간에게는 감각작용과 직관작용의 두 가지 지각적 작용이 있다. 감각작용은 시, 청, 후, 미, 그리고 피부각의 다섯 가지 감각을 사용하여 실체적인 대상과 관찰 가능한 현상에 의존하여 이루어진다. 그러나 직관작용이란 무의식적 지각을 말한다.

무의식이라 하여 직관이란 일종의 마술적 현상이 아닌가하고 오해해서는 안 된다. 오히려 우리는 그것을 통하여 학습과 습득을 이룩할 수 있는 매우 가치 있고, 참되고 유용한 하나의 수단이라는 사실을 인정하여야 한다. 우리 중의 대부분은 아마도 나중에 그것을 옳았다는 사실을 발견하게 되었지만 그 당시는 어떻게 알게 되었는지 그 사실에 대하여 전혀 설명할 수 없는 무엇을 알게 된 경험, 혹은 어떤 것에 대한 일종의 육감 또는 본능적인 감각을 갖게 된 경험을 한 적이 여러 번 있었을 것이다. 이것이 바로 직관인 것이다.

직관력을 활용하지 않고 그대로 방치해 두는 경우 인간은 인간의 발달을 완성시킬 수가 없다. 직관은 인간에게 참 앎의 길, 실존에의 접근방법, 그리고 고유한 개성을 지닌 우리 자신과 타인간 존재들을 참으로 이해하는 수단을 제공해 준다.

분석적인 사고과정과는 달리, 직관은 부분적인 것에서부터 전체적인 것에

7) H. R. Lewis & H. S. Streitfeld, *Growth games*, New York: Bantam Books, 1970.

로 진행하지 않고, 이것은 전체성을 터득하게 하는 일종의 종합적이고 통합적인 기능이다. 직관이란 점진적인 사고과정과는 달리, 즉시적이고 직접적인 지각이다.

우리의 직관력을 발달시키고 활용함으로써 우리는 우리의 각성과 자기이해를 넓힐 수 있다. 객관적인 사실에 토대하여 무엇을 결정하고 행동하기가 불가능할 때 직관이 보다 정확하고 정당한 생각과 이해를 우리에게 제공해 줄 것이다.[8)]

인간관계의 훈련은 피훈련자들이 훈련기간 중에 학습한 특수한 기법들에 지나치게 집착하거나 매달리는 대신에 그들이 학습한 그 기법들을 초월하여 타인들과 관계를 맺음에 있어 그들 스스로의 방법이나 스타일을 추구할 수 있을 때, 비로소 성공적이라고 말할 수 있다. 다시 말해서 피훈련자들은 그들의 인간관계 장면에서 그들이 받은 훈련과 기술을 초월할 수 있는 능력을 가진 한 인간으로 행동할 수 있어야 한다. 만약 누구든지 타당한 기법들을 효과적으로 사용하여 사람들과 친근한 관계를 이룩하려고 신경을 쓴다면 바로 그 자의식 자체가 그가 바라는 그러한 친근관계의 발달을 방해하는 요인으로 작용하는 것이다. 누구든지 그가 훈련받은 기법들에 지나치게 의존하여 그 기법들을 적절히 사용하려고 신경을 쓰고 있는 한, 그는 상대방에게 신경을 쓰는데 방해를 받기 때문에 그에게 도달하여 마음과 마음의 관계를 맺을 수 없게 된다. 그러므로 우리는 우리의 기법에 너무 많이 매어 달리는 집착에서 해방되므로 타인들과 만날 때는 보다 자연스럽고 자발적으로 행동할 수 있어야 한다.

훈련받은 여러 가지 기법들을 효과적으로 사용하려는데 너무 신경을 쓰는 대신에, 이때까지 학습한 기법들이 우리의 전 인격체 속에 어떻게든 통합되어 있다는 것을 확신하고, 우리 스스로를 단순히 자연적으로 있는 그대로 느끼고 생각하고 행동하도록 허용해야 한다는 사실을 아는 것이 매우 중요하다.

"우리 스스로를 있는 그대로 허용한다"는 것은 우리들 마음속에 순간순간 일어나는 생각이나 느낌을 억제하거나 파지하거나 방해함이 없이 저절로 들어오고 나가도록 놓아두는 일련의 행동이 일어나도록 허용하는 것을 말한

---

8) B. K. Weinhold & L. C. Elliot, *Transpertonal communication*, Engliewood Cliffs, N. J.: Prentice-Hall, Inc., 1979.

다. 따라서 좋은 인간관계는 우리들이 그 관계상황에서 있는 그대로 자연적이고 자발적으로 행동할 때, 가장 원만히 이루어지는 것이다.

만약 어떤 특정한 방식에 의도적으로 우리 스스로를 적용시키려고 노력한다면, 우리는 우리 자신을 상실하게 되고 따라서 자연스럽게 행동할 수 없게 될 것이다. 이런 의미에서 자유롭게 행동함으로 있는 그대로의 자기 자신으로 나타나는 것이 좋은 인간관계를 발달시키는데 가장 중요한 관건이 되는 것이다. 이렇게 하기 위해서는 옳다-그르다, 혹은 효과적이다-비효과적이다와 같은 이원적 사고에서 초월해야 하는 것이다.

대부분의 사람들은 자발적이고 자연스럽게 행동하려고 의도적으로 노력할 때, 그렇게 하기 힘들다는 사실을 경험해 보았을 것이다. 우리가 무엇을 성취하려고 적극적으로 노력할 때 우리는 오히려 역효과를 가져오게 되어 아무것도 성취하기 어렵게 된다. 그렇지만 만약 우리가 수동적인 태도로 우리의 행동이 스스로 일어나도록 단순히 허용한다면, 그와 같은 행동은 자발적으로 자연스럽게 일어나게 된다. 다시 말해서 만약 우리가 "나는 자연스럽고 자발적으로 행동하겠다"라고 생각하고 그렇게 하는 경우, 그것을 성취하기 어렵게 된다. 그러나 만약 우리가 우리 자신을 이완시키고 그 일이 스스로 일어나도록 원하면서 수동적으로 그렇게 되도록 허용한다면 우리는 의외로 놀라운 성과를 거둘 수 있을 것이다.

이상에서 언급한 원리를 마음에 간직하면서, 이제 직접적이고 직관적인 행동을 증진하는데 도움이 되리라고 생각되는 몇 가지 활동에 대해서 알아보기로 하자.

현재의 의식을 즉각적으로 보고하기

순간순간 자신이 의식하고 있는 것을 분명하게 말로 진술한다. 현재의 의식에 접촉하고 그것을 확실히 각성하기 위하여 "지금 이 순간 나는 ·····" 이란 말로 시작하는 문장을 사용한다. 이 활동은 다음과 같은 세 가지 단계를 거쳐서 실시된다.

처음에는 바깥 세계, 즉 주위의 여러 가지 환경적 여건에 초점을 두고 현재 자신의 경험을 각성해 본다. 둘째로는 눈을 감고 현재 자신의 신체적 감각에 초점을 맞추어 각성해 본다. 그리고 마지막으로는 자신의 느낌에 주의를 집중하여 각성해 본다.

무엇이든 마음속에 떠오르는 대로 자발적이고 자연스럽게 행동하기

약 5분간 마음속에 떠오르는 생각이나 느낌들을 억제하거나, 간직하거나, 간섭함이 없이, 자유롭게 하고 싶은 대로 행동한다. 원한다면 누워도 좋고, 뛰어도 좋고, 울어도 좋고, 밖으로 나가도 좋고, 달려도 좋다 ……

이 5분간은 완전히 자유롭게 지낼 수 있다. 그러니까 무엇이든 하고 싶은 대로 마음대로 하되, 단 생산적인 방법으로 할 것이다.

두 사람 관계에서 자연적이고 자발적으로 행동하기

두 사람이 짝을 짓고 무엇이든 원하는 대로 자유롭게 상호작용을 한다. 행동할 때는 순간순간 각자 자신을 있는 그대로 표현한다. 반드시 그렇게 해야 한다는 생각에서 어떤 특정한 방식으로 행동하려고 애쓰지 말고 그저 있는 그대로의 자기 자신이 된다. 자신의 순간순간의 느낌과 생각에 충실한다. 상대방의 이야기를 들을 때는 모든 선입견이나 주관적인 의견들을 버린다. 사물들을 볼 때는 '옳다-그르다'라는 생각 없이 있는 그대로 보고 그것을 그대로 수용한다. 물론 원한다면, 이때까지 학습한 커뮤니케이션의 여러 가지 기법들을 자유롭게 활용할 수도 있다.

이상과 같은 내용의 실습이 끝난 후에는 전체적으로 집합시킨 다음 각자의 느낌과 경험에 관하여 상호간에 자발적이고 자연스럽게 의견을 교환하게 한다. 이와 같은 전체집단 토의도 일종의 실습경험으로 간주하여 잘 해야 한다. 남이 나를 어떻게 평가할 것인가, 또는 그렇게 하는 것은 무례한 행동이다 …… 등과 같은 생각에 방해받지 말고 있는 그대로의 자기가 되어 느끼고 생각하는 대로 자유롭게 행동해 보게 한다.

찾아보기

ㄱ

가정 자동화(Home Automation) 448
가정정보시스템(HIS; Home Information System) 468
가족체제 525
가치관 217
가치지향성(value orientation) 221
갈등(conflict) 296
갈등관리 309, 529
갈등인지 303
갈등조장전략 313
갈톤(F. Galton) 404
감성능력(sensitivity ability) 136
감수성훈련(sensitivity training) 73
감정 갈등(affective conflict) 305
감정의 논리(logic of sentiment) 68, 71
감정통제 167
감정통제 판(emotional switchboard) 168
강화전략 229
개인차의 법칙(law of individual differences) 35, 177
거래적 리더십(transactional leadership) 425, 428
건설적인 자기노출 166
게놈(GENORM) 혁명 442
격동기(Storming) 341
결단력(decisiveness) 405
경력몰입(career commitment) 149
경로-목표(path-goal) 모형 423
경영관리자의 기대 544
경쟁선수(先手)지향 478
경쟁적 행위 49
경청의 훈련 112
고객시간지향 476
고든 시어(Gordon Sir) 443
고전적 정신분석이론(classical psychoanalytic theory) 193
고정관념(stereotyping) 93, 210, 509
공간창조형 비즈니스(business) 489
공격적 행위 49
공식적 인간관계 29
공식집단 334
공유가치(shared values) 362
공장 자동화(Factory Automation) 449
공정성 이론(equity theory) 277
공헌(contribution) 559
공헌의지 559
과거지향형 인간 473
과업집단 335
과업행동(task behavior) 422
관계욕구(Relatedness needs) 259
관계행동(relationship behavior) 422
관심의 차이 516
관심집단(interest group) 337
관심표출 행동 609
관심표출 행동훈련 610
교환이론(exchange theory) 339
구성원(staff) 363
구어적(oral)인 커뮤니케이션 85
구조(structure) 363
권력욕구(need for power; n-Pow) 263
규범(norms) 322
규범 확립기(norming) 341
균형이론(balance theory) 339
그린버그(J. Greenberg) 98
그림-배경의 원리(figure-ground principle) 203

근거리 통신망(LAN; Local Area Network) 448
금욕정신 558
긍정적인 언어 110
기능집단(functional group) 334
기대(expectation) 213
기대이론(expectancy theory) 267
———의 수정 모델 276
기록문화 371
기본가치(value) 364
기술적 장애(technical barriers) 90
기업정체성(Corporate Identity) 370
기업환경(environment) 364
깨끗한 갈등해소 방법(clean the air conflict) 532
끌개 장(attractor fields) 181

ㄴ

내면화(internalization) 133
네프(M. Knapp) 94
노동자연맹(AFL; American Federation of Labor) 55
뉴컴(T. M. Newomb) 339
능률의 논리(logic of efficiency) 68, 72

ㄷ

다윈(Darwin) 193
단속강화법(intermittent reinforcement schedule) 230
대립적인 갈등해소(win-lose conflict) 530
대인관계(對人關係) 27
대체문화 368
대화방식의 차이 516
던함(R. B. Dunham) 214
데이비스(K. Davis) 74, 90, 104
데이터 베이스 관리시스템(Data Base Management System) 446
데이터 베이스(D/B) 기술 456
도구성 271
독백행위 49
독선적인 대화 43
독특성(uniqueness) 176
동기부여(motivation) 164
———의 원칙 289
동기요인(motivators) 254
동기화 정책 241
동료 집단(peer groups) 121
동일시(identification) 133
듀브린(A. J. DuBrin) 97, 103
등종성(equifinality) 6
딜과 케네디(T. E. Deal & A. A. Kennedy) 366

ㄹ

랜담(G. P. Lantham) 282
랜돌프(W. A. Randolph) 214
레비트(H. J. Leavit) 173
레윈(K. Lewin) 132
로버트 하우스(Robert J. House) 394
로베르토 캘비(Roberto Calvi) 380
로빈스(S. P. Robbins) 103, 116, 200, 290, 313
로저스(Carl Rogers) 563
로크(F. A. Locke) 282
루시어(R. N. Lussier) 290
리더(leader) 380
리더십(leadership) 382
리더와 독재자 384
리더 행동기술 설문지(Leader Behavior Description Questionnaire: LBDQ) 409
리비트(H. J. Leavitt) 235
리엔지니어링(re-engineering) 152
리커트(R. Likert) 412

ㅁ

만남의 관계 21
만족(satisfaction) 273
Managerial Grid 416
맥그리거(Douglas McGregor) 250
맥코비(E. E. Maccoby) 510
맥클리랜드(D. C. McClelland) 261
맹자(孟子) 9
먼디(R. W. Mondy) 96, 336
메니지리얼 그리드(managerial grid)이론 73

메스콘(M. H. Mescon) 98
메시지(message) 81
——의 경쟁(message competition) 95
메타패밀리(meta-family) 319
면접실험(interviewing program) 62
명예심 557
모리스(D. Morris) 152
모방이론(modeling) 223
Motivation 236
목표 갈등(goal conflict) 304
목표관리(MBO; Management By Objective) 462
목표설정이론(objective-setting theory) 281
목표지향적(goal oriented) 235
몰논리적(illogical behavior) 66
몰입적 태도 147
묵상의 훈련 112
문서적인 커뮤니케이션 86
문화적 네트워크(cultural network) 366
문화적 요인 190
미국경영자협회(American Management Association) 99
미래시간지향 478
미래지향형 인간 473
미지 영역(未知領域) 34
민주형 리더십(democratic leadership style) 397

ㅂ

바나드(C. I. Barnard) 405, 558
반복성의 원칙(principle of repetition) 208
방어기제(防禦旣濟) 199
방어메커니즘 299
배려(consideration) 410
배분적 전략(distributive strategy) 314
번즈(J. M. Burns) 425
벌(punishment) 228
법치사상 14
베른(E. Berne) 195
베버(M. Weber) 558
변혁적인 리더십(transformational leadership) 426
변형 근무제도 486
변화(changing) 133
보상체계 301
복합적인 인간관(complex man) 242
본능 299
본능아(id) 194
봉쇄적 행위 49
부가가치 통신망(VAN; Value Added Network) 448
부정적 강화(negative reinforcement) 228
부정적인 언어 108
브렌타노(L. Brentano) 558
브룸 모델(Vroom's model) 271
브룸의 기대이론 268
블레이크와 무턴(R. R. Blake & J. S. Mouton) 415
비공식적 인간관계 29
비공식집단 335
비언어적인 장애 93
비언어적인 커뮤니케이션 86
비용의 논리(logic of costs) 72
비전(vision) 372, 390
빌딩 자동화(Building Automation) 450

ㅅ

사단(四端) 10
사무 자동화(Office Automation) 448
사전 작업경험(previous job experiences) 121
사회교환과정(the process of social exchange) 286
사회교환이론 285
사회문화(societal culture) 369
사회적 구조(social setting) 4
사회적 시스템(social system) 66
사회적 욕구(social needs) 246
사회화(socialization) 344
산업문화(industry culture) 369
삶의 자세 562
상보적 관계(meta-complementary relationship) 632
상장례(喪葬禮) 573
상호 복합작용 629
상호영향(mutual influence) 320
상호의존성(inter-dependance) 297, 302
상호작용(interaction) 320
상호작용이론(interactions theory) 338

상황이론 418
상황적 요인 191
Cycle time지향 476
새로운 대인관계 기술 294
새로운 도덕성(new morality) 506
생리적 욕구(physiological needs) 244
생리적 차이 514
생애설계(life planning) 462
생존욕구(Existence needs) 258
서번트 리더십(Servant Leadership) 433
선의지(goodwill) 559
선천적 특성(Inborn Attributes) 596
선택적 지각(selective perception) 93, 213
설득력(persuasiveness) 406
성공 공식 596
성공적인 결혼생활 537
성공하는 삶 596
성과(performance) 273
성선설(性善說) 9
성숙도(maturity) 38
성인적인 자아 45
성장욕구(Growth needs) 259
성적반응의 차이 515
성적정체성(sexual identity) 502
성좌적 자질론 407
성취동기이론 261
성취욕구(need for achievement; n-Ach) 263
성취지향적인 리더(achievement oriented leader) 424
셀프리더십(Self-leadership) 435
셔머혼(J. R. Schermerhorn) 427
셰리프(M. Sherif) 121
소거(extinction) 228
소프트노믹스(softnomics) 495
솔선구조(initiating structure) 410
송신자(sender) 79
수신자(receiver) 82
수용(reception) 203
수행기(performing) 342
순기능적 갈등 527
순자(荀子) 12
순종(accommodation) 310
쉬네이크(M. E. Schnake) 401
슈퍼리더십(super leadership) 435
슘페터(J. A. Schumpeter) 151
스웬슨(C. Swenson) 527
스질라지(A. D. Szilagyi) 174
스침의 관계 21
스콧트(W. D. Scott) 176
스토그딜(R. Stogdill) 404
스토너(J. A. F. Stoner) 89
스티어스(R. M. Steers) 200, 239
시간계획 463
시간관리형 인간 472
시간문화 469
시간압축지향 475
시간전략 454
시간전략형 인간 472
시간 창조기술 461
시간창조형 비즈니스(business) 488
시간창조형 인간 454
시간파괴형 인간 454
시공창조형 비즈니스(business) 490
시너지 효과(synergy effect) 198
시대적 압력(current pressures) 506
시미르시크(L. Smircich) 361
시쇼어(S. E. Seashore) 326
시스템(system) 363
時테크 453
신거미줄 네트워크(New Web Network) 사회 499
신경성 불안(Neurotic anxiety) 199
신뢰의 부족(lack of trust) 95
신분(status) 330
신분불일치(status incongruence) 301
신체능력(physical ability) 136
실험집단(test group) 57
심리적 계약의 준수 32
심리적 시간(psychological time) 477
심리적 장애(psychological barriers) 91
심리적 차이 516
심신의 이완 훈련 634
C&C(Computer and Communication) 기술 456

아담스(J. S. Adams) 277
아리스토텔레스(Aristotle) 8
아이젠하워 그리드(Eisenhower Grid) 465
아지리스(C. Argyris) 403
안전의 욕구(safety needs) 245
알다그(R. J. Aldag) 283
알더퍼(C. D. Alderfer) 256
암호화(encoding) 79
애드호크라시(adhocracy) 498
양성(androgyny) 502, 511
어른자아 196
어린이자아 196
어버이자아(parent ego) 196
언어(language) 175
언어 상의 장애 91
언어적 장애(language barriers) 90
에닝스(H. H. Jennings) 403
X·Y이론 250
엘빈 토플러(A. Toffler) 441
역기능적 갈등 527
역할(role) 327
역할관계 23
역할정체성(role identification) 327
역할지각(role perception) 273
연속강화법(continuos reinforcement schedule) 230
영감적인 리더십(inspirational leadership) 427
영웅(heroes) 365
영적능력(spiritual ability) 137
영합게임(zero-sum game) 258
예치사상(禮治思想) 12
오브라이언(R. O'Brien) 445
올포트(G. W. Allport) 188, 220
왕도정치(王道政治) 9
욕구계층이론(Maslow's needs hierarchy theory) 243
욕구좌절 299
용납적-민주형(permissive-democrat) 402
용납적-전제형(permissive-autocrat) 402
우월적인 대화 43
우호집단(friendship group) 337
위생요인(hygiene factors) 253
위인이론(Great Man Theory) 404
유리스(A. Uris) 403
유아적인 자아 45
유의성(valence) 269
유인(inducement) 558
유전적 요인 190
윤리덕목 555
윤리적 리더십(Ethical Leadership) 431
응집력(cohesiveness) 323
의례와 의식(rites and rituals) 365
의사거래분석(transactional analysis) 167
의사결정 지원 시스템(DSS; Decision Support System) 449
의사소통의 유형 163
의사확인 612
의사확인 행동 훈련 614
의식수준 179
의식수준별 인간의 삶 183
의식적인 정보과정(conscious information process) 215
이미지 관리 160
ERG이론 256
이차원적 변화(second-order change) 631
인간관계 모형 241
인간관계의 네 단계 37
인간관계의 목표 2
인간욕구의 특성 291
인간적 요인(Human Factors) 3
인간행동 172
———의 차이 175
인간행동학파(the human behavior school) 73
인공지능(AI; Artificial Intelligence) 447
인생의 경력단계 131
인식의 차이 517
인적자원 모형 242
인정의 중요성 292
인지 갈등(cognitive conflict) 305
인지부조화이론 127
인지적 요소(cognitive component) 119
일차원적 변화(first-order change) 631
잉글랜드(A. W. England) 221

ㅈ

자극반응의 차이 515
자기 긍정 - 타인 긍정 566
자기 긍정 - 타인 부정(I'm OK - You're Not OK) 565
자기 부정 - 타인 긍정 564
자기 부정 - 타인 부정 565
자기개방(self-disclosure) 166
자기반사력(self-reflexiveness) 175
자기수용(self-acceptance) 215
자기실현의 욕구(self-actualization needs) 247
자기완성(self-fulfilment) 247
자기이해(self-understanding) 214
자기 정체성(self identity) 504
자동화 사회 447
자아(自我, ego) 195
자아개념(self-concept) 158, 197, 597
자아 상태 195
자아실현적인 인간관(self-actualizing man) 242
자아 유능감(self-efficacy) 599
자아 이미지(self-image) 598
자유방임형(laissez-faire pattern) 400
자율통제시스템 299
잡음(noise) 84
장애물 제거 105
장이론(Field theory) 125
장인정신 557
재동결(refreezing) 134
재택근무 450
재택근무제 487
잭크린(C. N. Jacklin) 510
적극적 강화(positive reinforcement) 169, 227
적절한 용모(appropriate appearance) 549
전달매체(medium) 81
전략(strategy) 362
전략적 정보시스템(SIS; Strategic Information System) 481
전략적인 대화 42
전자도서관 446
전제형 리더십(authocratic leadership style) 397
점조직 통제사회 499
점포 자동화(Sale Automation) 450
정보민주주의 497
정보사회 444
정보의 과다(information overload) 95
정서적 반응의 차이 516
정서적 요소(affective component) 119
정신경화증(psycho sclerosis) 603
정신동태이론(psychodynamic theory) 193
제품의 수명주기(product life cycle) 369
조건형성 226
조우라드(S. M. Jourard) 23
조직몰입(organizational involvement or commitment) 146
조직문화(organization's culture) 356
조직문화(organizational culture) 354
조직분위기(organizational climate) 358
조하리의 마음의 창문 25
조형이론(shaping) 223
존경의 욕구(esteem needs) 246
좀바르트(W. Sombart) 558
종업원 중심의 리더십(employee-centered leadership) 413
주도성(initiative) 546
중단기(adjourning) 342
중용지도(中庸之道) 16
중화(中和) 16
지각(perception) 200
지각공격(perceptual offense) 205
지각맥락 205
지각방어(perceptual defense) 205
지각분화 205
지각 상의 장애(perceptual barriers) 92
지각오류 210, 214
지각적 방어(perceptual defense) 212
지각적 집단화(perceptual grouping) 204
지각항등성(consistency) 205
지각확인 615, 624
지각확인 행동 훈련 617
지각확인 훈련 626
지성(intelligence) 175
지시적 리더(directive leader) 424
지시적 - 민주형(directive-democrat) 402
지시적-전제형 리더십(directive-autocrat leadership) 402
지원적 리더(supportive leader) 424
지적 · 기술적 능력(intelligence and technical capacity) 406

지적능력(intelligence ability) 136
지휘집단 334
직무만족(job satisfaction) 145, 254
직무몰입(job involvement) 148
직무불만(job dissatisfaction) 254
직무중심적인 리더십(job-centered leadership) 413
직무충실(job enrichment) 291
직무태도 145
직분의식 556
직장생활의 자세 560
직장인의 생활예절 570
직장인의 행동예절 568
집단감정(group's sentiments) 65
집단발전 340
집단사회화(group socialization) 3, 344, 345
집단특성(group characteristics) 320

ㅊ

차이성(individual differences) 176
참여적 리더(participative leader) 424
창도적 반응(創導的, proactive response) 630, 631
창도적 반응 훈련 632
책임감(responsibility) 406
책임의식 556
천동설(天動說) 36
초자아(超自我, super-ego) 199
최저한의 경청(marginal listening) 102
충돌단계 347
충성심 548
치졸한 갈등해소 방법(dealing with the conflict) 531
친교동기 43
친근이론(propinquity theory) 338
친화욕구(need for affiliation; n-Aff) 264
칭호 576

ㅋ

카네기(D. Carnegie) 291
카렐(A. Carrel) 36
카리스마적 리더 430
카츠(R. Katz) 406
카프로우(T. Caplow) 345
캘라한(R. W. Challahan) 357, 401
커뮤니케이션(communication) 77
―――의 과정 모델 78
―――의 장애요인 89
―――의 형태 84
커뮤니케이션 훈련 624
컴퓨토피아(computopia) 495
코스텔로(T. W. Costello) 120
코털러(John P. Kotter) 385
코헨(D. Cohen) 344

ㅌ

타임베이스 전략(TBS; Time Based Strategy) 474, 493
타협(compromise) 310
탁월성(excellence) 554
태도(attitude) 116, 551
태도변화 124
테리(G. R. Terry) 382
텐넌바움(R. Tannenbaum) 399
통밥(눈치)문화 371
통일적 자질론 405
통제적인 대화 42
통제집단(control group) 57
통합적 전략(integrative strategy) 314
투사(投射, projection) 93, 212
투사적 경청(projective listening) 102
TBS(Time Based Culture) 482
TQC(Total Quality Control) 479
TTC(Total Time Control) 479
팀 몰입(team involvement) 148

ㅍ

파괴적 행동(aggressor) 199
파스칼(R. T. Pascale) 349
파스케일과 에토스(R. T. Pascale & A. G. Athos) 362
파슨즈(T. Parsons) 344
팔로워십(followership) 436

퍼스낼리티(Personality) 185
펄머(R. M. Fulm) 155
페스팅거(L. Festinger) 277
페티그루(A. M. Pettigrew) 354
평가적 경청(evaluative listening) 102
평가적인 대화 42
포웰(J. Powell) 21
포지티브(positive) 시간지향 479
포터(G. Forter) 88, 239
프런치(G. L. Frunzi) 100
프로이드(S. Freud) 193, 299
프리 타임제(free time) 486
플라톤(Plato) 8
플라티누스(platinus) 9
플렉시블 타임제(flexible time) 486
피그말리온(Pygmalion) 159
피드백(feedback) 82, 105
피드백(feedback) 주고받기 620
피드백 주고받기 훈련 623
피들러(F. E. Fiedler) 418
피오르(A. Fiore) 527
피지각자의 특징 47
Porter & Lawler 274
――――――의 모델 272
피터스와 워터만(T. J. Peters and R. H. Waterman) 135, 362

ㅎ

하우스(R. J. House) 423, 430
하지(B. J. Hodge) 304
하트(Gary Hart) 380
학습 222
학습강화 226
한비자(韓非子) 14
합리적 · 경제적인 인간관(rational-economic man) 240
해독(decoding) 82
해롤드 켈리(Harold Kelley) 31
해리스(T. A. Harris) 563
해빙(unfreezing) 132
행동 갈등(behavioral conflict) 305
행동이론 408
행동적 요소(behavioral component) 119
행동주의 이론 125
항상성(homeostasis) 603
허시와 블랜차드(P. Hersey & K. H. Blanchard) 382, 422
허쯔버그(F. Herzberg) 252
헌트(M. Hunt) 505
헤이(G. V. Haigh) 23
현재지향형 인간 473
현혹효과(halo-effect) 93
협상(negotiation) 314
협상전략 313
협조(collaboration) 310
형성기(forming) 340
호만즈(G. Homans) 277
호손실험(Hawthorne Experiment) 56
호제트(R. M. Hodgetts) 289
호킨스(David R. Hawkins) 180
호킨스의 의식지도 180
홉킨스(T. K. Hopkins) 323
회피(avoidance) 310
효과적인 리더십 389
효과적인 커뮤니케이션 90
후광효과(halo effects) 211
후천적 특성(Acquired Attributes) 596
흡수단계 348
힉스(H. G. Hicks) 175

저자약력

경영학 박사/ 경영지도사

[교수활동]
진주보건대학교 교수
부산외국어대학교 교수
중국칭화대학 부산교육원 원장
(사)한국인적자원관리학회 회장 역임
동아대학교/ 경북대학교 초빙교수

[저서]
경영조직론(2017), 인간행동의 이해(2016), 기업윤리론(2015), 노사관계론(2014), 글로벌 시대의 윤리경영(2013), 경영학원론(2013), 직업윤리론(2011) 외 다수(학술저서 총 27권)

[논문]
인사평가제도의 운영실태 및 개선방안 -FMA의 사례를 중심으로-
감성리더십과 조직감성이 조직구성원의 몰입적 태도에 미치는 영향
성격유형과 통제위치가 대인관계에 미치는 영향
변혁적리더십이 조직시민행동과 조직구성원의 혁신행동에 미치는 영향
개인 및 조직의 퍼스낼리티 적합성이 조직구성원의 자아존중감, 자기효능감, 대인관계 능력에 미치는 영향 외 다수(학술연구논문 총35편)

인간관계의 이해

2019년 3월 10일 제1판 1쇄 인쇄
2019년 3월 20일 제1판 1쇄 발행

저 자 윤 대 혁
발행인 김 광 식
조 판 아 람 기 획

07285
발행처 서울특별시 영등포구 선유로3길 10, 617호
도서출판 **탑 북 스**
등 록 2009.12.21 제 2016-000101 호
전 화 02)365-2223 팩스 02)365-2224

정가 34,000 원

ISBN 979-11-87343-99-8-93320